Johannes Zenk
Die Anfänge Roms erzählen

Göttinger Forum für Altertumswissenschaft

Beihefte
Neue Folge

Herausgegeben von Bruno Bleckmann,
Thorsten Burkard, Gerrit Kloss, Jan Radicke
und Markus Schauer

Band 12

Johannes Zenk

Die Anfänge Roms erzählen

Zur literarischen Technik in der ersten Pentade
von Livius' *ab urbe condita*

DE GRUYTER

Dissertation, Otto-Friedrich-Universität Bamberg, 2018

ISBN 978-3-11-135825-3
e-ISBN (PDF) 978-3-11-075827-6
e-ISBN (EPUB) 978-3-11-075837-5
ISSN 1866-7651

Library of Congress Control Number: 2021945473

Bibliografische Information der Deutschen Nationalbibliothek
Die Deutsche Nationalbibliothek verzeichnet diese Publikation in der Deutschen Nationalbibliografie; detaillierte bibliografische Daten sind im Internet über http://dnb.dnb.de abrufbar.

© 2023 Walter de Gruyter GmbH, Berlin/Boston
Dieser Band ist text- und seitenidentisch mit der 2021 erschienenen gebundenen Ausgabe.
Druck und Bindung: CPI books GmbH, Leck

www.degruyter.com

Vorwort

Bei dem vorliegenden Buch handelt es sich um die geringfügig überarbeitete Fassung meiner Dissertation, die im Juni 2018 von der Fakultät Geistes- und Kulturwissenschaften der Otto-Friedrich-Universität Bamberg angenommen wurde. Sekundärliteratur konnte bis zum Jahr 2019 berücksichtigt werden.

Größten Dank schulde ich meinem Doktorvater, Herrn Prof. Dr. Markus Schauer, der schon während meines Studiums meine Begeisterung für Livius geweckt hat und der mich ermuntert hat, den Fokus auf die erste Pentade von *ab urbe condita* zu legen. Ihm möchte ich ausdrücklich für seine wertvollen Denkanstöße, seine konstruktive Kritik und seine aufmunternden Worte während des gesamten Entstehungsprozesses danken. Ferner sei ihm für die gute und vertrauensvolle Zusammenarbeit an seinem Bamberger Lehrstuhl sowie für die Freiheiten in der Endphase des Promotionsverfahrens gedankt. Zu danken habe ich auch Herrn Prof. Dr. Dennis Pausch für die Übernahme des Zweitgutachtens und für seine wertvollen Hinweise sowie Frau Prof. Dr. Sabine Vogt und Herrn Prof. Dr. Martin Haase für die Bereitschaft, in der Prüfungskommission mitzuwirken.

Danken möchte ich den Herausgebern der Beihefte des Göttinger Forums für Altertumswissenschaften für die Aufnahme meiner Arbeit in diese Reihe und für die guten Hinweise sowie Frau Katharina Legutke und Frau Carla Schmidt vom Verlag De Gruyter für die gute und hilfreiche Begleitung im Prozess der Drucklegung.

Ohne die Unterstützung, die fachlichen Ratschläge und den motivierenden Zuspruch vieler Kolleginnen und Kollegen wäre diese Arbeit wohl nicht vollendet worden. Stellvertretend seien an dieser Stelle Dr. Caroline Kreutzer, Dr. Konstantin Klein, Dr. Peter Konerding, Dr. Winfried Albert, Dr. Elisabeth Hollmann, Dr. Nils Rücker und Oliver Siegl genannt. Den Mitgliedern des Oberseminars der Bamberger Latinistik möchte ich für die vielen kritischen, anregenden und guten Diskussionen und Impulse danken.

Zu Dank verpflichtet bin ich Frau Dr. Silke Anzinger für die kritische Durchsicht einiger Kapitel und ihre anregenden Verbesserungsvorschläge. Die schwierige Aufgabe, das gesamte Manuskript der Arbeit Korrektur zu lesen, haben Herr StD i. R. Heinz Giegerich sowie Herr StR Philipp Schildbach übernommen. Dafür bin ich beiden überaus dankbar. Herrn Prof. Dr. Niklas Holzberg danke ich dafür, dass er mir in seiner Bamberger Zeit zahlreiche Bücher zu Livius aus seiner Privatbibliothek zur Verfügung gestellt hat.

Ganz herzlich bedanken möchte ich mich bei meiner gesamten Familie für die Unterstützung während meiner Promotionszeit und bei meiner Partnerin

Katharina Bernhardt für den Zuspruch und die große Rücksichtnahme vor allem in der zeitaufwendigen Schlussphase des Promotionsverfahrens.

Besonderer Dank gebührt meinen Eltern, Hans und Ursula Zenk, dafür, dass sie mich bei allem unterstützen und mir auch während der Promotionszeit mit ihren aufbauenden Worten ein großer Rückhalt waren. Ihnen sei dieses Buch gewidmet.

Bamberg, im August 2021　　　　　　　　　　　　　　　　　　　　Johannes Zenk

Inhalt

1	**Einleitung und Zielsetzung** —— **1**	
1.1	*ab urbe condita* – ein Geschichtswerk zu Beginn der augusteischen Zeit —— **1**	
1.1.1	Der historische Hintergrund der Entstehungszeit —— **1**	
1.1.2	Livius, Augustus und die veränderte Erinnerungskultur der augusteischen Zeit —— **3**	
1.1.3	Der Text – Entstehung der ersten Pentade —— **7**	
1.2	Fragestellung —— **13**	
1.3	Forschungsbericht —— **21**	
1.4	Methodisches Vorgehen —— **24**	
2	**Die Romdarstellung aus primär textimmanenter Perspektive** —— **36**	
2.1	*fabulae poeticae vel incorrupta rerum gestarum monumenta* – der Objektivitätsanspruch des Livius —— **36**	
2.1.1	Wahrheit, Wahrscheinlichkeit und Wirklichkeit in antiker Historiographie —— **36**	
2.1.2	Selbstaussagen des Livius zu seinem Wahrheitsanspruch —— **41**	
2.1.2.1	Explizite Selbstaussagen zu Wahrheit und Objektivität —— **41**	
2.1.2.2	Implizite Aussagen durch intertextuelle Bezüge mit Prätexten —— **49**	
2.1.2.3	Die Wahl der Gattung – Historiographie oder epische Prosa? —— **54**	
2.2	*ut miscendo humana divinis primordia urbium augustiora faciat* – Götter, übernatürliche Kräfte und glanzvolle Anfänge der Stadt —— **62**	
2.2.1	Vorherbestimmtheit durch *fata* —— **64**	
2.2.2	Die Bedeutung der Götter —— **84**	
2.2.2.1	Konkretes Wirken in der Haupterzählung —— **84**	
2.2.2.2	Götterglaube als Mittel der Politik —— **93**	
2.2.2.3	Die Apotheose des Romulus —— **108**	
2.3	*a primordio urbis* – Stadtgründung aus dem Nichts zwischen Goldenem Zeitalter und *regni cupido* —— **117**	
2.3.1	Euander und die Motivik des Goldenen Zeitalters —— **119**	
2.3.2	*regni cupido* und der Tod des Remus —— **128**	
2.3.3	Zwischenfazit und Ausblick —— **133**	

2.4	Aspekte der Romdarstellung —— 134	
2.4.1	*imperium et partum et auctum* —— 134	
2.4.1.1	*imperium* bei Livius —— 134	
2.4.1.2	Entwicklung von Herrschaftsgebiet und Bevölkerungszahl —— 139	
2.4.2.	*domi militiaeque* —— 161	
2.4.2.1	Kriege als Ausgangspunkt für Aitien und Exemplaerzählungen —— 163	
2.4.2.2	Zwischen gerechtem Krieg und Bürgerkrieg – Roms Krieg gegen Alba Longa —— 172	
2.4.2.3	Krieg als innenpolitisches Mittel im Streit zwischen Patriziern und der Plebs —— 184	
2.4.2.4	Der Krieg gegen Veji —— 199	
2.4.2.5	Die Bedeutung der Friedenszeit —— 225	
2.4.3	*viri artesque* —— 230	
2.4.3.1	Aeneas – der Urvater Roms —— 232	
2.4.3.2	Die römischen Könige —— 235	
2.4.3.2.1	Von Romulus bis Ancus Marcius – wie verhält sich der ideale König? —— 236	
2.4.3.2.2	Die Tarquinier und Servius Tullius —— 250	
2.4.3.3	*rex, senatores, primores civitatis* – Die Aristokratie am Wendepunkt von der Königszeit zur Republik bei Livius —— 279	
2.4.3.4	Rom als ‚Schmelztiegel' in Buch 1 —— 288	
2.4.3.5	Patrizier vs. Plebs – Entstehung und Entwicklung des Antagonismus in der ersten Pentade —— 298	
2.4.3.5.1	Die Grundlegung des Antagonismus im ersten Buch —— 300	
2.4.3.5.2	*secessio plebis* und Coriolan —— 303	
2.4.3.5.3	Die Bedeutung des Antagonismus für das Dezemvirat —— 308	
2.4.3.5.4	Mischehen zwischen Patriziern und der Plebs sowie der Zugang der Plebs zum Konsulat – die Konsuln im Rededuell gegen Canuleius —— 316	
2.4.3.5.5	Der Antagonismus in Buch 5 —— 325	
3	Fazit —— 329	

Abkürzungsverzeichnis —— 337

Literaturverzeichnis —— 338

Sachindex (Stellen in Auswahl) —— 351

Stellenindex —— 353

1 Einleitung und Zielsetzung

1.1 *ab urbe condita* – ein Geschichtswerk zu Beginn der augusteischen Zeit

1.1.1 Der historische Hintergrund der Entstehungszeit

Mit der Schlacht bei Actium im Jahr 31 v. Chr., in der Oktavian endgültig über Antonius siegte, waren die Wirren der Bürgerkriege beendet.[1] Kurz darauf begann der römische Geschichtsschreiber Titus Livius mit der Abfassung seines Geschichtswerkes *ab urbe condita*, das bis zu seinem Tod im Jahre 12 bzw. 17 n. Chr. auf 142 Bücher anwuchs und daher als monumental bezeichnet werden kann.[2] Zu dieser Zeit herrschte im Römischen Reich keineswegs sofort innenpolitische Ruhe, da Oktavian, nachdem er durch den Sieg über Kleopatra auch Ägypten unter seine Herrschaft gebracht hatte,[3] erst noch den Osten des Reiches stabilisieren musste; dazu war es nötig, dass er sich selbst weiterhin dort aufhielt.[4] Mitte des Jahres 29 v. Chr. kehrte Oktavian nach Rom zurück und feierte einen dreifachen Triumph; in der Stadt Rom gab es allerdings sowohl vor der Rückkehr des Prinzeps als auch während seiner Anwesenheit immer wieder politische Unruhen.[5] Oktavian schloss den Janusbogen, um eine neue Friedenszeit anzuzeigen,[6] eine Geste, die noch ihre Wirkung zeigte und deren sich in den Jahren zuvor – im Gegensatz zu den zahlreichen Triumphzügen Caesars und Oktavians – niemand bedient hatte.[7]

In den Folgejahren kam es zu einer Neuordnung des Staates sowie zu einer immer stärker werdenden, größtenteils auch religiösen Verehrung des Oktavian und seines Adoptivvaters, der als *Divus Iulius* verehrt wurde.[8] Oktavian ließ ferner im Jahr 28 v. Chr. viele Tempel erneuern, belebte so die alte römische Religion neu und gab nach einigen innenpolitischen Maßnahmen am 13. Januar 27 v. Chr. alle

---

1 KIENAST ⁴2009, 71 und SCHLANGE-SCHÖNINGEN 2012, 2f., der die Bedeutung von Actium für die Etablierung der Herrschaft Oktavians betont.
2 Zur Datierung vgl. Kap. 1.1.3.
3 Vgl. SCHLANGE-SCHÖNINGEN 2012, 80.
4 Vgl. KIENAST ⁴2009, 74 ff.
5 KIENAST ⁴2009, 76 f., der auch auf die Verschwörung des M. Aemilius Lepidus Ende des Jahres 30 v. Chr. hinweist, die von Maecenas aufgedeckt wurde.
6 KIENAST ⁴2009, 80.
7 Vgl. SCHAUER 2007, 17 f. mit dem Hinweis auf die Triumphe Caesars des Jahres 46 v. Chr. und Oktavians des Jahres 36 v. Chr. nach dem Sieg über Sex. Pompeius.
8 KIENAST ⁴2009, 78 f.

außerordentlichen Gewalten zurück, um die alte *res publica* wiederherzustellen,⁹ wobei es sich nur um eine scheinbare Rückgabe der Macht handelte.¹⁰ Drei Tage später erhielt Oktavian schließlich neben anderen Ehrungen den Namen Augustus.¹¹ Danach zog er immer mehr innen- und außenpolitische Befugnisse an sich und hatte eine starke Klientel hinter sich. Diese ging weit über das in der späten Republik übliche Klientelwesen hinaus,¹² obwohl bereits dieses ein besonderes war und aus dem Ruder zu laufen schien.¹³ Eine weitere Ehrung für Augustus war der Tugendschild (*clipeus virtutis*), den er aufgrund seiner *virtus*, *clementia*, *iustitia* und *pietas* erhielt,¹⁴ die allesamt alte römische Werte darstellen.¹⁵ Daraus ergibt sich auch die Bedeutung der ersten Pentade des Livius, in der nicht nur die römische Frühzeit thematisiert wird, sondern in der Livius anhand von Aitien und Exempla die Entstehung dieser Tugenden schon in der Frühzeit grundlegt.

Augustus hatte vom Senat alle wichtigen Ehren erhalten, um seinen Prinzipat¹⁶ aufzubauen, sodass der Senat „ganz wesentlich die äußere Form der neuen Monarchie mitbestimmt [hat]".¹⁷ Was im Rückblick wie eine große Reform- und Restaurationspolitik Oktavians aussieht, war zunächst ein Versuch, der nach kurzer Zeit auch hätte scheitern können.¹⁸ Natürlich wurde Oktavian auch immer wieder als Friedensbringer stilisiert.¹⁹ Inwiefern jedoch die Bevölkerung die Zeit nach Actium und nach der Wiederherstellung der Republik, vor dem Hintergrund der jahrzehntelangen Bürgerkriegserfahrungen, schon als eine Zeit des dauerhaften Friedens aufgefasst hat, wie es später in der augusteischen Zeit der Fall war, sei dahingestellt. Es hätte immer wieder ein neuer Bürgerkrieg ausbrechen können. Die kurze Zeit seit dem Ende der Bürgerkriegshandlungen ließ allenfalls

---

9 Vgl. Kienast ⁴2009, 82f. Zur Bewertung der *res publica restituta* vgl. S. 90 ff.
10 Schlange-Schöningen 2012, 4.
11 Kienast ⁴2009, 83 und Schlange-Schöningen 2012, 88 f.
12 Vgl. Kienast ⁴2009, 88.
13 Vgl. Schauer 2016, 33 ff.
14 Vgl. Kienast ⁴2009, 96 ff. mit ausführlichen Erläuterungen zur Bedeutung der Tugenden für das Handeln Oktavians bzw. des Augustus.
15 Vgl. Thome 2000a, 30 ff. mit grundsätzlichen Überlegungen zu Werten der Römer und zur Bezeichnung ‚Wert'. Sie sieht die Bezeichnung ‚Wert' zwar problematisch, da sich die Haltungen, die die Wertbegriffe implizieren, aus aktiv zu vollbringenden Handlungen ergeben. Die Bezeichnung ‚Wert' hat sich aber eingebürgert, sodass sie dennoch – auch von Thome – verwendet wird.
16 Zum Terminus ‚Prinzeps' vgl. Schlange-Schöningen 2012, 5 und ausführlich Kienast ⁴2009, 204 ff.
17 Kienast ⁴2009, 98.
18 Vgl. Schauer 2007, 16.
19 Kienast ⁴2009, 80 und Schlange-Schöningen 2012, 28.

eine Hoffnung auf Frieden, keineswegs aber eine Sicherheit zu.[20] Dies ist auch aus der Literatur dieser Zeit erkennbar, da Dichter wie Properz und Horaz den grausamen Bürgerkrieg und Actium thematisieren und auch Livius in seiner *praefatio* noch ein ambivalentes Bild zeichnet: *haec tempora quibus nec vitia nostra nec remedia pati possumus* (Liv. praef. 9).[21] Somit darf die Entstehungszeit der ersten Pentade,[22] deren *terminus ante quem*, wenn man die späteste Datierung annimmt, 25 v. Chr. ist, sicher noch nicht mit der späteren augusteischen Friedenszeit gleichgesetzt werden.[23]

1.1.2 Livius, Augustus und die veränderte Erinnerungskultur der augusteischen Zeit

Aus diesen gerade erörterten Gründen ist es fraglich, ob die in der Forschung oft diskutierte Frage, ob Livius Augusteer oder Republikaner war, so eindeutig zu beantworten ist.[24] Es steht fest, dass der Name ‚Augustus' im gesamten Werk des Livius nur dreimal vorkommt.[25] Dies spricht aber nur auf den ersten Blick dafür, dass Livius Republikaner war, da immer zu bedenken ist, dass die zeitgeschichtlichen Bücher des Livius nicht erhalten sind. Die Diskussion geht vor allem von der Aussage des Tacitus aus, gemäß dem Augustus Livius als einen Pompejaner bezeichnet habe, was deren Freundschaft aber keinen Abbruch getan habe: *Titus Livius, eloquentiae ac fidei praeclarus in primis, Cn. Pompeium tantis laudibus tulit, ut Pompeianum eum Augustus appellaret; neque id amicitiae eorum offecit* (Tac. ann. 4,34,3). Kienast geht beispielsweise davon aus, dass es sich dabei um einen Seitenhieb des Augustus auf Livius handelte, der sich um eine ausgewogene Geschichtsdarstellung und um ein gewissermaßen unabhängiges Urteil bemühte, obwohl das livianische Werk im Großen und Ganzen den Vorstellungen des Prinzeps entsprach.[26] Raban von Haehling arbeitet nach eingehender Analyse der Zeitbezüge in der ersten Dekade heraus, dass Livius Augustus nicht vorbehaltlos überhöht, und weist auf den noch unsicheren Frieden zu Beginn der Zeit des

---

20 Vgl. SCHAUER 2007, 15 und HAEHLING 1989, 188.
21 Vgl. SCHAUER 2007, 17, bes. Anm. 5 mit weiteren Stellenangaben zu Horaz und Properz.
22 Vgl. ausführlich Kap. 1.1.3.
23 Vgl. MILES 1995, 93.
24 Vgl. beispielsweise für die Sichtweise, dass Livius Republikaner war, den Aufsatz von BURTON 2000. DAHLHEIM 2006, 71 bezeichnet ihn als Augusteer.
25 MENSCHING 1967, 12. Dies bezieht sich auf die erhaltenen Teile des Werkes.
26 KIENAST ⁴2009, 268.

Augustus hin.[27] Einerseits darf man sicherlich annehmen, dass es auch für Livius in den frühen Zwanzigerjahren des ersten vorchristlichen Jahrhunderts noch nicht klar war, wie sich die politische Lage entwickeln würde. Andererseits unternahm ja auch Augustus beispielsweise durch den Vorgang der *res publica restituta* oder durch die Bezeichnung *princeps* alles dafür, sich in die republikanische Tradition zu stellen und die Republik fortleben zu lassen. Daher sind mögliche prorepublikanische Tendenzen im Werk des Livius nicht zwingend als antiaugusteisch zu verstehen. Doch der einfache Umkehrschluss, dass diese Tendenzen proaugusteisch zu deuten seien, ist ebenso wenig zulässig. Livius sah wohl in Augustus den, der die zerrütteten Verhältnisse im römischen Staat überwinden konnte, wobei gerade der religiös-kultische Bereich von Bedeutung ist.[28] Zumindest zum Zweck der Stabilisierung des Staates war auch für Livius die Alleinherrschaft zu rechtfertigen.[29] Miles kritisiert, in der Forschung werde die Annahme, dass sich Livius bewusst keiner der beiden Strömungen angeschlossen habe, überhaupt nicht diskutiert.[30] Eine weitere Klärung und Bewertung dieser Frage soll hier nicht weiterverfolgt werden, da sie einerseits durch das Fehlen der zeitgeschichtlichen Bücher erschwert wird,[31] andererseits für unsere Untersuchung nicht entscheidend ist.

Für uns ist es eher relevant, Livius' politische Position als Geschichtsschreiber vor dem Hintergrund einer mit dem Ende der Republik veränderten Erinnerungskultur zu betrachten. Die Rahmenbedingungen für die Produktion des livianischen Werkes sind, wie es insgesamt für das Rom der augusteischen Zeit der Fall ist, relativ gut bekannt.[32] Mit den Veränderungen im politischen Bereich geht auch ein sozialer und kultureller Wandel einher, der starke Auswirkungen auf die Art und Weise hat, wie man sich mit der Vergangenheit beschäftigt.[33] Pausch hebt hier insbesondere die Veränderungen in der Geschichtskultur hervor, die sich mit dem Übergang von der Republik zum Prinzipat ergeben:

> Hier spielt vor allem der Übergang von der heterogenen Geschichtskultur, wie sie während der Republik von den miteinander konkurrierenden *gentes* der Nobilität gepflegt wurde, zu

---

27 HAEHLING 1989, 188. NESSELRATH 1990, 153 weist darauf hin, dass die diskutierte Äußerung des Tacitus nicht aus dessen Perspektive erfolgt.
28 HAEHLING 1989, 188.
29 Vgl. HAEHLING 1989, 219.
30 MILES 1995, 3 (Anm. 5).
31 PAUSCH 2011, 36 und NESSELRATH 1990, 154.
32 PAUSCH 2011, 17.
33 PAUSCH 2011, 17. Eine Veränderung in der Erinnerungskultur zu Beginn der augusteischen Zeit sieht auch schon BURCK 1964, 180, ohne diese jedoch näher zu begründen.

einer von ihrem Anspruch her die gesamte römische Gesellschaft umfassenden Repräsentation der eigenen Vergangenheit in augusteischer Zeit eine entscheiden[de] Rolle.[34]

Als die Geschichtsschreibung im 3. Jh. v. Chr. als senatorische Geschichtsschreibung begann, waren die einzelnen *gentes* der Nobilität darum bemüht, ihre eigene politische Tätigkeit ins entsprechende Licht zu rücken, was auch die jüngere Annalistik aufgriff.[35] Die gesamtgesellschaftliche Dokumentation beschränkte sich hingegen vor allem auf die jährlichen Aufzeichnungen des *pontifex maximus*.[36] Diese Hervorhebung der eigenen Tätigkeit erfolgte mittels verschiedener Formen und Medien wie beispielsweise der *laudationes funebres* und der *imagines maiorum*, durch die Aufstellung von Statuen und ab dem 3. Jh. v. Chr. mit Hilfe immer mehr literarischer Darstellungen.[37] Für die Zeit bis zum Beginn der römischen Geschichtsschreibung – und sicherlich auch danach – prägte der Ahnenkult, in dessen Rahmen die Taten der Vorfahren immer wieder erwähnt wurden, entscheidend das kulturelle Gedächtnis der Römer.[38] Hinzu kam, dass es sich für einen *nobilis* nicht schickte, sich literarisch zu betätigen. Dies durfte man, wie noch bei Sallust zu lesen ist,[39] allenfalls in einer – meist nicht ganz freiwilligen – Zeit des *otium* oder, wie bei Cato d. Ä., im Alter tun,[40] wobei die Autoren in der Entstehungszeit der Gattung der führenden politischen Klasse angehörten.[41] Dies änderte sich mit der Gruppe der Autoren der jüngeren Annalistik, die, obwohl über deren Biographien wenig bekannt ist, wohl kaum politisch aktiv waren.[42]

---

34 Pausch 2011, 17.
35 Vgl. Timpe 1979, 114.
36 Vgl. ausführlich zum Wandel in der Erinnerungskultur Pausch 2011, 18 ff.
37 Gotter u. a. 2003, 9 f. Blösel 2003, 53 f. weist auf die große Bedeutung des Totenkults (*pompa funebris*) für die Erinnerungskultur der Republik im Allgemeinen und die Darstellung und Präsentation der jeweiligen *gens* vor den einfachen Bürgern hin. Vgl. zu den Medien der Erinnerungskultur der Republik auch Walter 2004, 89 ff.
38 Blösel 2003, 62.
39 Sall. *Catil.* 4,1–2: *Igitur ubi animus ex multis miseriis atque periculis requievit et mihi relicuam aetatem a re publica procul habendam decrevi, non fuit consilium socordia atque desidia bonum otium conterere, neque vero agrum colundo aut venando, servilibus officiis intentum aetatem agere; sed a quo incepto studioque me ambitio mala detinuerat, eodem regressus statui res gestas populi Romani carptim [...] perscribere, eo magis quod mihi a spe metu partibus rei publicae animus liber erat.*
40 So schrieb beispielsweise Cato d. Ä. seine *Origines* erst im hohen Alter (vgl. z. B. Flach 2013, 68).
41 Gotter u. a. 2003, 13: „Geschichtsschreibung war in Rom zunächst eine sozial exklusive Veranstaltung. Die Verfasser, zumindest in der Phase, als sich die Gattung konstituierte, waren ausnahmslos Vertreter des politischen Establishments." Vgl. weiterhin S. 13 f.
42 Pausch 2011, 25 f., der bei Claudius Quadrigarius ein Patronatsverhältnis annimmt.

Anhand des Werkes von Cato wird die Zentrierung der frühen Geschichtsschreibung auf die einzelnen *gentes* besonders deutlich. Er nennt als Statement gegen die Geschichtsschreibung der *nobiles* in seinem Geschichtswerk kaum Namen.[43] In der Erinnerungskultur der späten Republik wird die Einbeziehung der Zeit vor der Republik immer wichtiger, besonders im Hinblick auf die Darstellung der eigenen Ahnenreihe.[44] Die jüngere Annalistik[45] versuchte, „die gemeinsame Vergangenheit aus ihrer jeweiligen Perspektive zu präsentieren und umzudeuten".[46] Die integrative Kraft der gemeinsamen Erinnerung der *gentes* für das römische Volk war allerdings aufgrund der innenpolitischen Situation in der späten Republik nicht mehr vorhanden, da es nicht mehr darum ging, die eigenen Erfolge für das gesamte römische Volk darzustellen, sondern sich als Sieger im Machtkampf gegen politische Rivalen zu präsentieren.[47] Außerdem wurde mit der durch die Bundesgenossenkriege vergrößerten gebildeten Oberschicht der Rezipientenkreis für historiographische Literatur immer größer, da ihre Mitglieder sich vor allem, um politisch Fuß zu fassen, für die Vergangenheit interessierten.[48] In der jüngeren Annalistik bildete sich dann das annalistische Schema als zeitloses Schema heraus, das grundsätzlich beliebig weit fortgesetzt werden konnte.[49] Ab der Zeit Sullas war es zudem für Autoren ohne politische oder militärische Er-

---

43 GOTTER 2003, 118 sieht in der Unterdrückung der Namen das Hervorheben der Pflichterfüllung für das römische Volk und einen Gegenpol zum annalistischen Prinzip, deren Hauptelemente die Namen und die Berufung auf die *tabulae* der *pontifices* sind. PAUSCH 2011, 23 sieht Catos Stellung als *homo novus* ausschlaggebend.
44 PAUSCH 2011, 24f. mit Anm. 54 und Anm. 55, der ein Beispiel aus einem Fragment einer *laudatio funebris* Caesars für dessen Tante anführt, das bei Sueton überliefert ist (Suet. *Iul.* 6,1), und zusätzlich die Stelle Dion. Hal. *ant.* 1,85,3 (hier zitiert nach der Ausgabe JACOBY 1967), in der mehr als 50 römische Familien genannt werden, die sich auf trojanische Abstammung zurückführen.
45 Zu den Geschichtsschreibern der ‚jüngeren Annalistik' vgl. TIMPE 1979, 97.
46 PAUSCH 2011, 25. BLÖSEL 2003, 56 weist darauf hin, dass in der *pompa funebris* weder auf „die griechisch-mythologischen Genealogien" noch auf die Königszeit eingegangen wurde. Hingegen waren laut WALTER 2003, 135 die ältesten historiographischen Werke Roms alle „Gesamtgeschichten", in denen die Geschichte Roms von der Zeit vor der Gründung bis in die eigene Zeit beschrieben wurde, wobei „offenbar ein fester Kanon von Themen und Botschaften [bestand]".
47 BLÖSEL 2003, 71.
48 WALTER 2003, 141.
49 WALTER 2003, 144f., der sich ausführlich zur jüngeren Annalistik äußert. RICH 2009, 118 sieht für Historiographen, die die gesamte Geschichte Roms *ab urbe condita* behandeln, im annalistischen Schema die einzige Möglichkeit, das Werk zu gliedern.

fahrung möglich, Geschichte zu schreiben und dennoch vom Publikum akzeptiert zu werden; dies blieb aber weiterhin die Ausnahme.[50]

Dies ist für Livius nicht ohne Bedeutung, da er aus Padua stammte und zunächst keine Verbindungen zur römischen Politik hatte. Für ihn waren die Werke der jüngeren Annalistik die Hauptquellen seiner Darstellung.[51] Mit dem Übergang zum Prinzipat verliert der Kampf um politische Ämter an Bedeutung, was dazu führt, dass die Geschichte in unterschiedlichen Medien auf das gesamte römische Volk bezogen und dabei teleologisch umgedeutet wird, wobei das Ziel in der eigenen Zeit liegt.[52] Eine Folge dieser Entwicklung ist beispielsweise die Kanonisierung der *summi viri* der Vergangenheit auf dem Augustus-Forum oder das Werk des Livius, der die Geschichte des *populus Romanus* (Liv. *praef.* 1) darstellen will.[53] Livius' Werk entsteht also am Ende einer Zeit des Wandels in der Erinnerungskultur. In der ersten Pentade wird die frühe Vergangenheit, beginnend mit der Vorgeschichte der Gründung Roms bis zur Wiedergründung nach dem Galliersturm, aus römischer Perspektive behandelt. Dies erklärt auch, warum es in der vorliegenden Arbeit um die Romdarstellung bei Livius gehen soll. Es ist etwas Besonderes, dass wieder ein römischer Autor über die Frühgeschichte schreibt und dies erstmals aus gesamtrömischer Perspektive. Livius stellt sich damit in die Tradition der Autoren, die Gesamtgeschichten verfassten, obwohl diese zum Ende des ersten Jahrhunderts zugunsten von zeitgeschichtlichen Werken wie beispielsweise den *Historien* von Sallust und historischen Monographien – hier ist als Beispiel ebenfalls Sallust mit *de coniuratione Catilinae* und *de bello Iugurthino* anzuführen – aufgegeben wurde.[54]

1.1.3 Der Text – Entstehung der ersten Pentade

Wann Livius begonnen hat, an *ab urbe condita* zu schreiben und wann er welche Teile seines Geschichtswerkes veröffentlicht hat, ist in der Forschung bis heute unklar und umstritten.[55] In seinem Werk sind kaum Indizien zu finden, die auf die

---

50 MENSCHING 1986, 580. FEICHTINGER 1992, 15 (Anm. 31) nennt Coelius Antipater neben Livius als einzige Ausnahme für Geschichtsschreiber, die nicht der Oberschicht angehören.
51 Vgl. TIMPE 1979, 97 f. mit Erläuterungen zum Wert der Werke der jüngeren Annalistik als historische Quelle und Livius' Umgang mit ihnen.
52 PAUSCH 2011, 32. Vgl. dazu auch Kap. 2.2.1.
53 PAUSCH 2011, 33 f.
54 Vgl. WALTER 2003, 137 ff. auch zu den Gründen dieses Scheiterns.
55 SCHEIDEL 2009, 653 fasst dieses Problem treffend zusammen: „The chronology of the genesis of Livy's massive work is largely obscure."

Zeit der Entstehung oder auf die der Veröffentlichung schließen lassen.[56] Nicht weniger unklar und umstritten ist die Datierung der ersten Pentade. Für unsere Analyse sind im Zusammenhang mit der Entstehungszeit dieser ersten Pentade und der *praefatio* folgende Fragen relevant: Wann begann Livius mit seiner Arbeit an seinem Geschichtswerk? Wann wurden die erste Pentade und die *praefatio* veröffentlicht? Wurde die Pentade als ganze zusammen mit der *praefatio* veröffentlicht oder Buch 1 zunächst einzeln? Welche Belege stützen die Vermutungen zu diesem Thema, die bei aller Unklarheit einen möglichst hohen Grad an Wahrscheinlichkeit haben?

Diejenigen Autoren, die sich mit dieser Frage beschäftigen und nicht einfach eine mögliche Datierung voraussetzen,[57] stützen sich in ihrer Argumentation im Hinblick auf die Datierung der ersten Pentade auf die beiden Augustusbezüge im ersten und im vierten Buch[58] und im Hinblick auf die Einteilung des Werkes auf die Binnenproömien zu Anfang des zweiten und zu Anfang des sechsten Buches. Darüber hinaus muss zwischen dem Beginn der Abfassung des Werkes und einer ersten Veröffentlichung unterschieden werden.[59] In der Forschung haben sich hinsichtlich der Datierung zwei Gruppen herausgebildet. Eine ist der Meinung, dass die Augustusbezüge im ersten und vierten Buch auf eine Veröffentlichung der ersten Pentade zwischen 27 und 25 v. Chr. schließen lassen.[60] Die andere Gruppe sieht die beiden Augustusbezüge als spätere Hinzufügungen an und geht entweder davon aus, dass frühere Fassungen des ersten Buches oder sogar Teile der ersten Pentade bereits mündlich vorgetragen wurden[61] oder dass es sich um eine zweite Auflage dieser Bücher handelt.[62]

---

56 Vgl. BURCK 1992, 5.
57 Vgl. beispielsweise SYME 1977, 39, GALL 2013, 91 und teilweise PAUSCH 2011, 17 und 32f., wobei letzterer einerseits die Abfassung der ersten Pentade und der *praefatio* auf die Zeit zwischen 27 und 25 v. Chr. festlegt, andererseits die These von einer Einzelveröffentlichung des ersten Buches und einer möglichen älteren ersten Auflage ebenfalls unkommentiert referiert.
58 Es handelt sich um Liv. 1,19,3 und um Liv. 4,20,5–11 (genauer s.u.). Eine Datierung anhand dieser beiden Textstellen nehmen u.a. BORNECQUE 1933, 11–14, BAYET 1940, XVI–XX, WALSH 1961, 5–7 und MENSCHING 1967 vor. LUCE 2009 (zuerst 1965), 17–48 widmet der Datierung der ersten Dekade in der Folge einen ganzen Aufsatz.
59 HAEHLING 1989, 19.
60 Vgl. BORNECQUE 1933, 11; WEISSENBORN u. MÜLLER ¹¹1963a, 10; OGILVIE 1965, 94; MENSCHING 1967, 22; MENSCHING 1986, 576f. allerdings ausgehend von problematischen Überlegungen zur Schreibgeschwindigkeit des Livius; BURCK 1992, 5; MILES 1995, 92; EDWARDS 1996, 49; MINEO 2006, 12f.
61 LUCE 2009 (zuerst 1965), 41, der u.a. damit eine spätere Datierung begründet, wobei er der Datierung der ersten Pentade einen ganzen Aufsatz widmet; OGILVIE 1974, V; BURTON 2000, 444 und BURTON 2008.

Aufgrund der Hinweise im Text des Livius lässt sich die Veröffentlichung der ersten Pentade in der uns durch die Überlieferung vorliegenden Fassung, wie schon erwähnt, in die Jahre 27 bis 25 v. Chr. datieren. Dafür ist vor allem die Passage im ersten Buch entscheidend, in der Livius im Zusammenhang mit der Regierungszeit des zweiten römischen Königs Numa Pompilius das Aition des Janusbogens erzählt. Numa schafft diesen Bogen als Anzeiger für Kriegs- und Friedenszeiten. Wenn er offen ist, befindet sich Rom im Krieg, wenn er geschlossen ist, herrscht im ganzen Reich Frieden:

> Quibus cum inter bella adsuescere videret non posse – quippe efferari militia animos – mitigandum ferocem populum armorum desuetudine ratus, Ianum ad infimum Argiletum indicem pacis bellique fecit, apertus ut in armis esse civitatem, clausus pacatos circa omnes populos significaret. Bis deinde post Numae regnum clausus fuit, semel T. Manlio consule post Punicum primum perfectum bellum, iterum, quod nostrae aetati di dederunt ut videremus, post bellum Actiacum ab imperatore Caesare Augusto pace terra marique parta (Liv. 1,19,2–3).[63]

Livius weist an dieser Stelle darauf hin, dass der Janusbogen seit der Regierungszeit des Königs Numa Pompilius erst zwei weitere Male geschlossen wurde,[64] nämlich unter T. Manlius nach dem Ende des Ersten Punischen Krieges und unter dem Imperator Caesar Augustus zu Livius' Lebzeiten (*nostrae aetati*). Daraus ergibt sich für das erste Buch folgende Datierung: Der Janusbogen wurde von Oktavian 29 v. Chr. zum ersten Mal geschlossen,[65] zum zweiten Mal 25 v. Chr.; Oktavian erhielt den Titel *Caesar Augustus* 27 v. Chr., sodass sich aus dieser hier zitierten Textstelle ergibt, dass das erste Buch in der Zeit zwischen 27 und 25 v. Chr. veröffentlicht worden sein muss.[66] Ogilvie gibt dagegen für die Entstehung den Zeitraum 29 bis 25 v. Chr. an, weil der Titel *Caesar Augustus* durchaus nachträglich, kurz vor der Veröffentlichung, hätte eingefügt werden können.[67] Diese Annahme scheint logisch, lässt sich aber letztlich aus dem uns überlieferten

---

62 LEVICK 2015, 25 (zumindest für Buch 1). WOODMAN 1988, 135 und 155 (Anm. 90); RAMBAUD 1977, 401. BAYET 1940, XVIII f.
63 Stellen aus den Büchern 1–5 von Livius' *ab urbe condita* sind, sofern nicht anders angegeben, nach der Ausgabe von OGILVIE 1974 zitiert.
64 OGILVIE 1965, 94 weist zu Recht darauf hin, dass der Janusbogen Symbolcharakter gehabt haben muss, da es in der römischen Geschichte bis zu Zeiten des Livius ohne Zweifel weitere Friedensperioden gegeben habe. Zum Aition des Janusbogens vgl. auch Kap. 2.4.2.5.
65 KIENAST ⁴2009, 80 und 223.
66 OGILVIE 1965, 94.
67 OGILVIE 1965, 94. Dass es sich bei dem ganzen Paragraphen um eine nachträgliche Hinzufügung handeln könnte (vgl. schon WEISSENBORN u. MÜLLER ¹¹1963a, 10 und BAYET 1940, 17, die diese Möglichkeit lediglich erwähnen und nicht begründen), überzeugt nicht.

Text nicht belegen. Wir können aus der Stelle Liv. 1,19,3 lediglich die Zeit zwischen 27 und 25 v. Chr. als Zeitpunkt der Veröffentlichung dieser uns über die Überlieferung vorliegenden Fassung festlegen.[68]

Diese These wird durch die zweite, häufig angeführte Belegstelle gestützt. Livius berichtet vom Triumphzug des Cossus, der die *spolia opima* in den Tempel des Jupiter Feretrius bringt, und erörtert in diesem Zusammenhang unter Berücksichtigung anderer Geschichtsschreiber die Frage, ob Cossus zu dieser Zeit Konsul oder Militärtribun war.[69] Caesar Augustus wird als Zeuge angeführt, dass er persönlich bei der Besichtigung des verfallenen, einst von Romulus gegründeten Jupiter Feretrius-Tempels diese *spolia* gefunden und darauf die Aufschrift *consul* gelesen habe (Liv. 4,20,1–11). Für die Datierung von Bedeutung ist folgender Satz:

> Hoc ego cum Augustum Caesarem, templorum omnium conditorem ac restitutorem, ingressum aedem Feretri Iovis quam vetustate dilapsam refecit, se ipsum in thorace linteo scriptum legisse audissem, prope sacrilegium ratus sum Cosso spoliorum suorum Caesarem, ipsius templi auctorem, subtrahere testem (Liv. 4,20,7).

Auch hier ist der Titel *Caesar Augustus* entscheidend, den Oktavian erst im Jahr 27 v. Chr. erhalten hat, woraus sich, wenn man davon ausgeht, dass das erste Buch vor dem vierten Buch geschrieben und veröffentlicht wurde, für die Veröffentlichung ebenfalls der Zeitraum zwischen 27 und 25 v. Chr. ergibt. Allerdings sind hier die Dinge komplizierter. Es handelt sich um einen Exkurs, der leichter als die Ausführungen in Liv. 1,19,3 später hätte eingefügt werden können. Diese Stelle aus dem vierten Buch führen die Forscher an, die von einer späteren Hinzufügung der Augustusbezüge bzw. von einer zweiten Auflage sprechen.[70] Dennoch können wir bestenfalls annehmen, aber keineswegs beweisen, dass Livius die Bücher 1–5 früher, d. h. vor 27 v. Chr. begonnen hat.[71] Belege für eine zweite Edition der ersten Pentade haben wir ebenfalls nicht.[72] Auch weitere Versuche in der Forschung, frühere Daten zu belegen, überzeugen nicht nachhaltig. Daneben ist es nicht

---

68 Dagegen BURTON 2000, 435. MENSCHING 1967, 22 geht von einer separaten Publikation des ersten Buches aus und datiert die Bücher 2–5 gar auf das Jahr 24 v. Chr.
69 KIENAST ⁴2009, 267 geht davon aus, dass Augustus Livius dazu gezwungen hat, Cossus als Konsul zu bezeichnen, um zu verhindern, dass der Prokonsul Crassus nach seinem Sieg in Makedonien 28 v. Chr. die *spolia opima* weihte. So auch BURTON 2000, 433 ff.
70 S. oben Anm. 62. BAYET 1940, XVIII sieht im Fehlen des Augustusbezugs in Liv. 1,10,6 einen Beleg dafür, dass Liv. 4,20,5–11 später hinzugefügt wurde. LUCE 2009 (zuerst 1965), 19 ff. weist zahlreiche Widersprüche in dieser Passage nach.
71 Vgl. OGILVIE 1965, 564.
72 Vgl. OGILVIE 1965, 564.

zielführend, Spekulationen anzustellen, wann Livius mit der Arbeit an seinem Werk begonnen hat und in welchem Tempo er geschrieben hat.[73] Dies beispielsweise mittels einer mittleren Schreibgeschwindigkeit zu berechnen,[74] lässt völlig außer Acht, dass Livius bald schneller, bald langsamer schrieb und möglicherweise sogar Phasen hatte, in denen er nicht geschrieben hat.[75]

Die zweite Frage, die im Zusammenhang mit der Datierung geklärt werden muss, ist, ob die erste Pentade als ganze einschließlich der *praefatio* geschrieben und veröffentlicht wurde. Obwohl auch die Einteilung des livianischen Werkes in Pentaden, Dekaden oder gar Pentekaidekaden umstritten ist,[76] besteht doch in der Forschung der Konsens, dass nach Buch 5 aufgrund des Binnenprooms von Buch 6 ein starker Einschnitt vorhanden ist und dass die zweite Pentade inhaltlich eher zur dritten Pentade passt, da es in den Büchern 6–15 um die Eroberung Italiens geht.[77] Fraglich ist, ob Buch 1 einzeln vor den Büchern 2–5 veröffentlicht wurde,[78] weil es auch zu Beginn von Buch 2 ein Binnenproom gibt, das thematisch die Grenze zwischen Königszeit und Republik bildet.[79] Wie weiter unten zu zeigen sein wird, handelt es sich am Ende des ersten Buches und am Anfang des zweiten Buches um eine geschlossene, über die Buchgrenzen hinweggehende Episode zum Ende der Königszeit und zum Beginn der Republik.[80] Das Binnenproom des zweiten Buches kann demnach auch als eine Reflexion des auktorialen Erzählers in der Mitte einer Episode der Handlung aufgefasst werden und ist keineswegs ein so entscheidender Einschnitt, dass man daraus eine separate Veröffentlichung des ersten Buches ableiten könnte. Dabei muss man zugestehen, dass Camillus sowohl am Ende des fünften als auch am Anfang des sechsten Buches die Hauptfigur ist. Demnach könnte man eine ähnliche, unmittelbare Fortsetzung der im fünften Buch begonnenen Handlung annehmen. Allerdings macht Livius, wie gleich gezeigt werden wird, im Binnenproom des sechsten Buches deutlich, dass

---

73 Vgl. BURCK 1992, 5.
74 Vgl. MENSCHING 1986, 573 f. mit ausführlichen Überlegungen zur Schreibgeschwindigkeit, die er trotz aller erkannten Probleme und Unbekannten bei der Berechnung vornimmt.
75 Vgl. auch BURTON 2000, 443.
76 Vgl. STADTER 2009, 91 f.; MINEO 2006, 107 f.; BURCK 1992, 8 f.; LUCE 1977, 6, der von der Pentade als grundlegende Gliederungseinheit ausgeht. WALSH 1961, 5 und 173 f. geht von einer reinen Pentadenstruktur aus.
77 Vgl. VASALY 2015, 218; STADTER 2009, 93 f.; BURCK 1992, 8 f.; LUCE 2009 (zuerst 1965), 37–40; LUCE 1977, 3 f.
78 Für eine separate Veröffentlichung von Buch 1 sprechen sich aus: BAYET 1940, XII; MENSCHING 1986, 576; mit Einschränkungen BURCK 1992, 8. BURTON 2000, 443 vertritt ebenfalls diese Meinung, allerdings mit dem Hinweis darauf, dass dies im Allgemeinen Konsens sei.
79 LUCE 1977, 3.
80 Vgl. Kap. 2.4.3.3.

er die erste Pentade als Einheit auffasst. Luce geht sogar davon aus, dass einzelne Buchgrenzen ohne Bedeutung seien, Pentadengrenzen jedoch starke thematische Einschnitte bildeten.[81] Allerdings stützt das Binnenprooöm im sechsten Buch die Behauptung der gemeinsamen Veröffentlichung der ersten Pentade nicht völlig überzeugend, obwohl Livius explizit den Inhalt der ersten Pentade zusammenfasst und dabei Bezug auf die Königszeit und die Republik nimmt:

> Quae ab condita urbe Roma ad captam eandem Romani sub regibus primum, consulibus deinde ac dictatoribus decemvirisque ac tribunis consularibus gessere, foris bella, domi seditiones, quinque libris exposui, [...]. Clariora deinceps certioraque ab secunda origine velut ab stirpibus laetius feraciusque renatae urbis gesta domi militiaeque exponentur (Liv. 6,1,1–3).[82]

Unabhängig von der Frage der Publikation der Bücher fasst Livius die erste Pentade demnach eindeutig als Einheit auf, was sich vor allem an den Worten *quinque libris exposui* zeigt, und nennt zusätzlich die zweite Gründung der Stadt als Ausgangspunkt seines weiteren Schreibens.[83] Dies wird durch die botanische Metapher *ab stirpibus laetius feraciusque renatae urbis* zusätzlich untermauert.[84] Livius behandelt in der ersten Pentade die Geschichte Roms von der ersten bis zur zweiten Gründung als thematische Einheit.[85] Für unsere Betrachtungen ist es allerdings unerheblich, ob das erste Buch separat publiziert wurde. Daneben ist es fraglich, ob thematische Einheiten zwingend vom Datum der Publikation einzelner Bücher abhängen. Abgesehen davon darf die erste Pentade inhaltlich sicher als Einheit betrachtet werden.

Schließlich ist noch zu klären, ob die *praefatio* zusammen mit dem ersten Buch veröffentlicht wurde. Dafür sprechen die Worte am Anfang des ersten Buches. Denn der Beginn mit *Iam primum omnium satis constat* (Liv. 1,1,1) wäre für den Beginn eines Geschichtswerkes ungewöhnlich, da weder, wie bei Herodot oder Thukydides, der Name des Geschichtsschreibers noch, wie bei anderen Autoren, das Thema des Werkes genannt würden.[86] Letzteres ist zu Beginn der

---

81 Luce 1977, 25
82 Stellen aus Buch 6 von Livius' *ab urbe condita* sind, sofern nicht anders angegeben, nach der Ausgabe von Walters u. Conway 1919 zitiert.
83 Luce 1977, 3.
84 Vasaly 2015, 218.
85 Rambaud 1977, 401 f. bezeichnet die erste Pentade als „la pentade de la fondation". Mineo 2006, 108 sieht mit dem Thema *libertas* eine thematische Einheit in den Büchern 2–5 und konzediert, dass das erste Buch auch separat veröffentlicht sein könnte, geht aber dennoch von der gemeinsamen Veröffentlichung der ersten Pentade aus.
86 Ogilvie 1965, 36 f.

praefatio eindeutig der Fall: *si a primordio urbis res populi Romani perscripserim* (Liv. *praef.* 1). Es überzeugt nicht, wie Woodman, die Veröffentlichung der ersten Pentade aufgrund der pessimistischen Stimmung im Hinblick auf die Bürgerkriegsthematik in die Zeit der Bürgerkriege zu datieren.[87] Auch in den frühen Zwanzigern des ersten vorchristlichen Jahrhunderts ist, wie schon dargestellt,[88] der Friede keineswegs so gesichert, dass der Bürgerkrieg kein Thema wäre. So behandelt Livius das Thema Bürgerkrieg auch in der ersten Pentade im Zusammenhang mit dem Krieg von Rom gegen Alba Longa in der Regierungszeit des dritten römischen Königs Tullus Hostilius.[89] Es muss sich erst noch zeigen, ob Rom zur Zeit des Livius die Wende geschafft hat. Ich stimme daher der *communis opinio* der Forschung zu, dass die *praefatio* spätestens mit der ersten Pentade veröffentlicht worden sein muss, keinesfalls aber losgelöst vom Rest des Textes zeitlich vor dem ersten Buch.

Zusammenfassend lässt sich feststellen und unseren weiteren Betrachtungen zugrunde legen, dass die erste Pentade als Einheit mit der *praefatio* in der Zeit zwischen 27 und 25 v. Chr. veröffentlicht worden sein muss. Livius hat sicherlich wenige Jahre vor 27 v. Chr. mit seinen Vorarbeiten begonnen. Wann genau er mit der Arbeit an seinem Werk angefangen hat, lässt sich aus den Hinweisen in dem uns überlieferten Text ebenso wenig feststellen und belegen wie die Existenz einer früheren Auflage.

1.2 Fragestellung

Obwohl das monumentale Geschichtswerk des T. Livius bis heute häufig in der Forschung betrachtet wurde,[90] fehlt eine weitestgehend textimmanente Untersuchung zur Romdarstellung des Livius hinsichtlich der römischen Frühzeit, über die Livius in der ersten Pentade berichtet. Es soll also der Frage nachgegangen werden, wie Livius von Beginn seines Werkes an die Stadt und den Staat[91] Rom

---

87 WOODMAN 1988, 132.
88 Vgl. Kap. 1.1.1.
89 Vgl. Kap. 2.4.2.2.
90 Vgl. Kap. 1.3.
91 Der Begriff ‚Staat' wird für die Antike bisweilen problematisch gesehen, da keine „abstrakte S[taats]-Idee" vorhanden war (EDER 2001, 873). Dennoch hält EDER 2001, 873 die Verwendung für unproblematisch: „Die Verwendung des Begriffs „S[taat]" für diese vormodernen Ges[ellschaften] ist dennoch berechtigt, da diese einerseits die formalen Mindestkriterien erfüllen: permanentes S[taats]-Volk, definiertes Territorium, organisierte Verwaltung und Regierung sowie Fähigkeit zur Aufnahme von Außenbeziehungen [...]". In dieser Arbeit wird daher der Begriff ‚Staat' zur Bezeichnung der *res publica Romana* verwendet.

mit literarischen Mitteln als eine Erzählung darstellt. Warum stellen wir in Bezug auf ein historiographisches Werk, in dem ohne Zweifel die Geschichte der Stadt Rom verhandelt wird (*si a primordio urbis res populi Romani perscripserim* [Liv. *praef.* 1]), die Frage nach der Romdarstellung? Dies ergibt sich einerseits aus dem oben beschriebenen Phänomen,[92] dass mit der veränderten Erinnerungskultur in der späten Republik und zu Beginn der augusteischen Zeit die *res populi Romani* als Ganze von der Frühgeschichte an im Mittelpunkt des Interesses steht. Andererseits ist *ab urbe condita* als literarisches Werk ein wichtiger Bestandteil des gesamten Diskurses seiner Entstehungszeit.[93] Geschichtsschreibung stellt nicht nur die Vergangenheit dar, sondern hat immer auch einen Bezug zur Gegenwart.[94] Man beschäftigt sich mit Geschichte, um die eigene Zeit besser zu verstehen.[95]

Ein entscheidender Bestandteil des Diskurses der frühen augusteischen Zeit ist die Darstellung der römischen Geschichte, wobei ein besonderes Interesse an der Frühgeschichte besteht.[96] In verschiedenen literarischen Gattungen werden einerseits die Fakten über die römische Geschichte, andererseits die allgegenwärtigen Vorstellungen von Rom, ihre Auswirkungen auf die Gegenwart der augusteischen Zeit sowie die beginnende Romidee thematisiert.[97] Die Vorstellung der Romidee, wonach Roms Macht ewig ist, ist in der politisch aktiven Oberschicht bereits vorhanden. Auch Livius ist Bestandteil dieses Diskurses und wird von diesem beeinflusst. Daher ist es sinnvoll, sich die Frage nach der Romdarstellung in seinem Werk zu stellen. In diese Romdarstellung sind die Einflüsse des Diskurses der beginnenden augusteischen Zeit und Livius' eigene Erfahrungen mit Geschichte sicherlich eingegangen.[98] Dies zeigt auch ein erster Blick auf die

---

92 Vgl. Kap. 1.1.2.
93 SCHAUER 2007, 35 f. definiert Diskurs folgendermaßen: „Unter Diskurs verstehe ich die Summe der unzähligen heterogenen Faktoren, die teils faßbar, teils verborgen, auf einen zeitlich und lokal begrenzten, aber nicht in sich abgeschlossenen Bereich auf mannigfaltige und oft nicht durchschaubare Weise wirken und eine bestimmte politische, geistesgeschichtliche und kulturelle Atmosphäre erzeugen, die in typischen Kulturmanifestationen aller Art (Kunst, Literatur, Stil, Institutionen, Wertvorstellungen etc.) ihren konkreten Ausdruck findet."
94 NÄF 2010, 10. Vgl. dazu auch NÄF 2010, 18: „Ein Geschichtswerk zeugt dabei von Darstellungsschwerpunkten und -möglichkeiten, wie sie in einem bestimmbaren Zeitraum als wichtig empfunden worden sind, nämlich in jenem Zeitraum, in welchem jemand seine Rekonstruktion von Geschehen in jenen Guss zu bringen hatte, der durch seine Interessen und Absichten, aber auch durch die Erwartungen seines Publikums und die Anforderungen an die Form historiographischer Texte bestimmt gewesen ist." Ebenso VON HAEHLING 1989, 11.
95 Vgl. NÄF 2010, 10.
96 Vgl. Kap. 1.1.2.
97 Zur Romidee vgl. KLINGNER 1993 [zuerst: 1927].
98 Vgl. NÄF 2010, 180.

praefatio des Livius. Aus ihr ergibt sich, welche zentralen Aspekte Livius mit Rom verbindet. Sie ist gleichsam eine Anleitung für den Leser, wie das folgende Werk zu verstehen ist.[99] Diese Aspekte will Livius in seinem Geschichtswerk über Rom abhandeln:

> (1) Facturusne operae pretium sim si a primordio urbis res populi Romani perscripserim [...]. (6) Quae ante conditam condendamve urbem poeticis magis decora fabulis quam incorruptis rerum gestarum monumentis traduntur, ea nec adfirmare nec refellere in animo est. (7) Datur haec venia antiquitati ut miscendo humana divinis primordia urbium augustiora faciat; et si cui populo licere oportet consecrare origines suas et ad deos referre auctores, ea belli gloria est populo Romano ut cum suum conditorisque sui parentem Martem potissimum ferat, tam et hoc gentes humanae patiantur aequo animo quam imperium patiuntur. (8) Sed haec et his similia utcumque animadversa aut existimata erunt haud in magno equidem ponam discrimine: (9) ad illa mihi pro se quisque acriter intendat animum, quae vita, qui mores fuerint, per quos viros quibusque artibus domi militiaeque et partum et auctum imperium sit; labante deinde paulatim disciplina velut dissidentes primo mores sequatur animo, deinde ut magis magisque lapsi sint, tum ire coeperint praecipites, donec ad haec tempora quibus nec vitia nostra nec remedia pati possumus perventum est. (10) Hoc illud est praecipue in cognitione rerum salubre ac frugiferum, omnis te exempli documenta in inlustri posita monumento intueri; inde tibi tuaeque rei publicae quod imitere capias, inde foedum inceptu foedum exitu quod vites (Liv. *praef.* 1; Liv. *praef.* 6–10)

Die Romdarstellung des Livius soll anhand verschiedener zentraler Kategorien erschlossen werden, die Livius in seiner *praefatio* explizit oder implizit vorgibt. Livius nennt mit den Worten *si a primordio urbis res populi Romani perscripserim* (Liv. *praef.* 1), eingebettet in die für ein Proömium topische Frage, ob es wirklich der Mühe wert sei, dieses große Vorhaben aufzunehmen, obwohl der Stoff schon mehrfach behandelt und variiert wurde,[100] deutlich das Thema seines Geschichtswerkes: die Taten des römischen Volkes von seinen ersten Anfängen an.[101] Auffällig ist, dass Livius hier den Ausdruck *res perscribere*, der in der Geschichtsschreibung häufiger zur Bezeichnung des Vorhabens – das Verb *perscribere* bedeutet in diesen Fällen stets ‚ausführlich beschreiben' – steht, in genau dieser Formulierung wählt. Er spezifiziert *res* nicht mit einem Partizip wie beispielsweise *gestas*, wodurch er die Bedeutung von *res* eindeutig festlegen würde, sondern fügt das Attribut *populi Romani* hinzu. Damit spielt Livius an dieser

---

[99] VASALY 2015, 217. VASALY bezeichnet die *praefatio* von *ab urbe condita* an dieser Stelle zu Recht „as a kind of ‚reader's guide' to the work".
[100] Vgl. Liv. *praef.* 1f. MOLES 2009, 51–54 ordnet den Anfang der *praefatio* ausführlich in die Proömien der antiken Historiographie ein.
[101] Livius scheint die Vorgeschichte der Gründung unter den Worten *a primordio urbis* zu subsumieren, da er im ersten Buch mit der Flucht des Aeneas aus Troia beginnt. WEISSENBORN u. MÜLLER [11]1963a, 75 weisen auf die betonte Stellung von *a primordio urbis* hin.

Stelle – wie auch im weiteren Verlauf des Proömiums – mit dem Wort *res*, indem er die Bedeutung bewusst offen beziehungsweise zweideutig lässt.[102] Man kann *res* hier nun sowohl mit ‚Taten' als auch mit ‚Staat' übersetzen, was dadurch zu rechtfertigen ist, dass Livius das Wort *res* häufig auch ohne das Adjektiv *publica* zur Bezeichnung des römischen Staates gebraucht wie in der häufigen Verbindung *res Romana*.[103] Es geht also im Werk des Livius nicht nur um einen Tatenbericht, sondern um den römischen Staat und damit um Rom selbst. Außerdem haben sich in der zweiten Hälfte des ersten vorchristlichen Jahrhunderts die Erinnerungskultur in Rom und damit auch die Geschichtsschreibung entscheidend geändert. Darüber hinaus ist zu beachten, dass Livius aus Padua stammt und somit zumindest zeitweise, auch wenn er einen Großteil seines Lebens in Rom verbrachte, eine Art Außenperspektive auf Rom hatte.[104]

Nach Ausführungen zur Größe des Vorhabens legt Livius seine Kategorien dar, die er in seiner römischen Geschichte berücksichtigen will. Diese Ausführungen sind indirekt an den Leser gerichtet.[105] Zunächst wird die Bedeutung übernatürlicher Phänomene hinterfragt. Livius gibt mit einer gewissen Nachsicht zu, dass in alten Zeiten in Bezug auf die ersten Anfänge von Städten gerne Menschliches mit Göttlichem gemischt wird (*Datur haec venia antiquitati ut miscendo humana divinis primordia urbium augustiora faciat* [Liv. praef. 7]).[106] Nachdem er sich durch diese Aussage vom Göttlichen distanziert hat, legt er nun genauere, rationale Kategorien dar, die sein Werk über die Geschichte Roms leiten

---

102 *res gestas a Romanis perscribere* (Sempronius Asellio, FRH 12 F 1); *res gestas populi Romani carptim* [...] *perscribere* (Sall. *Catil.* 4,1); sogar ohne das Wort *res* bei Livius selbst: *haec gesta perscripsimus* (Liv. 23,48,4). Daher sind die Hinweise von Ogilvie 1965, 25 auf eine Stelle in den Historien des Sallust und auf die gerade zitierte Stelle in *de coniuratione Catilinae* zum Verständnis dieser Textstelle wenig hilfreich. Pausch 2011, 33 f. sieht im Fehlen des Partizips *gestas* die Unterscheidung zwischen *res gestae* der *gentes* und *res populi Romani*. Diese Annahme ist durchaus möglich, obwohl dennoch auffällt, dass Livius an dieser Stelle mit dem Wort *res* spielt. Die Zweideutigkeit von *res* zeigt sich auch in Liv. *praef.* 4: *Res est praeterea et immensi operis, ut* [...]. Hier liegt auf den ersten Blick die Übersetzung mit ‚Stoff' nahe, wodurch Livius eine Aussage zu seinem Werk trifft (vgl. Edwards 1996, 6). Dennoch kann man auch hier zumindest ‚Staat' verstehen, was sich besonders in dem folgenden mit *ut* eingeleiteten Konsekutivsatz zeigt, in dem Livius sagt, dass *res* so gewachsen sei, dass *res* an seiner Größe leidet. Dem widerspricht auch nicht, dass Livius in der *praefatio* explizit die Formulierung *res gestae* gebraucht, um deren Erinnerung er sich selbst kümmern will: *iuvabit tamen rerum gestarum memoriae* [...] *et ipsum consuluisse* [...] (Liv. *praef.* 3).
103 Vgl. zur Verbindung *res Romana* Liv. 1,9,1, Liv. 1,12,2 u. Liv. 3,9,1.
104 Pausch 2011, 30.
105 Vgl. Cizek 1992, 356 f. und Moles 2009, 66 f.
106 Diese Stelle steht im Zusammenhang mit Reflexionen über Qualität und Wahrheitsanspruch an die Quellen der Frühzeit. Siehe dazu die Ausführungen zu Liv. *praef.* 6–7 in Kap. 2.1.2.1.

sollen: *ad illa mihi pro se quisque acriter intendat animum, quae vita, qui mores fuerint, per quos viros quibusque artibus domi militiaeque et partum et auctum imperium sit* (Liv. *praef.* 9). Livius geht hier in drei Schritten vor, die seine drei zentralen Kategorien ergeben. Diesen Satz sieht Cizek als Definition einer Poetik der Geschichtsschreibung an,[107] was uns erlaubt, diesen Satz als Ausgangspunkt für eine Analyse der literarischen bzw. narrativen Technik der ersten Pentade zu nehmen. Zunächst nennt Livius parallel das Leben (*quae vita*) und die Sitten (*qui mores*) und leitet anschließend auf das Thema Entwicklung der Herrschaft über, was durch das am Satzende betonte *imperium* deutlich wird. Die Kategorie *imperium* wird von Livius genauer erläutert. Es soll um Gründung und Vergrößerung (*et partum et auctum*) durch Männer mit ihren Fähigkeiten (*per quos viros quibusque artibus*) im Krieg und zu Hause in Rom (*domi militiaeque*)[108] gehen. Anschließend weist Livius noch darauf hin, dass sich Rom keineswegs stetig weiter zu einem Höhepunkt entwickelt, sondern durch das Nachlassen von Zucht und guten Sitten (*labante [...] disciplina velut dissidentes primo mores*)[109] immer mehr ins Wanken gerät. Livius umreißt damit das wichtigste Thema der Historiographie, nämlich das Leben von Menschen in ihrer gesellschaftlichen und kulturellen Umgebung im Laufe der Zeit und ihre Bedeutung für die Geschichte.[110] Dabei lässt er es allerdings nicht bewenden, sondern formuliert ein weiteres Ziel seines Geschichtswerkes, nämlich Exempla darzustellen, die sowohl für seine Zeit als auch für die zukünftigen Generationen richtungsweisend und handlungsleitend sein sollen (Liv. *praef.* 10).[111] Diese Bedeutung der Geschichte als Lehrmeisterin des Lebens wird durch die Anrede an den Leser, was sich in der Formulierung in der zweiten Person zeigt, noch hervorgehoben.

Wenn man die eben genannten Ausführungen zum Aufstieg und Verfall der römischen Herrschaft sowie die zentralen Aspekte, die Livius in seinem Werk behandeln will, betrachtet, liegt dem Werk als Teildiskurs ebenso wie wohl

---

107 CIZEK 1992, 357: „[I]l désigne en même temps, pour ainsi dire, la poétique de l'histoire." MINEO 2006, 20 sieht im gesamten § 9 die entscheidenden Aussagen zum Verständnis des livianischen Geschichtswerkes. In oben zitiertem Satz sieht er eine fortlaufende Entwicklung („la progressivité des évolutions"), legt aber den Schwerpunkt auf die Geschichte als eine Folge von Aufstieg und Niedergang, worauf Livius im folgenden Satz eingeht.
108 Zur Bedeutung der Wendung *domi militiaeque*, die weniger im Sinne von ‚im Krieg und im Frieden', sondern eher als Opposition in der Bedeutung ‚zu Hause und im Kriegsgebiet' zu verstehen ist, vgl. RÜPKE 1990, 29 und RICH 2009, 118.
109 Die textkritischen Probleme bei *labante* und *dissidentes* (vgl. auch OGILVIE 1965, 27) verändern den Sinn nicht so sehr, dass eine Klärung für unsere Betrachtung erforderlich wäre.
110 Vgl. NÄF 2010, 18.
111 Vgl. PAUSCH 2008, 39. Zur Bedeutung der Exempla bei der Erziehung in Rom s. WALTER 2004, 44 ff.

auch dem Diskurs der frühen augusteischen Zeit insgesamt ein bestimmtes Geschichtsbild bzw. eine bestimmte Geschichtskonzeption zugrunde. Es handelt sich in gewisser Weise um die Metaebene, auf der in allgemeiner Weise der Verlauf und die Protagonisten der Geschichte reflektiert werden. Dass ein Modell des Aufstiegs und der Dekadenz zugrunde liegt, ist für die antike Geschichtsschreibung ebenso typisch wie die Abhängigkeit eines antiken Gemeinwesens von den Leistungen Einzelner,[112] was Livius in der *praefatio* noch einmal explizit betont: *nulla unquam res publica [...] bonis exemplis ditior fuit* (Liv. praef. 11).

Aus der *praefatio* und den dort genannten Themen ergeben sich für die Untersuchung zur Romdarstellung folgende Kategorien: Es soll zunächst die Bedeutung der Götter bzw. der übernatürlichen Phänomene untersucht werden. Livius distanziert sich zwar von diesen, dennoch haben sie in seinem Geschichtswerk eine große Bedeutung. In diesem Kontext werde ich ausgehend von den Erzählungen über Götter die übernatürlichen und religiösen Phänomene behandeln, also auch die Bedeutung und Konzeption von *fatum* sowie die Götterzeichen wie Prodigien und Augurien. Anschließend werden die vermeintlich historisch belegbaren Aspekte der Romdarstellung untersucht: die Faktoren, die laut Livius in ihrem Zusammenwirken zum Wachstum Roms beigetragen haben.[113] Unter dem Punkt *imperium et partum et auctum*[114] soll es um das Herrschaftsgebiet und um die Entwicklung der Bevölkerungszahl gehen und damit um das Wachstum der römischen Herrschaft. Außerdem wird die Bedeutung von Krieg und Frieden im Äußeren und im Inneren (*domi militiaeque*) für die Romdarstellung des Livius betrachtet. Sowohl die Innen- als auch die Außenpolitik in Kriegs- und Friedenszeiten tragen zu diesem Wachstum bei bzw. stabilisieren den Staat. Livius macht klar, dass dieses *imperium* durch *viri* und deren *artes* größer und mächtiger wurde, sodass der Begriff *viri* einerseits im Hinblick auf Einzelpersonen und Exempla, die für die römische Historiographie und für Livius typisch sind, andererseits im Hinblick auf die verschiedenen Gruppen im weitesten Sinne untersucht wird. Hauptthema soll also das Wachstum des römischen *imperium* durch das Wirken von *viri* und deren *artes* im Inneren wie im Äußeren sein. Aus dieser Analyse ergeben sich in der Zusammenfassung die Lebensbedingungen sowie die Sitten, Bräuche und Einrichtungen (*vita* und *mores*), wobei unter dem Begriff *mores*, der hier sehr weit gefasst ist, sowohl politische und kultische Institutionen, die sich häufig in Bauwerken manifestieren, als auch Werte subsumiert werden, die sich im *mos maiorum* widerspiegeln. Offensichtlich stellt Livius

---

112 Näf 2010, 162f.
113 Vgl. Cizek 1992, 356.
114 Zum Wort *imperium* s. Kap. 2.4.1.1.

diese Kategorien nicht einfach nur in Form einer Aufzählung nebeneinander, sondern verdeutlicht durchaus, dass das Handeln der Männer mit ihren Fähigkeiten den Wachstumsprozess ausmacht.[115] Auch die negativen Seiten (*dissidentes mores*) sind hier von Bedeutung und werden in der Arbeit im Blick behalten. Es soll gezeigt werden, dass trotz des stetigen Wachsens und der positiven Entwicklung Roms schon einige Gefahren angelegt sind, die später virulent werden. Daher ist es besonders interessant, zu beobachten, ob und inwiefern sich zentrale Aspekte der Romdarstellung schon im Rahmen der ersten Pentade im Kleinen verändern. Auf der geschichtsphilosophischen Metaebene stellt sich die Frage, inwiefern der von Cicero in *de re publica* beschriebene Verfassungskreislauf wiederzuerkennen ist und wie dieser gegebenenfalls in die Erzählstruktur eingebaut wird, da Livius eben kein staatsphilosophisches Werk schreibt, sondern Historiographie.

Ich verstehe also unter Romdarstellung die Art und Weise, wie Livius differenziert nach den Kategorien übernatürliche Phänomene, Herrschaftsgebiet und Bevölkerungsentwicklung, Einzelpersonen bzw. Exempla und gesellschaftliche Gruppen sowie Krieg und Frieden im Inneren wie im Äußeren seine Sichtweise der römischen Geschichte und damit die Lebensbedingungen und Sitten der Menschen mit seiner literarischen, insbesondere narrativen Technik darstellt. Dabei liegt die Annahme zugrunde, dass Livius die Auswahl aus seinem Quellenmaterial bewusst trifft und sich bei abweichenden Varianten auch bewusst für seine Darstellung entscheidet.[116]

Da eine Analyse des Gesamtwerkes den Rahmen der Arbeit bei weitem sprengen würde, soll ausschließlich die erste Pentade untersucht werden. Die Bücher der ersten Pentade beziehen sich beginnend mit der Vorgeschichte der Stadtgründung, nämlich der Ankunft der Aeneaden in Lavinium, auf die Königszeit (Buch 1) und auf die ersten gut hundert Jahre der Republik bis zur sogenannten zweiten Gründung nach dem Galliereinfall im Jahr 387 v. Chr. Weil die Schilderung dieser Zeit nach Livius' eigener Aussage auf den unsichersten Quellen beruht (*Quae ante conditam condendamve urbem poeticis magis decora fabulis quam incorruptis rerum gestarum monumentis traduntur* [Liv. praef. 6]), eignet sich die erste Pentade besonders für Überlegungen zur Romdarstellung: Es ist für Livius leichter, durch die Erzählung der Frühzeit, deren grobe ‚Fakten' in Rom durch die mündliche Tradition und die frühere Geschichtsschreibung allgemein bekannt waren, gewisse Punkte der römischen Geschichte, die für die

---

115 CIZEK 1992, 356 weist auf die enge inhaltliche Verbindung von *viri* und *vita* sowie *mores* und *artes* hin.
116 Vgl. dazu die Aussage von STEM 2007, 436 f. bezogen auf die Erzählung über Romulus.

spätere Zeit und vor allem für die Zeitgeschichte von Bedeutung sind, als von Anfang an vorhanden darzustellen und damit die jahrhundertelange Überlieferung durch die Vorfahren als Argument für seine Sichtweise zu haben. Darüber hinaus haben die Berichte über die römische Frühzeit durchaus mythischen Charakter[117] und tragen daher zur Herausbildung einer Identität bei, indem die Frage des Ursprungs und der Herkunft der Römer beantwortet wird.[118] Damit soll keineswegs gesagt werden, dass die späteren Bücher einem neuzeitlichen Objektivitätsanspruch an Geschichtsschreibung genügen würden oder dass Livius in für antike Maßstäbe unlauterer Weise Geschichtsklitterung betreibt, sondern nur, dass in der sehr lange zurückliegenden römischen Frühzeit die Freiheiten für Livius, sein eigenes Bild von der Geschichte Roms zu zeichnen, am größten sind.[119] Damit steht Livius, wie schon erwähnt, im Zusammenhang mit den jüngeren Annalisten,[120] die ebenfalls alte Darstellungen der römischen Geschichte aufgreifen und versuchen, die „gemeinsame Vergangenheit aus ihrer jeweiligen Perspektive zu präsentieren und umzudeuten".[121] Ferner eignet sich besonders der Beginn des Werkes dafür, zentrale Aspekte der Romdarstellung herauszuarbeiten, auf die im weiteren Verlauf immer wieder Bezug genommen werden kann. Dies entspricht auch der Vorstellung, dass Geschichte immer mehr zur Universalgeschichte tendiert, je größer der behandelte Zeitraum ist, und sich damit vermehrt mit geschichtsphilosophischen Fragestellungen auseinandersetzen muss, da sich bei sehr großen Zeiträumen der Zusammenhang vor allem durch eine teleologische Struktur ergibt, durch die es möglich ist, einzelne Ereignisse herauszustellen oder wegzulassen.[122]

Die Romdarstellung des Livius soll in erster Linie auf textimmanenter Ebene in ihrer literarischen Verarbeitung betrachtet werden. Aussagen zur Historizität der Ereignisse sollen damit unterbleiben. Auch das legt Livius in der *praefatio* nahe. Er bezeichnet einerseits die Überlieferung der Frühzeit als *fabulae poeticae*

---

117 Vgl. Kap. II.1.2.2.
118 SCHLOSSBERGER 2013, 18.
119 PAUSCH 2011, 7 weist zu Recht darauf hin, dass Livius keine objektiven Wahrheiten vermitteln wolle, sondern ein Bild der Vergangenheit zeichnet. Dies ist für die antike Geschichtsschreibung konstitutiv (vgl. MARINCOLA 2007, 3). Vgl. auch Kap. 2.1.1.
120 Vgl. Kap. 1.1.2. Aufgrund der fragmentarischen Überlieferung dieser Autoren ist es schwierig, wirklich eine Abfolge beziehungsweise eine Art der Beeinflussung festzustellen (vgl. PAUSCH 2011, 47).
121 PAUSCH 2011, 25. In diesem Sinne äußert sich auch WALTER 2004, 23, der in seiner Monographie untersucht, „wie von den Römern in republikanischer Zeit das erinnert wurde, was irgendwann in der Vergangenheit so geschehen mußte, damit die Gegenwart ihre akzeptierte [...] Gestalt finden konnte".
122 SCHLOSSBERGER 2013, 32f.

und stellt sich andererseits durch die zahlreichen Bezüge zum Epos, die besonders in der *praefatio* – z. B. deren hexametrischer Beginn – auffallen, in die literarische Tradition.[123] Dies wurde schon von Quintilian (Quint. *inst.* 9,4,74) festgestellt. Livius erlaubt es vor dem Hintergrund der geänderten Erinnerungskultur in der Republik möglicherweise mehr gestalterische Freiheiten, auch im Hinblick auf eine mögliche Panegyrik. Dies und die Tatsache, dass jeder Geschichtsschreiber darstellt, was er für wichtig hält, und diese Auswahl so zu gestalten versucht, dass sie für seine Zeitgenossen und idealerweise auch für die Nachwelt kanonisch wird,[124] berechtigt uns nicht nur, sondern verpflichtet uns geradezu, das Werk als ein literarisches zu lesen und besonders anhand narratologischer Analysen, deren Schwerpunkt auf der Erzählperspektive und der Variation des Erzähltempos liegen wird, zu zeigen, dass und wie Livius literarisch ganz bewusst seine eigene Romdarstellung schafft.

1.3 Forschungsbericht

Die Livius-Forschung war lange Jahre vor allem in Deutschland von der Quellenforschung geprägt, d. h. von der Frage, wie Livius mit seinen Quellen umging und welche Quelle er an welcher Stelle zur Grundlage seiner Darstellung machte.[125] Daneben gab es noch einige Untersuchungen zu Sprache und Stil.[126] Die in der Folge häufig kritisierten Arbeiten haben aus althistorischer Perspektive für die Rekonstruktion der Frühgeschichte Roms immer noch zentrale Bedeutung.[127] Erst in den 1960er Jahren bot die im Jahr 1964 nachgedruckte Monographie *Die Erzählungskunst des T. Livius* von Erich Burck,[128] die erstmals 1933 erschienen ist, aber um einen Forschungsbericht zur bis dahin neu erschienenen Forschungsliteratur erweitert wurde, neue Perspektiven außerhalb der bis dato praktizierten Quellenforschung. Diese Monographie ist der Frage gewidmet, wie und mit welchen Kunstgriffen Livius sein Werk als Erzählung darstellt.[129] Burck arbeitet anhand des Vergleichs mit den entsprechenden Stellen in den *Antiquitates Romanae*

---

123 Vgl. besonders Kap. 2.1.2.3.
124 Vgl. MARINCOLA 2007, 3, der darauf hinweist, dass jeder Geschichtsschreiber sein Bild von der Geschichte konstruiert und v. a. Kap. 2.1.1.
125 Vgl. LUCE 1977, XV und MILES 1995, 1f. mit Ausführungen zu Problemen der Quellenforschung, die den Blick auf das dem Livius Eigene und die literarische Darstellung verstelle.
126 LUCE 1977, XV.
127 PAUSCH 2011, 6f.
128 BURCK 1964.
129 BURCK 1964, 2f. referiert die vorher erschienenen Aufsätze zu diesem Thema.

des Dionysios von Halikarnass die Eigenheiten der livianischen Erzählung heraus. Somit ist die Monographie Burcks Ausgangspunkt für beinahe alle weiteren Betrachtungen zu den Erzählstrukturen bei Livius. All diesen ersten Ansätzen ist es gemein, dass sie die Eigenheiten des Livius im Vergleich mit und in Abgrenzung von seinen Vorgängern analysieren, da, wie es Burck beschreibt, „nur ein in den Einzelheiten durchgeführter Vergleich uns das Livianische im Livius erkennen läßt".[130] Luce schreibt von einer wahren Renaissance der Livius-Forschung in den Bereichen Textkonstitution, Kommentierung[131] und literarische Technik, zu der er sein Werk *Livy. The Composition of His History* ebenfalls zählt.[132] Darin geht es auch um die Strukturen des Werkes, vor allem um die Frage nach größeren Einheiten wie Büchern, Pentaden oder Gruppen von Pentaden ausgehend vom Produktionsprozess des Autors.[133] Gary B. Miles sieht sowohl im Werk Burcks als auch in dem von Luce eine zu starke Schwerpunktsetzung auf Strukturen und Themen sowie auf die Frage nach Livius' Originalität im Bereich der Stilistik; außerdem legen seiner Meinung nach beide Autoren auch immer einen Schwerpunkt auf die Fragestellung, welchen Prätexten und beispielsweise philosophischen oder politischen Diskursen Livius die jeweiligen Themen entnommen habe, und bezweifeln damit implizit die inhaltliche Originalität des Livius.[134] Miles reiht sich selbst einerseits in die Tradition derer ein, die das Werk des Livius als ein literarisches betrachten, das es verdient, aus sich heraus interpretiert zu werden, andererseits liest er Teile der ersten Pentade mit der Methode des „New Criticism".[135] Er gehört wie andere – zu nennen sind hier auch Jane D. Chaplin, Mary Jaeger und Andrew Feldherr – einer Gruppe von Autoren an, die in den 1990er Jahren die literarischen Aspekte in Livius' Werk in den Mittelpunkt ihrer Betrachtung stellten und denen die Sichtweise gemeinsam ist, dass Livius den Leser zur Auseinandersetzung mit seinem Werk bewege, als Historiker aber nicht den Anspruch habe, historische Wahrheiten zu vermitteln.[136] Chaplin stellt die Exempla und ihre Funktion für die Erzählung ins Zentrum ihrer Betrachtung.[137] In der im Jahr 1998 erschienenen Monographie *Spectacle and Society in Livy's Hi-*

---

130 BURCK 1964, 5.
131 Man bedenke zur ersten Pentade den ausführlichen Kommentar von OGILVIE 1965 und dessen textkritische Edition der Bücher 1–5 (OGILVIE 1974).
132 LUCE 1977, XV f. Zu dieser ‚Schule' der Livius-Forschung vgl. auch PAUSCH 2011, 6.
133 LUCE 1977, XVIII f.
134 Vgl. MILES 1995, 2 f., aber auch PAUSCH 2011, 7.
135 MILES 1995, besonders 5–7.
136 Vgl. PAUSCH 2011, 7. Zum Thema ‚historische Wahrheit' s. Kap. 2.1.1.
137 CHAPLIN 2000.

story[138] nimmt Andrew Feldherr die Bedeutung des livianischen Werkes als Schauspiel in den Blick. Er arbeitet anhand von Beispielen der ersten Dekade vor allem die literarischen Strukturen heraus, mit denen Livius bewirkt, dass die Rezipienten zu Betrachtern dieses Schauspiels werden. Dadurch ist das Werk des Livius ein *monumentum*, das immer wieder in diesem Sinne betrachtet werden kann. Daneben zeigt er, inwiefern der Text des Livius als Schauspiel die gesellschaftliche und politische Situation der Entstehungszeit einbezieht. Den Gedanken des *monumentum* nimmt auch Vasaly auf, die in ihrem Beitrag in *A Companion to Livy* in der durch die Form der Publikation vorgegebenen Kürze vor allem die literarischen Strukturen der ersten Pentade in den Blick nimmt.[139]

In dieser Tradition steht auch die neueste Studie zu narrativen Strukturen bei Livius: Dennis Pauschs Monographie *Livius und der Leser*.[140] Pausch zeigt ausgehend von Veränderungen der Erinnerungskultur und der Geschichtsschreibung im ersten vorchristlichen Jahrhundert die Leserwirkung verschiedener narratologischer Techniken: Beispiele sind die Struktur, die polyphone Geschichtsschreibung und die Involvierung des Lesers durch Erzeugung von Spannung. Zuerst wird der entsprechende Teil der narratologischen Theorie dargelegt, anschließend werden die Ergebnisse auf den Text des Livius angewendet und anhand von Beispielen, häufig aus der dritten oder vierten Dekade, erläutert. Von dieser Monographie wird unsere Studie ausgehen. Unter Einbeziehung der Darstellungsprinzipien, wie Livius sie in seiner *praefatio* darlegt, wird die erste Pentade in Bezug auf die narrative Technik behandelt. Diese erste Pentade unterscheidet sich durch die Darstellung der vor allem durch Traditionen, weniger durch Quellen überlieferten Frühgeschichte Roms teils erheblich von anderen Teilen des Werkes. Daher ist es ein Desiderat, explizit die erste Pentade mit ihren Propria umfassend in den Blick der Betrachtung zu nehmen.

Im Gegensatz zu Abhandlungen über Strukturen und zur literarischen Technik des Livius, entweder bezogen auf das Gesamtwerk oder auf einzelne Passagen des Werkes, stehen Studien, in denen ein spezieller Aspekt im Werk des Livius in den Blick genommen wird. So ist zur Bedeutung der Religion in der Darstellung des Livius die Dissertation von Levene mit dem Titel *Religion in Livy* besonders hervorzuheben.[141] Levene analysiert die Bedeutung der Religion in *ab urbe condita* und bezieht auch, was für unsere Untersuchung in hohem Maße hilfreich ist, die Darstellungsabsicht des Autors mit ein.[142] Die Untersuchung

---

138 FELDHERR 1998.
139 VASALY 2015.
140 PAUSCH 2011.
141 LEVENE 1993.
142 BERNSTEIN 1996, 518.

Levenes beginnt zunächst mit dem Verhältnis von Livius zu religiösen Phänomenen, analysiert dann die späteren Bücher, bezieht aber auch die erste Dekade explizit mit ein. Besonders die Interpretation der Camillus-Rede am Ende des fünften Buches nimmt bei Levene breiten Raum ein, die er auch nach ihrer Funktion für die Erzählung des fünften Buches sowie für die gesamte erste Pentade untersucht.[143]

Neben der Forschungsliteratur, die konkret zum Werk des Livius, zu einzelnen historischen oder literarischen Fragen seines Werkes und zum Verhältnis von Livius zu Augustus geschrieben wurde, sei es aus philologischer oder althistorischer Perspektive,[144] ist eine ganze Reihe an thematischer Literatur erschienen, in der Livius als einer von mehreren Autoren in die Analyse einbezogen wird. Zu nennen ist hier beispielsweise die Monographie *Writing Rome* von Catherine Edwards, die in fünf Kapiteln unter verschiedenen Themenschwerpunkten untersucht, wie Rom bei mehreren Autoren von der Antike bis zur Neuzeit in den Bereichen Erinnerungskultur bzw. Erinnerungsorte, Kult und Religion, Rom als Zentrum der Macht, Wundererzählungen und Exil dargestellt wird.[145] Sie nimmt immer wieder Bezug auf Livius und bezieht bisweilen auch Beispiele der ersten Pentade mit ein.

Ferner gibt es eine ganze Reihe von Speziallliteratur zu den einzelnen Kategorien unserer Betrachtung. Diese wird jeweils in den entsprechenden Kapiteln angeführt und gegebenenfalls diskutiert.

1.4 Methodisches Vorgehen

In meiner Arbeit möchte ich den Schwerpunkt auf die primär textimmanente Interpretation der ersten Pentade legen. Besonders im Hinblick auf narrative Strukturen soll der Frage nachgegangen werden, wie und mit welchen erzählerischen Mitteln Livius das, was er zeigen will, darstellt. Aus diesem Grund werde ich vor allem mit dem Instrumentarium der Narratologie arbeiten, wobei ein Schwerpunkt auf der Analyse der Erzählperspektive und der der Variation des Erzähltempos liegen wird. Dabei liegt die Annahme zugrunde, dass auch das Geschichtswerk des Livius eine Erzählung ist. Grundsätzlich scheint es für diese aus dem Primärtext heraus entwickelte Fragestellung wichtig, sich nicht streng an eine Theorie zu halten, sondern Theorien als Ausgangspunkt für die Entwicklung

---

[143] Vgl. LEVENE 1993, 175 ff. für Buch 5 bzw. 126 ff. für die Bücher 1–4.
[144] Vgl. LUCE 1977, XVI.
[145] EDWARDS 1996.

eigener Analysekriterien zu verwenden und sozusagen eklektisch aus mehreren Theorien und Ausprägungen diejenigen Methoden zu verwenden, die der Beantwortung der eigenen Fragestellung dienen. Zu beachten ist dabei, dass die relevanten Literaturtheorien aus dem Bereich der Narratologie für rein fiktionale, moderne Texte und nicht anhand von und für antike Texte entwickelt worden sind und auf die Gattung ‚Geschichtsschreibung' mit besonderer Vorsicht anzuwenden sind.[146]

Im Bereich der Narratologie bildeten sich vor allem im 20. Jahrhundert eine Vielzahl von Theorien heraus. Im Wesentlichen entstand die Narratologie aus zwei zunächst voneinander unabhängigen Strängen zum Konzept der Narrativität, „der klassischen Erzähltheorie deutscher Provenienz"[147] – die Bezeichnung Narratologie wurde noch nicht gebraucht – und der strukturalistischen Narratologie.[148] Gemeinsam ist beiden narratologischen Theorien die Annahme, dass es in narrativen Texten eine vermittelnde Instanz, den Erzähler, gibt.[149] Wolf Schmid unterscheidet abhängig vom Vorhandensein einer Vermittlungsinstanz „vermittelte narrative Texte" und „mimetische narrative Texte" und konzentriert sich in seiner Darstellung auf erstere,[150] die auch für unsere Betrachtung relevant sind, da es in der Gattung Historiographie den Historiographen als vermittelnde Instanz der *story* gibt.[151] Die wohl bedeutendste narratologische Theorie stammt von Gérard Genette, der sein Denkmodell der Erzählung anhand des Romanzyklus *A la recherche du temps perdu* von Marcel Proust entwickelt hat.[152] Er unterscheidet zwischen dem Signifikat bzw. dem narrativen Inhalt, den er „*Geschichte*" nennt, dem „Signifikanten" bzw. „narrativen Text", der „*Erzählung* im eigentlichen Sinne" und der „*Narration* [als] dem produzierenden narrativen Akt".[153] In unserer Analyse steht die Erzählung als der narrative Text bzw. nach der älteren Terminologie der *plot*, nicht die Rekonstruktion der Geschichte oder der Entstehung des Werkes im Mittelpunkt des Interesses. Im Folgenden soll nun erörtert werden, wie die Narratologie auf die Interpretation der ersten Pentade von Livius' Geschichtswerk angewendet werden kann.

---

146 Pausch 2011, 9.
147 Schmid 2014, 1.
148 Schmid 2014, 2.
149 Vgl. Schmid 2014, 2 ff., der einen ausführlichen Überblick über die Entstehung der Narratologie gibt.
150 Schmid 2014, 8.
151 Zum Terminus *story* im Sinne der Abfolge der Ereignisse, wenn sie stattgefunden hätten, im Gegensatz zum Terminus *plot* im Sinne der Form, in der die Ereignisse in einer konkreten Erzählung dargestellt werden, vgl. Schmitz ²2006, 55 f.
152 Genette 2010, 9. Zur Kritik an den komplizierten Termini Genettes vgl. Schmitz ²2006, 71.
153 Genette 2010, 12.

Ein neueres narratologisches Konzept ist die „kulturgeschichtliche Narratologie", die aus dem Austauschprozess von Literatur- und Geschichtswissenschaft entstanden ist, wobei es vor allem um das „Verhältni[s] zwischen Text und Kontext" geht,[154] da „jeder Versuch, die Vergangenheit zu rekonstruieren und historischen Prozessen einen Sinn zuzuschreiben, notwendig auf der Bildung von Narrativen beruht".[155] Auch diese Ausrichtung der narratologischen Theorie wurde weder an antiken Texten noch für antike Texte entwickelt. Die für unsere Betrachtung relevante Fragestellung der kulturgeschichtlichen Narratologie ist, „wie von der Analyse formaler Elemente [...] Rückschlüsse auf die Bedeutungsebene gezogen werden können".[156]

Ausgangspunkt dafür sind die grundlegenden Überlegungen von Pausch, der sich dabei allerdings auf das gesamte Werk des Livius bezieht.[157] Für die Analyse der ersten Pentade ergeben sich aus dem Umstand, dass es sich um die Geschichte der römischen Frühzeit handelt, einige Vereinfachungen, da schon für Livius nur wenige Quellen vorhanden waren und er die überlieferten Geschichten dieser Zeit selbst als *fabulae poeticae* (Liv. *praef.* 6) bezeichnet.[158] Der entscheidende Unterschied zwischen dem Geschichtswerk des Livius und den narrativen Texten, von denen ausgehend die narratologischen Theorien entwickelt worden sind, ist der Bezug des antiken Geschichtswerks zur außerliterarischen Wirklichkeit.[159] Auch wenn diese außerliterarische Wirklichkeit in der ersten Pentade, die die Zeit von der Landung des Aeneas in Latium bis zur Wiedergründung Roms nach dem Galliereinfall zu Beginn des vierten vorchristlichen Jahrhunderts umfasst, kaum objektiv zu rekonstruieren ist, was Livius durchaus bewusst ist,[160] wäre es dennoch zu weit gegriffen, das darin Dargestellte als rein fiktiv zu bezeichnen.[161] Anders gesprochen hat bei Geschichtswerken die *story*, also eine Kette von Ereignissen, stattgefunden, die der Historiograph in einer bestimmten Art und Weise erzählt.[162] Die von Livius erzählten Geschichten sind Teil des kulturellen Gedächtnisses der Römer und keine dargestellte Welt, die er sich selbst „ausgedacht" hat. Ferner gibt es vor allem im Bereich der Annalistik Quellen zur Früh-

---

154 ERLL u. ROGGENDORF 2002, 74.
155 ERLL u. ROGGENDORF 2002, 75.
156 ERLL u. ROGGENDORF 2002, 82.
157 PAUSCH 2011, 9–12.
158 Vgl. dazu ausführlich Kap. 2.1.2.1.
159 PAUSCH 2011, 9.
160 Vgl. Kap. 2.1.
161 Zu den Begriffen ‚fiktiv' und ‚fiktional' vgl. SCHMID 2014, 31.
162 SCHMITZ ²2006, 56.

zeit, die Livius berücksichtigen musste.¹⁶³ Daher wird die Nähe der antiken Geschichtsschreibung zur Literatur nicht bezweifelt.¹⁶⁴ Bei der antiken Historiographie handelt es sich nicht um rein fiktionale Literatur, da der Geschichtsschreiber immer wieder auf die Darstellung der entsprechenden Ereignisse in den Quellen seiner Vorgänger rekurriert.¹⁶⁵ Dennoch muss die *story* beim Rezipieren der Erzählung konstruiert werden, sodass die Unterscheidung von *story* und *plot* durchaus auch für historiographische Texte angewendet werden kann.¹⁶⁶

Weiterhin ist die Frage nach dem Verhältnis von Autor und Erzähler zu klären. Aufgrund der Nähe zum Epos und der Möglichkeit für antike Historiographen im Gegensatz zu modernen Historikern, Fokalisierungen vorzunehmen bzw. Figurenperspektive einzunehmen, ohne sich dabei auf Quellen stützen zu müssen,¹⁶⁷ sind die für faktuale und damit auch historiographische Texte geforderten Unterschiede – dabei ist ein wesentlicher Punkt die „Identität des Autors mit dem Erzähler" – bei der narratologischen Analyse¹⁶⁸ nicht in vollem Maße relevant. Dies soll kurz am Beispiel der Reden verdeutlicht werden.

In der neuzeitlichen Geschichtsschreibung werden Reden historischer Persönlichkeiten in ihrem tatsächlichen Wortlaut zitiert. Der moderne Autor baut sie aus Gründen der Objektivität in seine Darstellung ein und muss jede Veränderung wie beispielsweise Auslassungen kennzeichnen. Die Reden in der antiken Historiographie sind dagegen keine Originaldokumente des jeweiligen Redners, sondern dienen vor allem seiner Charakterisierung,¹⁶⁹ der Darstellung von Meinungen, Innensichten und Emotionen der Figuren und haben eben keine exakte Quellenangabe. Dies macht Thukydides in seinem Methodenkapitel explizit deutlich. Darin benennt er die Reden als Gestaltungsmerkmal und betont, dass diese im Geschichtswerk überliefert sind, wie sie gehalten worden sein könnten:

> Καὶ ὅσα μὲν λόγῳ εἶπον ἕκαστοι ἢ μέλλοντες πολεμήσειν ἢ ἐν αὐτῷ ἤδη ὄντες, χαλεπὸν τὴν ἀκρίβειαν αὐτὴν τῶν λεχθέντων διαμνημονεῦσαι ἦν ἐμοί τε ὧν αὐτὸς ἤκουσα καὶ τοῖς ἄλλοθέν ποθεν ἐμοὶ ἀπαγγέλλουσιν· ὡς δ' ἂν ἐδόκουν ἐμοὶ ἕκαστοι περὶ τῶν αἰεὶ παρόντων

---

163 Vgl. RICH 2009, 118. Zu den Themen der jüngeren Annalisten vgl. z. B. WALTER 2003, 147. Auch die ersten römischen Geschichtsschreiber beginnen ihre Werke mit der Vorgeschichte der Gründung (vgl. FLACH 2013, 61 ff.), ebenso Ennius seine *annales*.
164 PAUSCH 2011, 9.
165 PAUSCH 2011, 10. Für die erste Pentade sind Rekurse auf vom Autor selbst erlebte Ereignisse nicht relevant.
166 SCHMITZ ²2006, 56.
167 PAUSCH 2011, 10.
168 PAUSCH 2011, 9 und allgemein zu dieser Frage GENETTE 1992, 80.
169 PAUSCH 2011, 159.

τὰ δέοντα μάλιστ' εἰπεῖν, ἐχομένῳ ὅτι ἐγγύτατα τῆς ξυμπάσης γνώμης τῶν ἀληθῶς λεχθέντων, οὕτως εἴρηται (Thuk. 1,22,1).[170]

Schon Herodot kennt dieses Verfahren, fiktive Reden oder auch Briefe in die Erzählung einzubauen, das aus moderner Perspektive ein Merkmal fiktionaler Literatur ist – Zitate in modernen Geschichtswerken sind dagegen ‚echt' –, wobei eher an den historischen Roman als an eine möglichst objektive Darstellung der Vergangenheit zu denken ist.[171] Die Erzählung in der ersten Pentade des Livius liegt damit im Spannungsfeld zwischen faktualen und fiktionalen Texten, wobei, bezogen auf die erste Pentade, der Grad an Fiktionalität höher ist als in den späteren Büchern, was auch die große Anzahl an Reden in der Passage über die Frühgeschichte belegt.[172]

Beide Textsorten, faktuale und fiktionale Texte, sind narrativ, allerdings gibt es Besonderheiten.[173] Daraus ergibt sich, dass der Autor nicht einfach mit dem Erzähler gleichgesetzt werden kann. Doch ist umgekehrt für die Antike davon auszugehen, dass die strikte Trennung von Autor und Erzähler nicht anzunehmen ist.[174] Jeder Autor schafft im Werk eine *persona*, hinter der er sich mehr oder weniger stark verbirgt, die aber immer erkennbar bleibt. Dennoch darf der Autor in der Geschichtsschreibung, in der es immer auch um eine außerliterarische Wirklichkeit geht, nicht zu stark hinter seine *persona* zurücktreten, um seine Glaubwürdigkeit nicht zu verlieren.[175] Im Werk des Livius dürfen mit Pausch „zwei

---

[170] „Was nun in Reden hüben und drüben vorgebracht wurde, während sie sich zum Kriege anschickten, und als sie schon drin waren, davon die wörtliche Genauigkeit wiederzugeben war schwierig sowohl für mich, wo ich selber zuhörte, wie auch für meine Gewährsleute von anderwärts; nur wie meiner Meinung nach ein jeder in seiner Lage etwa sprechen mußte, so stehn die Reden da, in möglichst engem Anschluß an den Gesamtsinn des in Wirklichkeit Gesagten" (Thuk. 1,22,1, Übers. LANDMANN 1993; griechischer Text nach der Ausgabe von JONES u. POWELL 1974).
[171] PAUSCH 2011, 157 und 160 ff. zur Einordnung des Thukydides-Zitats.
[172] PAUSCH 2011, 162. Die Unterschiede zwischen beispielsweise Feldherrnreden und möglicherweise aufgezeichneten Senatsreden sind für die Frühzeit nicht relevant, da entsprechende Quellen nach Livius' eigener Aussage im Binnenprooem zum sechsten Buch nicht mehr vorhanden seien (vgl. PAUSCH 2011, 163 ff. und Kap. 2.1.2.1).
[173] PAUSCH 2011, 11 weist mit Recht darauf hin, dass das Verhältnis von Autor und Erzähler in historiographischen Texten zwar ein Desiderat der Forschung ist, dass aber ein für alle historiographischen Texte der gesamten Antike passendes Instrumentarium aufgrund der großen Zeitspanne kaum zu entwickeln sein wird.
[174] MARINCOLA 1997, 131 f.: „It was expected that the most on display in any history was that of the historian himself. Where moderns might speak of a narrator or implied narrator, the ancients spoke of the man himself."
[175] Vgl. PAUSCH 2013, 206 f. und explizit zur Glaubwürdigkeit 209, PAUSCH 2011, 11 und MARINCOLA 1997, 128–133.

‚Stimmen' unterschieden werden":[176] die des Erzählers, der die Ereignisse, d. h. die Handlung, erzählt, und die des Autors, der in der ersten Person Singular in der *praefatio*, im Binnenproöm des sechsten Buches und an anderen Stellen auftritt, an denen beispielsweise eine unklare Überlieferung bewertet wird.[177] Dieses Phänomen wird in der narratologischen Diktion als Metalepse bezeichnet, wobei die Frage ist, ob dieser Wechsel der Erzählebene eher die Illusion eines allwissenden Erzählers stört oder diesem eine höhere Glaubwürdigkeit verleiht.[178] Offensichtlich wird die Glaubwürdigkeit sogar gesteigert, da der Autor dadurch seine „Macht" über den Text und die darin enthaltenen Informationen beweist,[179] womit er die Plausibilität seiner Version der römischen Geschichte erhöht.[180] Pausch weist zudem darauf hin, dass die „Verwendung von Mehrfacherklärungen" ein häufiges Phänomen der Literatur des ersten vorchristlichen Jahrhunderts sei und dass die Kennzeichnung von Fiktionalität durchaus die literarisch-ästhetische Qualität steigere.[181] Livius als Erzähler der ersten Pentade hat eine auktoriale Perspektive.[182] Er weiß mehr als alle Figuren in der Handlung und kann auch die Reden und Gedanken der historischen Personen erzählen.[183] Aufgrund seiner Allwissenheit kann er in den auktorialen Kommentaren des Erzählers das Geschehen zusammenfassend oder wertend kommentieren. Da Livius in der ersten Pentade eine Geschichte erzählt, in der er nicht vorkommt, ist er nach den narratologischen Kategorien Genettes ein extradiegetischer-heterodiegetischer

---

[176] PAUSCH 2011, 11. Mit dem Begriff ‚Stimme' bezieht sich Pausch auf einen Terminus von GENETTE (vgl. GENETTE 2010, 137 f.), der vor dem Hintergrund der augusteischen Zeit nicht mit der ‚two-voices-theory' bei Vergil zu verwechseln ist, in deren Kontext im Deutschen bisweilen ebenfalls von ‚zwei Stimmen' gesprochen wird.
[177] Vgl. PAUSCH 2013, 207 mit dem Hinweis darauf, dass „es sich strenggenommen natürlich nur um einen weiteren Erzähler auf der nächsthöheren diegetischen Ebene handelt". Vgl. auch PAUSCH 2011, 11 mit Anm. 51. und JAEGER 1997, 26. Eine Übersicht einiger Stellen und Formulierungen, an denen der Autor die Geschehnisse beurteilt, findet sich bei STEELE 1904.
[178] PAUSCH 2013, 209.
[179] PAUSCH 2013, 215.
[180] PAUSCH 2013, 215. S. dazu auch Kap. 2.1.2.
[181] PAUSCH 2013, 209 f.
[182] SCHMID 2014, 110 f. weist auf die Bedeutung der Unterscheidung von Perspektive und Erzähler in dem Sinne „Wer sieht?" vs. „Wer spricht?" hin, für die Genette die Begriffe *mode* und *voix* einführt. Die auktoriale Perspektive, also die des allwissenden Erzählers, bezeichnet Genette als „Nullfokalisierung" (GENETTE 2010, 121). Dies entspricht nach SCHMID 2014, 63 dem „impliziten Autor".
[183] PAUSCH 2013, 206 und PAUSCH 2011, 11. Dies entspricht in Bezug auf das Wissen des Erzählers der „Nullfokalisierung" bei GENETTE 2010, 121. SCHMID 2014, 110 ff. kritisiert diesen Begriff, da ein Erzählen ohne Perspektive meist nicht möglich sei.

Erzähler.[184] Die vorherrschende Perspektive des Livius ist narratorial, d. h. er erzählt aus seiner Perspektive als nichtdiegetischer Erzähler, bringt aber immer wieder die Perspektive einzelner Figuren oder die von Gruppen mehrerer Figuren ein.[185] Solche Gruppen können unspezifisch beispielsweise durchaus „die Römer" oder „die Volkstribunen" sein. Livius trägt so zur Multiperspektivität seiner Geschichtsschreibung bei und zwar nicht nur aus literarischer Sicht, sondern durchaus auch im Bereich der Aussageabsicht seines Geschichtswerkes.[186] Dazu kommt, dass Livius in seinem Werk größtenteils „eine primär prorömische Perspektive einnimmt".[187] Dies ist für die antike Historiographie nicht außergewöhnlich, da sie nicht nur Fakten überliefern, sondern vor allem auch den Leser erfreuen und erbauen soll, was durch die Erzählung aus der Perspektive der vermeintlich richtigen Seite erleichtert wird.[188] Diese prorömische Perspektive soll sozusagen als Standard gelten. Perspektivwechsel – oder in der Terminologie von Genette Fokalisierungen[189] – bedürfen somit einer genaueren Untersuchung. Weiterhin stellt sich die Frage, ob besonders im Hinblick auf die erste Pentade neben der Analyse der Perspektive der Römer und ihrer Gegner auch die Untersuchung der Erzählung bezüglich der Perspektive der einen oder anderen gesellschaftlichen Gruppe, wie Patrizier und Plebs, es erlaubt, historiographische oder politische Aussagen anzunehmen, und durch welche narrativen Strategien Livius diese transportiert. Dieses Phänomen, andere Stimmen, sei es durch Multiperspektivität über Reden oder Fokalisierungen, in die Erzählung einzubeziehen, bezeichnet Pausch als „polyphone Präsentation der Vergangenheit".[190] Dazu gehören auch die für Livius typischen Reflexionen einzelner Figuren oder Gruppen der Handlung, die grammatisch als direkte oder indirekte Reden erscheinen, deren einziger Adressat allerdings im Handlungszusammenhang die eigene Person oder Gruppe ist.[191] Weiterhin ist für unsere Analyse auf der Ebene des Erzählers die Frage wichtig, wer jeweils spricht. Die klassische Unterscheidung geht schon auf Platon zurück: Ἆρ' οὖν οὐχὶ ἤτοι ἁπλῇ διηγήσει ἢ διὰ

---

184 Genette 2010, 161.
185 Schmid 2014, 127 f. weist auf die „binäre Opposition" von narratorialer und figuraler Perspektive hin.
186 Vgl. Pausch 2011, 128 f.
187 Pausch 2011, 125.
188 Vgl. Pausch 2011, 126 f. mit grundsätzlichen Überlegungen zur patriotischen Perspektive antiker Geschichtsschreibung.
189 Genette 2010, 121.
190 Pausch 2011, 129.
191 Gärtner 1975, 2 f.

μιμήσεως γιγνομένη ἢ δι' ἀμφοτέρων περαίνουσιν; (Plat. rep. 392d5–6).[192] Es handelt sich um die Unterscheidung von „Erzählerrede" im Gegensatz zur „Figurenrede".[193] Platon bezieht sich hier auf das Epos als Mischgattung von Erzählen (Diegesis) und Nachahmung (Mimesis), wobei zu beachten ist, dass sich „die Erzählerrede erst im Erzählakt herstellt"[194], während die Reden der Figuren so gestaltet werden, als ob sie schon vor dem Erzählen gehalten worden wären und lediglich wiedergegeben würden.[195] Da schon Platon auf diese Unterscheidung hinweist, dürfen wir die Kategorien Erzählerrede und Figurenrede trennen, weil diese somit bereits für die Antike als bekannt angenommen werden können. Die Unterscheidung von direkter und indirekter Rede, die vor allem eine grammatische ist, scheint nicht in dem Maß von Bedeutung zu sein, wie Platon dies suggeriert; es handelt sich vielmehr um eine unterschiedliche Position innerhalb eines Kontinuums zwischen minimaler und maximaler Fokalisierung.[196] Fraglich ist dabei, welche Funktion die Figurenreden bei Livius in Bezug auf den Fortgang der Handlung haben. Dienen sie wirklich vor allem der Charakterisierung sowie der Darstellung von Innensichten oder Meinungen einzelner Figuren oder des Autors im Sinne der Multiperspektivität von Geschichtsschreibung[197] oder tragen sie auch zum Fortschritt der Handlung bei, indem Informationen, die diese weiterbringen, ausschließlich in den Reden gegeben werden?[198] In jedem Fall spricht auch in den Figurenreden immer der Erzähler und nur scheinbar die Figur,[199] was sich in den Reden besonders daran zeigt, dass sie sich sprachlich und stilistisch vom Erzählertext nicht unterscheiden. Unabhängig davon nutzt der Erzähler die Figurenrede immer „für seine eigenen narrativen Zwecke", wobei die Figurenrede die Erzählerrede „ersetzt".[200] Denn nach Platon sind Figurenreden und der Text dazwischen gleichermaßen Diegesis.[201] In jedem Fall dienen die Reden auch der

---

192 „Und erzählen sie es nicht entweder in einfacher Darstellung oder in einer, die auf Nachahmung beruht, oder mit Hilfe von beiden zugleich?" (Plat. rep. 392d5–6, Übers. RUFENER 2000, griechischer Text aus SLINGS 2003).
193 SCHMID 2014, 142.
194 SCHMID 2014, 142.
195 SCHMID 2014, 142.
196 PAUSCH 2011, 158.
197 Vgl. PAUSCH 2011, 157 ff. mit einer ausführlichen Diskussion der verschiedenen Standpunkte zur Funktion von Reden in der antiken Geschichtsschreibung.
198 Die zweite Variante bezeichnet SCHMID 2014, 143 als „funktionale Überdeterminierung", da die Reden eben sowohl Figuren charakterisieren als auch die Erzählung voranbringen.
199 SCHMID 2014, 143.
200 SCHMID 2014, 143.
201 Οὐκοῦν διήγησις μέν ἐστιν καὶ ὅταν τὰς ῥήσεις ἑκάστοτε λέγῃ καὶ ὅταν τὰ μεταξὺ τῶν ῥήσεων; (Plat. rep. 393b6–7). – „Nun ist aber doch beides Darstellung: sowohl die Reden, die er

Dramatisierung der Darstellung,[202] weil sie die Erzählung verlangsamen und den Leser an einer spannungsgeladenen Stelle zum Innehalten zwingen.

Die Analyse wird, bezogen auf die erste Pentade des Livius, dadurch erleichtert, dass der Erzähler in der gesamten Pentade eine auktoriale Perspektive hat und nicht am Geschehen teilnimmt. Die einzigen Figurenreden sind die für die Gattung ‚Historiographie' typischen direkten Reden, die auch stets als solche markiert sind. Dialoge in dem Sinn, dass eine Rede auf eine andere konkret antwortet und dadurch eine Art von Gespräch unter Figuren entsteht, finden sich nicht. Die direkten Reden beziehen sich immer auf die konkrete Handlung und somit auf die erzählte Situation. Zu unterscheiden ist davon die Fokalisierung bzw. Figurenperspektive. Bei letzterer spricht zwar nach wie vor der Erzähler, berichtet die Ereignisse aber aus der Perspektive einer seiner Figuren, ohne dass diese dabei selbst in Figurenrede spricht.[203] Obwohl es problematisch ist, diese Kategorie einfach auf faktuale Texte anzuwenden, ist sie ein entscheidendes Element der polyphonen Geschichtsdarstellung des Livius.[204] Für die erste Pentade kann sie schon deshalb gewinnbringend angewendet werden, weil die Nähe zu fiktionalen Texten durch die Selbstaussagen des Livius in der *praefatio* zu dem Ergebnis führt, dass es sich bei der ersten Pentade um einen zu großen Teilen fiktionalen Text handelt.[205]

Die zeitliche Struktur ergibt sich vor allem aus dem annalistischen Schema, das sich am Amtsantritt der Konsuln orientiert. Einerseits wird dadurch der Handlungsort in regelmäßigen Abständen nach Rom verlegt,[206] andererseits sind Veränderungen im Verhältnis von Erzählzeit zu erzählter Zeit durch Raffung und Dehnung[207] sowie Vorverweise und Rückblicke deutlicher zu erkennen. Dies führt zu der Frage, inwiefern das narratologische Element der Zeitstruktur genutzt wird, um damit einzelne Aussagen zu untermauern und Zusammenhänge zwischen

---

jeweils wiedergibt, als auch das, was zwischen den Reden steht." (Übers. Rufener 2000, griechischer Text aus Slings 2003).
202 Pausch 2011, 159.
203 Vgl. Genette 2010, 119. Dafür führt Genette den Begriff „Fokalisierung" ein (121).
204 Pausch 2011, 140 f. mit ausführlicher Problematisierung der Anwendbarkeit dieser narratologischen Kategorie auf die antike Geschichtsschreibung.
205 Vgl. Kap. 2.1.2.2.
206 Pausch 2011, 129 f. und ausführlich 77 ff. Er weist darauf hin, dass dieses annalistische Schema ab der dritten Dekade strenger durchgehalten und hervorgehoben wird (82). Vgl. auch Walsh 1961, 175.
207 Vgl. dazu Schmid 2014, 232 ff. mit einer Diskussion der narratologischen Forschung zu diesem Thema. Er sieht die Unterscheidung von Raffung und Dehnung als eine Frage der Auswahl, wieviel man für die Geschichte aus den beinahe unendlich zahlreichen Geschehensmomenten auswählt.

Ereignissen herzustellen, zwischen denen eigentlich einige Jahre lagen, die aber durch die Erzählung eng miteinander verknüpft werden. Ein besonderes Augenmerk muss auf die zeitliche Struktur des ersten Buches gelegt werden, das nicht annalistisch, sondern nach der Regierungszeit des jeweiligen Königs gegliedert ist.[208] Es soll gezeigt werden, wie diese Zeitstruktur dazu führen kann, lang andauernde Ereignisse in der römischen Frühzeit schneller zu erzählen mit dem Ziel, dass der Leser glaubt, dass sich Rom sehr rasch zu einer großen und zumindest regional mächtigen Stadt entwickelt hat. In diesem Zusammenhang ist auch Livius' Umgang mit gleichzeitig stattfindenden Ereignissen zu sehen. Pausch macht in diesem Bereich vier Techniken aus: Die erste besteht darin, dass vor dem Wechsel eines Schauplatzes, beispielsweise bei Kriegen, ein Geschehen beendet ist. Die zweite Möglichkeit ist, den Winter als Zeit der militärischen Ruhe und den Zeitpunkt des Wechsels der Magistrate für den Schauplatzwechsel zu nutzen. Drittens kann Gleichzeitigkeit durch häufiges Hin- und Herwechseln zwischen Schauplätzen dargestellt werden. Die vierte Variante ist ein Schauplatzwechsel vor dem Zielpunkt einer Handlung zur Erzeugung von Spannung.[209] Natürlich ist die Frage nach der narratologischen Wirkung von Schauplatzwechseln nicht für alle aufgestellten Analysekategorien gleichermaßen wichtig; für das Kapitel *domi militiaeque* ist sie jedoch von großer Bedeutung.[210] Von grundlegender Relevanz für die zeitliche Struktur der Erzählung ist die Auswahl der Ereignisse: Welche erzählt Livius im Rahmen einer Einzelerzählung und damit sehr viel ausführlicher, indem er beispielsweise auktoriale Kommentare oder Reden zur Bewertung der Ereignisse einflicht? Von welchem Geschehen berichtet Livius dagegen nur beiläufig zwischen den ausführlich erzählten Ereignissen?[211] Die Frage im Hinblick auf die erste Pentade ist hierbei, inwiefern sich dieses narratologische Phänomen des Wechsels im Erzählrhythmus auf die Wahrnehmung des Geschehens durch den Leser auswirkt und damit die Aussageabsicht beeinflusst.[212] In diesem Kontext ist festzuhalten, dass die unterschiedlich langen Einzelerzählungen bei Livius immer Bestandteile der Haupthandlung sind[213] und

---

208 PAUSCH 2011, 82 und VASALY 2015, 219.
209 PAUSCH 2011, 87 f.
210 S. Kap. 2.4.2.
211 PAUSCH 2011, 105 mit Hinweis auf die umfangreiche Behandlung dieses Themas in der Livius-Forschung.
212 Vgl. PAUSCH 2011, 105 f.
213 BURCK 1964, 182 ff. (besonders 188) unterscheidet „Kurzerzählungen" und „Einzelerzählungen". Beide haben ein gemeinsames, am Drama orientiertes Schema, wobei die Einzelerzählung nicht nur einen Mittelteil hat, sondern mehrere Teile, die die Lösung des in der Handlung vorliegenden Problems retardieren. Vgl. auch BURCK 1992, 50 ff. WALSH 1961, 178 f.

diese voranbringen. Hier wird das Erzähltempo verlangsamt. Sie dienen vor allem auch, wie zu zeigen sein wird, der Erzählung von Exempla, wobei in der Forschung immer wieder auch ihre Nähe zum Drama gesehen wurde.[214] Allerdings geht es in unserer Betrachtung nicht darum, Einzelerzählungen hinsichtlich ihres dramatischen Aufbaus, sondern hinsichtlich ihrer jeweiligen Funktion für die Handlung und die durch sie vermittelten Aussagen zu untersuchen. Dabei wird sich auch zeigen, dass Einzelerzählungen hinsichtlich der livianischen Kategorien der *praefatio* nicht nur ein Thema haben, sondern oft Aussagen zu mehreren dieser Kategorien in sich vereinen.

In einer literarisch-narratologischen Textanalyse sollen, aufgeschlüsselt nach Kategorien, die Livius selbst in seiner *praefatio* vorgibt,[215] vor allem folgende Fragen behandelt werden: Wie wird ein Thema literarisch dargestellt und welche Aussage lässt sich daraus ableiten? In erster Linie geht es dabei natürlich um historisch-politische Aussagen. Die Frage, welche Zeitbezüge zur Gegenwart des Livius in der augusteischen Zeit hergestellt sind,[216] soll dabei bewusst größtenteils ausgeklammert werden. Die Interpretation nach einzelnen Kategorien führt sicherlich zu einigen Schwierigkeiten, da in den meisten Fällen die Erzählung Elemente enthält, die mehreren Kategorien auf einmal zuzuordnen sind. Dies führt zwangsläufig zu Mehrfachverortungen, wobei zur einfacheren Handhabung so vorgegangen werden soll, dass an der ersten Stelle, an der ein Abschnitt ausführlicher zu interpretieren ist, dieser paraphrasiert und der Kontext hergestellt und in den folgenden Kapiteln lediglich darauf verwiesen wird. Ferner werden sich in den Kapiteln häufig Einzelbeobachtungen ergeben, die auf den ersten Blick für eine narratologische Analyse nicht relevant scheinen, da es vermeintlich allein um Realien geht. Diese sind aber notwendig, um am Ende eines Kapitels die sich daraus ergebenden narrativen Strukturen noch einmal zusammenfassend herauszustellen. Somit sollen in meiner Betrachtung anhand von beispielhaften Einzelinterpretationen Aussagen zur literarischen Technik der ersten Pentade

---

214 Eine Definition von Einzelerzählungen bietet SCHAUER 2016, 156 f. zwar in Bezug auf Caesar, erklärt dieses Phänomen aber anhand von Livius' Geschichtswerk. GÄRTNER 1975, 2 beschreibt „Einzelszenen" als Teile des Textes, in denen ein Teil des Geschehens fokussiert und menschliches Handeln anhand eines Einzelfalls gezeigt wird, meint damit aber offensichtlich nur kürzere Einzelszenen im Sinne der Kurzerzählungen, von denen BURCK 1964, 182 ff. (besonders 188) spricht; sämtliche seiner Beispiele beziehen sich auf die dritte Dekade des Livius. Auch VASALY 2015, 221 weist auf die Schwierigkeit des Begriffs ‚Einzelerzählung' hin: „Such episodes (the so-called *Einzelerzählungen*), then, through the variety of their presentation – short/long, episodic/connected in a coherent narrative arc – create within a book or group of books structures that sometimes are subordinated to, sometimes replace that of, year-by-year accounts".
215 Vgl. Kap. 1.2.
216 Vgl. dazu die Monographie von RABAN VON HAEHLING 1989.

gemacht werden. Denn für mich als den Interpreten, der Strukturen möglichst durch *close reading*[217] herausarbeiten möchte, ist die Fülle der Beobachtungen ebenso immens, wie es für Livius einst beim Abfassen des Werkes der Stoff zur römischen Geschichte war.

Auch wenn es vornehmlich um eine textimmanente Interpretation gehen soll, bei der bei strenger Anwendung nur Informationen vorhanden sind, die im Text gegeben werden, soll an einzelnen Stellen zum besseren Verständnis der Diskurs der Entstehungszeit einbezogen werden. Dieser war für den antiken Leser klar, muss von uns allerdings immer erst anhand von anderen Quellen rekonstruiert werden. Ferner ist eine völlig von politischen Aussagen losgelöste Betrachtung der Historiographie als reines Kunstwerk weder möglich noch sinnvoll. Ein weiteres Mittel, um die Besonderheit der narrativen Strukturen bei Livius herauszuarbeiten, ist das Einbeziehen von intertextuellen Bezügen. Dabei sollen nicht wie in Erich Burcks Monographie *Die Erzählungskunst des T. Livius*[218] die Eigenheiten des Livius im fortlaufenden Vergleich mit Dionysios von Halikarnass herausgearbeitet, sondern lediglich an einigen wenigen besonderen Stellen Eigenheiten des Livius hervorgehoben werden, die man dann besonders gut versteht, wenn man die explizit andere Darstellung bei einem anderen Autor vor Augen hat. Dafür eignen sich in besonderem Maße, sofern sie vorhanden sind, Prätexte, die Livius bei der Abfassung seines Werkes vor Augen hatte.

Nach dem ersten Teil, in dem kurz auf die Entstehungszeit und die Entstehung von *ab urbe condita* eingegangen und das Vorgehen in der Arbeit dargelegt wurde, werde ich in einem zweiten Teil die in der Fragestellung aus der *praefatio* des Livius entwickelten Kategorien der Reihe nach behandeln. In einem Fazit werde ich am Schluss die Ergebnisse, unter besonderer Berücksichtigung der Erkenntnisse der narratologischen Analyse, zusammenfassen. Eine Zwischenstellung nimmt dabei das erste Kapitel des zweiten Teils ein, da in diesem Kapitel weniger die Erzählung an sich im Mittelpunkt der Betrachtung steht, sondern die Bewertung der Erzählung durch den Autor zu den Fragen der Fiktionalität bzw. Objektivität der Darstellung sowie zur Gattung und den daraus folgenden Implikationen. Dennoch sind auch diese Selbstaussagen des Autors zu seinem Werk Bestandteil desselben und müssen daher in die Interpretation einbezogen werden.

---

217 Nünning 2013, 105.
218 Burck 1964.

2 Die Romdarstellung aus primär textimmanenter Perspektive

2.1 *fabulae poeticae vel incorrupta rerum gestarum monumenta* – der Objektivitätsanspruch des Livius

Bevor die Erzählstrukturen anhand der vorgestellten Kategorien genauer betrachtet werden, soll in diesem Kapitel die Rolle des Livius als Autor gezeigt werden, der in der *praefatio* und in den Binnenproömien spricht und auch im Verlauf der Erzählung immer wieder auftritt, um beispielsweise verschiedene Überlieferungen zu bewerten. Dies geschieht meist in der ersten Person Singular. Das Auftreten des Autors soll dem Text Glaubwürdigkeit verleihen.[1] Livius nennt die Geschichten über die Frühzeit in seiner *praefatio* selbst *fabulae poeticae* (Liv. *praef.* 6) und macht somit deutlich, dass die Erzählung der ersten Pentade einen hohen Grad an Fiktionalität hat. Damit spielt er auf das Verhältnis von Fiktionalität und Faktualität an. Dieses Verhältnis hat wiederum Auswirkungen auf die Frage, „ob die antiken Geschichtsschreiber ihre Werke mit dem Ziel verfaßt haben, eine objektive historische Wahrheit zu vermitteln".[2] In diesem Kapitel werden, ausgehend von Vorstellungen von Wahrheit, Wahrscheinlichkeit und Wirklichkeit in antiker Historiographie, die Selbstaussagen des Livius zu diesen Themen in seinem Werk dargestellt. Welche expliziten Selbstaussagen macht Livius? Welche impliziten Aussagen lassen sich durch Bezüge zu Prätexten aus der antiken Geschichtsschreibung ausmachen? Wie ordnet Livius, der seine *praefatio* hexametrisch beginnt und mit einer Anspielung auf einen epischen Musenanruf beendet, sein Geschichtswerk durch die Wahl der Gattung und durch Aussagen zu dieser ins Spannungsfeld zwischen Fiktionalität und Faktualität ein?

2.1.1 Wahrheit, Wahrscheinlichkeit und Wirklichkeit in antiker Historiographie

Die Frage nach der Historizität und der Objektivität der antiken Historiographie wurde in der Forschung immer wieder diskutiert.[3] Die Spannbreite der verschiedenen Ansichten ist groß. Ein Extrem bilden Wissenschaftler, die die antike Ge-

---

[1] Vgl. dazu Kap. 1.4.
[2] PAUSCH 2011, 4.
[3] Einen Überblick über die Forschung zu der Frage der Historizität und Literarizität der Geschichtsschreibung gibt PAUSCH 2011, 3–8, ferner geht HELDMANN 2009, *passim* vom Prinzip der Subjektivität in der antiken Historiographie aus.

schichtsschreibung nahe bei der modernen Geschichtswissenschaft sehen und die römischen Historiographen als Autoren ansehen, die sich um Objektivität und historische Wahrheit bemühen.[4] Daher versucht bzw. vor allem versuchte dieser Teil der Forschung, die Realien zu rekonstruieren.[5] Das andere Extrem sind diejenigen, die die Geschichtsschreiber vor allem als Literaten betrachten – und die Geschichtsschreibung damit als rein fiktionale Literatur – und für die sich die Frage nach Objektivität und historischer Wahrheit sowie nach dem Verhältnis von Fiktionalität und Faktualität nur am Rande bzw. überhaupt nicht stellt.[6] Konrad Heldmann geht von der sicher zu extrem formulierten Prämisse aus, dass „der Mangel an ‚Objektivität' in den Werken der antiken und insbesondere der römischen Historiker so offenkundig ist, dass er heute von niemandem mehr bestritten wird".[7] Seiner Meinung nach sind diese Beteuerungen der Proömien, die schon in der griechischen Historiographie vorhanden waren, topisch und wesentlicher Bestandteil der Gattungstradition.[8] Diese Ansicht wird von der modernen Forschung vertreten, die die antiken Geschichtswerke nicht so sehr als Quellen nutzt, um historische Ereignisse zu rekonstruieren, sondern um die Sichtweise des Autors und den Diskurs der Entstehungszeit des Werkes in den Blick zu nehmen.[9] Ungeachtet dessen ist davon auszugehen, dass es für römische Historiographen wichtig war, dass ihr Werk einerseits gelesen wurde[10] und dass sie andererseits mit ihrem Werk einen Beitrag zur *memoria* leisteten. Dennoch gilt es stets, wie schon Pausch feststellt, zu bedenken, dass die antike Historiographie eben keine rein literarische Fiktion ohne Verbindung zur historischen Realität ist.[11] Neben der Darstellung und der Vermittlung der Vergangenheit wirkt das Geschichtswerk

---

4 Vgl. PAUSCH 2011, 4. Zu dieser Position beispielsweise MOMIGLIANO 1984, 50 f.: „Historians are supposed to be discoverers of truths. No doubt they must turn their research into some sort of story before being called historians. But their stories must be true stories."
5 Vgl. MARINCOLA 2007, 3.
6 Vgl. PAUSCH 2011, 7 und die Ausführungen zur literarischen Livius-Forschung und zur Quellenkritik (s. Kap. 1.3). Vgl. auch FEICHTINGER 1992 zum Grad der Fiktionalität antiker Geschichtsschreibung.
7 HELDMANN 2011, 13, der sich hier allerdings auf Tacitus bezieht.
8 Vgl. HELDMANN 2011, 13 und 46, vgl. dort besonders Anm. 96, in der HELDMANN zu Recht betont, dass die Forschungsliteratur zu diesem Thema „fast unübersehbar" ist. Daher kann diese Problematik hier auch nicht abschließend geklärt werden. Dies bezieht sich v. a. auf griechische Geschichtsschreiber, denn mit Ausnahme von Sallust sind die Vorgänger des Livius nur fragmentarisch überliefert (vgl. MILES 1995, 11).
9 Vgl. MARINCOLA 2007, 3 und PAUSCH 2011, 8.
10 Vgl. OGILVIE 1965, 17 f.
11 Vgl. PAUSCH 2011, 8, zugleich auch mit entsprechender und treffender Kritik an MARINCOLA 2007, 4.

auch immer auf die Gegenwart, v. a. im Sinne einer Belehrung.[12] Dabei ist die Gestaltungsfreiheit eines Autors umso größer, wenn es sich um die Darstellung der Geschichte der Frühzeit handelt, zu der es wenige Quellen gibt und die Livius als *fabulae poeticae* (Liv. *praef.* 6) bezeichnet. Zu beachten ist bei diesen Überlegungen auch immer, dass jedes historiographische Werk „bei aller Kontinuität der literarischen Gattung" seine Eigenheiten hat,[13] die nicht unbedingt auf andere Geschichtswerke übertragbar sind.

Was versteht nun die antike Historiographie unter ‚Wahrheit' und ‚Wirklichkeit'? Es wurde schon erwähnt, dass die Wahrheitsbeteuerung in Proömien topisch ist. Diese sind in der Regel sehr pathetisch, entbehren aber jeder Definition des Begriffs ‚Wahrheit'.[14] Eine antike Definition von historischer Wahrheit gibt es laut Homeyer nicht.[15] Dieser müsse laut Heldmann besonders aus der antiken Polemik gegen Historiker rekonstruiert werden, auch wenn dies nicht zu einem einheitlichen Ergebnis führen werde.[16] Nach antiker Auffassung konnte für den Historiker wohl die Wahrheitsverpflichtung gelten, die einem Gerichtsprozess zugrunde lag.[17] In diesem Zusammenhang wird auch immer wieder die Nähe der Geschichtsschreibung zur antiken Rhetorik betont.[18] Die Nähe von antiker Ge-

---

12 Pausch 2011, 7 f.
13 Pausch 2011, 5.
14 Vgl. Heldmann 2011, 46.
15 Vgl. Homeyer 1965, 280 (im Kommentar zu Lukian). Vgl. dazu auch Feichtinger 1992, 9.
16 Vgl. Heldmann 2011, 47.
17 Vgl. Heldmann 2011, 47 ff., der dies auch anhand von Stellen aus der antiken Literatur belegt, und Pausch 2011, 127 f. Ferner Heldmann 2011, 34 f.: „So wie der Redner den Sieg vor Gericht erringen muss, so muss der Historiker seine Leser davon überzeugen, dass seine Darstellung der Ereignisse die wahrscheinliche ist."
18 Aus mehreren Schriften Ciceros wird deutlich, dass die Geschichtsschreibung immer wieder mit der Redekunst in Verbindung gebracht wird. Im ciceronischen Dialog *de legibus* fordert der Dialogpartner Atticus den Dialogpartner Cicero dazu auf, ein Geschichtswerk zu verfassen, da er als Redner dazu besonders geeignet sei: *Atque ut audias quid ego ipse sentiam, non solum mihi videris eorum studiis qui tuis litteris delectantur, sed etiam patriae debere hoc munus, ut ea quae salva per te est, per te eundem sit ornata. Abest enim historia litteris nostris, ut et ipse intellego et ex te persaepe audio; potes autem tu profecto satis facere in ea, quippe cum sit opus* (*ut tibi quidem videri solet*) *unum hoc oratorium maxime* (Cic. *leg.* 1,5). Auch im *Orator* bringt Cicero die Rhetorik und die Geschichtsschreibung in Zusammenhang: *Sed quoniam plura sunt orationum genera eaque diversa neque in unam formam cadunt omnia, laudationum scriptionem et historiarum et talium suasionum qualem Isocrates fecit Panegyricum multique alii qui sunt nominati sophistae, reliquarumque rerum formam quae absunt a forensi contentione, eiusque totius generis quod Graece* ἐπιδεικτικὸν *nominatur, quod quasi ad inspiciendum delectationis causa comparatum est,*[...] (Cic. *orat.* 37). Vgl. zusätzlich auch Cic. *orat.* 207. Bezugspunkt ist allerdings in der Regel das *genus demonstrativum* (vgl. Leeman u. a. 1985, 228 und Woodman 1988, 95). Wiseman 1979, 40 bezeichnet Rhetorik und Geschichtsschreibung sogar als untrennbar.

schichtsschreibung und Rhetorik zeigt sich auch in Ciceros Erläuterungen in seiner rhetorischen Schrift *de oratore*. Darin betont er, dass ein Redner der geeignetste Autor für Geschichtsschreibung wäre,[19] wenn er sich nur mit ihr beschäftigen würde. Cicero macht folgende Aussage zur Geschichtsschreibung, die noch dazu ein anderes Licht auf den Wahrheitsanspruch wirft: *historia vero testis temporum, lux veritatis, vita memoriae, magistra vitae, nuntia vetustatis, qua voce alia nisi oratoris immortalitati commendatur?* (Cic. de orat. 2,36). Aus diesem Lobgesang für die Gattung Geschichtsschreibung im Stile eines Hymnus[20] werden ihre Funktionen deutlich: Sie legt Zeugnis über vergangene Zeiten ab, beleuchtet die Wahrheit, hält die Erinnerung lebendig, lehrt uns das Leben und kündet von alten Zeiten.[21] Für unsere Betrachtung zum Wahrheitsanspruch sind vor allem *testis temporum* und *lux veritatis* wichtig. Mit dem Wort *testis* befinden wir uns wieder in dem schon genannten Kontext des Gerichtsprozesses. Der Ausdruck *lux veritatis* ist hier mit „Beleuchtung der Wahrheit = Wirklichkeit" zu übersetzen und damit als Genitivus obiectivus aufzufassen.[22] ‚Wirklichkeit' im Sinne von „das tatsächlich Geschehene" scheint an dieser Stelle die treffendste Übersetzung für das lateinische Wort *veritas* zu sein, das sowohl ‚Wahrheit' als auch ‚Wirklichkeit' bedeuten kann.[23] Damit bezeichnet *veritas* hier wohl auch genau das, was Aristoteles mit τὰ γενόμενα (Aristot. poet. 9, 1451a36) benennt.[24] Nach dieser Auslegung von *veritas* stellt der Geschichtsschreiber eine Wirklichkeit im Sinne eines vergangenen Geschehens dar und zwar so, wie diese sich ihm aufgrund der Überlieferung und der Traditionen darstellt, wie er sie für wahr hält und wie er diese folglich erzählt.[25] Ziel dieser Darstellung ist *memoria*, wie dies auch schon

---

19 Vgl. HELDMANN 2011, 56 (Anm. 133).
20 Vgl. LEEMAN u. a. 1985, 228.
21 HELDMANN 2011, 57 weist mit Recht darauf hin, dass Cicero eigentlich nicht das Wesen der Geschichtsschreibung definieren will, sondern die in der Antike bekannten Vorzüge der Gattung nutzt, um den Redner als den kompetentesten Autor auch von Geschichtsschreibung darzustellen. BURCK 1964, XIV sieht diese Forderungen im Werk des Livius erfüllt.
22 LEEMAN u. a. 1985, 228, die diese Übersetzung explizit in Abgrenzung zur in diesem Zusammenhang häufig bei Cicero zitierten Stelle Cic. ac. 2,31 angeben. HELDMANN 2011, 55 (mit Anm. 131) weist zu Recht darauf hin, dass diese Stelle in der Forschung oft falsch verstanden wurde.
23 HELDMANN 2011, 54.
24 Vgl. HELDMANN 2011, 54.
25 In diesem Sinne ist auch die viel zitierte Aussage *nam quis nescit primam esse historiae legem, ne quid falsi dicere audeat? deinde ne quid veri non audeat?* (Cic. de orat. 2,62) zu verstehen. Gleiches gilt für Sallusts *quam verissume potero* (Sall. Catil. 4,3). HELDMANN 2011, 15 sieht darin das Prinzip der Subjektivität in der Geschichtsschreibung: „Dieses Prinzip einer intendierten Subjektivität und eines Anspruchs auf einseitige Darstellung ist indessen nicht nur für Tacitus, sondern auch für alle seine Vorgänger in Rom selbstverständlich." Von einer solchen Form der

Cicero für die Historiographie postuliert: *memoria*, die der Geschichtsschreiber am Leben (*vita*) halten soll.²⁶

Zusammenfassend kann man sagen, dass die antike Geschichtsschreibung nicht in erster Linie an unseren neuzeitlichen Wahrheits- und Objektivitätsansprüchen gemessen werden darf. Vielmehr handelt es sich als literarische Gattung um eine Form der Kunstprosa, deren Autoren die historische Überlieferung, in welcher Form auch immer sie ihnen zugänglich ist, möglichst kunstvoll darstellen und somit die *memoria* lebendig halten. Die Geschichtsschreibung hat außerdem eine gewisse Nähe zur Rhetorik, vor allem zum *genus demonstrativum*. Die Wahrheit im Sinne, nichts zu erfinden, ist nicht ohne Bedeutung, doch kommt es für Historiographen auch immer darauf an, rezipiert und als gute Schriftsteller wahrgenommen zu werden, was dann auch ihrem Ruf als Historiker zuträglich ist. Um dies zu erreichen, ist in Anlehnung an Gerichtsreden die Wahrscheinlichkeit, dass Ereignisse auf die Weise stattgefunden haben, wie sie im jeweiligen Werk beschrieben werden, eine Kategorie von nicht zu unterschätzender Relevanz. Dennoch darf bei aller Bedeutung der Wahrscheinlichkeit die Überlieferung – sei es mündlich oder durch andere Autoren – nicht außer Acht gelassen werden. Die Themen der Geschichtsschreibung haben bei aller Literarizität und Fiktionalität immer ihren Bezug zur mehr oder weniger lange vergangenen – Realität, die vom Geschichtsschreiber erzählt wird. Neben der Rhetorik hat die Geschichtsschreibung aber auch enge Bezüge zum Epos,²⁷ sodass es zu kurz gegriffen wäre, die Historiographie nur von der Rhetorik abzugrenzen.

Livius steht mit seinem Werk ebenso in dieser Tradition der Gattung. Damit unterliegt auch er, dem die Forschung immer wieder einen zu unkritischen Umgang mit Quellen attestiert hat,²⁸ den Prinzipien von Wahrheit bzw. Wirklichkeit der antiken Geschichtsschreibung und stellt in seiner Erzählung die Geschichte Roms dar, wie sie ihm überliefert ist und wie sie ihm in Zweifelsfällen am wahrscheinlichsten scheint. Dies soll im Folgenden genauer betrachtet werden.

Subjektivität auszugehen, wird antiken Historiographen sicher nicht gerecht. Sie strebten wohl entsprechend ihren Beteuerungen nach Wahrheit, auch wenn ihnen die Umsetzung nicht immer gelungen ist.
26 Dieses Ziel stellt auch MILES 1995, 19 für Livius heraus. Vgl. Kap. 2.1.2.2.
27 Vgl. Kap. 2.1.2.3.
28 Vgl. MÜLLER 2014, 307, der in Anm. 2 einen kurzen Überblick über die Positionen der Forschung gibt.

2.1.2 Selbstaussagen des Livius zu seinem Wahrheitsanspruch

2.1.2.1 Explizite Selbstaussagen zu Wahrheit und Objektivität

Livius macht in seinem Werk selbst Aussagen zu seiner Auffassung von Wahrheit, historischer Wirklichkeit und Literarizität. In diesem Zusammenhang äußert er sich auch zur Zielsetzung seines Werkes, zu seinen Erwartungen und denen des potentiellen Lesers. Dies erfolgt in den Partien, in denen der Autor selbst spricht, bezogen auf die erste Pentade explizit in der *praefatio* des Gesamtwerks und im Binnenproöm des sechsten Buches.[29] Dennoch ist gerade in Bezug auf die *praefatio* und auf Binnenproömien immer zu überprüfen, inwiefern es sich um spezifische Aussagen des Livius zu seinem Werk handelt oder inwiefern die Aussagen topisch sind. Deshalb ist bei der Analyse der Selbstaussagen auch immer das Verhältnis von Autor und Erzähler zu berücksichtigen.[30] Diese beziehen sich auf die ‚Stimme' des Livius, mit der er in der *praefatio* und den Binnenproömien sowie bei der Diskussion von Überlieferungsvarianten als Autor Stellung nimmt. Diese zuletzt genannten Selbstaussagen des Autors Livius werden nun unter dem Aspekt seines Wahrheits- bzw. Objektivitätsanspruches betrachtet.

Gleich im ersten Satz der *praefatio*,[31] in dem Livius sein Vorhaben darlegt, die Taten des römischen Volkes von den ersten Anfängen an zu beschreiben, bezeichnet er den Stoff (*res*) in einer Alliteration als einerseits alt (*vetus*), andererseits als besonders bekannt (*volgata*): *Facturusne operae pretium sim si a primordio urbis res populi Romani perscripserim nec satis scio nec, si sciam, dicere ausim, quippe qui cum veterem tam volgatam esse rem videam* […] (Liv. *praef.* 1– 2). Livius erwähnt diese Tatsache weniger aus Gründen der Objektivität als aus apologetischen Gründen, weil er sich in der Reihe der Schriftsteller sieht, die versucht haben, die römische Geschichte zu erhellen, und dabei trotz aller Schwierigkeiten möglichst erfolgreich sein will.[32] In diesem Zusammenhang fragt er sich auch, ob es sich lohne, diese Mühe auf sich zu nehmen, wobei es sich dabei um einen Topos handelt.[33] Für die Betrachtungen zur Objektivität und zur Faktualität lässt sich daraus vor allem ableiten, dass alte Stoffe in der Zeit des Livius nicht unbekannt waren und es an ihn als Geschichtsschreiber Erwartungen gab, die es zu erfüllen galt.[34] Aufgrund der Bekanntheit des Stoffes musste sich Livius

---

[29] Im Binnenproöm des zweiten Buches geht es vornehmlich um die inhaltliche Reflexion des ersten Buches. Reflexionen zur Objektivität sind dort nicht zu finden.
[30] Vgl. Kap. 1.4.
[31] Für eine ausführliche, textnahe Interpretation der *praefatio* vgl. MOLES 2009.
[32] Vgl. MOLES 2009, 54f.
[33] Vgl. OGILVIE 1965, 25.
[34] Vgl. auch Kap. 1.1.2.

zumindest an die Grundzüge der Überlieferung halten,[35] mit dem für die antike Historiographie wichtigen Ziel, das er auch selbst nennt, nämlich einen Beitrag zur *memoria* zu leisten: *Utcumque erit, iuvabit tamen rerum gestarum memoriae principis terrarum populi pro virili parte et ipsum consuluisse* (Liv. *praef.* 3). Livius stellt sich mit dieser Aussage, die das *utile* in Form der *memoria* und das *dulce* – zu erkennen in der Verbform *iuvabit* – als zentrale Ziele römischer Literatur aufnimmt,[36] in die Tradition der antiken Geschichtsschreibung mit allen Ansprüchen an Objektivität und Wahrheit, die schon gezeigt wurden.[37] Nach dieser Aussage zu seinem Vorhaben, aus denen der Objektivitäts- und Wahrheitsanspruch des Livius abgeleitet werden kann, äußert sich Livius im weiteren Verlauf der *praefatio* noch explizit:

> Quae ante conditam condendamve urbem poeticis magis decora fabulis quam incorruptis rerum gestarum monumentis traduntur, ea nec adfirmare nec refellere in animo est. Datur haec venia antiquitati ut miscendo humana divinis primordia urbium augustiora faciat; et si cui populo licere oportet consecrare origines suas et ad deos referre auctores, ea belli gloria est populo Romano ut cum suum conditorisque sui parentem Martem potissimum ferat, tam et hoc gentes humanae patiantur aequo animo quam imperium patiuntur (Liv. *praef.* 6–7).

Livius hält zunächst fest, sein überlieferter Stoff, der sich auf den Zeitabschnitt vor der Gründung[38] der Stadt (*ante conditam condendamve urbem*) beziehe, sei mehr durch Erzählungen, die eigentlich Dichtern zukommen,[39] ausgeschmückt (*poeticis magis decora fabulis*), als dass es sich um die Überlieferung „unverfälschte[r] Quellen der Geschichte"[40] (*incorruptis rerum gestarum monumentis traduntur*) handle. Livius stellt *poeticae fabulae*, verstärkt durch einen Parallelismus und durch Hyperbata, der Überlieferung von *incorrupta rerum gestarum*

---

35 Pausch 2011, 20 weist darauf hin, dass aufgrund der Besonderheiten der römischen Erinnerungskultur, in der die einzelnen *gentes* sehr um die *memoria* bemüht sind, der *floating gap* nicht so stark ausgeprägt war, wie in anderen Kulturen. Vgl. dazu auch Feichtinger 1992, 15 f.
36 Vgl. Moles 2009, 59.
37 Vgl. Kap. 2.1.1 und Moles 2009, 57.
38 Mit der Gerundivform *condendam* grenzt Livius den Zeitraum vor Gründung der Stadt auf die Ereignisse ein, die aufgrund der *fata* (vgl. Liv. 1,1,4 und 1,4,1), beginnend mit der Ankunft der Aeneaden, Voraussetzung für die Gründung sind (vgl. Weissenborn u. Müller [11]1963a, 78).
39 Das Adjektiv *poeticus* ist hier proleptisch in dem Sinne aufzufassen, dass diese Geschichten eigentlich eher von Dichtern erzählt werden sollten, nicht aber, dass allein Dichter seine Quellen sind (vgl. Ogilvie 1965, 26 f.).
40 Weissenborn u. Müller [11]1963a, 79.

monumenta gegenüber und meint damit mündlich tradierte Mythen[41] im Gegensatz zu schriftlichen Tatenberichten.[42] Daraufhin distanziert er sich von jeglicher Beurteilung (*nec adfirmare nec refellere*) und überlässt diese somit dem Rezipienten.[43] Anschließend weist er darauf hin, dass es üblich sei, die Frühzeit durch Mischung von Göttlichem und Menschlichem zu verklären, was den Gründern eine gewisse Würde einbringe.[44] Auch dass Rom seinen Ursprung auf den Gott Mars zurückführt, erwähnt Livius in diesem Zusammenhang und stellt den Wahrheitsgehalt dieser Aussage en passant in Frage, allerdings ohne darin ein großes Problem für seine Darstellung zu sehen. Denn genau das ist es, was *poeticae fabulae* ausmacht. Sie sind ohne Zweifel weder aus heutiger noch aus Livius' Perspektive die objektive historische Wahrheit,[45] aber eben dennoch Teil der Überlieferung der römischen Geschichte, die er darstellen will.[46] Dieser Teil der Überlieferung gehört zur vollständigen Darstellung, die Livius sich zur Aufgabe gemacht hat, obwohl *poeticae fabulae* der Gattung Historiographie entgegenstehen.[47] Ferner rechtfertigt er, da er keine *monumenta incorrupta* hat, den Gebrauch von *poeticae fabulae* mit dem hohen Alter der Ereignisse[48] und gibt sich mit dem Vorhandenen zufrieden.

In der Forschung, die, wie schon erwähnt, immer wieder die Objektivität bzw. Historizität des livianischen Werkes anzweifelt, wird in diesem Kontext meist

---

41 ThLL VI,1,1 s.v. *fabula* 24–34, hier 27: [*fabul*]*ae, quae ad mythologiam et historiam pertinent* (*saepe ut incredibiles vel dubiae fidei rebus gestis opponuntur*). Zur Wortbedeutung von *fabula* vgl. auch MILES 1995, 16 f.
42 In ThLL VIII,10 s.v. *monumentum* 1460–1466, hier 1464 wird diese Stelle unter *opera conscripta tam publica quam privata* subsumiert. Zur Wortbedeutung von *monumentum* und zum Gegensatz von mündlicher bzw. schriftlicher Überlieferung vgl. MILES 1995, 16 f. VASALY 2015, 217 fasst *monumenta* an dieser Stelle in der Tradition der späten Republik als „historical writing" auf. Die Frage, ob die Römer die Vorgeschichte der Gründung und die Geschichte der Frühzeit als Mythen oder als historische Wahrheiten angesehen haben, ist für unsere Betrachtung nicht von Bedeutung. REINHARDT 2011, 352 bezeichnet die Überlieferungen der Frühzeit als „pseudohistorische Ursprungsmythen der Römer", die für die Darstellung des Ruhmes des römischen Volkes wichtig seien. Vgl. auch die Hinweise zur Forschungsliteratur zu diesem Thema bei REINHARDT 2011, 352 (Anm. 1350) und allgemein zu diesem Thema REINHARDT 2011, 352–364 und GRAF 1993.
43 Vgl. FEICHTINGER 1992, 14.
44 Vgl. MILES 1995, 19.
45 Vgl. GRAF 1993, 26.
46 Zum Wahrheitsanspruch in der Geschichtsschreibung allgemein s. Kap. 2.1.1. Dagegen z. B. FEICHTINGER 1992, 13, die Livius mit Thukydides vergleicht und ihm zu wenig kritische Quellenanalyse und zu starke Fiktionalisierung vorwirft.
47 FELDHERR 1998, 75.
48 Vgl. MÜLLER 2014, 307.

darauf verwiesen, dass Livius im Binnenprooem des sechsten Buches den Zeitraum der unsicheren Überlieferung deutlich länger fasst, nämlich bis zur sogenannten zweiten Gründung nach dem Galliereinfall, als in seinen Aussagen in der *praefatio*, nach denen die Gründung der Stadt der entscheidende Punkt sei.[49] Diese Tatsache ist richtig und soll hier nicht bestritten werden. Allerdings können beide Stellen nicht als bloße, sich widersprechende Aussagen zum Thema der Objektivität aufgefasst werden. Es ist der jeweilige Kontext zu berücksichtigen. Dafür muss zunächst die Stelle aus dem sechsten Buch näher beleuchtet werden.

Livius fasst dort rückblickend kurz zusammen, dass er bisher die Geschichte der Römer von der Gründung der Stadt bis zu ihrer Einnahme durch die Gallier unter den jeweils herrschenden Staatsoberhäuptern in fünf Büchern dargestellt habe, nimmt zur Quellenlage Stellung und gibt einen kurzen Ausblick auf sein weiteres Werk:

> Quae ab condita urbe Roma ad captam eandem Romani sub regibus primum, consulibus deinde ac dictatoribus decemvirisque ac tribunis consularibus gessere, foris bella, domi seditiones, quinque libris exposui, res cum vetustate nimia obscuras velut quae magno ex intervallo loci vix cernuntur, tum quod rarae per eadem tempora litterae fuere, una custodia fidelis memoriae rerum gestarum, et quod, etiam si quae in commentariis pontificum aliisque publicis privatisque erant monumentis, incensa urbe pleraeque interiere. Clariora deinceps certioraque ab secunda origine velut ab stirpibus laetius feraciusque renatae urbis gesta domi militiaeque exponentur (Liv. 6,1,1–3).

Für die Frage der Objektivität sind vor allem die Ausführungen zur Quellenlage von Bedeutung. Livius bringt die Hauptaussage zur Qualität seiner bisherigen Quellen in einer Apposition. Die bisher beschriebenen Taten seien *res obscurae*, wofür Livius zwei Gründe anführt (*cum/tum*):[50] Zum einen nimmt er das Motiv des hohen Alters (*vetustas nimia*) seines Stoffes aus der *praefatio* (*qui [...] veterem [...] rem videam* [Liv. praef. 2]) wieder auf. Dass *obscurus* in Bezug auf das Alter metaphorisch[51] gemeint ist, macht das Hyperbaton *res ... obscuras* deutlich. Dieses Bild stellt er als vergleichbar mit dem Blick auf einen weit entfernten Ort dar. Zum anderen beklagt Livius das Fehlen schriftlicher Überlieferungen aus zwei Gründen: In der Frühzeit habe man nur wenige schriftliche Quellen (*rarae litterae*)

---

49 Zuletzt Müller 2014, 307f. Dagegen unterlässt Oakley 1997, 381 die deutliche Gegenüberstellung der beiden Stellen und merkt nur an, dass Livius schon in der *praefatio* auf das Quellenproblem hingewiesen habe.
50 Kraus 1994, 83f. sieht die Zweiteilung (*cum/tum*), nimmt aber drei von Livius genannte Gründe an. Der Satzbau mit der Korrelation *cum/tum* legt nahe, von zwei Gründen auszugehen, wobei unter dem stärkeren Glied *tum* verbunden mit der Konjunktion *et* zwei Begründungen gegeben werden.
51 Vgl. Oakley 1997, 383.

gehabt, die er metaphorisch als einzig glaubwürdige Wache der Geschichte (*una custodia fidelis memoriae rerum gestarum*) bezeichnet, und, wenn es irgendeine Überlieferung in den *commentarii pontificum*[52] oder in anderen öffentlichen oder privaten Dokumenten (*monumenta*) gegeben habe, sei diese durch den Brand der Stadt nach dem Galliereinfall vernichtet worden. Diesen Mangel an brauchbaren Quellen verstärkt Livius mit seinem Ausblick auf die Überlieferung der Folgezeit vor allem durch die Wortwahl (Liv. 6,1,3). Einerseits nimmt er mit dem Futur *exponentur* in Form eines Polyptotons *exposui* (Liv. 6,1,1) wieder auf.[53] Andererseits bezieht sich der Komparativ *certiora* auf die Metapher *custodia fidelis* (Liv. 6,1,2)[54] und der Komparativ *clariora* spielt auf die Metapher *res obscurae, quae [...] cernuntur* (Liv. 6,1,2)[55] an. Durch letztere Metapher nimmt Livius auf die für die Antike ganz typische Sichtweise Bezug, dass ein Geschichtsschreiber das Ziel haben müsste, so zu erzählen, als ob der Leser das Geschehen direkt sehen könnte.[56] Ferner stellt Livius mit *memoria rerum gestarum* und mit *monumenta publica privataque* einen Bezug zu den Worten *incorrupta rerum gestarum monumenta* der *praefatio* her.[57]

Zusammenfassend lässt sich feststellen, dass sich Livius des Problems seiner Quellen für die erste Pentade durchaus bewusst ist und dieses deutlich benennt, im Binnenprooem zum sechsten Buch noch stärker als in der *praefatio*. Dies ist allerdings nicht auf mangelnde Konsistenz seines Werkes zurückzuführen, sondern dem jeweiligen Kontext geschuldet. Zu Beginn des sechsten Buches will Livius zeigen, dass mit der zweiten Gründung ein neuer Abschnitt beginnt, in dem sowohl in der Geschichte Roms als auch in deren Darstellung in seinem Werk alles besser und fruchtbarer wird: *ab secunda origine velut ab stirpibus laetius feraciusque* (Liv. 6,1,3). Er bleibt bei seinem Thema, die Taten der wiedergegründeten Stadt im Krieg und im Frieden darzustellen, wobei auch die Quellen von nun an klarer und sicherer sind, was Livius durch eine Ringkomposition innerhalb des

---

52 Mit *commentarii* sind hier laut Kraus 1994, 86 die unausgearbeiteten Entwürfe der *pontifices* gemeint.
53 Vgl. Kraus 1994, 86 f. Sie zeigt außerdem die ringkompositorische Anlage des Binnenprooems zum sechsten Buch (83).
54 Vgl. Kraus 1994, 87 mit dem expliziten Verweis auf *fidelis*. Oakley 1997, 385 sieht diese Bedeutung ebenfalls, betont aber vor allem die Doppeldeutigkeit und die Fortsetzung des Gegensatzes zu *obscurus*. Im Vordergrund dürfte hier für Livius allerdings stehen, auf beide Desiderate der Quellen der Frühzeit einzugehen und die bessere Qualität der Überlieferung der Folgezeit deutlicher herauszustellen.
55 Vgl. Oakley 1997, 385 und Kraus 1994, 87, die mit Recht darauf hinweisen, dass auch noch die Nuance ‚glänzender' und ‚berühmter' mitzulesen ist.
56 Vgl. Feldherr 1998, 2 und 4 f.
57 Liv. *praef.* 6. Vgl. Oakley 1997, 38.

Binnenprooms noch verstärkt.⁵⁸ Die Aussage ist also keineswegs losgelöst vom Kontext als Selbstaussage des Livius zur Objektivität seines Geschichtswerkes zu sehen, sondern zunächst einmal in ihrem Kontext zu bewerten.

Genauso verhält es sich mit der Aussage in der *praefatio*. Wenn man den Kontext betrachtet, geht es Livius in der *praefatio* nur sekundär um eine Aussage zur Objektivität seines Werkes und zur Qualität seiner Quellen. Livius nennt zu Beginn der *praefatio* sein Vorhaben, nämlich die Sache des römischen Volkes von Beginn der Stadt an zu beschreiben (*a primordia urbis res populi Romani perscripserim* [Liv. *praef.* 1]). Die folgenden Ausführungen der *praefatio* zeigen, wie er dies erreichen will. Nach den Topoi zur Größe des Vorhabens und des Stoffes unterstellt Livius dem Leser zunächst, dieser wolle möglichst schnell zur Zeitgeschichte kommen und die Frühzeit interessiere ihn weniger, um dann darauf hinzuweisen, dass er sich selbst, solange er von der ‚guten alten Zeit' schreibt, nicht mit den Übeln der eigenen Zeit beschäftigen müsse: [...] *ut me a conspectu malorum quae nostra tot per annos vidit aetas, tantisper certe dum prisca illa tota mente repeto, avertam* [...] (Liv. *praef.* 5).

Livius beginnt die Thematik der Objektivität eigentlich schon am Ende von § 5 mit der Wendung *flectere a vero* mit dem Hinweis, die Gefahr, sich aus emotionaler Betroffenheit von der Wahrheit abbringen zu lassen, sei für die Geschichte der Frühzeit nicht gegeben.⁵⁹ Daraufhin nimmt er, wie oben schon erläutert, das Thema Objektivität wieder auf, weist die Beurteilung der Frühzeit, für die es eben keine objektiven Quellen gebe, zurück, und distanziert sich in ähnlicher Weise von der großen Bedeutung der Götter, die in der Überlieferung der Frühzeit vorhanden ist, um dann auf sein eigentliches Ziel hinzuweisen: die Darstellung des römischen Staates und seiner Protagonisten als Exempla für die Nachwelt (Liv. *praef.* 9–10).⁶⁰ Livius gibt also in seiner Aussage in § 6 weder eine umfassende

---

58 Die auf die Quellen bezogenen Komparative *clariora* und *certiora* sind hier parallel zu den Komparativen *laetius feraciusque* zu sehen. Dass Livius im Thema bleibt, zeigt KRAUS 1994, 83 in ihrer Gegenüberstellung des ersten und des dritten Paragraphen des Binnenprooms: *ab condita urbe* bezieht sich auf *ab secunda origine ... renatae urbis, gessere* auf *gesta* und *foris ... domi* auf *domi militiaeque*. Auch OAKLEY 1997, 386 sieht diese Ringkomposition. Ferner ist zu erwähnen, dass Livius sich hier wiederum auf Liv. *praef.* 9 bezieht, wo er das Thema bzw. die Fragestellung seines Geschichtswerkes darlegt. Ob die Quellen für die Folgezeit tatsächlich besser sind, ist nicht Gegenstand dieser Betrachtung. Vgl. dazu OAKLEY 1997, 382, der annimmt, dass die Quellenlage immer besser wird, umso jünger die Geschichte ist.
59 [...] *omnis expers curae quae scribentis animum, etsi non flectere a vero, sollicitum tamen efficere posset* (Liv. *praef.* 5). Dass diese Beteuerung topisch ist, hat OGILVIE 1965, 26 nachgewiesen. CIZEK 1992, 360 weist auf den Sallust-Bezug dieser Stelle hin.
60 Vgl. Kap. 1.2 und PAUSCH 2008, 39.

Erklärung zu seinem Verständnis von Objektivität und zur Qualität seiner Quellen noch schränkt er den Zeitraum, auf den sich *fabulae poeticae* beziehen, explizit ein. Er zeigt vielmehr, dass er sich der mangelnden Objektivität der Überlieferung bewusst ist. Dafür führt er mit der Überlieferungslage der Frühzeit und den göttlichen Anfängen zwei Beispiele an. Von beiden distanziert er sich in gewisser Weise, da er sie nicht bewertet. Hinzu kommt, dass sich Livius mit dem Satz *Sed haec et his similia utcumque animadversa aut existimata erunt haud in magno equidem ponam discrimine* (Liv. *praef.* 8) nicht nur von der Objektivität des vorher genannten Beispiels distanziert (*haec*), sondern auch Ähnliches (*his similia*) einschließt. Anschließend stellt er mit dem folgenden *ad illa [...] acriter intendat animum* (Liv. *praef.* 9) einen Gegensatz her, der aber nicht den Zeitpunkt festlegt, von dem an die Überlieferung objektiv ist.[61] Der Gegensatz macht allenfalls Livius' Bewusstsein für die Schwierigkeit der Quellenlage deutlich; Livius will jedoch seine Sicht der Geschichte und damit der Wirklichkeit umfassend darstellen und andere Fragestellungen in den Mittelpunkt stellen.[62] Daher verbietet sich der isolierte Vergleich der Aussagen in Liv. *praef.* 6 und in Liv. 6,1,1–3. Wie sich unter Einbeziehung des jeweiligen Kontexts ergibt, weist Livius explizit an diesen beiden Stellen darauf hin, dass er sich der Schwierigkeiten der Überlieferungslage der Frühzeit bewusst ist, dies aber auch nicht als sein vordergründiges Thema betrachtet. Im Vordergrund steht für ihn seine Sicht der Wirklichkeit,[63] also seine Sicht der römischen Geschichte von den ersten Anfängen an.

Eine weitere Selbstaussage des Autors Livius aus dem fünften Buch stützt diese These. Sie ist nicht an einer so exponierten Stelle wie in der *praefatio* oder im Binnenprooöm zum sechsten Buch zu finden, sondern fügt sich beinahe unauffällig in die Handlung ein. Es geht um die Belagerung von Veji, in die Livius folgende Worte einfügt:

> Inseritur huic loco fabula: [...] Sed in rebus tam antiquis si quae similia veris sint pro veris accipiantur, satis habeam; haec ad ostentationem scenae gaudentis miraculis aptiora quam ad fidem neque adfirmare neque refellere est operae pretium (Liv. 5,21,8–9).

---

61 WEISSENBORN u. MÜLLER [11]1963a, 79 sehen zwar den Gegensatz, leiten daraus aber ab, dass die in Liv. *praef.* 9 folgende Fragestellung des Livius sich auf objektiv beglaubigte Geschichte beziehe.
62 Vgl. Liv. *praef.* 9 und Kap. 1.2. MILES 1995, 19 sieht in den Aussagen in Liv. *praef.* 6–8 die genauere Bestimmung von *fabulae*, in Liv. *praef.* 9–10 die von *monumenta*, die auf spätere *exempla* hinweisen. Dies würde allerdings bedeuten, dass die römische Frühzeit, wie lange auch immer sie geht, frei von *exempla* ist. PAUSCH 2011, 21 weist zu Recht auf das heterogene Bild der Quellen der römischen Geschichte aufgrund der vielen einzelnen Darstellungen der senatorischen Geschichtsschreibung hin.
63 Vgl. PAUSCH 2011, 7.

Livius nimmt explizit die Worte der *praefatio* wieder auf und macht so an einem konkreten Beispiel deutlich, wie er seinen eigenen Anspruch umsetzen will. Er bringt damit auch den für die antike Historiographie nicht unwichtigen Begriff des Wahrscheinlichen (*similia veris*) ins Spiel.[64] Die Wahrscheinlichkeit ist demnach für die Frühzeit eine durchaus akzeptable Kategorie im Bereich der Objektivität,[65] für den Fall, dass die Wahrheit nicht zu rekonstruieren ist.

Aber nicht nur in den beiden zentralen Selbstaussagen setzt sich Livius mit der Frage der Objektivität auseinander. Er streut in seine Darstellung immer wieder Hinweise zu anderen Versionen einer Geschichte ein und weist somit auf ein Problem in der Überlieferung hin,[66] wenn sie ihm nicht sicher scheint. Dafür verwendet Livius konkret die Substantive *fama* oder *fabula*[67] oder er gibt die Quelle durch eine beispielsweise mit *fertur, dicitur* oder *traditur* eingeleitete, vorzeitige NcI-Konstruktion bzw. durch eine mit *ferunt, dicunt* oder *tradunt* eingeleitete, vorzeitige AcI-Konstruktion wieder.[68] Ferner begegnen dem Leser einerseits Verben der ersten Person, die sich explizit auf Livius in seiner Funktion als Autor beziehen,[69] andererseits unpersönliche Ausdrücke, bei denen implizit ebenso der Bezug zu Livius ersichtlich ist.[70] Diese Liste von lateinischen Wörtern, die sich auf Livius als Autor beziehen, ließe sich ohne weiteres fortsetzen,[71] was für unsere Untersuchung von untergeordneter Bedeutung ist.[72] Für uns ist es hier wichtig, festzuhalten, dass sich diese Hinweise im Bericht über die römische Frühzeit häufen,[73] was wiederum zeigt, dass Livius wegen der ungenaueren Quellenlage im Rahmen der jeweiligen Überlieferung größere Freiheiten hatte, seine Sicht der Wirklichkeit darzustellen. Damit sind all diese Phänomene, die Müller als „Fiktionsmarkierungen" bezeichnet, als Teil der Leserlenkung zu betrachten.[74]

---

64 Vgl. Kap. 2.1.1.
65 Vgl. auch CIZEK 1992, 358.
66 Vgl. MÜLLER 2014, 308f.
67 Vgl. STEELE 1904, 23f.
68 Vgl. STEELE 1904, 21 für NcI- und AcI-Konstruktionen.
69 Vgl. die verdienstvolle Stellensammlung von STEELE 1904, 19.
70 Vgl. STEELE 1904, 19f.
71 Vgl. STEELE 1904, 24–43.
72 Eine genauere Analyse der einzelnen Textstellen ist für unsere Untersuchung lediglich im Einzelfall unter Berücksichtigung anderer narratologischer Phänomene nötig und erfolgt gegebenenfalls im Rahmen der jeweiligen Textinterpretationen *ad locum*.
73 Vgl. STEELE 1904, 44 bzw. die Tabelle auf 21f. explizit zu den AcI- und NcI-Konstruktionen, die zeigt, dass beispielsweise *dicitur* in der ersten Dekade 39 Mal, *ferunt* 33 Mal und *traditur* 21 Mal vorkommt.
74 MÜLLER 2014, 309.

Neben diesen expliziten Aussagen bestehen noch implizite Hinweise auf die Objektivität des livianischen Geschichtswerkes.[75] Am wichtigsten ist dabei die Perspektive, die der Historiograph, in diesem Fall also Livius, konkret einnimmt, d.h. aus Sicht welcher Personen oder Personengruppen er die Ereignisse erzählt.[76] Pausch zeigt überzeugend anhand Hannibals Alpenübergang, wie Livius als Erzähler „zwar eine primär prorömische Perspektive einnimmt, diese an zahlreichen Stellen aber durch Elemente einer multiperspektivischen Darstellung ergänzt",[77] indem er besonders durch die entsprechende Fokalisierung und durch Reden eine nicht römische Perspektive einbringt. Dies bedeutet nicht, dass Livius – und auch andere antike Historiographen – die verschiedenen Perspektiven in erster Linie aus Gründen der Objektivität nutzen. Der höhere literarische Wert und ästhetische Gründe stehen hier wohl im Vordergrund, doch darf der Nebenaspekt des höheren Grades an Objektivität nicht außer Acht gelassen werden.[78] Es wird allerdings an den entsprechenden Stellen der ersten Pentade zu prüfen sein, ob es sich bei der nicht römischen Fokalisierung und bei Reden des Gegners nicht eher um implizite Meinungsäußerungen des Erzählers zum erzählten Geschehen handelt, die zwangsläufig – sozusagen als Nebeneffekt – eine weitere Position ins Spiel bringen, als um objektive Darstellung im Sinne einer dialektischen Erörterung der Meinung der römischen Protagonisten und ihrer Gegenspieler. Anders formuliert hieße das, dass Livius seine Meinung unter dem Deckmantel vermeintlich höherer Objektivität einbringt.

2.1.2.2 Implizite Aussagen durch intertextuelle Bezüge mit Prätexten

Livius will zwar ein eigenes Geschichtswerk schaffen, steht aber, wie in der *praefatio* zu lesen ist, auch in der Tradition seiner Vorgänger: *et si in tanta scriptorum turba mea fama in obscuro sit, nobilitate ac magnitudine eorum me qui nomini officient meo consoler* (Liv. *praef.* 3). Damit bezieht er sich laut Cizek auf Sallust, der in seinen *Historien* die Formulierung *nos in tanta doctissimorum copia* (Sall. *hist.* 1,3)[79] gebraucht.[80] Deshalb müssen die Selbstaussagen des Livius zur Objektivität immer auch vor dem Hintergrund der jeweiligen Prätexte betrachtet werden. Diese sind zwar zahlreich, aber im römischen Bereich nur fragmentarisch vorhanden, sodass im Folgenden vor allem auf die gut überlieferten griechischen

---

75 Vgl. PAUSCH 2011, 125–190.
76 Vgl. PAUSCH 2011, 125.
77 PAUSCH 2011, 125.
78 Vgl. PAUSCH 2011, 129.
79 Das Sallust-Fragment ist zitiert nach der Ausgabe von REYNOLDS 1991.
80 CIZEK 1992, 360f. mit weiteren Sallustbezügen.

Vorgänger Herodot und Thukydides eingegangen wird, wohl wissend, dass zwischen ihnen und Livius sowohl im römischen als auch im griechischen Bereich in hellenistischer Zeit Geschichtswerke entstanden sind, die uns nur fragmentarisch vorliegen.

So finden sich in der *praefatio* – wenn auch topische – intertextuelle Bezüge zu Herodot[81] und Thukydides, im Binnenprooöm des sechsten Buches von *ab urbe condita* wiederum Bezüge zu Thukydides, also zu den beiden bedeutendsten griechischen Historiographen.[82] Wie Livius allgemein eine Beurteilung der Überlieferung der Frühzeit ablehnt, so weist auch Herodot zu Beginn seines Werkes die Beurteilung der Geschichte um Io, ebenfalls eine Geschichte der Frühzeit bzw. aus heutiger Sicht der mythischen Zeit, zurück[83] und legt sich nicht fest, ob er lieber der Version der Perser oder der der Phönizier glauben solle.[84] Herodot bezieht sich konkret auf Io, Livius allgemein auf die Zeit vor der Stadtgründung. An dieser Stelle fällt auf, dass es sich weder bei Livius, wie oben gezeigt wurde, noch bei Herodot um ein vom Kontext losgelöstes Statement zum Wahrheitsanspruch handelt. Wie Livius die *fabulae poeticae* der Frühzeit nicht beurteilen will, um möglichst schnell zum eigentlichen Thema zu kommen, sagt auch Herodot en passant, dass er die Geschichten der Frühzeit nicht beurteilen, sondern zunächst den Beginn der Feindseligkeiten zwischen Griechen und Persern darstellen wolle.[85] Ferner haben beide das Ziel, die Erinnerung an große Taten zu bewahren,[86] ebenfalls ein Topos der Geschichtsschreibung. Der Unterschied hier

---

81 Die vielzitierte Parallelsetzung von Herodot und Livius durch Quintilian (Quint. *inst.* 10,1,101) bezieht sich auf die Stilistik, nicht auf die Arbeitsweise der beiden Historiographen.
82 Vgl. CHAMPION 2015, 192–198 zu den Einflüssen von Herodot und Thukydides auf Livius, der aber auf die Bezüge zur *praefatio* nicht eingeht.
83 Vgl. Hdt. 1,1,1–1,5,3 und Liv. *praef.* 6.
84 Hdt. 1,5,3: ταῦτα μέν νυν Πέρσαι τε καὶ Φοίνικες λέγουσι. ἐγὼ δὲ περὶ μὲν τούτων οὐκ ἔρχομαι ἐρέων ὡς οὕτως ἢ ἄλλως κως ταῦτα ἐγένετο [...]. – „So erzählen die Perser und so die Phoiniker. Ich selber will nicht entscheiden, ob es so oder anders gewesen ist." (Übers. FEIX ⁷2006; griechischer Text aus WILSON 2015). Vgl. auch Hdt. 3,122,1.
85 Vgl. CORCELLA 2012, 46 f. und BAKKER 2006, 95–98. FEICHTINGER 1992, 9 f. begründet mit dieser Textstelle den Wahrheitsanspruch Herodots und kritisiert zugleich, dass es Herodot nicht gelinge, diesem Anspruch nachzukommen. Mir scheint allerdings, dass Herodot mit seiner Äußerung nicht alle Fiktionalität ablehnt. Er weist lediglich darauf hin, dass er wisse, wer der Urheber der Feindseligkeiten sei: [...] τὸν δὲ οἶδα αὐτὸς πρῶτον ὑπάρξαντα ἀδίκων ἔργων ἐς τοὺς Ἕλληνας, [...] (Hdt. 1,5,3). – „Aber ich will den Mann nennen, von dem ich sicher weiß, daß er die Feindseligkeiten gegen die Griechen begann." (Übers. FEIX ⁷2006; griechischer Text aus WILSON 2015).
86 Vgl. zu Herodot BOEDECKER 2002, 99.

ist der Fokus, den Livius vollkommen auf Rom gerichtet hat,[87] während Herodot Griechen und Barbaren im Blick hat.[88] Dies lässt sich allerdings aus dem Entstehungskontext des jeweiligen Werkes erklären. Auf Thukydides geht hingegen die Unterscheidung von Mythos bzw. *fabulae poeticae* und *incorrupta rerum gestarum monumenta* zurück:

> καὶ ἐς μὲν ἀκρόασιν ἴσως τὸ μὴ μυθῶδες αὐτῶν ἀτερπέστερον φανεῖται· ὅσοι δὲ βουλήσονται τῶν τε γενομένων τὸ σαφὲς σκοπεῖν καὶ τῶν μελλόντων ποτὲ αὖθις κατὰ τὸ ἀνθρώπινον τοιούτων καὶ παραπλησίων ἔσεσθαι, ὠφέλιμα κρίνειν αὐτὰ ἀρκούντως ἕξει. κτῆμά τε ἐς αἰεὶ μᾶλλον ἢ ἀγώνισμα ἐς τὸ παραχρῆμα ἀκούειν ξύγκειται (Thuk. 1,22,4).[89]

Für Thukydides und seine pragmatische Geschichtsschreibung ist vor allem die Beschäftigung mit der gesicherten oder selbst erlebten Zeitgeschichte von großer Bedeutung.[90] Livius bezieht sich zwar auf Thukydides als Prätext und unterstellt dem Leser in der *praefatio*, dass diesen die Zeitgeschichte mehr als die Frühzeit interessiere (Liv. *praef.* 4), entscheidet sich aber trotzdem bewusst dafür, seine Darstellung der Geschichte Roms mit der Vorgeschichte der Stadtgründung zu beginnen. Damit stellt sich Livius an herausgehobener Stelle im Kontext der Objektivität seines Werkes in die Tradition seiner beiden größten griechischen Vorgänger, wenn man zugleich bedenkt, dass *rerum gestarum monumenta* nicht nur als Aussage zum Quellenwert des behandelten Stoffes, sondern auch als Aussage zur Qualität und zum Nachleben des eigenen Werkes, das Livius

---

[87] Liv. *praef.* 3: *iuvabit tamen rerum gestarum memoriae principis terrarum populi pro virili parte et ipsum consuluisse* [...].

[88] Hdt. *prooem.*: Ἡροδότου Ἁλικαρνησσέος ἱστορίης ἀπόδεξις ἥδε, ὡς μήτε τὰ γενόμενα ἐξ ἀνθρώπων τῷ χρόνῳ ἐξίτηλα γένηται, μήτε ἔργα μεγάλα τε καὶ θωμαστά, τὰ μὲν Ἕλλησι, τὰ δὲ βαρβάροισι ἀποδεχθέντα, ἀκλεᾶ γένηται [...]. – „Herodot aus Halikarnaß veröffentlicht hiermit seine Forschung, auf daß die menschlichen Werke bei der Nachwelt nicht in Vergessenheit geraten, und damit große und wunderbare Taten der Griechen und der Barbaren nicht ohne Gedenken bleiben." Übers. FEIX [7]2006; griechischer Text aus WILSON 2015). Vgl. auch MARINCOLA 2006, 18.

[89] „Zum Zuhören wird vielleicht diese undichterische Darstellung minder ergötzlich scheinen; wer aber das Gewesene klar erkennen will und damit auch das Künftige, das wieder einmal, nach der menschlichen Natur, gleich oder ähnlich sein wird, der mag sie so für nützlich halten, und das soll mir genug sein: zum dauernden Besitz, nicht als Prunkstück fürs einmalige Hören ist sie verfaßt." (Thuk. 1,22,4, Übers. LANDMANN 1993; griechischer Text aus JONES u. POWELL 1974). Eine Interpretation dieser Textstelle bietet WOODMAN 1988, 23 ff., der darauf hinweist, dass es Thukydides hier um Polemik gegen Herodot und die Logographen gehe.

[90] Vgl. PAUSCH 2008, 39.

schreiben wird, verstanden werden kann und somit das thukydideische κτῆμα ἐς αἰεί (Thuk. 1,22,4) wieder aufnimmt.⁹¹

Der zweite Bezug zu Thukydides⁹² ist weniger deutlich und zeigt sich in der Metapher der dunklen Frühzeit und der klareren Zeitgeschichte im Binnenproöm zum sechsten Buch von *ab urbe condita*.⁹³ Thukydides bemerkt bereits im Proömium seines Werkes über den Peloponnesischen Krieg, dass alles, was sowohl in ferner Vergangenheit als auch unmittelbar vor dem Peloponnesischen Krieg war, wegen der großen Zeitspanne nicht klar (σαφῶς) zu erforschen sei.⁹⁴ Thukydides impliziert hier, wie Livius annimmt, die Klarheit der Zeitgeschichte,⁹⁵ also dass die Zeit nach dem Galliereinfall – im Gegensatz zu Thukydides handelt es sich natürlich noch nicht um Zeitgeschichte – eben klarer (*clariora*) sei.⁹⁶ Das ist ein weiterer Beleg dafür, dass Livius sich in die Tradition des Thukydides stellt.⁹⁷ Beide Geschichtsschreiber führen die lange Zeit, die seit den Ereignissen vergangen ist, als Grund für die Unklarheit an. Bei Thukydides heißt es διὰ χρόνου πλῆθος (Thuk. 1,1,3), bei Livius *vetustate nimia* (Liv. 6,1,2).

Es stellt sich nun die Frage, warum sich Livius mittels intertextueller Bezüge bei seinen Aussagen zur Objektivität in die Tradition von Herodot und Thukydides stellt. Thukydides gilt in seiner Methode als besonders quellenkritisch, gründlich und wissenschaftlich. Außerdem setzt er hohe Maßstäbe für das Auffinden seiner Wahrheit, was er in seinem Methodenkapitel (Thuk. 1,22) ausführlich darlegt.⁹⁸ Wenn Livius zu Beginn des sechsten Buches auf Thukydides Bezug nimmt, indem er die gleiche Metapher gebraucht, bedeutet dies, dass er sich in Sachen Objektivität bzw. Streben nach Wahrheit an diesem großen griechischen Schriftsteller

---

91 Vgl. Moles 2009, 64.
92 Meister 2013, 65 f. geht sogar davon aus, dass Livius Thukydides nicht kannte, sondern Bezüge durch Vermittlung der römischen Annalisten in Livius' Werk Eingang fanden.
93 Liv. 6,1,2: *res cum vetustate nimia obscuras velut quae magno ex intervallo loci vix cernuntur* [...]. Zur Interpretation s. Kap. 2.1.2.1.
94 Thuk. 1,1,3: τὰ γὰρ πρὸ αὐτῶν καὶ τὰ ἔτι παλαίτερα σαφῶς μὲν εὑρεῖν διὰ χρόνου πλῆθος ἀδύνατα ἦν, [...] – „Denn was davor und noch früher, das war zwar wegen der Länge der Zeit unmöglich genau zu erforschen [...]" (Übers. Landmann 1993; griechischer Text aus Jones u. Powell 1974).
95 Vgl. Hornblower 1991, 7.
96 Vgl. Liv. 6,1,3: *clariora deinceps ab secunda origine* [...] *renatae urbis gesta domi militiaeque exponentur*.
97 Kraus 1994, 84 f. weist mit Recht auf diesen Thukydides-Bezug hin und stellt die entsprechenden Wörter gegenüber.
98 Vgl. Sonnabend ²2011, 45 ff.

2.1 fabulae poeticae vel incorrupta rerum gestarum monumenta — 53

mit Vorbildfunktion orientiert, der schon in der Antike in diesem Bereich als der genaueste galt. Der Bezug in Sachen Objektivität wird aber – über die Unterscheidung von Mythen und Historie hinausgehend – erst hergestellt, als Livius aufgrund vorhandener schriftlicher Zeugnisse die Überlieferung der römischen Geschichte für objektiv und wahr hält.[99] In die Tradition Herodots stellt er sich vor allem mit seinen Äußerungen zur Frühgeschichte in der *praefatio*. Wie Herodot die Frühgeschichte Griechenlands – wenn auch knapp – nachzeichnet, beschreibt Livius die Frühgeschichte Roms und, was noch wichtiger ist, enthält sich wie sein griechischer Vorgänger der expliziten Beurteilung. Ferner sind die Ereignisse, über die Livius schreibt, von seinen Lebzeiten deutlich weiter entfernt als bei seinen Vorgängern, die oft selbst die entsprechenden Ereignisse miterlebten oder zumindest Augenzeugen zur Verfügung hatten.[100] Dass Livius sich um die Erinnerung an die Taten der Vorfahren bemühen will, ist dagegen nicht eindeutig allein auf Herodot zurückzuführen. Livius stellt sich meiner Meinung nach schon in der *praefatio* bezüglich des Ziels seines Werkes in die Tradition beider Vorgänger: Er will wie Herodot die Erinnerung lebendig halten, hat aber ferner wie Thukydides das Ziel, belehrende Beispiele aufzuschreiben, die wie auf einem Monument dargestellt sein sollen, das der Leser betrachten kann.[101] Geschichtsschreibung ist demnach etwas Nützliches.[102] Dies greift im Prinzip das berühmte κτῆμα ἐς αἰεί (Thuk. 1,22,4) des Thukydides auf.[103] Livius erweitert es aber um die belehrende, d. h. moralische Komponente.[104] Dass er nebenbei auch seine Leser unterhalten oder zumindest nicht verlieren will, zeigt sich in seiner Annahme, dass die Leser wohl an den ersten Anfängen weniger Freude haben würden und

---

99 Sicher ist auch diese Aussage des Livius vor dem Wahrheits- und Objektivitätsverständnis der Antike (vgl. Kap. 2.1.1) zu betrachten. Da es hier um die erste Pentade gehen soll, wird diese Frage nicht weiter erörtert.
100 Vgl. MILES 1995, 9.
101 Liv. praef. 10: *Hoc illud est praecipue in cognitione rerum salubre et frugiferum, omnis te exempli documenta in inlustri posita monumento intueri.* Vgl. zur Bedeutung des Visuellen, das Livius in diesem bildhaften Ausdruck hervorhebt, FELDHERR 1998, 1 und zum Thema „The History as a Monument" JAEGER 1997, 15 ff.
102 Vgl. MILES 1995, 15.
103 Vgl. BURTON 2008, 75.
104 HORNBLOWER 1991, 61 weist darauf hin, dass es Thukydides in diesem Zusammenhang, v. a. bei den Worten ὠφέλιμα κρίνειν (Thuk 1,22,4), nicht um das Moralisieren geht. Im Hinblick auf Livius ist allerdings zu beachten, dass laut PAUSCH 2011, 55 f. die Geschichtsschreibung des Hellenismus immer rhetorischer und moralisierender wird. BURTON 2008, 76 sieht ebenfalls das Moralisierende bzw. Belehrende bei Livius.

auf die Ausführungen zur Zeitgeschichte hofften.[105] Während Thukydides noch gegen Herodot polemisiert, dem es wichtiger sei, beim Publikum auf Kosten der Objektivität gut anzukommen,[106] schließen sich für Livius Nutzen und Freude der Darstellung nicht aus. Beides ist, um mit Pausch zu sprechen, sein erklärtes Ziel.[107] Dies hat Einfluss auf die Objektivität seines Werkes. Livius will seine Sicht der Wirklichkeit kunstvoll darstellen.[108] Was die Objektivität angeht, stellt er sich implizit in die Tradition der beiden großen griechischen Historiographen, die sich ähnlicher sind und mehr intertextuelle Bezüge zueinander haben, als man auf den ersten Blick oft annehmen mag.[109] Für die Frage der Objektivität der Darstellung des Livius in der ersten Pentade ist vor allem der Gedanke wichtig, dass auch Livius ein Monument der Geschichte schaffen will. Dabei ist er sich der Unsicherheit der Überlieferung der Frühgeschichte, die er als *fabulae poeticae* bezeichnet, gemäß seiner Selbstaussage bewusst.

2.1.2.3 Die Wahl der Gattung – Historiographie oder epische Prosa?

Neben den Selbstaussagen und den Aussagen durch Anspielungen auf Prätexte lassen auch die expliziten und impliziten Hinweise auf die Gattung Schlüsse auf den Objektivitätsanspruch des Livius zu. Dies ist vor allem vor dem Hintergrund zu sehen, dass Livius in seiner *praefatio* wohl ganz bewusst deutliche Bezüge zum Epos herstellt und die *annales* des Ennius, ein historisches Epos, einer der zentralen Prätexte des Livius ist.

Dass es sich bei *ab urbe condita* um ein historiographisches Werk handelt, ist unbestritten. Daneben evoziert Livius sehr deutlich das Epos als eine weitere Gattung, indem er sich sowohl zu Beginn als auch zum Ende seiner *praefatio* explizit auf diese ebenfalls narrative Gattung bezieht. Dies ist wiederum ein wichtiges Element der Leserlenkung. Livius eröffnet sein Werk mit einem hexa-

---

[105] Liv. praef. 4: [...] *et legentium plerisque haud dubito, quin primae origines proximaque originibus minus praebitura voluptatis sint festinantibus ad haec nova* [...]. Vgl. auch PAUSCH 2011, 71 und MILES 1995, 15.
[106] Thuk 1,22,4: καὶ ἐς μὲν ἀκρόασιν ἴσως τὸ μὴ μυθῶδες αὐτῶν ἀτερπέστερον φανεῖται – „Zum Zuhören wird vielleicht diese undichterische Darstellung minder ergötzlich scheinen" (Übersetzung: LANDMANN 1993; griechischer Text aus JONES u. POWELL 1974). Dies wurde in der Forschung immer wieder als Angriff auf Herodot gesehen (vgl. ROGKOTIS 2012, 58 und LENDLE 1990, 232f. mit Anm. 5 und 236f.).
[107] Vgl. PAUSCH 2011, 64.
[108] Die These von STEELE 1904, 15, nach der Livius eher „historical accuracy" als „literary adornment" im Blick hatte, ist aus heutiger Sicht so nicht mehr haltbar.
[109] Vgl. ROGKOTIS 2012, 57f., der dennoch darauf hinweist, dass die Bezüge bisweilen nicht immer ersichtlich sind und häufig Spekulation bleiben müssen.

metrischen Beginn: *Facuturusne operae pretium sim* (Liv. *praef.* 1). Obwohl die handschriftliche Überlieferung übereinstimmend die Wortstellung *Facturusne sim operae pretium* nahelegt,[110] ist in diesem Fall aufgrund der Parallelüberlieferung bei Quintilian erstgenannte Variante zu bevorzugen, da dieser explizit auf den hexametrischen Beginn bei Livius hinweist. Darüber hinaus merkt er an, dass schon in seiner Zeit die zweite, nicht hexametrische und zugleich schlechtere Variante immer wieder zu finden gewesen sei: *Sed initia initiis non convenient, <ut> T. Livius hexametri exordio coepit: ‚facturusne operae pretium sim' (nam ita editum est, [quod] melius quam quo modo emendatur)* [...] (Quint. *inst.* 9,4,74). Die Umstellung rührt nach der Auskunft Quintilians daher, dass es für die lateinische Prosa als stilistisch unschön galt, mit einem Hexameteranfang zu beginnen. Die Prosa hatte ihre eigenen Klauseln, die es zu beachten und streng von der gebundenen Sprache zu trennen galt. Es ist darüber hinaus davon auszugehen, dass Livius die Worte ganz bewusst in dieser Weise gesetzt hat,[111] um sein Werk nicht nur in die Tradition der Geschichtsschreibung zu stellen, sondern es auch mit dem Epos in Verbindung zu bringen,[112] wofür es mehrere Gründe gibt. Nicht nur durch den Beginn mit Daktylen und Spondeen wie bei einem Hexameter macht Livius seine Nähe zum Epos deutlich, sondern auch am Ende seiner *praefatio*, wo er in Form einer Präteritio einen Musen- bzw. Götteranruf, ein konstitutives Element epischer Proömien,[113] evoziert und sich somit in die Nähe der Dichter bringt: *cum*

---

110 Diese Variante ist in der Handschriftengruppe N, dem *consensus codicum Symmachianorum* (OGILVIE 1974), belegt.
111 Die Spekulationen von WEISSENBORN u. MÜLLER [11]1963a, 75, warum Livius diese Wortstellung gewählt habe oder ob ihm dies möglicherweise überhaupt nicht aufgefallen sei, sind aus heutiger Sicht nicht mehr zielführend. Es ist vielmehr anzunehmen, dass Livius ganz bewusst sein Werk hexametrisch beginnen wollte.
112 OGILVIE 1965, 25 stellt mit dem Hinweis auf den Beginn der *Annalen* von Tacitus fest, dass eine daktylische Eröffnung offensichtlich „a fashionable affectation" gewesen sei. Man kann sogar noch einen Schritt weitergehen und annehmen, dass Tacitus mit der hexametrischen Eröffnung seiner *Annalen* (*Urbem Romam a principio reges habuere* [...] [Tac. *ann.* 1,1]), die er als annalistisches Werk genau da beginnen lässt, wo Livius' *ab urbe condita* endet, ganz bewusst deutlich machen wollte, dass er sich als Fortsetzer des livianischen Werkes sieht. MOLES 2009, 51 (Anm. 3) führt mit Hinweis auf Quintilian Livius' „opionionatedness" und den Effekt, dass Livius als integrales Thema seiner *praefatio* eine Diskussion über die Beziehung zwischen Dichtung und Historiographie eröffne, drei gute Gründe an, die Emendation des Hexameteranfangs zurückzuweisen. Auch CIZEK 1992, 357 geht an dieser Stelle davon aus, dass Livius ganz bewusst eine Verbindung zum Epos herstellen wollte.
113 Vgl. PAUSCH 2011, 68 und auch SCHMITZER 2000, 514f., der feststellt, dass die Invocatio entweder an eine Muse direkt, an eine Göttin allgemein oder an die Musen im Plural gerichtet sein kann. Er weist außerdem explizit auf die *praefatio* des Livius hin. Auch MOLES 2009, 77 f. geht auf die durch den Götteranruf erreichte Verbindung von Geschichtsschreibung und Dichtung ein und

bonis potius ominibus votisque et precationibus deorum dearumque, si, ut poetis, nobis quoque mos esset, libentius inciperemus, ut orsis tantum operis successus prosperos darent (Liv. praef. 13). Dies ist besonders auffällig, weil Livius als erster Historiograph einen solchen Götteranruf verwendet.[114] Diese Nähe der antiken Geschichtsschreibung zur antiken Dichtung und damit auch zum Epos wird schon in der griechischen Antike immer wieder thematisiert, beginnend mit der Frage, inwiefern Herodot Homer imitiert.[115] Auch Aristoteles[116] stellt in der *Poetik* die Geschichtsschreibung der Dichtung gegenüber:

> ὁ γὰρ ἱστορικὸς καὶ ὁ ποιητὴς οὐ τῷ ἢ ἔμμετρα λέγειν ἢ ἄμετρα διαφέρουσιν (εἴη γὰρ ἂν τὰ Ἡροδότου εἰς μέτρα τεθῆναι καὶ οὐδὲν ἧττον ἂν εἴη ἱστορία τις μετὰ μέτρον ἢ ἄνευ μέτρων)· ἀλλὰ τούτῳ διαφέρει, τῷ τὸν μὲν τὰ γενόμενα λέγειν, τὸν δὲ οἷα ἂν γένοιτο (Arist. poet. 9, 1451a38 – 1451b5).[117]

In der Geschichtsschreibung werde demnach unabhängig von der sprachlichen Form τὰ γενόμενα (das ‚wirklich Geschehene') dargestellt, während es in der Dichtung um das, was geschehen könnte, geht.[118] Obwohl die Antike besonders Gattungen der Dichtung häufig anhand des Versmaßes unterscheidet, kommt es Aristoteles hier vielmehr auf das an, was inhaltlich erzählt wird.[119] Anders gesagt

---

merkt zudem an, dass die frühen römischen Redner die Reden jeweils mit einem Götteranruf begonnen hätten. Zudem sieht CIZEK 1992, 358 ebenfalls die Präteritio des Götteranrufs im ringkompositorischen Kontext mit dem hexametrischen Beginn.

114 Vgl. OGILVIE 1965, 29 und LINDERSKI 1993, 53 mit dem Hinweis auf die Nähe des vermeintlichen Musenanrufs des Livius zu Homer, Ennius und Vergil.

115 Vgl. WOODMAN 1988, 1 ff. mit Verweisen auf die Forschung zu diesem Thema.

116 Sicherlich geht es in der *Poetik* des Aristoteles vornehmlich um die Tragödie, die v. a. in der Zeit des Hellenismus starke Bezüge zur Historiographie aufweist. Dies wurde auch für Livius immer wieder festgestellt, doch bleibt besonders für die *praefatio* festzuhalten, dass die Bezüge zum Epos, die erzählende Form der großen Dichtung, deutlicher sind (vgl. dazu auch CIZEK 1992, 357 f.).

117 „Denn der Geschichtsschreiber und der Dichter unterscheiden sich nicht dadurch voneinander, daß sich der eine in Versen und der andere in Prosa mitteilt – man könnte ja auch das Werk Herodots in Verse kleiden, und es wäre in Versen um nichts weniger ein Geschichtswerk als ohne Verse –; sie unterscheiden sich vielmehr dadurch, daß der eine das wirklich Geschehene mitteilt, der andere, was geschehen könnte." (Arist. poet. 9, 1451a38 – 1451b5, Übers. FUHRMANN 1982; griechischer Text aus KASSEL 1965).

118 HELDMANN 2011, 17 stellt zu Recht fest, dass diese häufig zitierte Passage nicht zur „Wesensbestimmung der Geschichtsschreibung, sondern der der Dichtung" beitrage, aber durch die Nennung von Unterscheidungskriterien auch Prämissen zur Definition der Geschichtsschreibung biete.

119 Vgl. Arist. poet. 1, 1447b13 – 20 in Verbindung mit MÜLLER 2012, 87 ff.

handelt es sich in beiden Fällen um narrative Gattungen,[120] die Aristoteles an dieser Stelle als Beispiel für *mimesis* anführt. Unstrittig werden in der Historiographie viele Darstellungstechniken verwendet, die auch im Epos vorhanden sind.[121] Dass die Römer Livius in der Nähe des Epos sahen, wurde im ersten nachchristlichen Jahrhundert von Quintilian im Kontext der Ausbildung von Rednern festgehalten.[122] Er grenzt die Historiographie als narrative Gattung von der Rede als argumentative, beweisende Gattung ab,[123] deren Lektüre dennoch der stilistischen Sicherheit des angehenden Redners zuträglich sei. Aus dieser Abgrenzung lassen sich Schlüsse zur Nähe von Geschichtsschreibung und Epos ziehen:

> Est enim [sc. historia] proxima poetis, et quodam modo carmen solutum est, et scribitur ad narrandum, non ad probandum, totumque opus non ad actum rei pugnamque praesentem sed ad memoriam posteritatis et ingenii famam componitur: ideoque et verbis remotioribus et liberioribus figuris narrandi taedium evitat (Quint. *inst*. 10,1,31).

Quintilian sieht in der Geschichtsschreibung die Prosagattung, die der Dichtung am nächsten steht.[124] Damit grenzt er sie deutlich von der Rede ab – die Geschichtsschreibung ziele mehr auf *memoria posteritatis* und *fama ingenii* des Erzählers ab[125] – und folgert daraus, dass es in der Historiographie größere Freiheiten in der sprachlichen Gestaltung gebe. So seien entlegenere Wörter (*verba remotiora*) und freiere Stilfiguren eine Hilfe, der Erzählung nicht überdrüssig zu werden. Diese Aussage stützt die These der Nähe zum Epos.[126] Geschichtsschreibung ist sozusagen „Dichtung in Prosa".[127] Indem Livius also vor allem durch die poetologischen Aussagen seiner *praefatio* die Grenze von Epos und Historiographie anders definiert bzw. nahezu verschwimmen lässt, eröffnet er sich im Bereich der Objektivität neue, größere Freiheiten.[128]

---

120 Vgl. MUTSCHLER 2000, 88.
121 PAUSCH 2011, 10.
122 HELDMANN 2011, 31 weist auf den Unterschied der Thematik Quintilians und der des Aristoteles hin, was aber meiner Meinung nach trotzdem die Schlussfolgerung zulässt, dass für die Antike zwischen Geschichtsschreibung und Epos eine gewisse Nähe bestand.
123 Vgl. HELDMANN 2011, 30.
124 GÄRTNER 1990, 100.
125 Vgl. HELDMANN 2011, 31f.
126 GÄRTNER 1990, 100. Vgl. auch den Hinweis von CIZEK 1992, 358 auf das häufige Vorkommen dichterischer Wörter aus Tragödie und Epos, den beiden hohen Gattungen, in Livius' Erzählung von der Frühzeit. Ähnlich ALBRECHT 2012, 714.
127 FUHRER 2016, 48. So auch schon LINDERSKI 1993, 53.
128 Vgl. MOLES 2009, 79.

Aristoteles weist ferner darauf hin, dass die erzählende Dichtung eine geschlossene Handlung hat, während die Geschichtsschreibung sich durch den erzählten Zeitraum definiert, in dem voneinander völlig unabhängige Ereignisse erzählt werden, weil sie eben zufällig zur gleichen Zeit an unterschiedlichen Orten geschahen:

> Περὶ δὲ τῆς διηγηματικῆς καὶ ἐν μέτρῳ μιμητικῆς, ὅτι δεῖ τοὺς μύθους καθάπερ ἐν ταῖς τραγῳδίαις συνιστάναι δραματικοὺς καὶ περὶ μίαν πρᾶξιν ὅλην καὶ τελείαν ἔχουσαν ἀρχὴν καὶ μέσα καὶ τέλος, ἵν' ὥσπερ ζῷον ἓν ὅλον ποιῇ τὴν οἰκείαν ἡδονήν, δῆλον, καὶ μὴ ὁμοίας ἱστορίαις τὰς συνθέσεις εἶναι, ἐν αἷς ἀνάγκη οὐχὶ μιᾶς πράξεως ποιεῖσθαι δήλωσιν ἀλλ' ἑνὸς χρόνου, ὅσα ἐν τούτῳ συνέβη περὶ ἕνα ἢ πλείους, ὧν ἕκαστον ὡς ἔτυχεν ἔχει πρὸς ἄλληλα (Arist. poet. 23, 1459a17–24).[129]

Diese Aussage ist allerdings vor dem Hintergrund der politischen Struktur der griechischen Stadtstaaten zu sehen, die, über den Mittelmeerraum verteilt, zeitgleich in verschiedene innen- und außenpolitische Geschehnisse involviert sind. Bezogen auf die Struktur des römischen Reiches, das in dem für Livius relevanten Zeitraum, d. h. von der Gründung Roms bis in seine Gegenwart, auf das politische und kulturelle Zentrum Rom ausgerichtet war, gilt dieses Argument nicht mehr. So haben auch Kriege in den Provinzen eine Bedeutung für Rom als Stadt und die stadtrömische Politik, da die Feldherren in der Regel Politiker der römischen Oberschicht waren. Wenn also beispielsweise Caesar im ersten vorchristlichen Jahrhundert als Prokonsul in Gallien Krieg führt, hat dies unmittelbare Bedeutung für die Politik in Rom, was sein Werk *de bello Gallico* beweist.[130] Dies bedeutet, dass alles, was Livius berichtet, in Zusammenhang mit der Stadt Rom selbst steht.[131] Von besonderer Bedeutung ist dieser Befund natürlich für die erste Pentade, in der es aufgrund der historischen Gegebenheiten nur um die Gründung und Entwicklung der Stadt Rom zu einer Regionalmacht geht. Demnach ist der

---

129 „Was die erzählende und nur in Versen nachahmende Dichtung angeht, so ist folgendes klar: man muß die Fabeln wie in den Tragödien so zusammenfügen, daß sie dramatisch sind und sich auf eine einzige, ganze und in sich geschlossene Handlung mit Anfang, Mitte und Ende beziehen, damit diese, ihrer Einheit und Ganzheit einem Lebewesen vergleichbar, das ihr eigentümliche Vergnügen bewirken kann. Außerdem darf die Zusammensetzung nicht der von Geschichtswerken gleichen; denn dort wird notwendigerweise nicht eine einzige Handlung dargestellt, d. h. alle Ereignisse, die sich in dieser Zeit mit einer oder mehreren Personen zugetragen haben und die zueinander in einem rein zufälligen Verhältnis stehen." (Arist. *poet.* 23, 1459a17–24, Übers. FUHRMAN 1982; griechischer Text aus KASSEL 1965).
130 Vgl. SCHAUER 2016, *passim*.
131 Vgl. zur Romzentriertheit der römischen Geschichtsschreibung FEICHTINGER 1992, 15. Die „multiperspektivische Darstellung", die PAUSCH 2011, 125 (s. unten in diesem Kapitel) postuliert, widerspricht diesem Befund nicht.

von Aristoteles festgestellte Unterschied zwischen erzählender Dichtung und Geschichtsschreibung, dass es eine einheitliche Handlung und nicht nur ein gemeinsames Thema gebe, für die römische Frühzeit nicht relevant. Beispielsweise steht im ersten Buch des Livius, in dem er über die Vorgeschichte der Stadtgründung bis zur Königszeit berichtet, immer die jeweils regierende Person im Zentrum der Handlung. Dies ist zunächst Aeneas, dann sein Sohn Ascanius, später die albanischen Könige und ab der Gründung Roms der jeweils römische König. Aber auch im weiteren Verlauf der Handlung wird durch das annalistische Schema, nach dem in jedem Jahr neue Magistrate gewählt werden, der Fokus der Handlung immer wieder auf Rom gelegt, sodass die Hauptstadt zumindest kurz im Mittelpunkt steht.[132]

Dies geht allerdings nicht weit genug. Livius will offensichtlich, indem er seine *praefatio* mit epischen Elementen ringkompositorisch rahmt,[133] nicht nur eine Aussage zu seiner mehr künstlerischen als historisch-forschenden Arbeitsweise machen.[134] Er zielt darauf ab, sich von seinen Vorgängern der senatorischen Geschichtsschreibung abzusetzen, deren Hauptinteresse mehr der Darstellung der jeweiligen *gens* im Hinblick auf politische und militärische Erfolge und der Präsentation von *exempla* galt[135] als ausgefeilter Kunstfertigkeit und Unterhaltung. Er will mit seinem Geschichtswerk Handlungsanstöße geben und zugleich erfreuen,[136] was Cicero schon in seinem Brief an Lucceius als Ziel der Geschichtsschreibung benennt.[137] Doch dies beabsichtigt im Grunde jeder römische Dichter oder Literat.[138] Man kann sogar noch einen Schritt weiter gehen und annehmen, dass er das bis dato entscheidende historische Werk in Form eines hexametrischen Epos, nämlich die *annales* des Ennius ablösen bzw. ersetzen wollte.[139]

---

132 Vgl. PAUSCH 2011, 129 f.
133 Vgl. MOLES 2009, 80 und CIZEK 1992, 358.
134 Vgl. OGILVIE 1965, 29.
135 Vgl. PAUSCH 2011, 20 und Kap. 1.1.2.
136 Vgl. zum Thema Nutzen oder Unterhaltung in der Geschichtsschreibung PAUSCH 2011, 59–64.
137 *at viri saepe excellentis ancipites variique casus habent admirationem, exspectationem, laetitiam, molestiam, spem, timorem; si vero exitu notabili concluduntur, expletur animus iucundissima lectionis voluptate* (Cic. *fam.* 5,12,5). Vgl. dazu WALTER 2003, 139 (Anm. 16).
138 Vgl. dazu den *locus classicus* in der *ars poetica* des Horaz: *Aut prodesse volunt aut delectare poetae / aut simul et iucunda et idonea dicere vitae* (Hor. *ars* 333–334).
139 Diesen Bezug zu Ennius sieht auch MOLES 2009, 78 f., der diesen Bezug als „direct imitation of Ennius, the great epic poet of early Roman history" bezeichnet.

Ennius mit einem neuen Werk der gleichen Gattung[140] ablösen zu wollen, wird häufig für Vergil postuliert, dessen *Aeneis* in der neuzeitlichen Forschung immer wieder als ‚Nationalepos'[141] bezeichnet wurde. Allerdings ist festzuhalten, dass es in der Entstehungszeit der *praefatio* und der ersten Pentade dieses vergilische Epos noch nicht gab. Es entstand vielmehr parallel zum Geschichtswerk des Livius. Daher hatten sich möglicherweise beide Autoren zum Ziel gesetzt, sich von Ennius mit einem ihrer Meinung nach geeigneten Werk abzusetzen. Vergil nahm vor allem die Sprache und die hexametrische Form des Epos in den Blick und schrieb ein mythisches Epos über die Irrfahrten des Aeneas, des Stammvaters der Römer, aber eben mit den bekannten Ausblicken auf die zum Zeitpunkt der Handlung spätere römische Geschichte, ohne explizit ein panegyrisches Epos auf Augustus verfassen zu müssen.[142]

Dagegen verfasste Livius ausgehend von den *annales* ein Geschichtswerk, das sich konzeptionell und inhaltlich an Ennius orientiert. Beide, Ennius und Livius, schrieben ihr Werk über die Geschichte Roms beginnend bei der Flucht des Aeneas aus Troia über die Kämpfe in Latium und Alba Longa sowie über Romulus und Remus und über die Gründung Roms bis in die eigene Zeit, wobei es nicht einen zentralen Helden gibt, sondern die jeweiligen Protagonisten der erzählten Geschichten im Mittelpunkt stehen.[143] Zudem folgen beide ab der Darstellung der Republik dem annalistischen Schema.[144] Außerdem ist das ennianische Epos vollkommen romzentriert und dient der Selbstdarstellung der Römer, was wiederum Kennzeichen der frühen römischen Geschichtsschreibung ist.[145] Michael von Albrecht sieht zudem in den ‚mythischen' Teilen des Werks „andeutungsweise noch die episch-poetische Färbung altrömischer Geschichtsdichtung".[146] Des Weiteren imitiert Livius Ennius an zentraler Stelle in der *praefatio* (Liv. *praef*. 9): *ad illa mihi pro se quisque acriter intendat animum, quae vita, qui mores fuerint, per quos viros quibusque artibus domi militiaeque et partum et auctum imperium sit [...].* Denn dieser entscheidende Satz, mit dem Livius Thema und

---

140 SUERBAUM 1999, 150 f. weist darauf hin, dass der Einfluss des Ennius auf die Konzeption des vergilischen Epos klein gewesen sei und sich vor allem auf Sprachgebrauch, insbesondere Wortwahl, Metrik, Vorlagen für bestimmte Szenen und die Nachahmung griechischer Vorbilder bezog.
141 Zum Begriff ‚Nationalepos' und zu den mit dieser Bezeichnung verbundenen Problemen vgl. SCHAUER 2007, 15 mit Anm. 1.
142 Vgl. SCHAUER 2007, 52 f.
143 Vgl. zu den konzeptionellen und inhaltlichen Elementen des Ennius SUERBAUM 1999, 151 f.
144 WALTER 2004, 259 f. mit genauer Erklärung, was unter Annalen zu verstehen ist.
145 Vgl. FEICHTINGER 1992, 16.
146 ALBRECHT 2012, 707 f.

Darstellungsziel seines Werkes beschreibt,[147] ist eine Reminiszenz an folgenden Vers aus den *annales: Moribus antiquis res stat Romana virisque* (Enn. *ann.* 156 Skutsch = 500 Vahlen).[148] Livius versucht sich also sowohl inhaltlich durch die Wahl des Themas als auch durch den hexametrischen Beginn und besonders durch die Praeteritio des Götteranrufs sowie durch konkrete Ennius-Imitationen an zentralen Stellen der *praefatio* in dessen epische Tradition zu stellen. Das Vorkommen der Götter und die Thematisierung übernatürlicher Phänomene wie *fata* und Prodigien[149] – beides sind konstitutive Elemente des Epos[150] – besonders im ersten Buch stützen diese These. Damit steht, wie schon erläutert, Livius' Erzählung seiner aus römischer Perspektive geschriebenen Sicht der Wirklichkeit im Mittelpunkt seines Werkes, mit dem er sich sowohl von seinen Vorgängern im Bereich der Geschichtsschreibung als auch vom historischen Epos und allen voran von Ennius abhebt. Dies soll natürlich keineswegs bedeuten, dass Livius unpolitisch schreibt.[151] Er nutzt sein historiographisches Werk – wie Ennius seine *annales* – besonders auch zur Selbstdarstellung der Römer.[152] In diesem Kontext sind auch die Schilderungen der Exempla zu sehen, bei denen es weniger darum geht, historische Realität zu präsentieren, als vielmehr durch die Erzählung der Einzelepisode mit Hilfe einzelner Protagonisten Identität zu stiften und Vorbilder für entsprechende Lebenslagen zu schaffen.[153]

Livius dürfte wohl nie die rein faktische Darstellung von Geschichte zum Ziel gehabt haben. Er stellt vor allem auf die römische Frühzeit bezogen mit Hilfe bewusst verwendeter, fiktionaler Strategien, wobei Ästhetik ein wichtiger Antriebsfaktor für ihn ist, eine römische Geschichte dar, in der die positiven Errungenschaften der Frühzeit panegyrisch überhöht und mit der Gegenwart und teilweise sogar der Zukunft in Verbindung gebracht werden.[154] Zudem ist die

---

147 Vgl. Kap. 1.2.
148 VAHLEN 1928 ordnet das Fragment den *incerta* zu, SKUTSCH 1985 dem fünften Buch. Dies ist für unsere Betrachtung nicht entscheidend, da es lediglich darauf ankommt, dass Livius auf Ennius anspielt. Dass es sich um eine Anspielung auf Ennius handelt, belegt MOLES 2009, 66.
149 S. ausführlich dazu Kap. 2.2.
150 Vgl. SUERBAUM 1999, 43.
151 Eine „Entpolitisierung und damit zugleich Privatisierung" von Geschichte, die PAUSCH 2011, 34 aufgrund der Aufzählung in Liv. *praef.* 9 sieht, wo das politisch-militärische Interesse erst an dritter Stelle nach *viri* und *mores* genannt werde, leuchtet nicht ein. Wie schon ausgeführt (vgl. Kap. 1.2), steht *viri* für einzelne *exempla* und politische Gruppen, *mores* für politische, gesellschaftliche und kultische Traditionen, sodass die ganze Aufzählung durchaus ein politisches Interesse erkennen lässt.
152 Vgl. FEICHTINGER 1992, 16 f.
153 Vgl. FEICHTINGER 1992, 17 und PAUSCH 2011, 34.
154 Vgl. FEICHTINGER 1992, 18–20 und MOLES 2009, 75.

antike Historiographie nicht als rein faktualer Text aufzufassen, was sich schon dadurch zeigt, dass Livius immer wieder auch das Innenleben seiner Protagonisten erzählt, wie es für die antike Historiographie üblich ist.[155] Dies und die Tatsache, dass es im Werk einen auktorialen Erzähler gibt, sind Kennzeichen für Fiktionalität,[156] wenngleich natürlich in einem historiographischen Werk die dargestellte Welt nicht rein fiktiv ist, sondern auch immer einen Bezug „auf bestimmte außertextliche Referenten" hat.[157] Wenn man allerdings die Tatsache berücksichtigt, dass Livius in seiner *praefatio* die Geschichten über die Frühzeit als *poeticae fabulae* (Liv. praef. 6) bezeichnet, können wir für unsere Interpretation annehmen, dass die Erzählung der ersten Pentade, die Livius als auktorialer Erzähler darstellt, einem rein fiktionalen Text sehr nahe kommt und dies von Livius auch bewusst intendiert ist.[158] Livius will trotz aller Unsicherheiten hinsichtlich der historischen Objektivität mit seinem Geschichtswerk das zentrale *monumentum rerum gestarum* schaffen und stellt seine Sicht der Geschichte und der Identität der Römer und somit seine politische und gesellschaftliche Wirklichkeit der römischen Frühzeit dar.

2.2 *ut miscendo humana divinis primordia urbium augustiora faciat* – Götter, übernatürliche Kräfte und glanzvolle Anfänge der Stadt

In engem Zusammenhang mit dem Objektivitäts- und Wirklichkeitsanspruch des Livius steht die Bedeutung übernatürlicher Kräfte und religiöser Phänomene.[159] Diese verleihen der Stadt Rom ab und in gewisser Weise auch bereits vor ihrer Gründung großen Glanz. Livius nennt schon in der *praefatio* das Göttliche als ein Element, das besonders in den Erzählungen von der Frühzeit von Bedeutung ist.

---

155 Vgl. Kap. 1.4.
156 SCHMID 2014, 38 f.
157 SCHMID 2014, 40. Vgl. auch Kap. 1.4.
158 Vgl. FEICHTINGER 1992, 14 und zu den Voraussetzungen für Fiktivität auch in Bezug auf historische Romane und historische Figuren SCHMID 2014, 40 ff.
159 In der jüngeren Livius-Forschung ist diese Frage in der Monographie *Rome's Religious History* von DAVIES 2004 und in der Monographie *Religion in Livy* von LEVENE 1993 behandelt. Daneben geht FELDHERR 1998, v. a. 64 ff. auf dieses Thema immer wieder ein. Ferner ist die Studie *God and Fate in Livy* von KAJANTO 1957 diesem Themenbereich gewidmet. Auch die Monographie STÜBLERS 1964, bei der es sich um einen Nachdruck der Ausgabe von 1941 handelt, ist in vielen Einzelbeobachtungen nicht gänzlich überholt, wenngleich er dem Ansatz der Quellenforschung folgt.

Es trägt dazu bei, die Anfangszeit vor und nach der Stadtgründung erhabener und glanzvoller darzustellen: *Datur haec venia antiquitati ut miscendo humana divinis primordia urbium augustiora faciat* (Liv. *praef.* 7). Damit beschreibt Livius den Usus der römischen Religionspraxis. Es geht also offensichtlich nicht darum, die Existenz von Göttern nachzuweisen. Im römischen Volksglauben und damit in der – zunächst mündlichen – Überlieferung der Frühzeit waren die Götter ebenso vorhanden wie im Diskurs zur Zeit des Livius.[160] Die Frage ist demnach nicht, ob es Götter gibt, sondern wie ihr Wirken gesehen wurde.[161] Ferner ist spätestens im ersten vorchristlichen Jahrhundert das varronische Konzept der *theologia tripertita* bekannt, wonach es eine Einteilung der *religio* in drei Genera gibt, in das *genus mythicon* im Sinne der Dichter, in das *genus physicon* im philosophisch-kritischen Sinne und in das *genus civile* im Sinne der vorgeschriebenen Staatskulte.[162] Es geht Livius wohl vielmehr darum, die Rolle nachzuzeichnen, die Menschen, welcher Zeit auch immer, Göttern und übernatürlichen Phänomenen für den schon in der Frühzeit vorhandenen Glanz der Stadt zuweisen.[163] Der Indikativ *venia datur* (Liv. *praef.* 7) beweist das übliche, pragmatische Verfahren, in der Geschichtsschreibung, die im Gegensatz zum Epos keinen Götterapparat kennt, mit *religio* umzugehen. Bezieht man sich auf die *theologia tripertita*, handelt es sich bei der Frühzeit vor der Stadtgründung wohl um das *genus mythicon*, was sich aus der *praefatio* ergibt, in der die Götter mit *fabulae poeticae* (Liv. *praef.* 6) in Zusammenhang gebracht werden.[164] Nach der Stadtgründung bezieht sich das religiöse Handeln vor allem auf die Vorschriften des Staatskultes, die eingehalten werden müssen und deren Nichtbeachtung zu Strafen der Götter führt, wobei sich Livius selbst in auktorialen Kommentaren oder durch den Gebrauch von indirekten Reden im religiösen Kontext immer wieder von der Religion distanziert.[165] Daher soll es in diesem Kapitel weder um das konkrete Handeln der Götter gehen, dessen Bedeutung für Livius untergeordnet ist, noch um die Frage, ob und inwiefern Livius an die übernatürlichen Phänomene glaubt.[166] Im Mittelpunkt steht

---

160 Vgl. LINDERSKI 1993, 54.
161 DAVIES 2004, 2.
162 Vgl. ROSENBERGER 1998, 83 und ROSENBERGER 2012, 6f.
163 Vgl. DAVIES 2004, 27.
164 Zum *genus mythicon* in der ersten Dekade bei Livius vgl. ROSENBERGER 1998, 89.
165 Vgl. ROSENBERGER 1998, 88f. DAVIES 2004, 23 sieht die Annahme kritischer, dass Livius sich stets von religiösen Phänomenen distanziere, und geht davon aus, dass Livius zwar Zweifel an diesem Einfluss des Numinosen annimmt, aber die religiös beeinflusste Variante der Handlung im Erzählkontext eingebettet ist.
166 Diese Frage ist in der Forschung umstritten, für unsere Betrachtung aber nicht von Bedeutung. Einen Überblick geben LEVENE 1993, 16 ff. und SCHEID 2015, 78.

vielmehr die Überlegung, wie übernatürliche, d. h. metaphysische Kräfte wie *fata*, Wunderzeichen und Prodigien, durch die die Götter Einfluss auf die Handlung nehmen und die vor und bei Gründung der Stadt und in ihrer Frühzeit den Glanz und die Vorherbestimmtheit zu Größerem deutlich machen, im Diskurs wirken. Eine zweite Frage ist, wie Livius diesen Diskurs narratologisch in seinen Handlungszusammenhang einbettet und was dies für seine Darstellung Roms in der Frühzeit bedeutet. Damit zeigt sich zudem das kritische Bewusstsein eines Historiographen.[167] Livius knüpft an das Epos an,[168] bewahrt die Tradition und kann somit im Sinne des *genus mythicon* Rom und den römischen Herrschaftsanspruch glanzvoll inszenieren.

2.2.1 Vorherbestimmtheit durch *fata*

Das Wort *fatum* in seiner Bedeutung und die mit diesem Begriff in der römischen Antike verbundenen Konzepte und narratologischen Funktionen genau zu erfassen, stellt eine gewisse Schwierigkeit dar. Das Bedeutungsfeld ist groß: vom Schicksal eines Einzelnen in der Tradition der homerischen Moira bzw. der lateinischen Parzen im Sinne einer Notwendigkeit, was bisweilen als die dichterische Seite von *fatum* bezeichnet wird, bis hin zur stoischen Lehre der *heimarmene*.[169] Auch die etymologische und religionsgeschichtliche Herkunft des Wortes ist unklar,[170] zumal entsprechende Texte aus der Frühzeit fehlen.[171] Die Verwendung von *fatum* durch Livius geschieht im Spannungsfeld einerseits zwischen dem traditionellen Konzept der frühen römischen Religion und der Bedeutungserweiterung durch die Übersetzung philosophischer, in diesem Fall stoischer, Terminologie der Griechen,[172] andererseits zwischen den verschiedenen Kontexten im Rahmen der *theologia tripertita*, vor allem dem *genus mythicon* und dem *genus civile*, die in den Erzählungen der ersten Pentade von der Frühzeit nach Gründung der Stadt wohl nicht immer eindeutig zu trennen sind. Denn auch nach stoischer Auffassung gab es ein System göttlicher Vorsehung, in das religiöse

---

167 FELDHERR 1998, 68 und LEVENE 1993, 29f. Die Pflege des Staatskults ist in diesem Zusammenhang nicht relevant und ein eigenes Thema (vgl. BURCK 1964, XVI).
168 Vgl. Kap. 2.1.2.3.
169 Vgl. KAJANTO 1957, 12f. und 15ff., besonders 53f. und PÖTSCHER 1978, 393f.
170 PÖTSCHER 1978, 394ff. gibt einen ausführlichen Überblick über die Entstehung, Bedeutung und Konzeption von *fatum*.
171 Vgl. KAJANTO 1957, 13.
172 Vgl. DAVIES 2004, 106f., LEVENE 1993, 13 und 33 sowie OGILVIE 1965, 48.

Phänomene integriert wurden.[173] Dieses stoische Gedankengut war sowohl den Mitgliedern der römischen Oberschicht als auch Literaten bekannt, sodass es immer wieder in die lateinische Literatur einging. Doch es ist nicht möglich, im einzelnen literarischen Werk zwingend vollständige Konzepte nachzuvollziehen. Dies trifft auch auf Livius' *ab urbe condita* zu, wobei es sicherlich zu weit führt, Livius einer philosophischen Richtung zuzuordnen.[174] Diese philosophischen Auffassungen können teilweise noch mit überlieferten älteren Ansichten aus der römischen Frühzeit gemischt sein, sodass kein einheitliches Konzept für *fatum* in der Zeit des Livius anzunehmen ist. Es stellt sich also die Frage, in welcher Bedeutung Livius *fatum* vor allem in der ersten Pentade gebraucht und welche narratologische Funktion dieses übernatürliche Phänomen für seine Darstellung der Stadt Rom der Frühzeit hat.[175]

Für die römische Geschichtsschreibung der späten Republik, also vor allem für Caesar und Sallust, deren historiographische Texte als einzige Prätexte des Livius beinahe ganz erhalten sind, ist *fatum* kaum von Bedeutung.[176] Bei Sallust findet sich das Wort überhaupt nur ein einziges Mal im Rahmen einer Vorhersage im Kontext mit einem Prodigium (Sall. *Catil.* 47,2), bei Caesar zweimal in der Bedeutung ‚Unglück', wobei für beide *fortuna* wichtiger ist.[177] Bei den nur fragmentarisch erhaltenen frühen römischen Historikern lässt sich die Bedeutung des *fatum* aus den vorhandenen Fragmenten nicht beurteilen. Bei Livius ist *fortuna* in der ersten Pentade im Hinblick auf den Verlauf der Geschichte von geringer Bedeutung und wird vor allem im Kontext der Schilderung des zweiten punischen Kriegs als Grund für römische Misserfolge wichtig.[178]

Insgesamt gut untersucht scheint das Konzept von *fatum* bzw. *fata* bei Vergil, dem Zeitgenossen des Livius, zu sein.[179] Die Nähe von Geschichtsschreibung und Epos und die Tatsache, dass Livius schon in der *praefatio* seine Nähe zum Epos deutlich macht,[180] legen es nahe, auch die Konzeption von *fata* bei Vergil, zu-

---

173 Vgl. KUHLMANN 2011, 18.
174 Vgl. zu dieser Diskussion BURCK 1964, XVII und LEVENE 1993, 30 ff., der an dieser Stelle die Diskussion in der Forschung aufarbeitet, ob Livius stoisch beeinflusst sei.
175 In der jüngeren Livius-Forschung ist das Thema *fatum* kaum behandelt. Die einzige ausführliche Studie konkret zum Thema Götter und *fatum* bei Livius ist KAJANTO 1957. LEVENE 1993, 13 ff. und 30 ff. und DAVIES 2004, 107 ff. gehen ebenfalls auf die Bedeutung des *fatum* bei Livius ein.
176 LINDERSKI 1993, 53 weist darauf hin, dass in den Werken Caesars und Sallusts kein übernatürliches Geschehen beschrieben wird.
177 Vgl. KAJANTO 1957, 16 f.
178 Vgl. KAJANTO 1957, 89, LEVENE 1993, 33 und DAVIES 2004, 116 ff.
179 Vgl. SUERBAUM 1999, 337 ff.; SCHAUER 2007, 104 ff.; WLOSOK 1983, 190; PÖTSCHER 1978, 409 ff.
180 Vgl. Kap. 2.1.2.3.

mindest für die mythische Vorgeschichte der Gründung Roms, zu berücksichtigen. Im vergilischen Epos hat *fatum* bzw. *fata* nach Suerbaum zwei grundlegende Bedeutungen. Es bedeutet einerseits im Sinne von ‚Schicksal', dass irgendetwas aufgrund einer höheren Macht geschehen solle, womit häufig konkret der Tod eines Menschen gemeint ist. Andererseits gibt es Stellen, „in denen die Fata für größere Geschehenszusammenhänge, gar für eine historische Entwicklung über Generationen oder Jahrhunderte hin verantwortlich gemacht werden",[181] sodass es sich bei den *fata* letztlich um „das Gesetz der Geschichte – die Geschichte, wie sie sich ereignet hat"[182] bzw. um „die im Fatum sich äußernde Idee eines göttlichen Weltenplanes"[183] handelt. Daraus ergibt sich das teleologische Geschichtsbild Vergils, gemäß dem alles seinen Sinn hat und nichts durch Zufall geschieht.[184] Die römische Geschichte wirkt daher vorherbestimmt, also von den *fata* gewollt, womit – besonders in augusteischer Zeit – die römische Weltherrschaft legitimiert wird.[185]

Betrachtet man die Stellen bei Livius, an denen von *fatum* bzw. *fata* die Rede ist, kommt man zu dem Schluss, dass das Bedeutungsspektrum von *fatum* bzw. *fata* bei Livius nicht einheitlich ist, sondern vom jeweiligen Kontext abhängt. In der teleologischen Bedeutung entspricht es demjenigen Vergils.[186] Damit sei nicht gesagt, dass Livius von Vergil beeinflusst wurde – die erste Pentade des Livius ist einige Jahre vor der *Aeneis* erschienen[187] – vielmehr ist davon auszugehen, dass es sich um Gedankengut der Zeit handelt,[188] das aber offensichtlich in der späten Republik noch nicht in dem Maße vorhanden war oder dem zumindest aufgrund anderer politischer Umstände durch die gentilizisch geprägte Erinnerungskultur der Republik[189] kaum Bedeutung zugemessen wurde. Livius knüpft in seinem

---

181 SUERBAUM 1999, 337.
182 SUERBAUM 1999, 338. Vgl. auch SCHAUER 2007, 104.
183 WLOSOK 1983, 190.
184 Vgl. SUERBAUM 1999, 338 f.
185 Vgl. SUERBAUM 1999, 338 f. SCHAUER 2007, 113 unterscheidet für Vergil die großen *fata* als das unveränderliche Gesetz der Geschichte von einem persönlichen *fatum*, dem eine ältere Konzeption zugrunde liege und das sich vor allem auf die Lebenszeit beziehe. Diese Unterscheidung lässt sich bei Livius nicht belegen.
186 Vgl. STÜBLER 1964, 4 und KAJANTO 1957, 55.
187 Vgl. Kap. 1.1.3.
188 Vgl. KAJANTO 1957, 56. Denn laut ihm (16 f.) bedeutet *fatum* in dieser Zeit vor allem ‚persönliches Schicksal', ‚Tod' bzw. ‚Voraussagung' und war für den Verlauf der Geschichte ohne Bedeutung.
189 Zur Erinnerungskultur der Republik und deren Wandel hin zur augusteischen Zeit vgl. Kap. 1.1.2 und PAUSCH 2011, 18 ff.

historiographischen Werk an das Epos an,[190] orientiert sich also am *genus mythicon*. Dennoch fällt bei Livius die Vielschichtigkeit in der Bedeutung der *fata* ebenso wie bei Vergil auf, woraus folgt, dass *fatum* bzw. *fata* nicht immer dieselbe Bedeutung und damit auch nicht immer dieselbe Funktion hat, da das *fatum* besonders im Kontext mit religiösem Handeln im Zusammenhang der Götterzeichen von Bedeutung ist. In diesem Fall handelt es sich um das *genus civile*.[191] Bei Livius steht *fatum* einerseits terminologisch sowohl für ‚Teleologie' als auch für ‚Götterwille'[192] im Sinne einer göttlichen Vorsehung,[193] durch den der Verlauf der Handlung festgelegt ist, was durchaus auch stoischen Vorstellungen entspricht.[194] Besonders *fatum* in der ersten Bedeutung hat eine narratologische Funktion. Dies soll an einigen Textstellen exemplifiziert werden. Andererseits findet sich auch bei Livius die normalsprachliche Bedeutung ‚Schicksalsschlag'[195].

Von großer Bedeutung sind dabei die ersten beiden Stellen zu Beginn des ersten Buches (Liv. 1,1,1–4 und 1,4,1), in denen der Plural *fata* vorkommt, da in diesen Passagen die Teleologie Roms und der Herrschaftsanspruch als zukünftige Groß- bzw. Weltmacht zugrunde gelegt werden.[196] Das Wort *fata* findet sich hier in zwei Textstellen innerhalb eines auktorialen Kommentars des Erzählers im Plural, in denen noch vor der Erzählung der Irrfahrten des Aeneas und seinen Taten in Latium bzw. zu Beginn der Episode um Romulus und Remus, die unmittelbar zur Stadtgründung führt, Dinge behandelt werden, die für die Gründung Roms zentral sind. Die handelnden Figuren machen deutlich, dass Livius hier mythische Geschichten erzählt und wir uns im Spannungsfeld der *theologia tripertita* im Bereich des *genus mythicon* befinden.

Es soll kurz der Kontext dargestellt werden: Livius beginnt seine Geschichte Roms mit der Flucht von Antenor und Aeneas nach dem Fall Trojas. Gegen beide

---

190 Vgl. Kap. 2.1.2.3.
191 Die in der Forschung kontrovers geführte Diskussion, ob und inwiefern es sich bei Livius um stoisches Gedankengut handelt, soll hier nicht geführt werden. Es ist umstritten, ob Livius sich der stoischen Lehre bedient hat oder ob es sich bei dem Konzept des *fatum* um Gedankengut seiner Zeit handelt (vgl. Levene 1993, 30 f. konkret zu Livius, Pötscher 1978, 408 allgemein und Wlosok 1983, 190 zu Vergil), wobei es keine Gründe gibt, bei Livius eine besondere Bedeutung der stoischen Auffassung anzunehmen; Bezüge dürfen dennoch nicht verneint werden (vgl. Levene 1993, 32).
192 Vgl. Levene 1993, 13 und 33.
193 Kajanto 1957, 55 übersetzt *fatum* mit „Providence".
194 Rambaud 1977, 408.
195 Die Bedeutung ‚Schicksalsschlag' findet sich z. B. in Liv. 3,50,8.
196 Kajanto 1957, 54 betont ebenfalls die große Bedeutung der beiden Stellen. Er diskutiert an dieser Stelle die Frage, inwiefern es sich um stoisches Gedankengut handelt. Dies ist für unsere Betrachtung nicht von Bedeutung.

wendeten die Griechen, die der Überlieferung nach gegen die Troianer sehr grausam vorgingen, laut Livius wegen des Gastrechts und ihrer Bemühungen um die Rückgabe Helenas, das Kriegsrecht nicht an.[197] Obwohl Livius, wie er in der *praefatio* selbst bemerkt, die Angelegenheiten des römischen Volkes ausführlich beschreiben will, *a primordio urbis res populi Romani perscripserim* (Liv. *praef.* 1), setzt er nach dem Beginn in Troia – die Römer führen ihre Abstammung über Aeneas auf die Troianer zurück – nicht etwa unmittelbar mit den Irrfahrten des Aeneas und dessen Ankunft in Latium fort, sondern berichtet kurz von den Irrfahrten Antenors und von dessen mythischer Gründung Paduas, der Heimatstadt des Livius.[198] Erst danach kommt er kurz zu den Irrfahrten des Aeneas und dessen Landung im Laurentischen Gebiet, was von den *fata* veranlasst ist: *Aenean ab simili clade domo profugum sed ad maiora rerum initia ducentibus fatis, primo in Macedoniam venisse, inde in Siciliam quaerentem sedes delatum, ab Sicilia classe ad Laurentem agrum tenuisse* (Liv. 1,1,4). Anschließend fasst Livius in eineinhalb

---

197 Liv. 1,1,1: *Iam primum omnium satis constat Troia capta in ceteros saevitum esse Troianos, duobus, Aeneae Antenorique, et vetusti iure hospitii et quia pacis reddendaeque Helenae semper auctores fuerant, omne ius belli Achivos abstinuisse,* [...].

Antenor spricht zu Helena im Rahmen der Mauerschau im dritten Buch der *Ilias*, in deren Rahmen die griechischen Helden vor Troia eingeführt werden: τὴν δ' αὖτ' Ἀντήνωρ πεπνυμένος ἀντίον ηὔδα· / „ὦ γύναι, ἦ μάλα τοῦτο ἔπος νημερτὲς ἔειπες. / ἤδη γὰρ καὶ δεῦρό ποτ' ἤλυθε δῖος Ὀδυσσεύς / σῆς ἕνεκ' ἀγγελίης σὺν ἀρηϊφίλωι Μενελάωι· / τοὺς δ' ἐγὼ ἐξείνισσα καὶ ἐν μεγάροισι φίλησα, [...]" (Hom. *Il.* 3,203 ff.; der griechische Text der *Ilias* ist stets nach der Ausgabe von WEST 1998 zitiert) – „Und der verständige Greis Antenor sagte dagegen: / ,Weib, da hast du gewiß nur wahre Worte gesprochen. / Denn schon einmal kam er hierher, der edle Odysseus, / Deinetwegen gesandt, mit ihm der Held Menelaos, / Und ich bewirtete beide daheim und pflegte sie gastlich [...]'" (Übers. RUPÉ [16]2013). An folgender Stelle aus dem siebten Buch bemüht sich Antenor um die Rückgabe der Helena: τοῖσιν δ' Ἀντήνωρ πεπνυμένος ἦρχ' ἀγορεύειν· / „κέκλυτέ μοι, Τρῶες καὶ Δάρδανοι ἠδ' ἐπίκουροι, / ὄφρ' εἴπω τά με θυμὸς ἐνὶ στήθεσσι κελεύει. / δεῦτ' ἄγετ', Ἀργείην Ἑλένην καὶ κτήμαθ' ἅμ' αὐτῆι / δώομεν Ἀτρεΐδηισιν ἄγειν. νῦν δ' ὅρκια πιστά / ψευσάμενοι μαχόμεσθα· [...]" (Hom. *Il.* 7,347–352). – „Unter ihnen begann der kluge Antenor zu reden: ,Höret mein Wort, ihr Troer und Dardaner, Bundesgenossen, daß ich rede, wie mir das Herz im Busen gebietet! Auf, die Argeierin Helena nun, und die Schätze mit dieser, / Geben wir Atreus' Söhnen zurück; wir kämpfen ja treulos, / Denn wir zerbrachen den heiligen Bund. [...]'" (Übers. RUPÉ [16]2013). Auffällig ist, dass Aeneas an beiden Stellen des Homertextes nicht vorkommt (vgl. auch WEISSENBORN u. MÜLLER [11]1963a, 83 und HILLEN 2003, 46). Vgl. zusätzlich ZELZER 1987, 118.

198 Padua wird allerdings nicht explizit erwähnt (vgl. Liv. 1,1,2–3). OGILVIE 1965, 26 weist darauf hin, dass die enge Verbindung von Rom und Padua erst spät aus politischen Gründen entstanden sei. Grund dafür könnte die sprachliche Nähe zu den Venetern gewesen sein, da deren sprachliche Varietät der latinisch-faliskischen Gruppe der Sprachen um Rom näherstand als der oskisch-umbrischen Gruppe. Für Livius erweise es sich als besonders günstig, da er so die Geschichte seiner Heimatstadt Padua mit Rom in Verbindung bringen konnte. Vgl. dazu auch ZELZER 1987, 118 f.

Kapiteln die Handlung der Aeneassage und damit in groben Zügen die *Aeneis* Vergils zusammen[199] und stellt aus auktorialer Perspektive die Ausgangslage der Handlung seiner Geschichtsschreibung dar. Dieser Paragraph schließt syntaktisch an *Iam primum omnium satis constat* (Liv. 1,1,1) an. Lässt man die erläuternden Ausführungen zu den Protagonisten Aeneas und Antenor, den einzelnen Volksstämmen und den jeweiligen Ortsnamen außen vor, kommt man zu folgender, von *constat* abhängiger Struktur:

> Iam primum omnium satis constat Troia capta in ceteros saevitum esse Troianos, duobus, Aeneae Antenorique [...] omne ius belli Achivos abstinuisse; casibus deinde variis Antenorem [...] venisse in intimum maris Hadriatici sinum, Euganeisque [...] pulsis Enetos Troianosque eas tenuisse terras. [...] Aenean ab simili clade domo profugum, sed ad maiora rerum initia ducentibus fatis, primo in Macedoniam venisse, inde [...] ad Laurentum agrum tenuisse (Liv. 1,1,1–4).

In dieser Konstruktion wird durch Antithesen deutlich, welche der beiden Gründungen, Padua durch Antenor oder Lavinium durch Aeneas, die bedeutendere ist. Den übrigen Troianern, gegen die die Griechen gewütet haben, werden asyndetisch die beiden Troianer, Aeneas und Antenor, gegenübergestellt. In der Folge werden die Schicksale des Antenor und des Aeneas näher erläutert. Einerseits wird durch *similis cladis* und die jeweilige Formulierung, wohin es sie verschlagen hat – beide mit *in ... venisse* – die Ähnlichkeit der Schicksale und die Gleichstellung von Antenor und Aeneas betont, da hier beispielsweise mit keinem Wort die göttliche Abstammung des Aeneas erwähnt wird.[200] Andererseits wird, verstärkt durch die Chiasmen bei *venisse* mit jeweiliger Ortsangabe und bei der Nennung des Namens und des Grundes, warum sie an einen anderen Ort gekommen sind, wiederum erkennbar, dass die Voraussetzungen doch gänzlich unterschiedlich sind. Diese Antithese, die schon durch *ab simili clade* eingeleitet wird, wird durch *sed* und den Komparativ *maiora* deutlich. Für Antenor ist das Schicksal erfüllt, während Aeneas erst am Anfang von etwas Neuem steht.[201] Verstärkt durch die Enallage *maiora rerum initia*[202] und durch die Endstellung der Partizipialkonstruktion *ducentibus fatis* im entsprechenden Kolon, zeigt sich, dass die *fata* die Stadt Rom, die ja im Zentrum des livianischen Werkes steht, als

---

199 Vgl. Liv 1,1,5–1,2,5 in Verbindung mit WEISSENBORN u. MÜLLER [11]1963a.
200 FELDHERR 1998, 113.
201 ZELZER 1987, 119.
202 WEISSENBORN u. MÜLLER [11]1963a weisen auf Verg. Aen. 7,44 (*maior rerum mihi nascitur ordo*) hin. Wie bei Livius geht es in der *Aeneis* zu Beginn des siebten Buches wie in der gesamten zweiten Hälfte der *Aeneis* um die Kämpfe in Latium. Vergil ruft hier erneut die Götter an, die den *vates* belehren mögen, da durch die Kriege in Latium eine höhere Stufe der Handlung erreicht sei.

die bevorzugte Stadt vorsehen, die noch über ihre Vorläufergründungen Lavinium und Alba Longa gestellt ist.[203] Die *fata* weisen schon hier teleologisch auf die spätere Größe Roms hin.[204] Durch die *fata* erscheint das Unglück (*clades*) des Aeneas sinnvoll und gewollt. Die *fata* führen ihn nach Lavinium.[205] Es handelt sich um das Opfer, das Aeneas bringen muss, um seinen Anteil an der Gründung der späteren Weltmacht Roms zu vollbringen, da seine persönliche Schicksalsbestimmung durch das übergeordnete Telos (*maiora rerum initia*) bedingt ist.

In engem Zusammenhang mit dieser Stelle steht der Beginn des vierten Kapitels, in dem nach der Schilderung der Kämpfe in Latium, der Gründungen Laviniums und Alba Longas sowie der Reihe der albanischen Könige nun Romulus und Remus als die Gründer Roms eingeführt werden. Die *fata* – das Wort steht erneut im Plural – sind wieder von zentraler Bedeutung. Vordergründig scheinen sie wiederum im Kommentar des auktorialen Erzählers deutlich zu werden: *Sed debebatur, ut opinor, fatis tantae origo urbis maximique secundum deorum opes imperii principium* (Liv. 1,4,1). Der Satz dient auf der Handlungsebene zur Überleitung von der aufzählenden Schilderung der Könige von Alba Longa zum Bericht von der Stadtgründung. Livius beendet die Ausführungen zu den albanischen Königen mit der Feststellung, dass Amulius Rea Silvia zur Sicherung seiner Herrschaft zur Vestalin macht und sie damit zu ewiger Jungfräulichkeit verpflichtet (Liv. 1,3,10). Wie in Liv. 1,1,4 in Bezug auf Aeneas relativiert Livius, indem er den Schicksalsplan der *fata* zugrunde legt, auch hier die Widrigkeit des persönlichen Schicksals der Rea Silvia. Aufgrund der *fata* ist der Weg Roms zur Weltmacht vorherbestimmt,[206] was auch Amulius durch sein Unrecht nicht verhindern kann. Rea Silvia bringt die Zwillinge Romulus und Remus zur Welt und Romulus gründet nach vielen Schwierigkeiten und Rückschlägen schließlich Rom. Mit dem auktorialen Kommentar zeigt Livius, dass der Weg zur Gründung Roms eben nicht mit den Verbrechen der albanischen Könige ein jähes Ende

---

203 Vgl. auch OGILVIE 1965, 48, der für Liv. 1,1,4 und 1,4,1 das Wachstum Roms als „inevitable and predetermined" ansieht.
204 Vgl. PETZOLD 1983, 255. Ob die *fata* auf Augustus verweisen und wie das Verhältnis des Livius zu Augustus war, kann hier nicht näher erörtert werden. Es ist jedoch mit Sicherheit festzustellen, dass mit *maiora rerum initia* auf das Ziel ‚Rom als Weltherrscherin' vorausverwiesen wird.
205 Die Verbindung von *fata* und *ducere* findet sich auch am Ende des Berichts zur Stadtgründung, die mit der Einführung des Herkuleskultes durch Romulus endet. Gleichzeitig deutet Livius an dieser Stelle die spätere Apotheose des Romulus an. Grund ist dessen *virtus*, zu der ihn die *fata* bringen: *Haec tum sacra Romulus una ex omnibus peregrina suscepit, iam tum immortalitatis virtute partae ad quam eum sua fata ducebant fautor* (Liv. 1,7,15). Hier handelt es sich nicht wie bei Aeneas noch vordergründig um *fata* als Teleologie, sondern um die persönliche Schicksalsbestimmung des Romulus.
206 Vgl. STEM 2007, 441, aber auch schon RUCH 1968, 126f. und OGILVIE 1965, 48.

nimmt, sondern nur unterbrochen bzw. verzögert ist. Der vordergründig auktoriale Kommentar wird durch die Parenthese *ut opinor* zu einer Äußerung des Autors Livius.²⁰⁷ Dies verleiht diesem Wirken der *fata* dadurch zusätzlich Nachdruck. Livius leitet, wie schon bezüglich des Berichts von Aeneas festgestellt, auch die Erzählung von der zweiten und zugleich bedeutenderen Gründerfigur, Romulus, ein, indem er sich durch das Wort *fata* auf die Teleologie bezieht.²⁰⁸ Die *fata* sehen Rom als Herrscherin der Welt vor, als größte Macht nach den Göttern. Die beiden Aussagen in Liv. 1,1,4 und 1,4,1 sind direkt aufeinander bezogen:

> Aenean ab simili clade domo profugum sed ad maiora rerum initia ducentibus fatis [...] (Liv. 1,1,4).
> Sed debebatur, ut opinor, fatis tantae origo urbis maximique secundum deorum opes imperii principium (Liv. 1,4,1).

Die noch vage Aussage in Liv. 1,1,4 wird nun in doppelter Weise konkretisiert. Aus *maiora rerum initia* wird konkret die Gründung der Stadt Rom: *tantus* nimmt *maior* wieder auf, *origo* das Wort *initia* und *urbs* das allgemeine *res*. Zusätzlich wird bezüglich *maximi secundum deorum opes imperii principium* der Komparativ durch den Superlativ wiederaufgenommen und aus den unspezifischen *res* wird *maximum ... imperium*, das Telos, das die *fata* vorsehen. Die Gründung Roms und seine Entwicklung zur Weltmacht kann nicht verhindert werden, da sie durch *fata* vorherbestimmt ist. Dies stellt Livius seinem gesamten Geschichtswerk als Programm voran, wobei es sich eher um ein Thema des Epos oder der Tragödie handelt.²⁰⁹ Dies ist jedoch nicht weiter verwunderlich, da sich Livius, wie schon ausgeführt, bewusst in die Tradition des Epos stellt. Trotz aller negativen Ereignisse, von denen er schon in der *praefatio* schreibt und die immer wieder in seinem Werk zutage treten, ist durch diese beiden Stellen zu Beginn des ersten Buches klar, wohin der Weg Roms führt: zum Erreichen des Ziels, nämlich der Weltherrschaft. Allerdings bleibt zu konstatieren, dass *fata* in dieser teleologischen Bedeutung und in programmatischer Funktion für den Verlauf der römischen Geschichte nur an dieser Stelle in *ab urbe condita* vorkommt.

Eine weitere Funktion dieser beiden Aussagen besteht darin, dass beide ‚Gründerfiguren' Roms, Aeneas und Romulus, eindeutig mit den *fata* in Verbindung gebracht werden. Livius leitet den jeweiligen Bericht der beiden Gründer mit einem Verweis auf die *fata* ein, die das vorsehen, was die beiden dann tun. Er stellt

---

207 Vgl. MINEO 2006, 168 und Kap. 1.4.
208 Dagegen LEVENE 1993, 128, der in Liv. 1,4,1 lediglich die Abrundung des Berichts über Aeneas sieht, der von *fata* gerahmt wird.
209 MINEO 2006, 168.

so den Urvater Aeneas und den Stadtgründer Romulus auf eine Stufe, wobei offensichtlich die unspezifische Formulierung (*maiora rerum initia*) in Bezug auf Aeneas zu dem, was die *fata* bewirken, auch zur Rolle des Aeneas passt. Ihm gelingt es, dass die Troianer in Latium sesshaft werden, und er gründet Lavinium. Von Rom ist hier noch keine Rede. Romulus dagegen gründet Rom als etwas Eigenes aus dem Nichts,[210] verliert aber dadurch, dass Rea Silvia über die Ahnenreihe der albanischen Könige von Aeneas abstammt, den Anschluss an die Troianer nicht. Weil Romulus und Remus, nachdem sie ausgesetzt waren, jeglichen Bezug zu ihren Vorfahren verloren haben, haben die Nachfahren der Troianer keinen unmittelbaren Einfluss mehr auf die Gründung Roms, die somit zwar in der troianischen Tradition steht, aber doch auch etwas Eigenes und Neues ist.[211] Die Konstante im Bericht des Livius und in der Wertung des auktorialen Erzählers und zugleich der Grund für Roms Erfolg sind die *fata*, durch die an den beiden gerade erörterten Stellen deutlich wird, dass es sich trotz zweier Gründerfiguren um eine einzige Sache handelt, die in Troia beginnt und einst in der römischen Weltherrschaft enden soll. Damit gelingt es Livius, die beiden römischen Gründungssagen sinnvoll und glaubhaft zu verbinden.[212] Es ist kein Widerspruch, dass die Penaten Troias, die für Vergils *Aeneis* so wichtig sind, nun über Rom wachen, das sich seine Größe selbst erarbeitet hat. Diese zukunftsweisende, teleologische Bedeutung für Rom hat das Wort *fata* bei Livius offensichtlich nur an diesen beiden Stellen. Livius führt die *fata* also wie Vergil von Beginn seiner Darstellung an als „göttlichen Weltenplan"[213] und „Gesetz der Geschichte"[214] ein. Dieses gilt es von nun an trotz aller noch kommenden Rückschläge, die – wie zu zeigen sein wird – ebenfalls in diesem göttlichen Weltenplan vorhanden sind, zu erfüllen. Damit haben die *fata* gleich zu Beginn die Funktion, dass sowohl der auktoriale Erzähler als auch der Autor sein teleologisches Geschichtsbild zeigen kann, wobei das Telos aus textimmanenter Perspektive die stete Vergrößerung und die Weltherrschaft ist.[215]

---

210 Vgl. MILES 1988, 196.
211 Vgl. dazu auch die Auffassung von FELDHERR 1998, 114, der in Abgrenzung zum Gründungsmythos Athens feststellt: „[...] Romans are made, not born". Vgl. ferner UNGERN-STERNBERG 2000, 41.
212 MAVROGIANNIS 2003, 87 sieht im Euander-Mythos den dritten Gründungsmythos Roms, der besonders in augusteischer Zeit an Bedeutung gewonnen habe. Livius rahmt mit dem Euander-Mythos die Gründungserzählung, um die Vorstellung vom Goldenen Zeitalter zu evozieren (vgl. Kap. 2.3.1).
213 Vgl. WLOSOK 1983, 190 zu Vergils *Aeneis*.
214 Vgl. SUERBAUM 1999, 338 zu Vergils *Aeneis*. KAJANTO 1957, 60 weist darauf hin, dass diese Verwendung von *fata* typisch für die augusteische Zeit sei.
215 Zur Teleologie des Livius vgl. auch STÜBLER 1964, 3f.

Dass *fatum* etwas ist, was in seinem Ablauf nicht beeinflusst werden kann und dass die Annahme zutrifft, es handele sich auch bei Livius um den Götterwillen, zeigt sich vor allem an einer Stelle des 25. Buches. An dieser gibt Livius implizit im Kontext um die Schuldfrage bei einer Niederlage in der Schlacht bei Cannae eine ‚Definition' von dem, was er unter *fatum* versteht, nämlich die unabänderliche Reihenfolge der menschlichen Geschichte:

> „[...] Sine, quaeso, priusquam de condicione nostra queror, noxam cuius arguimur nos purgare. Si non deum ira nec fato, cuius lege immobilis rerum humanarum ordo seritur, sed culpa periimus ad Cannas, cuius tandem ea culpa fuit? [...]" (Liv. 25,6,6).

Diese ‚Definition' ist Bestandteil einer direkten Rede, die ein nicht näher bezeichneter Soldat aus dem bei Cannae geschlagenen Heer vor Marcus Marcellus hält. Durch die Wörter *lex* und *immobilis* wird klar, dass die Geschichte, in den Worten des Livius *rerum humanarum ordo*, nicht beliebig und zufällig ist, sondern einem übergeordneten Plan folgt.[216] Klar wird auch, dass Schuld – im Fall von Cannae wurden die Götter zu wenig beachtet – ursächlich für die römische Niederlage ist.[217] Trotz Rückschlägen durch Fehlverhalten setzt sich der Götterwille durch, wenn auch verzögert. Diese Bedeutung von *fatum* zeigt sich am Ende des ersten Buches, als Livius im Kontext seines Berichts über die Regierungszeit des Servius Tullius den Untergang der Königszeit ankündigt und dies mit der Notwendigkeit des *fatum* begründet:

> Nec iam publicis magis consiliis Servius quam privatis munire opes, et ne, qualis Anci liberum animus adversus Tarquinium fuerat, talis adversus se Tarquini liberum esset, duas filias iuvenibus regiis, Lucio atque Arrunti Tarquiniis iungit; nec rupit tamen <u>fati necessitatem</u> humanis consiliis quin invidia regni etiam inter domesticos infida omnia atque infesta faceret (Liv. 1,42,1–2).

Servius Tullius versucht dadurch, dass er die Söhne des Tarquinius Priscus mit seinen Töchtern verheiratet, seine Macht zu sichern. Aus auktorialer Perspektive macht Livius deutlich, dass Servius mit diesen menschlichen Überlegungen die Notwendigkeit des Schicksals nicht aufhalten kann, die sich im weiteren Ver-

---

216 Dass Livius die Geschichte als ein Gesetz bezeichnet, das die Reihenfolge der Ereignisse aneinanderreiht, zeigt, dass auch er von einem Konzept von *fatum* ausgeht, das auffällige Parallelen zu dem hat, was SUERBAUM 1999, 337 f. für Vergils *Aeneis* herausgearbeitet hat.
217 Vgl. KAJANTO 1957, 61 ff., der darauf hinweist, dass es ein Unterschied ist, ob *fatum* in der Haupterzählung oder in direkter bzw. indirekter Rede vorkommt. In den Reden sei es meist eine Argumentationshilfe des Sprechers, der seiner Meinung dadurch Nachdruck verleihen will, dass er durch das Wort *fatum* seine Position als unabwendbar darstellt (vgl. z. B. Liv. 3,19,12 oder Liv. 3,40,8). Dennoch können wir diese Stelle als eine ‚Definition' von *fatum* des Livius betrachten.

lauf der Handlung darin äußert, dass Servius durch Tullia, die Ehefrau des Tarquinius Superbus, gestürzt wird, letzterer sich zum Gewaltherrscher entwickelt und es schließlich zum Ende der Königszeit kommt. Im Verlauf dieser Handlung ist Servius eine tragische Figur, was Livius in einem auktorialen Kommentar feststellt: *Tulit enim et Romana regia sceleris tragici exemplum, ut taedio regum maturior veniret libertas ultimumque regnum esset quod scelere partum foret* (Liv. 1,46,3). Servius kann als letzter guter König das Ende der Königszeit nicht verhindern.[218] Menschliche Mittel können den Götterwillen nicht aufhalten. Livius macht das *fatum*, hier sicher nicht in teleologischer Bedeutung, für den Wendepunkt von der Königszeit zur Republik verantwortlich und stellt diese Wende damit unter göttlichen Willen.

In der ersten Pentade findet sich das Wort *fatum*, abgesehen von den schon behandelten Stellen im ersten Buch, sehr häufig im fünften Buch, auf das allein acht der 17 Belegstellen des Wortes in den ersten fünf Büchern entfallen. Zu diesen Belegen sind noch weitere Stellen zu rechnen, an denen das von *fatum* abgeleitete Adjektiv *fatalis* in gleicher Bedeutung steht. Religion ist das Hauptthema des fünften Buches.[219] Dem *fatum* wird sowohl der Sieg über Veji als auch der Galliersturm zumindest implizit zugeschrieben.[220] Es handelt sich in beiden Fällen um *fatum* als göttlichen Willen, nicht im teleologischen Sinn,[221] sondern in der Bedeutung ‚Götterwille', wie dies auch die gerade behandelte Stelle aus dem ersten Buch zeigt. Dies wird vor allem in der Wortverbindung *fata et deos* (Liv. 5,16,8) deutlich, die im Kontext mit der Erzählung vom Kampf um Veji vorkommt.[222] Narratologisch verwendet Livius *fatum* hier einerseits, um als Erzähler das Handeln von Göttern, wie es für das Epos typisch ist, zu fassen, ohne den Göttern anthropomorphe Züge zu verleihen.[223] Andererseits ist *fatum* die Instanz, die das römische Volk das Wohlwollen bzw. den Zorn der Götter spüren lässt, je nach Beachtung der Prodigien. Daraus ergibt sich auch, dass es sich bei dem jeweiligen Handlungsverlauf nicht um Zufall im Sinne von *fortuna* handelt. Livius nutzt den Sieg der Römer im Krieg gegen Veji und die beinahe völlig vernichtende Niederlage Roms im Kampf mit den Galliern als ein positives und ein negatives Beispiel dafür, welche Folgen es für die Römer hat, sich an die religiösen Regeln

---

[218] OGILVIE 1965, 165.
[219] OGILVIE 1965, 626 und LEVENE 1993, 175.
[220] Vgl. OGILVIE 1965, 48.
[221] Vgl. STÜBLER 1964, 48.
[222] Die Wortverbindung *fata et deos* ist auch in Liv. 2,44,12 zu finden. S. dazu Anm. 232 in diesem Kapitel.
[223] Vgl. DAVIES 2004, 103.

zu halten oder sie zu missachten.²²⁴ Die Götter setzen ihren Willen in beiden Fällen durch. Verbindendes Element beider Episoden ist die Figur des Camillus.²²⁵

Im Kontext der Schilderung der mehrere Jahre andauernden Belagerung von Veji²²⁶ durch die Römer wurden in Rom immer wieder Vorzeichen gemeldet, die aber kaum beachtet wurden, weil es meist nur einen Zeugen gab und weil durch die Feindschaft mit den Etruskern in Rom keine *haruspices* zur Deutung der Vorzeichen zur Verfügung standen (Liv. 5,15,1–12). Der eigentliche Grund war, wie aus den beiden Kapiteln zuvor deutlich wird, *discordia* zwischen Patriziern und der Plebs.²²⁷ Der Bericht vom entscheidenden Krieg gegen Veji, die nächstgelegene Stadt der Etrusker, mit denen Rom, wie Livius berichtet, immer wieder kriegerische Auseinandersetzungen hatte, beginnt am Ende des vierten Buches. Zu Beginn des fünften Buches erreicht die Erzählung schließlich ihren Höhepunkt erreicht. Ein Vorzeichen aber löste in Rom Sorge aus: Der Albaner See schwoll ohne jeglichen Regen sehr hoch an.²²⁸ Um eine Deutung dieses Prodigiums zu erhalten, schickten die Römer Gesandte nach Delphi. Noch vor deren Rückkehr trat ein Mann aus Veji zwischen die Stellungen der Römer und Veienter und deutete das Vorzeichen. Livius bemerkt dazu aus auktorialer Perspektive, die *fata* hätten den Seher zu dieser Deutung veranlasst: *sed propior interpres fatis oblatus senior quidam Veiens* (Liv. 5,15,4). Die Römer müssten demnach das Wasser ableiten, bevor sie über Veji siegen könnten. Sie nahmen den Mann gefangen und befragten ihn genauer zu diesem Vorzeichen. Der etruskische Seher gab dann bei der Befragung an, die Götter hätten ihn wohl aus Zorn dazu veranlasst, den Römern den vom Schicksal vorgesehenen Untergang Vejis zu verraten: *Qui [...] respondit profecto iratos deos Veienti populo illo fuisse die quo sibi eam mentem obiecissent ut excidium patriae fatale proderet* (Liv. 5,15,8–9). Dabei bezog er sich auf die Schicksalsbücher und die etruskische Lehre: *Sic igitur libris fatalibus, sic disciplina Etrusca traditum esse* (Liv. 5,15,11). Mit dieser indirekten Rede sagt Livius aus der Perspektive einer dem Kriegsgegner angehörigen Figur der Handlung, des etruskischen Sehers, den für Rom positiven Ausgang des Kriegs gegen Veji voraus, der im Götterwillen, ausgedrückt durch *fata*, festgelegt sei. Der Zorn der Götter gegenüber Veji erkläre sich aus einem Frevel des veientischen Königs gegenüber

---

224 OGILVIE 1965, 626. LEVENE 1993, 6 weist darauf hin, dass gemäß dem römischen Glauben *pietas* zu göttlicher Gunst, *impietas* zum Strafen der Götter führe.
225 Vgl. MINEO 2006, 222ff., OGILVIE 1965, 626 und KAJANTO 1957, 58. MINEO geht an dieser Stelle ausführlich auf die Funktion und die Bedeutung der Figur des Camillus bei Livius ein. Zum Aufbau des fünften Buches s. OAKLEY 2015.
226 Vgl. ausführlich zum Krieg Roms gegen Veji Kap. 2.4.2.4.
227 LEVENE 1993, 179.
228 Vgl. zum Hochwasser am Albaner See auch OGILVIE 1965, 658ff.

den Göttern, indem er feierliche Spiele unterbrach: *Gravis iam is* [sc. *rex*] *antea genti fuerat opibus superbiaque, quia sollemnia ludorum quos intermitti nefas est violenter diremisset* [...] (Liv. 5,1,4). Die *fata* sind also dafür verantwortlich, dass die Römer in der Sühnung des Prodigiums den richtigen Weg finden, die Götter zu besänftigen, und damit die Möglichkeit erhalten, den Krieg siegreich zu beenden.[229] Aus der Perspektive des Sehers aus Veji ist der Ausgang des Krieges klar. Allerdings vertrauten die Senatoren dem Etrusker nicht genügend und wollten das Ergebnis des delphischen Orakels abwarten, was zunächst zu einer Retardierung führt.

Daher unterbricht Livius die Episode, um von den turnusgemäßen Neuwahlen der Beamten zu berichten, und erzählt von einem Scharmützel mit Tarquinii. Diese Retardierung überbrückt die Zeit, die die Gesandtschaft zur Reise nach Delphi braucht und lässt die Handlung vom Krieg bei Veji beinahe wieder in Vergessenheit geraten. Livius fährt dann mit der Episode fort (Liv. 5,16,8 – 11): Als die Römer schon beinahe keine Hoffnung mehr auf den Sieg hatten und ihre Blicke auf die Schicksalssprüche und Götter richteten, kehrten die Gesandten aus Delphi zurück und bestätigten die Deutung des etruskischen Sehers. Der Schicksalsspruch wird in direkter Rede wiedergegeben:

> Iamque Romani desperata ope humana fata et deos spectabant, cum legati ab Delphis venerunt, sortem oraculi adferentes congruentem responso captivi vatis: „Romane, aquam Albanam cave lacu contineri, cave in mare manare suo flumine sinas; emissam per agros rigabis dissipatamque rivis exstingues; tum tu insiste audax hostium muris, memor quam per tot annos obsides urbem ex ea tibi his quae nunc panduntur fatis victoriam datam. Bello perfecto donum amplum victor ad mea templa portato, sacraque patria, quorum omissa cura est, instaurata ut adsolet facito." (Liv. 5,16,8 – 11).

Als die Gesandtschaft aus Delphi zurückkehrte, hatten die Römer nur wenig Zuversicht, mit menschlichen Mitteln den Krieg zu gewinnen, sondern setzten alle Hoffnung auf das Wirken der Götter. Livius wechselt an dieser Stelle in die Figurenperspektive und stellt die Sicht der Römer dar, die im Gegensatz zum etruskischen Seher noch nicht an den Sieg glaubten. Er gebraucht zur Schilderung der verzweifelten Lethargie der Römer das durative Imperfekt, während durch die Konstruktion mit *cum*-inversum die Haupthandlung die überraschende Wendung

---

229 Die Form *fatis* ist hier als instrumentaler Ablativ aufzufassen, d.h. dass das Schicksal bewirkt, dass ein Deuter kommt. Die Annahme von KAJANTO 1957, 58, dass es sich um einen Dativ handle, d.h. dass dem Schicksal sich ein Deuter anbot, ist hier nicht zutreffend. Dies belegt auch die Verwendung von *fatum* im instrumentalen Ablativ in Liv. 5,16,10. Diese Auffassung liegt auch implizit der Interpretation dieser Textstelle von ERREN 1976, 19 zugrunde. Auch STÜBLER 1964, 45 f. scheint implizit davon auszugehen, dass das *fatum* den Seher zu seiner Deutung veranlasst.

nimmt, dass die Gesandtschaft sozusagen im richtigen Moment zurückkehrt. Der Orakelspruch ist in direkter Rede wiedergegeben. Die Formulierung im Versmaß des Saturnier, dem üblichen Versmaß für Orakelsprüche,[230] soll bei den Rezipienten eine gewisse Authentizität herstellen.[231] Die Wortverbindung *fata et deos* unterstreicht für *fata* die Wortbedeutung ‚Götterwille'. Sie steht dann, wenn die handelnden Figuren in menschlichen Mitteln keine Möglichkeit mehr sehen und auf die Hilfe der Götter hoffen.[232] Der auktoriale Erzähler, der hier aus der Figurenperspektive der Römer berichtet, kann somit deutlich machen, dass die Menschen in dieser Zeit durchaus an die Götter glaubten und schafft mit *fata* eine übernatürliche Instanz, die für Geschehensabläufe verantwortlich gemacht wird und die allgemein für göttlichen Willen steht, ohne dass dieser konkreten Göttern zugeschrieben wird. Dies wird durch die Tatsache verstärkt, dass *panduntur fatis* nicht der sakralen Sprache angehört.[233] Indem Livius das Wort aber in den Orakelspruch einbaut, zeigt er die Bedeutung des Götterwillens für den Verlauf der Handlung und damit auch der Geschichte.

Zusammenfassend kann man hier sagen, dass Livius als einen Grund für den Sieg über Veji das *fatum* angibt. Die *fata* leiten die Wende ein, indem sie den Mann aus Veji verleiten,[234] sein Wissen über den Albaner See preiszugeben. Durch die

---

230 Vgl. WEISSENBORN u. MÜLLER ⁹1970b, 168.
231 Vgl. OGILVIE 1965, 664 (auch zu Versmaß, Datierung und Herkunft des Orakelspruches).
232 Die Wortverbindung *fata et deos* ist auch in Liv. 2,44,12 zu finden. Livius berichtet von einer Bundesversammlung der Etrusker im Kontext eines früheren Krieges zwischen Rom und Veji. Livius sagt, dass die führenden Männer die Zwietracht im römischen Volk dahingehend deuteten, dass sich Rom durch die innenpolitischen Streitigkeiten gleichsam selbst besiege: *profecto si instetur, suo milite vinci Romam posse. nihil aliud opus esse quam indici ostendique bellum; cetera sua sponte fata et deos gesturos* (Liv. 2,44,12). Livius gibt in indirekter Rede die Aussage eines führenden Mannes aus Veji wieder, der aufgrund der innenpolitischen Zwietracht in Rom eine Siegchance der Veienter sieht und nur eine Kriegserklärung für nötig hält, weil das Übrige die *fata* und die Götter erledigten. Livius verwendet damit für die Hoffnung der Veienter die gleichen Worte wie in Bezug auf die Römer, als sie auf die Gesandtschaft aus Delphi warteten. Dennoch erfüllte sich die Hoffnung der Etrusker nicht. Der römische Konsul vereinigte die Soldaten der Plebs durch einen Schwur vor den Göttern. Die Römer siegten dann unter großen Verlusten. Damit stellt Livius mit der Schilderung dieser Begebenheit schon im zweiten Buch den Kontext zwischen Erfüllung religiöser Verpflichtungen und dem *fatum* her, der dann im fünften Buch von so großer Bedeutung ist. OGILVIE 1965, 353 bezeichnet diese Formulierung als rhetorische Gemeinplätze, die immer wieder in den Äußerungen römischer Feinde vorkommen. Allerdings wird dadurch, dass die verzweifelten Römer auf Götter und *fata* schauen, deutlich, dass die *fata* am Ende bei der Entscheidung und Zerstörung von Veji doch den Römern wohlgesonnen sind und Livius diese Worte auch hier wohl nicht unbedacht wählt.
233 OGILVIE 1965, 664.
234 LEVENE 1993, 179 f. weist darauf hin, dass dieser Mann bei Cicero (Cic. *div.* 1,100: *quid, quod in annalibus habemus Veienti bello, cum lacus Albanus praeter modum crevisset, Veientem quendam*

fata ist gemäß dem Orakelspruch aus Delphi der Sieg sicher. Diese Wende im Krieg wird durch die Aussage bestätigt, dass das Schicksal Veji nun angreift, *Veiosque fata adpetebant* (Liv. 5,19,1),[235] was schließlich zur Niederlage führen wird, da das *fatum* Camillus als den Diktator auserkoren hat, der Veji vernichtend schlagen und Rom retten wird: *Igitur fatalis dux ad excidium illius urbis servandaeque patriae, M. Furius Camillus, dictator dictus* [...] (Liv. 5,19,2). Der Götterwille, der durch kultisches Fehlverhalten der Veienter und dem vorschriftsmäßigen Ausführen der Kulte durch die Römer (Liv. 5,19,1) geprägt wird, ist neben der technischen Idee eines unterirdischen Tunnels[236] entscheidend für Sieg und Niederlage. Dies fasst Livius einem auktorialen Kommentar am Ende der Veji-Episode zusammen:

> Hic Veiorum occasus fuit, urbis opulentissimae Etrusci nominis, magnitudinem suam vel ultima clade indicantis, quod decem aestates hiemesque continuas circumsessa [...], postremo iam fato quoque urgente, operibus tamen, non vi expugnata est (Liv. 5,22,8).

Als der Druck des *fatum* als Götterwille zu groß ist, ist die Niederlage von Veji besiegelt. Allerdings wird deutlich, dass die Menschen die Regeln dieses Gesetzes nicht selbst erkennen können. Sie brauchen dafür die Zeichen der Götter und Leute, die in der Lage sind, diese zu deuten.[237] In der Perspektive der Römer kommt *fatum* an dieser Stelle nur in der Verbindung *fata et deos* vor, sonst nur aus Sicht des auktorialen Erzählers und des etruskischen *haruspex* aus Veji. Ferner

---

ad nos hominem nobilem perfugisse) ein Überläufer ist. Dies unterstreicht die Bedeutung der *fata* bei Livius für die entscheidende Wendung im Krieg gegen Veji.

235 WEISSENBORN u. MÜLLER ⁹1970b, 174 übersetzen die Wendung zutreffend mit „das Schicksal ging feindlich auf Veji los", ähnlich auch KAJANTO 1957, 58. Dagegen schwächt die Übersetzung der Stelle, „Veji ging seinem Schicksal entgegen" von HILLEN ²1997 die Bedeutung von *fata* zu sehr ab.

236 Vgl. Kap. 2.4.2.4.

237 ERREN 1976, 18 geht wohl zu weit mit der Behauptung, dass der Mensch „nur Werkzeug des Schicksals war", wenngleich natürlich das *fatum*, wie schon bezüglich Aeneas gezeigt, immer Einfluss auf das persönliche Handeln des Protagonisten hat. Livius begründet eher das Handeln seiner Protagonisten mit dem Einfluss der *fata*, als dass die *fata* zum entscheidenden Agens in der Handlung werden. Dies belegt auch der relativierende auktoriale Kommentar des Livius, der den Sieg bei Veji zwar durch das Drängen des *fatum* ausgelöst, aber letztlich doch durch menschliche Werke (*operibus*) vollbracht sieht: *Hic Veiorum occasus fuit, urbis opulentissimae Etrusci nominis, magnitudinem suam vel ultima clade indicantis, quod decem aestates hiemesque continuas circumsessa cum plus aliquanto cladium intulisset quam accepisset, postremo iam fato quoque urgente, operibus tamen, non vi expugnata est* (Liv. 5,22,8). Vgl. in diesem Sinne KAJANTO 1957, 58, dagegen ERREN 1976, 19, der an dieser Stelle das Drängen des Opferschauers wiederaufgenommen sieht. Auffällig ist, dass hier *fatum* in Bezug auf Veji im Singular gebraucht wird.

wird in der gesamten Episode der Bezug zur *res publica* deutlich. Die Senatoren beispielsweise entscheiden darüber, ob dem Seher aus Veji Glauben geschenkt wird (Liv. 5,15,12); dieser Kontext ist im Sinne der *theologia tripertita* dem *genus civile* zuzuordnen.

Auf den Sieg gegen Veji folgt, nachdem Livius wie in einem Zwischenspiel von kleineren Kriegen und weiteren innenpolitischen Auseinandersetzungen zwischen Patriziern und Plebs berichtet hat,[238] die Episode von der Niederlage der Römer gegen die Gallier, die, wie schon erwähnt, in engem Zusammenhang mit der Veji-Episode steht und in der Livius dem *fatum* an zentralen Stellen große Bedeutung für die römische Niederlage zumisst. Dies Episode macht die zweite Hälfte des fünften Buches aus und ist dem moralischen und religiösen Verfall in Rom geschuldet.[239] Livius schafft mit der Episode vom Galliersturm das negative Gegenbeispiel zur Veji-Episode, das aus dem Umstand entsteht, dass die Römer religiöse Gegebenheiten missachten.[240]

Die Episode beginnt damit, dass ein unbekannter Plebejer in der Nacht von einem Prodigium in Form einer Stimme berichtet, durch das vor dem Herannahen der Gallier gewarnt wird. Die Römer beachten diese Aussage des Plebejers aufgrund seines niedrigen Standes und wegen der weiten Entfernung der Gallier von Rom nicht weiter: *Id ut fit propter auctoris humilitatem spretum et quod longinqua eoque ignotior gens erat* (Liv. 5,32,7). Dies bewertet Livius als übliche Reaktion.[241] Die Römer missachteten damit die Götter und schickten noch dazu ihre einzige menschliche Hilfe M. Furius Camillus wegen Unregelmäßigkeiten bei der Verteilung der Kriegsbeute aus dem Krieg gegen Veji zu Unrecht aus der Stadt, was Livius in einem auktorialen Kommentar kritisiert: *Neque deorum modo monita ingruente fato spreta, sed humanam quoque opem, quae una erat, M. Furium ab urbe amovere* (Liv. 5,32,7). Die Vernachlässigung der Götter führt zum Hereinbrechen des negativen *fatum*, was durch das Hyperbaton zusätzlich unterstrichen wird. Durch die Wortwahl wird die Verbindung zur Veji-Episode explizit hergestellt. Wie Veji durch das Drängen des Schicksals (*fato urgente* [Liv. 5,22,8]) seine Niederlage nicht mehr aufhalten konnte, bricht nun aufgrund der Vernachlässigung der Götter das gleiche Schicksal über Rom herein. Die Worte *ingruente fato* (Liv. 5,32,7) nehmen das eben zitierte *fato urgente* wieder auf. Außerdem kommt

---

238 Vgl. OGILVIE 1965, 681f. Die Auseinandersetzungen zwischen Patriziern und Plebejern sind ein zentrales Thema des fünften Buches (vgl. LEVENE 1993, 177).
239 JAEGER 1997, 59.
240 Vgl. LEVENE 1993, 7.
241 ROSENBERGER 1998, 38f. erklärt, dass nur „hohe[n] weltliche[n] Amtsträger[n]" das Melden von Prodigien im Senat erlaubt war, während Leute niedriger Herkunft lediglich von einem Amtsträger als Zeugen aufgerufen werden konnten. Vgl. auch DAVIES 2004, 40.

die Formulierung *humanam opem* (Liv. 5,32,7) ebenso in Liv. 5,16,8 vor, als Livius die Lage in Rom vor der Rückkehr der Gesandten vom Orakel in Delphi schildert. Dort schreibt Livius, die Römer hätten schon alle Hoffnung auf menschliche Hilfe begraben (*desperata ope humana* [Liv. 5,16,8]) und ihre Blicke auf die *fata* und die Götter gerichtet, während in Liv. 5,32,7 die Römer mit Camillus die einzig vorhandene menschliche Hilfe (*humanam opem*), die gegen die Bedrohung hätte wirken können, aus der Stadt schickten.[242] Hauptgrund auf menschlicher Ebene waren die Ständekämpfe zwischen Patriziern und Plebejern.[243] In beiden Fällen steht das letzte menschliche Mittel in unmittelbarem Kontext zum Götterwillen, jeweils ausgedrückt durch *fatum*. Der Götterwille ist stärker, wird aber gemäß dem römischen Religionsverständnis von menschlichem Handeln beeinflusst, da die Götter den Menschen die Unterstützung versagen, wenn sie durch diese vernachlässigt wurden.[244] Livius schildert im Anschluss kurz die erfolglosen Bemühungen des Camillus, seine Verbannung zu verhindern, und leitet in einem auktorialen Kommentar das Heranziehen des vom *fatum* bestimmten Untergangs ein: *Expulso cive quo manente, si quicquam humanorum certi est, capi Roma non potuerat, adventante fatali urbi clade legati ab Clusinis veniunt auxilium adversus Gallos petentes* (Liv. 5,33,1). Wichtig für unsere Betrachtungen ist die Formulierung *adventante fatali urbi clade*, mit der die Worte *ingruente fato* unmittelbar wiederaufgenommen werden und durch die noch einmal deutlich wird, dass die Niederlage der Gallier aufgrund des Götterwillens nicht abzuwenden ist.[245] Nach einem langen Exkurs über die Gallier in Oberitalien führt Livius die Handlung zur nächsten Eskalationsstufe. Die römische Gesandtschaft in Clusium handelt in der Absicht, zu helfen, völkerrechtswidrig und ungestüm, indem die Gesandten ohne Kriegserklärung zu den Waffen greifen: *Ibi iam urgentibus Romanam urbem fatis legati contra ius gentium arma capiunt* (Liv. 5,36,6). Livius gebraucht an dieser Stelle, als er vom unaufhaltsamen Näherkommen der römischen Niederlage berichtet, mit *urgentibus fatis* die gleiche Formulierung wie in Liv. 5,22,8 im Kontext mit Veji, allerdings im Plural,[246] und stellt durch den neuerlichen Gebrauch des Wortes *fatum* den Bezug zum Bericht von der Missachtung des göttlichen Zeichens und der unrechtmäßigen Vertreibung her. Das Fehlverhalten der Gesandtschaft –

---

242 Mineo 2003, 160 und 2006, 225.
243 Mineo 2006, 215.
244 Vgl. Rosenberger 1998, 21.
245 Vgl. Weissenborn u. Müller ⁹1970b, 206.
246 Hinsichtlich *fatum* bzw. *fata* in der Bedeutung ‚Götterwille' lässt sich abhängig vom Gebrauch des Singulars bzw. des Plurals kein Unterschied in der Funktion oder der Bedeutung feststellen. Lediglich an den beiden Stellen mit teleologischer Bedeutung steht *fata* im Plural.

ein Bruch des Völkerrechts ist ein religiöser Frevel[247] – löst schließlich den Zug der Gallier auf Rom aus. Wie schon im Kontext des Berichts über die Niederlage von Veji markieren die Worte *fato urgente* (Liv. 5,22,8) bzw. *urgentibus fatis* (Liv. 5,36,6) den Wendepunkt in der Handlung. Der Götterwille ist nicht mehr zu beeinflussen. Die Wendung *urgentibus fatis* „kennzeichnet [...] jedesmal die menschliche Handlung, die im Verlauf der Geschichte die entscheidende Wende bringt, und zeigt somit nicht die endliche Katastrophe, sondern die Peripetie des Dramas an."[248] Rom wird beinahe völlig besiegt und abgesehen vom Kapitol, dem religiösen Zentrum und Symbol für die Herrschaft Roms,[249] in der Hand der Feinde sein.[250] Der Bruch des Völkerrechts ist dennoch nicht alleiniger Auslöser, sondern, wie Erren darstellt, der Höhepunkt einer dreistufigen Klimax religiösen Frevels: Die Römer missachteten vorher zunächst ein Prodigium, beschuldigten anschließend Camillus zu Unrecht und schickten ihn ins Exil.[251] Am Höhepunkt dieser Handlung kommt zusätzlich zum *fatum* auch noch *fortuna* ins Spiel:

> Cum tanta moles mali instaret – adeo occaecat animos fortuna, ubi vim suam ingruentem refringi non volt – civitas quae adversus Fidenatem ac Veientem hostem aliosque finitimos populos ultima experiens auxilia dictatorem multis tempestatibus dixisset, ea tunc invisitato atque inaudito hoste ab Oceano terrarumque ultimis oris bellum ciente, nihil extraordinarii imperii aut auxilii quaesivit. Tribuni quorum temeritate bellum contractum erat summae rerum praeerant, dilectumque nihilo accuratiorem quam ad media bella haberi solitus erat, extenuantes etiam famam belli, habebant (Liv. 5,37,1–3).

Fortuna bewirkt die völlige Verblendung des Volkes und der Militärtribunen.[252] Weder wurde ein Diktator ernannt noch führten die Militärtribunen mit ernsthaftem Eifer Aushebungen durch, was Livius in einem auktorialen Kommentar in Form einer Parenthese darlegt. Den Militärtribunen attestiert er sogar Unbesonnenheit (*temeritas*). Diese äußert sich ein zweites Mal, als die Militärtribunen zu Beginn des Kampfes weder ein Lager aufstellen noch die Auspizien durchführen und damit, wie Livius betont, sowohl die Götter als auch die Menschen miss-

---

247 Vgl. die Ausführungen zum *bellum iustum* im Kap. 2.4.2.2.
248 ERREN 1976, 18.
249 GRIFFE 1981, 115.
250 Zum genauen Ablauf der Erzählung über die Schlacht gegen die Gallier s. JAEGER 1997, 60 ff.
251 Vgl. ERREN 1976, 19 ff. und JAEGER 1997, 60. Die Interpretation von KAJANTO 1957, 59 f. überzeugt hier nicht, da sie von der Grundannahme ausgeht, dass das *fatum* eine über den Göttern stehende Instanz sei. Dies ist hier mit der Verwendung von *fatum* als ‚Götterwille' nicht zutreffend.
252 JAEGER 1997, 60.

achten.²⁵³ Damit steht *fortuna* im Dienst des Götterwillens, des *fatum*, und verblendet die Menschen. Livius verwendet hier also ein typisches Motiv dramatischer Geschichtsschreibung des Hellenismus, um das Fortschreiten des Niedergangs zu zeigen.²⁵⁴ Die Menschen dagegen kümmern sich überhaupt nicht um den Götterwillen, indem sie vor allem durch das nicht eingeholte Auspizium vor der Schlacht einen weiteren Frevel begehen, der ebenfalls zur Niederlage beiträgt.²⁵⁵ Damit haben die Römer nach der Darstellung des Livius beinahe alle möglichen Frevel begangen: Missachten eines Prodigiums, Völkerrechtsbruch durch die Gesandtschaft und Aufstellen einer Schlachtreihe ohne Auspizien und Opfer. Hier wird das religiöse Fehlverhalten nicht aus der Perspektive einer Figur, sondern unmittelbar durch den auktorialen Erzähler kritisiert. Obwohl aber die Götter immer wieder genannt werden, greifen sie an keiner Stelle direkt in die Handlung ein, sondern werden immer nur als Urheber der Niederlage angeführt.

Livius führt bezüglich des *fatum* ein positives und ein negatives Beispiel an, indem er die Episoden vom Sieg über Veji und von der Niederlage gegen die Gallier gegenüberstellt.²⁵⁶ In beiden Fällen macht Livius den Umgang mit den Göttern für den weiteren Verlauf der Handlung verantwortlich. Während beim Krieg gegen Veji die *fata* noch dafür sorgen, dass der Etrusker den Römern das Zeichen deutet, diese Interpretation dann durch das Orakel von Delphi bestätigt wird und die *fata* Veji bedrängen, wird im Fall des Galliersturms das Götterzeichen nicht richtig gedeutet und der einzige Helfer weggeschickt, sodass sich das Schicksal gegen Rom wendet. Die Gesandten verstoßen zusätzlich gegen das Völkerrecht, wodurch die Niederlage Roms besiegelt ist. In beiden Fällen ist in der Beurteilung des auktorialen Erzählers vor allem das *fatum*, der Götterwille, entscheidend. Den Menschen wird die Möglichkeit genommen, den Verlauf der Geschichte zu beeinflussen, „so daß sie mit ihrem eigenen Handeln unbewußt zur Erfüllung des Schicksals beitragen".²⁵⁷ Diese Auffassung, dass das Wirken des *fatum* nicht mehr zu beeinflussen ist, weist Erren auch im vergilischen Epos nach.²⁵⁸ Damit ver-

---

253 Liv. 5,38,1: *Ibi tribuni militum non loco castris ante capto, non praemunito vallo quo receptus esset, non deorum saltem si non hominum memores, nec auspicato nec litato, instruunt aciem, diductam in cornua ne circumveniri multitudine hostium possent;* [...]. Vgl. dazu DAVIES 2004, 107.
254 Vgl. STÜBLER 1964, 57 f. Er weist auch noch einmal explizit darauf hin, dass nicht das *fatum* die Menschen im Sinne der *Ate* verblendet, da dies bedeuten würde, dass die Götter für eine Niederlage verantwortlich gemacht würden, was ein völlig unrömischer Gedanke sei, sondern die Missachtung religiöser Vorschriften (54).
255 Vgl. LINDERSKI 1993, 60.
256 Vgl. STÜBLER 1964, 48.
257 ERREN 1976, 22.
258 ERREN 1976, 22 f.

bindet Livius im fünften Buch die kultische Ebene des *fatum*, indem er es in Zusammenhang mit dem Prodigienkult stellt, mit der epischen Ebene oder, anders gesprochen, das *genus civile* mit dem *genus mythicon*, was ein weiterer Beleg für die schon dargestellte Nähe der livianischen Geschichtsschreibung zum Epos ist. Dies hat aber in diesem Kontext nichts mit dem zu Beginn des ersten Buches festgestellten teleologischen Konzept zu tun, sondern stellt allein den Götterwillen dar, der sich aus dem Umgang der Menschen mit *religio* und dem göttlichen Recht ergibt.[259]

Zusammenfassend lässt sich feststellen, dass das *fatum* an den für die Zukunft Roms richtungsweisenden Stellen für Livius' Romdarstellung in der ersten Pentade von großer Bedeutung ist. Das Auftreten des *fatum* bzw. der *fata* stellt auf narrativer Ebene immer einen entscheidenden Wendepunkt dar: Aeneas landet nach seinen Irrfahrten in Italien, bringt die Penaten Trojas nach Rom und gründet Lavinium. Romulus gründet zur Erfüllung der *fata* nach vielen Widrigkeiten, die er durchleben musste, Rom und begründet damit die römische Weltherrschaft. Durch das *fatum* geht die Regierungszeit des sechsten Königs Servius Tullius zu Ende, die Gewaltherrschaft des Tarquinius Superbus und damit das Ende der Königszeit beginnt. Im fünften Buch führt positives und negatives *fatum*, beeinflusst durch Beachtung bzw. Nichtbeachtung religiöser Vorschriften, zum Sieg gegen Veji bzw. zur Niederlage Roms gegen die Gallier und damit zur zweiten Gründung durch Camillus. Für Livius ist dies der Zeitpunkt, an dem die Überlieferung der Geschichte sicherer wird.[260] Livius macht also das *fatum* für Wendepunkte der Geschichte verantwortlich und stellt zu diesem Zweck die teleologische Konzeption der *fata* aus dem *genus mythicon* und das Wort *fatum* in der Bedeutung ‚Götterwillen' als Folge des Umgangs mit Staatskulten, was dem *genus civile* entspricht, in seiner Erzählung nebeneinander und macht es so zum literarischen Motiv, das für übernatürliches Eingreifen an Wendepunkten der Geschichte steht. Das Motiv des *fatum* kann also dann eintreten, wenn der Verlauf der Geschichte von den Figuren, meist aber vom auktorialen Erzähler einem übernatürlichen Phänomen zugeschrieben wird. Livius gelingt es durch die Verwendung dieses Motivs, was für die Nähe seines Geschichtswerkes zur Gattung des Epos spricht und den römischen Volksglauben widerspiegelt, die entscheidenden Wendungen der Frühzeit auf die Götter zurückzuführen, ohne den Göttern in der Historiographie eine für die Gattung unpassende handelnde Rolle konkret zuzuschreiben.

---

259 STÜBLER 1964, 48 weist zu Recht darauf hin, dass das *fatum* in diesem Kontext nicht mit der Teleologie, sondern eher mit dem Prodigienglauben in Verbindung steht. Es ist aber anzunehmen, dass sich bei Livius gerade an dieser Stelle die Auffassungen nicht streng trennen lassen.
260 Vgl. Liv. 6,1,3 und Kap. 2.1.2.1.

2.2.2 Die Bedeutung der Götter

2.2.2.1 Konkretes Wirken in der Haupterzählung

Die zweite übernatürliche Instanz neben den *fata* sind die Götter. Sie sind bis in die Zeit des Livius hinein eine Instanz des täglichen Lebens, deren Existenz und Eingreifen in das Geschehen in Rom niemand bezweifelte.[261] Anders als im Epos greifen sie nicht als anthropomorphe, handelnde Figuren, die auch direkt mit Menschen interagieren können, in das Geschehen ein. Livius macht in seiner *praefatio* deutlich, dass es zur Überlieferung der Frühzeit gehört, göttliches Handeln anzunehmen, und illustriert dies am Beispiel von Mars, der in den Sagen als Vater von Romulus und Remus und damit des römischen Volkes angesehen wird:

> Datur haec venia antiquitati ut miscendo humana divinis primordia urbium augustiora faciat; et si cui populo licere oportet consecrare origines suas et ad deos referre auctores, ea belli gloria est populo Romano ut cum suum conditorisque sui parentem Martem potissimum ferat, tam et hoc gentes humanae patiantur aequo animo quam imperium patiuntur. Sed haec et his similia utcumque animaduersa aut existimata erunt haud in magno equidem ponam discrimine (Liv. *praef.* 7–8).

Livius enthält sich in Bezug auf konkretes Handeln der Götter in der Geschichte der Wertung, indem er die Geschichten mit göttlichem Eingreifen zwar erzählen, aber nicht beurteilen will.[262] Für ihn ist Götterhandeln ein Teil der *poeticae fabulae* (Liv. *praef.* 6). Man denke in diesem Kontext wiederum beispielsweise an das Epos des Ennius, in dem Götterhandeln konstitutiver Bestandteil der Gattung ist. Da wir davon ausgehen, dass Livius mit seinem Geschichtswerk dieses Epos ersetzen möchte, scheint es nicht möglich, in seiner Darstellung auf die in der Tradition der römischen Frühgeschichte überlieferten Mythen zu verzichten, in denen die Götter als handelnde Figuren vorkommen. Dies hätte wohl zu einer gewissen Ablehnung geführt. Die Göttergeschichten sind in der varronischen *theologia tripertita* Bestandteil des *genus mythicon*, was Livius durch den Hinweis, dass es sich um *poeticae fabulae* handle, deutlich macht.[263] Doch auch im Bereich der Schilderung der Staatskulte, die bei den Schriftstellern dem *genus civile* zuzuordnen sind,[264] ist Bezug auf die Götter nicht nur möglich, sondern auch nötig.

---

261 LINDERSKI 1993, 53.
262 LINDERSKI 1993, 53.
263 Vgl. zur *theologia tripertita* ROSENBERGER 2012, 6f. und ROSENBERGER 1998, 83.
264 LUNDGREEN 2013, 189: „[D]ie *theologia civilis* [ist] damit in der Stadt angesiedelt und gemeint ist schlicht die Ausübung des Kults."

Ziel des Staatskultes war zu aller Zeit die Bewahrung bzw. Wiederherstellung der *pax deorum*.[265] Dieser Bezug muss sich an dem Umgang des Gemeinwesens mit den Göttern orientieren.[266] Denn nicht nur in der alten Zeit (*antiquitas*) wurde bei der Gründung die Beteiligung göttlichen Handelns angenommen. Diese überlieferten Mythen und der Glaube daran erfreuten sich auch zu Lebzeiten des Livius großer Beliebtheit. Livius versucht nun durch verschiedene Formulierungen, das Götterhandeln in die traditionellen Geschichten der Frühzeit einzubauen und damit der Überlieferung zu folgen, sich aber gleichzeitig davon zu distanzieren, wie es für die Gattung Historiographie gefordert ist. Orakel, Prodigien, Augurien und andere göttliche Zeichen sind in seinen Quellen – vor allem in den *annales* der *pontifices* – so präsent,[267] dass ein Weglassen den Bruch mit der senatorischen bzw. gentilizischen Geschichtsschreibung der Republik bedeutet hätte.[268] Betrachtet man den oben zitierten Ausschnitt der *praefatio*, kommt man zu dem Ergebnis, dass Livius en passant Mars zugleich als den Urvater der Römer und den Vater des Stadtgründers bezeichnet: *suum ... parentem Martem* neben *conditoris sui parentem Martem*. Livius rechtfertigt dies damit, dass die anderen Völker diese Erklärung ebenso gleichmütig hinnähmen wie die römische Herrschaft. Es geht hier also nicht um das Eingreifen des Mars in die Handlung. Der Name Mars steht hier vielmehr symbolisch für die militärische Größe des *imperium Romanum*.[269] Es zeigt sich hier wie an vielen anderen Stellen der Erzählung, dass Livius der übernatürlichen Erklärung eine rationale gegenüberstellt. Allerding legt er sich nicht explizit fest, welcher Version mehr zu glauben sei, sondern stellt beide Überlieferungen nebeneinander, um seinen Lesern nicht den Volksglauben und die überlieferten Sagen zu nehmen, und um somit der Gattung Historiographie, in der üblicherweise Götter nicht als handelnde Figuren auftreten, Genüge zu tun.[270]

Exemplarisch soll die Darstellung der Geburt der Zwillinge näher betrachtet werden, in der sich mehrere Beispiele für den Umgang mit übernatürlichen Phänomenen finden:

> Sed debebatur, ut opinor, fatis tantae origo urbis maximique secundum deorum opes imperii principium. Vi compressa Vestalis cum geminum partum edidisset, <u>seu ita rata seu quia deus</u>

---

265 LINDERSKI 1993, 55 f.
266 Vgl. ROSENBERGER 2012, 7.
267 Zu den *annales maximi* s. WALTER 2004, 198 ff.
268 Vgl. KAJANTO 1957, 28 f.
269 KAJANTO 1957, 29 und MILES 1995, 138 f.
270 DAVIES 2004, 23 sieht, wie schon erwähnt, die Annahme, dass Livius sich stets von religiösen Phänomenen distanziere, kritischer und geht davon aus, dass Livius zwar Zweifel an diesem Einfluss des Numinosen annimmt, aber die religiös beeinflusste Variante der Handlung im Erzählkontext eingebettet ist.

auctor culpae honestior erat, Martem incertae stirpis patrem nuncupat. Sed nec di nec homines aut ipsam aut stirpem a crudelitate regia vindicant: sacerdos vincta in custodiam datur, pueros in profluentem aquam mitti iubet. Forte quadam divinitus super ripas Tiberis effusus lenibus stagnis nec adiri usquam ad iusti cursum poterat amnis et posse quamvis languida mergi aqua infantes spem ferentibus dabat (Liv. 1,4,1–4).

Kajanto nimmt für den Umgang des Livius mit Göttlichem und Übernatürlichem in der Haupterzählung, also außerhalb von direkten und indirekten Reden von Protagonisten der Handlung, drei Möglichkeiten der Verarbeitung von göttlichem Handeln an, die sich an dieser Textstelle nachweisen lassen: Entweder es handelt sich um „conventional and rhetorical expressions"[271] oder Livius berichtet lediglich die überlieferte Version oder er schreibt die Variante mit übernatürlichem Einfluss den Protagonisten und damit den Leuten der Zeit zu.[272] Um eine feste rhetorische Wendung handelt es sich bei *nec di nec homines*. Weder Götter noch Menschen konnten Rea Silvia oder ihre Nachkommenschaft vor der Grausamkeit des Königs Amulius, der die Zwillinge ertränken lassen wollte, beschützen. Die Wendung hat hier einfach die Bedeutung ‚niemand'.[273] Livius lässt gleich zu Beginn der vorliegenden Stelle und damit am Anfang des eigentlichen Berichts von der Stadtgründung den Leser über den tatsächlichen Vater der Zwillinge im Unklaren, als den Rea Silvia gemäß der Überlieferung Mars angibt.[274] Er stellt zwei Möglichkeiten mit *seu/seu* gegenüber: Einerseits habe es die Vestalin selbst geglaubt, d.h. Livius schreibt den Glauben an einen anthropomorph handelnden Gott der Protagonistin der Frühzeit zu. Andererseits stellt er die rationale Variante gegenüber, nämlich dass Rea Silvia Mars als Vater ihrer Zwillinge angibt, weil ein Gott als Vater ehrenhafter als eine unklare Vaterschaft ist; dies konnte möglicherweise den Frevel der Schwangerschaft abmildern, da sie in ihrem Amt als Vestalin zur Jungfräulichkeit verpflichtet war. Der Erzähler enthält sich hier jeder Wertung,[275] indem er nach seinem auktorialen Kommentar (Liv. 1,4,1), wonach die

---

271 KAJANTO 1957, 24, wobei er in diesem Kontext die behandelte Stelle nicht zitiert.
272 Vgl. KAJANTO 1957, 31. Eine weitere Variante, den Glauben der Zeit, in der die Handlung spielt, einzubringen und sich zugleich zu distanzieren, ist die Beschreibung der göttlichen Handlung in einem Vergleich (vgl. KAJANTO 1957, 27f. mit Beispielen).
273 WEISSENBORN u. MÜLLER ¹¹1963a, 95 gehen wohl zu weit, bei *nec di* eine „besondere Beziehung auf Mars" zu sehen. Weitere Beispiele für feste Wendungen aus Livius, denen daher wenig religiöse Bedeutung beizumessen ist, finden sich bei KAJANTO 1957, 24f., z.B. Liv. 4,12,7: *quo si adgravatae res essent, vix ope deorum omnium resisti potuisset*. In gleicher Bedeutung findet sich die Wendung auch bei Petron. 44,16: *quid enim futurum est, si nec dii nec homines huius coloniae miserentur?*
274 Vgl. MILES 1995, 141 und FORSYTHE 1999, 92.
275 Vgl. KAJANTO 1957, 30.

fata die Rettung der Zwillinge und damit auch die Gründung Roms bedingten,[276] mit der Erzählung der Haupthandlung fortfährt, in der er zuvor berichtet hat, dass Rea Silvia zur Vestalin gemacht wurde (vgl. Liv. 1,3,11). Die Vestalin ist Subjekt des Satzes, wodurch der Urheber der Vergewaltigung durch das passivische Participium coniunctum *vi compressa* nicht genannt wird. Durch die gerade erläuterte Gegenüberstellung der möglichen Gründe, Mars als Vater anzugeben, beschränkt sich der Kommentar des auktorialen Erzählers auf die mit *seu/seu* eingeleitete Parenthese. Wenn man jetzt noch berücksichtigt, dass es aufgrund der Tatsache, dass beinahe für alles ein Gott oder eine Göttin zuständig sein kann, die inschriftlich überlieferte Widmungsformel *seu deo seu deae* gibt,[277] verstärkt dies noch einmal die These, dass Livius sich jeder Wertung enthalten möchte, um einerseits seinem Objektivitätsanspruch an die Gattung Historiographie gerecht zu werden, andererseits nicht mit der Tradition der überlieferten Geschichten zu brechen.[278] Bei der Formulierung *forte quadam divinitus*[279] handelt es sich um die Distanzierung von göttlichem Wirken im Ablauf der Geschichte, da der Zufall als Alternative zu göttlichem Eingreifen angeführt wird.[280] Zugleich ist auch in diesem Kontext die Rolle der *fata* zu beachten, wonach es kein Zufall sein kann, dass die Zwillinge gerettet werden.[281] Denn die Erfüllung der *fata* setzt dies voraus. Aus menschlicher Perspektive kann dies zufällig geschehen,[282] aber Livius führt dies auf das Wirken der *fata* zurück. Durch sie ist das Telos, die Gründung Roms als Beginn der Weltherrschaft, vorgegeben. Eine übernatürliche Kraft, die hier durch *divinitus* ausgedrückt wird, bewirkt die Erfüllung der *fata*. Somit ist *divinitus* hier nicht auf das Handeln eines konkreten Gottes zu beziehen, sondern auf das Wirken der *fata*. Eine weitere Form der sehr deutlichen Distanzierung zeigt sich in der Geschichte, dass eine Wölfin die Zwillinge findet und säugt.[283] Livius bringt diese Version der Überlieferung abhängig von *tenet fama* (Liv. 1,4,6) im AcI und stellt die rationale Variante <u>Sunt qui</u> Larentiam volgato corpore lupam inter pastores vocatam <u>putent</u>; inde locum <u>fabulae ac miraculo</u> datum (Liv. 1,4,7) entgegen, zunächst ohne jedoch seinen Rationalismus in den Vordergrund zu stellen.[284] Der

---

276 Vgl. Kap. 2.2.1.
277 Vgl. ROSENBERGER 2012, 39.
278 STEM 2007, 441.
279 Die Konjektur von Gruter *quadam an divinitus* zu lesen, ist nicht notwendig. Zufall und göttliche Fügung schließen sich nicht aus (vgl. OGILVIE 1965, 48 f.).
280 LEVENE 1993, 129 geht davon aus, dass Livius das Göttliche nicht überbetonen will.
281 WEISSENBORN u. MÜLLER ¹¹1963a, 94 f.
282 Vgl. OGILVIE 1965, 48.
283 S. zur Bedeutung der *lupa* MILES 1995, 142.
284 Vgl. KAJANTO 1957, 30 und MILES 1995, 141.

Autor bewertet hier nicht explizit in der ersten Person die Überlieferung, sondern lässt durch die unpersönliche Formulierung seine Einschätzung vermeintlich offen. Erst im abschließenden Kommentar des Autors, in dem er den Bericht als „Wundermärchen"[285] klassifiziert und damit *poeticae fabulae* aus der *praefatio* wieder aufnimmt, bewertet er implizit die gesamte Überlieferung als mythisch. Dennoch hat der Leser die Möglichkeit, die gesamte Episode, wie es der Überlieferung entspricht, mit Einwirken des Göttlichen zu lesen, da Livius in seiner Bewertung keine der beiden Varianten ausschließt.

Eine besondere Form des Göttlichen in der Handlung sind Prodigien und andere göttliche Zeichen.[286] Typisch für das römische Religionsverständnis ist die Interaktion von Göttern und Menschen, die bei den Griechen vor allem auf den mythischen Bereich beschränkt ist.[287] Livius berichtet über diese Interaktion als Bestandteil der Überlieferung, da sie in den *annales pontificum*, die allerdings für die in der ersten Pentade behandelte Frühzeit nicht mehr existierten, aufgezeichnet wurde.[288] Besonders in den späteren Teilen des Werkes sind Prodigien eine wichtige Kategorie der Textstrukturierung nach dem annalistischen Prinzip, da sie neben den Namen der Beamten zu den annalistischen Informationen gehören, die Livius zu Beginn eines Jahres anführt.[289] Ein Beispiel für solch eine annalistische Erzählung von Prodigien in der ersten Pentade findet sich im dritten Buch. Dass es sich dabei um annalistische Informationen handelt, zeigt sich an der Formulierung: *caelum visum est ardere plurimo igni; portentaque alia aut obversata oculis aut vanas exterritis ostentavere species. His avertendis terroribus in triduum feriae indictae* (Liv. 3,5,14). Durch die passivische Formulierung und die wenigen genauen Angaben wird deutlich, dass Livius diese Information zwar nicht vorenthalten will, ihr aber für den weiteren Verlauf der Erzählung keine größere Bedeutung zumisst. Auch die deswegen angesetzten Feiertage präzisiert Livius nicht näher.[290]

Die Prodigien sind in der ersten Pentade vor allem von Bedeutung, weil sie von den Protagonisten der Handlung für politische Zwecke genutzt werden.[291] Was schließlich Prodigien sind, welche antike Terminologie zugrunde liegt und welche Bedeutung sie vor allem für die Zukunft haben, ist in der Forschungsli-

---

285 WEISSENBORN u. MÜLLER ¹¹1963a, 96.
286 Zum römischen Prodigien- und Vorzeichenwesen vgl. v. a. die Studien von ENGELS 2007a und ROSENBERGER 1998.
287 ENGELS 2007a, 12.
288 Vgl. KAJANTO 1957, 46f. und DAVIES 2004, 28.
289 DAVIES 2004, 28.
290 Ähnlich verhält es sich in Liv. 4,21,5.
291 Vgl. Kap. 2.2.2.2.

teratur umstritten.²⁹² In der vorliegenden Arbeit wird, da textimmanent gearbeitet wird, davon ausgegangen, dass jedes übernatürliche Phänomen, das Livius als *prodigium* bezeichnet, auch als solches aufzufassen ist. Es handelt sich meist um ungewöhnliche Ereignisse, die als oblative Zeichen einen Bruch in der *pax deorum* auf der Ebene des Staatskultes anzeigen und die es zu entsühnen gilt, um den Frieden mit den Göttern wiederherzustellen.²⁹³ Damit berichtet Livius von Ereignissen, die dem *genus civile* zuzuordnen sind. Gedeutet wurden sie, wenn sie – was keinesfalls der Fall sein musste – vom Senat anerkannt wurden, von Priestern,²⁹⁴ die dem Senat ein Ritual zur Entsühnung vorgaben, aber die Zukunft nicht deuteten.²⁹⁵ Für unsere Betrachtung ist vor allem wichtig, dass die erforderliche Anerkennung der Prodigien durch den Senat auch die Möglichkeit schafft, die Prodigien politisch zu nutzen. Es soll in erster Linie um diese Frage unter dem Aspekt gehen, wie Livius diese narratologisch verarbeitet.

Anhand eines Beispiels aus der Regierungszeit des Tullus Hostilius aus dem ersten Buch soll erläutert werden, wie Livius die Prodigien, die alle älteren Überlieferungen entstammen, in seine Erzählung einbaut. Er macht daraus die Aitienerzählung des *novendiale sacrum*:

---

292 ENGELS 2007a, 259 ff. Außerdem weist er auf terminologische Unterschiede besonders im ersten Buch und der gesamten ersten Pentade in Bezug auf das Divinationswesen bei Livius hin (202 f.) und nennt ferner den Bezug zur Zukunft (207). LINDERSKI 1993, 56 sieht in Prodigien, die sich seiner Meinung nach auf den Zustand des Staates beziehen, ein Mittel der Götter, ihr Missfallen über gewisse Umstände auszudrücken. Auf die Schwierigkeit der Definition weist auch DAVIES 2004, 29 f. hin, geht aber davon aus, dass dem antiken Rezipienten die Bedeutung von *prodigium* klar war: „The casual use of the term by ancient historians, including Livy, implies that prodigies did not need defining for their audience." KHARIOUZOV 2013, 27 stellt fest, dass es keine antike Definition des Begriffs *prodigium* gibt.
293 Vgl. DISTELRATH 2001, 369, LINDERSKI 1993, 56, DAVIES 2004, 28 und ROSENBERGER 2012, 84 f. Allgemein zur *pax deorum* vgl. THOME 2000b, 88 ff.
294 Livius schreibt diese Aufgabe dem *pontifex maximus* zu, der von Numa als beratende Instanz in Kultfragen eingesetzt wurde (vgl. Liv. 1,20,6). OGILVIE 1965, 100 f. weist auf den Anachronismus hin, dass die *pontifices* schon unter Numa zu ihrer großen kultisch-religiösen Bedeutung gelangt seien. Diese Bedeutung erreichten sie wohl erst im späten vierten oder frühen dritten vorchristlichen Jahrhundert. Dennoch ist es für die Romdarstellung des Livius wichtig, dass er alle bedeutenden Institutionen schon in der Gründungszeit verankert.
295 Vgl. DISTELRATH 2001, 369, KHARIOUZOV 2013, 30–34 und ROSENBERGER 2012, 84 f., auch zur Frage einer Botschaft der Prodigien. Der ‚klassische' Ablauf eines Prodigiums lässt sich am besten am Prodigium vom übermäßigen Anschwellen des Albaner Sees ablesen. Das Prodigium taucht auf, ein *haruspex* deutet es und schlägt eine Entsühnung vor, über die der Senat diskutiert (Liv. 5,15,1–11). Vgl. dazu Kap. 2.2.1. Zur Bedeutung des Senats in Zusammenhang mit Prodigien s. DAVIES 2004, 73 ff.

> Devictis Sabinis cum in magna gloria magnisque opibus regnum Tulli ac tota res Romana esset, nuntiatum regi patribusque est in monte Albano lapidibus pluvisse. Quod cum credi vix posset, missis ad id visendum prodigium in conspectu haud aliter quam cum grandinem venti glomeratam in terras agunt crebri cecidere caelo lapides. Visi etiam audire vocem ingentem ex summi cacuminis luco ut patrio ritu sacra Albani facerent, quae velut dis quoque simul cum patria relictis oblivioni dederant, et aut Romana sacra susceperant aut fortunae, ut fit, obirati cultum reliquerant deum. Romanis quoque ab eodem prodigio novendiale sacrum publice susceptum est, seu voce caelesti ex Albano monte missa – nam id quoque traditur – seu haruspicum monitu; mansit certe sollemne ut quandoque idem prodigium nuntiaretur feriae per novem dies agerentur (Liv. 1,31,1–4).

Nach dem Sieg über die Sabiner wurde den Römern, die sich an ihrer nun großen Macht erfreuten, das Prodigium gemeldet, dass es am Albaner Berg Steine geregnet[296] und man eine Stimme vom Himmel gehört habe, die sagte, die Albaner, die nach ihrer Niederlage gegen die Römer und der völligen Zerstörung ihrer Stadt durch Tullus Hostilius ihre Heimat hinter sich gelassen hätten und nach Rom gezogen seien, hätten ihre heimischen Kulte vernachlässigt.[297] Es handelt sich also um ein ungewöhnliches Naturereignis, das als Bruch der *pax deorum* aufgefasst wird und daher dem König und dem Senat gemeldet wird.[298] Es ist überhaupt das erste Mal in der Erzählung des Livius, dass ein Prodigium als göttliche Strafe für ein Fehlverhalten erscheint.[299] Die religiöse Bedeutung wird durch die Alliterationen *grandinem ... glomeratam* und *crebri cecidere caelo*, durch die damit verbundenen Anklänge an ein *carmen*[300] bzw. Epos sowie durch die Wortwahl verstärkt, da Wörter wie *vox ingens* oder *lucus* als Ort der Götterverehrung im Epos häufig in Bezug auf Götterhandeln verwendet werden. Livius gibt zwar die Übersiedlung der Bevölkerung von Alba nach Rom und das Schicksal der Albaner als Grund für die Vernachlässigung der Opfer an, äußert sich aber nur beiläufig

---

296 Steinregen ist in den römischen Prodigienlisten, die Livius in der dritten und vierten Dekade überliefert, ein häufiges Phänomen (vgl. WEISSENBORN u. MÜLLER ¹¹1963a, 182 und KHARIOUZOV 2013, 39).
297 Die Interpretation KHARIOUZOVs 2013, 43, dass die Götter zusätzlich deswegen zürnten, weil der von Numa eingeführte *pontifex* nicht um Rat gefragt wurde, überzeugt nicht. Es dürfte klar sein, dass sowohl die Einführung des *pontifex* als auch die Beteiligung der Etrusker und damit der *haruspices* vor dem ersten Kontakt mit den Etruskern anachronistisch sind. Natürlich ergibt dieser Umstand aus textimmanenter Perspektive einen Bruch, der aber für den Rezipienten ohne Bedeutung ist und nicht auffällt, da gemäß ROSENBERGER 2012, 85 auch die *haruspices* Prodigien deuten können.
298 Vgl. KHARIOUZOV 2013, 39.
299 LEVENE 1993, 138.
300 Vgl. OGILVIE 1965, 124.

zum Entscheidungsprozess in Rom, der dazu führt, das neuntägige Fest (*novendiale sacrum*) durchzuführen. Ferner distanziert sich Livius von dem Glauben an das Götterzeichen, indem er mit *seu/seu* die Variante, dass es die himmlische Stimme wirklich gegeben habe, der einfachen wie eingängigen Erklärung gegenüberstellt, dass der Grund schlicht die Anweisung der *haruspices* gewesen sei.[301] Dabei verwendet er die gleiche Form der Gegenüberstellung wie im gerade erläuterten Bericht über Rea Silvia. Diese Erklärung stellt er sofort mit der entrüstet wirkenden Parenthese des Autors infrage, dass auch dies überliefert werde.[302] Dies wird wiederum durch die episch wirkende Wortwahl *vox caelestis* und die Alliteration *monte missa* verstärkt, während die rationale Variante *haruspicum monitu* sehr einfach und prosaisch wirkt. Interessanterweise wird nur durch die Stimme vom Himmel der Grund für die Unzufriedenheit der Götter berichtet. Auffällig ist hier die Zentrierung auf Rom; denn eigentlich handelt es sich um einen Kult aus Alba Longa. Offensichtlich sieht Livius, ohne dies explizit zu äußern, die Römer, die ja von den Albanern abstammen, in der Pflicht, auch die albanischen Kulte fortzuführen. Als Folge des Prodigiums führten nun auch die Römer (*Romanis quoque*) in Alba Longa diesen Kult durch. Damit wird dieses Prodigium vor allem deswegen erzählt, um das Aition der *feriae Latinae* zu überliefern.[303] In dieser Funktion hat das Götterwirken durch das Prodigium seine Berechtigung, die Livius auch gar nicht bezweifeln muss. Aitien sind ein wesentliches Thema des ersten Buches. Es ist also festzuhalten, dass die Götter in Form von Prodigien direkt in die Handlung eingreifen. Allerdings wird das Prodigium bei Livius nicht konkret einem namentlich genannten Gott zugeschrieben. Durch die Aitienerzählung hat Livius die Möglichkeit, ein Prodigium zu erzählen, ohne seinen Glauben daran bewerten zu müssen. Damit tut er auch den Erfordernissen der Gattung Genüge. Er erzählt damit die Situation so, wie sie aus der Frühzeit überliefert ist, als der jeweilige Kult zum ersten Mal vollzogen wurde. Gleichzeitig schafft Livius durch die Einleitung in das Prodigium dennoch zumindest implizit eine politische Dimension. Für den Bruch der *pax deorum* ist die Tatsache verantwortlich, dass die Römer, allen voran König Tullus Hostilius, nach dem Sieg und der damit gewonnenen *gloria* allzu nachlässig in den Kulten sind.[304]

---

[301] Die Interpretation von KHARIOUZOV 2013, 40, dass die Römer die himmlische Stimme nicht deuten konnten und deswegen die *haruspices* um Rat fragten, als Hauptgrund anzunehmen, überzeugt hier nicht.
[302] Vgl. KHARIOUZOV 2013, 45.
[303] Vgl. OGILVIE 1965, 124f. und KHARIOUZOV 2013, 42.
[304] Vgl. KHARIOUZOV 2013, 40f., die allerdings die politische Dimension nicht sieht bzw. allenfalls andeutet, indem sie auf mögliche „Formfehler" hinweist, sondern lediglich feststellt, dass sich die Prodigien immer auf die jüngere Vergangenheit beziehen.

Dies evoziert das in den Büchern 2–5 häufig auftretende Motiv, dass Ruhe vor dem äußeren Feind zur Vernachlässigung der inneren Aufgaben führen kann.[305] Ferner belehrt der Erzähler den Leser darüber, dass die Zerstörung einer Stadt kein Grund ist, die örtlichen Kulte aufzugeben.[306] An dieser konkreten Stelle hat die Erzählung einerseits die Funktion, das Aition der *feriae Latinae* zu erklären. Andererseits stellt Livius grundlegende Prinzipien des römischen Staatskultes dar.

Es lässt sich feststellen, dass die Götter bei Livius keine handelnden Figuren sind. Er flicht zwar in die Haupterzählung immer wieder Berichte ein, die ein Handeln der Götter nahelegen, setzt diesen aber stets eine rationale Erklärung entgegen. Livius berichtet zwar von den durch die Tradition und die republikanische Geschichtsschreibung überlieferten Prodigien, die Bestandteile des Staatskultes und des traditionellen römischen Götterglaubens sind. Gemäß den Gattungstraditionen der Historiographie distanziert er sich aber von ihnen mit Hilfe rationaler Erklärungen. Dennoch nutzt er bisweilen übernatürliche Phänomene zur Erzählung von Aitiologien,[307] womit er sich auf die gängige römische Überlieferung bezieht und sie als Bestandteil des *mos maiorum* überliefert.[308] Damit erfüllt er den Objektivitätsanspruch der Gattung Historiographie, weist die überlieferte Tradition nicht zurück und stellt zugleich den Glauben und die Religiosität der Frühzeit dar. Indem Livius dem Motiv der *pax deorum* in seiner gesamten Erzählung breiten Raum einräumt, macht er implizit deutlich, dass dies die Voraussetzung für den Aufstieg Roms zur Weltmacht ist. Aber nicht die Götter bewirken diesen Aufstieg, sondern, wie schon gezeigt wurde, die *fata*, wie Livius in seinem auktorialen Kommentar zu Beginn des vierten Kapitels (Liv. 1,4,1) unmissverständlich deutlich macht.[309]

---

305 Ähnlich verhält es sich auch mit dem Prodigium in Liv. 2,40,10, wo Livius wieder einen Zusammenhang zwischen Innenpolitik – in diesem Fall Unstimmigkeiten zwischen Patriziern und Plebejern – und Vernachlässigung der Opfer herstellt. Auch das Prodigium des Albaner Sees wird schließlich noch dahingehend gedeutet (Liv. 5,17,2). Das Prodigium in Liv. 3,29,9 wird wie für das annalistische Schema typisch aufzählend berichtet, bevor Livius zum nächsten Jahr übergeht.
306 Vgl. dazu das Gebet des Camillus vor der Zerstörung Vejis (Liv. 5,21,3), dass Juno nach dem Sieg den Römern nach Rom folgen solle.
307 Zur Distanzierung des Livius von Vorzeichen vgl. ENGELS 2007a, 209 ff. und Davies 2004, 28 f. mit dem Hinweis, dass Prodigienberichte häufig mit Wörtern wie *dicitur, fama est, traditur* oder *nuntiatum est* eingeleitet werden.
308 LINDERSKI 1993, 57.
309 LINDERSKI 1993, 56 sieht vor allem in der *pax deorum* den Grund für den Aufstieg Roms zur Weltmacht.

2.2.2.2 Götterglaube als Mittel der Politik

Wie gezeigt wurde, greifen Götter bei Livius in der Haupterzählung nicht in die Handlung ein. Ihnen wird dennoch manchmal konkrete Einflussnahme auf den Ablauf der Geschichte zugeschrieben, um politische Positionen zu begründen oder durchzusetzen. Dies geschieht in der Regel nicht in den Partien, in denen der Erzähler aus auktorialer Perspektive seine Sicht der Dinge darlegt, sondern erfolgt entweder in Figurenreden[310] oder der Erzähler wendet das Mittel der Figurenperspektive an.[311] Dies ist einerseits nicht verwunderlich, da Götter und Götterkulte Teil des Staatskultes und dadurch eng mit der Politik verbunden sind. Andererseits ermöglichen diese erzählerischen Mittel Livius wiederum, sich von den Göttergeschichten zu distanzieren und sie nur als Teil des *genus civile* zu überliefern. Daneben transportieren die Reden und die Erzählungen in Figurenperspektive auch den Volksglauben der Frühzeit, in dem häufig die Götter als Urheber von Erfolg und Misserfolg gesehen werden, während Livius in der Haupterzählung, wenn übernatürlicher Einfluss angenommen wird, meist das *fatum* als Einflussfaktor nennt.[312] Ein weiteres Element, den Götterglauben als Mittel der Politik zu gebrauchen, sind bisweilen Wunderzeichen in Form von Prodigien und Auspizien. Damit wird deutlich, dass es keineswegs nur eine Perspektive auf die Geschichte gibt, sondern dass das Werk des Livius von Multiperspektivität lebt, da auch die Geschichte abhängig von der Person, die sie beurteilt, und ihrem Standpunkt unterschiedlich gedeutet wird.[313] Durch Fokalisierung und Figurenreden bietet der Erzähler im Text verschiedene Perspektiven an, die der externe Leser für sich deuten muss.[314] Dies ist auch für die Analyse der Romdarstellung von Bedeutung, da Livius deutlich macht, dass die Frühzeit eine andere Perspektive auf das Wirken der Götter in der Geschichte Roms hat als er selbst. Daher ist es wichtig zu sehen, dass es für Livius von nur untergeordneter Bedeutung ist, den Glauben der Frühzeit darzustellen. Ihm geht es in erster Linie darum, mittels Reden und Figurenperspektiven zu zeigen, dass zumindest die führende Schicht, die an der Spitze des Staates steht, keineswegs einen naiven

---

310 Vgl. ENGELS 2007a, 212f. und auch KAJANTO 1957, 34f., der mit Recht davor warnt, aus den Reden den eigenen Götterglauben des Livius rekonstruieren zu wollen.
311 PAUSCH 2010a, 7f. weist in der Einleitung seines Sammelbands *Stimmen der Geschichte* darauf hin, dass es umstritten ist, ob Aussagen, Gedanken oder Überlegungen, die in indirekter Rede wiedergegeben oder durch Fokalisierung in Figurenperspektive berichtet werden und nicht als Reden gekennzeichnet sind, „innerhalb des Textes als ‚Stimme einer historischen Person' aufzufassen [sind]".
312 Vgl. Kap. 2.2.1 und KAJANTO 1957, 35f. und 58ff.
313 Vgl. PAUSCH 2011, 156.
314 Vgl. PAUSCH 2011, 156.

Götterglauben hat, sondern die Götter und damit die Religion ganz bewusst einsetzt, um politische Positionen durchzusetzen.[315] Dies soll anhand einiger Beispiele wie des Berichts über die Regierungszeit des zweiten Königs, Numa Pompilius, im ersten Buch und der Rede des Camillus am Ende des fünften Buches näher aufgezeigt werden. Vor allem am Bericht über die Regierungszeit des Numa Pompilius, in dem große Teile in Figurenperspektive erzählt werden, wird die Annahme göttlichen Handelns und die Einführung gewisser Priester in der Darstellung des Livius vor allem aus politischen Gründen deutlich.

Numa ist nach Romulus der zweite römische König. Er wird als Friedenskönig und neben Romulus als zweiter Gründerkönig bezeichnet, der in der noch jungen Stadt Recht und Sitten einführte.[316] Seine erste Einrichtung war der Janusbogen, mit dem Friedenszeiten angezeigt werden können. Eine solche längere Friedenszeit führte bei den Menschen zu Zügellosigkeit, sodass Numa den Menschen durch einen geschickten Schachzug Furcht vor den Göttern beibringen musste.[317] Dies erzählt Livius aus der Figurenperspektive des Numa. Aus dieser Erzählung wird deutlich, dass Livius explizit politische Gründe für die Implementierung der Religion in der frühen römischen Gesellschaft verantwortlich macht:

> [...] positis externorum periculorum curis, ne luxuriarent otio animi quos metus hostium disciplinaque militaris continuerat, omnium primum, rem ad multitudinem imperitam et illis saeculis rudem efficacissimam, deorum metum iniciendum ratus est. Qui cum descendere ad animos sine aliquo commento miraculi non posset, simulat sibi cum dea Egeria congressus nocturnos esse; eius se monitu quae acceptissima dis essent sacra instituere, sacerdotes suos cuique deorum praeficere (Liv. 1,19,4–5).

Die Argumentation schließt unmittelbar an das Aition des Janusbogens an.[318] Unter Verwendung des Topos des *metus hostium*, der in dem Relativsatz *quos ... continuerat* evoziert wird[319] und gemäß dem in Rom, solange es Kriege oder äu-

---

315 FELDHERR 1998, 69.
316 Vgl. Kap. 2.4.3.2.1.
317 LEVENE 1993, 136.
318 Vgl. Kap. 2.4.2.5.
319 Vgl. OGILVIE 1965, 94 f. Dieser Topos erhält in Rom besondere Bedeutung nach dem Sieg über Karthago im dritten punischen Krieg, wodurch der letzte mächtige Gegenspieler beseitigt war: Vgl. den *locus classicus* Sall. *Catil.* 10,1–3: *Sed ubi labore atque iustitia res publica crevit, reges magni bello domiti, nationes ferae et populi ingentes vi subacti, Carthago aemula imperi Romani, ab stirpe interiit, cuncta maria terraeque patebant, saevire fortuna ac miscere omnia coepit. Qui labores pericula, dubias atque asperas res facile toleraverant, iis otium divitiae, optanda alias, oneri miseriaeque fuere. Igitur primo pecuniae, deinde imperi cupido crevit: ea quasi materies omnium malorum fuere.*

ßere Gefahren gebe, keine innenpolitischen Streitigkeiten zu Tage träten, schildert Livius die daraus resultierenden Befürchtungen und Überlegungen des Numa. Die Volksmenge, die zu dieser Zeit als unerfahren und ungebildet (*imperita* und *rudis*) charakterisiert wird, könnte in Zeiten des *otium* zu Ausschweifungen verleitet werden. Daher wollte Numa anstelle der Furcht vor dem äußeren Feind die Furcht vor den Göttern (*deorum metus*) implementieren.[320] Livius bringt somit als erster Geschichtsschreiber die Furcht vor den Feinden und die Furcht vor den Göttern in Zusammenhang.[321] Dies wollte Numa unter Berücksichtigung des Bildungsstandes der Volksmenge am besten durch das Erfinden einer Wundergeschichte erreichen: Er erzählte von nächtlichen Treffen mit der Göttin Egeria, die ihn zur Einrichtung der jeweiligen Gottesdienste und der Einführung von Priestern gedrängt habe.[322] So hat Livius wiederum die Möglichkeit, einerseits den überlieferten Mythos von Numa und Egeria zu referieren und sich andererseits durch die Einbettung in den Argumentationszusammenhang von diesem zu distanzieren,[323] indem er ihn als Teil des Götterglaubens des ungebildeten einfachen Volkes der Frühzeit darstellt, was sich besonders an der auf Numa bezogenen Verbform *simulat* (Liv. 1,19,5) zeigt.[324]

Es fällt auf, dass ein Vertreter der gesellschaftlich höherstehenden Gruppe, in diesem Fall König Numa, in Bezug auf die gesellschaftlich niedrigere Gruppe, hier die unerfahrene und in der römischen Frühzeit ungebildete Volksmenge, die Götter und damit das Übernatürliche für politische Ziele instrumentalisiert. Dies ist jedoch keineswegs so negativ zu bewerten, wie es auf den ersten Blick scheint. Denn Livius gesteht dieses Mittel dem Herrscher nur in einem Staat zu, der gleichsam noch in den Kinderschuhen steckt.[325] Damit stellt er sich in die Tradition Platons. Dieser räumt in der *Politeia* dem Regenten die Möglichkeit ein, eine übernatürliche Göttergeschichte zu erzählen, wenn es sich positiv auf den Staat auswirkt.[326] Durch diese offen genannte Instrumentalisierung und die Verwen-

---

320 Vgl. OGILVIE 1965, 90 und KAJANTO 1957, 43, der an dieser Stelle einen kurzen Überblick über Stellen in der antiken Literatur gibt, an denen ebenfalls von der Instrumentalisierung der Religion für politische Zwecke berichtet wird.
321 LEVENE 1993, 137.
322 MINEO 2006, 176. Zu den Aitien der verschiedenen Priester und Priesterkollegien vgl. OGILVIE 1965, 95 ff.
323 Vgl. KAJANTO 1957, 43 f. und FELDHERR 1998, 66.
324 LEVENE 1993, 136.
325 LEVENE 1993, 136 f.
326 Vgl. OGILVIE 1965, 95, der Plat. *rep.* 414b7-c7 anführt: Τίς ἂν οὖν ἡμῖν, ἦν δ' ἐγώ, μηχανὴ γένοιτο τῶν ψευδῶν τῶν ἐν δέοντι γιγνομένων, ὧν δὴ νῦν ἐλέγομεν, γενναῖόν τι ἓν ψευδομένους πεῖσαι μάλιστα μὲν καὶ αὐτοὺς τοὺς ἄρχοντας· εἰ δὲ μή, τὴν ἄλλην πόλιν; Ποῖόν τι; ἔφη. Μηδὲν καινόν, ἦν δ' ἐγώ, ἀλλὰ Φοινικικόν τι, πρότερον μὲν ἤδη πολλαχοῦ γεγονός, ὥς φασιν οἱ ποιηταὶ

dung der Figurenperspektive distanziert sich der Erzähler wiederum vom Glauben an die Götter. Gleichzeitig enthält die Erzählung die Aitien des Götterglaubens und einiger Priesterämter in Rom, wodurch Numa sozusagen zum Religionsgründer wird.[327] Dass Numa mit seiner Religionspolitik erfolgreich war, zeigt sich in der Passage, in der der Erzähler die Reaktion der Volksmenge zusammenfasst,[328] die von nun an von einem tiefen Volksglauben geprägt war:

> Ad haec consultanda procurandaque multitudine omni a vi et armis conversa, et animi aliquid agendo occupati erant, et deorum adsidua insidens cura, cum interesse rebus humanis caeleste numen videretur, ea pietate omnium pectora imbuerat ut fides ac ius iurandum pro legum ac poenarum metu civitatem regerent (Liv. 1,21,1).

Die Religion – *deorum metus* wird an dieser Stelle mit der positiven Wendung *deorum adsidua insidens cura* aufgenommen – wird in der Darstellung des Livius der Furcht vor der Strafe der Gesetze (*legum ac poenarum metus*) als ein wirksameres politisches Mittel vorgezogen, da sie zu *pietas* bei den Menschen führt.[329] Für die Romdarstellung heißt das, dass der Götterglaube in der Frühzeit im Volk verhaftet und daher ein geeignetes Mittel zum Erreichen politischer Ziele ist. Dies stellt Livius in diesem Fall aus der Perspektive des Protagonisten Numa dar.

Dieser Befund wird durch eine weitere Passage aus dem fünften Buch bestätigt, in der Livius in der Zeit des großen Krieges gegen Veji vom Vorgehen der Patrizier bei der Wahl der Militärtribunen wenige Jahre vor der Entscheidung

---

καὶ πεπείκασιν, ἐφ'ἡμῶν δὲ οὐ γεγονὸς οὐδ'οἶδα εἰ γενόμενον ἄν, πεῖσαι δὲ συχνῆς πειθοῦς. – „Wir haben vorhin gesagt, daß es notwendige Täuschungen gibt, fuhr ich fort. Was könnte uns nun dazu verhelfen, eine edle Täuschung dieser Art vor allem den Regenten selber glaubhaft zu machen, oder wenn nicht ihnen, dann doch dem übrigen Volk? ‚Was für eine Täuschung?' fragte er. Nichts Neues, entgegnete ich, sondern eine phönizische Geschichte, die sich zwar früher schon an manchem Ort abgespielt hat, wie die Dichter auf glaubhafte Weise erzählen, die sich aber nicht zu unserer Zeit zugetragen hat und sich auch schwerlich zutragen könnte – die glaubhaft zu machen aber einer großen Überredungskunst bedarf." (Übers. RUFENER 2000, griechischer Text aus SLINGS 2003).

327 Vgl. ROSENBERGER 2012, 5.
328 Vgl. KAJANTO 1957, 43.
329 Zum Begriff der *pietas* siehe SCHRÖDER 2012, 341 f., die besonders darauf hinweist, dass nicht die Götter das Objekt der *pietas* sind, sondern Menschen und Götter dieses Verhalten lediglich beobachten und schließlich sanktionieren. Livius geht hier noch weiter und stellt den Angriff auswärtiger Völker auf die Stadt Rom, weil sie sich ganz dem Götterkult zugewendet habe, als *nefas* dar: [...] *tum finitimi etiam populi, qui antea castra non urbem positam in medio ad sollicitandam omnium pacem crediderant, in eam verecundiam adducti sunt, ut civitatem totam in cultum versam deorum violari ducerent nefas* (Liv. 1,21,2). S. zum Begriff *pietas* auch MINEO 2006, 70.

berichtet.³³⁰ Die Patrizier haben die Sorge, die Plebs könne bei dieser Wahl zu mächtig werden. Livius bezeichnet diese Befürchtung aus Sicht der Patrizier größer als den Krieg selbst (Liv. 5,14,1). Zur Lösung stellen die Patrizier einerseits die angesehensten Leute auf, die von den Plebejern nicht übergangen würden, andererseits stellen die Patrizier die Wahlen zwei Jahre zuvor als religiös bedenklich hin und begründen dies mit dem harten Winter als eine Warnung, die einem Prodigium ähnlich sei:³³¹

> [...] sed deos etiam exciebant, in religionem vertentes comitia biennio habita; priore anno intolerandam hiemem prodigiisque divinis similem coortam, proximo non prodigia sed iam eventus: pestilentiam agris urbique inlatam haud dubia ira deum, quos pestis eius arcendae causa placandos esse in libris fatalibus inventum sit; comitiis auspicato quae fierent indignum dis visum honores volgari discriminaque gentium confundi (Liv. 5,14,2–4).

Livius erzählt hier in Figurenperspektive und in indirekter Rede aus Sicht der Patrizier³³² und macht deutlich, wie diese die Religion, in diesem Fall die Prodigien, als politisches Mittel der Wahlbeeinflussung gebrauchen.³³³ Der Grund sei der Zorn der Götter, der zur Abwehr der Seuche besänftigt werden müsse. Als Auslöser für den Zorn der Götter wird aus Sicht der Patrizier angegeben, dass bei einer Wahl, die nach Auspizien stattfindet, für jeden unabhängig von der Herkunft – Livius verwendet hierfür die Worte *volgari discriminaque gentium confundi* – die höchsten Staatsämter zugänglich seien. In der Folge wählten die Menschen nur Patrizier zu Militärtribunen, was Livius vor allem mit religiösen Bedenken der eingeschüchterten Plebs bewertet: *religione etiam attoniti homines patricios omnes [...] tribunos militum consulari potestate creavere* (Liv. 5,14,5). Hier macht der auktoriale Erzähler sogar explizit und ohne jede Kritik deutlich, dass mit Hilfe der Götter und der Religion politische Forderungen durchgesetzt wur-

---

330 Vgl. Kap. 2.4.2.4.
331 Vgl. auch KAJANTO 1957, 50 f.
332 PAUSCH 2011, 189 weist auf die Bedeutung der Multiperspektivität bei der Schilderung innenpolitischer Konflikte und das gelegentliche Einbringen der untergeordneten gesellschaftlichen Gruppe hin, die in diesem konkreten Fall allerdings nicht zu Wort kommt.
333 Vgl. ENGELS 2007a, 213 f. und MINEO 2006, 219. Ähnlich verhält es sich auch bei einem Prodigium in Liv. 3,10,6–7. Livius berichtet hier abschließend aus der Perspektive der Tribunen, dass die Volkstribunen den Vorwurf erhoben, dass die Deutung des Prodigiums, nach der man sich vor Streitigkeiten hüten solle (*seditionibus abstinere*), zum Verhindern eines umstrittenen Gesetzes erfolgt sei: *Id factum ad impediendam legem tribuni criminabantur, ingensque aderat certamen* (Liv. 3,10,7).

den,³³⁴ ein Handeln, das Livius in seiner Romdarstellung der ersten Pentade ausschließlich den Patriziern zuschreibt.

Umso deutlicher wird die Instrumentalisierung der Religion für politische Ziele am Ende des fünften Buches. Livius lässt dort Camillus, nachdem die Gallier die Stadt wieder verlassen haben, eine Rede halten, in der dieser sich gegen die Forderung der Volkstribunen stellt, die beinahe ganz zerstörte und ausgebrannte Stadt zu verlassen und in das zuvor eingenommene Veji überzusiedeln. In dieser langen Rede fasst Livius aus der Perspektive des Camillus die Ereignisse des fünften Buches noch einmal zusammen³³⁵ und charakterisiert ihn einerseits als *pius*,³³⁶ andererseits auch als guten und überlegten Politiker, dem es schließlich gelingt, die Plebs gegen die Meinung der Volkstribunen vom Bleiben in Rom zu überzeugen.³³⁷ Sämtliche Ereignisse und sogar das Ergebnis der Auseinandersetzung zwischen Senat und Plebs, nämlich nicht nach Veji zu gehen, sind dem Leser vorher bekannt:

> Servatam deinde bello patriam iterum in pace haud dubie [sc. Camillus] servavit cum prohibuit migrari Veios, et tribunis rem intentius agentibus post incensam urbem et per se inclinata magis plebe ad id consilium; eaque causa fuit non abdicandae post triumphum dictaturae, senatu obsecrante ne rem publicam in incerto relinqueret statu (Liv. 5,49,8–9).

Daher kann es Livius nicht in erster Linie darum gehen, Spannung aufzubauen oder dem Leser im Sinne einer Multiperspektivität mehrere Interpretationsmöglichkeiten der Geschichte zu geben.³³⁸ Livius zeigt mit der Rede vor allem, dass man mit Hilfe der Religion Politik machen kann und religiöse Elemente in der Rede dazu dienen, die Zuhörer zu überzeugen.³³⁹ Dies ist den Patriziern durch-

---

334 Die Interpretation von Levene, 1993, 179, dass Zwietracht im Staat zu religiösen Schwierigkeiten führen könne, greift hier zu kurz.
335 Vgl. Ogilvie 1965, 742 und Levene 1993, 175. Eine Gliederung der gesamten Rede findet sich bei Ogilvie 1965, 743 ff. Zur Interpretation der Rede vgl. auch Edwards 1996, 44 ff.
336 Zur Charakterisierung des Camillus als *pius* vgl. Liv. 5,51,5–6 und 9–10 in Verbindung mit Ogilvie 1965, 742, Levene 1993, 199 und allgemein Kajanto 1957, 36. Auch in Liv. 5,49,3 zeigt sich in der Aufforderung des Camillus an seine Soldaten zu Beginn des Kampfes, die in indirekter Rede referiert wird, seine *pietas*, da er es als religiöse Pflicht sieht, die Stadt zurückzuholen, ferner in Liv. 5,50,1–7, als er nach dem Sieg über die Gallier – hier berichtet Livius aus der Perspektive der Figur Camillus – zunächst einen Senatsbeschluss zur Entsühnung der Heiligtümer herbeiführt.
337 Vgl. Rambaud 1977, 405.
338 Pausch 2010b, 192 und 2011, 156 sieht die Bedeutung der „polyphonen Präsentation" von Geschichte vor allem in der Aktivierung des Lesers und seiner Beteiligung am Deutungsprozess. Dies soll freilich nicht verneint werden, doch ist dies in Bezug auf die Camillus-Rede nicht der Hauptgrund für die Multiperspektivität.
339 Berger 2011, 317.

aus bekannt und wird besonders im Kontext dieser Rede deutlich: *Movisse eos Camillus cum alia oratione, tum ea quae ad religiones pertinebat maxime dicitur* (Liv. 5,55,1). Damit wird sowohl der Sieg über Veji als auch die Tatsache, dass die Gallier die Stadt beinahe vernichtet hätten, zur politischen Argumentationshilfe, vordergründig gegen die Umsiedlung nach Veji, aber auch in den immer noch schwelenden Ständekämpfen für die Position des Senats.[340] Dies wird durch den Umstand, dass Livius Camillus die Rede in Begleitung des gesamten Senats halten lässt – *in contionem universo senatu prosequente escendit atque ita verba fecit* (Liv. 5,50,8) – noch verstärkt. Livius referiert nicht, wie beispielsweise am Anfang des fünften Buches vor der langen Rede des Appius Claudius, die Argumente der Gegenseite, d. h. der Volkstribunen,[341] deren aufrührerisches Handeln er lediglich in dem Ablativus absolutus *tribunis rem intentius agentibus* (Liv. 5,49,8) zusammenfasst, sondern berichtet zunächst kurz von der Senatssitzung über die Entsühnung der Heiligtümer und geht dann zur Rede des Camillus über.

Die Verbindung von Politik und Gottesfurcht im Sinne einer *pietas* wird schon in der Einleitung der Rede deutlich, als Camillus sagt, ihm seien Streitereien mit den Volkstribunen zuwider und er sei nur aus seinem Exil in Ardea zurückgekehrt, weil es um seine Vaterstadt Rom gehe, nicht aus persönlichen Motiven.[342] Er beginnt die Rede folgendermaßen:

> „Adeo mihi acerbae sunt, Quirites, contentiones cum tribunis plebis. [...] Et nunc quiescerem ac tacerem libenter nisi haec quoque pro patria dimicatio esset; cui deesse, quoad vita suppetat, aliis turpe, Camillo etiam nefas est [...]" (Liv. 5,51,1–2).

Denn für Camillus wäre es ein Frevel (*nefas*), sich nicht um das Weiterbestehen seiner Heimatstadt zu kümmern, wobei das Wort *nefas* auf seine *pietas* verweist. Er spricht seine Adressaten explizit mit *Quirites* an. Somit wendet er sich an alle römischen Bürger, unabhängig von Stand bzw. Zugehörigkeit zu Patriziern oder Plebs.[343] Das erste Argument, das Camillus gegen die Übersiedlung nach Veji anführt, ist ein religiöses:

> „[...] Equidem si nobis cum urbe simul conditae traditaeque per manus religiones nullae essent, tamen tam evidens numen hac tempestate rebus adfuit Romanis ut omnem neglegentiam divini cultus exemptam hominibus putem. Intuemini enim horum deinceps anno-

---

[340] Vgl. EDWARDS 1996, 47. KAJANTO 1957, 36 erkennt zwar die politische Dimension der Rede, sieht aber nur die erste Ebene, nämlich dass Camillus versucht, mit der Religion als Argumentationshilfe die Übersiedlung nach Veji zu verhindern.
[341] Vgl. Kap. 2.4.2.4.
[342] Vgl. WALSH 1961, 222.
[343] RAMBAUD 1977, 415.

rum vel secundas res vel adversas; invenietis omnia prospera evenisse sequentibus deos, adversa spernentibus [...]" (Liv. 5,51,4–5).

Camillus macht deutlich, dass selbst, wenn man keine religiösen Traditionen hätte, klar sein müsse, dass das römische Gemeinwesen offensichtlich göttliche Hilfe erfahren habe (*evidens numen*)[344] und er daher jede Vernachlässigung des Götterkults bei den Menschen ausgemerzt glaube. Was mit *hac tempestate* gemeint ist, wird im folgenden Satz deutlich, in dem die zentrale Vorstellung des römischen Götterglaubens enthalten ist. Camillus fordert die Zuhörer dazu auf, die positiven wie negativen Ereignisse der letzten Jahre zu betrachten.[345] Wenn man den Göttern nachkommt (*sequentibus deos*), geht alles gut aus und die *pax deum*, die Livius nicht explizit erwähnt, ist hergestellt; wenn man sie vernachlässigt (*spernentibus* [*deos*]), führt dies zu Unglück.[346] Die Beispiele für *prospera*, die Einnahme Vejis, und *adversa*, den Galliereinfall, führt er exemplarisch als Belege aus und begründet den Sieg bzw. die Niederlage mit der Beachtung bzw. Nichtbeachtung der entsprechenden Prodigien: im Falle Vejis das Ableiten des Wassers aus dem Albaner See, im Falle des Galliereinfalls das Nichtbeachten der nächtlichen Stimme und zusätzlich noch der Bruch des Völkerrechts, was ebenfalls als Frevel aufzufassen ist.[347] In beiden Fällen handelt es sich um Ereignisse, die Camillus selbst miterlebt hat. Zudem muss in diesem Zusammenhang noch einmal darauf hingewiesen werden, dass Livius in der auktorialen Perspektive des Erzählers für beide Ereignisse das *fatum*, keineswegs den erfüllten oder gestörten Frieden mit den Göttern verantwortlich macht.[348] Dies belegt, dass der Götterglaube in der Rede des Camillus funktionalisiert wird, um politische Ziele zu erreichen, da ja durch die Figur des Camillus den internen Rezipienten, also der Plebs, eine Kausalität erläutert wird, die der Erzähler offensichtlich selbst nicht in dieser Weise sieht.[349] Damit distanziert sich Livius einerseits vom unmittelbaren Wirken der Götter auf die Geschichte, macht andererseits aber deutlich, dass

---

[344] FELDHERR 1998, 47.
[345] FELDHERR 1998, 48 weist an dieser Stelle auf die zahlreichen Verben des Sehens und Betrachtens hin, die in der Rede des Camillus vorkommen, die den Adressaten die Ereignisse rekapitulieren lassen, als ob er sie sieht, und so eine Erinnerungslandschaft bilden.
[346] Vgl. KAJANTO 1957, 35, DAVIES 2004, 22 und SCHEID 2015, 83.
[347] Vgl. Liv. 5,51,6–8 und KAJANTO 1957, 35, der zudem darauf hinweist, dass abgesehen von den Auspizien, die allerdings unmittelbar folgend in 5,52,1–17 ausführlich in den Blick genommen werden, an dieser Stelle alle Bereiche der römischen Religion genannt werden.
[348] Vgl. Kap. 2.2.1.
[349] Damit schließt sich die schon erörterte Frage nach der Multiperspektivität für den Leser nicht aus. Für die an der Handlung beteiligten Personen ist diese Multiperspektivität allerdings nicht gegeben, da sie die Variante, die in der Haupterzählung geschildert wird, nicht kennen.

dieses unmittelbare Wirken der Götter im Glauben der Frühzeit stark verankert war.

Beim nächsten Schritt handelt es sich um die Frage, ob man eine Stadt, die nach Einholung der Auspizien gegründet wurde und damit ein heiliger Ort ist,[350] verlassen dürfe, ohne dadurch die Götter wiederum zu vernachlässigen. Camillus leitet aus den gerade erwähnten Beispielen mit einer rhetorischen Frage, an deren Ende betont das Wort *nefas* (Liv. 5,52,1) steht, zu diesem zweiten Argument über:

> „[...] Urbem auspicato inauguratoque conditam habemus; nullus locus in ea non religionum deorumque est plenus; sacrificiis sollemnibus non dies magis stati quam loca sunt in quibus fiant. Hos omnes deos publicos privatosque, Quirites, deserturi estis? [...]" (Liv. 5,52,2–3).

In kurzen Parataxen wird der Vorwurf auf den Punkt gebracht, dass es in der Stadt keinen Ort gibt, der nicht heilig ist, und somit das Verlassen der Stadt einem Verlassen der Götter gleichkäme. Denn nach antiker Auffassung sind Heiligtümer fest mit einem Ort, in diesem Fall mit der Stadt Rom, verbunden.[351] Es ist also in Camillus' Argumentation ein Zeichen der *pietas erga deos*, in Rom zu bleiben und die Kulte nicht zu vernachlässigen,[352] die er fast alle in Form eines Katalogs aufzählt.[353] Zusätzlich betont er, die Verehrung dieser Götter könne nur in Rom an den dafür geweihten Plätzen vorgenommen werden.[354] Am Ende der Rede betont Camillus noch den besonders geeigneten Platz für die Stadtgründung und nimmt seine religiöse Argumentation noch einmal auf:

> „[...] Hic Capitolium est, ubi quondam capite humano invento responsum est eo loco caput rerum summamque imperii fore; hic cum augurato liberaretur Capitolium, Iuventas Terminusque maximo gaudio patrum vestrorum moveri se non passi; hic Vestae ignes, hic ancilia caelo demissa, hic omnes propitii manentibus vobis di." (Liv. 5,54,7).

Dass die religiösen Argumente in dieser Rede offensichtlich die bedeutendsten waren,[355] zeigt sich besonders daran, dass *di* als Monosyllabon betont am Satzende steht und gleichzeitig das Subjekt des dritten Elements eines Trikolons ist, mit dem durch jeweils anaphorisches *hic* im Sinne von ‚hier in Rom' einerseits die Bedeutung der Götter noch einmal betont,[356] andererseits durch *hic* als Deiktikon

---

350 Vgl. WEISSENBORN u. MÜLLER ⁹1970b, 249.
351 Vgl. HOLZBERG 2010, 159.
352 Vgl. OGILVIE 1965, 744.
353 JAEGER 1997, 89.
354 FELDHERR 1998, 46f. sowie EDWARDS 1996, 44 und 46.
355 WEISSENBORN u. MÜLLER ⁹1970b, 257.
356 Vgl. OGILVIE 1965, 750.

auch auf den Wahrnehmungsbereich der Adressaten Bezug genommen wird.[357] Vor diesem Finale der Rede nimmt Camillus noch einmal die Aitiengeschichte des Tempels des Jupiter Optimus Maximus vom Ende des ersten Buches auf, bei dem es der Überlieferung nach zwei Götterzeichen gab. Beim Bau dieses Jupitertempels mussten zunächst einige ältere, kleinere Heiligtümer aufgehoben werden, wobei die Götter diesem Vorhaben beim Auspizium nicht zustimmten. Dies wurde als Zeichen für Beständigkeit aufgefasst.[358] Wenn in der Camillus-Rede auf diese Begebenheit angespielt wird, dass Terminus nicht einmal für den Tempel des Jupiter Optimus Maximus versetzt werden darf,[359] wie soll man ihn dann nach Veji bringen? Das zweite Zeichen, ein Prodigium, das in der Camillus-Rede zuerst aufgenommen wird, folgt unmittelbar im Anschluss. Man fand beim Ausheben der Fundamente ein noch unversehrtes menschliches Haupt, das anzeigte, dass an dieser Stelle die Burg der Herrschaft und das Haupt der Welt sein werde: *arcem eam imperii caputque rerum fore* (Liv. 1,55,6).[360] Es fällt auf, dass die Formulierung

---

[357] FELDHERR 1998, 47. GÄRTNER 1990, 107 f. zeigt an dieser Stelle, dass Geschichtsschreibung für den mündlichen Vortrag konzipiert und diese Rede nur mit den entsprechenden Gesten des Redners vollständig zu erfassen ist. SCHMID 2014, 135 sieht allgemein Deiktika als Zeichen für die Erzählung aus der Perspektive einer Figur und aus deren räumlichen Blickfeld.

[358] *Inter principia condendi huius operis movisse numen ad indicandam tanti imperii molem traditur deos; nam cum omnium sacellorum exaugurationes admitterent aves, in Termini fano non addixere; idque omen auguriumque ita acceptum est non motam Termini sedem unumque eum deorum non evocatum sacratis sibi finibus firma stabiliaque cuncta portendere* (Liv. 1,55,3–4). Auch hier distanziert sich der Erzähler von den übernatürlichen Geschehnissen, was durch die Wendung *idque omen augriumque ita acceptum est* deutlich wird. KHARIOUZOV 2013, 110 bezeichnet dieses Ereignis – bei aller Unklarheit in der Definition – fälschlicherweise als Prodigium, indem sie darauf hinweist, dass das Ereignis zunächst als *omen*, *augurium* und *auspicium*, aber in der Überleitung zum nächsten Götterzeichen auch als *prodigium* bezeichnet werde. Diese Interpretation beruht offensichtlich auf der Annahme, dass sie, obwohl der Bericht über das vorherige Auspizium durch den Ablativus absolutus *auspicio accepto* bereits abgeschlossen ist, die Worte *aliud ... prodigium* im Satz *Hoc perpetuitatis auspicio accepto, secutum aliud magnitudinem imperii portendens prodigium est* (Liv. 1,55,5), als ‚ein anderes Prodigium' liest und nicht einfach als ‚ein anderes Götterzeichen, in diesem Falle ein Prodigium'. Bei letzterer Auffassung widerspricht sich Livius nicht in der Bezeichnung der Götterzeichen, da *augurium* und *auspicium* beide die Bedeutung ‚Vogelzeichen' haben, sondern meint mit *prodigium* das Folgende, nämlich den Fund des unversehrten Menschenhauptes (s. Anm. 360 in diesem Kapitel).

[359] Vgl. zum Kultort des Terminus HÖLKESKAMP 2004, 144.

[360] *Hoc perpetuitatis auspicio accepto, secutum aliud magnitudinem imperii portendens prodigium est: caput humanum integra facie aperientibus fundamenta templi dicitur apparuisse. Quae visa species haud per ambages arcem eam imperii caputque rerum fore portendebat; idque ita cecinere vates* [...] (Liv. 1,55,5–6). Der Erzähler überliefert die Bedeutung der Erscheinung in indirekter Rede abhängig von *portendebat*, was durch die Formulierung *idque ita cecinere vates* noch einmal unterstrichen wird. Ähnliche und damit ebenso politische Funktion hat auch das

zur späteren Größe Roms im ersten Buch fast identisch mit der in der Rede des Camillus ist. Damit nutzt Livius in dieser Rede, in der Camillus das Sprachrohr des Erzählers ist, zwei Wunderzeichen – ein Auspizium und ein Prodigium, von denen er im ersten Buch berichtet und von denen er sich in seiner üblichen Weise distanziert hat – als politische Argumente gegen die Übersiedlung nach Veji. Gleichzeitig zieht er eine Bilanz der historischen Ereignisse.[361] Er nimmt außerdem am Ende des fünften Buches wieder auf, dass Rom aufgrund der Bestimmung durch die *fata* die zweite Macht nach den Göttern sei.[362] Die zu Beginn ausgegebene Teleologie wird wieder in Erinnerung gerufen. Interessanterweise geschieht dies am Ende des ersten und am Ende des fünften Buches[363] an Stellen der Handlung, an denen die Zukunft Roms ungewiss war, sei es durch die immer stärker ausgeprägte Tyrannei des Tarquinius Superbus, sei es durch die geplante Übersiedlung nach Veji. Zu diesen Stellen kann man noch den entsprechenden Satz aus der Apotheose des Romulus zählen, eine Stelle an der ebenfalls durch den Tod des Königs die Zukunft Roms zunächst ungewiss ist.[364]

Es geht Livius hier nicht in erster Linie darum, den Götterglauben der Frühzeit darzustellen – selbstverständlich muss der Glaube an die *pax deorum* und an die Kulte verankert sein, sonst hätten diese Argumente keine Wirkung –, sondern zu zeigen, dass die Patrizier geschickt den Götterglauben einsetzen, um Politik gegen die Plebs zu machen.[365] Die Patrizier sind überlegen, weil sie die im Volksglauben verhaftete Plebs mit religiösen Bedenken überzeugen können. Die Rede enthält in erster Linie religiöse, nicht politische oder sachliche Argumente. Livius gibt zwar mit der Rede eine alternative Sichtweise vor allem auf die entscheidenden Ereignisse des fünften Buches. Implizit stellt Livius es aber so dar, dass die Religion und damit die Götter von den Patriziern für politische Interessen funktionalisiert werden. Damit greift Livius am Ende der ersten Pentade in einem konkreten Beispiel beinahe ringkompositorisch die oben erläuterte Intention Numas wieder

---

Prodigium, das zum Ende der Regierungszeit des Servius Tullius überliefert wird (Liv. 1,45,4–5); ausführlich dazu KHARIOUZOV 2013, 89 ff.
361 MINEO 2006, 54.
362 Vgl. Kap. 2.2.1. Es fällt auf, dass am Ende des ersten Buches die Götter in Wunderzeichen das bestätigen, was durch die *fata* zu Beginn des ersten Buches vorgesehen war: *tantae origo urbis maximique secundum deorum opes imperii principium* (Liv. 1,4,1). Vgl. dazu auch LEVENE 1993, 201 und MINEO 2006, 54.
363 RAMBAUD 1977, 408.
364 Vgl. Kap. 2.2.2.3.
365 Auch in Liv. 4,2,5 lässt Livius im Streit um Mischehen zwischen Patriziern und Plebejern von den Konsuln in indirekter Rede gegen die Plebs die Religion als Argument anführen, dass die staatlichen und privaten Auspizien gestört würden und niemand mehr wisse, welche Opfer er darzubringen habe.

auf, dass man mit der Furcht vor Göttern Politik machen könne. Dies wird durch den Umstand, dass Camillus als *conditor alter urbis* (Liv. 5,49,7) bezeichnet wird, noch unterstrichen.

Wie in den Beispielen schon angeklungen ist, äußern die Götter ihren Willen bzw. ihren Unmut nicht nur in Prodigien, sondern auch in der zweiten Form der Divination, in Auspizien bzw. Augurien, die die Beobachtung des Vogelflugs als Grundlage haben.[366] Im Unterschied zu den Prodigien beziehen sich Augurien und Auspizien in jedem Fall auf Vorhaben in der Zukunft und haben politische Funktion, da sie vor wichtigen Unternehmungen wie Volksversammlungen oder Feldzügen[367] eingeholt werden mussten. Dies zeigt sich beispielsweise an der Formulierung *ductu et auspicio* oder an dem Umstand, dass Feldherr nur derjenige sein kann, der unter Auspizien Krieg führt.[368] Es kommt hinzu, dass lange Zeit nur Patriziern das Recht auf Auspizien zustand.[369] Dies ist für die Betrachtung des ersten Buches freilich unerheblich, da dort noch nicht von Patriziern und Plebejern gesprochen werden kann. Die politische Funktion der Terminus-Auspizien wurde bereits erläutert. Dass der Vogelflug von großer politischer Bedeutung war, zeigt sich schon bei der Stadtgründung. Romulus und Remus, die beide vorhatten, eine Stadt zu gründen, wollten, da sie Zwillinge waren und damit das Recht des Älteren keine Lösung herbeiführen konnte, durch ein Augurium feststellen, wer erster und damit eponymer Herrscher der zu gründenden Stadt sein sollte.[370] Livius distanziert sich im Bericht über die Stadtgründung dennoch durch seine Darstellungsweise implizit vom Wirken des Auguriums als Entscheidungsinstrument, indem er das zweideutige Zeichen – die Frage war, ob das frühere Erscheinen oder die größere Zahl entscheidet – nicht bewertet, sondern ausschließlich die gleiche Reaktion der jeweiligen Anhängerschaft überliefert, die ihren ‚Favoriten' als König begrüßte:

---

366 Vgl. DISTELRATH 2001, 369; BRIQUEL 1997, 280; LINDERSKI 1993, 59; ROSENBERGER 2012, 74 ff.
367 Ein Beispiel, dass ein noch nicht erfolgtes Augurium den Beginn einer Schlacht verzögern kann, findet sich in Liv. 4,18,6: *et dictatore arcem Romanam respectante, ut ex <ea ab> auguribus, simul aves rite admisissent, ex composito tolleretur signum.*
368 Vgl. LINDERSKI 1993, 59. Die Formulierung *ductu et auspicio* findet sich in Liv. 3,1,4; 3,17,2; 3,42,2 (statt *et* steht hier *atque*); 5,46,6 und 5,49,6 (*-que* statt *et*). Im Zusammenhang mit der Frage, welches Amt Cossus bekleidete, bringt Livius das Argument, dass als Feldherr nur anerkannt sei, wer unter seinen Auspizien Krieg führt: *nec ducem novimus nisi cuius auspicio bellum geritur* (Liv. 4,20,6).
369 Vgl. OGILVIE 1965, 530 und KAJANTO 1957, 39.
370 Liv. 1,6,4 – 1,7,2. Zur ausführlichen Interpretation dieser Textstelle vgl. Kap. 2.3.2.

Priori Remo augurium venisse fertur, sex voltures; iamque nuntiato augurio cum duplex numerus Romulo se ostendisset, utrumque regem sua multitudo consalutaverat: tempore illi praecepto, at hi numero avium regnum trahebant (Liv. 1,7,1).

Distanz schafft der Umstand, dass die Zeichen abhängig von *fertur* in indirekter Rede wiedergegeben sind, ohne dass ein Gewährsmann genannt bzw. im Verlauf der Handlung von einem der Protagonisten eine religiöse Instanz angerufen wird.[371] Das religiöse Element, das wie auch in späterer Zeit über die Macht entscheiden soll, bringt Livius schon bei der Gründung der Stadt an ein. Dadurch zeigt sich zunächst, dass die Herrschaft in Rom kultisch legitimiert werden musste und damit ein Staatskult vorhanden war. Für die potentiellen Stadtgründer Romulus und Remus wird es als selbstverständlich dargestellt, bei einem so großen Vorhaben den Vogelflug einzubeziehen, da er im Glauben der Frühzeit verwurzelt war.[372] Indem Livius es als nicht festgelegt darstellt, wie die Zeichen zu deuten sind, hat die Beobachtung des Vogelflugs auch eine machtpolitische Komponente. Livius stellt, wie es auch schon für die Rede des Camillus gezeigt wurde, das göttliche Zeichen als ein unumstößliches Argument für einen Herrscher dar, seine Position zumindest innenpolitisch sicher und unangreifbar zu machen, da ein nicht Akzeptieren des göttlichen Zeichens eine Kultverletzung gewesen wäre. Somit macht er an dem folgenden Brudermord deutlich, inwiefern unterschiedliche Interpretationen dieses Phänomens zu machtpolitischen Verwerfungen führen können,[373] was sich schließlich im Tod des Remus zeigt. Dies dürfte wohl auch der Grund dafür sein, warum Livius diese Vogelschau nicht als Aitienerzählung ausschmückt, sondern dies im Bericht über Numa nachholt.[374]

Gleichzeitig erfüllen sich mit der Stadtgründung auch die *fata*, die den Ursprung einer so bedeutenden Stadt vorsahen, ohne dass Livius irgendwo explizit die Wunderzeichen als Mittel dafür anführt, dass die Götter den Menschen den Schicksalsplan der *fata* offenbaren. Der Bericht über die Stadtgründung ist damit ein Teil der *poeticae fabulae*, in denen gemäß der *praefatio* Menschliches mit Göttlichem gemischt wird.[375] Ab Numa, dem in seiner Rolle als Kultgründer die Institutionalisierung dieser Form der Divination zugeschrieben wird, soll jeder Herrscher Auspizien einholen, um die Gunst der Götter für ihn und seine Herr-

---

371 Vgl. MILES 1995, 147.
372 RAMBAUD 1977, 407.
373 Vgl. Kap. 2.3.2.
374 PAUSCH 2008, 48.
375 Vgl. ENGELS 2007a, 213.

schaft zu prüfen.³⁷⁶ Dies setzt sich aber erst später als allgemein gültige Vorschrift durch. Weder Tullus Hostilius noch Ancus Marcius holen in der Überlieferung des Livius am Beginn ihrer Herrschaft Vogelzeichen ein. Bei Tarquinius Priscus gibt es zwar das Adlerprodigium, als er noch nicht in Rom angelangt ist, aber erst in seiner Regierungszeit berichtet Livius von einer Episode zwischen ihm und dem Augur Attus Navius, aus der schließlich folgt, dass vor jeder wichtigen politischen Entscheidung, nicht nur bei Amtsantritt des Herrschers, Auspizien einzuholen sind. Auspizien sind damit bei Livius impetrative Götterzeichen.³⁷⁷ Tarquinius Priscus wollte die Zahl der von Romulus gegründeten Reitercenturien erhöhen. Der zu diesen Zeiten anerkannte Augur Attus Navius wies ihn darauf hin, dass dazu die Zustimmung der Vögel eingeholt werden müsse, weil Romulus die Centurien nach einem Augurium gegründet habe.³⁷⁸ Tarquinius verhöhnte den Augurn und wollte ihn auf die Probe stellen, womit der König scheiterte. Livius schließt die durch direkte Reden sehr lebendig erzählte Episode mit einem auktorialen Kommentar, aus dem zunächst deutlich wird, dass es sich um das Aition der Statue des Attus Navius auf dem Comitium handelt, welche die Römer stets an die Bedeutung der Religion erinnert,³⁷⁹ die wohl aber zur Zeit des Livius nicht mehr stand, da er von der Statue im Perfekt berichtet.³⁸⁰ Livius nutzt diese Aitienerzählung, um noch einmal grundsätzlich die Bedeutung der Auspizien für die römische Politik zusammenzufassen, nämlich dass von da an keine politische Entscheidung mehr ohne Einholung der Auspizien getroffen wurde:

---

376 Im Bericht des Numa findet sich eine genaue Beschreibung des Ablaufs des Auguriums und gleichzeitig auch das Aition des Amtes des Augurn (Liv. 1,18,6–10). Dies steht nicht im Widerspruch zu der Tatsache, dass das Augurium schon von Romulus und Remus verwendet wurde. Lediglich die Institutionalisierung aufgrund des Vorbilds von Romulus und Remus und die Verbindung mit dem Amt des Augurn werden Numa zugeschrieben. Livius geht bei Numa vielmehr von einer Kontinuität aus, wenn dieser darauf besteht, seine Wahl zum König durch ein Augurium bestätigen zu lassen, und sich dadurch in die Tradition des Romulus stellt (MILES 1988, 197 und LEVENE 1993, 134).
377 LINDERSKI 1993, 59.
378 Die Episode findet sich in Liv. 1,36,2–5. Im Bericht über die Einführung von Reitercenturien unter Romulus (Liv. 1,13,8) findet sich kein Hinweis auf ein Augurium. Allerdings deckt es sich mit römischer Religionsvorstellung, dass etwas, was unter Augurien eingeführt wurde, nicht ohne Erneuerung der Augurien verändert werden durfte.
379 Vgl. SEHLMEYER 2000, 273 f.
380 HAEHLING 1989, 46 mit Verweis auf Liv. 1,36,5: *Statua Atti capite velato [...] in comitio in gradibus ipsis ad laevam curiae fuit;* [...].

> Auguriis certe sacerdotioque augurum tantus honos accessit ut nihil belli domique postea nisi auspicato gereretur, concilia populi, exercitus vocati, summa rerum, ubi aves non admisissent, dirimerentur (Liv. 1,36,6).

Damit haben die Auspizien, die aufgrund der Stadtgründung ihren festen Platz in der römischen Republik hatten, schon in der Königszeit die Bedeutung, die sie noch zu Livius' Zeiten haben. Livius fasst die Mahnung der Statue auf dem Comitium in Worte. Er nutzt die Aitienerzählung der Statue des Attus Navius, um ein zentrales Element des römischen Götterglaubens und zugleich der Politik als von Anfang an dagewesen zu etablieren, und schafft es, indem er die Episode als *miraculum* (Liv. 1,36,5) bezeichnet und in die Zeit der *poeticae fabulae* verlegt, sich von einer konkreten Einflussnahme der Götter in für ihn üblicher Form zu distanzieren. Die politische Aussage im Kontext mit Tarquinius Priscus ist, dass dieser durch den Augur Attus Navius daran gehindert wird, Politik in einer gewissen Beliebigkeit ohne Rücksicht auf die römische Religion zu betreiben. In gewisser Weise handelt es sich hier auch um etwas, was die persönliche Macht des Königs beschränkt. Den anzunehmenden Anachronismus,[381] dass Numa die Augurientradition eingeführt habe, löst Livius dadurch auf, dass er Numa das Augurenamt schaffen und damit das für die Politik wichtigste religiöse Amt einführen lässt, sowie durch die Attus Navius-Episode die Auspizien in ihrer umfassenden Bedeutung ausgestaltet.

Auch für die späteren Bücher, in denen Prodigien und Auspizien von immer größerer Bedeutung sind, wäre zu untersuchen, wie Livius in der Haupterzählung aus auktorialer Perspektive dieses Eingreifen der Götter bewertet. Sicher werden Götterzeichen in Form von Prodigien und Auspizien, ob sie beachtet werden oder nicht, oft als Gründe für Siege oder Niederlagen angeführt. Die Frage hierbei ist vor allem, aus welcher Perspektive Livius diese Gründe in die Erzählung einbringt: aus auktorialer Perspektive oder aus der einzelner Figuren der Handlung. Sollte Livius diese Götterzeichen aus der Perspektive der Figuren der Handlung einbringen, wäre eine Frage, ob damit eine politische Aussage impliziert ist.

---

381 OGILVIE 1965, 92 weist darauf hin, dass die Augurien wohl aus etruskischer Tradition stammen und daher in Rom nicht vor der etruskischen Herrschaft eingeführt sein konnten. Dieser Befund passt zur Attus Navius-Episode.

2.2.2.3 Die Apotheose des Romulus

Livius berichtet trotz aller Skepsis gegenüber religiösen Phänomenen ausführlich von der Apotheose des Romulus.[382] Diese hat für Livius mehrere Funktionen: Aufnahme und Tradierung der schon bei Ennius überlieferten Sage zum Tod des Stadtgründers, Aition der Quirinus-Verehrung und Vermittlung des Schicksalsplans der *fata* an die impliziten Rezipienten in der Handlung. Daneben ist auch, wie an anderen Stellen des Werks schon gezeigt, die Instrumentalisierung des Götterglaubens als politisches Mittel besonders in der Frühzeit Roms erneut ein wichtiges Thema. Im Bericht über die Apotheose des Romulus sind also verschiedene Themen zusammengefasst, die Livius im Bereich Religion behandelt.

Die Erzählung des Livius von der Apotheose (Liv. 1,16,1–8) hat vier Teile. Zunächst leitet Livius mit dem Ablativus absolutus *His immortalibus editis operibus* (§ 1)[383] vom Bericht über das Leben des Romulus zu dessen Lebensende über und beschreibt das Setting: Romulus hält eine Heeresversammlung auf dem Marsfeld ab, als plötzlich ein Unwetter mit Tosen, Donnern und Starkregen entsteht, Romulus darin verschwindet und schließlich nicht mehr auf Erden ist (§ 1). Anschließend schildert Livius die Reaktionen der Senatoren, nach denen Romulus in den Himmel aufgenommen worden sei, die der Volksmenge, die Romulus nach kurzer Zeit der Angst als Gott begrüßt, und die einiger Leute, die die Senatoren des Mordes an Romulus beschuldigen (§§ 2–4). Der dritte Teil handelt von der Rede des Proculus Iulius und dessen Behauptung, Romulus sei ihm erschienen und habe ihm den Willen der Götter mitgeteilt, gemäß dem die Römer die Herrscher der Welt sein sollen (§§ 5–7). Abschließend wird in einem auktorialen Kommentar des Erzählers der gesamte Bericht bewertet (§ 8).

---

382 Zu erwähnen ist in diesem Kontext noch, dass die in der epischen Literatur geläufige Apotheose des Aeneas (Verg. *Aen.* 12,791ff. und Ov. *met.* 14,581–608.) für Livius keine Bedeutung zu haben scheint. Er bezeichnet den Krieg gegen die Rutuler als letztes menschliches Werk des Aeneas, nennt den Ort seines Grabes und fügt lapidar an, dass man ihn *Iuppiter Indiges* (Liv. 1,2,6) nenne. Vgl. dazu ENGELS 2007b, 115ff. Zur Bedeutung von *Indiges* s. MAVROGIANNIS 2003, 31f.
383 Obwohl in den Handschriften ausschließlich *immortalibus* überliefert ist, liest OGILVIE 1974 sich auf Crévier berufend an dieser Stelle *mortalibus* mit dem Hinweis auf Liv. 1,2,6, den Bericht über den Tod des Aeneas, in dem es heißt, dass der Krieg gegen die Rutuler Aeneas' letztes menschliches Werk gewesen sei: *Aeneae etiam ultimum operum mortalium fuit*. Im Sinne einer *lectio difficilior* ist die Lesart *immortalibus* zu bevorzugen. Es ist dann proleptisch aufzufassen und bedeutet „der Unsterblichkeit würdig" (WEISSENBORN u. MÜLLER [11]1963a, 133) und nimmt sowohl Liv. 1,7,15 wieder auf (s. u.) und wird in *facta fide immortalitatis* (Liv. 1,16,8) wieder aufgenommen. So auch WEEBER 1984, 331 und MINEO 2006, 170, letzterer allerdings ohne Bezug zu den textkritischen Problemen.

Der schon zitierte Ablativus absolutus *His immortalibus editis operibus* hat „Scharnierfunktion"[384], wodurch die Verbindung zwischen dem Bericht über die zu Lebzeiten vollbrachten Taten des Romulus, die Livius am Ende des 15. Kapitels noch einmal zusammenfasst, und der Erzählung der Apotheose, die der Anfang der Unsterblichkeit ist, geschaffen wird.[385] Das proleptische *immortalis* bedeutet „der Unsterblichkeit würdig"[386] und nimmt damit rahmend den Anfang des Berichts über die Taten des Romulus nach der Stadtgründung wieder auf.[387] Livius bezeichnet Romulus nach der Übernahme des Herkuleskultes als einzigen griechischen Kult als Förderer der durch *virtus* erworbenen Unsterblichkeit: *Haec tum sacra Romulus una ex omnibus peregrina suscepit, iam tum immortalitatis virtute partae ad quam eum sua fata ducebant fautor* (Liv. 1,7,15). Dieser Satz schließt die Herkules-Episode ab und verweist auf das ähnliche Schicksal von Herkules und Romulus, die beide vergöttlicht werden.[388] Romulus erreicht mit dieser durch *virtus* erworbenen, unsterblichen und damit immerwährenden Verehrung seine persönlichen *fata*.[389] Wenn man berücksichtigt, dass *immortalitas* nicht nur ‚Unsterblichkeit' im Sinne einer Vergöttlichung bedeuten kann, sondern auch übertragen ‚unsterbliche Erinnerung',[390] distanziert sich Livius damit auch von der Vorstellung einer Apotheose, nicht aber von der Verehrung des Romulus als Gott durch die Menschen.[391] Er sieht die Verehrung als Gott in den persönlichen *fata* angelegt und macht Romulus zum ersten Exempel, an dem deutlich wird, wie durch *virtus* unsterbliche Erinnerung erlangt werden kann. Dies belegt auch die Zusammenfassung der Taten des Romulus durch Livius vor Beginn des Berichts über die Apotheose, in der er die wichtigsten Taten, die Rückgabe der Macht an seinen Großvater Numitor, die Stadtgründung und die Festigung der Position Roms im Krieg und im Frieden noch einmal aufgreift:

> Haec ferme Romulo regnante domi militiaeque gesta, quorum nihil absonum fidei divinae originis divinitatisque post mortem creditae fuit, non animus in regno avito reciperando, non condendae urbis consilium, non bello ac pace firmandae (Liv. 1,15,6).

---

384 WEEBER 1984, 331.
385 WEEBER 1984, 330.
386 WEISSENBORN u. MÜLLER [11]1963a, 133.
387 MINEO 2006, 170.
388 Vgl. JOHNER 2003, 102.
389 STEM 2007, 449.
390 OLD s.v. *immortalis*.
391 Vgl. STEM 2007, 461f., der davon ausgeht, dass Livius sich nicht dazu äußert, ob er an die Apotheose des Romulus glaubt.

Livius schreibt Romulus einerseits Mut (*animus*), andererseits planvolles Vorgehen (*consilium*) zu, beides Elemente der *virtus*, und stellt mit der Litotes *nihil absonum* fest, dass dies nicht gegen seine göttliche Abstammung und seine Göttlichkeit nach dem Tod spreche, an die man damals glaubte. Anaphorisches *non* hebt diesen Befund zusätzlich hervor.³⁹² Dennoch handelt es sich ausschließlich um menschliche Taten, nicht um übernatürliche oder rational nicht zu erklärende Handlungen.³⁹³

Nach der Einleitung und dem Setting schildert Livius in sehr feierlicher und epischer Sprache das Verschwinden des Romulus:

> His immortalibus³⁹⁴ editis operibus cum ad exercitum recensendum contionem in campo ad Caprae paludem haberet, subito coorta tempestas cum magno fragore tonitribusque tam denso regem operuit nimbo ut conspectum eius contioni abstulerit; nec deinde in terris Romulus fuit (Liv. 1,16,1).

Das plötzliche Auftreten des Sturmes wird sprachlich durch die knappe Partizipialkonstruktion *subito coorta tempestas* dargestellt, bevor Livius die Heftigkeit durch die Adjektive *magnus* und *tam densus* sowie durch das Hendiadyoin *fragore tonitribusque* betont und das Verschwinden durch das Hyperbaton *tam denso ... nimbo* sprachlich beinahe wie im Epos untermalt.³⁹⁵ Das Verschwinden im Unwetter ist zentraler Bestandteil von Berichten über Apotheosen.³⁹⁶ Die Folge ist, dass Romulus nicht mehr gesehen werden kann, was in dem sehr vollen Ausdruck *conspectum auferre* deutlich wird. Livius stellt zusammenfassend fest, dass Romulus nicht mehr auf Erden war.³⁹⁷ Somit spricht Livius in dieser auktorialen Passage nicht von einer Aufnahme in den Himmel, sondern nur davon, dass Romulus für die Leute zunächst nicht mehr zu sehen und wohl auch nicht mehr am Leben war. Die Vermutung, dass Romulus in den Himmel aufgenommen wurde, wird erst im Anschluss deutlich, als Livius die Reaktion der Leute beschreibt.³⁹⁸ Dies erfolgt weiterhin in der gehobenen epischen Sprache:

---

392 Vgl. WEEBER 1984, 330.
393 Vgl. MILES 1995, 139 f.
394 Zur von der Ausgabe von OGILVIE 1974 abweichenden Lesart *immortalibus* vgl. Anm. 383.
395 Dass es sich um ein episches Thema handelt, zeigt einerseits das Eingreifen eines Gottes in die Handlung, andererseits auch die Tatsache, dass die älteste Überlieferung der Apotheose des Romulus wohl auf Ennius zurückgeht. Zu den Ennius-Bezügen vgl. WEEBER 1984, 339 f.
396 Vgl. ENGELS 2007b, 125.
397 WEEBER 1984, 331.
398 STEM 2007, 462.

> Romana pubes sedato tandem pavore postquam ex tam turbido die serena et tranquilla lux rediit, ubi vacuam sedem regiam vidit, etsi satis credebat patribus qui proximi steterant sublimem raptum procella, tamen velut orbitatis metu icta maestum aliquamdiu silentium obtinuit. Deinde a paucis initio facto, deum deo natum, regem parentemque urbis Romanae salvere universi Romulum iubent; pacem precibus exposcunt, uti volens propitius suam semper sospitet progeniem (Liv. 1,16,2–3).

Livius erzählt aus der Figurenperspektive der anwesenden, einfachen Römer, die er nicht wie häufig mit *multitudo*, sondern mit *pubes*, einem Wort der gehobenen epischen Sprache bezeichnet.[399] Die Volksmenge, die aus Angst (*pavor*) wie gelähmt wirkte, sah, als nach dem Unwetter das Tageslicht zurückgekehrt war – Livius macht durch die Alliteration *tam turbido die* und die mit *et* verbundenen Adjektive *serenus* und *tranquillus* den Wetterwechsel auch sprachlich deutlich –, den leeren Königsthron und es entstand zeitweise ein Schweigen aus Furcht vor Führungslosigkeit.[400] In ihrer Angst glaubten die Leute allerdings den Senatoren, dass Romulus durch den Sturm in den Himmel entrückt worden sei, was sich in dem elliptischen Ausdruck *sublimen raptum procella* zeigt, wobei sich Livius einerseits durch die Figurenperspektive distanziert, andererseits durch den dichterischen Ausdruck *sublimem raptum*[401] den ganzen Vorgang im Bereich der *poeticae fabulae* sieht. Er setzt seinen Bericht aus der Figurenperspektive fort und erzählt in hymnischem Gebetston, dass alle Romulus als Gott, Nachfahre eines Gottes, König und Vater der Stadt begrüßten und ihn um Frieden und um Schutz für die Nachkommenschaft anflehten. Dabei bleibt der Urheber sowohl den mit *pubes* bezeichneten Protagonisten der Handlung, aus deren Perspektive erzählt wird, als auch dem Leser unklar; denn Livius schreibt lapidar *a paucis initio factum*. Es wird nämlich nicht deutlich, ob es Leute aus der Menge der *pubes Romana* waren oder doch Senatoren.[402] Man kann *pauci* sowohl auf *pubes Romana* beziehen als auch auf andere Anwesende. Auf den ersten Blick scheint der Kontext klar auf *pubes Romana* hinzuweisen, allerdings kann man auch anneh-

---

399 Mit *pubes* sind hier die wehrfähigen Männer, die eben bei der Heeresversammlung anwesend waren, gemeint (*ThLL* 10,2,16 s.v. *pubes* 2433). Weder sind allgemein „die Jüngeren unter den Teilnehmern" (WEEBER 1984, 331) gemeint noch geht es besonders um das junge Alter der anwesenden Soldaten (LOBE 2015, 98). Im Bericht über die Stadtgründung nach dem Augurium werden die Leute, die Romulus bzw. Remus als König zujubeln, noch als *multitudo* bezeichnet (Liv. 1,7,1). Das Wort *pubes* ist sehr häufig bei Vergil (z. B. Verg. *Aen.* 1,399; 2,477; 5,74; 7,219) zu finden.
400 Vgl. WEISSENBORN u. MÜLLER [11]1963a, 133, die *metus* von dem zu Beginn des Satzes stehenden *pavor* als einen plötzlichen, in der Situation entstandenen Schrecken unterscheiden.
401 S. Verg. *Aen.* 5,255: *sublimem pedibus rapuit Iovis armiger uncis*; vgl. dazu außerdem WEISSENBORN u. MÜLLER [11]1963a, 133 und OGILVIE 1965, 86.
402 LOBE 2015, 98.

men, dass Livius bewusst offenlässt, wer Romulus als Gott begrüßt. Dies wäre eine Vorbereitung des Plans des Proculus Iulius und würde diesen überhaupt erst ermöglichen. Der hymnische Gebetston zeigt sich in den zahlreichen Alliterationen,[403] in der Gebetsformel *parentem salvere iubent* und in den Gebetsformeln für Frieden und Schutz der Nachkommenschaft sowie in der Formulierung der göttlichen Herkunft mit dem Ablativus originis *deum deo natum*.[404] Damit wird außerdem die göttliche Abstammung des Romulus von Mars noch einmal betont. Auffällig ist hier, dass nicht aus der Sicht der herrschenden Person oder der Oberschicht, also der Senatoren, erzählt wird, sondern aus der Perspektive der einfachen Leute. Dies lässt sich dadurch erklären, dass hier die Götterverehrung nicht nur als Mittel der Politik, mit dem von der herrschenden Gruppe ein politisches Ziel erreicht werden soll,[405] dargestellt wird, sondern vor allem auch eine bekannte Sage der Frühzeit und das Aition der Verehrung des Quirinus erzählt werden, was Livius aus der Situation heraus als psychologisch motivierte Reaktion der Masse zu erklären versucht.[406]

Nach dieser feierlichen, epischen Version der Geschichte überliefert Livius anschließend sehr knapp in kurzen Sätzen eine weitere Variante, die er als *perobscura fama* (Liv. 1,16,4) bezeichnet, nämlich dass im Stillen die Senatoren beschuldigt wurden, Romulus in Stücke gerissen zu haben, was durch die Feststellung in Liv. 1,15,8 vorbereitet wurde, dass er bei der einfachen Bevölkerung beliebter als bei den Senatoren war.[407] Allerdings bewertet Livius diese sogleich als weniger verbreitet.[408] Auch der Beginn dieser Variante mit *Fuisse credo tum quoque aliquos* (Liv. 1,16,4), in der sich explizit der Autor Livius zu Wort meldet, bestätigt dies. Er begründet die mögliche Urheberschaft der Senatoren am Tod des Romulus mit der Bewunderung für diesen und der gegenwärtigen Angst und macht somit deutlich, dass sich die Bevölkerung mit der Apotheose einerseits tröstet und darin andererseits die Belohnung für die bewundernswerten Taten des Romulus sieht.[409] Livius stellt somit, wie zumeist, dem übernatürlichen Phäno-

---

403 Vgl. WEISSENBORN u. MÜLLER ¹¹1963a, 134 und WEEBER 1984, 331.
404 OGILVIE 1965, 86.
405 Vgl. Kap. 2.2.2.2.
406 Vgl. WEEBER 1984, 332.
407 STEM 2007, 463 und UNGERN-STERNBERG 1993, 101.
408 Die Interpretation von WEEBER 1984, 332, dass Livius sich nicht festlege, ist insofern richtig, dass er nicht sagt, was er selbst glaubt. Er macht aber dennoch deutlich, welche Version letztlich die verbreitetere war.
409 ENGELS 2007b, 124f. weist darauf hin, dass sich beide Versionen nicht zwingend ausschlössen, sondern es sich bei der grausamen Todesart des Romulus um eine Form des rituellen Königsmords handeln könnte, die in historischer Zeit nicht mehr verstanden und dann zum Tyrannenmord umgedeutet wurde. Für unsere Interpretation aus textimmanenter Perspektive ist

men eine rationale Erklärung gegenüber.[410] Diese wirkt aber in diesem Zusammenhang „deplatziert".[411] Auch wenn man davon ausgeht, dass beide Versionen älter sind und Livius daher nicht nur aus Gattungsgründen die rationale Version überliefert, kann er Kritik an der Instrumentalisierung des Götterglaubens für politische Zwecke nur implizit äußern, da die Quirinus-Verehrung immer noch vorhanden ist und erklärt werden soll.[412]

Im nächsten Abschnitt stellt Livius einerseits die Verbindung zu den *fata* her, in denen die spätere Größe Roms schon vor der Stadtgründung angelegt ist, und zeigt andererseits, durch welchen geschickten Plan des Proculus Iulius, einer Einzelperson, das zweifelnde, aufgeregte und auf die Senatoren wütende Volk beruhigt wurde. Damit hat auch die Erzählung von der Apotheose einen politischen Zweck. Proculus Iulius tritt vor die Volksversammlung und berichtet, dass Romulus ihm erschienen sei und ihm aufgetragen habe, dem römischen Volk den göttlichen Willen der Weltherrschaft durch die Römer zu verkünden:

> Et consilio etiam unius hominis addita rei dicitur fides. Namque Proculus Iulius, sollicita civitate desiderio regis et infensa patribus, gravis, ut traditur, quamvis magnae rei auctor in contionem prodit. „Romulus," inquit, „Quirites, parens urbis huius, prima hodierna luce caelo repente delapsus se mihi obvium dedit. Cum perfusus horrore venerabundusque adstitissem petens precibus ut contra intueri fas esset, ‚Abi, nuntia' inquit ‚Romanis, caelestes ita velle ut mea Roma caput orbis terrarum sit; proinde rem militarem colant sciantque et ita posteris tradant nullas opes humanas armis Romanis resistere posse.' Haec" inquit „locutus sublimis abiit." (Liv. 1,16,5–7).

Livius leitet die Bestätigung des übernatürlichen Vorgangs, die er in direkter Rede des Proculus Iulius erzählt, durch einen auktorialen Kommentar ein. Er wechselt beinahe unauffällig die Erzählebene vom Autor, der gerade (§ 4) die beiden Versionen vom Verschwinden des Romulus bewertet und sich dadurch zusätzlich von dem übernatürlichen Phänomen der Apotheose distanziert hat,[413] zum auktorialen Erzähler, der das weitere Geschehen kommentiert und schließlich in Figurenrede erzählt. Er spricht von *consilium unius hominis* – gemeint ist der Plan des Proculus Iulius, der allerdings erst im nächsten Satz explizit genannt wird – einem Plan, um der Sache Glaubwürdigkeit zu verleihen. Mit der Verwendung des Wortes *consilium* wird erneut klar, dass Livius die Glaubwürdigkeit dieser Apo-

---

dies nicht entscheidend. Dennoch deutet bei Livius wenig darauf hin, dass sich der Tod des Romulus als Tyrannenmord auffassen lässt.
410 Pfeilschifter 2008, 122 (Anm. 46), Ungern-Sternberg 1993, 107 und Nesselrath 1990, 161.
411 Pfeilschifter 2008, 122.
412 Zur Entstehung der Verehrung des Romulus als Quirinus s. Classen 1962, 192 ff.
413 Vgl. Weeber 1984, 333.

theose bezweifelt.[414] Dies ist vor dem Hintergrund, wie Livius mit dem Numinosen in der Handlung umgeht, nicht weiter verwunderlich und ähnelt dem Umgang mit dem göttlichen Eingreifen in die Handlung im Kontext mit Rea Silvia und der Zeugung der Zwillinge durch den Gott Mars.[415] Dieser Proculus Iulius, der nur als *gravis* und als *magnae rei auctor* charakterisiert wird und über den man auch im weiteren Verlauf der Handlung keine weiteren Informationen erhält, tritt vor die Volksversammlung und hält eine Rede, die Livius als direkte Rede in die Handlung integriert.[416]

Diese Charakterisierung des Proculus Iulius ist allerdings für die Romdarstellung des Livius von sehr großer Bedeutung, weil durch sie klar wird, wie leicht die Volksmenge, die im Umkehrschluss indirekt charakterisiert wird, mittels religiöser Argumente zu beeinflussen ist,[417] ein Phänomen, das in extenso in der Rede des Camillus wieder aufgegriffen wird.[418] Damit wird auch klar, dass Livius, wie es für sein Werk und die Historiographie typisch ist, der Überlieferung eines übernatürlichen Phänomens ein rationales gegenüberstellt und die Instrumentalisierung des Götterglaubens für die Politik implizit kritisiert.

Die Rede des Proculus Iulius ist in einem sehr gehobenen, feierlichen Ton[419] verfasst und kommt dem Epos sehr nahe, was sich an der daktylischen Klausel in *resistere posse* zeigt.[420] Möglicherweise wird daher mit *gravis* nicht nur die Stellung des Proculus Iulius, sondern auch der Stil seiner Rede charakterisiert. Durch die episch-hymnische Sprache wirkt die Rede wie ein Gebet, mit dem sich die hohe Autorität an einen Gott, den gerade vergöttlichten Romulus, wendet. Proculus Iulius sagt, der vergöttlichte Romulus sei vom Himmel herabgekommen und habe ihn gebeten, den Römern die Verheißung des Herrschaftsauftrags zu überbringen. Livius gebraucht in der Rede mit *pater urbis huius* und *petens precibus* ähnliche Formulierungen zur Beschreibung wie im ersten Teil, als die Menge Romulus begrüßt. Proculus Iulius bezeichnet sich selbst als *perfusus horrore* und *venerabundus*, was den Zustand des Volkes aufnimmt und ihn so mit den Adressaten auf eine Stufe stellt. Damit wird er beim Volk umso glaubwürdiger.[421] Sowohl das Volk als auch Proculus Iulius, dem kurz zuvor, wie schon erwähnt,

---

414 NESSELRATH 1990, 162.
415 Vgl. Kap. 2.2.2.1.
416 Die Vermutung von WEEBER 1984, 333, dass es sich bei Proculus Iulius um einen Aristokraten handelt, der sich selbst schützen will, ist durchaus zutreffend.
417 LOBE 2015, 98.
418 S. Kap. 2.2.2.2.
419 Vgl. WEEBER 1984, 334.
420 OGILVIE 1965, 86.
421 Vgl. WEEBER 1984, 334 f.

eine große Autorität zugeschrieben wurde, beten ehrfürchtig Romulus an. Proculus wird sogar das Sprachrohr des Gottes, der dessen Willen verkünden soll.⁴²² Hierbei handelt es sich um die einzige Stelle, in der Livius in Art eines Epos von einer konkreten Interaktion zwischen einem Gott und einem Menschen berichtet. Allerdings erhält der Leser die Information von dieser Interaktion nicht in der Haupterzählung, sondern in einer Figurenrede aus dem Mund des Proculus Iulius. Aus auktorialer Perspektive bewertet Livius diesen Vorgang nicht. Proculus Iulius erhält den Auftrag, den Römern zu verkünden, dass Rom die Hauptstadt des Erdkreises sein soll, das Militärwesen pflegen und den Nachkommen überliefern möge, dass keine menschliche Macht den römischen Waffen widerstehen könne. In dieser Formulierung nimmt Livius die Wortwahl aus Liv. 1,4,1 wieder auf, als er vor der Episode zur Geburt der Zwillinge und damit am eigentlichen Beginn der Episode von der Stadtgründung in einem auktorialen Kommentar feststellt, dass die *fata* die Römer als die zweite Macht nach den Göttern sehen wollen (*secundum deorum opes imperii principium* in Liv. 1,4,1 und *nullas opes humana armis Romanis resistere posse* in Liv. 1,16,7).⁴²³ Ferner betont Livius die Bedeutung des Kriegswesens für das Erreichen dieses Ziels, was einerseits das Wort *virtus* aus Liv. 1,7,15 wieder aufgreift, andererseits auch ein typisches Motiv des Ennius für den Aufstieg Roms ist.⁴²⁴ Den Abschluss der Rede des Proculus Iulius bildet die Feststellung darüber, dass Romulus direkt nach dieser Anweisung wieder nach oben (*sublimis*) entschwunden ist. Eine weitere Kommunikation mit dem Gott im Sinne einer Wechselrede ist daher nicht möglich und wohl für die gewünschte Wirkung auch nicht nötig.⁴²⁵ So vollendet sich für den Leser mit dem Gründerkönig das, was ihm durch die *fata* schon vor Beginn der Stadtgründung klar war. Der implizite Rezipient der Rede, in diesem Fall das römische Volk, erfährt auf diese Weise vom Schicksalsplan der *fata*, ohne dass diese konkret genannt werden.⁴²⁶ Für das einfache Volk wird dies auf den Willen der Götter (*caelestes ita velle*) zurückgeführt, was wiederum zur Bedeutung von *fatum* im Sinne von ‚Götterwille' passt.⁴²⁷

---

422 Vgl. WEEBER 1984, 335.
423 Die Ähnlichkeit zur Formulierung des Herrschaftsauftrags in Vergils *Aeneis* ist auffällig, in der ebenfalls in direkter Rede Anchises Aeneas in einer Prophezeiung die Größe der römischen Macht verheißt (Verg. Aen. 6,851–853).
424 Vgl. WEEBER 1984, 341.
425 Vgl. WEEBER 1984, 335.
426 Dies ist auch der Grund, warum es gegen WEEBER 1984, 338 zulässig ist, die sentenzenhaften Worte des Romulus aus dem Kontext gelöst als Herrschaftsauftrag aufzufassen.
427 KAJANTO 1957, 54 f. weist darauf hin, dass es prinzipiell für das Ergebnis kein Unterschied ist, ob die *fata* oder die Götter etwas wollen, sondern es vielmehr abhängig davon ist, ob der Erzähler

Damit hat der Auftritt des Proculus Iulius zwei verschiedene Funktionen auf zwei Ebenen: Auf der Ebene der Handlung mag durchaus das von Weeber angenommene Täuschungsmanöver wichtig sein. Der Verdacht, dass die Senatoren die Mörder sein könnten, wird durch die Apotheose entkräftet.[428] Es handelt sich, wie es für Livius typisch ist, um die rationale Version des Geschichtsschreibers, die einem übernatürlichen Phänomen gegenübergestellt ist. Die zweite Ebene ist die politische. Indem Livius die in den *fata* liegende Teleologie wieder aufnimmt, macht er eine politische Aussage zur Herrschaft Roms. Nur so ist es ihm als Historiograph möglich, den römischen Herrschaftsauftrag, wie er auch im sechsten Buch von Vergils *Aeneis* formuliert ist,[429] in die Handlung einzuflechten. Dies bestätigt die folgende Bewertung im auktorialen Kommentar, die typisch für die Gattung Historiographie ist. Livius betont darin abschließend noch einmal, wie wichtig diese Erscheinung für das einfache Volk – hier steht *plebs* und nimmt das epische Wort *pubes* wieder auf – und für das Heer als Beweis für die Unsterblichkeit war: *Mirum quantum illi viro nuntianti haec fides fuerit, quamque desiderium Romuli apud plebem exercitumque facta fide immortalitatis lenitum sit* (Liv. 1,16,8). Das Wort *fides*, das in diesem Satz zweimal vorkommt, ist hier zentral und wird durch jeweils eine Alliteration hervorgehoben (*fides fuerit* bzw. *fide facta*); *immortalitas* bezeichnet in diesem Kontext die Apotheose. Erneut ist es wichtig, die verschiedenen Aussagen dieses auktorialen Kommentars zu trennen. Für das einfache Volk genügt zur Beruhigung ein geeigneter Gewährsmann, dem der vergöttlichte Romulus erschienen ist,[430] während der Leser besonders durch *mirum quantum* darauf aufmerksam gemacht wird, wie wenig Anstrengung es braucht, um bei der Plebs Vertrauen zu schaffen.[431] Wenn Weeber allerdings davon ausgeht, dass für Livius „dieser Auftritt ein geschicktes Ablenkungsmanöver des aristokratischen Politikers [ist]", der nur die Römer der Frühzeit, nicht aber den Historiker selbst überzeugen könne oder ausschließlich das Aition der

---

in auktorialer Perspektive oder in Reden – man könnte die Reden noch um die Figurenperspektive erweitern – erzählt. Vgl. dazu auch Kap. 2.2.1.
428 WEEBER 1984, 336. Wie LOBE 2015, 98 gleich von möglichen „revolutionären Unruhen gegen den Senat" zu sprechen, geht zu weit. Uneinigkeit zwischen Plebs und Senat sind immer wieder Thema des Livius (vgl. Kap. 2.4.3.5).
429 CLASSEN 1962, 202. Die Ablehnung WEEBERS 1984, 328, der in den Worten des Proculus Iulius keine Anspielung auf Vergils Herrschaftsauftrag am Ende der Heldenschau sehen will, überzeugt nicht. Selbst wenn man annimmt, dass Vergil seine *Aeneis* erst nach dem Erscheinen von Livius' erster Pentade veröffentlicht hat, ist zumindest von einer gemeinsamen Quelle auszugehen, in der dieser Herrschaftsauftrag in irgendeiner Form überliefert ist.
430 Vgl. WEEBER 1984, 335, der zwar nicht explizit von Beruhigung spricht, aber darauf hinweist, dass man sich gut vorstellen könne, warum diese Rede auf die Masse gewirkt habe.
431 NESSELRATH 1990, 162.

Quirinus-Verehrung sieht,⁴³² greift er zu kurz. Livius will sicherlich das Aition der Quirinus-Verehrung überliefern. Es geht Livius aber nicht darum, dass er als Historiker überzeugt sein muss. Das ist er, wie gezeigt wurde, nie von übernatürlichen oder religiösen Phänomenen.⁴³³ Außerdem ist auch diese Geschichte Teil der *poeticae fabulae*, die Livius schon in der *praefatio* nicht als wahr oder unwahr beurteilen will. Es geht ihm auch hier, wie bei der Rede des Camillus wieder darum, zu zeigen, auf welche Weise man mit religiösen Argumenten Politik machen kann. Ferner möchte Livius auch die Taten des Romulus hervorheben, die ihn zu *immortalitas*, zu göttlicher Unsterblichkeit beim einfachen Volk in der Handlung, und zu unsterblicher Erinnerung aus Sicht des auktorialen Erzählers führen. Schließlich will er an dieser Stelle, nämlich am Ende des Berichts über den Gründerkönig, auf die Teleologie Roms als Weltmacht hinweisen.

Dadurch gelingt es Livius, die Apotheose des Romulus, die Teil der *poeticae fabulae* ist, so in seinen Bericht einzubauen, dass er sie als Element der Sagen der Frühzeit erzählt, sich aber mit Bezug auf die römischen Werte von ihr distanziert, gleichzeitig das Aition für die Verehrung des Gottes Quirinus bringt⁴³⁴ und dem impliziten Rezipienten wie auch dem Leser den Willen der *fata* offenbart.

2.3 *a primordio urbis* – Stadtgründung aus dem Nichts zwischen Goldenem Zeitalter und *regni cupido*

Die Stadtgründung ist bei Livius das erste große Thema seiner Geschichte Roms. Wie schon in der *praefatio* zu lesen ist, will er die Geschichte Roms von den ersten Anfängen der Stadt, *a primordio urbis* (Liv. praef. 1), beschreiben und nimmt explizit auch die Zeit vor der eigentlichen Stadtgründung (*ante conditam condendamve urbem* [Liv. praef. 6]) in den Blick. Livius verbindet zu Beginn seines Werkes die Geschichten der Gründungshelden Aeneas und Romulus auf zweifache Weise: Einerseits ist Aeneas ein Urahn des Romulus,⁴³⁵ wobei die lange Zeit mehrerer Generationen von Aeneas bis Romulus mit dem Bericht über die Könige von Alba Longa überbrückt wird.⁴³⁶ Andererseits ist, wie schon gezeigt wurde,⁴³⁷

---
432 WEEBER 1984, 336.
433 Vgl. auch ENGELS 2007a, 213.
434 NESSELRATH 1990, 162 merkt an, dass sich in der Parallelüberlieferung beispielsweise bei Cicero der vergöttlichte Romulus als Quirinus vorstellt, während bei Livius am Ende nur kurz vom Erzähler auf dieses Aition verwiesen wird.
435 Vgl. HILLEN 2003, 10 und Kap. 2.4.3.1.
436 Fox 1996, 104.
437 Vgl. Kap. 2.2.1.

der Bezug auf die *fata* zu Beginn der Erzählung von Aeneas (Liv. 1,1,4) und vor dem Beginn der Erzählung von der Geburt der Zwillinge Romulus und Remus (Liv. 1,4,1) ein verbindendes Element, das die Verbindung beider Episoden und Rom als von den *fata* zur Weltmacht bestimmte Stadt und als das Ziel aller Bemühungen deutlich macht.

Im Folgenden möchte ich zeigen, dass Livius die Gründung Roms literarisch in das Spannungsfeld zwischen einem Goldenen Zeitalter und dem Problem der Herrschsucht (*regni cupido*) versetzt. Das Motiv der *regni cupido* ist in der römischen Historiographie das ausschlaggebende Motiv, das den Niedergang der Republik und den Verfall der Sitten bedingt.[438] Mit dem Goldenen Zeitalter greift Livius ein zentrales Motiv der augusteischen Literatur und des augusteischen Diskurses auf. Dies erfolgt aber keineswegs explizit und deutlich, sondern ist vielmehr aus der Erzählstruktur und den literarischen Motiven zu erschließen. Wenn man die Entstehungszeit der ersten Pentade berücksichtigt, ist es klar, warum diese Hinweise nicht deutlicher sind. Zu Beginn der Zwanzigerjahre des ersten vorchristlichen Jahrhunderts kann sicher nicht von einer gefestigten Friedenszeit die Rede sein, die eine Voraussetzung für die Wiederkehr des Goldenen Zeitalters unter Augustus wäre. Dennoch erscheint Oktavian wie der Friedensbringer und Begründer eines neuen Zeitalters.[439] Einerseits evoziert Livius ein Goldenes Zeitalter, in dem die Gründung Roms stattfindet, dadurch, dass er durch die Euandergeschichte und die Episode von Herkules und Cacus den Bericht von der Stadtgründung rahmt. Er durchbricht deswegen die Chronologie seiner Erzählung.[440] Euander lebte schon vor dem troianischen Krieg in Italien.[441] Die Episode steht aber im Kontext von Romulus und Remus. Andererseits evoziert Livius durch bukolische Motive in diesem Abschnitt der Erzählung ein Goldenes bzw. Saturnisches Zeitalter. Der Zusammenhang von bukolischen Motiven und dem Motiv des Goldenen Zeitalters lässt sich durch Vergils *Eklogen* und durch seine *Georgica* belegen, Werke, die zur Entstehungszeit von *ab urbe condita* schon veröffentlicht waren.[442] Livius erweckt durch die narratologische Gestaltung und

---

438 So nennt Sallust dieses Motiv in seiner Archäologie zur Catilinarischen Verschwörung, wobei sich die Bezeichnungen *imperi cupido* und *regni cupido* aus der jeweiligen Staatsform ergeben: *Igitur primo pecuniae, deinde imperi cupido crevit: ea quasi materies omnium malorum fuere* (Sall. Catil. 10,3).
439 KIENAST ⁴2009, 80 und 224.
440 PAUSCH 2008, 44 sieht die Einführung des Palatins in die Handlung in Verbindung mit Romulus und Remus als einzigen Grund für das Durchbrechen der Chronologie.
441 HOLZBERG 2012, 451 f.
442 Nach GALL 2013, 42 ist die gängige Datierung für die *Eklogen* um 38 v. Chr., für die *Georgica* um 29 v. Chr.

die verwendeten Motive den Eindruck, dass die Gründung Roms in einem Goldenen Zeitalter stattfand. Dies wird durch die Ergebnisse zur Bedeutung der *fata* bei der Stadtgründung als teleologisches Element zusätzlich untermauert. Allerdings ist für Livius die Gründung Roms eben nicht ein ausschließlich positives Ereignis, da er mit dem Brudermord und mit dem Motiv der Herrschsucht auch zwei negative Elemente in die Erzählung von der Anfangszeit Roms einbaut. Die Bedeutung dieser anderen Seite der Medaille soll ebenfalls erörtert werden.

In der Forschung ist der Gründungsbericht in seiner Struktur und mit der Berücksichtigung des Motivs des Goldenen Zeitalters bisher kaum explizit berücksichtigt worden. Einzig Gary B. Miles behandelt den Zusammenhang vom Bericht der Stadtgründung und der Evozierung eines Goldenen Zeitalters. Er nimmt die Dichotomie ‚Stadt und Land' in den Fokus, die dem Gegensatz ‚hierarchisch regiert mit sozialen Regeln' und ‚primitiv bzw. natürlich („natural")' entspricht.[443] Er betrachtet das Land als einen Raum ohne soziale und politische Hierarchie, wobei alle ihre Güter teilen und in Gemeinschaft leben, und ist der Meinung, dass der Erzähler die Zwillinge nicht als „leader" ihrer ländlichen Kameraden ansieht. Das Leben, das Romulus und Remus auf dem Land führten, sei eines in Gemeinschaft gewesen, wobei sich jeder um das Wohlergehen des anderen kümmerte. Damit lege Livius das soziale Ideal der Stoiker zugrunde und nenne einen wichtigen Aspekt der Gesellschaft im Goldenen Zeitalter.[444] In der Stadtgründung sieht Miles folglich einen Rückschritt vom idealen Landleben in hierarchieloser Gemeinschaft hin zur alten städtischen Herrschaftsordnung, die es früher auch in Alba Longa gab. Er nimmt ein zyklisches Modell an: Aus der alten, korrupten Herrschaftsordnung einer Stadt, in diesem Fall Alba Longa, entsteht unter Romulus und Remus zunächst die anarchische Gemeinschaft auf dem Land. Aus dieser wird durch die Gründung Roms wieder eine jüngere Monarchie.[445] Anita Johner thematisiert in ihrem Aufsatz das Thema ‚Gewalt' in der Legende von der Gründung Roms, allerdings nicht ausschließlich bei Livius.[446]

2.3.1 Euander und die Motivik des Goldenen Zeitalters

Die Erzählung von der Stadtgründung ist folgendermaßen aufgebaut: Auf Aeneas, der Lavinium gründete, folgte sein Sohn Ascanius Iulius als der Gründer Alba Longas. Livius zählt anschließend die Könige von Alba Longa auf und fügt zu

---
443 Vgl. MILES 1995, 156 ff., bes. 158.
444 MILES 1995, 156 f.
445 MILES 1995, 160 und 163.
446 JOHNER 2003.

jedem Namen noch eine Information hinzu, die für den weiteren Verlauf der Handlung nicht von Bedeutung ist. Für die Gründung Roms ist erst der Übergang der Herrschaft vom Albanerkönig Proca auf Numitor und Amulius entscheidend. Numitor, dem älteren der Brüder, hätte die Herrschaft zugestanden, aber Amulius sicherte sich diese gewaltsam auf Dauer, indem er seinen Bruder unrechtmäßig vertrieb, die männliche Nachkommenschaft Numitors erschlug und dessen Tochter Rea Silvia zur Vestalin machte. Dies verpflichtete sie zu ewiger Jungfräulichkeit. Durch die Vertreibung des Bruders, was Livius als Gewalt (*Plus tamen vis potuit* [Liv. 1,3,10]) und später auch noch als Verbrechen bezeichnet, und durch das Verbrechen, die Nachkommenschaft Numitors auszuschalten (*Addit sceleri scelus* [Liv. 1,3,11]), ist Alba Longa durch Unrecht am Boden. Von der einst glanzvollen Tochterstadt Laviniums scheint zunächst auf der Ebene der Handlung nichts mehr übrig.

Livius leitet unmittelbar danach mit Bezug auf die *fata*, die den Leser hoffen lassen, dass sich das Blatt zum Guten wendet, und durch die Geschichte von der Geburt der Zwillinge durch Rea Silvia konkret die Gründungserzählung Roms ein.[447] Interessant ist, dass es an keiner Stelle um etwaige Nachkommen des Amulius geht. Der Fokus liegt auf der Gründung Roms, die Könige von Alba Longa werden in der Handlung nur so weit thematisiert, wie es für die Gründungserzählung nötig ist. Romulus und Remus wurden von einer Wölfin gesäugt, wuchsen heran und waren schließlich Hirten, die zugunsten der anderen Hirten auch immer wieder gegen Räuber vorgingen:

> Hinc robore corporibus animisque sumpto iam non feras tantum subsistere sed in latrones praeda onustos impetus facere pastoribusque rapta dividere et cum his crescente in dies grege iuvenum seria ac iocos celebrare (Liv. 1,4,9).

Livius charakterisiert die beiden Zwillinge als sehr kräftig, mutig und durch ihren Kampf gegen Räuber, die sich erst später als Hirten des Numitor identifizieren lassen, als gerecht, sodass der Leser von beiden Brüdern ein positives Bild erhält.[448] Ferner beschreibt Livius das Leben der Hirten als Leben in Gemeinschaft unter gleichgestellten Leuten. Das friedliche Hirtenleben auf dem Land, das hier allerdings durch die Räuber gestört wird, ist ein wichtiges Element der Motivik des Goldenen Zeitalters. Im folgenden Teil (Liv. 1,5,1–1,6,2) berichtet Livius von der Teilnahme des Romulus und des Remus am Luperkalienfest und von der Gefangennahme des Remus. Im weiteren Verlauf der Erzählung erkennt Numitor Remus beinahe wieder. Romulus und Remus stürzen König Amulius vom Thron und

---

447 Vgl. Kap. 2.2.2.1.
448 GÄRTNER 1999, 28. Vgl. auch Kap. 2.4.3.2.1.

erkennen ihren Großvater Numitor als rechtmäßigen König an. Dennoch wollen der Erzählung nach beide Brüder eine Stadt gründen. Romulus und Remus planen daher ein Augurium einzuholen, um festzulegen, wer in der neu zu gründenden Stadt herrschen und ihr den Namen geben solle. Dazu ging Romulus auf den Palatin, Remus auf den Aventin. Remus erschienen zuerst sechs Geier, Romulus darauf zwölf. Es entbrannte ein Streit um die Interpretation des Vorzeichens, worauf Remus ums Leben kam. Livius gibt zwei mögliche Erklärungen: Remus sei entweder im Getümmel umgekommen oder er sei aus Spott über die Mauern gesprungen, habe dadurch eine kultische Handlung verletzt und Romulus habe ihn aus Zorn erschlagen. Romulus befestigte den Palatin und opferte den Göttern nach dem Ritus von Alba Longa außer dem Herkules, dem er nach griechischem Ritus opferte. Livius fügt schließlich die Episode um Herkules und Cacus ein, bevor er die Herkunft Euanders, des Kulturstifters und des Sohnes der Carmenta, genauer beleuchtet.

Das Evozieren des Motivs des Goldenen Zeitalters geschieht vor allem über die beiden Euander-Bezüge in Liv. 1,5,1–2 und in Liv. 1,7,8–14 sowie über den in die Erzählung eingeflochtenen Mythos von Herkules und Cacus (Liv. 1,7,4–7).[449] Zunächst soll die Bedeutung Euanders in den Blick genommen werden. Livius beginnt die Passage, die unmittelbar zur Stadtgründung führt, mit der Teilnahme von Romulus und Remus am Lupercalienfest. Die Handlung wird an dieser Stelle sehr viel ausführlicher geschildert als das Leben der Zwillinge zuvor, das in starker Zeitraffung erzählt wurde:

> Iam tum in Palatio monte Lupercal hoc fuisse ludicrum ferunt, et a Pallenteo, urbe Arcadica, Pallantium, dein Palatium montem appellatum; ibi Euandrum, qui ex eo genere Arcadum multis ante tempestatibus tenuerit loca, sollemne allatum ex Arcadia instituisse ut nudi iuvenes Lycaeum Pana venerantes per lusum atque lasciviam currerent [...] Huic deditis ludicro cum sollemne notum esset insidiatos ob iram praedae amissae latrones, cum Romulus vi se defendisset, Remum cepisse, [...] (Liv. 1,5,1–3).

Zunächst verlegt Livius den Schauplatz der Handlung an den Palatin und damit an den Ort, der für die spätere Stadtgründung und die erste Kulthandlung des Romulus von zentraler Bedeutung ist und die Konstante in der folgenden Erzählung darstellt.[450] Wichtig ist hier die Zeitstruktur der Erzählung. Livius springt zweimal in die Zeit Euanders zurück, der dem Mythos nach gut 500 Jahre zuvor dort lebte, und bildet durch die beiden Euanderbezüge einen Rahmen um die konkrete Erzählung der Stadtgründung. Er weicht an dieser Stelle ganz bewusst

---

449 Zum Aufbau der Erzählung von Herkules und Cacus siehe HOLZBERG 2012, 452.
450 Vgl. FOX 1996, 103.

von der mythischen bzw. historischen Chronologie der Handlung ab. Dies fällt umso mehr auf, da sich beispielsweise Dionysios von Halikarnass an die Chronologie hält und keinen direkten Bezug zur Stadtgründung herstellt.[451] Livius wollte offensichtlich bewusst keinen zusammenhängenden Bericht über Euander schreiben.[452] Livius nennt Euander, der gemäß dem Mythos einige Zeit vor dem troianischen Krieg nach Italien gekommen ist[453] und in der Handlung des achten Buches der *Aeneis* von Aeneas aufgesucht wird (Verg. *Aen.* 8,102ff.),[454] an dieser Stelle erstmalig. Romulus und Remus dagegen sind beim Lupercalienfest. Dies machen die Worte *iam tum* am Satzanfang deutlich. Durch *iam tum* in Verbindung mit dem Demonstrativpronomen *hoc*, das hier mit ‚dieses unser' Fest wiederzugeben ist, verstärkt Livius den Gegenwartsbezug zur eigenen Zeit und beginnt damit die Aitienerzählung eines Festes, das kontinuierlich bis in seine Zeit existierte.[455] Es sind also drei Zeitpunkte auseinanderzuhalten: die Zeit Euanders, die von Romulus und Remus und die des Livius.[456] Allerdings springt Livius im Rahmen des Aitions gleich im zweiten Satz von der Zeit der Stadtgründung noch einmal zurück in die des Euander. Das Lupercalienfest ist laut Livius ein Hirtenfest zu Ehren des Faunus Lupercus, das aus der Epoche Euanders stammt (*Euandrum [...] sollemne allatum ex Arcadia instituisse*),[457] wobei sehr bald anstelle des Faunus Lupercus der Pan Lycaeus verehrt wurde. Dieser steht wiederum im engen Bezug zum Hirtenland Arkadien, der Heimat Euanders.

Durch den Bezug zum Hirtenland Arkadien, das auch Schauplatz einiger Eklogen ist,[458] wird implizit die Motivik des Goldenen Zeitalters evoziert. Denn Arkadien steht für ein ideales Zusammenleben in Ruhe und Frieden.[459] Dieser Zeitsprung wird nur durch den Namen Euander (*Euandrum*) am Satzanfang deutlich und durch die Wendung *multis ante tempestatibus* – *tempestas* ist hier einfach mit ‚Zeit' zu übersetzen – im unmittelbar folgenden Relativsatz, in dem

---

451 Dionysios von Halikarnass erzählt zunächst den Euander-Mythos, schildert dann Aeneas, anschließend die Geschichte um Numitor und Amulius und leitet dann zur Stadtgründung über (Dion. Hal. *ant.* 1,31–1,88). Er erzählt die Ereignisse also chronologisch, aber viel ausführlicher als Livius. Laut Mavrogiannis 2003, 92 führt Dionysios den Euander-Mythos besonders deswegen im Zusammenhang aus, um zu zeigen, dass die Römer „vollständig Griechen seien".
452 Mavrogiannis 2003, 92.
453 Vgl. Ogilvie 1965, 52.
454 Zur Begegnung von Aeneas und Euander bei Vergil s. Mineo 2006, 171.
455 Vgl. Haehling 1989, 34f. und Neel 2015, 89.
456 Vgl. Fox 1996, 103.
457 Weissenborn u. Müller [11]1963a, 97. Vgl. auch Ogilvie 1965, 51, der darauf hinweist, dass dieses Fest in späterer Zeit auf dem Forum und der Via Sacra stattgefunden habe.
458 Vgl. Gall 2013, 48f.
459 Mavrogiannis 2003, 90.

Euander näher charakterisiert wird. Allerdings erhalten wir neben der Zeitangabe in diesem Moment nur den Hinweis auf seine Herkunft aus Arkadien (*ex eo genere Arcadum*) und, dass er damals am Palatin herrschte (*tenuerit loca*). Im nächsten Satz geht Livius wieder zurück in die Zeit von Romulus und Remus, die gerade das Lupercalienfest feiern. Dies zeigt sich durch das Demonstrativpronomen *huic*, das wiederum den Gegenwartsbezug zur Zeit des Livius erkennen lässt. Die ganze Erzählung von den Ereignissen beim Lupercalienfest ist abhängig von *ferunt*. Livius distanziert sich also von dieser mythischen Geschichte, indem er sie als Überlieferung und Aition des Lupercalienfestes anführt, nutzt sie aber bewusst als ein Moment zur Evozierung der Motivik des Goldenen Zeitalters. Euander wird erst ganz am Ende der Erzählung von der Stadtgründung wieder erwähnt und bildet somit literarisch den Rahmen um den Bericht über die Stadtgründung. Erneut fällt auf, dass der Zeitbezug sehr schwach hergestellt wird. Auf Euander wird unmittelbar nach der Episode um Herkules und Cacus Bezug genommen; der Zeitbezug wird lediglich durch den Namen und die Konjunktion *tum* hergestellt:

> Euander tum ea, profugus ex Peloponneso, auctoritate magis quam imperio regebat loca, venerabilis vir miraculo litterarum, rei novae inter rudes artium homines, venerabilior divinitate credita Carmentae matris, quam fatiloquam ante Sibyllae in Italiam adventum miratae eae gentes fuerant (Liv. 1,7,8).

Euander wird zunächst als der Herrscher über die Gegend, als Kulturstifter, da er der Überlieferung nach die Schrift nach Latium brachte, und als Sohn der Carmenta, einer Seherin (*fatiloqua*) charakterisiert. Er wird als Herrscher bezeichnet, der mehr durch Ansehen (*auctoritas*) als durch eine rechtlich beziehungsweise kultisch verliehene Befehlsgewalt (*imperium*) regiert.[460] Dies ist für die Thematik des Goldenen Zeitalters von Bedeutung, für die ein Zusammenleben auf dem Land in Frieden wichtig ist, was hier indirekt durch *auctoritate regere* vorgegeben wird. Im Anschluss an die Episode von Herkules und Cacus ist der vordergründige Bezug zum Thema das Aition der *ara Maxima*,[461] die Euander für Herkules errichten ließ. Wie Livius mit einem Bezug zu Euander im Zusammenhang mit Romulus und Remus vor der Stadtgründung das Aition des Lupercalienfestes einleitet, schließt er an den Bericht der Stadtgründung die Episode um Herkules und Cacus mit der Aitienerzählung der *ara Maxima* an: *Palatium primum, in quo ipse erat educatus muniit. Sacra dis aliis Albano ritu, Graeco Herculi, ut ab Euandro instiuta erant, facit* (Liv. 1,7,3). Beide Aitien spielen für Romulus eine Rolle: Am Lupercalienfest nimmt er mit Remus teil, bevor dieser gefangen genommen wird

---
460 Vgl. Mineo 2006, 156 mit dem Hinweis auf die Herrschaftsauffassung des Augustus.
461 Vgl. Mavrogiannis 2003, 92 und Johner 2003, 102.

und es zur Anagnorisis-Szene mit Numitor kommt. An der *ara Maxima* brachte Romulus nach der Stadtgründung sein erstes Opfer dar, wobei es sich um den einzigen fremden Kult handelt, den er in diesem Fall von den Griechen übernimmt: *Haec tum sacra Romulus una ex omnibus peregrina suscepit* (Liv. 1,7,15). Man kann also feststellen, dass es Livius' Ziel ist, die Handlung um Euander und die Stadtgründung im Sinne einer Leserlenkung möglichst in engen Zusammenhang zu bringen, indem unmittelbar vor und unmittelbar nach dem Bericht über die Stadtgründung ein Aition erzählt wird, dessen Urheber jeweils Euander ist.[462] Dies ist deshalb so auffällig, weil Dionysios von Halikarnass die Chronologie einhält und Vergil in der *Aeneis* Euander und Aeneas aufeinandertreffen lässt.[463] Somit muss bei Livius der Bezug von Euander zur Stadtgründung eine Bedeutung haben. Daneben ist die Figur Euander mit ihrer Charakterisierung ein erster Anhaltspunkt für ein Goldenes Zeitalter.

Im nächsten Schritt soll gezeigt werden, wie durch bukolische Motive in der Erzählung des Livius das Goldene Zeitalter evoziert wird, wenngleich bei Livius an keiner Stelle explizit ein *aureum saeculum* bzw. eine *aurea aetas* weder in Bezug auf die Frühzeit noch in augusteischer Prägung benannt wird. Bevor die Motive anhand der Texte analysiert werden, soll kurz darlegen werden, wie das Motiv des Goldenen Zeitalters zu verstehen ist. In Rom existiert die Vorstellung der Saturnischen Zeit als Goldenes Zeitalter. Diese Vorstellung ist vor allem zu Beginn der augusteischen Zeit von großer Bedeutung. Die Motivgeschichte ist sehr komplex und hat mehrere Stränge. Die Chronologie, die im Weltaltermythos bei Hesiod vom Goldenen bis zum Eisernen Zeitalter entscheidend ist,[464] ist nachrangig. Viel ausschlaggebender für die römische Interpretation vom Goldenen Zeitalter ist die Vorstellung von einem friedlichen Zusammenleben in Gemeinschaft auf dem Lande wie eben zu Saturnischer Zeit,[465] also vor Jupiter. Diese Goldene Zeit ist latent immer vorhanden und kann zu gegebener Zeit wieder aufscheinen, eine Vorstellung, die insbesondere dem teleologischen Geschichtsbild in Vergils *Aeneis* zugrunde liegt.[466]

Im Bericht des Livius finden sich viele Motive, die es nahelegen, von einem Goldenen Zeitalter auszugehen, was vor allem auch eine Parallelstelle aus dem

---

462 Vgl. MINEO 2006, 169, der davon ausgeht, dass Livius unmittelbar eine Kontinuität von Euander zu Romulus herstellen wollte.
463 Vgl. JOHNER 2003, 102.
464 Vgl. HECKEL 2002, 706.
465 Vgl. KLINGNER 1993, 18 und HECKEL 2002, 707f. Eine Ausnahme im augusteischen Denken vom Goldenen Zeitalter stellt der Weltaltermythos im ersten Buch von Ovids *Metamorphosen* (Ov. met. 1,89ff.) dar, der auf Hesiods *Erga* zurückgeht.
466 HECKEL 2002, 708.

zweiten Buch der *Georgica* Vergils belegt, die mithin als „Lob des Landlebens" überschrieben wird und neben den *Eklogen* den wichtigsten Prätext für die Motivik des Goldenen Zeitalters in der lateinischen Literatur vor Livius darstellt:

> interea dulces pendent circum oscula nati,
> casta pudicitiam servat domus, ubera vaccae
> lactea demittunt, pinguesque in gramine laeto
> inter se adversis luctantur cornibus haedi.
> ipse dies agitat festos fususque per herbam,
> ignis ubi in medio et socii cratera coronant,
> te libans, Lenaee, vocat pecorisque magistris
> velocis iaculi certamina ponit in ulmo,
> corporaque agresti nudant praedura palaestra.
> hanc olim veteres vitam coluere Sabini,
> hanc Remus et frater; sic fortis Etruria crevit
> scilicet et rerum facta est pulcherrima Roma,
> septemque una sibi muro circumdedit arces.
> ante etiam sceptrum Dictaei regis et ante
> impia quam caesis gens est epulata iuvencis,
> aureus hanc vitam in terris Saturnus agebat;
> necdum etiam audierant inflari classica, necdum
> impositos duris crepitare incudibus ensis. (Verg. *georg.* 2,523–540)

Vergil zeichnet hier das Bild vom glücklichen Landleben. Die Menschen führen ein frohes Leben, alles wächst und gedeiht. Wichtig sind Motive, die auch bei Livius in der Herkules-Cacus-Erzählung zu finden sind, die zeitlich ebenfalls in der Zeit des Euander zu verorten ist:

> Herculem in ea loca [...] boves mira specie abegisse memorant, ac prope Tiberim fluvium [...] loco herbido ut quiete et pabulo laeto reficeret boves et ipsum fessum via procubuisse. Ibi cum eum cibo vinoque gravatum sopor oppressisset, [...] Cacus [...] captus pulchritudine boum cum avertere eam praedam vellet [...] (Liv. 1,7,4–5).

Auffällig ist das Motiv der fruchtbaren Schönheit der Tiere, *ubera vaccae lactea* und *pingues haedi* bei Vergil bzw. *boves mira specie* und *pulchritudo boum* bei Livius. Ferner schreiben beide von einer saftigen Wiese, *in gramine laeto* (Vergil) und *pabulo laeto* (Livius), wobei das Adjektiv *laetus* bei beiden Autoren steht. Eine weitere Parallele findet sich in den Festlichkeiten, die Vergil jedoch nicht genauer präzisiert. Allerdings sagt er, dass die Hüter der Herden (*pecorisque magistri*), also die Hirten, die Körper entblößen (*corpora nudant*), was im Zusammenhang des Lupercalienfestes steht, eines Hirtenfestes, bei dem *nudi iuvenes* (Liv. 1,5,2) feiern. Vergil bringt mit dem Verweis auf Romulus und Remus die guten ländlichen Sitten des alten Italiens ins Spiel,[467] wobei es hier eindeutig um Romulus und Remus in vorrömischer Zeit geht. Denn Vergil beschreibt an dieser Stelle das glückliche Landleben vor der Gründung Roms, als die Sabiner noch eigenständig lebten, und auch vor der Zeit, als die Etrusker mächtig wurden (Verg. georg. 2,532–535).[468] Anaphorisches *hanc* (Verg. georg. 2,532–533), bezogen auf *vitam*, unterstützt diesen Befund. Damit setzt Vergil die Goldene Zeit vor der Herrschaft Jupiters und der Gründung Roms an, was durch die Anfangs- und Endstellung von *ante* untermauert wird:

> ante etiam sceptrum Dictaei regi et ante
> impia quam caesis gens est epulata iuvencis,
> aureus hanc vitam in terris Saturnus agebat (Verg. georg. 2,536–538).

Darüber hinaus wird diese Chronologie aus der Gegenüberstellung der Herrschaft Jupiters, die menschlicherseits von einer *impia gens* geprägt ist, mit dem Goldenen Zeitalter unter Saturn deutlich, was durch die Enallage *aureus hanc vitam* [...] *Saturnus agebat* (Verg. georg. 2,538) besonders hervorgehoben wird. Denn durch diese Enallage gelingt es Vergil, *hanc vitam* aus Vers 536 und 537 wieder aufzunehmen. Dieses Goldene Zeitalter unter Saturn findet auf dem Land statt und ist von friedlichem Zusammenleben ohne Krieg geprägt,[469] was sich in der Metonymie von der noch nicht vorhandenen Kriegstrompete und dem noch nicht vorhandenen Klirren des Ambosses beim Schmieden der Schwerter zeigt. Vergil nimmt mit dem Frieden ein zentrales Motiv des Goldenen Zeitalters auf und lobt wie Livius in diesem Zusammenhang auch die spätere Größe Roms. Allerdings bedauert Vergil laut Manfred Erren fast die Schönheit und Größe Roms, weil dies gleichzeitig auch der Beginn der Herrschaft Jupiters (*sceptrum Dicaei regis* [Verg. georg. 2,536]),[470] und damit das Ende des Goldenen Zeitalters unter Saturn bedeutet. Auffällig ist an dieser Stelle, dass Romulus nicht beim Namen genannt wird, offensichtlich weil er der Überlieferung nach Remus bei der Stadtgründung erschlagen hat und Vergil dadurch dieses konkrete Verbrechen aus seiner Darstellung ausschließt. Seine Gegenüberstellung erfolgt über die herrschenden Götter: Saturn als Gott des Goldenen Zeitalters und des friedlichen Zusammenlebens auf dem Land gegenüber Jupiter als herrschenden Gott zur Zeit Roms, unter

---

467 ERREN 2003, 544.
468 KUBUSCH 1986, 98f.
469 KUBUSCH 1986, 99.
470 ERREN 2003, 545.

dem der Frieden nicht mehr gesichert war.⁴⁷¹ Diese Gegenüberstellung hätte Livius so auch gar nicht übernehmen können, weil die Gattung Historiographie im Gegensatz zum Lehrgedicht solch eine prominente Bedeutung der Götter nicht zugelassen hätte.⁴⁷²

Dennoch evoziert auch Livius sicherlich die Motivik des Goldenen Zeitalters. Auch er setzt es meiner Meinung nach zu Zeiten Euanders und des Herkules an, also vor der Gründung Roms. Durch die Teilnahme von Romulus und Remus am Lupercalienfest wird klar, dass die Zwillinge ein friedliches Leben auf dem Land führten, wobei bei Livius durch die Räuberangriffe auf das Vieh dieser Frieden schon gestört ist. Denn um die Stadtgründung in ein Goldenes Zeitalter zu verlegen, wird die entsprechende Passage der Erzählung von bukolischen Motiven in Zusammenhang mit Euander und Herkules literarisch eingerahmt.

Ein weiterer Beleg dafür, dass Livius ein Goldenes Zeitalter evoziert, ist der Bezug zur vierten *Ekloge* Vergils. Dort wird die Wiederkehr eines Saturnischen Zeitalters verkündet (*redeunt Saturnia regna* [Verg. ecl. 4,6]),⁴⁷³ dessen Beschreibung ebenfalls einige der oben genannten bukolischen Elemente enthält (Verg. ecl. 4,18 ff.). Außerdem bringt Vergil das Hirtenland Arkadien und den Gott Pan ins Spiel. Der Bezug zu Euander, dessen arkadische Herkunft bei Livius die erste Information über ihn ist, ist offensichtlich. *Pan etiam, Arcadia mecum si iudice certet, / Pan etiam Arcadia dicat se iudice victum* (Verg. ecl. 4,58–59). Ebenfalls ein deutlicher Bezug ergibt sich daraus, dass Livius im Zusammenhang mit Carmenta, der Mutter Euanders, die Sibylle erwähnt. Diese verkündet das bevorstehende Saturnische Zeitalter (Verg. ecl. 4,4 ff.).⁴⁷⁴

Auch in der *Aeneis* finden sich weitere Belegstellen für den Zusammenhang bukolischer Motivik in Form von friedlichem Zusammenleben und einem Saturnischen beziehungsweise Goldenen Zeitalter, ganz konkret auch im Zusammenhang mit Euander. Dabei ist es aufgrund von Datierungsfragen unklar, ob Livius die *Aeneis* beim Verfassen des ersten Buches schon gekannt haben kann. Dennoch passen die Motive in der sogenannten Perihegese Roms im achten Buch, im Zuge deren Euander Aeneas durch die Hirtensiedlung am Palatin, also durch die Landschaft des späteren Roms, führt, zu dieser Thematik.⁴⁷⁵ Dabei geht es auch um die Goldene Zeit unter Saturn vor der Herrschaft Jupiters:

---

471 Vgl. KUBUSCH 1986 102 f. mit dem Hinweis, dass bei Vergil an dieser Stelle das Landleben dem Stadtleben gegenübergestellt wird.
472 Vgl. zu Göttern in der Historiographie Kap. 2.2.2.1.
473 Vgl. KUBUSCH 1986, 91 ff.
474 Vgl. MARINČIČ 2002, 148 f.
475 KUBUSCH 1986, 103.

> aurea quae perhibent illo sub rege [sc. Saturno] fuere
> saecula: sic placida populos in pace regebat,
> deterior donec paulatim ac decolor aetas
> et belli rabies et amor successit habendi (Verg. Aen. 8,324–327).

Auch hier zeigt sich, dass Euander von einem Goldenen Zeitalter unter Saturn erzählt, der die dort lebenden Völker in Frieden (in pace) regiert.[476] Die Geschichte von Herkules und Cacus wird bei Vergil ebenfalls in diesem Zusammenhang erzählt.[477]

Zusammenfassend lässt sich feststellen, dass Livius die Chronologie seiner Erzählung bewusst durchbricht und mit den beiden Bezügen auf Euander die Erzählung von der Stadtgründung rahmt. Damit evoziert er die Motivik eines Goldenen Zeitalters, in dem die Stadtgründung stattfindet. Der Bezug zu Euander wird über Aitien von Festen bzw. Kulten hergestellt, die Romulus feiert und deren Ursprünge in der Zeit des Euander liegen. Wie sich im Folgenden zeigen wird, ist allerdings auch das Motiv der regni cupido im Kontext der Stadtgründung ein zentrales Motiv, das die gleichsam heile Welt des Goldenen Zeitalters durchbricht.

2.3.2 regni cupido und der Tod des Remus

Die Erzählung von der Stadtgründung schließt unmittelbar an die Anagnorisis-Szene an, in der Numitor Remus erkennt, woraufhin die Zwillinge Numitor die Herrschaft über Alba Longa zurückgeben. Damit spielt die Stadt Alba Longa bis zum Krieg zwischen Rom und Alba unter König Tullus Hostilius zunächst einmal keine Rolle mehr.[478] Die beiden Hirten Romulus und Remus wollten, nachdem sie Numitor zum König über Alba gemacht hatten, eine Stadt gründen. An dieser Stelle der Erzählung handeln beide noch in Einigkeit,[479] auch in dem Plan der Stadtgründung:

> Ita Numitori Albana re permissa Romulum Remumque cupido cepit in iis locis ubi expositi ubique educati erant urbis condendae. Et supererat multitudo Albanorum Latinorumque; ad id pastores quoque accesserant, qui omnes facile spem facerent parvam Albam, parvum Lavinium prae ea urbe quae conderetur fore. Intervenit deinde his cogitationibus avitum

---

[476] KUBUSCH 1986, 104 weist zu Recht auf die Unterschiede in der Darstellung vom Ende des Goldenen Zeitalters in oben zitierter Passage aus dem zweiten Buch der Georgica und in hier zitierter Passage aus der Aeneis hin.
[477] Zur Interpretation der Herkules-Cacus-Geschichte bei Vergil siehe HOLZBERG 2012, 450 f.
[478] Vgl. Kap. 2.4.2.2.
[479] NEELS 2015, 15.

malum, regni cupido, atque inde foedum certamen coortum a satis miti principio. Quoniam gemini essent nec aetatis verecundia discrimen facere posset, ut di [...] auguriis legerent qui nomen novae urbi daret, qui conditam imperio regeret, Palatium Romulus, Remus Aventinum ad inaugurandum templa capiunt (Liv. 1,6,3–4).

Es bestand laut Livius für beide Brüder das erklärte Ziel, eine neue Stadt zu gründen, ohne dass Numitor und damit die Mutterstadt Alba Longa darauf irgendeinen Einfluss hatte.[480] Sprachlich spiegeln dies besonders die Alliterationen *Romulum Remumque cupido cepit* (Liv. 1,6,3) und die betonte Endstellung im Satz von *urbis condendae* wider. Die beiden Worte beziehen sich unmittelbar auf *cupido*, sodass der Palatin als Ort der Stadtgründung eingerahmt wird. Damit betont Livius in diesem Zusammenhang die Verbundenheit mit einem Ort als zentrales Handlungsmotiv der Römer.[481] Schon bei der Stadtgründung wird dadurch klar, dass Rom nicht an irgendeinem beliebigen Ort gegründet wird.[482] Dieses Motiv wiederholt Livius an zwei weiteren entscheidenden Stellen der ersten Pentade: im Binnenproöm des zweiten Buches, als Livius in Bezug auf die sich etablierende republikanische Ordnung betont (*caritasque ipsius soli, cui longo tempore adsuescitur* [Liv. 2,1,5]), dass die Liebe zum eigenen Boden sich nur langsam entwickeln konnte, und in der Rede des Camillus am Ende des fünften Buches gegen die Übersiedlung nach Veji, in der Livius Camillus explizit Bezug auf die *casa Romuli* nehmen lässt.[483] Somit beginnt Livius hier mit dem Bezug auf den Palatin als den Ort, an dem Romulus und Remus aufgewachsen sind und der die Keimzelle der zu gründenden Stadt Rom ist. Es handelt sich um eine Ringkomposition, die am Ende des fünften Buches mit der Rede des Camillus geschlossen wird. Dieser sogenannte zweite Gründer Roms plädiert nach der Zerstörung Roms durch die Gallier gegen eine Übersiedlung nach Veji und hält damit die Leute an dem Ort, an dem die Stadt ursprünglich gegründet wurde und an dem die eigenen Götter verehrt werden.[484] Die Gründungsbevölkerung bestand demnach aus Leuten aus dem überbevölkerten Alba, aus den Latinerstädten und aus Hirten.[485] Ebenfalls wird – bezugnehmend auf die Vorherbestimmung der *fata* – die spätere Größe betont, die die neue Stadt haben solle. Dies zeigt sich sprachlich am Parallelismus *parvam Albam, parvum Lavinium* und an der Alliteration *parvam-parvum-prae*.[486]

---

480 MILES 1995, 146.
481 EDWARDS 1996, 18.
482 Vgl. Kap. 2.4.1.2.
483 EDWARDS 1996, 18 und 39. Zur Rede des Camillus vgl. Kap. 2.2.2.2.
484 MILES 1988, 199 f.
485 DUPONT 2013, 92.
486 Vgl. Kap. 2.2.1.

Allerdings wenden sich die grundsätzlich guten Anfänge um Romulus und Remus, die in einer literarischen Welt des Goldenen Zeitalters spielen, sowie ihre Eintracht bei der Stadtgründung durch *regni cupido* rasch ins Gegenteil.[487] Romulus und Remus wollen beide die Stadt gründen und sie nach ihrer Gründung beherrschen,[488] sodass es zur Trennung des bis dahin einträchtigen Zwillingspaars kommt und die Stadtgründung allein als die Sache des Romulus anzusehen ist.[489] Dies wird durch die betonte Stellung von *intervenit* am Satzanfang sowie durch die Worte *avitum malum, regni cupido* deutlich. Diese Trennung wird zusätzlich durch den Chiasmus *Palatium Romulus, Remus Aventinum* verstärkt, als es um die Orte geht, die für das Augurium gewählt werden, wobei auch die Wahl der Orte hier sicherlich nicht zufällig ist: Der Palatin ist zu Livius' Zeiten der zentrale Wohnort der Oberschicht, während der Aventin als der Hügel der Plebs gilt.[490] Was Livius mit *regni cupido* meint, wird im weiteren Verlauf der Handlung deutlich:

> Priori Remo augurium venisse fertur, sex voltures; iamque nuntiato augurio cum duplex numerus Romulo se ostendisset, utrumque regem sua multitudo consalutaverat: tempore illi praecepto, at hi numero avium regnum trahebant (Liv. 1,7,1–2).

Es kam zum Tod des Remus, für den Livius zwei Varianten der Überlieferung angibt. Im Anschluss an die Version, nach der Remus zum Spott über die Stadtmauern gesprungen ist, schließt Livius in direkter Rede die Drohung des Romulus an, dass es so jedem ergehen werde, der über die Mauern springe, wodurch die kultisch-juristische Bedeutung der Stadtmauern evident wird. Darauf leitet Livius mit dem Hinweis, dass Romulus als ersten Ort der neuen Stadt den Palatin befestigt, zur Geschichte um Herkules und Cacus und damit zum Aition der *ara Maxima* über. Die Figur des Remus verschwindet anschließend aus der Handlung, ohne dass beispielsweise die Bestattung thematisiert wird.[491]

Das zentrale Motiv ist *regni cupido*, das später bei Livius topisch immer wieder vorkommt[492] und mit dessen Wirkung die Stadtgründung ins Negative umgekehrt

---

487 Vgl. MILES 1995, 147 und 175.
488 Vgl. STEM 2007, 444.
489 Vgl. MILES 1988, 196.
490 MINEO 2006, 163f. Dies ist umso auffälliger, da die Überlieferung hinsichtlich der Orte, an denen die Augurien stattfanden, nicht eindeutig ist und in einer älteren Überlieferung (noch bei Ennius) Romulus den Aventin als Ort des Auguriums wählt. MINEO weist hier besonders auf Cic. *div.* 1,108 hin, die Stelle mit dem entsprechenden Ennius-Zitat.
491 JOHNER 2003, 103f.
492 Mettius Fufetius führt z.B. in der direkten Rede, in der er über den wahren Kriegsanlass im Krieg von Rom gegen Alba Longa spricht, *cupido imperii* (Liv. 1,23,7), was *regni cupido* entspricht,

wird. Mit *avitum malum* schafft Livius auf der Handlungsebene konkret eine Verbindung zwischen dem Bruderstreit von Numitor und Amulius um die Vorherrschaft in Alba Longa und dem Konflikt um die Herrschaft in der neu gegründeten Stadt Rom, sodass die Bedeutung ‚vom Großvater ererbtes Übel' – Numitor ist der Großvater der Zwillinge Romulus und Remus – auf dieser Ebene die treffendste Übersetzung ist.[493] Andererseits steckt im Adjektiv *avitus* auch die Bedeutung, dass es sich allgemein um ein ‚Erbübel' handelt.[494] Dadurch wird mit dem Brudermord eindeutig auf die Bürgerkriegsthematik angespielt,[495] die Livius im Bericht des Tullus Hostilius wieder aufnimmt.[496] Ferner ist in diesem Erbübel laut Mineo auch der Kampf zwischen den Patriziern und der Plebs um die Macht und damit die Frage nach *concordia* bzw. *discordia* präfiguriert, was besonders durch die Wahl der Orte des Auguriums deutlich wird.[497] Nach der unterschiedlichen Deutung des Auguriums[498] kommt es zum Tod des Remus, der sich unmittelbar aus dem Fortgang der Handlung ergibt. Livius stellt zwei Varianten gegenüber, wobei Romulus in beiden Varianten keineswegs als herrschsüchtiger Mörder dargestellt wird:

> Inde cum altercatione congressi certamine irarum ad caedem vertuntur; ibi in turba ictus Remus cecidit. Volgatior fama est ludibrio fratris Remum novos transiluisse muros; inde ab irato Romulo, cum verbis quoque increpitans adiecisset, „Sic deinde, quicumque alius transiliet moenia mea", interfectum (Liv. 1,7,2).

Das Wort *inde* schließt unmittelbar an die unterschiedliche Deutung des Auguriums an. Zwischen den beiden Anhängergruppen, die Livius *sua multitudo* (Liv. 1,7,1) nennt, entsteht ein Streit, der schließlich in einem Blutbad endet. Livius stellt nur fest, dass Remus in der aufgebrachten Menge (*turba*) getroffen fiel. Ein

---

als eigentlichen Kriegsgrund an (vgl. Kap. 2.4.2.2). Weitere Stellen: Liv. 1,17,1 (*certamen regni ac cupido*); 2,7,9 (*cupiditas regni*).
[493] Zu den beiden Bedeutungen von *avitus* vgl. HAEHLING 1989, 55 f., der allerdings eine Interpretation auf zwei Ebenen, nämlich der Handlungsebene und einen Bezug zur Politik in der Zeit des Livius abzulehnen scheint. NEEL 2015, 6 spricht lediglich von „Livy's choice to emphasize the parallelism between Amulius and Numitor and Romulus and Remus", ohne diese Parallelsetzung näher auszuführen. In einem späteren Kapitel widmet er sich erneut diesem Thema, weist aber nur auf *avitum malum* hin und geht den Quellen der Überlieferung nach (181).
[494] HAEHLING 1989, 55 f., der dennoch die Bedeutung ‚großväterlich' bevorzugt.
[495] OGILVIE 1965, 54. Vgl. auch BERNARD 2000, 176, der in Bezug auf Romulus und Remus von einem „modèle de la désunion fraternelle, voire nationale" spricht.
[496] Vgl. Kap. 2.4.2.2.
[497] Vgl. MINEO 2006, 164 f.
[498] Vgl. Kap. 2.2.2.2.

Urheber wird explizit nicht genannt.⁴⁹⁹ Erst im folgenden Satz wird durch die Worte *volgatior fama* deutlich, dass es zwei Überlieferungsvarianten über den Tod des Remus gibt. Die zweite Variante wird ausführlicher beschrieben. Romulus erschlug demnach Remus, weil er gegen den Kult über die Stadtmauern gesprungen war, was das negative Handeln des Romulus deutlich abmildert.⁵⁰⁰ Remus handelt hier zum Spott des Bruders (*ludibrio fratris*).⁵⁰¹ Mit *inde* wird noch einmal, wie schon bei der ersten Variante, an die Handlung zuvor angeschlossen, *interfectum* steht elliptisch am Ende des AcI, in den auch noch die direkte Rede eingeflochten ist, in der Romulus drohte, dass es jedem, der seine Mauern überspringe, wie Remus gehen werde. Erst durch das letzte Wort des Satzes, *interfectum*, wird auf dramatische Weise klar, was passiert ist.⁵⁰² In dieser Variante sind die jeweiligen Anhänger lediglich Zuschauer, die nicht in die Handlung eingreifen; diese spielt sich nur zwischen Romulus und Remus ab.⁵⁰³ Auffällig in diesem Zusammenhang ist auch, dass die eigentliche Gründung der Stadt, bei der es sich in der Antike ja um einen kultischen Vorgang handelt,⁵⁰⁴ kaum beschrieben wird. Es wird vorausgesetzt, dass der Leser weiß, wie die Stadtgründung abläuft.⁵⁰⁵ Im Mittelpunkt der Erzählung steht der Tod des Remus. Dennoch enthält sich Livius einer abschließenden Bewertung, wie das Ende dieses schändlichen Streits zu sehen ist und wer letztlich die Schuld am Tod des Remus hat, sondern überlässt diese dem Leser.⁵⁰⁶ Doch Livius stellt Romulus nur vordergründig so positiv dar, ohne aber die negative Seite explizit zu thematisieren.⁵⁰⁷ Denn durch die Einleitung, dass das Erbübel der *regni cupido* die eigentlich guten Anfänge unterbrochen hat, kritisiert Livius ein Hauptproblem der Römer: die Herrschsucht.⁵⁰⁸

Auch wenn man bedingt durch das Hirtenleben von Romulus und Remus vielleicht noch in Ansätzen, wie Miles dies tut, vom Leben in einem Goldenen Zeitalter sprechen kann,⁵⁰⁹ ist es durch die negativ aufzufassende *regni cupido* sicher zumindest unterbrochen, was eine typische Vorstellung der Goldenen Zeit

---

499 WEISSENBORN u. MÜLLER ¹¹1963a, 103; WEEBER 1984, 329; STEM 2007, 445; NEEL 2015, 143.
500 WEEBER 1984, 329.
501 JOHNER 2003, 106.
502 STEM 2007, 445 f. und OGILVIE 1965, 55.
503 JOHNER 2003, 104.
504 WEISSENBORN u. MÜLLER ¹¹1963a, 103. Ovid beschreibt in seinen *fasti* den kultischen Vorgang der Stadtgründung ausführlich beim Aition des Parilienfestes (Ov. *fast.* 4,809 ff.).
505 Zur Technik der bewussten Leerstellen bei Livius vgl. GÄRTNER 1999.
506 STEM 2007, 446. Vgl. auch NEELS 2015, 145.
507 Vgl. dazu auch STEM 2007, 447 f.
508 Vgl. STEM 2007, 446 f.
509 MILES 1995, 156 f.

darstellt, deren Kennzeichen friedliches Zusammenleben in Anarchie ist. Der aus der *regni cupido* entstandene Kampf um die Herrschaft, an dessen Ende der Tod des Remus steht, ist der erste Gegenbeleg für ein solch friedliches Zusammenleben, da es auch darum geht, einen Herrscher für die neue Stadt festzulegen. Ob Livius in der augusteischen Zeit ähnlich wie Vergil den Beginn eines neuen Goldenen Zeitalters sah, können wir aufgrund der fehlenden zeitgeschichtlichen Bücher von *ab urbe condita* heute nicht mehr feststellen.

2.3.3 Zwischenfazit und Ausblick

Die Stadt Rom entsteht aus dem Nichts, da sie in keinem unmittelbaren Zusammenhang zu ihrer Mutterstadt Alba Longa steht.[510] Mit der Aussetzung der Zwillinge und ihrem Leben als Hirten auf dem Land ist der Bezug von Romulus und Remus zu Alba Longa unterbrochen.[511] Rom entsteht nicht durch die Geburt eines Herrschergeschlechts, sondern als bewusste Neugründung, die dann zu dem gemacht wird, was sie später ist: eine mächtige Stadt, in der grundsätzlich alle Leute den gesellschaftlichen Aufstieg schaffen können. Durch die beiden Euander-Bezüge verlegt Livius die Stadtgründung literarisch in ein Goldenes Zeitalter. Der Hauptgrund hierfür ist, dass der Brudermord, der in der Tradition mit der Stadtgründung überliefert ist und etwas Negatives darstellt, durch etwas Positives abgemildert wird.

Außerdem ist das Goldenene Zeitalter, wie der Vergleich mit den Paralleltexten zeigt, eine typische Vorstellung für die Zeit vor der Stadtgründung Roms. Die Gründung einer Stadt und damit fester Strukturen findet sich in diesem Kontext ebenfalls häufig. Denn die Folge von festen Strukturen ist das Streben nach Herrschaft, das Livius als Erbübel der Römer bezeichnet. Dennoch werden nicht nur durch das Motiv des Brudermords zeitgeschichtliche Bezüge deutlich, sondern auch durch das Goldene Zeitalter, da es ja zum augusteischen Herrschaftsprogramm gehört, die Wiederkehr eines neuen Goldenen Zeitalters anzunehmen. Erst durch das Wirken der *fata*, durch das Livius die Berichte über die beiden Gründerfiguren Aeneas und Romulus verbindet und durch die in ihnen erhaltene Teleologie, wird klar, dass Rom eine Stadt ist, die zu etwas Größerem berufen ist. Ihre spätere Vormachtstellung ist somit schon in der Gründung angelegt, aber sie ist nicht vor Rückschlägen durch innenpolitische Herrschaftsansprüche – auch die innenpolitischen Streitigkeiten zwischen den Patriziern und

---

510 Vgl. DUPONT 2013, 92, die von einer Stadt ohne *origo* spricht.
511 MILES 1995, 142.

der Plebs gehen letztlich auf *regni cupido* zurück[512] – gefeit. Es ist jedoch durch die *fata* klar, dass das Ziel erreicht wird. Roms spätere Größe als zweite Macht nach den Göttern ist vorherbestimmt. Rückschläge können dies also nicht aufhalten, sondern nur verlangsamen.

2.4 Aspekte der Romdarstellung

2.4.1 *imperium et partum et auctum*

In diesem Kapitel steht die Frage im Mittelpunkt, wie Livius die Entwicklung des römischen Herrschaftsgebiets (*imperium*) im räumlichen und topographischen Sinne sowie im Hinblick auf die Bevölkerungsentwicklung narratologisch darstellt. Sowohl die Topographie als auch die Funktion von Orten und topographischen Gegebenheiten für die römische Erinnerungskultur werden thematisiert. Denn Orte waren für Römer beinahe wichtiger als die genaue zeitliche Abfolge, um der Vergangenheit Bedeutung zu verleihen und die unmittelbare Bedeutung der Vergangenheit für die Gegenwart zu betonen.[513] Untrennbar verbunden mit diesen Orten, die zum römischen Herrschaftsgebiet werden, ist die dort ansässige Bevölkerung. Erst dadurch werden die Orte für eine Erzählung interessant. Bevor allerdings konkret auf diese Darstellungen eingegangen wird, muss zunächst geklärt werden, was das Wort *imperium*, von dessen Verwendung in Liv. *praef.* 9 ausgehend diese Kategorie abgeleitet ist, bei Livius bedeutet.

2.4.1.1 *imperium* bei Livius

Das Wort *imperium* ist in der lateinischen Literatur sehr vielschichtig. Ursprünglich bedeutet *imperium* entweder ‚Befehl' im Allgemeinen[514] oder ‚Befehlsgewalt' der Magistrate, die dieses *imperium* innehatten,[515] nachdem sie es befristet durch Wahl vom *populus Romanus* erhalten[516] und mittels Auspizien unter göttlichen

---

[512] Vgl. Kap. 2.4.3.5.5.
[513] EDWARDS 1996, 42f.
[514] Vgl. ROSENBERG 1916, 1210, der die allgemeine Verwendung des Wortes *imperium* für Befehl als „untechnische Sprache" bezeichnet. Dabei ist es nach ROSENBERG einerseits unerheblich, wer wem einen Befehl erteilt, andererseits kann dies auch in einem privaten Kontext geschehen.
[515] Zur ursprünglichen Wortbedeutung von *imperium* vgl. BERNSTEIN 2010, 59 und RICHARDSON 2009, 1.
[516] Vgl. BERNSTEIN 2010, 59.

Schutz gestellt hatten.[517] Auch die Könige hatten ein *imperium*.[518] In diesem juristischen und militärischen Sinne[519] kommt das Wort auch bei Livius vor,[520] doch sind diese Bedeutungen für die vorliegende Untersuchung nicht entscheidend.

Es besteht darüber hinaus der Konsens in der Forschung, dass das Wort im Zuge der römischen Expansion eine erhebliche Bedeutungserweiterung erfahren hat. Die ursprüngliche Bedeutung bleibt immer bewahrt. Das Wort *imperium* bezeichnete zunächst abstrakt die Herrschaftsgewalt des *populus Romanus*, woraus sich konkret eine territoriale Komponente entwickelte, nämlich als Bezeichnung für den Bereich, in dem das *imperium* galt.[521] Wichtig zu erwähnen ist in diesem Zusammenhang, dass mit ‚Herrschaftsgewalt' des römischen Volkes lediglich die Herrschaft über andere Völker, nicht aber im Sinne einer Volkssouveränität über die eigenen Magistrate gemeint ist.[522]

Eine Bedeutungserweiterung erfuhr das Wort *imperium* mit der Bedeutung ‚Reich'. Die Verbindung *imperium Romanum*, die meist mit ‚römisches Reich' übersetzt wird, ist erstmals bei Sallust in der ausgehenden Republik belegt.[523] Tacitus gebraucht laut Suerbaum das Wort *imperium* in erster Linie im räumlichen Bedeutungsbereich im Sinne von „Staats- oder Reichsgebiet".[524] In diesem Feld zwischen dem ersten Beleg bei Sallust und der Verwendung bei Tacitus mit

---

517 Zur Verbindung der Auspizien mit *imperium* vgl. RICHARDSON 2009, 3.
518 Vgl. ROSENBERG 1916, 1201. Siehe z. B. Liv. 1,6,4: *qui conditam* [sc. *urbem*] *imperio regeret* und Liv. 1,7,3: *Ita solus potitus imperio Romulus*.
519 ROSENBERG 1916, 1201–1210 erläutert detailliert die juristische und militärische Komponente von *imperium*.
520 Im militärischen Sinne z. B. Liv. 1,28,3: *centurionibus datum negotium erat ut sine mora imperia exsequerentur* bzw. im innenpolitisch-juristischen Sinne: Liv. 3,48,2: *sed ut turbantes civitatis otium pro maiestate imperii coerceret*.
521 Vgl. BERNSTEIN 2010, 59, der die Beleglage kritisch beleuchtet. Vgl. ferner ROSENBERG 1916, 1210 f. und SUERBAUM 1961, 52–55, der sich hier auf ROSENBERG (a. a. O.) bezieht. RICHARDSON 1991, 1 nennt ebenfalls die lokale Komponente, sieht aber von Anfang an die Bedeutung ‚Reich', was noch zu erörtern sein wird.
522 Vgl. SUERBAUM 1961, 53 f.
523 Vgl. BERNSTEIN 2010, 60 und RICHARDSON 1991, 6. Es handelt sich um die Stelle in der Archäologie, an der Sallust vom beginnenden Sittenverfall spricht, als mit Karthago die letzte große auswärtige Gegnerin des römischen Reiches (hier explizit *imperium Romanum*) geschlagen war: *Sed ubi labore atque iustitia res publica crevit, reges magni bello domiti, nationes ferae et populi ingentes vi subacti, Carthago aemula* imperi Romani *ab stirpe interiit, cuncta maria terraeque patebant, saevire fortuna ac miscere omnia coepit* (Sall. Catil. 10,1).
524 SUERBAUM 1961, 103. Da Suerbaum das Wort zunächst bei Cicero untersucht und dann sofort zu Tacitus übergeht, ist anzunehmen, dass Livius innerhalb dieser Entwicklung liegt. Für Livius gibt es bisher keine belastbaren Analysen zum Gebrauch des Worts *imperium* und zum Staatsbegriff im Allgemeinen. Zur Verwendung des Staatsbegriffs in Bezug auf die Antike s. Kap. 1.2, Anm. 91.

räumlicher Komponente im Sinne von ‚Reichsgebiet' muss auch die livianische Ausprägung des Begriffs verortet werden. Dies bestätigt die Analyse von Richardson, der Belege für die räumliche Komponente aus der dritten Dekade des Livius und von dessen Zeitgenossen Vergil anführt.[525] Ab wann *imperium* neben der lokalen Bedeutung ‚Herrschaftsgebiet' auch die Bedeutung ‚Reich' haben kann, hängt vor allem davon ab, wie man ‚Reich' definiert. Nach Bernstein sei ein Reich „[g]roßräumig, dauerhaft und von einer gewissen Einheitlichkeit der Herrschaftsordnung gekennzeichnet",[526] was auf die römische Republik zutreffen kann, aber erst im Aufbau des Prinzipats unter Augustus deutlich zum Tragen kommt.[527] Es handelt sich dabei um die Bedeutung von Reich und *imperium Romanum* im Sinne der zu Beginn des Prinzipats aufkommenden Romidee. Allerdings muss hier die Entstehungszeit der ersten Pentade mit dem Jahr 25 v. Chr. als Terminus ante quem berücksichtigt werden.[528] Man kann in dieser Zeit, wenige Jahre nach Actium und kurz nachdem Oktavian den Titel ‚Augustus' erhalten hat, allenfalls von einer Hoffnung auf dauerhaften Frieden und ewige Herrschaft im Sinne eines Reichs und der Romidee sprechen.[529]

Für unsere Betrachtung zur Romdarstellung sind besonders die Bedeutungen ‚Herrschaftsgebiet' und ‚Reich' relevant, die das Wort *imperium* bei Livius ohne Zweifel hat. Die lokale Komponente ist zwar, wie gezeigt wurde, ebenso wie die Verbindung *imperium Romanum* schon vor Livius belegt, soll aber durch die Wahl des Begriffs ‚Herrschaftsgebiet' nicht zu sehr in den Fokus gerückt werden. Wenn Livius also in der *praefatio* schreibt, dass der Rezipient sein Augenmerk darauf richten solle, *per quos viros quibusque artibus domi militiaeque et partum et auctum imperium sit* (Liv. praef. 9), meint er damit sicherlich das Herrschaftsgebiet in dem Sinne, dass es sich um den Einflussbereich des römischen Herrschers bzw. der römischen Herrscher handelt, in dem es Menschen gibt, die deren *imperium* unterworfen sind. Es wurde gezeigt, dass zur Zeit des Livius *imperium* diese Wortbedeutung ohne weiteres hat. Laut *ThLL* ist die Verbindung *imperium augere* in jedem Fall als ‚den Herrschaftsbereich vergrößern' aufzufassen.[530] Dies wird

---

525 Vgl. RICHARDSON 1991, 6f.
526 BERNSTEIN 2010, 65.
527 Vgl. BERNSTEIN 2010, 65f.
528 Vgl. Kap. 1.1.3.
529 Vgl. Kap. 1.1.1.
530 *ThLL* VII 1,1 s.v. *imperium* 578–581, hier 581 subsumiert die Verbindung *imperium augere* unter *metonymice* [...] *de eo, ad quod potestas pertinet fere i. q. res publica, civitas, regnum* (*dicitur de civitatibus magnitudine vel fama perspicuis nullo discrimine inter liberas res publicas et monarchias interiecto* [...]).

dadurch unterstützt, dass *imperium parere* das Erwerben von Einfluss und damit auch das Gründen eines Herrschaftsgebiets meint.[531] Demnach beschränkt sich das *imperium* im territorialen Sinne in der Frühzeit auf die Stadt und ihr Umland, sodass anfangs Rom, die ersten Kolonien und die ersten Bündnispartner mit ihren Bewohnern das *imperium* bilden. Allerdings besteht insofern ein Unterschied zwischen der Stadt, die wohl als zusammengehörig und befestigt aufzufassen ist, und dem Land, weil es in der römischen Frühzeit wohl noch keine Grenzbefestigungen und Grenzmarkierungen gab, sodass man in Bezug auf das Land tatsächlich eher von einem Einflussbereich als von konkreten Teilen eines Reiches sprechen muss. Weitere Belege bei Livius stützen diese Auffassung; zu nennen ist beispielsweise die Stelle im ersten Buch, als Livius berichtet, wie Horatius nach dem Kampf der Drillingspaare im Krieg gegen Alba Longa in Rom jubelnd empfangen wird, sich aber jede Seite mit anderen Gefühlen an die Bestattung machte, weil Rom seinen Herrschaftsbereich vergrößert hatte und Alba Longa unter fremden Einfluss geraten war: *Romani ovantes ac gratulantes Horatium accipiunt* [...]. *Ad sepulturam inde suorum nequaquam paribus animis vertuntur, quippe imperio alteri aucti, alteri dicionis alienae facti* (Liv. 1,25,13).[532]

Bevor die erste Pentade im Hinblick auf die Entwicklung des römischen Herrschaftsgebiets genauer untersucht wird, soll noch kurz die Verwendung von *imperium* in der Bedeutung ‚Reich' bei Livius näher betrachtet werden. Der Unterschied zur Übersetzung mit ‚Herrschaftsgebiet' liegt vor allem darin, dass es um den Aspekt einer gewissen Größe und Beständigkeit, ja sogar Dauerhaftigkeit im Sinne der Romidee geht.[533] Als Beispiel hierfür ist die Siedlungspolitik des Augustus in den Provinzen zu nennen,[534] der Kolonien mit dem Ziel gründete, die Provinzen stärker an Rom, das Zentrum des Reichs, zu binden. Solche Überlegungen sind für die erste Pentade schon deshalb nicht von Bedeutung, da sich die römische Herrschaft noch auf ein verhältnismäßig kleines Territorium beschränkte. Dennoch kommt *imperium* bei Livius auch in der ersten Pentade in dieser Bedeutung vor, nämlich dann, wenn es um die Zukunft und spätere Größe, also um die Teleologie, geht. So schreibt Livius vom größten Reich nach dem der Götter: *Sed debebatur, ut opinor, fatis tantae origo urbis maximique secundum deorum opes imperii principium* (Liv. 1,4,1). Durch die *fata* ist die Gründung einer

---

531 Vgl. ThLL X 1,1, s.v. 2. *pario*, 399–409, hier 401. Ein weiterer Beleg für *imperium parere* in dieser Bedeutung findet sich in Liv. 1,26,11: *I, lictor, colliga manus, quae paulo ante armatae imperium populo Romano pepererunt.*
532 Weitere Beispiele für *imperium* in der Bedeutung ‚Herrschaftsgebiet' in der ersten Pentade des Livius: Liv. 1,45,1; Liv. 2,6,2; Liv. 4,3,13; Liv. 5,33,7.
533 Vgl. BERNSTEIN 2010, 63.
534 Vgl. BERNSTEIN 2010, 63 und auch SUERBAUM 1961, 61 f.

sehr großen Stadt und der Beginn des zweitgrößten Reiches nach den Göttern vorgesehen.[535] Ein weiteres Beispiel für *imperium* in der Bedeutung ‚Reich' ist der Bericht, dass die Götter beim Bau des Tempels für Jupiter Optimus Maximus auf dem Kapitol bei Baubeginn die spätere Größe Roms offenbart hätten: *Inter principia condendi huius operis movisse numen ad indicandum tanti imperii molem traditur deos;* (Liv. 1,55,3). Hier zeigt sich, dass das Kapitol als das Zentrum des römischen Reiches angesehen wird.[536] Auffällig an diesen beiden Stellen ist, dass *imperium* in der Bedeutung Reich immer auf die Zukunft bezogen und mit der Teleologie in Verbindung gebracht ist, die entweder in den *fata* oder in den Göttern, die die *fata* erfüllen, erkennbar ist.[537] Auffällig ist ferner, dass bei der Bedeutung ‚Reich' auch immer der Bezug zur Stadt Rom hergestellt wird. Dies trifft sowohl auf die gerade genannten Stellen als auch auf die folgenden beiden Stellen zu. Im vierten Buch ist im Zusammenhang mit der Frage nach gemischten Ehen zwischen Patriziern und Plebejern sowie der Möglichkeit, Plebejer zu Konsuln zu wählen, in einer direkten Rede des Plebejers Canuleius letztere Frage mit der nach der Zukunft der Stadt und damit des Reiches verbunden:

> Si populo Romano liberum suffragium datur, ut quibus velit consulatum mandet, et non praeciditur spes plebeio quoque, si dignus summo honore erit, apiscendi summi honoris, staie urbs haec non poterit? de imperio actum est? (Liv. 4,3,7).

Canuleius argumentiert mit dem Begriff des *dignum* und wirft den Senatoren vor, der Plebs offensichtlich die Würde des höchsten Staatsamtes abzusprechen. In einer rhetorischen Frage polemisiert er mit dem Argument des Fortbestehens der Stadt Rom und des *imperium*. Hier ist eindeutig die Bedeutung ‚Reich' im Sinne eines Weltreichs oder zumindest größeren Reiches gemeint, obwohl im Unterschied zu den Stellen im ersten Buch hier mit Canuleius eine Figur der Handlung in direkter Rede spricht, die solche Begriffe anders verwenden kann als der Erzähler selbst. Im fünften Buch weist der Patrizier Appius Claudius ebenfalls in einer direkten Rede darauf hin, dass *concordia* zum größten Reich unter den Nachbarn führen würde: „[...] *Quae si perpetua concordia sit, quis non spondere ausit maximum hoc imperium inter finitimos brevi futurum esse?*" [...] (Liv. 5,3,10). Hier ist zwar Rom nicht explizit genannt, aber *concordia* ist wohl eindeutig auf die Stadt Rom zu beziehen. Das Wort *imperium* bedeutet auch an dieser Stelle ‚Reich'.

Obwohl zu Beginn dieses Kapitels in groben Zügen die Geschichte des Wortes *imperium* behandelt wurde, ist davon auszugehen, dass Livius *imperium* in der

---

535 Eine ausführliche Interpretation dieser Textstelle findet sich in Kap. 2.2.1.
536 EDWARDS 1996, 69 und JAEGER 1997, 4.
537 Vgl. in diesem Kontext auch Liv. 1,55,6.

Bedeutung beziehungsweise in den Bedeutungen seiner eigenen Zeit, also der zweiten Hälfte des ersten vorchristlichen Jahrhunderts, verwendet. Anzunehmen, Livius gebrauche *imperium* in der Bedeutung der römischen Frühzeit, ist schon deswegen nicht möglich, weil sich im Text keine Hinweise darauf in dem Sinne finden, dass Livius *imperium* anders verstanden wissen möchte. Solch ein Hinweis könnte beispielsweise sein, dass er beispielsweise sinngemäß eine Formulierung wählte wie „Denn dies bedeutete *imperium* damals." Dies auch ohne solche expliziten Hinweise anzunehmen, lässt sich aus dem Text heraus nicht rechtfertigen und ist deswegen problematisch, weil die ersten Belege der lateinischen Sprache, die uns vorliegen und die aus längeren Textpassagen bestehen, wohl aus dem dritten vorchristlichen Jahrhundert stammen, also ungefähr 400 Jahre jünger sind. Eine solche Rekonstruktion ist daher nicht sinnvoll. Allenfalls könnte man annehmen, dass Livius das Wort anders verwendet, als es zu seiner eigenen Zeit üblich war, und dabei meint, dass es sich um den früheren Gebrauch des Wortes handelt, ihm aber nicht bewusst ist, wann dieser üblich war – zwei oder drei Jahrhunderte vor seiner Zeit oder deutlich früher. Die Bedeutung ‚Reich' kann sich erst aus der Retrospektive ergeben, nachdem das Herrschaftsgebiet beständig vergrößert wurde und die Hegemonie der Römer unbestritten vorhanden war. Dies bedeutet aber auch, dass diese strikte Trennung in der Bedeutung von *imperium* nach ‚Herrschaftsgebiet' und ‚Reich' für den zeitgenössischen Rezipienten des Livius wohl so nicht bestand. Er hatte den Status quo seiner Zeit vor Augen und projizierte sicherlich auch die Auffassung von ‚Reich' in die römische Frühzeit.

Wenn wir also das vorliegende Kapitel unter die Überschrift *imperium et partum et auctum* stellen, soll es darum gehen, wie Livius die Entwicklung des Herrschaftsgebiets und damit verbunden der Beherrschten, nämlich der Bevölkerung, darstellt. Ich werde dabei auf die Kategorien geographische bzw. topographische Entwicklung der Stadt Rom als dem Zentrum des *imperium* eingehen, die durch ihre Befestigung einen Sonderstatus hat. Dabei werde ich kurz einen Ausblick auf die Kolonien und die Bündnispartner geben. Schließlich ist diese Entwicklung auch im Hinblick auf die Bevölkerungsentwicklung zu untersuchen.

2.4.1.2 Entwicklung von Herrschaftsgebiet und Bevölkerungszahl

Die entscheidenden Passagen für die Entwicklung des Herrschaftsgebiets und der Bevölkerungszahl hin zu städtischen Strukturen bezüglich der ersten Pentade finden sich alle im ersten Buch mit einem Schwerpunkt im Bericht über die Regierungszeit des Romulus.[538] So wächst gemäß der Darstellung des Livius die Stadt, die aus dem Nichts gegründet wird, stetig. Mit dem Ende des ersten Buches sind bereits alle sieben Hügel Bestandteil des schon durch eine Mauer umgebenen Stadtgebiets. Ferner hat Rom bereits Kolonien und eindeutig städtische Strukturen. Dennoch verschwimmen in der Darstellung des Livius zunächst Teile der Stadt, die schon explizit zum römischen Herrschaftsgebiet gehören und dadurch meist auch besiedelt und bewohnt sind, und solche, die dem Leser dadurch bekannt werden, dass sie ihm als Schauplätze der Handlung präsentiert werden, ohne dass sie deswegen schon zwingend formal zum Stadtgebiet Roms gehörten. So weist Pausch darauf hin, dass der Leser „im Laufe der Regierungszeit des Romulus bereits das gesamte später von der servianischen Mauer umschlossene Stadtgebiet durchwandert [hat]".[539] Damit suggeriert Livius dem Leser einerseits, es habe die Stadt, die der jeweilige Leser kennt, schon in der Frühzeit gegeben, und erklärt ihm die Ursprünge vieler Orte, die aus dem Alltagsleben der Rezipienten nicht mehr wegzudenken sind. Andererseits wirkt, indem Livius verschiedene, dem zeitgenössischen Leser bekannte Schauplätze in die Handlung einbezieht, die Stadt größer, als sie de facto in der Frühzeit war. Damit verstärkt Livius die Entwicklung Roms in der ersten Pentade von einer kleinen Siedlung zu einer immer größer werdenden Stadt.[540]

In der Forschung hat Michel Griffe in einem Aufsatz die Bedeutung des Raums im ersten Buch des Livius und die Art und Weise untersucht, wie der Historiograph geographische Gegebenheiten beschreibt.[541] Dennis Pausch hat in seinem Aufsatz „Der aitiologische Romulus" vor allem die Erzählstrategien in den Blick genommen, mit denen Livius die Regierungszeit des Romulus als die Zeit der topographischen Erschließung Roms anhand der Erinnerungsorte an historische Ereignisse darstellt.[542] Denn nach Walter benötigen Bauten und Orte zur Darstellung ihrer Bedeutung eine Geschichte, wobei sich Ort und Erzählung gegenseitig stützen.[543] In diesem Sinne ist auch der Aufsatz von Mary Jaeger zur städtischen Landschaft und zum Aufbau einer Erinnerungslandschaft in Rom zu verstehen.[544] Jacques Poucet weist auf die Bedeutung des ersten Königs Romulus

---

[538] Vgl. PAUSCH 2008, 44 ff.
[539] PAUSCH 2008, 46. JAEGER 1997, 7 schreibt, dass Livius im ersten Buch alle zentralen „topographical features of the city proper" einführe.
[540] Vgl. JAEGER 2015, 65 f.
[541] GRIFFE 1981, 114 ff.
[542] PAUSCH 2008, 44 ff.
[543] WALTER 2004, 164.
[544] JAEGER 2015, besonders 65 f.

für die Ursprungsgeschichten der Topographie hin.[545] Im Bericht über die Regierungszeit des Romulus werden die Grundsteine für die weitere Entwicklung der Stadt gelegt. Für Romulus ist die Frage nach der topographischen Entwicklung der Stadt bereits gut erforscht, wenngleich dabei ein Schwerpunkt auf der Erforschung der Entstehung von Erinnerungsorten lag und die Darstellung der Entwicklung der Bevölkerungszahl kaum berücksichtigt wurde. Die Berichte über die übrigen Könige wurden unter diesem Gesichtspunkt bisher kaum systematisch betrachtet; auch die weiteren Bücher der ersten Pentade sind in dieser Hinsicht bisher kaum untersucht. Zunächst soll nun analysiert werden, wie und vor allem mit welchen erzählerischen Mitteln Livius das Wachstum der Stadt und des Herrschaftsgebiets darstellt. Dabei sollen alle Elemente, die zur Topographie Roms gehören, berücksichtigt werden. Zu nennen sind hier konkret die Beschaffenheit des Gebiets, in dem die Handlung spielt, Wege, Siedlungen, aber auch einzelne Erinnerungsorte[546], die kulturell bedeutsam sind[547] – beispielsweise einzelne Denkmäler – und die dem Leser Orientierung im Rom der Frühzeit geben, das doch noch ganz anders ausgesehen hat als zur Zeit des Livius. Topographie ist demnach „strukturell-materiell" und „kulturell" bestimmt.[548] Außerdem ist festzuhalten, dass sämtliche topographische Angaben des Livius sich bewusst auf die Wirklichkeit beziehen und der Rezipient die nicht genannten Elemente ergänzen könnte.[549] Die Orte, die Livius in der Handlung erwähnt und zur Lokalisierung seiner Handlung nutzt, unterstützen die Erinnerung, da sie durch ihre Beständigkeit ein Zeichen von Kontinuität sind.[550] Diese Eigenschaft nicht-fiktionaler Texte ist bei aller Fiktionalität des Livius gegeben, da man eben davon ausgehen muss, dass der erzählte Raum auch unabhängig vom Text existiert und der Leser bewusst sein Wissen über die Stadt Rom ergänzen soll.[551]

Nachdem Livius die Vorgeschichte mit der Landung der Aeneaden in Latium, mit der Gründung Laviniums und Alba Longas sowie mit dem Katalog der Könige von Alba Longa behandelt hat, beginnt er, abgesehen von der ersten Erwähnung des Aventins,[552] mit der Erzählung der eigentlichen Gründung Roms, die er mit dem folgenden, schon behandelten[553] Satz einleitet: *Sed debebatur, ut opinor, fatis*

---

545 POUCET 1992, 289f.
546 Zur Definition von ‚Erinnerungsort' s. WALTER 2004, 155.
547 Vgl. DENNERLEIN 2009, 52.
548 DENNERLEIN 2009, 52.
549 DENNERLEIN 2009, 91f.
550 Vgl. ASSMANN 2010, 299.
551 DENNERLEIN 2009, 92f.
552 Vgl. Liv. 1,3,9 und s. unten in diesem Kapitel.
553 Vgl. Kap. 2.2.1.

tantae origo urbis maximique secundum deorum opes imperii principium (Liv. 4,1,1). Er macht hier in einem auktorialen Kommentar deutlich, dass es sich bei Rom nicht um eine einfache Siedlung handelt, die sich zufällig vergrößert und in der sich langsam städtische Strukturen herausbilden. Er verweist vielmehr auf die Teleologie, gemäß der es sich um die Gründung einer sehr bedeutenden Stadt handelt, deren Größe schon in den Ursprüngen angelegt ist und über die er im Folgenden berichtet. Der erste Ort des späteren Rom ist der Palatin, zunächst implizit erwähnt, als sich das Körbchen, in dem die Zwillinge Romulus und Remus ausgesetzt werden, in den Zweigen der *ficus Ruminalis* verfängt.[554] Livius wendet schon hier mit dem Verweis darauf, was an dieser Stelle jetzt zu sehen sei, eine Technik an, die er immer wieder im Zusammenhang mit topographischen Gegebenheiten verwendet: *ubi nunc ficus Ruminalis est* (Liv. 1,4,5). Livius' Orte der Handlung werden fast immer konkret unter Verwendung von Toponymika oder konkreten kulturellen Denkmälern benannt, auf die verwiesen wird.[555] Er bezieht sich somit auf die Kenntnisse seiner Leser, um einerseits unmissverständlich deutlich zu machen, von welchem Ort er spricht, und um andererseits den immer noch vorhandenen Erinnerungsort *ficus Ruminalis*, der auch in augusteischer Zeit noch zu sehen war,[556] als Ort der Frühgeschichte mit dem jeweils zugehörigen Aition darzustellen. Es muss festgehalten werden, „daß römische Mythen einen deutlichen Raumbezug hatten und eng an bestimmte Orte gebunden waren".[557]

Explizit wird der Palatin erst im unmittelbar folgenden Kapitel im Zusammenhang mit dem Aition des Lupercalienfestes genannt, das in der Zeit Euanders, also noch vor der Landung der Aeneaden in Latium, entstanden ist und von dessen Entstehung Livius in einer Rückblende erzählt. Durch diese Unterbrechung der Chronologie erreicht Livius, „daß seine Leser den Palatin erst zusammen mit Romulus und Remus betreten".[558] Der Palatin wird ohne Hinführung oder Erklärung zur Bedeutung dieses Ortes für das Geschehen genannt. Somit bringt ihn Livius als ersten der sieben Hügel Roms in die Handlung ein.[559] Hauptgrund

---

554 Pausch 2008, 44 und Jaeger 2015, 66.
555 Haehling 1989, 165. Vgl. zur Bezeichnung von Räumen in der erzählten Welt Dennerlein 2009, 77.
556 Vgl. Haehling 1989, 38 sowie Pausch 2008, 44 und 50. Feldherr 1998, 38f. weist darauf hin, dass durch die Erinnerungsorte historisches Wissen sozusagen sichtbar wurde. Ogilvie 1965, 49 weist auf die doppelte Überlieferung einer *ficus Ruminalis* einerseits am Lupercal und andererseits auf dem Comitium hin.
557 Walter 2004, 180. Dies gilt ebenso für die Höhle des Lupercal, die *casa Romuli*, das *asylum* und weitere Erinnerungsorte der Frühzeit.
558 Pausch 2008, 44.
559 Pausch 2008, 45.

scheint auf den ersten Blick die Schilderung des Aitions des Lupercalienfestes zu sein. Diese Erzählung der Aitien von Festen, die in der Zeit des Livius immer noch bekannt sind und die an festen Orten stattfinden, ist eine zweite Technik, Orte in die Handlung einzuführen. Auch diese sind damit Erinnerungsorte. Es ergibt sich erst später aus dem Zusammenhang, dass Romulus und Remus offensichtlich auch am Lupercalienfest teilnahmen. Orte werden bei Livius aber nie einfach nur um der Vollständigkeit willen beschrieben, sondern sind immer Schauplatz einer Handlung oder für die Menschen der Zeit von Bedeutung.[560] Die Hirtensiedlung am Palatin wird in diesem Kontext auch nicht explizit erwähnt, sondern es ergibt sich aus dem Kontext, dass Romulus und Remus dort als Hirten lebten.[561] Dies bewirkt, dass in der Darstellung des Livius bis zur Erzählung der Gründung Roms am Palatin keine feststehenden Siedlungsstrukturen beschrieben werden. Somit ist der Palatin nicht nur als erster Hügel in die Handlung eingeführt, sondern auch der Ort, an dem und ausgehend von dem die Stadt nach dem Gründungsakt aus dem Nichts entsteht.[562] Romulus als erster König beginnt seine Regierungszeit sozusagen mit einem Herrschaftsgebiet, das zunächst nicht konkret gefasst wird, aber aus dem Kontext im Gebiet des Palatins zu verorten ist, da ja die Brüder die Stadt dort gründen wollten, wo sie ausgesetzt und aufgezogen worden waren: [...] *Romulum Remumque cupido cepit in iis locis ubi expositi ubique educati erant urbis condendae* (Liv. 1,6,3). Dennoch ist die Stadt bis dato formal noch nicht gegründet, was bedeutet, dass der Palatin zunächst einmal ein Schauplatz der Handlung ist, der noch nicht zum römischen Herrschaftsgebiet gehört, da dieses noch nicht existiert. Livius setzt seine Erzählung daraufhin unmittelbar mit der Stadtgründung und den Augurien des Romulus und Remus fort, wobei Romulus auf dem Palatin, Remus auf dem Aventin den Vogelflug beobachtete.[563] Nach der Gegenüberstellung der beiden Varianten über den Tod des Remus spricht Livius erstmals von einem *imperium*, dessen sich Romulus nun bemächtigt habe, und von der erfolgten Stadtgründung: *Ita solus potitus imperio Romulus; condita urbs conditoris nomine appellata. Palatium primum, in quo ipse erat educatus, muniit* (Liv. 1,7,3). Romulus ist laut Livius unmittelbar nach dem kultischen Akt der Stadtgründung Träger eines *imperium* und befestigt nun den Palatin als ersten Teil seines Herrschaftsgebiets. Spätestens hier wird durch den Relativsatz *in quo ... erat educatus* explizit deutlich, dass auch die gesamte Handlung vor der Stadt-

---

560 Vgl. GRIFFE 1981, 113.
561 Vgl. Liv. 1,4,8 und Liv. 1,6,3.
562 Vgl. zur Stadtgründung Kap. 2.3.
563 Vgl. zur Stadtgründung die ausführliche Interpretation in Kap. 2.3 und zum Augurium Kap. 2.2.2.2.

gründung am Palatin stattfindet. Damit macht Livius den Palatin, an dem zu seiner Zeit neben den Wohnhäusern der führenden Politiker auch schon das Haus des Augustus stand, noch dazu in unmittelbarer Nähe zur *casa Romuli*,[564] die als einfache Hütte noch besichtigt werden konnte und auf die einfachen Anfänge der Stadt verweist, zur Keimzelle der Stadt.[565]

Indem Livius in einer Rückblende im Rahmen des Kultaitions der *ara Maxima* mit dem Herkuleskult den Mythos von Herkules und Cacus sowie, damit verbunden, den zweiten Teil des Euander-Exkurses erzählt, bringt er mit der *ara Maxima* auf dem späteren *forum Boarium* wiederum im Rahmen einer Aitienerzählung einen Erinnerungsort als Schauplatz in die Handlung ein. Das *forum Boarium* ist zwar nicht explizit genannt, allerdings waren die topographischen Gegebenheiten der *ara Maxima* dem Leser seiner Zeit durchaus bekannt.[566] Dennoch ist hier, dadurch dass der Ort im Rahmen der Aitienerzählung genannt wird, bewusst unklar gelassen, ob er formal schon zum Stadtgebiet gehörte.

Livius setzt seinen Bericht mit der Einführung einiger politischer Institutionen und Herrschaftsinsignien durch Romulus fort und kommt dann wieder auf das wachsende Herrschaftsgebiet zurück, das in der Frühzeit zunächst dem Stadtgebiet Roms entsprach. Dies bringt er im Kontext der Entstehung des *asylum* mit der Bevölkerungszahl in Zusammenhang.

> Crescebat interim urbs munitionibus alia atque alia appetendo loca, cum in spem magis futurae multitudinis quam ad id quod tum hominum erat munirent. Deinde ne vana urbis magnitudo esset, adiciendae multitudinis causa vetere consilio condentium urbes, qui obscuram atque humilem conciendo ad se multitudinem natam e terra sibi prolem ementiebantur, locum qui nunc saeptus descendentibus inter duos lucos <ad laevam> est asylum aperit. Eo ex finitimis populis turba omnis, sine discrimine liber an servus esset, avida novarum rerum perfugit, idque primum ad coeptam magnitudinem roboris fuit (Liv. 1,8,4–6).

Livius beschreibt hier erstmalig eine explizite Erweiterung des Stadtgebiets[567] und damit auch des Herrschaftsgebiets und fasst dieses Wachstum der Stadt als einen andauernden Vorgang im Hintergrund auf, der neben all den konkreten Handlungen des Romulus abläuft. Dies belegt das Adverb *interim*[568] in Verbindung mit

---

564 Zur Nähe des Herrscherpalastes des Augustus zur *casa Romuli* vgl. KIENAST ⁴2009, 234.
565 Vgl. HÖLKESKAMP 2004, 140, WALTER 2004, 181 und MINEO 2006, 163f.
566 Vgl. Liv. 1,7,3–14 und PAUSCH 2008, 45, der zusätzlich annimmt, dass der Leser in Gedanken auch den Weg zu den jeweilig nächsten Orten abschreitet, in diesem Fall also über die *Scalae Caci* zur *ara Maxima* gelangt.
567 PAUSCH 2008, 45.
568 WEISSENBORN u. MÜLLER ¹¹1963a, 110.

dem durativen Imperfekt *crescebat*. Livius sieht offensichtlich im Wachstum Roms und damit auch im Wachstum des *imperium* allgemein einen Bezug zu größer werdenden Organismen.[569] Dieser Vergleich mit der Entwicklung von Lebewesen trägt sicher zum Verständnis dessen bei, wie Livius das Wachstum Roms auffasst. Allerdings benennt er an dieser Stelle die Gebiete, um die die Stadt erweitert wurde, nicht konkret, sondern lässt zunächst durch die Formulierung *alia atque alia appetendo loca* offen, um welche Gebiete der Stadt es sich handelt. Ein Grund dafür könnte sein, dass in diesen Bereichen keine konkreten Erinnerungsorte lagen. Dies ist für die Handlung in diesem Moment auch unerheblich. Der Hauptgrund ist sicher, die Größe des Stadtgebiets darzustellen, das in der Hoffnung auf eine zukünftig große Bevölkerungszahl (*spes futurae multitudinis*) erweitert wurde. Livius möchte keinen exakten Bericht von der langsamen Entstehung einer neuen Stadt abgeben, sondern auf das schnelle Wachstum des Stadtgebiets und der Bevölkerungszahl hinweisen,[570] die er hier erstmals mit der territorialen Komponente in Verbindung bringt. Zudem will Livius die Aitienerzählung des *asylum* einbauen und zusätzlich Rom als von Anfang an große und mächtige Stadt darstellen, in der von Beginn an die Verheißung der *fata* erfüllt ist. Er nimmt in der Perspektive des auktorialen Erzählers an, dass die Stadtbefestigungen eher in der Hoffnung auf eine zukünftig große Bevölkerungszahl als im Hinblick auf die tatsächliche Einwohnerzahl errichtet worden seien, und schafft damit die Notwendigkeit, von der bevölkerungsmäßigen Vergrößerung der Stadt zu berichten, sodass er ohne Schwierigkeit die Sage vom *asylum* einbauen kann. Livius bezeichnet die Gründung des *asylum* als eine alte Methode von Stadtgründern, die dunkle Gestalten von niederer Herkunft in die Stadt holten, um dann zu sagen, dass diese aus dem Boden entsprossen seien. Laut Livius nannte Romulus den Ort *asylum*, an dem es für einfache Leute möglich war, als Teil der Bevölkerung in die Stadt zu gelangen.[571]

Die Erwähnung des *asylum* hat für die Erzählung vierfache Funktion. Erstens berichtet Livius von der ersten Bevölkerung der Stadt nach der Gründung durch Romulus, der bis dato nach dem Bericht des Livius nur seine Anhänger um sich hatte. Dies trägt zur Erfüllung der *fata* bei, was sich explizit im letzten Satz dieser

---

569 MINEO 2006, 19 ff.
570 RUCH 1968, 127 sieht ein dreifaches Wachstum: Herrschaftsgebiet, Bevölkerungszahl und „forces morales" sowie „prestige". Letzteres wird aber von Livius in jedem Fall nicht in dieser Explizität dargestellt.
571 WEISSENBORN u. MÜLLER [11]1963a, 111 gehen aufgrund der räumlichen Enge des Raumes davon aus, dass es sich um einen Tempel gehandelt habe, zu dem Leute niederen Standes einschließlich der Sklaven zur Entsühnung kamen, um dann in die Stadt aufgenommen zu werden. Vgl. zur gesellschaftlichen Stellung Kap. 2.4.3.5.1.

Stelle (*idque primum ad coeptam magnitudinem roboris fuit* [Liv. 1,8,6]) zeigt, als Livius in einem auktorialen Kommentar den Beginn der Größe Roms hervorhebt. Zweitens schildert Livius das Aition einer Einrichtung, die es in seiner Zeit immer noch gab und die seine Leser besichtigen konnten.[572] Drittens kann er als Folge der nun vorhandenen, größeren Stadtbevölkerung, in der nun auch die unteren gesellschaftlichen Gruppen vertreten sind, die Einführung des Senats durch Romulus erzählen.[573] Viertens führt Livius das Kapitol sowohl als Schauplatz der Handlung als auch als Teil der Stadt ein, auch wenn er es nicht explizit nennt.[574] Wenn man davon ausgeht, dass der Aventin zu dieser Zeit noch nicht zum Stadtgebiet gehört,[575] sind die beiden zweifellos wichtigsten Hügel Roms Teile des Stadtgebiets: der Palatin als Wohnort wichtiger Römer der Republik und des Augustus und das Kapitol als Ort der bedeutendsten Tempel der kapitolinischen Trias, allen voran aber des *Iuppiter Optimus Maximus*, der damit das religiöse Zentrum Roms ist.[576] Livius nimmt gerade in der Beschreibung der geographischen Lage des *asylum* Bezug zur Erfahrungswelt des Lesers, indem er auf einen noch existierenden Erinnerungsort in der Stadt verweist.[577] Ja er bildet sogar dadurch, dass er das Kapitol nicht explizit benennt, mit dem Leser eine Wissensgemeinschaft, die alle ortskundigen und damit stadtrömischen Rezipienten einschließt, da sie die Lage des *asylum* kennen, während alle anderen ausgeschlossen sind, da dem ortsunkundigen Leser die Lagebeschreibung nicht weiterhilft: *locum qui nunc saeptus descendentibus inter duos lucos <ad laevam> est asylum aperit* (Liv. 1,8,5). Daher scheint auch die Konjektur *ad laevam* nicht notwendig. Der ortskundige Leser weiß, auf welcher Seite beim Abstieg vom Kapitol das *asylum* liegt, der ortsunkundige hat im Moment seiner Lektüre von der Kenntnis dieser Lage keinen Mehrwert an Information.[578] Livius schreibt also, wie

---

572 Vgl. GRIFFE 1981, 114.
573 Vgl. PAUSCH 2008, 50.
574 POUCET 1992, 295 weist darauf hin, dass es keine explizite Aitienerzählung des Kapitols und der *arx Capitolina* gibt. Dies impliziere, dass das Kapitol schon immer, also seit der Zeit des Romulus, ein Zentrum sei.
575 Vgl. WALTER 2004, 183.
576 Zur Bedeutung des Kapitols als religiöses Zentrum vgl. EDWARDS 1996, 70 f.
577 PAUSCH 2008, 50.
578 OGILVIE übernimmt diese Konjektur von H. J. Müller in seinen Text (OGILVIE 1974) und begründet in seinem Kommentar die Entscheidung damit, dass *saeptus* als Participium coniunctum aufzufassen sei und sich *est* auf *inter duos lucos* beziehe, sodass es notwendig sei, das im Dativ stehende Partizip *descendentibus* mit einer Richtungsangabe zu präzisieren: „L[ivy] is clearly locating the asylum and this requires a closer geographical specification [...]" (OGILVIE 1965, 63). Dabei verkennt er allerdings, dass dem stadtrömischen Leser die Lage des *asylum* durchaus bekannt ist und der ortsunkundige Leser sich auch mit der Angabe *ad laevam* die Lage nicht besser

in der *praefatio* angekündigt, für Römer über Rom. Die Bürger zu Zeiten des Livius stellen damit fest, dass sie immer noch die gleichen Orte kennen und teilweise an denselben Stellen wohnen wie ihre ersten Vorfahren bei der Gründung der Stadt, unabhängig davon, ob die Familien ursprünglich aus Rom oder aus der Provinz kamen. Somit liegt darin eine Form der Identitätsstiftung.[579] Ferner wird dem Leser durch diese Ortsbeschreibung klar, wie groß das Gebiet mindestens ist, das im Hinblick auf die spätere Größe Roms schon befestigt wurde. Man kann konstatieren, dass Livius unmittelbar nach dem Bericht über die Stadtgründung explizit auf den Beginn einer stetigen Gebiets- und Bevölkerungszunahme hinweist. Mit dem Palatin und dem Kapitol sind die beiden wichtigsten Hügel Teile des Stadtgebiets. Darüber hinaus ist durch das *asylum* die Bevölkerungszahl so groß, dass auf der Ebene der Handlung die Einführung von politischen Institutionen durch Romulus gerechtfertigt ist und auf der politischen Ebene durch das *asylum* anonyme Leute in die Handlung eingeführt werden, die später die Plebs bilden.[580]

Obwohl Livius an der gerade erörterten Stelle erstmals nach der Stadtgründung auf die Bevölkerungszahl eingeht, weist er schon zu Beginn des Berichts von der Stadtgründung auf die zu erwartende Größe Roms hinsichtlich der Bevölkerungszahl und damit verbunden auch auf die des Stadtgebiets hin. Dazu vergleicht er Rom mit den ‚Vorgängerstädten' Lavinium, eine Gründung des Aeneas, und Alba Longa, gegründet von dessen Sohn Ascanius, die später klein gegenüber der noch zu gründendemn Stadt Rom sein würden: *Et supererat multitudo Albanorum Latinorumque; ad id pastores quoque accesserant, qui omnes facile spem facerent parvam Albam, parvum Lavinium prae ea urbe quae conderetur fore* (Liv. 1,6,3). Auch dieser Hinweis zur späteren Größe erfolgt wie beinahe alle solchen Hinweise zu Beginn des ersten Buches aus der Perspektive des auktorialen Erzählers. Die ersten Einwohner Roms waren demnach Latiner und Leute aus Alba Longa, die aufgrund von Überbevölkerung neue Wohngebiete suchten,[581] aber auch Hirten. Schon an dieser Stelle verwendet Livius, wie später an oben zitierter Stelle, das Wort *spes*, um die durch die *fata* verheißene Größe der Stadt hinsichtlich der Bevölkerungszahl zu erreichen. Livius verschweigt also nicht, dass die Stadt zur Zeit der Gründung noch sehr klein war, kaschiert dies aber durch die Hinweise auf die spätere Größe, die Rom in der Zeit des Livius ohne Zweifel erreicht hat. Dennoch erfährt der Leser bis zur Aitienerzählung des *asylum*

---

vorstellen kann. Gemäß WEISSENBORN u MÜLLER [11]1963a, 111 wird der Ort *inter duos lucos* genannt, sodass die syntaktische Analyse von OGILVIE durchaus zutrifft, die Konjektur aus genanntem Grund dennoch nicht nötig ist.
[579] Vgl. PAUSCH 2008, 59.
[580] Vgl. WEISSENBORN u. MÜLLER [11]1963a, 111 und Kap. 2.4.3.5.1.
[581] WEISSENBORN u. MÜLLER [11]1963a, 101.

an oben zitierter Stelle im achten Kapitel nichts über Wanderbewegungen oder die Gründungsbevölkerung Roms. Erst durch die Erzählung vom *asylum* und die Episode vom Raub der Sabinerinnen wird das Anwachsen der Bevölkerung Roms erkennbar, zunächst auf anarchische Weise bei der Gründung und im Zuge des *asylum*, später durch die Vereinigung der Völker wie mit den Sabinern oder später unter Tullus Hostilius mit den Bewohnern von Alba Longa.[582]

Unmittelbar im Anschluss an die gerade analysierte Stelle aus dem achten Kapitel, nur unterbrochen durch die kurze Erwähnung der Einführung des Senats, steht die Episode vom Raub der Sabinerinnen. Diese in der Forschung vielfach interpretierte Passage[583] hat für die Erzählung mehrere Funktionen, vereinigt in sich mehrere Aitien[584] und ist ohne Bruch in die Handlung eingeflochten.[585] In diesem Kontext soll sie nur im Hinblick auf ihre Funktion für den Bereich des Wachstums des Herrschaftsgebiets und der Bevölkerungszahl beleuchtet werden, was erst ganz am Ende der Episode explizit deutlich wird. Livius schließt den Beginn der Episode mit seiner Formulierung an den auktorialen Kommentar an, dass es sich mit der durch das *asylum* wachsenden Bevölkerungszahl nur um den Anfang beginnender Stärke und Größe Roms handle:

> Iam res Romana adeo erat valida ut cuilibet finitimarum civitatium bello par esset; sed penuria mulierum hominis aetatem duratura magnitudo erat, quippe quibus nec domi spes prolis nec cum finitimis conubia essent (Liv. 1,9,1).

Er nimmt das durative Imperfekt, in dem er schon vorher die zunehmende Größe Roms geschildert hat, ebenso wieder auf wie das Wort *spes*. Allerdings ist jetzt der Zusammenhang genau umgekehrt, denn nun gibt es keine Hoffnung darauf, dass die wachsende Größe von Dauer sein könnte, da es an Frauen mangelte und somit keine Hoffnung auf Nachkommenschaft bestand, obwohl die militärische Stärke einen Fortbestand Roms gesichert hätte.[586] Auf Rat der gerade eingeführten Senatoren (Liv. 1,8,7) schickte Romulus Gesandte zu den Nachbarvölkern, um darum zu werben, mit Römern Ehen einzugehen, woraus Livius den Raub der Sabinerinnen resultieren lässt.[587] Wichtiger ist aber, dass Livius den bis dahin ver-

---

582 Ruch 1968, 128.
583 Vgl. beispielsweise Pausch 2008, 51–58 und Kowalewski 2002, 17 ff., die einen besonderen Schwerpunkt auf die Frauenthematik legt. Zur Struktur vgl. Ogilvie 1965, 64 f.
584 Pausch 2008, 52 bezeichnet die Episode vom Raub der Sabinerinnen als „Groß-Aition".
585 Vgl. Pausch 2008, 51.
586 Vgl. Kowalewski 2002, 18.
587 Pausch 2008, 51 weist darauf hin, dass in der Erzählung des Livius im Unterschied zu den Paralleltexten die Einführung der *Consualia*, deren Aition erzählt wird, als Erfindung des Romulus zur Durchführung des Raubes dargestellt werde.

schleierten Umstand, dass auch die Größe Roms eine Sache der Entwicklung war, in Form einer indirekten Rede durch einen nicht näher namentlich genannten Senator klarstellt: *urbes quoque, ut cetera, ex infimo nasci; dein, quas sua virtus ac di iuvent, magnas opes sibi magnumque nomen facere; satis scire, origini Romanae et deos adfuisse et non defuturam virtutem;* (Liv. 1,9,3–4). Livius hat, indem er einerseits die von den *fata* vorgegebene und von Anfang an vorhandene Größe der Stadt betont und andererseits Rom als eine Gründung aus dem Nichts darstellt, die Schwierigkeit, einer gerade erst gegründeten Stadt ein doch überraschend schnelles Wachstum zuschreiben zu müssen. Durch die indirekte Rede kann Livius aus der Perspektive einer nicht näher genannten Figur diesen Umstand geraderücken. Die Senatoren weisen darauf hin, dass auch Städte aus dem Nichts entstehen und sie sich durch *virtus* und durch die Hilfe der Götter Machtmittel erwerben würden. Dabei nimmt Livius vor allem *opes* aus 1,4,1 wieder auf. Der Senator, dessen indirekte Rede überliefert wird, führt darin an, dass dies auch bei der Gründung der Stadt der Fall gewesen sei, da dort die Götter Beistand geleistet hätten. Nun hätten die Römer die nötige *virtus*, um die guten Anfänge fortzusetzen, was Livius mit der Litotes *non defuturum virtutem* besonders hervorhebt. Durch die Verwendung der indirekten Rede kann sich Livius vom Eingreifen der Götter in die Handlung, die nach Auffassung des Volksglaubens die *fata* umsetzen,[588] distanzieren, muss damit die in den Gründungssagen überlieferte Beteiligung der Götter als Historiograph nicht zurückweisen und kann zudem betonen, dass auch die Stadt Rom langsam gewachsen ist, was sich aus dem achten Kapitel allenfalls implizit ergibt. Bestätigung für die nun vorhandene Größe der Stadt schafft Livius durch den auktorialen Kommentar, dass die Gesandten, die bei den Nachbarvölkern um die Bereitschaft der Frauen zum Eingehen von Ehen warben, unter anderem wegen der Furcht der Nachbarvölker erfolglos gewesen seien, dass eine immer größer werdende Stadt mitten in ihrem Gebiet entstehe: *tantam in medio crescentem molem sibi ac posteris suis metuebant* (Liv. 1,9,5). Livius gibt hier aus der Perspektive der Nachbarvölker deren Wahrnehmung von der drohenden Größe Roms wieder. Auch hier verwendet Livius wieder das Verb *crescere*.[589] Diese Feststellung aus Figurenperspektive wirkt auf den Leser wie eine implizite Bestätigung der Nachbarvölker für die Größe Roms, die dann auch noch explizit wird, als Livius von der Reaktion der Sabiner berichtet, die der Einladung zu den neu gegründeten *Consualia* nach Rom gefolgt sind: *Invitati [...] cum situm moeniaque et frequentem tectis urbem vidissent, mirantur tam brevi rem Romanam*

---

588 Vgl. Kap. 2.2.1.
589 Überhaupt fällt die häufige Verwendung der Verben *crescere* und *augere* im ersten Buch auf (vgl. RUCH 1968, 123). MINEO 2006, 81 f. sieht u. a. in der Verwendung dieser beiden Verben einen Beleg für die Darstellung Roms als wachsenden Organismus.

crevisse (Liv. 1,9,9). Livius setzt hier die Stadt mit dem römischen Staat (*res Romana*) gleich, was nicht nur ein Wachstum des Territoriums, sondern auch das der Bevölkerungszahl impliziert. Die gewaltige Größe versetzte die Nachbarn, sobald sie alles wirklich sahen, in Staunen. Damit streicht Livius mit der Schilderung der Reaktion der Nachbarn die Größe Roms noch einmal heraus. Diese Multiperspektivität der Darstellung objektiviert den Befund beinahe, da nicht nur die Römer selbst ihre eigene Stadt für sehr schnell gewachsen halten, sondern dies auch noch von außen bestätigt wird. Somit ist das stetige Wachstum der Stadt Rom ein Leitmotiv in der Erzählung von der Frühzeit. Allerdings wird die immer größer werdende Macht der Römer von den Nachbarvölkern zunehmend als Bedrohung wahrgenommen.[590]

In der Folge des Raubes der Sabinerinnen und der damit ausgelösten Kriege mit den Dörfern Caenina, Crustumeria und Antemnae sowie schließlich mit den Sabinern selbst wächst die römische Bevölkerung, was Livius zunächst nur beiläufig erwähnt. Der Krieg gegen Caenina dient vor allem der Schilderung des Aitions des Tempels des Jupiter Feretrius und der *spolia opima*. Livius verbindet diese beiden Aitien, sodass der Leser wie bei vielen anderen Aitien auch den Bezug zu einem Bauwerk, nämlich dem Tempel des Jupiter Feretrius, herstellen kann. Dieser existiert auch zur Zeit des Lesers noch, sodass er einen umso stärkeren Erinnerungsort darstellt.[591] Livius erwähnt ausschließlich die Eroberung der Stadt, ohne näher zu präzisieren, was dann passierte.[592] Antemnae und Crustumeria werden explizit zu Kolonien, wodurch das Staatsgebiet zwar eindeutig erweitert wird, ohne dass jedoch zuvor von Bedarf an Wohnraum durch Überbevölkerung gesprochen wird: *Utroque coloniae missae* (Liv. 1,11,4). Die Kolonien dienen damit wohl eher der räumlichen Vergrößerung des Machtbereichs und werden gemäß Livius vor allem von den Familien der Mädchen bewohnt. Dies belegt wiederum, dass das Wachstum der Stadt ein dauerhaft im Hintergrund der Handlung des ersten Buches ablaufender Prozess ist,[593] dessen aktueller Stand im Kontext anderer Zusammenhänge immer wieder deutlich wird. Für die Darstellung des Livius ist es aber nur als Beitrag zum Gesamtresultat des Raubes und der folgenden Kriege von Bedeutung, insofern es ihn dazu veranlasst, die durch die größere Bevölkerungszahl notwendige Einteilung der Stadt in Kurien und die Einführung dreier Reitercenturien zu schildern (Liv. 1,13,6–8).

---

590 Liv. 1,14,4: *Fidenates nimis vicinas prope se convalescere opes rati, priusquam tantum roboris esset quantum futurum apparebat, occupant bellum facere*. So auch Liv. 1,15,1 in Bezug auf Veji.
591 Zur Bedeutung von Bauwerken für die Erinnerungskultur vgl. HÖLKESKAMP 2004, 139.
592 Liv. 1,10,4. WEISSENBORN u. MÜLLER [11]1963a, 120 weisen darauf hin, dass in Paralleltexten auch von der Kolonisierung Caeninas gesprochen wird.
593 RAMBAUD 1977, 403.

Explizit als Vergrößerung des Staates hinsichtlich des Gebiets und der Bevölkerungszahl wird in diesem Kontext vor allem die Aufnahme der Sabiner mit ihrem König Titus Tatius nach der Niederlage in der Entscheidungsschlacht auf dem Gebiet des späteren *forum Romanum* genannt, womit wiederum ein den Zeitgenossen des Livius bekannter Schauplatz in die Handlung eingeführt wird. Zusätzlich ist diese Entscheidungsschlacht auch für den weiteren Verlauf der Geschichte notwendig, da das Zusammenwachsen der Römer und der Sabiner eines der entscheidenden Elemente in der Schilderung der Regierungszeiten der ersten vier römischen Könige bis Ancus Marcius ist.[594] Daneben geht es Livius wiederum vor allem um Aitien bestimmter Erinnerungsorte[595] in Rom, um die Aitien auf institutioneller Ebene als Resultat des Krieges, um die Vereinigung der beiden Bürgerschaften und um die aus der Vergrößerung der Stadt folgende Einteilung Roms in Kurien. Es wird zwar immer wieder auch explizit deutlich, dass die Bevölkerungszahl wächst, doch im Vordergrund stehen eben die Aitien.

In Bezug auf das Stadtgebiet ist festzustellen, dass in der gesamten Episode im Bereich der politischen Topographie en passant zahlreiche vor allem für die spätere Republik bedeutende Einnerungsorte in die Handlung eingeführt werden und deren Entstehung präsentiert wird. Das *forum Romanum* und das *comitium*, das später der Ort für Volksversammlungen wurde,[596] waren politisches und zugleich symbolisches Zentrum in der immer noch stadtstaatlich geprägten Kultur Roms.[597] Ferner werden noch der *Circus Maximus* als Schauplatz der *Consualia*, der *lacus Curtius*, der *lapis niger*, der Tempel des Jupiter Stator am Palatin und weitere Erinnerungsorte des Kapitols (Tempel des Jupiter Feretrius, *arx* und *rupes Tarpeia*) genannt.[598] Wenn man noch berücksichtigt, dass die Römer im Kampf dem Verlauf der *via sacra* folgen,[599] ist das gesamte politische Zentrum Roms erschlossen. Gleiches gilt für das Marsfeld als militärisches Zentrum, an dem die Heeresversammlung stattfindet, mit der Livius die Erzählung der Apotheose des

---

594 S. Kap. 2.4.3.4.
595 Um das Fortbestehen eines Ortes in der Erinnerung zu sichern, muss eine Geschichte erzählt werden, die das nicht mehr Sichtbare oder in anderer Weise Vorhandene ersetzt (vgl. ASSMANN 2010, 309).
596 Vgl. PAUSCH 2008, 56.
597 HÖLKESKAMP 2004, 161 f.
598 Vgl. PAUSCH 2008, 46. GRIFFE 1981, 115 zeichnet zusätzlich noch den Weg der Jupiterverehrung vom Fluss Numicus mit dem Heiligtum des Jupiter Indiges bis hin zum Kapitol mit dem Tempel des Jupiter Optimus Maximus, dem geistigen und militärischen Zentrum Roms, im ersten Buch nach. JAEGER 1997, 4 weist darauf hin, dass die erste Tempelwidmung, die des Jupiter Feretrius-Tempels, am Kapitol, dem religiösen Zentrum Roms, erfolgte.
599 Vgl. PAUSCH 2008, 54 ff.

Romulus beginnt.⁶⁰⁰ Mit Ausnahme des Gebiets des *Circus Maximus* und des Marsfelds sind diese Orte aufgrund ihrer Lage schon Bestandteile des Stadtgebiets, was Livius allerdings nicht thematisiert. Dies ergibt sich aus dem Kontext. Die erwähnten Orte haben hier nicht die Funktion, auf die Vergrößerung des Stadtgebiets hinzuweisen, sondern den Lesern die Gedächtnislandschaft vor Augen zu führen, die sie kennen und die sie sich unbebaut als Kriegsschauplätze vorstellen müssen. Damit weist Livius implizit darauf hin, dass zumindest in der Frühzeit, bevor Romulus die Macht nach dem Tod des Königs Titus Tatius allein in Händen hielt, auch die Stadt Rom selbst Schauplatz von Kriegen war. Eine Anspielung auf die Bürgerkriege zwischen Oktavian und Marcus Antonius ist hier sicher mitzulesen, für die Handlung aber nicht entscheidend. Wenn man noch den Umstand einbezieht, dass Veji als Voraussetzung für den Frieden mit Romulus ein Teil seines Gebietes abtreten musste,⁶⁰¹ zeigt sich, dass Romulus die typisch römischen Verhaltensweisen anwendet, wie man nach dem Krieg mit Feinden umzugehen hat und die auch zur Zeit des Livius noch Anwendung finden: die Schließung eines Vertragsbündnisses mit dem Unterlegenen zur Sicherung des römischen Einflusses durch das *imperium* im Bereich des Herrschaftsgebiets und der Bevölkerung, die Wegnahme von Ackerland sowie die Gründung von eigenen Kolonien zur Machtsicherung. Dieses Vorgehen wird als eines dargestellt, das schon Romulus anwendete. Die Römer streben danach, solche Vorgehensweisen als möglichst alt darzustellen, da alles umso besser ist, je älter es ist. Poucet hat für dieses Phänomen den Begriff „romulisation" geprägt.⁶⁰²

Man kann also konstatieren, dass in der Regierungszeit des Romulus die Stadt hinsichtlich ihrer Bevölkerungszahl und des Stadt- bzw. Staatsgebietes kontinuierlich wächst. Dieses Wachstum fasst Livius an verschiedenen Stellen explizit zusammen, bisweilen um davon ausgehend wiederum Aitien zu erzählen. Durch die Einbindung der Sabiner mit ihrer Stadt Cures und durch die Gründung erster Kolonien vergrößert Romulus das römische Herrschaftsgebiet im Kleinen schon so weit, dass es über die Grenzen der damaligen Stadt hinausging, die nach Livius wohl das Gebiet vom Palatin über das noch aus Sümpfen bestehende *forum Romanum* bis hin zum Kapitol umfasste. Durch Einbindung einzelner Schauplätze in die Handlung, ohne eine Aussage zu deren Zugehörigkeit zum Stadtgebiet zu erhalten, wirkt vor allem die Stadt noch größer, da es sich jeweils um Orte handelt, die der zeitgenössische Leser als Teile des Stadtgebiets kennt. Die Bevölkerung

---

600 Liv. 1,16,1 in Verbindung mit PAUSCH 2008, 46.
601 Liv. 1,15,5: *eaque clade haud minus quam adversa pugna subacti Veientes pacem petitum oratores Romam mittunt. Agri parte multatis in centum annos induciae datae.*
602 POUCET 1992, 297–299.

wird immer größer, allerdings ist es für Livius und wohl auch für seine Leser unerheblich, Zahlen zu nennen.[603] Das Wachstum ist nur insofern von Bedeutung, als es politische Institutionen wie die Gründung des Senats oder die Einteilung in Kurien bedingt, wobei dann das jeweilige Aition erzählt wird.

Neben Romulus trugen auch die anderen Könige zur Vergrößerung des Herrschaftsgebiets und der Bevölkerungszahl bei, was Livius in seinem Binnenproöm zum zweiten Buch noch einmal zusammenfasst: *Nam priores ita regnarunt ut haud immerito omnes deinceps conditores partium certe urbis, quas novas ipsi sedes ab se auctae multitudinis addiderunt, numerentur;* (Liv. 2,1,2). Dies ist bis auf den zweiten König Numa zutreffend,[604] der nach dem Tod des Romulus auf innenpolitisch-kultischem Gebiet eine Ordnung und somit Strukturen des Zusammenlebens schuf.[605] Tullus Hostilius ist der König, der Rom noch einmal erheblich vergrößerte, weil er nach dem Sieg im zweiten Krieg gegen Alba Longa die gesamte Bevölkerung nach Rom übersiedelte und Alba Longa, die Mutterstadt Roms, dem Erdboden gleichmachte.[606] Als Grund für die Vereinigung lässt Livius in einer direkten Rede König Tullus Hostilius angeben, dass die einst bei der Gründung Roms geteilte Stadt Alba wieder mit Rom vereinigt werden müsse (Liv. 1,28,7).[607] Durch diese Figurenrede kann Livius explizit, da er ja die Innensicht des Königs Tullus darstellt, das römische Expansionsstreben benennen, das letztlich zu dem Vorhaben des Königs geführt hat, Alba Longa zu erobern. Nach dem Bericht vom Krieg gegen Alba Longa beschreibt Livius explizit die Vergrößerung der Stadt, indem er von einer Verdoppelung der Bevölkerungszahl spricht:

> Roma interim crescit Albae ruinis. Duplicatur civium numerus; Caelius additur urbi mons, et quo frequentius habitaretur eam sedem Tullus regiae capit ibique deinde habitavit. Principes Albanorum in patres ut ea quoque pars rei publicae cresceret legit, Iulios, Servilios, Quinctios, Geganios, Curiatios, Cloelios; (Liv. 1,30,1–2).

Livius gebraucht hier wie schon im Bericht über Romulus in seinem zusammenfassenden auktorialen Kommentar das Verb *crescere* im Zusammenhang mit dem Adverb *interim* – an dieser Stelle allerdings um das schnelle Wachstum durch die Übersiedlung der Bewohner von Alba Longa zu verstärken – im historischen

---

603 Dies geschieht erstmals im Kontext der Einführung des Zensus unter Servius Tullius (Liv. 1,44,2), ist aber für unsere Betrachtung unerheblich (s.u.).
604 WEISSENBORN u. MÜLLER [10]1963b, 7.
605 RAMBAUD 1977, 405 betont, dass die Gründungsleistungen nicht nur aus Gebietserweiterungen und einer Vergrößerung der Stadt bestehen, sondern auch aus der Schaffung von Strukturen.
606 MINEO 2006, 181.
607 Vgl. Kap. 2.4.3.4.

Präsens. Die Passage besteht aus kurzen, aufzählenden Parataxen,[608] in denen nach den langen Kriegsberichten kurz und prägnant die erfolgreiche Vergrößerung der Stadt und die Integration der Albaner in bestehende Strukturen dargestellt werden. Livius betont durch das hyperbolische *duplicatur* vor allem die deutliche Vergrößerung der Bevölkerungszahl,[609] die hier noch wichtiger ist, als die des Herrschaftsgebiets. Besonders deutlich wird die Eingliederung der führenden Männer in den Senat hervorgehoben, ebenfalls ausgedrückt durch das Verb *crescere*. Ferner fügt Tullus der Stadt mit dem Caelius einen weiteren Hügel hinzu und bewohnt diesen selbst, um die Wohnlage für die Bevölkerung attraktiver zu machen. Das Stadtgebiet wird also erstmals seit Romulus um einen Hügel ergänzt. Historisch gesehen ist es völlig unklar ist, welcher König dem Stadtgebiet den Caelius zugefügt hat.[610] Dadurch wird die Annahme untermauert, dass es Livius wichtig ist, in seinen Bericht über den jeweiligen König – mit Ausnahme von Numa – die Vergrößerung des Territoriums der Stadt aufzunehmen. Dennoch wird im Vergleich deutlich, dass zwar der Sieg über Alba Longa, nicht aber die Vergrößerung des *imperium* die entscheidende Leistung des Tullus Hostilius war.

Unter König Ancus Marcius, über den wenig bekannt ist, wird die Stadt noch einmal entscheidend vergrößert:

> Ancus demandata cura sacrorum flaminibus sacerdotibusque aliis, exercitu novo conscripto profectus, Politorium, urbem Latinorum, vi cepit; secutusque morem regum priorum, qui rem Romanam auxerant hostibus in civitatem accipiendis, multitudinem omnem Romam traduxit. Et cum circa Palatium, sedem veterum Romanorum, Sabini Capitolium atque arcem, Caelium montem Albani implessent, Aventinum novae multitudini datum. Additi eodem haud ita multo post, Tellenis Ficanaque captis, novi cives (Liv. 1,33,1–2).

Hinsichtlich der Bevölkerungszahl nahm er wie seine Vorgänger gleich mehrere Male die Bürger besiegter Städte in die römische Bürgerschaft auf.[611] Livius stellt Ancus Marcius also bewusst in die Tradition vor allem des Romulus, aber auch des Tullus Hostilius, die den römischen Staat durch die Aufnahme von Feinden in die Bürgerschaft vergrößert hatten, eine Praxis, die auf die Frühzeit zurückgeführt wird und die es in Rom zu Zeiten des Livius immer noch gab. Livius gebraucht hier

---

608 Vgl. OGILVIE 1965, 122.
609 WEISSENBORN u. MÜLLER ¹¹1963a, 179 verkennen dies beim Hinweis darauf, dass auf dem Stadtgebiet, das nur durch den Caelius vergrößert wurde, eine Verdoppelung der Bevölkerungszahl nicht möglich gewesen sei.
610 Vgl. OGILVIE 1965, 122.
611 Hinzu kommen später noch die Bürger von Medullia (Liv. 1,33,6). OGILVIE 1965, 126 weist darauf hin, dass die Eroberung dieser hier erwähnten Städte aus geographischen Gründen nötig war, da sie auf dem Weg nach Ostia gelegen waren.

allerdings nicht das absolute Verb *crescere*, sondern das transitive *augere* mit dem durch das Relativpronomen ausgedrückten Subjekt *reges priores*. Dies ist in Bezug auf den letzten König vor den Tarquiniern noch einmal wie ein die ersten vier Könige als Einheit zusammenfassender auktorialer Kommentar zu lesen.[612] Auffällig ist hier einerseits noch, dass Livius explizit von der Vergrößerung des Gemeinwesens, der *res Romana*, schreibt und es ihm damit scheinbar weniger auf die Vergrößerung des Herrschaftsgebietes (*imperium*) ankommt. Vielmehr bereitet Livius die explizite, durch Größe bedingte Trennung von *urbs* als Stadt und Stadtgebiet und *imperium* als Herrschaftsgebiet, das auch Orte außerhalb Roms umfasst, vor, die er später im Rahmen der Gründung Ostias ausführt. Andererseits zählt Livius auch hier, wie im Bericht über Tullus Hostilius, die neuen Bevölkerungsgruppen in kurzen, elliptischen Parataxen auf. Die Aufnahme neuer Bürger ist für Livius somit etwas Alltägliches. Dies stützt ferner die These, dass Ancus Marcius das aus Sicht des Livius Positive seiner Vorgänger in sich vereinigt.[613] In Folge der immer größer werdenden Bevölkerung, ausgedrückt wie schon bei Romulus durch *multitudo*, musste Ancus das Stadtgebiet wiederum vergrößern, was im Bericht des Livius neben der Einführung der Flamen und des Kriegsrechts als seine größte Leistung dargestellt wird.[614] Allerdings handelt es sich um unbedeutende Leute im Gegensatz zu den späteren *gentes* der Patrizier, die Tullus in die Stadt aufnahm und die dann den Aventin als Wohnsitz erhielten. Damit ist der Aventin, der zwar als erster der sieben Hügel Roms schon vor der Erzählung der Stadtgründung im Rahmen von dessen Etymologie erwähnt wurde (Liv. 1,3,9) und an dem der unterlegene Remus sein *augurium* einholt, auch formal Bestandteil des Stadtgebiets. Nun wurde auf dem Aventin sozusagen die namenlose Bevölkerung angesiedelt – allen anderen bis dahin zum Stadtgebiet gehörigen Hügeln wird an der jeweiligen Stelle explizit eine Bevölkerungsgruppe zugewiesen –, die später Teile der Plebs bilden wird.[615] Außerdem lässt Ancus Marcius die noch unbewohnten Gebiete zwischen den Hügeln besiedeln und vergrößert die Stadt

---

612 Vgl. zur Einheit der ersten vier römischen Könige Kap. 2.4.3.2.1.
613 Vgl. Kap. 2.4.3.2.1.
614 Vgl. BURCK 1964, 156f.
615 Zur „Gründung" der Plebs durch Ancus vgl. WEISSENBORN u. MÜLLER ¹¹1963a, 193. OGILVIE 1965, 136 weist auf den Umstand hin, dass die Umsiedlung ganzer Bevölkerungsgruppen unwahrscheinlich ist. Dem ist zu entgegnen, dass es Livius weniger um die Tatsache jeder einzelnen konkreten Umsiedlung geht, sondern dass er Parallelen im Handeln der einzelnen Könige im Hinblick auf die Vergrößerung der Stadt aufzeigen will, was an den gezeigten parallelen Formulierungen deutlich wird. Zum Aventin als „Wohn- und Gedächtnisort der Plebs" s. Walter 2004, 183 ff.

mit dem Bau einer Brücke über den Tiber und der Besetzung des Janiculums als Vorposten Roms auf der anderen Tiberseite, um eine Besetzung durch die Feinde zu verhindern (Liv. 1,33,5–6).[616] Darüber hinaus vergrößert er erstmals den Landbesitz, was bei Romulus mit der Wegnahme von Land in einem Friedensvertrag allenfalls angedeutet wurde, indem er die Stadt Ostia als Kolonie gründete:[617] *Nec urbs tantum hoc rege crevit sed etiam ager finesque. Silva Maesia Veientibus adempta usque ad mare imperium prolatum et in ore Tiberis Ostia urbs condita, [...]* (Liv. 1,33,9). Hier realisiert Livius in seinem Text nun die schon angekündigte Trennung zwischen Stadtgebiet (*urbs*) und Herrschaftsgebiet (*imperium*), wobei letzteres mehrere Städte und den *ager* als unbewohntes Herrschaftsgebiet enthalten kann. Ferner vergrößert er das Herrschaftsgebiet bis zum Meer. Es handelt sich um einen auktorialen Kommentar des Erzählers, der wiederum mit dem Verb *crescere*, hier im resultativen Perfekt gebraucht, nun rückblickend und konstatierend das Wachsen Roms von der Neugründung hin zu einer Großstadt am Meer darstellt, in der auch die Übergänge zwischen den Hügeln bewohnt sind.

Auffällig ist im Folgenden, dass Tarquinius Priscus kaum eine Vergrößerung der Stadt zugeschrieben wird. So soll er laut Livius das Stadtgebiet trockengelegt und mit einer Mauer umgeben haben. Daneben erwähnt Livius, wie im Bericht über Romulus bei der Schilderung dessen reger Bautätigkeit, einige Orte, die da schon im Stadtgebiet lagen, als Schauplätze der Handlung.[618] Eine Vergrößerung der Bevölkerungszahl wird ihm aber ebenso wenig zugeschrieben wie eine explizite Vergrößerung des Herrschaftsgebiets. In letzterem Kontext wird nur erwähnt, dass er in Folge von Kriegen die Sabinerstadt Collatia und die Städte der Alten Latiner erobert habe, ohne dass Livius dies explizit mit der Vergrößerung des *imperium* in Zusammenhang bringt (Liv. 1,38,1).

Der zweite Tarquinier, Tarquinius Superbus, erneuert den von Tullus Hostilius geschlossenen Vertrag mit den Latinern, erobert von den Volskern Suessa Pometia und mit einer List zusammen mit seinem Sohn die Stadt Gabii. Hinzu kommt die Gründung einiger Kolonien: *et colonis mittendis occupari latius imperii fines volebat, Signiam Circeiosque colonos misit, praesidia urbi futura terra marique*

---

[616] Die Bedeutung des Janiculums als Ausgangspunkt für feindliche Angriffe der Etrusker zeigt sich z. B. in der Episode um Horatius Cocles (Liv. 2,10,1–13) und in Liv. 2,51,2, als das etruskische Heer wiederum unmittelbar vor den Mauern Roms stand.
[617] OGILVIE 1965, 139 f. erläutert ausführlich, warum Ostia nicht so früh gegründet sein konnte.
[618] *Circus Maximus* (Liv. 1,35,8); Bau der Stadtmauer (Liv. 1,36,1); Aition und Statue des Attus Navius am Comitium, die wohl zur Zeit des Livius schon nicht mehr existierte (Liv. 1,36,5); Kanäle zur Trockenlegung des Forums (Liv. 1,38,6) und Stützmauern zum Bau des gelobten Tempels für Jupiter Optimus Maximus am Kapitol (Liv. 1,38,7).

(Liv. 1,56,3). Diese dienen einerseits dem Ausbau und der Sicherung seiner Macht, andererseits aber auch der Vergrößerung der Herrschaft.[619] In diesem Zusammenhang wird auch von möglichen Problemen durch die große Bevölkerungszahl (*multitudo* [Liv. 1,56,3]) gesprochen. Dennoch ist weder die Vergrößerung des Herrschaftsgebiets noch die der Bevölkerungszahl ein zentrales Thema in den Berichten über die Tarquinier.

Im Gegensatz dazu vergrößert der zwischen den beiden Tarquiniern regierende König Servius Tullius das *imperium* laut Livius noch einmal beträchtlich.[620] Livius nennt an dieser Stelle erstmals und für die erste Pentade auch einmalig eine Einwohnerzahl, nämlich 80.000 Teilnehmer am abschließenden Opfer nach dem Zensus,[621] und schränkt mit Bezug auf Fabius Pictor die Überlieferung dahingehend ein, dass es sich nur um die wehrfähigen Männer gehandelt habe:

> Milia octoginta eo lustro civium censa dicuntur; adicit scriptorum antiquissimus Fabius Pictor, eorum qui arma ferre possent eum numerum fuisse. Ad eam multitudinem urbs quoque amplificanda visa est. Addit duos colles, Quirinalem Viminalemque; inde deinceps auget Esquilias; ibique ipse, ut loco dignitas fieret, habitat; aggere et fossis et muro circumdat urbem; ita pomerium profert (Liv. 1,44,2–3).

Was veranlasst Livius dazu, eine genaue Zahl zu nennen, deren Ungenauigkeit er in zweifacher Weise deutlich macht? Durch die Einführung des Zensus war es den Römern grundsätzlich möglich, über die Listen zumindest die männliche Bevölkerung zu erfassen. Wenn Livius mehrere Quellen vorgelegen haben sollten, konnte er sicher nicht mehr klären, welche Zahl nun korrekt ist. Durch die Angabe einer scheinbar gerundeten Zahl, wie sie möglicherweise im alltäglichen Gespräch im Volksmund – ausgedrückt durch den von *dicuntur* abhängigen NcI – überliefert sein könnte, und durch die davon abweichende Zahlenangabe von Fabius Pictor zeigt Livius einerseits implizit die Problematik der Überlieferungsgenauigkeit solcher Zahlen auf. Andererseits wird dadurch, dass Livius sich jeder weiteren Wertung enthält, klar, dass es ihm gar nicht auf die Überlieferung der genauen Zahlen ankommt. Er ist kein Antiquar, der genaue Zahlen dokumentieren will. Er stellt gerade das Rom der Frühzeit dar und will als einen Aspekt davon die Entwicklung der Bevölkerungszahl und des Herrschaftsgebietes schildern. Dies belegt auch der folgende Satz, in dem Livius die Zahl mit *ea multitudo* wieder

---

619 MILES 1988, 190 weist an dieser Stelle darauf hin, dass auch negativ dargestellte Figuren positive Eigenschaften haben können. Dennoch bringt Livius die Vergrößerung des Herrschaftsgebiets durch Tarquinius Superbus mit dessen Bestrebungen zur Machtsicherung in Zusammenhang. Daher überzeugt die Auffassung von MILES hier nicht.
620 MINEO 2006, 188.
621 Zur Validität der Zahlen vgl. OGILVIE 1965, 177 f.

aufnimmt, eine Wortverbindung, die er schon in Bezug auf die Überbevölkerung in Lavinium und Alba Longa vor der Stadtgründung gebraucht hat.[622] Davon leitet er die Notwendigkeit für Servius Tullius ab, dass auch dieser die Stadt habe vergrößern müssen. Mit der genauen Zahl scheint jedoch das schleichende Wachstum vorerst abgeschlossen.

Servius vergrößert in der Folge die Stadt durch Hinzufügung zweier weiterer Hügel, des Quirinals und des Viminals, wobei Livius wieder die Verben *addere* für die Hinzufügung der Hügel und *augere* für die Vergrößerung des Esquilins gebraucht,[623] der offensichtlich, auch wenn es Livius bisher nicht erwähnt hat, schon zur Stadt gehört hatte.[624] Dennoch ist dieser Bruch für die Erzählung des Livius ungewöhnlich. Auch Servius zieht wie schon Tullus Hostilius auf einen der neuen Hügel, um die Wohnlage attraktiver zu machen. Anschließend umgibt er das Stadtgebiet, das der Leser bereits mit Romulus durchschritten hat, mit der servianischen Mauer und erweitert das Pomerium. Damit vollendet Servius als letzter ‚guter' König die Vergrößerung der von Romulus gegründeten Stadt. Der Leser merkt außerdem, dass nun nach kurzer Zeit beinahe alle Schauplätze der Handlung des ersten Buches zum Stadtgebiet Roms gehören. Die Ankündigung, dass die Stadt anscheinend erweitert werden musste (*urbs quoque amplificanda visa est* [Liv. 1,44,3]), nimmt Livius als Zusammenfassung der Passage und als Überleitung zur Fortsetzung der Erzählung durch den Ablativus absolutus *Aucta magnitudine urbis* (Liv. 1,45,1) noch einmal auf und stellt sie durch das vorzeitige Partizip *auctum* als abgeschlossen dar. Damit ist kurz vor dem Ende der Königszeit die Vergrößerung der Stadt vorerst abgeschlossen. Livius stellt daher die Königszeit als eine Epoche der Gründung und Vergrößerung der Stadt dar, was, wie schon erwähnt, im Binnenprooem des zweiten Buches noch einmal erkennbar ist. Dort geht er vor allem auf die Bevölkerungszahl (*multitudo*) ein. Dies geschieht ganz im Hinblick auf das neue Thema, nämlich die Herausbildung der verschiedenen Stände und ihre wechselseitigen Auseinandersetzungen.

Das Thema der Erweiterung der Stadt ist im weiteren Verlauf der ersten Pentade bis auf wenige Ausnahmen, die sich zu Beginn des zweiten Buches fin-

---

622 Liv. 1,6,3: *Et supererat multitudo Albanorum Latinorumque*.
623 MINEO 2006, 188.
624 Die Tatsache, dass Livius den Esquilin bis dahin nicht erwähnte, führte zur Konjektur *Esquiliis* von Gronovius. Da aber die in der größten Handschriftengruppe N überlieferte Lesart *Esquilias* möglich ist, ist die Konjektur zurückzuweisen, auch weil es sonst keinen Grund gegeben hätte, den Esquilin nicht in die Aufzählung der beiden anderen Hügel mit einzubeziehen. WEISSENBORN u. MÜLLER [11]1963a, 225 führen als mögliche Erklärung an, dass die Gegend schon bewohnt war, aber noch nicht zum Stadtgebiet gehörte.

den, auf die Einnahme von Städten in der Nähe Roms und die Gründung von Kolonien beschränkt, die in annalistischer Tradition – ab dem zweiten Buch orientiert sich Livius an den jeweils jährlich wechselnden Konsuln – genannt werden, für den Verlauf der Handlung aber kaum von Bedeutung sind.[625] Dies zeigt allenfalls die Fortsetzung der römischen Tradition im Umgang mit unterlegenen Kriegsgegnern auch in der Zeit der Republik. Eine Ausnahme, die beiläufig und vor dem Hintergrund der Erzählung des Aitions berichtet wird, stellt die Weihung des Marsfelds dar, das Livius zwar schon bei der Apotheose des Romulus erwähnt hat, nun aber formal heiliges Gebiet wird. Es entsteht aus dem Umstand, dass der Grundbesitz der Tarquinier weder herausgegeben noch konfisziert werden sollte. Dabei handelt es sich um das Gebiet zwischen Stadtgrenze und Tiber, das in jener Zeit offensichtlich zum römischen Herrschaftsgebiet außerhalb der Stadt, zum *ager Romanus* gehört hat: *Ager Tarquiniorum qui inter urbem ac Tiberim fuit, consecratus Marti, Martius deinde campus fuit* (Liv. 2,5,2). Livius schließt damit allerdings nur das Thema der Entstehung des Marsfelds ab, ohne dass es sich um eine Erweiterung des Herrschaftsgebiets handelt, da der Ort ja als Besitz der tarquinischen Könige ohnehin schon zum römischen Herrschaftsgebiet gehört hatte. Das Aition des Marsfelds, das mit der Erzählung von der Apotheose des Romulus begonnen hatte, wird sozusagen vollendet. Die genaue Abgrenzung des *ager Romanus* bleibt jedoch im Text des Livius unklar. Einerseits scheint ihm dies für Ereignisse in der Stadt nicht wichtig, andererseits ist es ihm auf diese Weise möglich, von Belohnungen durch Landverteilung an verdiente Soldaten zu berichten, deren erste Nutznießer Horatius Cocles und Mucius Scaevola waren. Horatius Cocles erhielt soviel Land, wie er an einem Tag mit dem Pflug umgeben konnte (Liv. 2,10,12), Scaevola erhielt ein Stück Land jenseits des Tiber: *Patres C. Mucio virtutis causa trans Tiberim agrum dono dedere, quae postea sunt Mucia prata appellata* (Liv. 2,13,5). Auffällig ist hier, dass es völlig unklar bleibt, wo die jeweiligen Ländereien liegen. In Bezug auf Mucius Scaevola lässt Livius die Lage des zugeteilten Gebiets völlig offen, was Ogilvie mit Recht zur Annahme veranlasst, dass dieses Detail der Gleichstellung des Horatius mit Mucius Scaevola diene.[626] Dessen Land wird zwar als jenseits des Tiber liegend bezeichnet, dennoch scheint die Lage entweder unklar oder unwichtig.[627] Wichtig ist es für Livius, an dieser Stelle gleichsam ein Aition für die Landverteilung an verdiente Soldaten

---

625 Z. B. Einnahme der Stadt Crustumeria (Liv. 2,19,2); Einnahme von Velitrae mit Koloniegründung (Liv. 2,31,4); Kolonie Antium im Volskerland (Liv. 3,1,6); Vergrößerung der Kolonie Fidenae (Liv. 4,30,6).
626 Ogilvie 1965, 261.
627 Vgl. Ogilvie 1965, 266 und Weissenborn u. Müller [10]1963b, 41.

zu schaffen, was in der römischen Republik ein üblicher Vorgang war und somit wiederum in die Frühzeit verlegt wird, auch wenn Livius dies nicht explizit als Aition benennt, sondern beiläufig erzählt. In der Königszeit wurden die Kriegserfolge noch dem jeweiligen König zugeschrieben, sodass Landverteilungen nicht nötig waren. Diese sind dann auch Ausgangspunkt für Streitigkeiten,[628] da natürlich das zu verteilende Land, das in Stadtnähe liegt, irgendwann knapp werden musste.

Auch die zentralen Schauplätze der Handlung der ersten Pentade innerhalb der Stadt Rom sind im ersten Buch alle eingeführt, sodass mit der Republik der Aufbau der Stadt Rom selbst abgeschlossen ist und Livius nun die Neuordnung des Staates in der Republik beschreibt. Die Entwicklung der Bevölkerungszahl ist ebenfalls kein relevantes Thema mehr. Es fallen allenfalls beiläufige Bemerkungen zu diesem Thema, wie beispielsweise im Bericht über die frühe Republik die Aufnahme und Eingliederung sabinischer Überläufer, denen in diesem Kontext auch das römische Bürgerrecht verliehen wird. Davon berichtet Livius unmittelbar im Anschluss an die Episode vom Krieg gegen den Etrusker Lars Porsenna. Die Überläufer gehörten nach Livius der Friedenspartei der Sabiner an und liefen unter Appius Claudius nach Rom über, wo sie ein Gebiet jenseits des Anio erhielten (Liv. 2,16,3–5). Entscheidend ist hier allerdings nicht die Vergrößerung der Bevölkerung, was im zweiten Buch kein Thema mehr ist, sondern das Aition der *Vetus Claudia tribus*, die nach Livius aus den Überläufern gebildet wurde, die das Leben unter der Freiheit der römischen Republik suchten.[629] Ein weiteres Beispiel ist die Gründung von Kolonien, die meist in Folge von Kriegen oder aus militärisch-strategischen Gründen entstehen:

> Ea clade conterritis hostium animis, ut etiam ubi ea remisisset terrore aliquo tenerentur, et Velitris auxere numerum colonorum Romani, et Norbam in montes novam coloniam, quae arx in Pomptino esset, miserunt (Liv. 2,34,6).

Davor berichtet Livius von einer Seuche bei den Volskern, die einen Krieg verhindert hat, worauf sich *ea clade* bezieht. Die Römer verstärken daher eine bestehende Kolonie in Velitrae und gründen eine neue als Verteidigungsbollwerk (*arx*). Hier geht es Livius in keiner Weise um die Vergrößerung des römischen Herrschaftsgebiets oder der Bevölkerungszahl, sondern um militärisch-taktische Maßnahmen zur Sicherung des Herrschaftsgebiets.

---

628 Ein erstes Beispiel für Streitigkeiten bei der Landverteilung findet sich in Liv. 2,48,2, ein weiteres in Liv. 3,1,2, wobei es jeweils nicht um Landverteilungen an verdiente Soldaten der Oberschicht, sondern um Landverteilungen zugunsten der Plebs geht.
629 Vgl. OGILVIE 1965, 273f.

Man kann abschließend feststellen, dass Romulus, Tullus Hostilius, Ancus Marcius und Servius Tullius als die für den Bereich der Entwicklung von Herrschaftsgebiet und Bevölkerungszahl wichtigsten Akteure dargestellt werden. In der Zeit des Romulus werden schon alle entscheidenden Orte der Handlung eingeführt, wobei oft bewusst verschleiert wird, dass sie in diesem Moment eigentlich nicht zum Stadtgebiet gehören. Die Tarquinier sind für die Vergrößerung der Stadt nahezu bedeutungslos. Mit Servius Tullius ist die Vergrößerung der Stadt, was die erste Pentade betrifft, beinahe abgeschlossen. Die wenigen Stellen im zweiten Buch lassen sich entweder auf annalistische Vollständigkeit zurückführen oder stehen noch in Zusammenhang mit dem Übergang von der Königszeit zur Republik und damit mit der endgültigen Vertreibung der Tarquinier. Die städtischen Strukturen sind geschaffen, das Hinzufügen weiterer, immer entfernterer Gebiete wird allenfalls kurz erwähnt, da es für die Rezipienten in Rom auch nicht von entscheidender Bedeutung ist, da Kolonien oder andere Länder im Gegensatz zu den stadtrömischen Orten außerhalb ihrer Vorstellungswelt liegen und Livius eben nicht mehr mit Verweisen wie „Wo jetzt ... ist" arbeiten kann. Die Stadt Rom mit ihren Zentren des öffentlichen Lebens sowie deren Ursprünge sind zum Ende der Regierungszeit des Servius Tullius beschrieben. Es handelt sich allerdings weder hier noch in den Schlachtenschilderungen um Beschreibungen im Sinne einer literarischen Ekphrasis. Eher geht es Livius darum, bekannte Schauplätze zu benennen und ihre Entstehung zu erklären als genaue Stadt- bzw. Naturbeschreibungen zu machen.[630] Damit trifft Livius die Interessen seiner Rezipienten.

2.4.2. *domi militiaeque*

Von Beginn des livianischen Werkes an sind Krieg und Frieden wichtige Themen der Geschichte Roms. Kriege stehen nie für sich, sondern ab der Stadtgründung immer auch im Zusammenhang mit innenpolitischen Fragen (*domi*). Livius schildert eine Vielzahl von Kriegen, wobei einige nur kurz erwähnt, andere ausführlicher entweder im Rahmen der Haupthandlung oder als eigene Einzelepisode erzählt werden. Livius berichtet zumindest von den ausführlicher behandelten Kriegen nicht nur um der Erwähnung willen, sondern hat in der Regel noch ein übergeordnetes Thema, auf das er anhand der Kriegserzählung eingehen will. Beispiele dafür sind Aitienerzählungen, die von Kriegen ausgehen, die Verbindung von Innen- und Außenpolitik oder, verbunden mit römischer Imperialis-

---

[630] Vgl. GRIFFE 1981, 114.

muskritik, die Frage nach dem *bellum iustum*. Diese Themen lassen sich vor allem durch die narratologische Interpretation herausarbeiten. Im Folgenden soll dies exemplarisch an ausgewählten Kriegsschilderungen gezeigt werden.

Schon in der Vorgeschichte der Gründung kommt es zu kriegerischen Auseinandersetzungen, zunächst mit den Latinern, wobei Livius in diesem Kontext offenlässt, ob es letztlich zum Krieg gekommen ist, später dann mit den Rutulern unter Turnus. Dieser Krieg, der das zentrale Thema der zweiten Hälfte von Vergils *Aeneis* ist, wird bei Livius nur kurz behandelt. Ihm geht es an dieser Stelle noch darum, in der Erzählung möglichst schnell zu Romulus und zur Stadtgründung zu kommen. Die Schilderung des Krieges gegen die Rutuler hat vor allem, wie noch zu zeigen sein wird, die Funktion, Aitienerzählungen zu ermöglichen, nämlich das Aition des Friedensschlusses und das Aition der *amicitia*. Die Berichte über die ersten Kriege des Romulus haben dieselbe Funktion. So geht es im ersten nach der Stadtgründung geschilderten Krieg gegen die sabinische Stadt Caenina vor allem um das Aition des Tempels des Jupiter Feretrius als ersten Tempel in Rom und in Verbindung damit um das Aition des Triumphzuges.[631] Im Krieg, der im Stadtgebiet gegen die Sabiner ausgetragen wird, stehen die Aitien der *rupes Tarpeia* und des Tempels des Jupiter Stator im Mittelpunkt. Zu Beginn des zweiten Buches dient der Krieg mit dem Etrusker Porsenna der Erzählung erster aus der mythischen Frühgeschichte bekannter Exempla, durch die gleichzeitig die kurzzeitige Herrschaft der Etrusker unter Porsenna verschleiert wird.[632] Diese Exempla sind Horatius Cocles, Mucius Scaevola und Cloelia. Neben der Möglichkeit, im Zusammenhang der Kriege Aitien zu erzählen, zeigt Livius in seiner Darstellung, dass Kriege für Patrizier und die Plebs zugleich innenpolitische Mittel sind, wenn sie, wie häufig in den Büchern 2–4 berichtet, als Druckmittel der einen wie der anderen Seite gebraucht werden, um innenpolitische Streitigkeiten (*discordia*) zu beenden oder zumindest aufzuschieben. Wie in diesem Kontext das Zusammenspiel zwischen Patriziern und der Plebs funktioniert und wie der Erzähler dieses bewertet, lässt sich vor allem an der gewählten Erzählperspektive und an der Einbeziehung von Reden sowie am Vergleich der Erzählstrukturen der Bücher zeigen. Livius baut also die in den Annalen verzeichneten Kriege in seine Erzählung ein. Dabei schildert er sie nicht nur, sondern verbindet die jeweiligen

---

[631] Vgl. PAUSCH 2008, 51f.
[632] Vgl. WELWEI 2000, 49, KOWALEWSKI 2002, 51. AIGNER-FORESTI 2009, 144 sieht in der Verpflichtung der Römer, Geiseln zu stellen, einen Beleg für die kurzzeitige etruskische Herrschaft über Rom auch bei Livius (Liv. 2,13,4), was der Annahme des Versuches des Livius, diese kurze Zeit etruskischer Herrschaft zu verschleiern, nicht entgegensteht. Livius spricht vordergründig nur von einer Belagerung und einem Beinahe-Sieg der Etrusker (*Ita in medio prope iam victores caesi Etrusci* [Liv. 2,14,7]).

Berichte häufig mit einem aitiologischen oder politischen Thema. Aber auch aktuelle Themen seiner Zeit wie der gerade erst mit der Schlacht von Actium beendete Bürgerkrieg werden – meist indirekt – thematisiert, indem Livius beispielsweise im Kontext des Krieges von Tullus Hostilius gegen Alba Longa im ersten Buch das Thema Bürgerkrieg, die Frage nach dem *bellum iustum* und die thukydideische Unterscheidung von Kriegsanlass und Kriegsursache aufgreift und über verschiedene narratologische Mittel als Erzähler bewertet. Von großer Bedeutung für Rom ist der sich über viele Jahre hinziehende Krieg gegen Veji, in dessen Kontext Camillus als Exemplum für gute Kriegsführung und *pietas* charakterisiert wird.[633] Die Kriegserzählungen sind auch in den anderen Büchern häufig mit der Charakterisierung von Exempla verbunden. Darüber hinaus wird die Stärke Roms deutlich hervorgehoben, der Zusammenhang von Kriegen mit religiösen bzw. übernatürlichen Phänomenen gezeigt[634] und die Römer schließlich unter Verwendung von zahlreichen intertextuellen Bezügen zu Homers *Ilias* den gegen die Troianer siegreichen Griechen als ebenbürtig gegenübergestellt. Aber auch *pax* als Gegenstück zum Krieg ist in der ersten Pentade von großer Bedeutung, was sich schon in der Vorgeschichte bei Aeneas und Latinus und vor allem in der Darstellung des Königs Numa als Friedenskönig zeigt.

Im Folgenden sollen exemplarisch Kriege als Ausgangspunkt für Aitienerzählungen, die Frage nach dem *bellum iustum*, die politische Funktion von Kriegs- und Friedenszeiten sowie der Krieg gegen Veji als größter Erfolg römischer Kriegstätigkeit in der ersten Pentade und deren jeweilige Einbindung in die Handlung untersucht werden.

2.4.2.1 Kriege als Ausgangspunkt für Aitien und Exemplaerzählungen

Kriege sind ein Bestandteil der römischen Geschichte seit der Frühzeit. Es fällt allerdings auf, dass es bei den Kriegen in der Regierungszeit des Romulus in der Darstellung des Livius weniger auf den Krieg selbst ankommt als auf andere Phänomene, die mit dieser Erzählung verbunden sind. Im Bericht über die Regierungszeit des Romulus sind, wie Pausch in seinem Aufsatz „Der aitiologische Romulus"[635] ausführlich dargelegt hat, mit Kriegen häufig Aitiologien verbunden. Beispiele dafür sind die Aitien der Tempel des Jupiter Feretrius oder des Jupiter Stator, Erinnerungsorte wie der *lacus Curtius* oder die *rupes Tarpeia*, das Aition

---

633 WALTER 2000, 65.
634 Vgl. zu Camillus z. B. BERNARD 2000, 150 ff. und zu den übernatürlichen Phänomenen Kap. 2.2.
635 PAUSCH 2008.

des Triumphzuges oder auch die Darstellung von Erfolgen wie im Kontext des Aitions der *spolia opima*, die Romulus nach dem Sieg über den König von Caenina in das Heiligtum des Jupiter Feretrius bringt. Die meisten Aitien stehen im Zusammenhang mit den Kämpfen in der Episode vom Raub der Sabinerinnen, die Pausch daher als „Groß-Aition" bezeichnet.[636] Im Folgenden soll nun gezeigt werden, dass die Kriege, die Romulus führt, beinahe alle die Ausgangslage für die Erzählung eines Aitions sind. Im Mittelpunkt werden dabei die Kriege in der Einzelerzählung vom Raub der Sabinerinnen stehen. Anschließend wird dieser Befund der Erzählung am Anfang des zweiten Buches gegenübergestellt, das vom Beginn der römischen Republik handelt. Hier werden die Kämpfe mit dem Etruskerkönig Lars Porsenna in Folge der Vertreibung der Tarquinier aus Rom im Zentrum der Betrachtung stehen. Dabei wird deutlich werden, dass die Darstellung dieses Krieges vor allem dazu dient, drei Exempla der römischen Frühzeit zu präsentieren und so in den Zusammenhang einzuflechten.[637] Im Vergleich der beiden Stellen sollen Parallelen in der Erzählstruktur aufgezeigt werden, deren Funktion untersucht wird.

Die ersten Kriege führt Romulus gegen die Sabinerstädte Caenina, Crustumeria und Antemnae als Folge des Raubes der sabinischen Frauen. Die Erzählung beginnt mit der Feststellung, dass diese drei Städte die Reaktion des Sabinerkönigs Tatius, aufgrund des Raubes der Sabinerinnen gegen die Römer vorzugehen, nicht für ausreichend schnell hielten und daher selbst zum Krieg rüsteten. Die Bewohner von Caenina waren laut Livius die energischsten und drangen als erste in römisches Gebiet ein (Liv. 1,10,2–3). In der Folge schildert Livius die Kriege mit den drei Städten in Verbindung mit je einem Aition, das im Mittelpunkt der Erzählung steht. Das eigentliche Kriegsgeschehen fasst Livius sehr kurz:

> ita per se ipsum nomen Caeninum in agrum Romanum impetum facit. Sed effuse vastantibus fit obvius cum exercitu Romulus levique certamine docet vanam sine viribus iram esse. Exercitum fundit fugatque, fusum persequitur: regem in proelio obtruncat et spoliat: duce hostium occiso urbem primo impetu capit (Liv. 1,10,3–4).

Nach der Feststellung, dass Caenina den Krieg begonnen hat, nimmt Livius das Ergebnis vorweg. Das Heer des Gegners war weit zerstreut, sodass Romulus in einem leichten Gefecht (*leve certamen*) dem zu schwachen gegnerischen Heer eine Lehrstunde erteilen konnte (*docere*). In drei kurzen Parataxen macht er den

---

[636] PAUSCH 2008, 52. Zur Bedeutung dieser Aitien für die Entwicklung des Stadtgebiets s. Kap. 2.4.1.2.
[637] Vgl. dazu auch den Aufsatz von LEFÈVRE 1983.

schnellen Verlauf klar: Das Heer wurde in die Flucht geschlagen und Romulus setzte nach. Die Schnelligkeit wird durch die Alliteration *fundit fugatque fusum* noch hervorgehoben. Dann erschlug er den König von Caenina im Zweikampf, nahm ihm die Rüstung und eroberte die Stadt im Sturm. Der Name des Königs von Caenina wird nicht einmal genannt, was umso auffälliger ist, da ja, wie Livius schreibt, bis in seine eigene Zeit die Ehre der *spolia opima* außer Romulus nur zwei weiteren Heerführern zuteilwurde (Liv. 1,10,7).

Anschließend schildert Livius ausführlich die Darstellung des Sieges in Rom, verbunden mit dem Aition des Tempels des Jupiter Feretrius, dem der *spolia opima* und dem des Triumphzuges.[638] Der Zug zum Kapitol mit der erbeuteten Rüstung wird ebenso in allen Details beschrieben wie die Widmung des Tempels für Jupiter Feretrius, wobei Livius sogar in direkter Rede das Gebet des Romulus wiedergibt. Schon hier wird das Kapitol als Zentrum der römischen Macht erkennbar, wenngleich an dieser Stelle der Handlung der Tempel des Jupiter Optimus Maximus noch nicht erbaut ist und Livius die Bedeutung des Kapitols als Ort des Terminus ebenfalls erst später darlegt.[639] Es wird also deutlich, dass der Krieg des Romulus gegen Caenina gar nicht als wichtiger Krieg dargestellt werden sollte, sondern nur als Ausgangspunkt für die Aitienerzählungen. Gleiches gilt für die beiden folgenden Kriege gegen Antemnae (Liv. 1,11,1–2) und Crustumeria (Liv. 1,11,3), deren Verlauf ebenfalls nur kurz erzählt wird. In ersterem geht es um die Bitte von Romulus' Frau Hersilia, die Eltern der geraubten Mädchen in die römische Bürgerschaft aufzunehmen,[640] in letzterem um das Aition der ersten Kolonien. Gleiches gilt für den Krieg zwischen Rom und den Sabinern auf dem Gebiet des späteren *forum Romanum*, in dessen Rahmen eine Vielzahl von Aitien erzählt werden (Liv. 1,11,5–13,5). Auch hierbei kommt es weniger auf die Kampfhandlung und den Verlauf des Krieges an als auf die Vorbereitung einzelner Aitien, die Livius nun nicht mehr wie davor mehr oder weniger einzeln in die Handlung einflicht, sondern die alle zum Bestandteil der Schlachtenschilderung werden.[641] Deshalb rückt die Schilderung des Ablaufes der Schlacht durch die Aitien der *rupes Tarpeia* und des Tempels des Jupiter Stator zunächst in den Hintergrund. Ersteres wird vor Beginn der eigentlichen Schlacht erzählt, durch das zweite wird der Bericht über die Kriegshandlung durch die Ausführungen zum Jupiter Stator-Tempel unterbrochen. Erst als mit der Widmung dieses Tempels die Wende in der Schlacht zugunsten der Römer eingetreten ist, schildert Livius

---

638 PAUSCH 2008, 51f.
639 Vgl. EDWARDS 1996, 84. Zur Bedeutung des Terminus vgl. Liv. 1,55,6 und Kap. 2.2.2.2. Zur Bedeutung des Kapitols s. Kap. 2.4.1.2.
640 S. dazu ausführlich KOWALEWSKI 2002, 21f.
641 Vgl. dazu ausführlich PAUSCH 2008, 54.

wirklich die Kampfhandlungen (Liv. 1,12,8–10), die schließlich das Eingreifen der Sabinerinnen zur Folge hatten, die ihre Väter nicht gegen ihre Ehemänner kämpfen sehen wollten. Dies führt schließlich zum Friedensschluss zwischen Romulus und Titus Tatius. In dieser Passage zeigt sich, dass Livius besonders dann, wenn es vermeintlich schlecht für die Römer steht, die Kampfhandlungen ausführlicher erzählt. Ziel ist es, das Geschick der römischen Heerführer hervorzuheben. In diesem Fall war es die Aufforderung des Romulus selbst an sein Heer, den Kampf wieder aufzunehmen, was Livius sogar in direkter Rede wiedergibt.[642]

Ein weiterer Krieg im ersten Buch, der vornehmlich der Vorbereitung von Aitien dient, ist der Krieg von Ancus Marcius gegen die Latiner. Hierbei geht es um die Darstellung des Aitions der Kriegserklärung nach dem Fetialrecht.[643] Livius erwähnt in einem einzigen Paragraphen, dass die Latiner unter Ancus Marcius den Mut gefasst hätten, anzugreifen (Liv. 1,32,3). Nach der kurzen Charakterisierung des Königs folgt das genannte Aition, dem Livius beinahe das gesamte Kapitel widmet (1,32,6–14). Den Ausgang des eigentlichen Krieges erzählt er lediglich in einem Halbsatz: *Ancus [...] exercitu novo conscripto profectus, Politorium, urbem Latinorum, vi cepit;* (Liv. 1,33,1). Auch hier zeigt sich, dass die Erzählung des Aitions im Mittelpunkt des Interesses steht.[644]

Im zweiten Buch ist der erste längere Handlungszusammenhang die Darstellung des Krieges gegen den Etruskerkönig Lars Porsenna, die mit dem Tod des Tarquinius Superbus endet.[645] Darin finden sich in rascher Folge die drei ersten Einzelerzählungen von *exempla virtutis* der noch jungen Republik: Horatius Cocles, Mucius Scaevola und Cloelia.[646] Im Mittelpunkt dieser Darstellung stehen nun nicht mehr die Aitien der Königszeit, die sich in der Handlung vor allem unmittelbar nach Gründung der Stadt häufen, sondern eben bedeutende *viri* und

---

[642] GRIFFE 1981, 117 zeigt, dass Livius vor allem Gebete und juristische Formeln in direkter Rede überliefert. Die zitierte Stelle schließt direkt an das Widmungsgebet des Romulus für den Tempel des Jupiter Stator an: *Haec praecatus, veluti si sensisset auditas preces, „Hinc,"* inquit, *„Romani, Iuppiter optimus maximus resistere atque iterare pugnam iubet."* (Liv. 1,12,7). Ähnlich verhält es sich bei der Schilderung des Zweikampfs zwischen den Horatiern und Curiatiern im Krieg zwischen Rom und Alba Longa (Liv. 1,25,1–12). Livius betont in der Vorgeschichte des Krieges zunächst etwas Anderes (vgl. Kap. 2.4.2.2). Den entscheidenden Zweikampf schildert er dennoch.
[643] Vgl. dazu auch Kap. 2.4.2.2.
[644] Weitere Beispiele: Krieg des Tarquinius Priscus gegen die Latiner für das Aition des *Circus Maximus* (Liv. 1,35,7–10); Krieg des Tarquinius Priscus gegen die Sabiner zur Illustration der Bedeutung der Auguraldisziplin (Episode um Attus Navius) in Liv. 1,36,1–5 (vgl. auch Kap. 2.2.2.2); Krieg des Tarquinius Superbus gegen die Volsker, aus dessen Beute Tarquinius Superbus den Tempel für Jupiter Optimus Maximus auf dem Kapitol bauen wollte (Liv. 1,53,2–3).
[645] BURCK 1964, 51 und LEFÈVRE 1983, 43 ff.
[646] LEFÈVRE 1983, 45.

mit Cloelia auch eine Frau, die alle als Kämpfer für die römische *libertas* präsentiert werden.[647] An ihnen zeigt Livius, wie in der Republik jeder Einzelne durch Leistung groß werden kann. Damit führt er das zentrale Thema des zweiten Buches, die Freiheit und die Kriegs- und Friedenstaten von römischen Bürgern, das er schon im Binnenproöm genannt hat, anhand konkreter Geschichten in die Handlung ein.[648] Gleichzeitig soll die Eroberung Roms durch den Etrusker Porsenna verschleiert werden, die für das römische Selbstbewusstsein als Weltmacht negativ gewesen wäre.[649] Auch hier ist der eigentliche Kriegsablauf beinahe nebensächlich,[650] wie schon im ersten Buch bei der Darstellung des Krieges gegen die Sabiner unter Romulus, bzw. dient der Verbindung der drei Einzelerzählungen zu einem Handlungszusammenhang. Die Episode beginnt im neunten Kapitel, nachdem die politische Ordnung der neu gegründeten Republik durch die Verbannung der *gens Tarquinia* aus Rom und durch die Vereitelung ihrer mit Hilfe einer Verschwörung geplanten Rückkehr ebenso wie durch die Einführung von Gesetzen – beispielsweise die Möglichkeit der *provocatio* – hergestellt war.[651] Dieser Vorgang dauerte laut Livius genau ein Jahr, was man am annalistischen Schema erkennen kann, an das er sich ab dem zweiten Buch hält: *Haec post exactos reges domi militiaeque gesta primo anno. Inde P. Valerius iterum T. Lucretius consules facti* (Liv. 2,8,9 – 9,1).

Die Handlung vom Krieg der Römer gegen den Etruskerkönig Lars Porsenna aus Clusium führt zu den Heldentaten des Horatius Cocles, des Mucius Scaevola und der Cloelia hin,[652] von denen Livius in drei Einzelerzählungen berichtet. Als Ausgangspunkt für die kriegerische Auseinandersetzung nennt Livius die Zuflucht der vertriebenen Tarquinier bei Porsenna und ihre Bitte an ihn, für ihre Rückkehr nach Rom zu kämpfen. Porsenna hielt es für sinnvoll, dass es in Rom einen König etruskischer Herkunft gebe, und willigte ein. Aus Angst vor der Macht

---

647 Vgl. OGILVIE 1965, 255 und LEFÈVRE 1983, 32 sowie 43.
648 Liv. 2,1,1: *Liberi iam hinc populi Romani res pace belloque gestas, annuos magistratus, imperiaque legum potentiora quam hominum peragam.* Aus dem zitierten Satz ergibt sich, wie OGILVIE 1965, 233 feststellt, dass das Hauptthema des zweiten Buches natürlich die Freiheit ist, was aus der betonten Stellung des Adjektivs *liber* am Satzanfang hervorgeht. Allerdings fasst er das Thema zu knapp, denn die Formulierung *res pace belloque gestae* nimmt Livius' eigene Themenvorgabe aus der *praefatio* wieder auf, nach der es um *viri* und *artes* in Krieg und Frieden gehe (Liv. *praef.* 9). Der Umstand, dass nun aufgrund der neuen Staatsform sich *viri* leichter auszeichnen können, da zuvor der Ruhm meist den Taten der jeweiligen Könige zufiel, legt nahe, auch die *viri* als Exempla zu einem Hauptthema des Buches zu machen.
649 Vgl. KOWALEWSKI 2002, 51.
650 LEFÈVRE 1983, 45 und Burck 1964, 54.
651 Vgl. OGILVIE 1965, 233. Zur Erzählstruktur s. LEFÈVRE 1983, 43 f.
652 OGILVIE 1965, 255.

Clusiums und davor, dass die Plebejer aus Furcht die Etrusker in die Stadt lassen könnten, beschloss der Senat einige Vergünstigungen, die die Plebs zum Zusammenhalt innerhalb Roms veranlassten (Liv. 2,9,1–8).[653] Die eigentliche Kriegshandlung fasst Livius wie schon häufig im ersten Buch sehr knapp:

> Cum hostes adessent, pro se quisque in urbem ex agris demigrant; urbem ipsam saepiunt praesidiis. Alia muris, alia Tiberi obiecto videbantur tuta: pons sublicius iter paene hostibus dedit, ni unus vir fuisset, Horatius Cocles; id munimentum illo die fortuna urbis Romanae habuit (Liv. 2,10,1–2).

Livius berichtet nur, wie die Römer bei Ankunft der Feinde in der Stadt Schutz suchten, die durch die Stadtmauern und den Tiber ausreichend sicher schien. Nur eine Brücke vom Janiculum aus, dem Vorposten der Römer auf der anderen Flussseite, hätte beinahe den Feinden den Weg in die Stadt eröffnet. Die Ausgangslage erzählt Livius in kurzen Sätzen, während das eigentliche Kampfgeschehen um Horatius Cocles und damit das Exemplum in der Folge in größeren Satzgefügen berichtet wird.[654] Horatius Cocles zeichnet sich dadurch aus, dass er durch seine *virtus* das Eindringen der Feinde in die Stadt verhindert. Die Wörter *vir* und *virtus* rahmen die Erzählung von der Tat des Horatius Cocles ein. Die Aussage, dass er als einziger Mann (*unus vir*) die Stadt Rom beschützt hatte, leitet die Passage ein; die Feststellung, dass ihm die Bürgerschaft aus Dankbarkeit für eine so große *virtus* eine Statue errichtete[655] und ihm Land zuteilte, schließt die Passage ab: *Grata erga tantam virtutem civitas fuit* (Liv. 2,10,12). Somit handelt es sich um ein *exemplum virtutis*.[656] Die Exempelerzählung um Horatius Cocles hat im Aufbau Parallelen zum Kampf von Romulus mit den Sabinern auf dem Gebiet des späteren *forum Romanum* im ersten Buch. Die Etrusker nahmen überraschend das Janiculum ein und stürmten von dort herunter auf die Stadt, ähnlich wie die Sabiner vom Kapitol. Die Römer wollten fliehen, aber Horatius Cocles stellte sich ihnen in den Weg, appellierte an die *fides* (*obsistens obtestansque deum et hominum fidem* [Liv. 2,10,3]) und machte ihnen klar, dass die Etrusker bald in der

---

653 Vgl. Lefèvre 1983, 43.
654 Ogilvie 1965, 259.
655 Zur Bedeutung und Errichtung der Gedenkstatuen der „mythhistorischen Figuren der Frühzeit" s. Walter 2004, 146.
656 Kowalewski 2002, 51. Haltenhoff 2000, 25 mit Anm. 32 sieht im Exempel des Horatius Cocles ein Beispiel für *fortitudo*, während er in diesem Kontext *virtus* ablehnt, was er mit der philosophischen Verallgemeinerung des *virtus*-Begriffs begründet. Dies ist in Bezug auf die Frühzeit nicht der Fall, da *virtus* hier im Sinne der militärischen *virtus* eines Soldaten verwendet wird (vgl. Moore 1989, 7). Zur Definition von *exemplum* s. Walter 2004, 51 f.

Stadt kämpfen würden. Er forderte sie auf, die Brücke zu zerstören, und stellte sich solange mit zwei Mitstreitern den Feinden entgegen (Liv. 2,10,3–7). Diese Aufforderungen des Horatius berichtet Livius zur Dramatisierung der Situation in indirekter Rede.[657] Inhaltlich ist eine Parallele zu Romulus und seiner Aufforderung zur Widmung des Tempels des Jupiter Stator (Liv. 1,12,3–7) zu erkennen. Beide leiten die Wende ein und animieren ihre Leute wieder zum Kampf. Romulus rief, wie in der Frühzeit üblich, die Hilfe der Götter an, Horatius bezieht sich auf den urrömischen Wert der *fides*,[658] der für die römische Republik von großer Bedeutung ist. Als Horatius schließlich den Feinden allein gegenübersteht, wirft er ihnen schreiend vor, die eigene und die römische Freiheit zugunsten selbstherrlicher Könige preiszugeben, was Livius wiederum in indirekter Rede erzählt (Liv. 2,12,8). Damit bezieht Livius das Exempel explizit auf das Thema des zweiten Buches. Am Höhepunkt der Erzählung, als Horatius unter den fliegenden Geschossen der Feinde durch den Tiber schwimmt, lässt Livius diesen in direkter Rede den Flussgott Tiberinus um Hilfe anflehen (Liv. 2,12,11), damit Horatius schließlich unversehrt auf römischer Seite ankommt. Indem Livius die Worte des Protagonisten zunächst in indirekter Rede wiedergeben lässt und anschließend beim Gebet an die Götter zur direkten Rede wechselt, wendet Livius eine Technik der Dramatisierung an, die in den ersten Büchern immer wieder zu finden ist, so auch in gerade erwähnter Passage vom Raub der Sabinerinnen. Es wird also deutlich, dass es sich bei Horatius Cocles um ein bedeutendes *exemplum virtutis* handelt. Er kämpft für die *libertas* des römischen Volkes. Sicher wird auch das Aition seiner Statue überliefert; dies ist aber nicht das Hauptziel der Erzählung, sondern ein Nebenaspekt. Mit der Statue sollte die *memoria* an diese beispielhafte Tat bewahrt werden.[659] Die drei Exempla sind in der Erzählung nicht einfach lose als Einzelerzählungen ohne Zusammenhang aneinandergereiht, sondern durch die Schilderung der Kriegshandlung im Ganzen gerahmt und verbunden. Die Etrusker gingen nach der Tat des Horatius zur Belagerung über (Liv. 2,11,1–10).

Da die Belagerung andauerte, machte sich Mucius Scaevola, ein junger Adeliger, auf, gegen die Schmach vorzugehen, als freies römisches Volk stärker belagert zu sein als zur Zeit der Könige:

[...] cum C. Mucius, adulescens nobilis, cui indignum videbatur populum Romanum servientem cum sub regibus esset nullo bello nec ab hostibus ullis obsessum esse, liberum

---

[657] CHAPLIN 2000, 50 weist darauf hin, dass die Erzählung von Exempla häufig in Figurenreden erfolgt.
[658] Zum römischen Wertbegriff *fides* s. THOME 2000b, 65 f.
[659] Vgl. WALTER 2004, 52.

eundem populum ab iisdem Etruscis obsideri quorum saepe exercitus fuderit – itaque magno audacique aliquo facinore eam indignitatem vindicandam ratus, primo sua sponte penetrare in hostium castra constituit; (Liv. 2,12,2–3).

Livius stellt durch *cum*-inversum den Entschluss des Mucius, ins Lager der Feinde vorzudringen, als spontane Reaktion auf den Belagerungszustand dar, den er durch das Imperfekt im Hauptsatz (Liv. 2,12,1) beschreibt.[660] Dazu wechselt er mit Beginn des *cum*-Satzes in die Figurenperspektive des Scaevola. Zusätzlich enthält der Satz ein Anakoluth, da *itaque* erst den mit *C. Mucius* begonnenen Gedanken wieder aufnimmt.[661] Als Beweggründe gibt Livius an, dass es Scaevola schmachvoll (*indignum*) schien, dass das römische Volk unter den Königen nie belagert war, jetzt aber in Freiheit (*liber idem populus*) von den Etruskern belagert werde, die man früher geschlagen habe. Daraufhin habe er eine große und kühne Tat geplant (*ratus*), um diese Schmach (*indignitas*) zu rächen.[662] Livius lässt Scaevola sich auf den römischen Wert der *dignitas* berufen, die hier nicht gegeben sei. In dem Vergleich mit der Königszeit, der durch die Antithese *liber* und *servire* geprägt ist,[663] will Mucius nun die Freiheit, die durch die Belagerung genommen ist, wiederherstellen. Sein Ziel ist also wie schon bei Horatius Cocles das Wiedererlangen der Freiheit. Der intratextuelle Bezug zur Königszeit wird hier wesentlich deutlicher als in der Episode von Horatius Cocles. Der Senat erteilte Scaevola die Erlaubnis, woraufhin dieser aufbrach, um Porsenna zu erstechen. Der weitere Verlauf der Geschichte ist bekannt: Mucius schleicht sich an den Wachen vorbei, der Versuch misslingt, er wird gefangen genommen, lässt ohne zu zögern und ohne, dass er es spürt, seine rechte Hand verbrennen und wird vom König daraufhin nach einem Zwiegespräch freigelassen (Liv. 2,12,5–16). Dieses Zwiegespräch als Höhepunkt der Episode gibt Livius in direkter Rede wieder und lässt den gegnerischen König sogar die *virtus* des Scaevola erkennen und zugestehen: „[...] *Iuberem macte virtute esse, si pro mea patria ista virtus staret* [...]" (Liv. 2,12,14). Damit wird das *exemplum virtutis* umso stärker hervorgehoben, weil es sogar der Feind anerkennt.[664] Die Anerkennung zu Hause folgt durch die Schenkung von Land ebenfalls aufgrund seiner *virtus* (*virtutis causa* [Liv. 2,13,5]).

---

660 GLÜCKLICH 2014, 13 weist in seiner didaktisch orientierten Betrachtung auf die Spontaneität des Scaevola in dieser Episode hin, ohne dies jedoch am Tempusgebrauch und an der Syntax zu belegen.
661 WEISSENBORN u. MÜLLER [10]1963b, 37.
662 Vgl. GLÜCKLICH 2014, 13.
663 Vgl. zum Gegensatz *libertas* und *servitus* in der Republik Kap. 2.4.3.5.
664 Die Aussage von GÄRTNER 1999, 37, dass die Fakten verkürzt dargestellt seien, da ja nicht erzählt werde, wie es Mucius gelingt, an den Wachen vorbeizukommen, um dies der Phantasie des

Im weiteren Verlauf handelten Gesandte Porsennas schließlich einen Friedensvertrag aus, der auch die Stellung von Geiseln beinhaltete (Liv. 2,13,1–5). Eine dieser Geiseln war Cloelia, die mit anderen Frauen nach Täuschung der Wachen durch den Fluss fliehen konnte.[665] Porsenna forderte sie aufgrund des Friedensvertrags zwar zurück, behandelte sie aber wegen ihrer Tapferkeit ehrenvoll (Liv. 2,13,6–10). Wichtig für unsere Betrachtung ist, dass auch Cloelia ein *exemplum virtutis* ist,[666] was Livius dadurch hervorhebt, dass er sowohl am Anfang als auch am Ende der Passage das Wort *virtus* gebraucht: *Ergo ita honorata virtute, feminae quoque ad publica decora excitatae* (Liv. 2,13,6). Livius leitet mit einem auktorialen Kommentar zu Cloelia über und macht an diesem *exemplum* deutlich, dass nun auch die Frauen an öffentlichen Ruhmestaten teilhaben wollen. Die Tat ist also nicht wie die beiden anderen Exempla in das Kriegsgeschehen und die anschließende Friedenshandlung eingebaut. Dadurch wirkt die Cloelia-Episode eher wie eine Retardierung im Ablauf der Erzählung. Auch wechselt Livius hier die Perspektive nicht zugunsten der Römerin wie bei den beiden anderen Exempelerzählungen, sondern bleibt in der auktorialen Erzählhaltung und beendet die Episode mit der Feststellung, dass diese neuartige Tapferkeit einer Frau in Rom geehrt werde: *Pace redintegrata Romani novam in femina virtutem novo genere honoris, statua equestri, donavere;* (Liv. 2,13,11). Durch diese Formulierung macht Livius Cloelia nicht nur zum *exemplum virtutis*, sondern hebt sie auch als erste Frau hervor, der solche Ehren zuteilwurden, die üblicherweise nur Männer erhielten.[667] Dies wird noch verstärkt, indem Livius die Heldentat Cloelias unmittelbar aus der Einzelerzählung über die Tat des Mucius Scaevola entstehen lässt.[668] Die besondere Bedeutung dieses Exempels lässt Livius den König Porsenna hervorheben, der in direkter Rede feststellt, dass diese Tat der Cloelia die eines Cocles oder Mucius noch übertreffe (Liv. 2,13,8).[669] Bezeichnenderweise spielt hier das Thema *libertas* bezogen auf den römischen Staat keine Rolle. Somit steht Cloelia als weiteres Exemplum am Ende einer Klimax von dreien. Es folgt noch die Schilderung vom Ende des Krieges, die für die Romdarstellung nur insofern Bedeutung hat, als im Rahmen der Friedensverhandlungen nun auch

---

Lesers zu überlassen, greift zu kurz, da es vor allem darum geht, hintereinander relativ knapp drei *exempla virtutis* darzustellen, die gegen Porsenna und damit für die römische *libertas* kämpfen.
665 KOWALEWSKI 2002, 52.
666 KOWALEWSKI 2002, 52.
667 Vgl. LEFÈVRE 1983, 51 und KOWALEWSKI 2002, 54. MOORE 1989, 7 weist darauf hin, dass *virtus* im Zusammenhang mit der Einzelerzählung von Cloelia wie vorher auch bei Horatius Cocles und Mucius Scaevola im Sinne der militärischen *virtus* eines Soldaten vewendet wird.
668 KOWALEWSKI 2002, 56.
669 GLÜCKLICH 2014, 17 f. und KOWALEWSKI 2002, 53.

endgültig über die Frage der Rückkehr der Tarquinier entschieden wurde (Liv. 2,15,1–7). Livius nutzt die drei Einzelerzählungen vor allem, um die Auseinandersetzung mit den Etruskern in einem guten Licht erscheinen zu lassen. Er vermittelt über diese drei Exemplaerzählungen, die eine „erzählerische Einheit bilden",[670] dass die *libera res publica Romana* gestärkt aus der Auseinandersetzung mit Porsenna hervorgeht, da nun endgültig geklärt ist, dass die Tarquinier nicht mehr nach Rom zurückkehren werden.[671]

Wenn man die Erzählstruktur zu Beginn des zweiten Buches mit der des ersten Buches vergleicht, sind auffällige Parallelen zu finden. Wie Livius die ersten acht Kapitel des zweiten Buches zur Schilderung der Stabilisierung der republikanischen Ordnung nutzt, erzählt er in den ersten acht Kapiteln des ersten Buches die Vorgeschichte und die Gründung Roms sowie die Etablierung des Königtums unter Romulus. Mit der ersten größeren Einzelerzählung vom Raub der Sabinerinnen bringt Livius im ersten Buch, wie schon gezeigt wurde, vor allem Aitien, während er mit der Episode vom Krieg gegen Lars Porsenna vor allem *exempla virtutis* erzählt, die für die Freiheit des römischen Volkes oder im Falle von Cloelia für die eigene Freiheit oder die der anderen Geiseln kämpfen. Beide Episoden handeln von kriegerischen Auseinandersetzungen mit militärisch starken Nachbarvölkern. Für die Aussage des Livius sind diese aber nur von zweitrangiger Bedeutung. Entscheidend ist in beiden Fällen, dass die Kriege zur Schilderung der Hauptthemen des jeweiligen Buches hinführen: im ersten Buch zu den Aitien, im zweiten Buch zu den Exempla, die für die römische *libertas* kämpfen. Im Rahmen dieser beiden Episoden liegt auf dem jeweiligen Phänomen ein besonderer Schwerpunkt. Livius nutzt also zwei Einzelepisoden, die von kriegerischen Auseinandersetzungen handeln, um mit ihnen beispielhaft im Sinne einer Exposition das Thema des jeweiligen Buches auszuführen.

2.4.2.2 Zwischen gerechtem Krieg und Bürgerkrieg – Roms Krieg gegen Alba Longa

Gleich zu Beginn der Regierungszeit des Tullus Hostilius kam es gemäß dem Bericht des Livius zwischen Rom und der Mutterstadt Alba Longa zum Krieg. Livius nutzt die Erzählung von diesem Krieg, um grundsätzliche Reflexionen über

---

670 KOWALEWSKI 2002, 56.
671 Die kriegerischen Auseinandersetzungen mit den Tarquiniern sind dennoch nicht beendet. Livius berichtet im weiteren Verlauf des zweiten Buches (Liv. 2,19,3–20,13) vom Krieg am Regillus-See, in dem Tarquinius Superbus im Heer der Latiner kämpfte. Seinen Tod im Exil in Cumae erwähnt er in Liv. 2,21,5.

den Krieg und das Kriegsrecht anzustellen. Es geht in erster Linie um die Themen Bürgerkrieg, gerechter Krieg und Kriegsgründe. In der Forschung wurde diese Stelle vor allem in Zusammenhang mit der Thematik des *bellum iustum* und des Fetialrechts aus historischer Perspektive behandelt.[672] Eine ausführlichere Interpretation gibt Mensching, der sich allerdings bei der Frage der Kriegsschuld zu sehr auf die Bedeutung der Charakterisierung der beiden Herrscher, Tullus Hostilius und Cluilius, beschränkt und der außerdem vor allem eine Analyse im Sinne der Quellenkritik bietet.[673] Andrew Feldherr behandelt diese Textstelle im Hinblick auf die Eingliederung der albanischen Bevölkerung in Rom.[674]

Dass Krieg ein Thema der Regierungszeit des Tullus Hostilius ist, macht Livius schon in der Charakterisierung dieses Königs deutlich, die er dem Bericht voranstellt. Dort stellt er Tullus als sehr wild (*ferox*) und kriegerisch dar.[675] Livius verarbeitet im folgenden Bericht vom Krieg Roms gegen Alba Longa die zentralen antiken Diskurse zum Krieg: die Frage nach dem gerechten Krieg (*bellum iustum*), die thukydideische Unterscheidung von Kriegsanlass und Kriegsursache sowie Kritik am Bürgerkrieg, die ohne Zweifel im Zusammenhang mit den zeitgeschichtlichen Erfahrungen des gerade erst beendeten Bürgerkriegs zwischen Oktavian und Antonius stehen. Im Folgenden soll gezeigt werden, wie Livius die Kriegserzählung in den Handlungsverlauf einbaut und wie er narratologische Mittel nutzt, um Aussagen über den Krieg im Allgemeinen und zum römischen Expansionsstreben zu machen. Ganz im Zentrum steht dabei die eigentlich römische Perspektive der Erzählung, die durch die direkte Rede des Kriegsgegners unterbrochen wird. Ferner wird durch die Charakterisierung des amtierenden Herrschers deutlich, ob, in welcher Form und zu welchem Zweck Kriege geführt werden.

Nach der Charakterisierung des Tullus Hostilius wird die Handlung unmittelbar mit der Schilderung des Krieges von Rom gegen Alba Longa fortgesetzt. Livius berichtet, dass Römer und Albaner sich wechselweise Vieh gestohlen hatten und beide Seiten Wiedergutmachung fordern wollten. Tullus Hostilius schickte Gesandte nach Alba Longa, die sofort ihren Auftrag erfüllten und dabei die Ablehnung des albanischen Königs Cluilius erfuhren. Tullus dagegen hielt die Gesandten der Albaner hin und erreichte somit, dass die römischen Gesandten zuerst Wiedergutmachung forderten und Rom daher zur Kriegserklärung berechtigt war. Dies meldeten die Gesandten von Alba ihrem König im Auftrag des

---

[672] ALBERT 1980, 12 ff.; PETZOLD 1983; PENELLA 1987; MANTOVANI 1990, 62; KELLER 2012, 64 ff.; SIMONS 2015.
[673] MENSCHING 1966.
[674] FELDHERR 1998, 123 ff.
[675] Ausführlich zur Charakterisierung des Tullus Hostilius s. Kap. 2.4.3.2.1.

Tullus Hostilius. Beide Seiten rüsteten nun zum Krieg, der wegen der gemeinsamen Ursprünge beider Städte in Troia und Lavinium von Livius als einem Bürgerkrieg ähnlich (*bellum* [...] *civili simillimum bello* [Liv. 1,23,1]) bezeichnet wird. Beide Heere schlugen ihre Lager auf, der Albanerkönig Cluilius starb und Mettius Fufetius wurde zum Diktator gewählt. Nach Provokationen des Königs Tullus Hostilius rückten beide Heere vor. Mettius Fufetius forderte jedoch zunächst eine Unterredung mit Tullus, die ihm zugestanden wurde. Livius lässt Mettius Fufetius eine direkte Rede über die wahren Kriegsgründe und mögliche Kriegsfolgen halten, an deren Ende Mettius eine Entscheidung fordert, die ohne viel Blutvergießen ablaufen sollte. Als Lösung dafür wurde vorgeschlagen, dass jeweils Drillingsbrüder, die zufällig in beiden Heeren waren, gegeneinander um die Entscheidung kämpfen sollten, die Horatier und die Curiatier. Vor dem Kampf schlossen beide Seiten einen Vertrag, der das siegreiche Volk über das andere in Frieden herrschen lassen sollte. Livius berichtet anschließend ausführlich über das Zeremoniell des Vertragsschlusses und stellt damit gleichzeitig auch das Aition des Fetialrechts dar.[676] Die auf römischer Seite kämpfenden Horatier gewannen schließlich den Kampf, woraufhin der albanische Diktator sich und sein Volk unter den Befehl des Tullus Hostilius stellte (Liv. 1,22,3 – 1,26,1).

Unmittelbar nach der Charakterisierung des Königs leitet Livius zur Feststellung über, dass der Beginn eines Krieges dem König Tullus nicht ungelegen komme. Er suche immer wieder einen Kriegsanlass, da sonst die Bürgerschaft durch zu viel Ruhe – *otium* (Liv. 1,22,2) steht hier für das Nichtstun, das nur in einer Friedenszeit möglich ist – zu sehr erschlaffe. Das Wort ‚Kriegsanlass' drückt Livius mit *materia* (Liv. 1,22,2) aus und nimmt damit bereits an dieser Stelle implizit auf die thukydideische Unterscheidung von Kriegsanlass (αἰτία) und Kriegsursache (ἀληθεστάτη πρόφασις) Bezug.[677] Dies bestätigt sich in Liv. 1,23,7 in den Worten *vera* [...] *dicenda*, die für ‚Kriegsursache' stehen.

Livius setzt seinen Bericht mit der Feststellung fort, dass zufällig römische und albanische Bauern sich gegenseitig Vieh stahlen: *Forte evenit ut agrestes Romani ex Albano agro, Albani ex Romano praedas in vicem agerent* (Liv. 1,22,3). Das Wort *forte* folgt ohne weitere Umschweife auf die Feststellung, dass Tullus

---

[676] Zur Frage, wann laut Livius wirklich das Fetialrecht eingeführt wurde, s. PENELLA 1987, 233 f.
[677] Thuk. 1,23,5 – 6: διότι δ' ἔλυσαν, τὰς αἰτίας προύγραψα πρῶτον [...] τοῦ μή τινα ζητῆσαί ποτε ἐξ ὅτου τοσοῦτος πόλεμος τοῖς Ἕλλησι κατέστη. Τὴν μὲν γὰρ ἀληθεστάτην πρόφασιν [...] τοὺς Ἀθηναίους ἡγοῦμαι μεγάλους γιγνομένους [...]. – „Die Ursachen, warum sie ihn aufhoben, [...] schreibe ich vorweg, damit nicht später einer fragt, woher denn ein solcher Krieg in Hellas ausbrach. Den wahrsten Grund freilich [...] sehe ich im Wachstum Athens [...]" (Übersetzung LANDMANN 1993; griechischer Text aus JONES u. POWELL 1974). Vgl. dazu auch SONNABEND ²2011,53 f. und HORNBLOWER 1991, 64 f.

nach Kriegsanlässen suche. Somit ist implizit schon jetzt klar, dass es eigentlich wegen einer Kleinigkeit zum Krieg kommen werde und dass Tullus keine Gelegenheit zum Krieg auslasse.[678] Das Wort *forte* und damit der Zufall ist vor allem auch deswegen betont, um für die Erzählung eine neutrale Ausgangssituation zu schaffen und die Möglichkeit zu haben, im Folgenden die juristischen Spitzfindigkeiten des Tullus Hostilius darzustellen.[679] Die wahren Gründe erläutert Livius erst wenig später. Er retardiert das Geschehen zuvor noch kurz mit der Feststellung, dass ein gewisser Cluilius zu dieser Zeit über Alba Longa herrschte, um anschließend wieder die römische Perspektive einzunehmen und aus der Figurenperspektive des Tullus zu berichten:

> Imperitabat tum Gaius Cluilius Albae. Utrimque legati fere sub idem tempus ad res repetendas missi. Tullus praeceperat suis ne quid prius quam mandata agerent; satis sciebat negaturum Albanum; ita pie bellum indici posse. Ab Albanis socordius res acta; excepti hospitio ab Tullo blande ac benigne, comiter regis convivium celebrant. Tantisper Romani et res repetiverant priores et neganti Albano bellum in tricesimum diem indixerant (Liv. 1,22,4–5).

In dieser Passage wird einerseits deutlich, wie Livius anhand der Verwendung von Figurenperspektive und der Tempora die verschlagene Überlegenheit des Tullus darstellt und darin andererseits en passant alle entscheidenden Elemente des *bellum iustum* nennt.[680] Die ersten beiden kurzen Sätze stellen die Ausgangslage dar. Cluilius ist Herrscher über Alba und beide Seiten schicken Gesandte zur Forderung von Wiedergutmachung. Dieser Satz wirkt durch den elliptischen Bau fast beiläufig, ist aber für den weiteren Verlauf von großer Bedeutung. Beide schicken fast gleichzeitig Gesandte. Hier ist also das weitere Geschehen noch offen. Erst später zeigt sich das verschlagene Geschick des Tullus, juristische Spitzfindigkeiten zu seinen Gunsten zu nutzen, wobei dieser sich schließlich noch auf die Götter beruft, die dies bezeugen sollten (Liv. 1,22,7).[681] Gleichzeitig fällt mit *ad res repetendas* das erste Schlagwort der Thematik um den gerechten Krieg.[682]

---

678 MENSCHING 1966, 105 f. stellt die Frage, wer an der Auseinandersetzung schuld sei, zu sehr in den Mittelpunkt. Es geht Livius hier nicht darum, das Detail zu klären, ob Tullus, Cluilius bzw. die römischen oder albanischen Bauern schuld am Krieg sind, sondern die Gegenüberstellung von Kriegsanlass und wahrer Kriegsursache zu eröffnen.
679 MENSCHING 1966, 106 f.
680 Die Worte *bellum iustum* werden in dieser Arbeit zur Bezeichnung des Konzepts des gerechten Krieges gebraucht und stellen, wenn nicht explizit anders angegeben, keine Unterscheidung zur Wortverbindung *bellum pium* dar (vgl. MOORE 1989, 57).
681 FELDHERR 1998, 126 und LEVENE 1993, 139.
682 OGILVIE 1965, 107 geht aufgrund der Wendung *ad res repetendas* davon aus, dass das Fetialrecht bereits eingeführt war. Damit entsteht laut PENELLA 1987, 234 ein Widerspruch zu Liv. 1,32,

Diese Anspielung war jedem Leser sicherlich sofort klar. Durch die Wahl des Plusquamperfekts zur Darstellung der Handlungen der Römer unterstreicht Livius, dass diese den Albanern zuvorkamen, während deren Gesandte noch bei Tullus ein Gastmahl hielten, was Livius im historischen Präsens schildert. Dass dies alles durch planvolle Überlegung des Tullus geschah, wird in den beiden von *sciebat* abhängigen AcI-Konstruktionen dargelegt. Tullus wusste von vornerein – verstärkt wird dies durch den Gebrauch des Imperfekts –, dass die Albaner die Wiedergutmachung verweigern würden. Daher konnte man – die Formulierung im Passiv wirkt wie beiläufig – „guten Gewissens"[683] (*pie*) den Krieg erklären. Auch diese asyndetisch angeschlossene AcI-Konstruktion hängt syntaktisch von *sciebat* ab. Das Handeln der Gegenseite wird dagegen aus auktorialer Perspektive mit Wertung des Livius wiedergegeben: *Ab Albanis socordius res acta* (Liv. 1,22,5). Besonders durch das Wort *socors* wird Tullus Hostilius hier als den Albanern überlegen charakterisiert. Denn die Albaner ließen sich auf das Gastmahl des Tullus Hostilius ein. Aber solange ihre Gesandten beim Gastmahl abgelenkt waren, unternahmen die römischen Gesandten bereits alles, was zu einem gerechten Krieg nötig war. Sie forderten als erste Wiedergutmachung, die Albaner verweigerten diese, sodass die Gesandten der Römer den Krieg erklärten. Dies fasst Livius im letzten Satz der zitierten Textstelle nach einem kurzen Bericht über das Verhalten der Gesandten von Alba Longa noch einmal zusammen. Wiederum wird durch das Plusquamperfekt deutlich, dass dieses Geschehen schon längst abgeschlossen ist, bevor Livius im Folgenden im historischen Präsens die weitere Handlung bei Tullus erzählt. Diese gipfelt darin, dass Tullus in einer direkten Rede die Gesandten mit der Botschaft zurückschickt, die Götter als Zeugen zur Frage der früheren Forderung nach Wiedergutmachung angerufen zu haben. Durch die Darstellung aus der Perspektive des römischen Königs Tullus Hostilius, die mit den von *sciebat* abhängigen AcI-Konstruktionen auch seine Gedanken und Überlegungen umfasst, macht Livius mit narratologischen Mitteln deutlich, dass Tullus Hostilius bei aller *ferocia* die für Rom wichtigen Voraussetzungen für ein *bellum pium* im Blick hat, und lässt es dadurch wirken, als ob der König sein Handeln an diesen Grundsätzen ausrichte.

Das Thema *bellum iustum* ist für die römische Politik von großer Bedeutung. Cicero erläutert sowohl in *de re publica*, wobei diese Stelle nur fragmentarisch überliefert ist, als auch in *de officiis*, wann und wie ein Krieg ein *bellum iustum* ist. Entscheidend für die Frage nach dem gerechten Krieg ist das Vorhandensein eines

---

den dieser auf die Verwendung verschiedener Quellen zurückführt und diesen mit Recht durch die Charakterisierung der jeweiligen Könige auflöst: Tullus als der Krieger, Ancus als die Synthese des Kriegers Romulus und des Friedenskönigs Numa.

683 Zur Übersetzung von *pie* mit ‚guten Gewissens' s. HILLEN [4]2007, *ad locum*.

Kriegsgrundes, wobei dafür nur Rache beziehungsweise die Vertreibung von Feinden in Form eines Verteidigungskriegs in Frage kommen. Ferner muss er nach Sakralrecht angekündigt (*denuntiare*) und erklärt (*indicere*) werden, nachdem Wiedergutmachung (*res repetere*) gefordert worden ist.[684] Damit ist auch das Kriegsrecht Bestandteil der Staatsreligion. Diese schon in *de re publica* erwähnten Vorgaben nimmt Cicero in *de officiis* noch einmal auf und stellt Krieg nach Scheitern aller Verhandlungen als Mittel zum Leben in Frieden dar:[685]

> Quare suscipienda quidem bella sunt ob eam causam, ut sine iniuria in pace vivatur, [...]. Ac belli quidem aequitas sanctissime fetiali populi Romani iure perscripta est, ex quo intellegi potest nullum bellum esse iustum nisi quod aut rebus repetitis geratur aut denuntiatum ante sit et indictum (Cic. *off.* 1,35–36).[686]

Im Gegensatz zu Cicero, der philosophisch jeweils ex negativo argumentiert, was ein gerechter Krieg sei, flicht Livius nach und nach en passant alle Elemente eines *bellum iustum* in seine Erzählung ein,[687] ohne explizit darauf hinzuweisen, dass es sich bei dem Krieg gegen Alba Longa um einen gerechten Krieg handelt. Denn nachdem, wie oben schon erläutert, Livius gleich zu Beginn der Erzählung davon berichtet hat, dass beide Seiten Wiedergutmachung gefordert hätten, finden sich in dem zusammenfassenden Satz in Liv. 1,22,5 alle Elemente des gerechten Krieges, von denen Livius die Römer in der Erzählung alle erfüllen lässt: *Tantisper Romani et res repetiverant priores et neganti Albano bellum in tricesimum diem indixerant* (Liv. 1,22,5). Mit diesem Satz fasst Livius aus auktorialer Perspektive das, was schon Tullus überlegt hatte, noch einmal zusammen und bewertet so

---

684 Cic. *rep.* 3,35 (ZIEGLER 1969) = Cic. *rep.* 3,25 (POWELL 2006): *illa iniusta bella sunt, quae sunt sine causa suscepta. Nam extra <quam> ulciscendi aut propulsandorum hostium causa bellum geri iustum nullum potest.*
 Cic. *rep.* 3,35 (ZIEGLER 1969) = Cic. *rep.* 3,25 (POWELL 2006): *Nullum bellum iustum habetur nisi denuntiatum, nisi indictum, nisi de repetitis rebus.*
 Auch in Cic. *rep.* 2,31 findet sich dieser Hinweis, zwar ohne das Element der Forderung nach Wiedergutmachung, aber mit der Wortverbindung *bellum iniustum atque inpium*: [...] *constituitque [sc. Tullus] ius quo bella indicerentur, quod per se iustissime inventum sanxit fetiali religione, ut omne bellum quod denuntiatum indictumque non esset, id iniustum esse atque inpium iudicaretur.* Zum Thema *bellum iustum* bei Cicero vgl. SCHIROK 2015, 5 f. und ALBERT 1980, 20 ff., speziell zum *bellum iustum* in *de re publica* KELLER 2012, 125 ff.
685 Vgl. KELLER 2012, 53 ff.
686 KELLER 2012, 58 f. weist mit Recht darauf hin, dass Cic. *rep.* 3,35 und in Cic. *off.* 1,36 dieselbe Aussage hat, obwohl Cicero in *de officiis* durch die Konjunktion *aut* entweder die Forderung nach Wiedergutmachung oder die Kriegserklärung zugrunde legt, während er in *de re publica* beide Elemente fordert.
687 Zu den Elementen des *bellum iustum* in der Erzählung des Livius vgl. SIMONS 2015, 41.

den Plan des Tullus als erfolgreich. Die Forderung nach Wiedergutmachung noch vor dem Gegner, die Zurückweisung dieser Forderung durch die Albaner und die Kriegserklärung erfüllen alle Voraussetzungen für ein *bellum iustum*. Streng genommen fehlt die Ankündigung (*denuntiare*), was aber in der historiographischen Darstellung des Livius nicht so entscheidend ist, da er ja nicht vordergründig vom Kriegsrecht spricht, sondern beim Leser implizit die Assoziation an das Konzept des *bellum iustum* evozieren will, damit dieser unbewusst davon ausgeht, dass es sich ohne Zweifel um einen gerechten Krieg gehandelt habe. Diese Assoziation verstärkt Livius dadurch, dass er in seiner Erzählung dem König Tullus Hostilius beim Vorrücken in albanisches Gebiet folgende provozierende Worte in Form einer indirekten Rede in den Mund legt: *Interim Tullus, ferox praecipue morte regis, magnumque deorum numen ab ipso capite orsum in omne nomen Albanum expetiturum poenas ob bellum impium dictitans* [...] (Liv. 1,23,4). Durch das Intensivum *dictitare* werden die Worte des Tullus, mit denen er den Albanern göttliche Strafe androht, auffallend betont. Bemerkenswert ist der Grund für die Strafandrohung: *ob bellum impium*. Damit nimmt Livius das Thema des gerechten Krieges wieder auf, gebraucht aber wie schon in 1,22,4 das Wort *pius* bzw. dessen Antonym *impius*.[688] Durch den Gebrauch von *pius* wird der Bezug zum Sakralwesen[689], der Livius an dieser Stelle wichtig zu sein scheint, umso deutlicher.

Livius macht also in drei Schritten implizit deutlich, dass Tullus Hostilius gegen Alba Longa einen gerechten Krieg führt. Er weist bei der Wiedergabe der Überlegungen des Tullus beim Umgang mit den Gesandten darauf hin, dass dieser wusste, dass er auf gerechte Weise (*pie*) den Krieg erklären könne.[690] Dies erzählt Livius aus Figurenperspektive und nennt anschließend aus auktorialer Perspektive sämtliche Voraussetzungen des gerechten Krieges, die von Tullus erfüllt wurden. Er legt schließlich wiederum dem König die Worte *ob bellum impium* in den Mund, mit denen dieser die Albaner provoziert. Damit stellt Livius den Krieg zwischen Rom und Alba Longa formal als gerechten Krieg dar.[691] Dennoch wird besonders durch die indirekte Rede und die Erzählung in Figurenperspektive deutlich, dass der römische König Tullus Hostilius durch sein Verhalten und seine Täuschungsmanöver den Krieg provoziert.[692] Dabei erzählt Livius jedoch nicht das

---

[688] KELLER 2012, 67 weist darauf hin, dass Livius im Gegensatz zu Cicero nie den Ausdruck *bellum iustum* mit dem Fetialrecht in Verbindung bringt.
[689] ALBERT 1980, 13 weist auf die besondere Bedeutung der sakralen Komponente für die Frühzeit hin.
[690] Vgl. MANTOVANI 1990, 62.
[691] Zur Unterscheidung der formalen und inhaltlichen Seite beim *bellum iustum* vgl. ALBERT 1980, 12.
[692] PETZOLD 1983, 254 und MOORE 1989, 58.

Aition des Sakralaktes bei der Kriegserklärung, was erst im Bericht über die Regierungszeit des Ancus Marcius folgt (Liv. 1,32,5–14).[693] Dies ist umso auffälliger, da es unter den antiken Autoren keineswegs eine Übereinstimmung in der Zuschreibung dieser Einrichtung gibt.[694] Cicero führt beispielsweise in *de re publica* Tullus Hostilius als den Begründer des Fetialrechts bei Kriegserklärungen an und charakterisiert diesen auch positiver,[695] während Dionysios von Halikarnass und Plutarch die Einführung des Fetialrechts schon dem zweiten römischen König, Numa Pompilius, zuschreiben.[696] Cicero bezeichnet Tullus Hostilius nämlich keineswegs als *ferox*. Er hebt vielmehr dessen Kriegsruhm und die Leistungen beim Bau des Comitiums und der Kurie hervor. Für Livius ergibt sich – unabhängig davon, welche Version welcher Quelle entstammt – die Möglichkeit, im Bericht über Tullus Hostilius Kritik am römischen Streben nach Herrschaft bzw. Imperialismuskritik zu äußern.[697] Dies geschieht narratologisch vor allem durch die Verwendung von Figurenperspektive. Er zeigt, dass man formal gerechte Kriege, in diesem Fall Verteidigungskriege, auch provozieren kann. Dies erfolgt zusätzlich über das Thema des Bürgerkriegs und über die schon zitierte, thukydideische Unterscheidung von Kriegsanlass und Kriegsursache.

Das Bürgerkriegsthema benennt Livius noch vor Beginn des eigentlichen Krieges im Kontext eines auktorialen Kommentars zu den Kriegsvorbereitungen auf beiden Seiten in Folge der jeweils nicht erfüllten Wiedergutmachungsforderungen und der Kriegserklärung durch die Römer:

> Et bellum utrimque summa ope parabatur, civili simillimum bello, prope inter parentes natosque, Troianam utramque prolem, cum Lavinium ab Troia, ab Lavinio Alba, ab Albanorum stirpe regum oriundi Romani essent (Liv. 1,23,1).

---

693 Livius schreibt im Bericht über die Regierungszeit des Tullus Hostilius allerdings von der Beteiligung von Fetialen bei Vertragsschlüssen (Liv. 1,24,4–5). Verträge (*foedera*) seien schon seit Romulus üblich gewesen. Allerdings äußert sich Livius nicht zur Frage, wer die Fetialen in Rom eingeführt hat (PENELLA 1987, 233 f. mit Anm. 3). Zur historischen Deutung der Darstellung der Einführung des Fetialrechts bei Livius vgl. beispielsweise KELLER 2012, 64 ff. und RÜPKE 1990, 103 ff.
694 PENELLA 1987, 233 und LUCE 1977, 237.
695 *Cuius* [sc. Tulli] *excellens in re militari gloria magnaeque exstiterunt res bellicae. Fecitque idem et saepsit de manubiis comitium et curiam, constituitque ius quo bella indicerentur, quod per se iustissime inventum sanxit fetiali religione, ut omne bellum quod denuntiatum indictumque non esset, id iniustum esse atque impium iudicaretur* (Cic. rep. 2,31 zitiert nach POWELL 2006). Cicero verbindet also ein *bellum iustum* mit dem Fetialrecht (SCHIROK 2015, 3).
696 Vgl. PENELLA 1987, 233.
697 Vgl. PETZOLD 1983, 254 und ALBERT 1980, 34 f. Siehe zu den Widersprüchen in der Einführung des Fetialrechts bei Livius Anm. 693 in diesem Kapitel.

Livius bezeichnet den Krieg zwischen Rom und Alba Longa als einem Bürgerkrieg sehr ähnlich, da gewissermaßen Väter gegen Söhne kämpfen, da ja Rom die Tochterstadt von Alba Longa und Alba wiederum die Tochterstadt von Lavinium ist. Livius bezieht sich hier zwar nur auf den Kontext der Handlung in der Frühzeit, aber für den zeitgenössischen Leser ist die Assoziation mit dem wenige Jahre zuvor beendeten Bürgerkrieg zwischen Oktavian und Marc Anton zweifellos vorhanden.[698] Livius zieht explizit keinen Vergleich mit der Gegenwart, sondern stellt zunächst erst einmal fest, dass es schon in der Frühzeit eine Art von Bürgerkrieg gegeben habe und, wenn man den gesamten Kontext betrachtet, auch ein gerechter Krieg nicht zwingend vernünftig ist. Das sakrale Kriegsrecht und damit ein *bellum iustum atque pium* bewahrt also nicht davor, dass sich Verwandte im Krieg gegenüberstehen, ein Phänomen, das es sicher in den Bürgerkriegen zwischen Republik und Prinzipat häufig gegeben hat. Es handelt sich bei dieser Feststellung um einen auktorialen Kommentar, sodass die kritische Aussage sehr deutlich und explizit ist und sich der Erzähler auch nicht hinter einer Figur verbirgt, wie es in der folgenden direkten Rede der Fall ist, in der die Kritik noch deutlicher wird.

Mettius Fufetius, der Diktator von Alba Longa, behandelt in seiner direkten Rede vor Tullus Hostilius vor allem die Themen Macht und Vormachtstellung. Er kritisiert das römische Streben nach Herrschaft und bedient sich dabei der thukydideischen Argumentation im Hinblick auf wirkliche und vorgeschobene Kriegsgründe. Diese Rede wird episch eingeleitet durch das Verb *infit*, das erstmals bei Ennius belegt ist[699] und somit wiederum die Nähe zum Epos herstellt, wozu auch der im Anschluss geschilderte Dreikampf zwischen den Horatiern und Curiatiern passt.[700] Sie wird unmittelbar vor dem endgültigen Ausbruch des Krieges gehalten, als Mettius Fufetius Tullus zu einer Unterredung auffordert:

> Ibi infit Albanus: „Iniurias et non redditas res ex foedere quae repetitae sint, et ego regem nostrum Cluilium causam huiusce esse belli audisse videor, nec te dubito, Tulle, eadem prae te ferre; sed si vera potius quam dictu speciosa dicenda sunt, cupido imperii duos cognatos vicinosque populos ad arma stimulat. Neque, recte an perperam, interpretor. Fuerit ista eius deliberatio qui bellum suscepit [...]" (Liv. 1,23,7–8).

In der Rede werden drei Kriegsgründe genannt, die am Anfang bzw. am Ende des ersten Satzes stehen. Die Rede beginnt mit den vermeintlich vorgeschobenen

---

698 FELDHERR 1998, 115.
699 Vgl. s.v. *infit*, OLD.
700 Vgl. zum Eposbezug der Gattung Kap. 2.1.2.3 und zum Eposbezug von Kriegsdarstellungen Kap. 2.4.2.4.

Kriegsgründen: nämlich erlittenes Unrecht und die in einem Vertrag geforderte,[701] nicht erfolgte Wiedergutmachung; sie endet mit der Feststellung, dass Herrschsucht (*cupido imperii*) zwei verwandte und benachbarte Völker zu den Waffen treibe. Dazwischen merkt Mettius Fufetius an, er habe von Cluilius gehört, das erlittene Unrecht und unterbliebene Wiedergutmachung seien die Kriegsgründe, und unterstellt Tullus, an den er sich in einer Apostrophe wendet, er werde die gleichen Gründe anführen. Auffällig ist die betonte Stellung von *et ego*. Dadurch wird die Aufzählung der Kriegsgründe unterbrochen und in Verbindung mit *nec te dubito* ein starker Kontrast geschaffen.[702] Mettius Fufetius war bei den gegenseitigen Gesandtschaften zur Forderung von Wiedergutmachung und den rechtlichen Spitzfindigkeiten noch nicht an der Macht. So kann Livius ihn durch das narratologische Mittel der Figurenrede als beinahe überlegenen Feldherrn präsentieren, der das eigentliche Ziel der Scharmützel und Auseinandersetzungen erkannt hat. Dieses benennt er am Ende dieses Satzes eben mit *cupido imperii*, was der dritte Kriegsgrund ist, seiner Meinung nach jedoch der einzig wahre. Dies wird durch die Formulierung *sed si vera potius quam dictu speciosa dicenda sunt* (Liv. 1,23,7) noch einmal besonders hervorgehoben, wodurch die thukydideische Unterscheidung von Kriegsanlass und Kriegsursache bzw. der vorgeschobenen und tatsächlichen Kriegsgründe wieder aufgenommen wird:

> τὴν μὲν γὰρ ἀληθεστάτην πρόφασιν, ἀφανεστάτην δὲ λόγῳ, τοὺς Ἀθηναίους ἡγοῦμαι μεγάλους γιγνομένους καὶ φόβον παρέχοντας τοῖς Λακεδαιμονίοις ἀναγκάσαι ἐς τὸ πολεμεῖν· αἱ δ' ἐς τὸ φανερὸν λεγόμεναι αἰτίαι αἵδ' ἦσαν ἑκατέρων, [...] (Thuk. 1,23,6).[703]

Die Formulierung *vera ... dicenda* nimmt ἀληθεστάτη πρόφασις wieder auf, *dictu speciosa dicenda* hingegen αἱ [...] ἐς τὸ φανερὸν λεγόμεναι αἰτίαι. Durch diese Bezüge und die hervorgehobene Stellung des wahren Kriegsgrundes am Ende des Satzes ist dieser betont. Es handelt sich um die Begierde nach Herrschaft, die Livius schon im Kontext der Stadtgründung als Auslöser für den Bruderstreit zwischen Romulus und Remus anführt und als Erbübel bezeichnet: *Intervenit his cogitationibus avitum malum, regni cupido* (Liv. 1,6,4). Das Problem, das schon bei der Stadtgründung im Raum stand, wird nun unter dem dritten römischen König

---

701 WEISSENBORN u. MÜLLER [11]1963a, 157 weisen darauf hin, dass es im Text des Livius unklar bleibt, auf welchen Vertrag sich das Wort *foedus* bezieht.
702 OGILVIE 1965, 108.
703 „Den wahrsten Grund freilich, zugleich den meistbeschwiegenen, sehe ich im Wachstum Athens, das die erschreckten Spartaner zum Kriege zwang; aber die beiderseits öffentlich vorgebrachten Beschuldigungen, derentwegen sie den Vertrag aufhoben und den Krieg anfingen, waren folgende" (Thuk. 1,23,6, Übers. LANDMANN 1993; griechischer Text aus JONES u. POWELL 1974).

erstmals wieder virulent. Die Kritik am römischen König durch Mettius Fufetius wird dadurch fortgesetzt, dass er sich einer Wertung darüber, ob er mit seiner Einschätzung richtig liege, enthält und nur in den Raum stellt, darüber habe sich wohl derjenige Gedanken gemacht, der Krieg führen wollte. Durch die Redesituation ist klar, dass immer noch Tullus der Adressat der Rede ist und Mettius Fufetius ihm dadurch indirekt unterstellt, den Krieg gewollt und begonnen zu haben.

Durch die direkte Rede einer Figur des Gegners der Römer kann Livius deutlich eine kritische Position zum römischen Expansionsstreben beziehen und dessen Anfänge in der Königszeit ansiedeln.[704] Ferner kann er gleichzeitig auch Kritik an Bürgerkriegen üben, da er mit dem Hinweis, dass es sich bei den Kriegsparteien um zwei verwandte und benachbarte Völker handle, dieses Thema aufgreift. Wenn man dann noch berücksichtigt, dass durch den vorgeschobenen Kriegsgrund der unterbliebenen Wiedergutmachung das Thema gerechter Krieg evoziert wird, kommt man zu folgender Gesamtaussage: Das römische Expansionsstreben führte schon in der Königszeit zu bürgerkriegsähnlichen Zuständen. Ferner bedeutet ein nach formalen und sakralen Kriterien gerechter Krieg noch lange nicht, dass er auch moralisch gerecht ist, da gerechte Kriege wie in diesem Fall auch provoziert werden können. Außerdem wird deutlich, dass gerechte Kriege mit dem Ziel der Expansion auf sakralrechtlich korrekte Weise ohne Schwierigkeiten begonnen werden können. Livius nimmt also äußerst kritisch zum Thema Krieg Stellung, was vor dem zeitgeschichtlichen und politischen Hintergrund, in dem sein Werk entsteht, sicherlich bemerkenswert ist. Narrative Elemente wie die direkte Rede ermöglichen es ihm, diese Position zu beziehen, ohne selbst dauernd mit der Stimme des Erzählers sprechen zu müssen. Damit wird die Darstellung polyphon.[705]

Nur die Besonnenheit des Mettius Fufetius, der vor einem Kampf – im Gegensatz zum Bürgerkrieg im ersten vorchristlichen Jahrhundert – mit großem Blutvergießen warnt, bewahrt beide Seiten vor schweren Verlusten.[706] Dies begründet er – die direkte Rede wird immer noch fortgesetzt – mit der drohenden Macht der Etrusker, die nur darauf warten würden, dass sich beide Parteien gegenseitig schwächten: „*Memor esto, iam cum signum pugnae dabis, has duas acies* [sc. *Etruscis*] *spectaculo fore ut fessos confectosque simul victorem ac victum adgrediantur*" (Liv. 1,23,9). Die Warnung vor dem auf gegenseitige Schwächung wartenden Gegner ist einerseits wiederum ein Motiv des Thukydides, der im

---
704 Die Interpretation von MENSCHING 1966, 109, dass die kriegslustigen Charaktere die Schuld am Krieg tragen, verkennt diesen Aspekt gänzlich.
705 Zu Reden in der Historiographie und bei Livius vgl. PAUSCH 2011, 157 ff.
706 FELDHERR 1998, 126.

sechsten Buch von der Warnung des Nikias in der Volksversammlung von Athen berichtet, als dieser versucht, deren Sizilienexpedition zu verhindern:[707] [...] σφαλέντων δέ που ἀξιόχρεῳ δυνάμει ταχεῖαν τὴν ἐπιχείρησιν ἡμῖν οἱ ἐχθροὶ ποιήσονται, οἷς πρῶτον μὲν διὰ ξυμφορῶν ἡ ξύμβασις καὶ ἐκ τοῦ αἰσχίονος ἢ ἡμῖν κατ' ἀνάγκην ἐγένετο, [...] (Thuk. 6,10,2).[708] Andererseits wird die Verbindung beider Städte dadurch deutlich, dass Mettius Fufetius die Etrusker als gemeinsamen äußeren Feind ins Spiel bringt und fordert, besonnen gegen diesen zu agieren. Damit gebraucht er dasselbe Argument wie später in republikanischer Zeit die Römer bei innenpolitischen Streitigkeiten.[709] Auch dies charakterisiert Mettius Fufetius als besonnenen Feldherrn. Daraufhin einigt man sich auf die Entscheidung durch drei Duelle, da auf beiden Seiten Drillingsbrüder in den Heeren waren: die bekannte Episode von den Horatiern und Curiatiern, die hier nicht weiter ausgeführt werden soll. Die Bestätigung, dass es bei diesem Krieg um die römische Herrschaft über Alba Longa ging, folgt am Ende der Schilderung der Zweikämpfe, als der einzig verbliebene Horatier siegessicher ebenfalls in direkter Rede sagt: *Romanus exsultans „Duos" inquit „fratrum manibus dedi; tertium causae belli huiusce, ut Romanus Albano imperet, dabo"* (Liv. 1,25,12). In aufgebrachter Stimmung lässt Livius einen Römer in direkter Rede bestätigen, dass der Grund des Krieges die Übernahme der Herrschaft über Alba Longa war.[710] Dies wirkt zwar beiläufig und könnte jederzeit auf die dramatische Situation im Kampf zurückgeführt werden, nimmt aber *cupido imperii* insofern abgeschwächt wieder auf, als Livius das negativ konnotierte Wort *cupido* weglässt und anstelle des Substantivs *imperium* das Verb *imperare* in einem Finalsatz gebraucht.

---

707 OGILVIE 1965, 108.
708 „[...] scheitert ihr aber irgendwo mit nennenswerter Streitmacht, so werden unsre Gegner sehr rasch im Angriff sein, die sich erstens wegen Rückschlägen und mit weniger Ehre als wir zu einem Abkommen aus Not bequemen mussten, [...]'" (Thuk. 6,10,2, Übers. LANDMANN 1993, griechischer Text aus JONES u. POWELL 1976).
Noch vor Beginn der Rede des Nikias stellt Thukydides in Form eines auktorialen Kommentars fest, dass hier auch die eigentliche Ursache nicht die Bitte der Egestaner um Hilfe (vgl. Thuk. 6,8) ist, sondern die Unterwerfung ganz Siziliens.
709 Feldherr 1998, 127. Vgl. dazu auch Kap. 2.4.2.3.
710 Die Interpretation von MENSCHING 1966, 108 f., das Wort *causa* hier nur mit ‚Sache, um die es geht' zu übersetzen und damit auszusagen, dass sich der Horatier lediglich auf den zuvor geschlossenen Vertrag bezieht, greift zu kurz. Die Stelle ist durchaus mehrdeutig und nimmt damit einerseits den Vertrag wieder auf, enthält aber auch die Kritik am römischen Expansionsstreben, was in Form der direkten Rede möglich ist. RUCH 1968, 127 sieht dagegen im Sieg Roms gegen Alba die Präfiguration des Sieges des Okzidents unter Augustus über den Orient, wobei Romulus von der italischen Gottheit Mars abstamme, Ascanius, der Gründer von Alba Longa von Venus, die als Troianerin für den Orient steht.

Es geht Livius bei der Schilderung des Krieges zwischen Rom und Alba Longa weniger um den Krieg an sich, sondern darum, römisches Expansionsstreben unter dem Vorwand eines *bellum iustum* zu kritisieren. Livius bedient sich zum Üben von Kritik vor allem der Figurenperspektive und Figurenrede, wird aber in Bezug auf die Bürgerkriegsthematik auch als Erzähler deutlich. Tullus Hostilius wird als besonders wild und kriegerisch dargestellt, was dazu führt, dass er seine religiösen Pflichten vernachlässigt. Der Befund, dass die Reflexion über Kriege und römisches Expansionsstreben im Mittelpunkt dieser Episode steht, wird nicht zuletzt auch dadurch unterstützt, dass die Erzählung dieses Krieges inklusive der Episode um den Zweikampf der Horatier und Curiatier mehr als die Hälfte des Berichts über die Regierungszeit der Tullus Hostilius ausmacht.

2.4.2.3 Krieg als innenpolitisches Mittel im Streit zwischen Patriziern und der Plebs

Ab dem zweiten Buch bis zum Krieg mit den Galliern am Ende der ersten Pentade werden immer wieder Kriege der Römer mit den Nachbarvölkern geschildert. Im Mittelpunkt der kriegerischen Auseinandersetzungen stehen vor allem die Aequer und Volsker, die Sabiner, die Herniker, im zweiten Buch auch die Latiner, sowie die Stadt Veji stellvertretend für die Etrusker. Im innenpolitischen Bereich ist der Beginn der Ständekämpfe und das immer wieder angespannte Verhältnis zwischen den Patriziern und der Plebs ein wichtiges Thema.[711] In der Erzählung des Livius ist festzustellen, dass die Kriegserzählung meist mit der Schilderung innenpolitischer Auseinandersetzungen zwischen den Patriziern und der Plebs verbunden wird, was „ein Leitmotiv der ersten Pentade" ist.[712] Die Schauplätze wechseln immer wieder zwischen Rom und der Peripherie (*domi militiaeque*).[713] Es fällt auf, dass Livius die Kriege nach der Vertreibung der Tarquinier relativ ausführlich erzählt. Dagegen wird an anderen Stellen, an denen Livius in annalistischer Weise die in der Überlieferung vorhandenen Kriege nicht übergehen will, häufig nur kurz erwähnt, dass ein Krieg geführt wurde und wer als Sieger hervorging: *Consules T. Sicinius et C. Aquilius. Sicinio Volsci, Aquilio Hernici – nam ii quoque in armis erant – provincia evenit. Eo anno Hernici devicti: cum Volscis aequo Marte discessum est* (Liv. 2,40,14). Livius nennt die beiden Konsuln und ihr jeweiliges militärisches Aufgabengebiet sowie das Kriegsergebnis.[714] Durch die

---

711 HILLGRUBER 1996, 42.
712 CANCIK 1995, 207.
713 JAEGER 2015, 65 und RICH 2009, 118. Vgl. auch GALL 2013, 92f.
714 Weitere Beispiele: Liv. 2,16,1; 4,51,7–8; 5,32,1–5.

elliptische Formulierung wird der enumerative Charakter dieser annalistischen Information deutlich. Zusätzlich wird das Verhältnis von erzählter Zeit und Erzählzeit verändert.[715] Diese Kriegsberichte bringen die Handlung einerseits nicht weiter, verhindern aber andererseits, dass Livius ohne Unterbrechung eine größere Episode an die nächste reihen muss. So wirkt das Geschichtswerk sicherlich objektiver, weil eben ganz in der Tradition der Annalen[716] auch vermeintlich unwichtige Dinge angeführt werden. Dennoch werden diese annalistischen Aufzählungen häufig mit dem Bericht über innenpolitische Streitigkeiten verbunden.[717] Nachdem Livius im Kontext der Episode vom Auszug der Plebs und Menenius Agrippa zum ersten Mal innenpolitische Streitigkeiten zwischen Plebs und Patriziern mit dem Thema Krieg in Verbindung gebracht hat,[718] entwickelt er in Bezug auf die annalistischen Einschübe gleichsam ein Schema für ein ‚typisches Jahr‘, bestehend aus Konsulatswahl, innerer Unruhe, Zusammenhalt im Kampf mit dem äußeren Feind und schließlich wieder einer Konsulatswahl.[719] Ziel dieses Kapitels ist es, anhand des zweiten Buches zu zeigen, wie Krieg innenpolitisch instrumentalisiert wird. Höhepunkt dieser Darstellung ist die Einzelerzählung vom Auszug der Plebs und die daraus folgende Einführung des Volkstribunats. Anschließend soll exemplarisch an einer Stelle der Verlauf eines ‚typischen Jahres‘ nachgezeichnet werden.

Ausgangspunkt für die sich nun verschärfenden politischen Streitigkeiten zu Beginn der Ständekämpfe, die schließlich in der ersten *secessio plebis* ihren Höhepunkt fanden und zur Einführung des Volkstribunats führten, war laut Livius der Tod des Tarquinius Superbus.[720] Bis dahin ging es im zweiten Buch vornehmlich um die Sicherung der *libertas* gegen die Etrusker um Lars Porsenna und die immer wieder drohende Rückkehr des Tarquinius Superbus aus der Verbannung.[721] Die Patrizier werden von Livius bis zu dieser Stelle als diejenigen dargestellt, die mit der Plebs für die Freiheit gegen die tarquinische Königsherrschaft kämpfen, sodass sie als erste Männer im Staat anerkannt werden. Der entscheidende Krieg am Regillus-See zwischen den Römern und den Latinern, in

---

715 PAUSCH 2011, 85.
716 RICH 2009, 119.
717 Gemäß RICH 2009, 119 und 126 ff. ist dies für die späteren Bücher des Livius üblich („standard pattern structured round the consuls' movements", 119), in der ersten Dekade ist dieses Schema nicht immer regelmäßig durchgehalten, da die Jahresberichte für die Frühzeit fehlen und in den Büchern sehr lange Zeiträume behandelt werden (126).
718 Vgl. Kap. 2.4.3.5.
719 Vgl. RICH 2009, 119.
720 HILLGRUBER 1996, 42.
721 Vgl. BURCK 1964, 52 ff.

deren Reihen die Tarquinier mit dem ehemaligen König Tarquinius Superbus kämpfen, ist in der Tradition Homers als Zweikampf zwischen den jeweiligen Heerführern dargestellt,[722] bis schließlich der römische Diktator im Triumph nach Rom zurückkehrt (Liv. 2,19,3–20,13). Nach diesem triumphalen Sieg gegen die Latiner und zugleich gegen die Tarquinier und dem Tod des Tarquinius Superbus wendet sich die Stimmung in Rom:

> Ap. Claudius deinde et P. Servilius consules facti. Insignis hic annus est nuntio Tarquini mortis. Mortuus Cumis, quo se post fractas opes Latinorum ad Aristodemum tyrannum contulerat. Eo nuntio erecti patres, erecta plebes; sed patribus nimis luxuriosa ea fuit laetitia; plebi, cui ad eam diem summa ope inservitum erat, iniuriae a primoribus fieri coepere (Liv. 2,21,5–6).

Livius führt kurz annalistische Informationen an, erörtert die Datierung der Schlacht am Regillus-See und fährt vermeintlich mit annalistischen Informationen fort, die er nur beiläufig zu erwähnen suggeriert, was die elliptischen Formulierungen belegen. Er nennt während des Konsulats des Claudius und des Servilius mit dem Tod des Tarquinius Superbus ein besonderes Ereignis, ohne vorerst durch eigene Äußerungen oder den Bericht von Reaktionen aus der Stadt auf die Folgen für Rom einzugehen. Darauf erläutert Livius den Umstand des Todes, bevor er, wiederum elliptisch, als ob es nur eine beiläufige Information wäre, in einem Parallelismus die freudige Reaktion der Patrizier und der Plebs erwähnt. Mit dem adversativen *sed* leitet er zum Stimmungsumschwung über, der zu größeren Unruhen zwischen Patriziern und Plebs führt, die in diesem Fall von den Patriziern ausgehen.[723] Livius erzählt dies in Form eines auktorialen Kommentars, in dem er zunächst das Verhalten der Patrizier als *luxuriosa laetitia* charakterisiert und anschließend aus Sicht der Plebs das Verhalten der Patrizier, die er hier mit *primores* wieder aufnimmt, als Unrecht (*iniuria*) bezeichnet. Dabei stellt er fest, dass die Patrizier bis dato der Plebs immer entgegengekommen sind. Damit beginnen an dieser Stelle der Erzählung die Ständekämpfe und laut Mineo ein Niedergang der Stadt, der sein vorläufiges Ende in der Niederlage gegen die Gallier findet.[724]

Auffällig ist, dass Livius an der Stelle, an der er den Beginn der Streitigkeiten zwischen den Patriziern und der Plebs erstmals offen anspricht, mit *luxuriosa laetitia* der Patrizier das *luxuria*-Motiv, zwar abgeschwächt durch die Verwendung des Adjektivs *luxuriosus*, als Ursache für den Streit anführt. Damit spielt Livius auf

---

722 Vgl. OGILVIE 1965, 286f.
723 MINEO 2006, 203, MÜLLER 2004, 465 und VASALY 1987, 206.
724 MINEO 2006, 203.

ein Motiv der römischen Geschichtsschreibung an, das immer wieder als Auslöser für den Niedergang der Sitten genannt wird und das vor allem in Zeiten fehlender äußerer Bedrohung eine Gefahr für den Staat von innen heraus darstellt. In der *praefatio* betont er, dass in keinem anderen Gemeinwesen so spät Habgier und Ausschweifung (*luxuria*) Einzug gehalten hätten wie in Rom: *nec in quam civitatem tam serae avaritia luxuriaque immigraverint* (Liv. *praef.* 11). Auch im Bericht über die Regierungszeit des Numa Pompilius führt Livius die Gefahr von Ausschweifung (*luxuriare*) als Beweggrund für Numa an, Kulte einzuführen: *positis externorum periculorum curis, ne luxuriarent otio animi quos metus hostium disciplinaque militaris continuerat* (Liv. 1,19,4). Das Volk könnte nach Meinung Numas als Folge des Fehlens einer äußeren Bedrohung (*externa pericula*) beziehungsweise eines äußeren Feindes – Livius nennt hier explizit das Motiv des *metus hostium* – der Ausschweifung verfallen.[725] Dem will er gegensteuern, indem er dem Volk Furcht vor den Göttern beibringt (*metus deum*).[726] Diese Motive sind vor allem durch Sallusts Darstellung in seiner Archäologie der catilinarischen Verschwörung zentral für das römische Denken. In dieser Passage sieht Sallust das endgültige Fehlen eines starken äußeren Feindes nach dem Sieg über Karthago als Grund für den Niedergang der römischen Sitten an:[727]

> Sed ubi labore atque iustitia res publica crevit, reges magni bello domiti, nationes ferae et populi ingentes vi subacti, Carthago aemula imperi Romani ab stirpe interiit, cuncta maria terraeque patebant, saevire fortuna ac miscere omnia coepit. Qui labores pericula, dubias atque asperas res facile toleraverant, iis otium divitiae, optanda alias, oneri miseriaeque fuere. Igitur primo pecuniae, deinde imperi cupido crevit: ea quasi materies omnium malorum fuere (Sall. *Catil.* 10,1–3).

Festzustellen ist, dass Livius dieses Thema hier nicht weiter ausführt, sondern erst einmal weitere annalistische Informationen gibt. Offensichtlich will er den Patriziern nicht die Verantwortung für die sich durch die gesamte erste Pentade durchziehenden Streitigkeiten mit den Plebejern zuschreiben. Denn anschließend wechselt Livius retardierend den Schauplatz und berichtet vom Krieg gegen die Volsker, der nun wieder aufflammte.[728] Die Römer wollten diese noch für die frühere Unterstützung der Latiner bestrafen. Da die Latiner nun den Römern zur Seite standen und dort die Kriegsbemühungen der Volsker meldeten, erhielten

---

725 Vgl. MÜLLER 2004, 466.
726 OGILVIE 1965, 90 und Kap. 2.4.3.2.1.
727 Vgl. MILES 1995, 77f.
728 Zur Retardierung durch Schauplatzwechsel bei Livius an einem Beispiel aus dem 21. Buch vgl. PAUSCH 2011, 202ff. Auf die häufigen Schauplatzwechsel zwischen Innen- und Außenpolitik weist auch MÜLLER 2004, 465 hin.

diese Vorteile (Liv. 2,22,1–7).[729] Erst als der Krieg gegen die Volsker endgültig auszubrechen droht, fährt Livius auch mit dem Zwist zwischen Patriziern und Plebs fort:

> Sed et bellum Volscum imminebat et civitas secum ipsa discors intestino inter patres plebemque flagrabat odio, maxime propter nexos ob aes alienum. Fremebant se, foris pro libertate et imperio dimicantes, domi a civibus captos et oppressos esse, tutioremque in bello quam in pace et inter hostes quam inter cives libertatem plebis esse; (Liv. 2,23,1–2).

In dieser Darstellung werden die beiden Bedrohungen der jungen römischen Republik deutlich: Krieg mit äußeren Feinden und innenpolitische Zwietracht zwischen den Senatoren und der Plebs. Livius macht diese beiden Gefahren durch einen stark rhetorisierten Satz deutlich. Einerseits stellt er durch einen Parallelismus beide Bedrohungen gleichwertig gegenüber, hebt aber durch die größere Länge des zweiten Teils und durch das Hyperbaton *inestino ... odio* die Bedeutung der von brennendem Hass geprägten innenpolitischen Zwietracht zwischen den Patriziern und der Plebs als Hauptgrund hervor, ohne dies explizit so zu benennen. Grund für die Missstimmung waren demnach vor allem die Schulden, die viele Plebejer in die Abhängigkeit der Patrizier brachten.[730] Mit dem Adjektiv *discors* verweist Livius explizit darauf, dass einer der Grundpfeiler der römischen Republik, die *concordia ordinum*,[731] nicht gegeben ist. Es herrscht sogar Hass (*odium*). Dies ist für die Plebs laut Livius schlimmer als Krieg, was der folgende Satz belegt, in dem Livius die Perspektive der Plebs in indirekter Rede wiedergibt. Dieser Gegensatz zwischen Kriegs- und Friedenszeit (*domi militiaeque*) wird in der indirekten Rede gleich dreifach innerhalb zweier von *fremebant* abhängigen AcI-Konstruktionen betont: einerseits in der Antithese *se* [gemeint sind die Mitglieder der *plebs*] *foris pro libertate et imperio dimicantes, domi a civibus captos et oppressos esse* (Liv. 2,23,2), andererseits in dem durch das Hyperbaton *tutioremque ... libertatem* gerahmten Vergleich, der sich auf den Komparativ bezieht, *tutiorem in bello quam in pace ... libertatem* und in den immer noch von *tutiorem* abhängigen

---

729 Die strikte Trennung von Ogilvie 1965, 295 dieser beiden annalistischen Informationen in „External affairs", was die Volsker angeht, und „Internal affairs" (Punkt A. bei Ogilvie), was die Latiner angeht, als Vorbereitung für die Wechsel zwischen den innen- und außenpolitischen Schauplätzen der Handlung überzeugt hier nicht. Er verkennt vielmehr, dass die folgende Episode schon mit dem Bericht vom Tod des Tarquinius Superbus beginnt und die Informationen in Liv. 2,22 – wie schon erwähnt – vor allem der Retardierung dienen.
730 Vgl. Hillgruber 1996, 42f. und Müller 2004, 466f.
731 Wie genau das Konzept der *concordia* in den lateinischen Texten entsteht, ist nicht geklärt. Es bedeutet aber gemäß Hellegouarc'h 1972, 126 auf politischer Ebene „l'accord entre deux hommes politiques ou celui qui existe entre l'ensemble des citoyens d'une même cité".

Worten *inter hostes quam inter cives* (Liv. 2,23,2). Es zeigt sich, dass die Freiheit (*libertas*), für die beide Seiten nach der Vertreibung der Könige gemeinsam gekämpft hatten, nun gefährdet war. Beide Seiten sind eigentlich *cives*. Nun nehmen Mitbürger ihre Mitbürger gefangen, wobei die Wörter *capere* und *opprimere* durchaus einen Bezug zum Thema Sklaverei nahelegen.[732] Vorher kämpfte man gemeinsam gegen Staatsfeinde, jetzt werden durch das Paradoxon, bei Staatsfeinden sicherer als bei Mitbürgern zu sein, die grundlegenden Veränderungen der innenpolitischen Lage klar. Im Krieg kämpfen Plebejer für die Freiheit (*libertas*) und den römischen Machtbereich (*imperium*), während ihnen zu Hause das widerfährt, was man sonst mit Besiegten macht: *captos* und *oppressos esse*. Durch das adverbiale Partizip *dimicantes*, welches hier adversativ bzw. konzessiv aufzufassen ist, wird die Bedeutung des Vorgangs der Unterdrückung innerhalb der Antithese noch einmal hervorgehoben.[733] Dabei ist der Grund keine Niederlage, sondern erdrückende Geldschulden bei den Patriziern. Es fällt zudem auf, dass es noch gar nicht zu einer Auseinandersetzung kommt, sondern Livius erst einmal nur die Missstimmung der Plebs schildert, was am Imperfekt *fremebant* deutlich wird. Es ist noch keine politische Auseinandersetzung mit Rededuellen, sondern ein latenter Zustand großer Unzufriedenheit der Plebs.

Diese Unzufriedenheit ist die Ausgangslage für den weiteren Verlauf dieser Episode, in der Livius nicht nur zwischen innen- und außenpolitischem Schauplatz hin- und herwechselt,[734] sondern vor allem durch die Instrumentalisierung des Krieges für die Innenpolitik eine Verbindung zwischen beiden Schauplätzen herstellt. Zunächst erzählt Livius das Beispiel eines alten Zenturios, der auf das Forum kam, der aufgrund seines Kriegsdienstes, währenddessen er auch noch durch Plünderungen um sein landwirtschaftliches Hab und Gut gebracht wurde, in ausweglose Schuldknechtschaft geraten war und der nun die Wunden davon am Körper trug. Daraus entstand ein Aufstand vieler Leute in Schuldknechtschaft, den die Konsuln zwar unterbinden konnten, dadurch aber selbst ins Kreuzfeuer der aufgebrachten Plebs gerieten (Liv. 2,23,3–10). Die Plebejer zeigten den Konsuln ihre Kriegsverletzungen und beklagten sich darüber, dass der Kriegsdienst der Grund für ihre Schuldknechtschaft sei, was Livius in indirekter Rede wiedergibt: *At in eos multitudo versa ostentare vincula sua deformitatemque aliam. Haec se meritos dicere exprobrantes suam quisque alius alibi militiam;*

---

[732] Vgl. OGILVIE 1965, 294.
[733] In der Übersetzung dieser Stelle (Liv. 2,23,2) von HILLEN ⁴2007, der die Partizipialkonstruktion in Form einer Beiordnung übersetzt („[...] dass sie draußen für die Freiheit und die Macht kämpften, zu Hause aber von ihren Mitbürgern zu Gefangenen gemacht und unterdrückt wurden [...]"), ist diese Betonung der Unterdrückung nicht zu erkennen.
[734] Vgl. OGILVIE 1965, 295.

(Liv. 2,23,10 – 11). Die anfangs noch ruhig mit der Geschichte des alten Mannes beginnende Erzählung wird im weiteren Verlauf immer lebhafter, was sich vor allem im Gebrauch des historischen Präsens und des historischen Infinitivs für das Erzählen der Handlungen der Plebs zeigt. Im weiteren Verlauf der Handlung riefen die Konsuln auf Drängen der Plebs den Senat zusammen, der allerdings nicht beschlussfähig war. Dadurch wurde die Stimmung weiter angeheizt, da die Plebejer Absicht unterstellten. Nach einer kontroversen Debatte zwischen den Konsuln ergab sich bei diesen eine harte und eine milde Position.[735] Allerdings unterbricht Livius genau an dieser Stelle, noch bevor man sich für eine der beiden Positionen entscheidet, durch folgenden, eine noch stärkere Bedrohung ankündigenden, elliptischen Satz die Handlung: *Inter haec maior alius terror* (Liv. 2,24,1). Latinische Reiter meldeten das Aufziehen des Heeres der Volsker. Der schon angekündigte Krieg mit den Volskern rückt damit in den Mittelpunkt der Handlung, allerdings, wie erkennbar wird, nicht das Kriegsgeschehen an sich, sondern die Vorbereitungen in Rom und die Motive der einzelnen Kriegsparteien. Durch den Komparativ *maior* beurteilt Livius ganz selbstverständlich den nun kurz vor dem Ausbruch stehenden Krieg mit den Volskern, den er in 2,23,1 noch als die vermeintlich kleinere Bedrohung für den Staat angesehen hat, als bedrohlicher als die Aufstände der Plebs und nimmt damit, ohne dass es explizit wird, die Position der Patrizier ein; denn Livius schreibt von zwei völlig unterschiedlichen Reaktionen der beiden Gruppen: *Quae audita – adeo duas ex una civitate discordia fecerat – longe aliter patres ac plebem adfecere* (Liv. 2,24,1). Er weist hier in einem parenthetischen auktorialen Kommentar auf *discordia* hin, die den Staat in zwei Gruppen geteilt habe. Dann schildert er zunächst die Reaktion der Plebs, die die Kriegsmeldung freudig aufnahm (*Exsultare gaudio plebes* [Liv. 2,24,2]), den Kriegsdienst verweigern wollte und die Senatoren dazu aufforderte, selbst zu kämpfen und die Gefahren des Krieges auf sich zu nehmen, da diese ja den Lohn in Form der Schuldknechtschaften erhielten (Liv. 2,24,2). Diese aufgeregte Position der Plebs gibt Livius in indirekter Rede wieder, während er im Folgenden aus auktorialer Perspektive kurz die Reaktion der Patrizier schildert, die dadurch sehr besonnen wirken. Sie baten den gemäßigteren der beiden Konsuln, auf die Plebs zuzugehen (Liv. 2,24,3). In der folgenden indirekten Rede des Konsuls Servilius vor der Volksversammlung wird die Position der Patrizier deutlich, die Livius schon zu Beginn angedeutet hat. Beim Krieg geht es um den ganzen Staat, bei den innenpolitischen Streitigkeiten dagegen um einen Teil des Staates, sodass der Krieg Priorität habe: *ceterum deliberationi de maxima quidem illa sed tamen parte civitatis metum pro universa re publica intervenisse* (Liv. 2,24,4). Damit evoziert Li-

---

735 MÜLLER 2004, 467.

vius das *metus hostium*-Motiv, das über allem Innenpolitischen steht.[736] Er lässt den Konsul an die Ehre der Plebs appellieren (*nec [...] plebi honestum esse* [Liv. 2,24,5]), dass man Lohn erst nach vollbrachten Taten erhalten solle und dass Zugeständnisse der Patrizier aus Furcht nichts wert seien. Darauf ordnete der Konsul an, dass niemand wegen Schuldverpflichtungen vom Kriegsdienst abgehalten werden dürfe, was bei den Plebejern zu einer großen Bereitschaft führte, sich zu melden (Liv. 2,24,5–7). Bevor Livius zum Kriegsbericht übergeht, nimmt er in einem auktorialen Kommentar beinahe den Ausgang des Krieges vorweg, indem er die große Tapferkeit aller lobt: *Magna ea manus fuit, neque aliorum magis in Volsco bello virtus atque opera enituit* (Liv. 2,24,8).

Auch im weiteren Verlauf hebt Livius immer wieder die große Leistungsbereitschaft der ehemaligen Schuldknechte hervor. Aus dem Kriegsbericht über den als sehr groß und bedrohlich angekündigten Krieg gegen die Volsker geht hervor, dass es sich mit der nun zumindest kurzzeitig hergestellten Eintracht als kein Problem erwies, den Feind zu besiegen. Dies wird noch hervorgehoben, indem Livius den Volskern als ein Motiv für den Krieg die Hoffnung unterstellt, die römische Zwietracht könne zum Verrat führen. Dies war schließlich nicht der Fall: *Proxima inde nocte Volsci, discordia Romana freti, si qua nocturna transitio proditiove fieri posset, temptant castra* (Liv. 2,25,1).[737]

Insgesamt fällt der Kriegsbericht deutlich kürzer aus als die Schilderung der innenpolitischen Streitigkeiten. Es kam später noch zu Kriegen gegen die Sabiner und Aurunker, die ebenfalls in einer einzigen Schlacht geschlagen wurden (Liv. 2,26). Die Art und Weise, wie Livius den inneren Aufstand der Plebs und die Kriege erzählt, belegt, dass es ihm vor allem darum geht, zu zeigen, wie in der frühen Republik ein äußerer Feind zu Zusammenhalt im Staat führt. Es wird auch evident, dass die Patrizier den Krieg als willkommenes Mittel nutzen, die abtrünnige Plebs zur Räson zu bringen. In den auktorialen Kommentaren wird ferner deutlich, dass Livius das Verhalten der Patrizier keineswegs negativ bewertet. Durch die Verbindung der Kriegsberichte, die sicher in den Annalen aufgezeichnet waren, wohl aber kaum von Bedeutung waren, schafft es Livius darzustellen, dass Krieg als innenpolitisches Machtmittel der stärkeren Patrizier gegen die unterlegene Plebs instrumentalisiert werden kann.

Dies belegt auch der weitere Verlauf der Episode. Die Plebejer forderten das Hilfeversprechen bei den Konsuln ein. Appius Claudius, der die härtere Position vertrat, fällte viele Urteile in Schuldsachen zu Lasten der Plebs. Der zweite Kon-

---

[736] In 5,17,10 nennt Livius explizit die Bedeutung des äußeren Feindes für die Innenpolitik: *eoque mitescere discordiae intestinae metu communi, ut fit, coepere*.
[737] Weitere Stellen, an denen Livius den Gegnern Roms die Zwietracht innerhalb des Staates als Motiv für einen Kriegsbeginn unterstellt: Liv. 2,44,7–9; 2,58,3; 3,66,1–4.

sul, Servilius, ist schließlich bei beiden Gruppen verhasst, weil er sein Versprechen an die Plebs nicht halten konnte, für die Patrizier aber zu volksfreundlich war. Daraufhin entbrannte in Folge der Weihe des Merkurtempels zunächst ein Streit zwischen den Konsuln, im Anschluss zwischen Patriziern und Plebejern. Dies führte wiederum zu Aufständen in Rom, die so weit gingen, dass die Entscheidungen der Konsuln nicht mehr respektiert wurden.[738] Livius schildert diese beginnende Anarchie sehr lebhaft (Liv. 2,27,1–9), doch am Höhepunkt retardiert er die Handlung erneut mit einer Meldung, dass von den Sabinern eine Kriegsgefahr ausgehe: *Super haec timor incessit Sabini belli* (Liv. 2,27,10). Dieser Satz erinnert an die oben zitierte Einleitung im Bericht über den Volskerkrieg. Erneut ordneten die Senatoren eine Aushebung an, die die Plebs wiederum verweigerte. Allerdings stellt Livius die Reaktion der Konsuln als weniger besonnen dar. Der strengere Konsul Appius Claudius beschuldigte rasend vor Wut seinen gemäßigteren Kollegen, dass er durch Schweigen zu Gunsten der Plebs volksfreundliche Politik (*populari silentio rem publicam proderet* [Liv. 2,27,10]) mache[739] und sich dem Senatsbeschluss widersetze, da er keine Aushebungen durchführe. Daher ging der Konsul Appius Claudius gegen die Plebs vor, was zu offenem Protest und Geheimgesprächen führte.[740] Bevor es aber zu einer Eskalation kommen konnte, legten die Konsuln das Amt nieder und es fanden Neuwahlen statt (Liv. 2,27,10–13). Durch diese annalistische Information retardiert Livius wiederum die Handlung. Allerdings berichtet er dann von der Unsicherheit der Plebs über das Verhalten der neuen Konsuln, was zur gleichen Situation wie vorher führte. Die neuerlichen Vorwürfe der Senatoren an die Plebs wegen mangelnden Einsatzes schildert Livius in mehreren indirekten Reden. Schließlich sicherten die Konsuln den Senatoren die Umsetzung jeglicher Beschlüsse zu. Der Senat forderte daraufhin, eine Aushebung durchzuführen: *decernunt* [sc. *senatores*] *ut dilectum quam accerrimum habeant: otio lascivire plebem* (Liv. 2,28,5). Durch die Wortwahl *otio lascivire* greift Livius in der indirekten Rede das Motiv der Ausschweifung in Ruhe- bzw. Friedenszeiten auf, das er, wie oben schon zitiert, bereits im Bericht über den König Numa eingeführt hat. Im Umkehrschluss kann man hier feststellen, dass der Senat den Krieg als innenpolitisches Mittel nutzen will, um die inneren Unruhen zu beenden. Dies wird durch die Darstellung der Stelle in indirekter Rede zusätzlich untermauert. Die Plebs verweigert auch die folgende Aushebung und fordert das gegebene Versprechen einzulösen: *nunquam unum militem habituros ni praestaretur fides publica; libertatem unicuique prius red-*

---

[738] MÜLLER 2004, 468.
[739] VASALY 1987, 206.
[740] VASALY 1987, 204 weist darauf hin, dass alle Appii Claudii der ersten Pentade starke Opponenten der Plebs sind. S. auch Kap. 2.4.2.4 und 2.4.3.5.3.

dendam esse quam arma danda, ut pro patria civibusque, non pro dominis pugnent (Liv. 2,28,7). Die Meinung der Plebs, die Livius ebenfalls wiedergibt, ohne den Sprecher zu nennen, bezieht mit *fides* und *libertas* zwei zentrale römische Werte ein. Ferner wird noch einmal dargestellt, dass die Plebejer nicht für Herren kämpfen wollten. So legt Livius den Senatoren mit der ungünstigen Zeit des *otium* ein pragmatisches Argument in den Mund, während er die Plebs mit zentralen alten römischen Wertbegriffen argumentieren lässt. Die Weigerung führte zu Streitigkeiten im Senat, der auf Antrag des ehemaligen Konsuls Appius Claudius einen Diktator bestimmte, auch um das Recht der *provocatio* aufzuheben (Liv. 2,28,8–30,2).[741] Appius Claudius wurde nicht ernannt, da dies der Plebs nicht vermittelbar gewesen wäre, ohne sie noch weiter vom Staat zu entfremden, was Livius in einem auktorialen Kommentar feststellt: *quae res utique alienasset plebem periculosissimo tempore, cum Volsci Aequique et Sabini forte una omnes in armis essent* (Liv. 2,30,3). Dadurch suggeriert Livius wiederum planvolles Handeln auf Seiten der Patrizier und verbindet dies geschickt mit dem nahenden Ausbrechen des zuvor schon angekündigten Kriegs gegen die Sabiner, wobei die Lage noch dramatischer wirkt, weil einerseits auch die Aequer und die Volsker, also die ständigen Feinde Roms in der ersten Pentade, im Feld stehen. Bestätigt wird dieser Eindruck, indem Livius noch den Zufall betont, dass der Krieg genau in diesem innenpolitisch schwierigen Moment nicht mehr aufgeschoben werden konnte. Andererseits stellt Livius die rasende Unbesonnenheit des Appius Claudius besonders heraus, indem er die Schilderung seines Antrags nach der Erwähnung der anderen Anträge zunächst in indirekter Rede beginnt, dann aber in die direkte Rede wechselt (Liv. 2,29,9–12),[742] in der das aufbrausende Wesen des Appius Claudius besonders deutlich wird:

> „Agedum," inquit, „dictatorem, a quo provocatio non est, creemus; iam hic quo nunc omnia ardent conticescet furor. Pulset tum mihi lictorem, qui sciet ius de tergo vitaque sua penes unum illum esse cuius maiestatem violarit" (Liv. 2,29,11–12).

Die Feindlichkeit gegenüber der Plebs zeigt sich besonders in der Einschränkung des Rechts der *provocatio*. Appius Claudius unterstellt der Plebs *furor*, der alles in Brand setze, wird aber durch die Art und Weise, wie Livius die Rede in die Handlung einbaut, selbst als glühender und rasender, volksfeindlicher Patrizier dargestellt. Mit Manlius Valerius wurde ein gemäßigter Diktator gewählt, welcher der Plebs die gleichen Zusagen machte, wie einst der Konsul Servilius.[743] In der

---

741 MÜLLER 2004, 468.
742 VASALY 2015, 223 und MÜLLER 2004, 468.
743 MÜLLER 2004, 468f.

Folge meldeten sich die Plebejer nun endlich zum Kriegsdienst (Liv. 2,30,3–7). Die folgenden Kriege gegen die drei Völker beendeten die Römer ohne größere Schwierigkeiten siegreich (Liv. 2,30,8–31,6). Die Schilderung der Kriegshandlung hat nochmals einen deutlich kleineren Umfang als der Bericht über die innenpolitischen Ereignisse. Es wird ersichtlich, dass Livius implizit, wie schon bei den vorherigen Kriegen dieser Episode, mit der Kriegserzählung aussagt, dass Patrizier und Plebejer gegen den äußeren Feind zusammenstehen können, aber auch, dass der Krieg ein willkommenes Mittel war, die innenpolitischen Auseinandersetzungen zumindest kurzfristig zu unterbrechen.

Die Gläubiger versuchten in der Folge, den Diktator daran zu hindern, das Versprechen gegenüber der Plebs einzulösen. Der Diktator setzte diese Verhandlung im Senat auf die Tagesordnung, wo sein Ansinnen sogleich abgelehnt wurde. Er antwortete daraufhin im Senat:

> Quae cum reiecta relatio esset, „non placeo" inquit „concordiae auctor. Optabitis, mediusfidius, propediem, ut mei similes Romana plebes patronos habeat. Quod ad me attinet, neque frustrabor ultra cives meos neque ipse frustra dictator ero. Discordiae intestinae, bellum externum fecere ut hoc magistratu egeret res publica: pax foris parta est, domi impeditur; privatus potius quam dictator seditioni interero." Ita curia egressus dictatura se abdicavit (Liv. 2,31,9–10).

In dieser Rede lässt Livius den Diktator zur in Liv. 2,23,1–2 geschilderten Ausgangslage Bezug nehmen. Im ersten Satz bezeichnet er sich als *concordiae auctor*, womit er sich sofort auf das Motiv der *concordia ordinum* bezieht. Dieses nimmt er durch das Antonym *discordia* im zweiten Teil der Rede wieder auf. Damit geht es wieder um die Dichotomie von innenpolitischer Zwietracht und äußerem Krieg. Diese war der Grund für die Ernennung eines Diktators. Hierauf stellt dieser in der direkten Rede, wie auch der auktoriale Erzähler zu Beginn der Episode, *foris* und *domi* gegenüber und führt *pax* als *tertium comparationis* ein. Auch bei *pax* handelt es sich um einen alten römischen Wert, der eigentlich in erster Linie außenpolitische Relevanz hat.[744] In diesem Fall wird er jedoch auch auf die Innenpolitik bezogen. Dort herrscht laut dem Diktator kein Frieden. Somit argumentiert der Diktator, wie zuvor schon die Plebs, mit alten römischen Wertbegriffen, wodurch er sich vom Verhalten der Patrizier distanziert, was zu seinem Rücktritt, aber auch zu Zustimmung bei der Plebs führt. Zunächst einmal schien dies die Lage zumindest bei der Plebs zu beruhigen.[745]

---

744 S. Kap. 2.4.2.5.
745 Vgl. MINEO 2006, 142.

In der Folge bekamen die Senatoren Angst vor einem neuen Aufstand und geheimen Versammlungen nach der Entlassung des Heeres. Durch rechtliche Spitzfindigkeiten und unter dem Vorwand, dass die Aequer zum Krieg rüsteten, ließen die Senatoren das Heer aus der Stadt ins Feld ziehen: *per causam renovati ab Aequis belli educi ex urbe legiones iussere* (Liv. 2,32,1). Livius charakterisiert das Handeln der Senatoren hier als ängstlich und damit unbeholfen. Spätestens jetzt wird ihr Wille deutlich, den Krieg für ihre innenpolitischen Ziele zu instrumentalisieren. Livius berichtet hier nicht von einem Krieg, der sich ankündigte, sondern spricht von einem Vorwand.[746] Die Senatoren sehen also keinen anderen Ausweg als mit juristischen Spitzfindigkeiten und einem Vorwand zu agieren, während der Diktator durch die Niederlegung seines Amtes, weil er die Versprechen nicht erfüllen konnte, sich als guter römischer Bürger geriert, der sich noch dazu in seiner direkten Rede auf zentrale römische Werte beruft. Dennoch kommt es in der Folge zum Aufstand und zum Auszug der Plebs zum *mons Sacer*, wohin Menenius Agrippa als Unterhändler geschickt wurde.[747] Als Kompromiss wurde das Amt des Volkstribunen eingeführt.[748] Hauptziel des Livius ist es hier, die Einführung des Volkstribunats zu schildern. Die Einzelerzählung vom Auszug der Plebs ist nach der Vertreibung der Tarquinier der zweite Höhepunkt des zweiten Buches. Dieser Sachverhalt untermauert die Vermutung, dass es Livius gar nicht so sehr um die Kriege selbst, sondern eher um deren Funktionalisierung im innenpolitischen Zwist der beginnenden Ständekämpfe geht.

Zusammenfassend lässt sich hier feststellen, dass Livius die Kriegserzählungen auf narrativer Ebene zweimal zur Retardierung der Handlung und zum Aufbau der Spannung, wie sich der aufkommende Streit in den Ständekämpfen entwickeln werde, einsetzt. Damit verbunden ist auf politischer Ebene die Aussage, dass die Patrizier Krieg gegen äußere Feinde als innenpolitisches Machtmittel nutzen, um der *discordia* im Staat entgegenzuwirken. Dabei handelt es sich um ein typisches Motiv römischer Geschichtsschreibung, dass ein gemeinsamer äußerer Feind zu zumindest vorübergehender Einigkeit führt.[749] Dass Livius durchaus eine absichtliche Instrumentalisierung des Kriegs durch die Patrizier für möglich hielt, belegt folgende Aussage aus dem dritten Buch: *ulteriusque ventum foret – adeo exarserant animis – ni, velut dedita opera, nocturno impetu Aequorum Corbione amissum praesidium nuntiatum esset* (Liv. 3,30,2). Auch hier gibt es innere Streitigkeiten zwischen Volkstribunen und Patriziern. Dann kommt es zu-

---

746 OGILVIE 1965, 309.
747 HILLGRUBER 1996, 43.
748 Vgl. Kap. 2.4.3.5.2.
749 Vgl. zum *metus hostium*-Motiv MÜLLER 2004, 466 und 472 sowie zum Thema, dass Furcht vor einem äußeren Feind zu weniger Zwietracht führt, auch Liv. 2,39,7 und 5,17,10.

fällig zu einem Angriff der Aequer, wobei Livius in einem auktorialen Kommentar die Überlegung äußert, dass es sich nicht um Zufall, sondern um geschickte Planung gehandelt haben könnte.[750] Im weiteren Verlauf kommt es während des Streits um die Aushebung noch zu einem Angriff eines sabinischen Heeres, was schließlich dazu führt, dass die Plebs unter Bedingungen der Aushebung zustimmt. Festzuhalten ist, dass auch hier die Handlung durch den Krieg retardiert wird und auf politischer Ebene die Patrizier den Krieg zum Unterbrechen der innenpolitischen Streitigkeiten instrumentalisieren. Auffällig ist allerdings, dass Livius dies so deutlich benennt.

Dieses Motiv, dass ein äußerer Feind zu *concordia* führt, findet sich bei Livius in den Büchern der ersten Pentade häufiger. Man kann fast so weit gehen und von der Schilderung eines ‚typischen Jahres' sprechen, das Livius immer wieder in annalistischer Tradition in seine Erzählung einflicht. Dabei ist von folgendem Grundschema auszugehen, das immer wieder leicht variiert werden kann. Nach der Wahl von Konsuln gibt es innenpolitische Streitigkeiten, anschließend greift eines der Nachbarvölker an, mit denen Rom immer wieder im Krieg stand, sodass man gemeinsam gegen den Feind vorgeht. Schließlich werden die neuen Konsuln für das Folgejahr gewählt:[751]

> Extremo anno pacis aliquid fuit, sed, ut semper alias, sollicitae pacis certamine patrum et plebis. Irata plebs interesse consularibus comitiis noluit; per patres clientesque patrum consules creati T. Quinctius Q. Servilius. Similem annum priori consules habent: seditiosa initia, bello deinde externo tranquilla (Liv. 2,64,1–2).

Auffällig ist in dieser Passage die elliptische Formulierung, durch die deutlich wird, dass es sich um eine kaum bemerkenswerte Randinformation handelt, die dem Leser bekannt ist. Dass es sich um ein ‚typisches Jahr' handelt, belegen die Worte *similis annus priori*. Diese ‚typischen Jahre' finden sich an mehreren Stellen der ersten Pentade[752] und sind ein weiterer Beleg dafür, dass Livius im Krieg nicht

---

[750] Ebenso verhält es sich in Liv. 4,25,14–26,1 und 4,55,1.
[751] RICH 2009, 119 und 126f., der dieses Schema beschreibt und Livius die Verwendung eines „standard pattern structured round the consuls' movements" (119) zuschreibt. Allerdings sieht RICH die außenpolitischen Ereignisse zwischen zwei Blöcken innenpolitischer Ereignisse, während in unserer Betrachtung eher davon ausgegangen wird, dass ein innenpolitischer Konflikt einem außenpolitischen Ereignis gegenübersteht und die Neuwahl der Konsuln eher der Überleitung zum nächsten Jahr dient. S. auch Anm. 717 in diesem Kapitel.
[752] Weitere Beispiele für solch ein ‚typisches Jahr': Liv. 2,42,2–4; 2,43,1; 2,53,1; 2,64,2–3; 3,10,8–14; 3,22,2; 3,30,1–6; 3,66,1–3; 4,52,8. Das für die erste Pentade festgestellte ‚typische Jahr' impliziert nicht, dass sämtliche annalistische Informationen wie Beamte, Prodigien, Provinzen,

nur ein Mittel der Vergrößerung und Sicherung der römischen Herrschaft, sondern auch ein innenpolitisches Machtmittel der Patrizier in den Ständekämpfen sieht, um den Einfluss der Plebs einzuschränken. Dabei muss es sich auch nicht immer zwingend um genau ein Jahr handeln. Dieses Schema bestätigt sich auch im Binnenproömium des sechsten Buches:

> Quae ab condita urbe Roma ad captam eandem Romani sub regibus primum, consulibus deinde ac dictatoribus decemuirisque ac tribunis consularibus gessere, foris bella, domi seditiones, quinque libris exposui [...] (Liv. 6,1,1).

Livius stellt rückblickend fest, dass er die Taten der Amtsträger sowie die äußeren Kriege und die inneren Streitigkeiten dargestellt hat.[753] Dies wird umso deutlicher, als Livius das Problem des Krieges als innenpolitisches Mittel aus der Perspektive der Plebs im Kontext der Vorgeschichte des entscheidenden Krieges gegen die Etruskerstadt Veji thematisiert.[754] Die Patrizier erklärten Veji den Krieg infolge einer Provokation, was zu Widerstand bei der Plebs führte, weil ein anderer Krieg gegen die Volsker noch nicht zu Ende war und die Plebejer die Last der vielen, bald jährlichen Kriege kaum mehr tragen könnten. Diesen Umstand, dass sich die Wehrpflichtigen der Plebs beschweren, nutzten laut Livius die Volkstribunen, um zu agitieren:

> Haec sua sponte agitata insuper tribuni plebis accendunt; maximum bellum patribus cum plebe esse dictitant; eam de industria vexandam militia trucidandamque hostibus obici; eam procul urbe haberi atque ablegari, ne domi per otium memor libertatis coloniarumque aut agri publici aut suffragii libere ferendi consilia agitet (Liv. 4,58,11–12).

Durch die Erzählsituation wird vordergründig das Verhalten der Volkstribunen kritisiert. Sie nutzten die Unzufriedenheit der Plebs, um die Stimmung weiter aufzuheizen (*accendere*). Die Worte der Volkstribunen werden in indirekter Rede wiedergegeben. Diese machen nachdrücklich deutlich (*dictitare*), dass der eigentliche Krieg nicht mit den äußeren Feinden, sondern mit den Patriziern geführt werde. Sie würden absichtlich (*de industria*) mit Kriegsdienst gequält und so von der Stadt und der politischen Teilhabe ferngehalten, was ihnen jegliche Freiheit nehme. Indem Livius sich hier wieder auf den Wert *libertas* bezieht, die der Plebs dadurch genommen ist, wird unterschwellig durchaus auch das Verhalten der Patrizier kritisiert, die den Krieg zu politischen Zwecken nutzen, um den Einfluss

---

Heerführer usw. aufgezählt werden, wie es in späteren Teilen des livianischen Werkes der Fall ist (vgl. RICH 2009, 126 ff.).
753 VASALY 2015, 220 f.
754 Vgl. dazu ausführlich Kap. 2.4.2.4.

der Plebs im Staat gering zu halten. Indem Livius diese Kritik durch eine indirekte Rede aus der Perspektive der Plebs einbringt, gelingt es ihm, ein grundlegendes, die gesamte erste Pentade durchziehendes Problem zu thematisieren, ohne dadurch die gesellschaftliche Ordnung von Patriziern und Plebs grundsätzlich in Frage zu stellen. Dieses Problem, dass die Patrizier die Plebs möglicherweise nicht immer fair behandelten, wird schon in der Rede des Konsuln Quinctius Capitolinus vor der Volksversammlung am Ende des dritten Buches explizit mit Verweis auf *libertas* thematisiert: „[...] *discordia ordinum et venenum urbis huius, patrum ac plebis certamina, dum nec nobis imperii nec vobis libertatis est modus, tum taedet vos patriciorum, nos plebeiorum magistratuum, sustulere illis animos* [...]" (Liv. 3,67,6). Durch die Worte *discordia ordinum* ist an dieser Stelle völlig klar, dass es um das wechselseitige Verhältnis von Patriziern und Plebejern geht.[755] Der Konsul wirft in dieser Rede der Plebs vor, bei ihrem Streben nach Freiheit nicht immer das rechte Maß walten zu lassen, wobei in Bezug auf die Plebs wiederum *libertas* als entscheidendes Handlungsmotiv gebraucht wird. Gleichzeitig räumt er aber direkt davor ein, dass den Patriziern bisweilen das rechte Maß bei den Befehlen fehle.[756] Diese Aussage, dass beide Seiten ihren Anteil an *discordia* haben, wird durch den Parallelismus *nec nobis imperii nec vobis libertatis est modus* noch einmal hervorgehoben.[757] Aber auch diese Bewertung des Verhaltens der Patrizier ist keine auktoriale Feststellung des Erzählers, sondern Bestandteil der direkten Rede des Konsuln. Damit zeigt Livius einerseits, dass zumindest den besonneneren Patriziern dieses Problem durchaus bewusst ist, andererseits äußert er auch hier schon implizite Kritik am Verhalten einiger Patrizier, die er aber wiederum nicht aus seiner eigenen Perspektive äußern muss. Diese Beobachtungen zur Rede des Capitolinus stützen die Überlegungen zum Verhalten der Plebs gegenüber den Patriziern am Ende des vierten Buches zusätzlich. Im weiteren Verlauf der Handlung geht Livius zur Vorgeschichte des langen und entscheidenden Krieges der Römer gegen Veji über. Das folgende Kapitel schließt unmittelbar an die Ausführungen zum Ende des vierten Buches an.

---

755 Vgl. BURCK 1964, 49.
756 BURCK 1964, 49 weist mit Recht auf die im weiteren Verlauf der Rede (Liv. 3,67,7–11) erhobenen Vorwürfe gegen die Plebs hin, übergeht jedoch die Tatsache, dass Quinctius Capitolinus auch ein gewisses Fehlverhalten der Plebs eingesteht, wenn auch natürlich nur, um diesen im weiteren Verlauf die noch größeren Verfehlungen der Plebs gegenüberzustellen.
757 Zur allgemeinen Einordnung dieser Rede in den Kontext s. VASALY 2015, 223.

2.4.2.4 Der Krieg gegen Veji

Der Krieg gegen Veji ist bei Livius als Roms Höhepunkt der kriegerischen Auseinandersetzungen in der ersten Pentade dargestellt. Die in der Nähe liegende Etruskerstadt Veji war seit Romulus in der gesamten Frühzeit immer wieder Kriegsgegner der Römer[758] und wird dem Leser als die mächtigste der zwölf wichtigsten Etruskerstädte präsentiert, gegen die es vorrangig um die Vorherrschaft am Tiber und damit um den Mittelmeerzugang ging.[759] In der Erzählung stilisiert Livius den Krieg als Höhepunkt des römischen Erfolgs in der ersten Pentade, bevor die Niederlage gegen die Gallier aus einer gewissen Überheblichkeit und aus der Missachtung von Götterzeichen heraus dazu führt, dass die römische Herrschaft fast verschwindet.[760] Der Krieg gegen Veji ist in einer zusammenhängenden Episode dargestellt, die schon am Ende des vierten Buches beginnt und über die Buchgrenze hinweg beinahe die gesamte erste Hälfte des fünften Buches ausmacht. Burck sieht mit Recht eine symmetrische Zweiteilung des fünften Buches, das um den *fatalis dux* Camillus komponiert ist.[761] Zwei Reden, zu Beginn die des Appius Claudius und am Ende die des Camillus, rahmen die Erzählungen von diesen beiden bedeutenden Kriegen ein.[762] In der ersten Hälfte zeigt sich, dass römische *pietas* gegenüber den Göttern verbunden mit *impietas* der Leute von Veji zu einem römischen Sieg führt, während in der zweiten Hälfte die Römer die Götterzeichen missachten und somit an der Allia eine Niederlage gegen die Gallier erfahren.[763] Allerdings wird bei dieser Auffassung zu wenig beachtet, dass die Episode schon am Ende des vierten Buches beginnt, was für Livius kein seltenes Phänomen ist,[764] und noch eine weitere Funktion hat. In dieser Episode, die den ersten Teil des fünften Buches ausmacht,

---

[758] WALTER 2004, 189. Er schreibt von neun Kriegen gegen Veji und weiteren gegen die mit Veji verbündeten Etruskerstädte. Zur Chronologie der Kriege s. CANCIK 1995, 197 f.
[759] Livius erklärt in seinem geographischen Exkurs im fünften Buch, dass es zwölf Stadtstaaten bzw. Stämme gegeben habe, die sich regelmäßig beim Voltumna-Heiligtum trafen, und überträgt dieses Modell auch auf die Kolonien der Etrusker, die dies übernommen hätten (Liv. 5,33,9). Zur Historizität dieser Vorstellung vgl. AIGNER-FORESTI 2009, 116, die feststellt, dass diese Stelle (und weitere Erwähnungen) des Livius der einzige Hinweis darauf seien. Zur Bedeutung der Stadt Veji als Rivalin Roms vgl. MILES 1995, 79.
[760] LUCE 1977, 27.
[761] BURCK 1968, 92; ausführlich schon in BURCK 1964, 109–136, was VASALY 2015, 219 ebenfalls wieder aufgreift.
[762] LUCE 1977, 27 mit dem Hinweis auf ähnliche Strukturen in der dritten Dekade, vor allem, wenn man die Kapitel zwischen den beiden Teilen mit dem Gallierexkurs einbezieht. FORSYTHE 1999, 79 weist darauf hin, dass die beiden Reden beinahe gleich lang sind.
[763] OGILVIE 1965, 626. Vgl. dazu auch Kap. 2.2. Ähnlich auch BURCK 1964, 109 und 1968, 92. Die Zweiteilung des fünften Buches sieht auch ALBRECHT 2012, 708.
[764] PAUSCH 2011, 111 f.

sind viele Themen, die in den Kriegserzählungen zuvor schon von Bedeutung sind, miteinander vereinigt. Zu nennen sind hier beispielsweise der Krieg als innenpolitisches Mittel im Kampf der Patrizier und der Plebs im Sinne *domi militiaeque*[765] sowie das Thema *bellum iustum*. Hinzu kommen Themen wie Raubzüge, *familiare bellum*, Zweikampf der Anführer und Vernichtung des Gegners, die auch für das Bild des Krieges in der Zeit nach Veji von Bedeutung waren.[766] Ferner werden sowohl durch die Dauer des Krieges von zehn Jahren als auch durch den Bau eines Tunnels explizite Bezüge zu Homer und dem troianischen Krieg hergestellt.[767] Die Erzählung des Untergangs von Veji (Liv. 5,21–22) hat Parallelen mit der Erzählung Vergils vom Untergang Troias.[768] Zusätzlich sind religiöse Phänomene[769] von ebenso großer Bedeutung wie die Charakterisierung des Feldherrn Camillus als geeignetes Exempel für einen guten Heerführer und Diktator.[770] Livius zeigt also in dieser Episode, dass die Römer in einem gerechten Krieg besonders erfolgreich sind, wenn Patrizier und Plebejer in Eintracht zusammenstehen,[771] die Römer einen geeigneten Feldherrn wählen und die Zeichen der Götter beachten. Livius projiziert in den Krieg gegen die Stadt Veji den Kampf gegen ganz Etrurien um die Vorherrschaft in Mittelitalien.[772] Bei einem solchen Erfolg sind die Römer den bei Troia siegreichen Griechen, die in dieser Zeit kulturell überlegen sind, in jedem Fall ebenbürtig. Wie Livius dies darstellt, soll im Folgenden gezeigt werden. Dabei soll bewusst nur der Krieg gegen Veji unter dem Thema *domi militiaeque* behandelt werden. Der Vergleich mit dem Gegenstück im fünften Buch, der Niederlage gegen die Gallier, erfolgt hier nicht, um beispielhaft an der Darstellung des Krieges gegen Veji die Elemente livianischer Kriegserzählungen und ihre narratologische Gestaltung herauszuarbeiten.

In der Forschung wurde diese Episode bisher immer wieder im Rahmen der Analyse des fünften Buches behandelt.[773] Allerdings ist die Fragestellung, wie genau der Kriegsbericht gegen Veji gestaltet ist und wie er mit der innenpolitischen Handlung in Zusammenhang steht, wenig beachtet. Ogilvie zeichnet in seinem Kommentar, sofern dies in der Gattung Kommentar möglich ist, den

---

[765] CANCIK 1995, 207.
[766] WALTER 2004, 190.
[767] BURCK 1968, 92, EDWARDS 1996, 51 und MINEO 2003, 162.
[768] WALTER 2004, 190 und 388, der Ennius als gemeinsame Vorlage annimmt. Dafür spreche auch, dass sich Ennius als Epiker in die Tradition Homers stellte.
[769] Vgl. OAKLEY 2015, 231 und Kap. 2.2.1.
[770] WALTER 2000, 63 f.
[771] MÖLLER 2014, 38 und LEVENE 1993, 176.
[772] OGILVIE 1965, 628.
[773] OAKLEY 2015, FORSYTHE 2015, 323 f. und BURCK 1964, 109 ff.

Aufbau der Erzählung nach.[774] Levene geht zwar kurz auf die Bedeutung der Auseinandersetzungen zwischen Patriziern und Plebejern sowie auf die Bedeutung der *concordia* für den Sieg der Römer ein, da das Thema die ersten zehn Kapitel des fünften Buches dominiert,[775] behandelt dann aber – gemäß dem Thema seiner Monographie – die Bedeutung der religiösen Phänomene. Mineo betrachtet die rhetorische und narrative Struktur des fünften Buches im Hinblick auf das Ende des ersten Zyklus der römischen Geschichte, der seiner Meinung nach mit dem Galliereinfall endet.[776] Cancik thematisiert in seinem Aufsatz „Militia perennis" die Typologie und Theologie der Kriege gegen Veji und geht dabei besonders auf diesen letzten und entscheidenden Krieg zwischen Rom und Veji ein.[777] Walter widmet diesem Krieg in seiner Monographie *Memoria und res publica* ein Unterkapitel unter dem Thema „Erinnerungsorte",[778] beide jeweils aus althistorischer Perspektive. Dennoch gibt es keine Publikation, in der ausführlich diese Erzählstrukturen und die Motive dieser livianischen Einzelerzählung herausgearbeitet und dargestellt werden.

Livius erzählt den Beginn des Krieges fast beiläufig am Ende des vierten Buches im Kontext mehrerer annalistischer Kriegsberichte, in denen immer wieder auch der innenpolitische Kampf der Patrizier und der Plebs thematisiert wird. Es zeigt sich, wie auch schon an Stellen des zweiten Buches, dass es trügerisch ist, die annalistischen Berichte nicht oder nur wenig zu beachten. Der Beginn der Episode wird dadurch markiert, dass die Römer nach Ablauf des Waffenstillstands mit Veji durch eine Gesandtschaft Wiedergutmachung forderten: *Eo anno quia tempus indutiarum cum Veiente populo exierat, per legatos fetialesque res repeti coeptae* (Liv. 4,58,1). Diese wurde allerdings von Leuten aus Veji zurückgehalten, die die Römer baten, abzuwarten, da es in Veji innere Streitigkeiten gab. Diese nutzten die Römer im Gegensatz zu ihren Kriegsgegnern in früheren Zeiten[779] nicht aus, womit Livius den Römern eine moralische und zugleich militärische Stärke unterstellt, da sie es überhaupt nicht nötig haben, von der Schwäche des Gegners zu profitieren. Die Handlung wird durch den Bericht von einem Krieg mit den Volskern unterbrochen, in dem die Römer unterlegen waren. Erst im Folgejahr gab es wieder einen Krieg mit Veji. Den endgültigen Ausschlag gab eine

---

774 Vgl. OGILVIE 1965, *ad locum*.
775 Vgl. LEVENE 1993, 176. Die Bedeutung des Themas *concordia* für den Beginn des fünften Buches hebt auch MINEO 2006, 212 hervor.
776 MINEO 2006, 211 ff.
777 CANCIK 1995, bes. 207 ff.
778 WALTER 2004, 189 f.
779 Vgl. Kap. 2.4.2.3.

von Veji abgelehnte Wiedergutmachungsforderung, woraufhin die Römer der Etruskerstadt den Krieg erklären wollten:

> [...] Veiens bellum motum ob superbum responsum Veientis senatus, qui legatis repetentibus res, ni facesserent propere ex urbe finibusque, daturos quod Lars Tolumnius dedisset responderi iussit. Id patres aegre passi decrevere ut tribuni militum de bello indicendo Veientibus primo quoque die ad populum ferrent. [...] et tamquam paeniteat laboris, novum bellum cum finitimo populo et potentissimo parari qui omnem Etruriam sit concitaturus (Liv. 4,58,6–10).

Damit bezieht sich Livius zu Beginn seiner Erzählung vom Krieg gegen Veji zweimal auf das Thema *bellum iustum*. Zunächst werden Gesandte und Fetialen zur Forderung nach Wiedergutmachung geschickt. Nach der – verbunden mit einer Drohung – abgelehnten Wiedergutmachungsforderung der Veienter haben die Römer das Recht, den Krieg zu erklären. Die Römer könnten, wenn die Kriegserklärung innenpolitisch durchzusetzen ist, einen gerechten Krieg führen, ohne die Schwäche des Gegners auszunutzen.[780] Veji wird dagegen in Rückgriff auf die Episode um Tolumnius[781] als wild und negativ charakterisiert. Allerdings stieß dieser Antrag auf Kriegserklärung bei den Wehrpflichtigen der Plebs in Rom auf Widerstand, da ihrer Meinung nach einerseits der Krieg mit den Volskern noch nicht beendet sei und es kein Jahr gebe, in dem nicht Krieg geführt werde, andererseits aber Veji ein mächtiges Nachbarvolk sei, das ganz Etrurien zur Hilfe bewegen wolle. Diese Gedanken zum Krieg und zum Kriegsgegner schildert Livius in indirekter Rede und damit aus der Perspektive der Plebs. Damit wird aber nicht nur ein innenpolitisches Problem benannt, dass der Kriegsdienst die Plebs allmählich an die Grenzen ihrer Leistungsfähigkeit bringt, sondern auch der Gegner als in seiner Wildheit äußerst stark und gefährlich dargestellt. Die Römer haben zwei Probleme: innenpolitische Unstimmigkeiten und einen starken Kriegsgegner. Daraufhin werden die innenpolitischen Streitigkeiten zunächst in den Mittelpunkt gestellt, indem Livius diese in der indirekten Rede der Volkstribunen als Hauptkrieg bezeichnet: *maximum bellum patribus cum plebe esse dictitant* [sc. *tribuni plebis*] (Liv. 4,58,12).[782]

---

[780] Burck 1964, 109 (Anm. 1).
[781] Diese Tat steht im Zusammenhang mit dem Kampf von Cossus gegen Tolumnius, der die Gesandten der Römer völkerrechtswidrig tötete. Cossus brachte nach dem Kampf zum zweiten Mal nach Romulus die *spolia opima* nach Rom (Liv. 4,17–20). In diesem Kontext werden die Veienter wild und negativ charakterisiert, die Römer dagegen als gerecht (vgl. Ogilvie 1965, 557 f.). Die Tat des Tolumnius wird explizit als *scelus* bezeichnet: *Maius additum* [...] *scelus* (Liv. 4,17,2).
[782] Vgl. Cancik 1995, 201. S. zur ausführlichen Behandlung dieser Stelle Kap. 2.4.2.3.

Damit retardiert Livius einerseits die Handlung vom Krieg gegen Veji, andererseits charakterisiert er hier, wie auch im weiteren Verlauf dieser Episode, die Patrizier als sehr besonnen. Sie verschieben den Gesetzesantrag mit dem Ziel der Kriegserklärung, weil er zu dieser Zeit aussichtslos schien. Der Schauplatz wechselt nun von Rom ins Feld, wo ein Krieg gegen die Volsker um die Stadt Anxur stattfand, die die Römer schließlich eroberten (Liv. 4,59,1–10). Zurück in Rom geht es wieder um die Streitigkeiten zwischen Patriziern und Plebs: *Additum deinde omnium maxime tempestivo principum in multitudinem munere, ut ante mentionem ullam plebis tribunorumve decerneret senatus, ut stipendium miles de publico acciperet,* [...] (Liv. 4,59,11). Die Patrizier werden erneut vordergründig positiv charakterisiert, weil sie zum richtigen Zeitpunkt beschließen, den Sold der Soldaten zukünftig aus der Staatskasse bezahlen zu lassen. Auch als Livius mit der Reaktion der Volkstribunen die Kehrseite der Medaille darstellt, die Einführung einer Kriegssteuer, reagieren die Senatoren besonnen, indem sie selbst großzügig Mittel zur Zahlung des Solds zur Verfügung stellen. In der Folge wird das Gesetz über die Kriegserklärung verabschiedet: *Et lege perlata de indicendo Veientibus bello, exercitum magna ex parte voluntarium novi tribuni militum consulari potestate Veios duxere* (Liv. 4,60,9). Dies wird von Livius durch den vorzeitigen und passivischen Ablativus absolutus fast als Selbstverständlichkeit bezeichnet. Wichtiger ist, dass nun ein Heer aus Freiwilligen zur Verfügung stand. Livius wechselt die Perspektive und berichtet, dass sich die Etrusker nicht einigen konnten, ob man Veji gemeinsam verteidigen solle. Für das Folgejahr wird noch einmal von einem Volskerkrieg berichtet. Dies dient nicht unbedingt nur der Retardierung, sondern auch dem Umstand, dass der Krieg gegen Veji wegen der Parallele zum troianischen Krieg zehn Jahre dauern sollte,[783] was durch die Angabe der Wahl der jeweiligen Beamten auch stets nachzuvollziehen ist. Damit ist am Ende des vierten Buches der Streit zwischen Patriziern und Plebs vorerst beigelegt und der Krieg gegen Veji begonnen.

Der Beginn des fünften Buches schließt sich beinahe nahtlos an das vierte Buch an. Allerdings fasst der Erzähler in einem auktorialen Kommentar die Lage zwischen Rom und Veji noch einmal zusammen: *Pace alibi parta Romani Veiique in armis erant tanta ira odioque ut victis finem adesse appareret* (Liv. 5,1,1). Dies hat programmatischen Charakter für den ersten Teil des fünften Buches.[784] Livius stellt den mit den Aequern und Volskern erreichten Frieden dem von Zorn und Hass geprägten Krieg mit Veji gegenüber und kündigt an, dass eine der Kriegs-

---

783 Vgl. OGILVIE 1965, 620.
784 OAKLEY 2015, 231.

parteien untergehen werde.⁷⁸⁵ Mit dem Motiv des Zorns wird zugleich implizit wieder ein Bezug zu Homers *Ilias* deutlich, deren Thema der Zorn des Achill ist, was im ersten Vers des Proömiums zu erkennen ist: Μῆνιν ἄειδε, θεά, Πηληϊάδεω Ἀχιλῆος (Hom. *Il.* 1,1). Damit ist auch die am Ende des vierten Buches begonnene Vorgeschichte beendet. Es wirkt so, als ob nun die heiße Phase des Krieges beginnt. Aber nicht nur der Krieg, sondern auch Religion ist ein wichtiges Thema des fünften Buches, was vor allem im Verhalten der Veienter deutlich wird, die einen König wählten, der schon religiöse Vorschriften missachtet hatte⁷⁸⁶ und als tyrannischer Herrscher charakterisiert wird, während die Römer die Zahl der Militärtribunen erhöhten (Liv. 5,1,3–7). Dies unterstreicht noch einmal die Bedeutung des Krieges, da beide Seiten ihre Gepflogenheiten in der politischen Führung verändern.⁷⁸⁷ In diesem Kontext, nämlich bei der Aufzählung der neuen Militärtribunen, wird Camillus, die zentrale Figur des fünften Buches, erstmals erwähnt.⁷⁸⁸

Livius wechselt den Schauplatz der Handlung von der Stadt Rom ins Feld vor Veji. Denn die Römer bereiteten in der Folge eine längere Belagerung vor, die der Feldherr für aussichtsreicher als einen Angriff hielt und die sich auch über den Winter hinziehen sollte. Dies war in Rom ein Novum, ruhten doch bis dato Kriege im Winter, wie auch aus dem folgenden Vorwurf der Volkstribunen hervorgeht: *ne hiemis quidem spatio quae omnium bellorum terra marique sit quies* (Liv. 5,2,7). Die innenpolitische Ruhe, die durch die Übernahme der Soldzahlungen aus der Staatskasse herrschte, war schon wieder zu Ende,⁷⁸⁹ sodass sich erneut ein Schauplatzwechsel nach Rom ergibt. Die Volkstribunen wiegelten daraufhin die Plebs auf:

> Quod postquam tribunis plebis, iam diu nullam novandi res causam invenientibus, Romam est allatum, in contionem prosiliunt, sollicitant plebis animos, hoc illud esse dictitantes quod aera militibus sint constituta; (Liv. 5,2,2–3).

Livius kritisiert hier die Volkstribunen indirekt, indem er ihnen unterstellt, Antrieb für ihr Tun sei der Umstand, dass sie schon länger keinen Grund für einen

---

785 Oakley 2015, 231.
786 Levene 1993, 177.
787 Oakley 2015, 241.
788 Levene 1993, 176. Bernard 2000, 22f. sieht in der Nennung einer Person in der Liste der Magistrate die kleinste Form der Charakterisierung und weist darauf hin, dass viele bedeutende Persönlichkeiten der römischen Geschichte auf diese Weise zum ersten Mal in die Handlung eingeführt werden, was auch bei Camillus der Fall ist.
789 Oakley 2015, 231.

Umsturz im Innern (*causa res novandi*) gefunden hätten.⁷⁹⁰ So störten sie die innenpolitische Ruhe, die sich eingestellt hatte. Er bringt auch die Argumente der Plebs gegen die Fortführung des Krieges im Winter in einer, wie häufig in Bezug auf die Volkstribunen von *dictitare* abhängigen, indirekten Rede vor. Daraus ergibt sich, dass auch in der Episode vom Krieg gegen Veji das Thema ‚Krieg als innenpolitisches Mittel' im Streit zwischen Patriziern und Plebejern von zentraler Bedeutung ist. Aus Sicht der Volkstribunen ist die neuartige Belagerung über den Winter ein Grund für innenpolitischen Widerstand. Im weiteren Verlauf der indirekten Rede lässt Livius die Tribunen vor allem mit dem Motiv der Knechtschaft argumentieren.⁷⁹¹ Diese ergebe sich dadurch, dass die Freiheit verkauft und ihnen durch die Abwesenheit die Möglichkeit der politischen Teilhabe in der Volksversammlung und bei den Wahlen genommen sei:

> Venisse libertatem plebis; [...] quam putarent continuatae militiae causam esse? nullam profecto aliam inventuros quam ne quid per frequentiam iuvenum eorum in quibus vires omnes plebis essent agi de commodis eorum posset (Liv. 5,2,4–5).

Die Tribunen wiederholen nach Livius gebetsmühlenartig das gleiche Problem: die Abwesenheit von Rom durch den Kriegsdienst. Livius legt den Tribunen an dieser Stelle inhaltlich ganz ähnliche Worte in den Mund wie am Ende des vierten Buches, als er über die Beantragung der Kriegserklärung gegen Veji berichtet.⁷⁹² Dennoch fällt auf, dass auch hier die Volkstribunen sich am Ende der Rede auf die Themen Freiheit und Beamtenwahl beziehen: *et usurpare libertatem et creare magistratus* (Liv. 5,2,12). Die Freiheit sehen die Volkstribunen von der Knechtschaft abgelöst, die schlimmer sei, als zu Zeiten der Könige, zu Zeiten der ersten Konsuln vor Einführung des Volkstribunats, zu Zeiten der Diktatoren und zu Zeiten der Dezemvirn:

> hoc neque reges neque ante tribuniciam potestatem creatam superbos illos consules neque triste dictatoris imperium neque importunos decemviros iniunxisse servitutis, ut perennem militiam facerent, quod tribuni militum in plebe Romana regnum exercerent (Liv. 5,2,8).

Dies gipfelt einerseits in dem Wort *servitus*, andererseits in Livius' Vorwurf an die Militärtribunen, ein *regnum* auszuüben,⁷⁹³ womit eindeutig die negative Form der Königsherrschaft als Gegenteil der *libertas* gemeint ist. Dies wird durch die hy-

---

790 OAKLEY 2015, 232.
791 OAKLEY 2015, 232.
792 Vgl. Liv. 4,58,12 und Kap. 2.4.2.3.
793 OAKLEY 2015, 232.

perbolische Frage gesteigert,[794] was erst passiere, wenn die Militärtribunen das Konsulat innehätten (Liv. 5,2,9). Schließlich wird noch kritisiert, dass unter den Militärtribunen kein Plebejer sei, der seine Kollegen darauf hinweisen könnte, dass die Soldaten Mitbürger in Freiheit, nicht aber Soldaten seien: *liberos et cives eorum, non servos militare* (Liv. 5,2,11).[795] Laut den Volkstribunen geht es den römischen Soldaten damit schlechter als den Veientern, die zwar belagert sind, aber sich doch immerhin in der Heimatstadt befinden: *vexari praeterea et subigi multo acrius quam Veientes;* (Liv. 5,2,6). Livius verwendet hier in der Rede der Volkstribunen wie auch schon in 4,58,12 das Verb *vexari*, um die Bürde des Kriegsdienstes zu beschreiben. Die Aufregung wird durch die vielen Übertreibungen und die staccatoartige Kürze der Rede der Volkstribunen deutlich.[796] Vielleicht sollte man das Ganze gar nicht so sehr als Rede auffassen, sondern als einzelne Ausrufe, die die Volkstribunen immer wieder anführen. Dies würde einerseits durch das Intensivum *dictitare*, mit dem die indirekte Rede eingeleitet ist, gestützt, andererseits durch die Tatsache, dass hier ebenso wenig wie in der gleichen Situation einige Jahre zuvor, die am Ende des vierten Buches geschildert wird, der Name des Volkstribunen, der spricht, genannt wird, sondern sie immer als Gruppe auftreten. Auch aus indirekten Reden kann die Charakterisierung einzelner Figuren erschlossen werden.[797] Dazu passt auch, dass Livius nach dem Ende der indirekten Rede in der Überleitung zur Rede des Appius Claudius die Volkstribunen als ‚Lautsprecher' bezeichnet: *Haec taliaque* [sc. *tribuni plebis*] *vociferantes* (Liv. 5,2,13). Besonders die Einleitungen und Kommentierungen der Reden enthalten bei Livius oft Wertungen des Erzählers.[798] Durch die indirekte Rede kann die Meinung der Gruppe, die Livius damit immer wieder als ungeordnet darstellt, besser wiedergegeben werden, da Livius, wenn er beispielsweise die Darstellung in direkter Rede gewählt hätte, die Sprecherwechsel zwischen den einzelnen Volkstribunen hätte kennzeichnen müssen. Festzuhalten bleibt noch einmal die implizite Kritik des Livius am Verhalten der Volkstribunen, die sich vor allem dadurch zeigt, dass die Volkstribunen immer wieder das Gleiche vorbringen,[799] um sich gegen Kriege der Patrizier zu stellen.

---

794 Vgl. OGILVIE 1965, 632.
795 OAKLEY 2015, 232.
796 Vgl. OGILVIE 1965, 632.
797 Vgl. BERNARD 2000, 110, der davon ausgeht, dass indirekte Reden im Gegensatz zu direkten eine untergeordnete Rolle in der Figurencharakterisierung spielen. Zumindest an dieser Stelle ist allein die Tatsache, dass Livius den Volkstribunen im Gegensatz zu den Patriziern nur eine indirekte Rede zugesteht, eine wichtige Aussage.
798 BERNARD 2000, 93 mit Verweis auf diese Textstelle.
799 Vgl. BURCK 1992, 76.

Das Gegenstück zu diesem kurzen, ungeordneten Geschrei der Volkstribunen, das in indirekter Rede wiedergegeben ist, ist die Rede des Militärtribunen Appius Claudius, dem Livius eine perfekte politische Rede in den Mund legt.[800] Hier gebraucht Livius dagegen das erzählerische Mittel der direkten Figurenrede: *Is tum iam non promptus ingenio tantum, sed usu etiam exercitatus, talem orationem habuit* (Liv. 5,3,1). Durch die Einleitung in die Rede wird deutlich, dass es sich um ein Darstellungsmittel des Livius handelt und die Rede durchaus als fiktional aufzufassen ist.[801] Es handelt sich um ein rhetorisches Glanzstück mit besonnener Argumentation, die allerdings stark topisch ist.[802] Damit unterstreicht Livius seine Charakterisierung der Patrizier als die besonnenen im Gegensatz zu den planlosen Volkstribunen der Plebs, die eigentlich keine Argumente zu haben scheinen.[803] Livius bescheinigt Appius Claudius nicht nur eine große rhetorische Begabung, sondern auch eine umfangreiche praktische Erfahrung im Halten von Reden.[804] Damit ist noch vor der Rede klar, dass Appius Claudius die höchste innenpolitische Kunst eines Patriziers beherrscht: das stilvolle Reden auf dem Forum. Er wird zudem im Satz zuvor noch als erfahren im Umgang mit der Plebs bezeichnet, sodass die Ankündigung der Rede schon vermuten lässt, dass er sein Ziel erreichen wird,[805] im Gegensatz zu den Volkstribunen zuvor, die in die Versammlung stürzen und ihr immer gleiches Thema wiederholen (*prosilire* und *dictitare* [Liv. 5,2,2]). Auf den ersten Blick scheint es sich in der Handlung mittlerweile um ein rein innenpolitisches Problem zu handeln, doch Auslöser dafür war die Entscheidung im Krieg gegen Veji, erstmals die Belagerung auch über den Winter fortzusetzen. Die Adressaten der Rede sind die römischen Bürger (*Quirites* [Liv. 5,3,2]).

Erster Punkt der Argumentation ist die Unterstellung in Bezug auf die Volkstribunen, dass sie die *concordia ordinum* fürchteten, da so ihr Amt obsolet würde. Dies begründet Appius Claudius am Beispiel der Zahlungen für die Soldaten im Feld aus der Staatskasse (Liv. 5,3,2–20). Dabei spricht er die Volkstribunen direkt an. Diese Argumentation schließt er mit der rhetorischen Frage ab,

---

800 OAKLEY 2015, 232, der zusätzlich darauf hinweist, dass schon im zweiten Buch ein gewisser Appius Claudius, der damals aus dem Sabinerland nach Rom kam, im Kontext der Ständekämpfe Politik gegen die Plebs macht (vgl. auch Kap. 2.4.2.3). FORSYTHE 1999, 81 stellt fest, dass Livius bei Redepaaren stets eine indirekte und eine direkte Rede kombiniert.
801 PAUSCH 2011, 165.
802 OGILVIE 1965, 634 f. Zum Aufbau der Rede vgl. BURCK 1964, 110 (Anm. 1) und OGILVIE 1965, 635–641.
803 Vgl. BURCK 1992, 77.
804 OAKLEY 2015, 232.
805 VASALY 2015, 224.

wozu dauerhafte Eintracht führen würde: *Quae si perpetua concordia sit, quis non spondere ausit maximum hoc imperium inter finitimos brevi futurum esse?* (Liv. 5,3,10). In einem Kondizionalgefüge im Potentialis zeigt Appius Claudius, dass diese Eintracht die Voraussetzung wäre, dass Rom zur größten Herrschaft unter den Nachbarvölkern wird. Er verbindet damit explizit die Innen- mit der Außenpolitik und legt nahe, dass ein Sieg gegen Veji zur Vorherrschaft in Italien führen werde. Damit werden die Volkstribunen indirekt negativ charakterisiert, weil sie der Vergrößerung des Reiches und damit der römischen Vormachtstellung im Wege stünden. Das Leitmotiv von innerer Einigkeit (*concordia*) zur Bekämpfung äußerer Bedrohungen, das die Bücher 2 bis 5 durchzieht, wird wieder aufgenommen.[806] Die Rede führt dann vom innenpolitischen Thema weg und nimmt den Krieg mit Veji in den Blick, wobei die eigentlichen Argumente, warum die Belagerung über den Winter so wichtig sei, kurz zurückgestellt werden und zunächst die Situation der Soldaten im Feld beleuchtet wird. Durch diese Aussage wird die Gliederung angegeben, wobei in einem ersten Schritt die Argumente der Volkstribunen zurückgewiesen werden und diese Argumentation mit weiteren Beispielen bekräftigt wird.[807] Diese dürften sich nicht beschweren, für den Sold eines Jahres auch dementsprechend lange Dienst zu verrichten. Damit konkretisiert Claudius noch einmal den allgemeinen Vorwurf gegen die Volkstribunen an der konkreten Situation der Handlung.[808]

Erster Schritt der Argumentation ist die Billigkeit (*aequum*).[809] Im zweiten Schritt kritisiert er die Argumentation über den Sold, was einem Söldnerheer entsprechen würde, und appelliert an die Ehre der Soldaten als römische Bürger, die für die Würde des römischen Volkes (*pro dignitate populi Romani* [Liv. 5,4,9]) ihre Heimat verteidigen müssten.[810] Besonders auffällig ist der Bezug auf den römischen Wertbegriff der *dignitas*. Dieses Wort ist der Aufhänger, um konkret zur Belagerung von Veji zurückzukommen und mit dem Antonym *indignitas* an das Wertebewusstsein der römischen Bürger zu appellieren:

> Si hercules nulla alia causa, ipsa indignitas perseverantiam imponere debuit. Decem quondam annos urbs oppugnata est ob unam mulierem ab universa Graecia, quam procul ab domo? quot terras, quot maria distans? nos intra vicesimum lapidem, in conspectu prope urbis nostrae, annuam oppugnationem perferre piget (Liv. 5,4,10–12).

---

[806] Oakley 2015, 232.
[807] Vgl. Ogilvie 1965, 636.
[808] Weissenborn u. Müller ⁹1970b, 137.
[809] Ogilvie 1965, 637 und Weissenborn u. Müller ⁹1970b, 137.
[810] Vgl. Ogilvie 1965, 637.

Appius Claudius stellt eine dauerhafte Belagerung Vejis als einzige Möglichkeit des Sieges dar. Die Situation sei momentan unwürdig und müsse schon deswegen zur Fortführung des Krieges veranlassen. Dies begründet er in zwei Schritten. Zunächst vergleicht er den Krieg der Römer gegen Veji mit dem troianischen Krieg, um von dort zu den Kränkungen und dem Unrecht zu kommen, das Rom von Veji erlitten hat. Der Bezug zu Troia ergibt sich aus der Aussage, mit der Appius Claudius das Klagen der Volkstribunen als beinahe lächerlich darstellt. Ganz Griechenland (*universa Graecia*) hat wegen einer einzigen Frau (*una mulier*) zehn Jahre lang Krieg geführt, wobei *decem* betont am Satzanfang steht. Zusätzlich betont er die Entfernung der Griechen zur Heimat durch zwei rhetorische Fragen. Unmittelbar danach schließt sich die Kritik am beinahe schwachen Verhalten der Römer an. Diese wird antithetisch und verstärkt durch den asyndetischen Anschluss von *nos* gegenübergestellt. Die Römer kämpfen beinahe in Sichtweite der Stadt und halten eine Belagerung von einem Jahr (*annua oppugnatio*) nicht aus.[811] Die Erregung des Redners ist schon bei der Interjektion *hercules* zu erkennen. Es wird spätestens hier deutlich, was schon zu Beginn der Rede angekündigt war: Bei dem Krieg gegen Veji ist die Vorherrschaft in Mittelitalien das Ziel. Es kann wie im troianischen Krieg nur einen Sieger geben; der Unterlegene wird völlig verschwinden. Damit setzt Livius den Krieg zwischen Rom und den Etruskern mit dem zwischen Griechen und Troianern gleich. Die Römer, die am Ende als Sieger hervorgehen werden, sind den bei Troia siegreichen Griechen ebenbürtig und werden dann die Vorherrschaft zunächst in Italien innehaben, was Thema der zweiten Pentade ist, und schließlich die Herrschaft immer weiter vergrößern.

Die Argumentation gegen die Volkstribunen wird in zwei Schritten weitergeführt. Zunächst erläutert Appius Claudius die Missachtung von Werten und Abkommen, die den Krieg erlauben, und die große Bedeutung dieses Krieges (Liv. 5,4,12–14). Anschließend untermauert er dies aus militärisch-taktischer Perspektive (5,5,2–12),[812] wobei der zweite Teil bei Weitem ausführlicher ist. Veji wird stellvertretend für die Etrusker als barbarischer Feind dargestellt:

---

811 Die Belagerung dauert in der Erzählung des Livius bis zu dieser Stelle schon länger als ein Jahr. Auch sind andere kleine Abweichungen in der Rede zur Handlung zuvor zu finden. Dies bestätigt laut OGILVIE 1965, 634 die Annahme, dass Livius diese Rede nicht in seinen Quellen vorgefunden, sondern diese, was auch zur Stellung im Buch passen würde, selbst eingefügt hat. Dennoch ist es für die Handlung nicht störend, da die groben Linien der Argumentation durchaus zusammenpassen. Auch das Wort *annuus* kann man gegebenenfalls mit ‚jahraus jahrein' übersetzen.
812 Vgl. OAKLEY 2015, 233.

> Scilicet quia levis causa belli est nec satis quicquam iusti doloris est quod nos ad perseverandum stimulet. Septiens rebellarunt; in pace nunquam fida fuerunt; agros nostros miliens depopulati sunt; Fidenates deficere a nobis coegerunt; colonos nostros ibi interfecerunt; auctores fuere contra ius caedis impiae legatorum nostrorum; Etruriam omnem adversus nos concitare voluerunt; hodieque id moliuntur; res repetentes legatos nostros haud procul afuit quin violarent.
> Cum his molliter et per dilationes bellum geri oportet? Si nos tam iustum odium nihil movet, ne illa quidem, oro vos, movent? (Liv. 5,4,12 – 5,5,1).

Die Argumentation ist sehr pathetisch, was durch die asyndetische und klimaktische Formulierung in kurzen Sätzen[813] zusätzlich unterstrichen wird. Appius Claudius leitet vom Vorwurf, die Römer kämpften im Unterschied zu den Griechen vor Troia sehr nahe bei der Heimat, mit der ironischen Feststellung über, den Römern fehle ein gerechter Schmerz (*iustus dolor*).[814] Einerseits spielt das rückblickend auf den Schmerz der Griechen durch den Raub der Helena an, andererseits leitet es zu den Schmerzen der Römer über, die hinter den folgenden Vorwürfen gegen Veji stecken. Er beginnt mit dem Vorwurf, dass Veji siebenmal den Krieg wieder angefangen und sich niemals an Friedensvereinbarungen gehalten habe. Somit wird der wichtige römische Wert der *fides* bei Friedensschlüssen missachtet[815] und für Rom die Möglichkeit geschaffen, einen gerechten Verteidigungskrieg zu führen, weil die Veienter mehrfach Unrecht begangen haben. Dies wird in den folgenden Sätzen deutlich: mehrfache Verwüstung des römischen Ackerlandes – auffällig sind in diesem Zusammenhang die beiden Multiplikativzahlen *septiens* und *miliens* – sowie die Urheberschaft für den Abfall der Stadt Fidenae, mit der ebenfalls ein Bündnis bestand, das Töten der römischen Siedler in der Kolonie und schließlich, als Gipfel des Unrechts, das Töten einer Gesandtschaft, die nach dem Kriegsrecht zur Forderung von Wiedergutmachung geschickt wurde.[816] Damit ist in diesen Sätzen der Rede fast sämtliches Unrecht enthalten, das nach dem Völkerrecht möglich ist, wobei *contra ius* für den Völkerrechtsbruch steht,[817] der durch die Tötung der Gesandten begangen wurde. Zusätzlich wird dieser Ausdruck durch das folgende, auf *caedes* bezogene Adjektiv *impius* verstärkt. Obwohl es sich um einen Vorgang in der Vergangenheit

---

813 OGILVIE 1965, 639. Dieser weist auch mit Recht darauf hin, dass *hodieque* wie *etiam hodie* zu verstehen ist und das Asyndeton hier nicht unterbrochen wird.
814 WEISSENBORN u. MÜLLER ⁹1970b, 139.
815 Vgl. Kap. 2.4.2.5.
816 Livius bezieht sich hier in der Rede des Appius Claudius auf eine Begebenheit im Krieg gegen Fidenae, in dem auf Veranlassung von Lars Tolumnius, dem König von Veji, Gesandte getötet wurden (Liv. 4,17 – 20 und s. Anm. 781 in diesem Kapitel).
817 WEISSENBORN u. MÜLLER ⁹1970b, 140.

handelt, stand das Verhalten der Veienter zu den Konventionen des *bellum pium et iustum* im Widerspruch. Im Kontext mit dem letzten Satz unterstellt Appius in seiner Rede an das römische Volk den Etruskern wiederum das Vorhaben eines ungerechten Krieges. Es habe dabei nicht viel gefehlt und die Etrusker hätten die römischen Gesandten, die nach dem Prinzip des *bellum iustum* Wiedergutmachung gefordert hatten (*res repetentes*), ebenfalls getötet.[818] Dabei ist der implizite Vorwurf an Veji und die Etrusker zweitrangig. Viel wichtiger ist die zugrunde liegende Argumentation, die vom Blick in die Vergangenheit zum aktuellen Krieg führt, das dauerhafte Fortsetzen der Belagerung über den Winter rechtfertigt und die Schwierigkeit und Bedeutung dieses Krieges untermauert. Denn die Adressaten der Rede sind ja immer noch das römische Volk und die Volkstribunen.

Die Bedeutung dieses Krieges wird argumentativ auch dadurch gestützt, dass in den beiden Sätzen zwischen den Aussagen zum Umgang mit den Gesandtschaften die große Macht der Etrusker, gegen die die Römer kämpfen, betont wird, indem Livius Appius Claudius von *Etruriam omnem adversus nos concitare* (Liv. 5,4,14) sprechen lässt. Immer wenn die Römer schwiegie Kriege gegen die Etrusker führen, fällt auf, dass von *omnem Etruriam concitare* die Rede ist, da Etrurien wohl eher ein loser Zusammenschluss zwölf einzelner Volksstämme (*civitates*) war als ein Staat mit gemeinsamer Regierung, deren gemeinsame Interessen in Versammlungen am Voltumna-Heiligtum verhandelt wurden.[819] Auffällig ist zudem, dass in Rom, immer wenn Livius von *omnis Etruria* spricht, Veji als Gegner ins Spiel gebracht wird.[820] Dies zeigt schließlich, dass der Krieg gegen die Stadt Veji stellvertretend als Krieg gegen alle etruskischen Stämme geführt wird, wodurch die Bedeutung dieses Krieges zusätzlich gesteigert wird. In diesem

---

818 Vgl. zum Thema *bellum iustum* Kap. 2.4.2.2.
819 AIGNER-FORESTI 2009, 116.
820 Im vierten Buch schreibt Livius von der Unruhe in Etrurien nach dem Sieg der Römer gegen Fidenae: *Trepidatum in Etruria est post Fidenas captas, non Veientibus solum exterritis metu similis excidii, sed etiam Faliscis memoria initi primo cum iis belli, quamquam rebellantibus non adfuerant. Igitur cum duae civitates legatis circa duodecim populos missis impetrassent ut ad Voltumnae fanum indiceretur omni Etruriae concilium [...]* (Liv. 4,23,4–5). Im zweiten Buch wird Veji ganz ähnlich wie im fünften Buch als ein Volk dargestellt, mit dem man weder im Krieg ist noch Frieden hat und das immer wieder Streifzüge in römisches Gebiet unternimmt. In der Folge würde dann auch ganz Etrurien Krieg führen: *Ex eo tempore neque pax neque bellum cum Veientibus fuit; [...] Legionibus Romanis cedebant in urbem; ubi abductas senserant legiones, agros incursabant, bellum quiete, quietem bello in vicem eludentes. Ita neque omitti tota res nec perfici poterat; et alia bella aut praesentia instabant, ut ab Aequis Volscisque, non diutius quam recens dolor proximae cladis transiret quiescentibus, aut mox moturos esse apparebat Sabinos semper infestos Etruriamque omnem* (Liv. 2,48,5–6). Den Krieg gegen Veji übernimmt an dieser Stelle der Handlung die *gens Fabia* als Privatsache.

ersten Teil der Rede wird also deutlich, dass Veji ein starker, bis dato nie dagewesener Gegner ist, der sich nicht an Werte und Abkommen hält und dadurch mit der Belagerung über den Winter ein besonderes, ebenso nie dagewesenes militärisches Vorgehen nötig ist. Dies wird in der zum militärischen Teil überleitenden rhetorischen Frage noch einmal zusammengefasst. Appius Claudius macht der Volksversammlung den Vorwurf, dass nicht einmal ein gerechter Hass (*iustum odium* [Liv. 5,5,1]) die Leute bewege. Damit nimmt er *dolor iustus* (Liv. 5,4,12) wieder auf und steigert das Pathos durch die Erinnerung an den Schmerz und den Hass, den die Römer völlig zu Recht gegen Veji hegten.

Im folgenden militärischen Teil sieht Appius Claudius die Notwendigkeit zur Fortsetzung des Krieges, da sonst einerseits der Verlust der sehr aufwendig hergestellten Belagerungsbauten drohe, andererseits Veji vielleicht doch Unterstützung der anderen etruskischen Völker erhalten könnte.[821] Interessant dabei ist, dass die Adressaten der Rede nach wie vor, wie schon festgestellt, nicht die Soldaten im Feld, sondern die Menschen bei der Volksversammlung in Rom sind.

Zum Abschluss greift er das schon im ersten Teil erwähnte Argument eines Krieges gegen ganz Etrurien noch einmal explizit auf: *Videte, quot res, quam inutiles sequantur illam viam consilii, iactura operum tanto labore factorum, vastatio imminens finium nostrorum, Etruscum bellum pro Veiente concitatum* (Liv. 5,5,11). Spätestens hier wird deutlich, was bisher nur angedeutet wurde: Es geht beim Krieg gegen Veji um die Vorherrschaft in ganz Etrurien. Appius Claudius schließt die Rede, indem er den Soldaten Männlichkeit und Ausdauer unterstellt. Damit bestätigt er seine Haltung zur Notwendigkeit der Fortsetzung des Krieges über den Winter.[822] Die Tribunen seien sicher nicht zur Verteidigung von Weichlichkeit und Trägheit beauftragt worden:

> [...] nec se patrocinium mollitiae inertiaeque mandasse tribunis, et meminisse hanc ipsam potestatem non in umbra nec in tectis maiores suos creasse. Haec virtute militum vestrorum, haec Romano nomine sunt digna, non Veios tantum nec hoc bellum intueri quod instat, sed famam et ad alia bella et ad ceteros populos in posterum quaerere (Liv. 5,6,5–6).

Appius Claudius versucht mit einem geschickten Schachzug seine politischen Gegner bei der Ehre zu packen. Er spricht von *mollitia* und *inertia*, zwei Untugenden, die sich Soldaten keineswegs nachsagen lassen wollten. Dies wird umso mehr verstärkt, als er sich im nächsten Satz auf *virtus* als soldatische Tugend schlechthin und den Ruf der Römer bei den anderen Völkern bezieht, was durch anaphorisches *haec* zusätzlich hervorgehoben wird. Er nimmt das Thema des

---

[821] OAKLEY 2015, 233.
[822] Vgl. OGILVIE 1965, 639.

entscheidenden Krieges für die Vorherrschaft wieder auf, indem er nicht nur vom Krieg gegen Veji, sondern vom Ruf bei anderen Völkern im Hinblick auf spätere Kriege spricht.[823] Diesen Teil schließt er mit dem Vorwurf an die Volkstribunen ab, dass sie dem Feind in die Hände spielten: [...] *sicut Veios expugnabit, nisi auxilio hostibus tribuni plebis fuerint, et Romae invenerint praesidia Veientes quae nequiquam in Etruria quaerunt* (Liv. 5,6,10). Damit wird die Verbindung von kriegerischen Auseinandersetzungen und innenpolitischen Streitigkeiten (*domi militiaeque*) noch einmal expliziert, in diesem Fall bedingt durch die Figurenrede aus Sicht des Patriziers Appius Claudius. Den Tribunen wird unterstellt, durch ihre innenpolitische Haltung zur Niederlage im Krieg beizutragen. Der Krieg wird für die Innenpolitik instrumentalisiert. Dies wird im nächsten Abschnitt durch das Wort *seditio* (Liv. 5,6,11) deutlich, wobei hier interessanterweise nicht *discordia* steht.[824] Zum Schluss der Rede holt Appius noch einmal zu einem Rundumschlag aus. Er vergleicht die Politik der Volkstribunen mit dem Handeln eines Fahnenflüchtigen. Der Unterschied sei, dass erstere in der Volksversammlung angehört würden, während letzterer bestraft werde. Dann unterstellt er den Volkstribunen Verrat am Vaterland (*etsi prodendae patriae dissolvendaeque rei publicae est* [Liv. 5,6,15]). Er schließt mit einer ironischen Definition von Freiheit, die er aus dem Handeln der Volkstribunen folgert:[825] *quoniam ea demum Romae libertas est, non senatum, non magistratus, non leges, non mores maiorum, non instituta patrum, non disciplinam vereri militiae* (Liv. 5,6,17). Demnach ist der für die Republik so wichtige Wert *libertas* völlig depraviert, da alle politischen Einrichtungen nicht mehr respektiert würden, nicht einmal die militärische Zucht (*disciplina militiae*), was durch die Endstellung im Satz besonders hervorgehoben wird.

Livius arbeitet in der Rede des Appius Claudius noch einmal den Konflikt zwischen Patriziern und Plebs auf, der sich ab dem Beginn des zweiten Buches durch die gesamte Pentade zieht.[826] Durch die Form der direkten Rede kann Livius die Perspektive der Patrizier mit rhetorischen Mitteln als die bessere darstellen. Sie – beziehungsweise stellvertretend für sie Appius Claudius – haben den Staat als Ganzen, die römischen Werte,[827] die Innenpolitik und die kriegerischen Auseinandersetzungen mit den Nachbarvölkern im Blick, während den Volkstribunen der Vorwurf gemacht wird, dass sie nur auf ihren eigenen Vorteil achteten. Die direkte Rede des Patriziers, der schließlich der siegreichen Partei angehört, ist deutlich länger als das indirekt wiedergegebene ‚Geschrei' der Volkstribunen,

---

823 OAKLEY 2015, 233.
824 Vgl. Kap. 2.4.2.3.
825 OGILVIE 1965, 641.
826 Vgl. Kap. 2.4.2.3 und Kap. 2.4.3.5.
827 Vgl. BURCK 1964, 111 und MILES 1988, 191.

nimmt darauf aber stark Bezug.[828] Durch den kurzen Redeanteil der Volkstribunen, der noch dazu ihre sich ständig wiederholenden, gleichen Plattitüden enthält, die mehr oder weniger ungeordnet in indirekter Rede wiedergegeben werden, werden diese als Leute charakterisiert, denen es nur um sich selbst und nicht um das Wohl des Staates geht. Dagegen werden die Patrizier durch die lange, geordnete und kunstvoll ausgearbeitete Rede des Appius Claudius als besonnen, für den Staat sorgend und somit als moralisch überlegen charakterisiert. In der Rede werden kaum innenpolitische Argumente vorgebracht. Im Zentrum der Argumentation stehen wichtige römische Werte und der Vorwurf an die Volkstribunen, nicht an konstruktiver Politik interessiert zu sein. Sie sind Gegner einer jeden Sache, die von den Patriziern kommt, selbst wenn sie wie in diesem Fall mit der Zahlung des Soldes aus der Staatskasse den Plebejern nützt. Appius hätte diese Rede zumindest dem Inhalt nach auch vor den Soldaten im Lager halten können, um sie zu motivieren. Dass die Rede ihre Wirkung nicht verfehlt, zeigt sich durch einen auktorialen Kommentar des Erzählers und im weiteren Verlauf der Handlung. Die Patrizier und Plebejer stehen im Krieg gegen Veji zusammen, eine Situation, die in der ersten Pentade selten zu finden ist.[829]

Zusätzlich hat die Rede des Appius Claudius ihr Gegenstück in der des Camillus gegen die Übersiedlung nach Veji.[830] Dies überrascht auf den ersten Blick vielleicht, wenn man bedenkt, dass die Rede des Camillus vor allem Religion und die Götter zum Thema hat, die des Appius Claudius die Ständekämpfe und die Auseinandersetzungen mit den Volkstribunen. Das verbindende Thema beider Reden ist eines der Hauptthemen der ersten Pentade: *concordia*. Denn fehlende *concordia* zwischen Patriziern und der Plebs führt im weiteren Verlauf der Handlung zur Vernachlässigung der religiösen Pflichten, die den Einfall der Gallier zur Folge hat.[831] Dies ist auch die Verbindung der Themen Ständekämpfe und Religion im fünften Buch.[832] Somit hat die Rede einen direkten Bezugspunkt in der Handlung als Antwort auf die Volkstribunen und bildet mit der großen Rede des Camillus einen Rahmen um das fünfte Buch.

Die Rede des Appius wird zwar nicht explizit als Einzelrede bewertet, aber durch den folgenden auktorialen Kommentar beurteilt Livius Appius als den Volkstribunen in den Volksversammlungen ebenbürtig:

---

828 BURCK 1964, 110.
829 VASALY 2015, 224.
830 Vgl. OAKLEY 2015, 232 und Kap. 2.2.2.2.
831 LEVENE 1993, 176 und CANCIK 1995, 203.
832 LEVENE 1993, 181.

2.4 Aspekte der Romdarstellung — 215

> Par iam etiam in contionibus erat Appius tribunis plebis, cum subito unde minime quis crederet, accepta calamitas apud Veios et superiorem Appium in causa et concordiam ordinum maiorem ardoremque ad obsidendos pertinacius Veios fecit (Liv. 5,7,1).

Diese Ebenbürtigkeit wird durch das iterative Imperfekt betont, d. h. dass Livius nicht nur diese einzelne, direkt wiedergegebene Rede für erfolgreich hält, sondern Appius es immer wieder mit den Volkstribunen aufnehmen kann. Implizit entsteht ja in der Rede der Eindruck, dass Appius den Volkstribunen zumindest rhetorisch deutlich überlegen ist. Den Ausschlag dafür, dass er schließlich in der Gunst der Plebs den Volkstribunen vorgezogen wird, gibt letztlich nicht die Rede, sondern eine Niederlage des römischen Heeres vor Veji, die Livius mit einem *cum inversum* in die Handlung einführt.[833] Damit bezieht er neben dem Schauplatz Rom auch wieder das Feldlager vor Veji ein.[834] Es fällt auf, dass zumindest im ersten Teil der Episode, obwohl die Belagerung andauert, beinahe nur Handlungen in der Stadt Rom erzählt werden. Dort finden die entscheidenden Ereignisse statt. Dort wird selbst über Belagerung und Kriegsführung diskutiert. Die parallel im Feldlager vor Veji ablaufende Handlung spielt eine untergeordnete Rolle und wird erst am Ende wichtig, als die militärische Entscheidung bevorsteht. Dabei bedient sich Livius einer Technik, die laut Rengakos typisch für das homerische Epos und für Herodot ist. Er erzählt eine Handlung so lange, bis sie zum Stillstand gekommen ist, und wechselt dann den Schauplatz.[835] Allerdings ist festzuhalten, dass jegliche Entscheidung zunächst in Rom getroffen wird und Rom als Zentrum bis kurz vor der Entscheidungsschlacht dominiert, was ein weiterer Beleg für die Romzentriertheit der ersten Pentade und für die Nähe des livianischen Werks zum Epos ist. Livius bewertet diese Niederlage als den Umstand, von dem man am wenigsten erwartet hätte, dass er dem Appius hilft, und legt unmittelbar im Anschluss sowohl die innenpolitischen als auch die Folgen für den Krieg bei Veji dar. Einerseits gewann Appius die Oberhand in der Sache und die *concordia ordinum* wurde noch größer. Andererseits brannten die Soldaten nun darauf (*ardor*), Veji hartnäckiger zu belagern. Livius bezieht hier implizit das *metus hostilis*-Motiv ein, das schließlich zur *concordia* führt.[836] Dass die Niederlage Reaktionen im Innern und im Feld auslöst, wird durch das Wort *maiorem* deutlich, das als Apokoinou auf *concordiam* und *ardorem* zu beziehen

---

[833] OAKLEY 2015, 233.
[834] BURCK 1964, 111.
[835] RENGAKOS 2004, 79, der dafür den Begriff „‚desultorische' Methode" gebraucht. Dass diese Technik auch für Livius typisch ist, zeigt PAUSCH 2011, 87 (vgl. dazu Kap. 1.4).
[836] MINEO 2006, 212.

ist.⁸³⁷ Damit erzeugt er beim Leser Spannung auf die Entstehung dieser Situation, und zwar sowohl auf die der Niederlage als auch auf die des steigenden Einflusses von Appius. Livius berichtet kurz von der Entstehung der Niederlage, um sofort wieder zum Schauplatz Rom zurückzukehren, da er die Reaktion der Römer auf diese Nachricht schildert:

> Quod ubi Romam est nuntiatum, maestitiam omnibus, senatui curam metumque iniecit, ne tum vero sustineri nec in urbe seditio nec in castris posset et tribuni plebis velut ab se victae rei publicae insultarent [...] (Liv. 5,7,4).

In Rom verbreitete sich Trauer, bei den Senatoren kam, hervorgehoben durch die asyndetische und chiastische Formulierung, die Sorge und Furcht vor Aufständen im Lager und in der Stadt sowie vor Jubel bei den Volkstribunen dazu, als ob sie über den Staat gesiegt hätten.⁸³⁸ Damit stellt Livius den Krieg in dieser Passage gleichermaßen entscheidend für die Außen- und Innenpolitik dar. Es ist im Feld ein Krieg gegen Veji um die Vorherrschaft, zugleich aber in Rom gegen die Volkstribunen um den politischen Einfluss. Indirekt setzt Livius in der folgenden Passage die negative Charakterisierung der Volkstribunen und die positive Charakterisierung der Patrizier fort. Er erzählt ausschließlich von der Reaktion der Senatoren, die von *cura* und *metus* geprägt ist, und deren Bewertung der Niederlage, während die Reaktion der Volkstribunen überhaupt nicht erwähnt wird. Dies wird durch das Hendiadyoin *cura metusque* zusätzlich verstärkt, wobei *cura* im positiven Sinn für das Verhalten der Senatoren steht, während *metus* negativ durch die Volkstribunen ausgelöst wird. Die Lösung ergibt sich dadurch, dass sowohl die Reiter als auch die Fußsoldaten sich freiwillig und ohne Forderungen für die Heimat zum Kriegsdienst meldeten, was die Senatoren und die Magistrate dankend annahmen (Liv. 5,7,5–13) und so vorerst die *concordia ordinum* wiederherstellten.⁸³⁹ Damit ist für Livius am Ende der ersten Einzelerzählung der Episode⁸⁴⁰ die Ausgangslage für den weiteren Verlauf des Krieges klar: Patrizier, Ritterstand und Plebs führen gemeinsam für das Vaterland Krieg gegen Veji, den die Volkstribunen aus Prinzip und im Hinblick auf politische Macht in Rom zu konterkarieren versuchen.

---

837 WEISSENBORN u. MÜLLER ⁹1970b, 145 sehen den „hierbei [sc. *ardorem*] vermißte[n] Komparativbegriff" im Adverb *pertinax*, das zum Verb gestellt ist. Die Wortstellung zwischen dem Gerundiv *obsidendos* und dem Substantiv *Veios* legt eher nahe, dass *pertinax* verstärkend auf das Gerundiv zu beziehen ist.
838 Vgl. OAKLEY 2015, 234.
839 Vgl. RAMBAUD 1977, 415 und BURCK 1964, 111.
840 OAKLEY 2015, 231ff. sieht in der Auseinandersetzung zwischen Appius Claudius und der Plebs mit Recht eine Einzelerzählung.

Durch eine Peripetie wird die entscheidende Erzählung vom Kriegsende zunächst aufgeschoben.[841] Die Römer erfuhren Niederlagen vor allem auch wegen der Uneinigkeit zweier Feldherrn.[842] Der alte innenpolitische Konflikt mit den Volkstribunen brach deswegen wieder auf, zusätzlich auch weil die Patrizier versuchten, auf die Wahl der Volkstribunen Einfluss zu nehmen. Diese Peripetie ist gleichsam eine weitere Einzelerzählung in der Episode vom zehn Jahre andauernden Krieg gegen Veji,[843] die schließlich in eine Rede der Volkstribunen mündet, die wiederum in indirekter Rede wiedergegeben ist (Liv. 5,11,1–16). Sie endet mit der Verurteilung der angeklagten patrizischen Feldherrn, die eine Niederlage absichtlich herbeigeführt haben sollen, um den Krieg in die Länge zu ziehen (*bellum trahere* [Liv. 5,11,8]).[844] Auch hier, wie schon in der Rede der Volkstribunen, wird von Livius nicht ein einzelner Sprecher genannt, sondern es handelt sich um die Äußerungen mehrerer Tribunen, was eine Wiedergabe in direkter Rede beinahe unmöglich gemacht hätte, vor allem vor dem Hintergrund, dass Wechselreden in der antiken Historiographie nicht üblich sind. Livius berichtet nach einigen annalistischen Informationen, die immer wieder in die Erzählung eingeflochten sind, vom erneuten Ausbrechen der innenpolitischen Streitigkeiten, die nun zur Folge hatten, dass erstmals ein Plebejer Militärtribun mit konsularischer Vollmacht wurde. Dieser Information, die ja durchaus ein Novum im andauernden Streit zwischen Patriziern und Plebs um die Macht darstellt,[845] misst Livius offensichtlich kaum Bedeutung bei, da er sie beinahe wie eine annalistische Information fast ausschließlich aus der Perspektive des Erzählers bringt.

Im weiteren Verlauf der Episode bezieht Livius zusätzlich die religiöse Komponente ein, zunächst mit dem Aition des *lectisternium*, dann damit, dass die Patrizier, wie bereits ausführlich dargestellt, mehrere Vorzeichen zum politischen Handeln gegen die Plebs nutzten.[846] Schließlich wurde sogar das Orakel von Delphi um Rat gefragt, durch das der Sieg vorhergesagt wurde. Dem Leser ist also spätestens jetzt klar, dass Rom als Sieger aus dem Krieg hervorgehen wird. Die religiöse Dimension dient Livius vor allem dazu, die Bedeutung von *pietas* und

---

841 OGILVIE 1965, 645. Allgemein zum erzählerischen Mittel überraschender Angriffe oder anderer Peripetien s. WALSH 1977, 371 ff.
842 Vgl. BURCK 1964, 112. Zur Handlung in den Kapiteln 8–9 s. OAKLEY 2015, 234 f.
843 Vgl. dazu ausführlich BURCK 1964, 112.
844 CANCIK 1995, 201.
845 WEISSENBORN u. MÜLLER ⁹1970b, 159. Bei der Einführung des Amtes wäre die Wahl von Plebejern zwar möglich gewesen, doch wählten diese laut Livius ausschließlich Patrizier (Liv. 4,6,9–7,1).
846 Vgl. Kap. 2.2.2.2. Vgl. dazu auch LEVENE 1993, 177 f.

religio für die römische Frühzeit und wohl auch für die eigene Zeit belehrend darzustellen, was ein zentrales Thema des fünften Buches ist. Wenn man zusätzlich an die Gestaltung dieser Episode denkt, die zehn Jahre dauernde Belagerung, die durch das annalistische Schema nachvollziehbar ist[847] und über die es wohl kaum Fakten gab, füllt Livius diese mit Inhalt. Darüber hinaus führt Livius zum Exempel des Camillus als *fatalis dux* hin.[848]

Nachdem der Leser das Ergebnis erfahren hat,[849] nimmt Livius mit der Stadt Rom selbst und dem Voltumna-Heiligtum noch einmal die beiden innenpolitischen Schauplätze der Kriegsgegner Veji und Rom in den Blick. In Rom bemühte man sich um die Sühnung der Prodigien und wählte neue Beamte, was wiederum zu Konflikten zwischen Plebs und Patriziern führte. Die Etrusker diskutierten über gemeinsame Hilfstruppen für Veji gegen die Römer. In diesem Kontext – und das ist für die Romdarstellung viel wichtiger – werden die Gallier als neue, noch unbekannte, aber durchaus gefährliche Gegner eingeführt, die einige etruskische Stämme bei der Hilfe für Veji zögern ließen: *in ea parte Etruriae gentem invisitatam, novos accolas Gallos esse, cum quibus nec pax satis fida nec bellum pro certo sit* (Liv. 5,17,8). Es ist die erste Erwähnung der Gallier im Geschichtswerk des Livius überhaupt, die bei den Etruskern, den als bis dato am stärksten eingeschätzten Gegnern Roms, Furcht verursachen. Damit macht Livius die Gallier, gegen die die Römer später eine Niederlage erleiden sollten, als Gegner stark. Denn Rom wird zwar die Etrusker in Veji besiegen, die Gallier aber zunächst nicht. Die Verbindung zwischen den beiden Schauplätzen schafft Livius dadurch, dass er vom Eintreffen einzelner freiwilliger, jüngerer Etrusker in Rom berichtet. Deren Ankunft beruhigte die üblichen Streitigkeiten zwischen Patriziern und Plebs. Livius berichtet anschließend von den Neuwahlen und von Gerüchten über eine Niederlage gegen die Capenaten, die zu Falschmeldungen führten und beinahe die Soldaten in Veji zur Flucht bewegt hätten.

Dann wurden im religiösen Bereich alle Pflichten erfüllt, das fehlerhaft durchgeführte Latinerfest wiederholt und das Prodigium vom Albaner See entsühnt:

> Iam ludi Latinaeque instaurata erant, iam ex lacu Albano aqua emissa in agros, Veiosque fata adpetebant. Igitur fatalis dux ad excidium illius urbis servandaeque patriae, M. Furius Camillus, dictator dictus magistrum equitum P. Cornelium Scipionem dixit. Omnia repente

---

847 Vgl. Hillen ⁴2007, 503 ff.
848 Ogilvie 1965, 651.
849 Burck 1964, 115.

> mutaverat imperator mutatus; alia spes, alius animus hominum, fortuna quoque alia urbis videri (Liv. 5,19,1–3).

Dies waren für Livius, wie er explizit in einem auktorialen Kommentar feststellt, die Voraussetzungen für den Sieg über Veji.[850] Diesen Sieg stellt er in einer weiteren Einzelerzählung dar, an deren Ende die Einnahme der Stadt der Etrusker steht. Durch diese religiösen Handlungen konnte Rom mit Hilfe der *fata* gegen Veji vorgehen, sofern die politische Situation dies erlaubte. Daher wählten die Römer mit Camillus einen Diktator, wobei Livius diese Wahl durch die Verbindung mit *igitur* nicht mit politischen Entscheidungen verknüpft, sondern implizit als Folge der religiösen Handlungen anschließt. Durch diese Peripetie in Bezug auf die gesamte Episode, die gleichzeitig die Exposition der Einzelerzählung vom Sieg gegen Veji ist, wird zum wiederholten Mal klar, wie der Krieg letztlich ausgehen wird, die Spannung liegt wiederum nur noch auf der Frage, wie es geschah.[851] Die Wahl des Diktators veränderte in Rom schließlich alles,[852] was Livius durch das Polyptoton *mutaverat – mutatus* und das anaphorisch gebrauchte Indefinitpronomen *alius* hervorhebt. Auch das Handeln des Diktators stellt Livius als sehr entschlossen dar. Er geht gegen Abtrünnige nach Kriegsrecht vor, hebt ein Heer aus und bezieht die Bundesgenossen mit ein. Zusätzlich gelobt er für einen Sieg die Durchführung Großer Spiele und die Erneuerung des Tempels der Mater Matuta. Danach stellt Livius den weiteren Verlauf der Handlung, also die entscheidenden Kriegsereignisse dar:

> Profectus cum exercitu ab urbe exspectatione hominum maiore quam spe, in agro primum Nepesino cum Faliscis et Capenatibus signa confert. Omnia ibi summa ratione consilioque acta fortuna etiam, ut fit, secuta est (Liv. 5,19,7–8).

Livius beginnt mit dem Aufbruch des Camillus aus Rom, was durch die Stellung von *profectus* am Satzanfang deutlich hervorgehoben wird. Der Hauptschauplatz, der bis dato noch Rom war, wechselt. Schon auf dem Weg muss sich Camillus den ersten Gegnern stellen, die er aber problemlos besiegt. Livius nutzt diese kleine Begebenheit, um Camillus, der bisher nur als Beamter genannt war, als Feldherrn zu charakterisieren. Er schreibt ihm größte Vernunft und Planung zu (*summa ratione consilioque*) und folgert daraus die topische Auffassung, dass dann auch

---

850 LEVENE 1993, 179 und BURCK 1968, 93, der ausführlich den Aufbau der Erzählung von der entscheidenden Schlacht gegen Veji interpretiert und mit Recht feststellt, dass Livius mit einer Peripetie beginnt.
851 Vgl. zur Wie-Spannung und Was-Spannung bei Livius PAUSCH 2011, 197.
852 MÖLLER 2014, 39.

das Glück folge (*fortuna*). Schließlich führt er das Heer nach Veji, verstärkt die Lager durch Schanzarbeiten und lässt einen unterirdischen Gang (*cuniculus*)[853] zur Burg von Veji bauen. Bevor aber die entscheidende Schlacht geschildert wird, wird der Blick noch einmal nach Rom gerichtet.

Livius unterbricht die Handlung an dieser Stelle und lässt Camillus erneut die Kommunikation mit Rom aufnehmen. Camillus wendet sich mit einem Brief an den Senat, um die Frage der Beuteverteilung zu klären:

> Dictator cum iam in manibus videret victoriam esse, urbem opulentissimam capi, tantumque praedae fore quantum non omnibus in unum conlatis ante bellis fuisset, ne quam inde aut militum iram ex malignitate praedae partitae aut invidiam apud patres ex prodiga largitione caperet, litteras ad senatum misit, deum immortalium benignitate suis consiliis patientia militum Veios iam fore in potestate populi Romani; quid de praeda faciendum censerent? (Liv. 5,20,1–3).

Dieser Brief ist in indirekter Rede wiedergegeben. Dadurch nutzt Livius eine narrative Vorgehensweise, die es ihm ermöglicht, Kommunikation über eine gewisse Distanz zu überbrücken. Der Brief hat mehrere Funktionen. Erstens retardiert Livius das Geschehen noch einmal.[854] Der Leser weiß nun, dass das Heer vor Veji geführt wurde und der Sieg unmittelbar bevorsteht. Deshalb erwartet er die Schilderung der entscheidenden Schlacht. Zweitens behält Livius durch dieses erzählerische Mittel die Verbindung von Außen- und Innenpolitik bei, die die gesamte Episode vom Krieg gegen Veji prägt. Drittens wird Camillus als sehr umsichtiger Diktator charakterisiert, der mögliche innenpolitische Querelen nach einem Sieg über die wahrscheinlich große und reiche Beute antizipiert, sich aber selbst nicht festlegen möchte und die Frage nach der Verteilung – sozusagen den „schwarzen Peter" – an den Senat verweist. Die Umsicht zeigt sich vor allem in dem Trikolon, in dem die Gründe für den nahenden Sieg aufgezeigt werden: die Güte der Götter, seine eigenen Pläne und die Geduld der Soldaten. Camillus ist, wie sich im weiteren Verlauf der Erzählung zeigen wird, ein *exemplum pietatis*;[855] daher werden die Götter genannt. Er sieht sich selbst als guten Feldherrn, hat aber auch die Leistung der Soldaten im Blick. Bei der Beuteverteilung möchte er, wie in dem Brief deutlich wird, weder als zu volksfreundlich noch als zu knausrig gelten.

---

853 OGILVIE 1965, 672, der in diesem Zusammenhang auf die Eroberung von Fidenae (Liv. 4,22,4–5) hinweist, die ebenfalls über einen unterirdischen Gang erfolgte. Diesen Umstand erklärt er damit, dass in der mündlichen Tradition überliefert wurde, dass man einst durch einen unterirdischen Gang die Etrusker besiegt habe.
854 BURCK 1968, 93 weist auf die zahlreichen Retardierungen und Spannungssteigerungen in dieser Episode hin.
855 Vgl. LEVENE 1993, 182f.

Livius erzählt die sich daran anschließende Beratung im Senat als Rededuell zweier Protagonisten, P. Licinius mit einer volksfreundlichen Linie, Appius Claudius mit einer restriktiven, was zur vorherigen Charakterisierung des Appius Claudius passt. Schließlich entscheidet sich der Senat dafür, sich bei der Plebs beliebt zu machen, und fordert alle auf, die Beute machen wollen, zu Camillus ins Lager zu gehen.

Die Ankunft der großen Menge im Lager ist zugleich der Beginn einer Massenszene, die zur Entscheidung bei Veji führt, im Verhältnis zur Vorgeschichte aber relativ knapp erzählt wird: *Ingens profecta multitudo replevit castra* (Liv. 5,21,1).[856] Seiner *pietas* entsprechend führt Camillus ein Auspizium durch und betet zu den Göttern, wobei er Apoll, der durch das Orakel den römischen Sieg vorausgesagt hat, den zehnten Teil der Beute gelobt und Juno, die Stadtgöttin von Veji, auffordert, sich nach Rom übersiedeln zu lassen.[857] Dann greift er an. Livius wechselt an dieser Stelle noch einmal die Perspektive und stellt die Sichtweise der Leute aus Veji dar, die weder den Schicksalsspruch des Orakels kennen noch wissen, dass schon über die Verteilung der Beute gesprochen wurde. Livius schreibt, dass sie vor allem einen unterirdischen Gang fürchteten. Durch die Figurenperspektive macht er deutlich, dass der Krieg gar nicht anders als siegreich für Rom ausgehen kann, und schafft die Möglichkeit, eine offensichtlich in der Überlieferung zu findende Geschichte (*fabula*) einzuflechten, nach der ein Haruspex beim Opfer des Königs von Veji gesagt habe, dass derjenige siege, der die Eingeweide zerlege. Dies veranlasst die römischen Soldaten im unterirdischen Gang auszubrechen und die Eingeweide an sich zu reißen (Liv. 5,21,8). Die Handlung, in der man nun den Bericht vom Kampf in Veji erwartet, wird einerseits nochmals retardiert, indem Livius eine kurze Reflexion über den Wahrheitsgehalt dieser Geschichte einfügt.[858] Andererseits macht dieser Einschub noch einmal deutlich, dass die Römer Veji nur mit Hilfe der Götter besiegen können, da ja Religion das zentrale Thema des fünften Buches ist.[859]

Erst darauf beginnt die entscheidende Szene eingeleitet durch die betonte Stellung von *cuniculus* (Liv. 5,21,10). Der Gang führte direkt in den Tempel der Juno, die Bewaffneten stürzten heraus und griffen teils die Feinde auf den Mauern an, öffneten teils die Stadttore und legten teils Feuer in den Häusern.[860] Dies stellt Livius in einem Trikolon dar, bei dem alle drei Bestandteile anaphorisch mit *pars*

---

856 BURCK 1992, 52ff. zeigt die dramatische Gestaltung dieser kriegsentscheidenden Episode.
857 BURCK 1968, 94. WALTER 2004, 400 sieht in *pietas* den römischen Wert, der für die Figur des Camillus besonders prägend ist.
858 Vgl. Kap. 2.1.2.1.
859 LEVENE 1993, 184.
860 BURCK 1992, 53.

eingeleitet sind (Liv. 5,21,10). Hier wird besonders deutlich, dass es sich um eine Massenszene handelt, da die handelnden Personen nicht mehr einzeln genannt werden.[861] Es werden keine einzelnen Exempla herausgegriffen, wie dies noch bei den Kriegshandlungen zu Beginn des zweiten Buches beim Kampf gegen die Tarquinier der Fall war. Das über allen stehende Exemplum ist Camillus. Die im Heer kämpfenden Soldaten entscheiden die Schlacht durch ihre große Zahl, nicht durch Einzelleistungen. Die Stimmung der Masse ist aufgeladen von Geschrei, Angst und dem Jammern der Frauen und Kinder: *Clamor omnia variis terrentium ac paventium vocibus mixto mulierum ac puerorum ploratu complet* (Liv. 5,21,11), was bei Livius typisch für dramatische Szenen ist.[862] Die Kampfhandlung ist nach kurzer Zeit zu Ende. Der Diktator lässt die Unbewaffneten schonen, während die Römer mit den Plünderungen beginnen. Livius berichtet schließlich von den maßlosen Plünderungen, der Übertragung der Juno nach Rom und fasst in einem auktorialen Kommentar das Ergebnis des Krieges zusammen:

> Hic Veiorum occasus fuit, urbis opulentissimae Etrusci nominis, magnitudinem suam vel ultima clade indicantis, quod decem aestates hiemesque continuas circumsessa cum plus aliquanto cladium intulisset quam accepisset, postremo iam fato quoque urgente, operibus tamen, non vi expugnata est (Liv. 5,22,8).

Darin hebt Livius noch einmal Veji als mächtigste Stadt der Etrusker hervor, was er durch den Superlativ *opulentissimus* und durch das Substantiv *magnitudo* betont, um die Bedeutung des römischen Sieges deutlich zu machen. Dies unterstreicht er durch den Hinweis auf die zehnjährige Belagerung und verweist dadurch ein weiteres Mal auf die Parallele zum troianischen Krieg. Damit schließt er den Bogen zum Anfang der Episode, als erstmals der Bezug zum troianischen Krieg hergestellt wurde. Schließlich schreibt er die Niederlage Vejis explizit der Vorherbestimmtheit durch das *fatum* zu.[863] In den folgenden Kapiteln geht er noch auf die Reaktion in Rom, das überhebliche Verhalten des Camillus bei seinem Triumphzug und die Entzweiung zwischen Camillus und der Plebs ein.

Wie die eindeutigen Bezüge zum troianischen Krieg zeigen, ist diese Einzelerzählung im gesamten Aufbau sehr episch. Es handelt sich um eine kunstvoll durchkomponierte Erzählung, die aus einer Folge von Einzelerzählungen besteht, die zu einem Ganzen gemacht wurden.[864] Alle Ereignisse sind dem übergeord-

---

861 Vgl. in diesem Zusammenhang auch WALSH 1961, 185 zur Schilderung von Massenszenen in Einzelepisoden.
862 BERNARD 2000, 214.
863 Vgl. Kap. 2.2.1.
864 Vgl. OGILVIE 1965, 670.

neten Thema der Belagerung Vejis untergeordnet.⁸⁶⁵ Epische Elemente sind auch die zahlreichen Retardierungen,⁸⁶⁶ die Wechsel der Schauplätze und die vielen Reden.⁸⁶⁷ Rom hat nun, wie einst die Griechen bei Troia, den entscheidenden Krieg für sich entschieden, mit dem ein lange währender Konflikt zwischen Römern und Etruskern vorläufig zu Ende ist. Die Römer haben daraufhin die Hegemonie in Mittelitalien erreicht und ihren größten Gegner endlich besiegt, wenngleich natürlich damit nicht alle etruskischen Stämme für immer verschwunden sind.

Damit schließen sich zugleich mehrere Rahmen der Handlung. Einerseits sind die Kriege gegen die verschiedenen Etruskerstämme zu Ende, die ab dem zweiten Buch als Folge der Vertreibung der Tarquinier begonnen und immer nach dem in der *praefatio* vorgestellten Prinzip *domi militiaeque* erzählt wurden. Auch der innenpolitische Konflikt schien mit einigen für die Plebs günstigen Handlungen der Patrizier zunächst beendet, bricht aber wegen eines überheblichen Triumphzuges des Camillus und seines Umgangs mit der Beute bei Veji zunächst wieder auf. Man kann mit Ogilvie sogar noch weitergehen und sagen, dass die Erzählung des Krieges zwischen Aeneas und Mezentius, wie ihn Vergil im achten Buch der *Aeneis* schildert, starke Parallelen zum Krieg des Camillus mit Veji hat,⁸⁶⁸ wenngleich natürlich im Werk des Livius letzterer bei weitem ausführlicher und kunstvoller erzählt wird. Viel entscheidender ist dabei aber, dass zu Beginn des ersten Buches, noch vor der Gründung Alba Longas und Roms Aeneas gegen Mezentius, der die Rutuler gegen die neue Macht unterstützte, siegreich Krieg führte. Livius gibt die Gedanken des Königs der Etruskerstadt Caere, Mezentius, folgendermaßen wieder:

> Inde Turnus Rutulique diffisi rebus ad florentes opes Etruscorum Mezentiumque regem eorum confugiunt, qui Caere opulento tum oppido imperitans, iam inde ab initio minime laetus novae origine urbis et tum nimio plus quam satis tutum esset accolis rem Troianam crescere ratus [...] (Liv. 1,2,3).

So werden die Etrusker nicht nur durch Aeneas vor der eigentlichen Gründung Roms, sondern auch von Camillus vor der zweiten Gründung Roms, zu der es nach der Besetzung Roms durch die Gallier kommt, besiegt. Damit ist auch dieser Rahmen durch den Sieg gegen die Etrusker geschlossen. Rom steht in der Er-

---

865 BURCK 1964, 191.
866 Vgl. OGILVIE 1965, 670.
867 BURCK 1968, 92f. PAUSCH 2011, 159f. sieht die Reden als Teil des homerischen Erbes in der Geschichtsschreibung.
868 Vgl. OGILVIE 1965, 628.

zählung des Livius bis dato auf dem Höhepunkt seiner Macht, verspielt diese aber durch die Missachtung religiöser Zeichen.[869] Der erste Zyklus der römischen Geschichte ist vorüber. Rom ist mit der Niederlage gegen die Gallier erst einmal am Boden.[870] Livius zieht nun den geographischen Kreis der Gegner, in dem die Handlung spielt, größer und leitet durch die Gallierepisode am Ende des fünften Buches auf die Handlung der zweiten Pentade über, die nach der Neugründung infolge der Gallierkatastrophe die weitere Ausdehnung der Macht in Italien zum Inhalt hat. Das verbindende Element zwischen dem fünften und sechsten Buch ist Camillus. Sicher wäre es interessant, ebenso die narratologische Struktur des zweiten Teils des fünften Buches ausführlich zu beleuchten. Dies würde hier aber den Rahmen der Arbeit sprengen. Es ging weniger um die Analyse des Aufbaus des fünften Buches, sondern eher um die Frage, wie Livius anhand des Berichts vom Krieg gegen Veji unter dem Stichwort *domi militiaeque* zentrale Themen der ersten Pentade rund um das Thema Krieg in dieser Erzählung vereint.

Zusammenfassend kann man daher feststellen – und dies ist gleichsam als Zwischenfazit des ganzen Kapitels *domi militiaeque* zu verstehen –, dass in der Episode vom Krieg gegen Veji alle Elemente, die für die Kriegserzählungen des Livius von Bedeutung sind, noch einmal verarbeitet werden. Die Einzelerzählung ist durch ihren Aufbau aus einzelnen Episoden und den großen Anteil an direkten Reden an entscheidenden Stellen und Wendepunkten sowie durch das Einbeziehen der göttlichen Ebene sehr episch ausgestaltet. Dies wird durch die expliziten Bezüge zum troianischen Krieg weiter untermauert. Zu Beginn der Kämpfe streift Livius kurz das Thema des *bellum iustum* und erzählt die gesamte Episode als Verbindung von Innen- und Außenpolitik gemäß der Vorgabe *domi militiaeque*. Dabei geht es konkret um die Kämpfe zwischen Patriziern und Plebs, was immer wieder Schauplatzwechsel zwischen Rom und der Peripherie einschließt.[871] Schließlich greift mit Camillus noch ein *exemplum* römischer Werte, in diesem Fall der *pietas*, in die Handlung ein und führt die Römer zum entscheidenden Sieg. Wenn man noch die Widmung des Juno-Tempels auf dem Aventin einbezieht, von dessen Baubeginn Livius im Anschluss an die Episode von Veji berichtet, ist auch eine Aitienerzählung mit dieser Kriegserzählung verbunden. Somit ist die ein halbes Buch umfassende und Buchgrenzen übergreifende Episode vom Krieg gegen Veji zugleich eine Zusammenfassung von Motiven, die für die Kriegserzählungen in der ersten Pentade des Livius wichtig sind. Diese werden zuvor einzeln entfaltet: die Aitien in der Erzählung vom Raub der Sabinerinnen,

---

869 Vgl. Kap. 2.2.2.1.
870 MINEO 2006, 238 f.
871 JAEGER 2015, 65.

bellum iustum und epische Kriegshandlung durch Zweikämpfe im Krieg gegen Alba Longa, die Exempla zu Beginn des zweiten Buches, die Verbindung von Innen- und Außenpolitik von Beginn des zweiten Buches an durch die gesamte Pentade hindurch. Zusätzlich führt Livius das Motiv der Massenszene in seine Erzählung ein, das bisher nicht in diesem Maße von Bedeutung war. Livius fasst also in einem literarischen Meisterstück seine Aussagen zu Krieg und dessen Verbindung zur Innenpolitik noch einmal zusammen. Unter der Voraussetzung der *concordia ordinum* kann Rom, wenn ein geeigneter Feldherr, der als Vorbild anerkannt wird, vorhanden ist, jeden noch so starken Gegner schlagen, auch wenn sich die Belagerung sehr lange hinzieht. Rom hat damit, obwohl die Kämpfe mit den Etruskern noch gut 100 Jahre andauern werden,[872] die Vorherrschaft in der unmittelbaren Umgebung erworben, vergrößert sein Territorium erheblich und wird, ohne dass Livius dies thematisiert, zum Territorialstaat,[873] sodass es die Vorherrschaft von nun an gegen andere, geographisch weiter entfernte Gegner verteidigen muss.

2.4.2.5 Die Bedeutung der Friedenszeit

Die Frage nach der Bedeutung der Friedenszeit ist bei Livius untrennbar mit dem Thema Krieg verbunden. Der Friedensschluss ist in der Regel ein Vertragsschluss, bei dem der Sieger in der überlegenen Position ist und damit dem Unterlegenen die Bedingungen vorgibt.[874] Das Wort *pax* bezeichnet allerdings nicht nur den Friedensschluss an sich, was die ursprüngliche Bedeutung ist, sondern auch die Friedenszeit als Folge des Friedensschlusses,[875] was beispielsweise in dem Begriff *pax Augusta* deutlich wird. Diese *pax Augusta* ist allerdings auf die erste Pentade des Livius nicht oder nur mit Vorsicht anzuwenden, da die Entstehungszeit auf die Jahre 27–25 v. Chr. zu datieren ist und bis dahin der Friede nach den Bürgerkriegen noch keineswegs gesichert war, auch wenn an der Aussage im Kontext des Aition des Janusbogens deutlich wird, dass nach dem Krieg von Actium überall in der römischen Welt Frieden herrsche (Liv. 1,19,3).[876]

Zunächst soll es um *pax* im Bereich der Außenpolitik gehen.[877] Für Livius ist *pax* ein bedeutender Wert, was dadurch deutlich wird, dass er ihn gleich zu Beginn der Vorgeschichte einführt, als Aeneas und die Troianer in Italien auf Latinus

---

872 BURCK 1968, 98.
873 CANCIK 1995, 197.
874 RÜPKE 1990, 21.
875 RÜPKE 1990, 21 und THOME 2000b, 86.
876 Vgl. Kap. 1.1.1.
877 Zu *pax* im privaten Bereich vgl. THOME 2000b, 86f.

trafen. Außerdem macht Livius *pax* zum Leitmotiv für die Regierungszeit des zweiten Königs Numa Pompilius, was in der Aitienerzählung des Janusbogens gipfelt. In diesem Kontext hat *pax* eine starke innenpolitische Komponente. Im weiteren Verlauf der ersten Pentade wird *pax* meist nur noch am Rande erwähnt, wenn am Ende von Kriegsberichten – häufig in kurzen annalistischen Bemerkungen – die Feststellung steht, dass mit dem jeweils unterlegenen Volksstamm Frieden, meist unter einigen Bedingungen, geschlossen wurde, wobei der Sieger die Bedingungen des Friedensschlusses vorgibt.[878] Anhand der Berichte über die Ankunft der Aeneaden in Latium und über die Regierungszeit des Numa soll gezeigt werden, dass Livius von Beginn an *pax* als zentralen römischen Wert etabliert.

Die Figur Aeneas ist bei Livius eng mit dem Motiv der *pax* verbunden. Er wird als Friedensstifter[879] gleich im ersten Satz neben Antenor eingeführt: *duobus, Aeneae Antenorique, et vetustii iure hospitii et quia pacis reddendaeque Helenae semper auctores fuerant, omne ius belli Achivos abstinuisse* (Liv. 1,1,1). Dies ist umso auffälliger, als in der homerischen Vorlage in diesem Kontext nur Antenor genannt wird.[880] Im weiteren Verlauf der Handlung erzählt Livius von der Landung der Aeneaden in Italien und ihren Plünderungen, die Livius allerdings auf den Mangel an Lebensmitteln zurückführt (Liv. 1,1,4–5). Durch die Plünderungen wurde die einheimische Urbevölkerung unter Latinus auf den Plan gerufen, um gegen die Neuankömmlinge vorzugehen. Livius berichtet dann von einer doppelten Überlieferung:

> Duplex inde fama est. Alii proelio victum Latinum pacem cum Aenea, deinde adfinitatem iunxisse tradunt: alii, cum instructae acies constitissent, priusquam signa canerent processisse Latinum inter primores ducemque advenarum evocasse ad conloquium; percontatum deinde qui mortales essent, unde aut quo casu profecti domo quidve quaerentes in agrum Laurentinum existent, postquam audierit multitudinem Troianos esse, ducem Aeneam filium Anchisae et Veneris, cremata patria domo profugos, sedem condendaeque urbi locum quaerere, et nobilitatem admiratum gentis virique et animum vel bello vel paci paratum, dextra data fidem futurae amicitiae sanxisse. Inde foedus ictum inter duces, [...] (Liv. 1,1,6–9).

Livius enthält sich bei dieser doppelten Überlieferung zwar einer expliziten Wertung. Durch die sprachliche Struktur wird aber deutlich, dass er wohl die zweite Variante bevorzugt. Denn er führt die erste Variante in einem kurzen, von *tradunt* abhängigen AcI aus, nach der Latinus in einer Schlacht besiegt worden sei

---

878 Vgl. THOME 2000b, 87f.
879 Vgl. ZELZER 1987, 120. Ausführlich zur Charakterisierung des Aeneas vgl. Kap. 2.4.3.1.
880 Vgl. Kap. 2.2.1, WEISSENBORN u. MÜLLER ¹¹1963a, 83, OGILVIE 1965, 37 und ZELZER 1987, 118.

und er mit Aeneas anschließend Frieden geschlossen habe. Aeneas wäre in diesem Fall der Aggressor.[881] Die zweite Variante berichtet Livius dagegen in einer längeren Hypotaxe, die ebenfalls von *tradunt* abhängig ist. In diesem Fall sei es nicht zu einem Kampf, sondern zu einer Verhandlung zwischen den beiden Anführern Aeneas und Latinus gekommen, die von Latinus initiiert wurde.[882] Als Latinus die Geschichte der Troianer hört, Aeneas' vornehme Herkunft bemerkt und klar wird, dass dieser zu Krieg und Frieden gleichermaßen bereit ist, schließen beide für die Zukunft Freundschaft (*fidem futurae amicitiae*).[883] Die Charakterisierung des Aeneas als Friedensstifter wird damit trotz der Tatsache, dass Latinus das Gesprächsangebot macht, einerseits fortgeführt, andererseits hat Livius die Gelegenheit, das Aition des ersten Vertragsschlusses (*foedus*)[884] zu schildern und die beiden römischen Werte *pax* und die noch stärkere *amicitia* miteinander zu verbinden. Es geht daher vor allem um *pax* als Vertragsschluss, im Zuge dessen auch *fides* als ein zentraler römischer Wert eingeführt wird.[885] Die Bedeutung dieses Vertragsschlusses wird durch mehrere Alliterationen zusätzlich hervorgehoben (*dextra data, fidem futurae amicitiae, ictum inter*), wobei das Reichen der rechten Hand, *dextra data*, das entscheidende äußere Zeichen beim Friedensschluss ist.[886] Livius scheint an dieser frühen Stelle seiner Erzählung die Aitien dreier wesentlicher Werte, die für die römische Außenpolitik am Ende von Kriegen von Bedeutung sind, als von Beginn an vorhanden darzustellen.

Im weiteren Verlauf der Handlung erzählt Livius, dass Aeneas der Gast des Latinus war und mit dessen Tochter Lavinia verheiratet wurde, woraufhin er Lavinium gründete. In diesem Kontext ist zwar *pax* nicht mehr der für die Erzählung im Mittelpunkt stehende römische Wert, der aber immer mitschwingt, sondern *fides*. Mit dem Reichen der rechten Hand werden sowohl *amicitia* als auch Gastfreundschaft – hier zwischen Aeneas und Latinus – als auch das Eheversprechen geschlossen. Damit ist *fides* als Wert schon vor der Stadtgründung vorhanden.[887] Ferner ist *fides* ein Wert, der Grundlage für *pax* ist, da sich beide

---

881 Vgl. Ogilvie 1965, 38.
882 Zanini 2016, 56.
883 Zum Zusammenhang von *fides* und *amicitia* s. Hellegouarc'h 1972, 23, wobei sich das Wort *amicitia* hier im politischen Sinne auf die Verbindung zweier Völker bezieht und diese sich häufig auf ein *hospitium* stützt (49 f.).
884 Zum Zusammenhang von *fides* und *foedus* vgl. Thome 2000b, 50 und Hellegouarc'h 1972, 39.
885 Zu *fides* und ihrer Bedeutung vgl. Hölkeskamp 2004, 107 ff.
886 Vgl. Thome 2000b, 54.
887 Hölkeskamp 2004, 110.

Seiten auf die Abmachungen des Friedensvertrages, unabhängig davon, wer sie diktiert, verlassen können müssen.[888] Der folgende Krieg gegen die Rutuler unter Turnus wird zwar von Aeneas geführt, aber die Aggressoren des Krieges sind die Rutuler unter Turnus. Damit wird der erste Ursprung der späteren Gründung Roms nicht auf Unrecht, sondern auf ein friedliches Bündnis zwischen Aeneas und Latinus zurückgeführt. Erst bei den Königen von Alba Longa kommt es zu einem inneren Unrecht zwischen Numitor und Amulius und schließlich zwischen Romulus und Remus.[889] Auch beim ersten Friedensschluss nach der Stadtgründung am Ende des Kampfes gegen die Sabiner auf dem Gebiet des späteren *forum Romanum* ist der Friedensschluss zwischen Romulus und dem Sabiner Titus Tatius mit einem weiteren Vertragsbestandteil, der Vereinigung der beiden Bürgerschaften, verbunden: *inde ad foedus faciendum duces prodeunt. Nec pacem modo sed civitatem unam ex duabus faciunt* (Liv. 1,13,4). Dies ist nach Kriegen ein häufig zu beobachtendes Phänomen, dass der Friedensvertrag immer wieder an Bedingungen geknüpft ist.

Im Bericht über den zweiten König Numa ist das Thema Friedenszeit zentral.[890] Numa wird Romulus, dem Krieger, als Friedenskönig gegenübergestellt: *Qui [...] urbem novam conditam vi et armis, iure eam legibusque ut moribus de integro condere parat* (Liv. 1,19,1). Im ersten Teil des Berichts, als Numa formal König war, wird dies in den Worten *ius*, *leges* und *mores* deutlich. Am Ende des Berichts fasst Livius den Gegensatz noch deutlicher und bezeichnet Numa wirklich als Friedenskönig: *Ita duo deinceps reges, alius alia via, ille bello, hic pace, civitatem auxerunt* (Liv. 1,21,6).[891] Voraussetzung dafür, dass unter Numa eine so lange Friedenszeit Bestand haben konnte, sind die kriegerischen Erfolge des Romulus: *Ab illo enim profecto viribus datis tantum valuit ut in quadraginta deinde annos tutam pacem haberet* (Liv. 1,15,7). Frieden ist neben den Kulten und den dazugehörigen Priestern im Bericht über Numa das Hauptthema, was besonders deutlich wird, da das erste Aition das des Janusbogens ist:

> Quibus cum inter bella adsuescere videret non posse – quippe efferari militia animos – mitigandum ferocem populum armorum desuetudine ratus, Ianum ad infimum Argiletum indicem pacis bellique fecit, apertus ut in armis esse civitatem, clausus pacatos circa omnes populos significaret. Bis deinde post Numae regnum clausus fuit, semel T. Manlio consule post Punicum primum perfectum bellum, iterum, quod nostrae aetati di dederunt ut videremus, post bellum Actiacum ab imperatore Caesare Augusto pace terra marique parta.

---

888 Vgl. HÖLKESKAMP 2004, 117 f. zur Reziprozität von *fidus* und zum Zusammenhang von *fides* und *foedus*.
889 Vgl. Kap. 2.3.2.
890 OGILVIE 1965, 94.
891 Vgl. Kap. 2.4.3.2.1.

> Clauso eo cum omnium circa finitimorum societate ac foederibus iunxisset animos, positis externorum periculorum curis, ne luxuriarent otio animi quos metus hostium disciplinaque militaris continuerat, omnium primum, rem ad multitudinem imperitam et illis saeculis rudem efficacissimam, deorum metum iniciendum ratus est (Liv. 1,19,2–4).

Livius leitet nach der einleitenden Gegenüberstellung Numas mit Romulus geschickt zum Aition des Janusbogens als Anzeige für Krieg und Frieden über.[892] Numa musste das durch Kriege verrohte Volk erst an die neuen Gesetze und Sitten gewöhnen, was in Kriegszeiten wohl unmöglich war. Wichtig ist, dass die Unterscheidung von Krieg und Frieden sich ausschließlich auf die Außenpolitik bezieht. Denn der Janusbogen ist dann geschlossen, wenn alle umliegenden Völker befriedet (*pacati*) sind. Schließlich weist Livius mit einem Gegenwartsbezug zu Augustus darauf hin, dass dieser Friedenszustand nach Numa erst zweimal erreicht war: nach dem ersten punischen Krieg und unter Augustus nach der Schlacht von Actium. Dieses zweite Mal führt Livius viel deutlicher aus und schreibt Augustus zu, überall eine Friedenszeit geschaffen zu haben (*pace terra marique parta*). Dieser Gegenwartsbezug ist zwar für den weiteren Verlauf der Handlung weniger wichtig, da die Friedenszeit auf Handlungsebene ausschließlich die Möglichkeit der Einführung von Kulten eröffnet. Dennoch fällt auf, dass Livius an dieser Stelle mit dem Zeitbezug auf die eigene Zeit als Autor die Friedenszeit unter Numa positiv bewertet.[893] Denn Numas Aufgabe war es laut Livius, den Frieden zu sichern, was er durch Bündnisverträge mit den Nachbarvölkern erreichte,[894] und schließlich dafür zu sorgen, dass die Soldaten in der Friedenszeit nicht zu sehr verweichlichten, sodass sie im Kriegsfall wieder zur Verfügung standen.[895] Aus diesem Grund wollte Numa, da es in der Friedenszeit keine Furcht vor einem gemeinsamen Feind (*metus hostium*) gab, seinem Volk die Furcht vor den Göttern (*metus deorum*) beibringen, da ja die Leute in Friedenszeiten keinen Feind fürchten mussten.[896] Allerdings verstärkt der auktoriale Kommentar die Bedeutung dieses Aitions und macht implizit deutlich, dass Augustus nach den notwendigen Kriegen – wie einst Romulus – versuchte, die Friedenszeit zu etablieren. Dennoch wird schon im Bericht über Numa das Motiv deutlich, das sich dann durch die gesamte erste Pentade hindurchzieht, nämlich dass eine lange Friedenszeit durch *otium* auch Gefahren in sich birgt, die in den innenpolitischen

---

892 Vgl. zum Aition des Janusbogens auch Kap. 1.1.3.
893 HAEHLING 1989, 50f., der zwar die positive Darstellung Numas erkennt, aber die darin enthaltene Überhöhung des Augustus nicht sieht.
894 LEVENE 1993, 137.
895 Vgl. Kap. 2.4.2.3.
896 Vgl. Kap. 2.2.2.2.

Auseinandersetzungen zwischen Patriziern und Plebs ihren Höhepunkt erreichen.

Es lässt sich festhalten, dass Livius anhand der Figuren des Aeneas und des Numa die Bereiche Friedensverträge und Friedenszeit in die Handlung einführt. Dies tut er nicht, indem er die Kriegszeit als negativ kritisiert, sondern Frieden als Folge notwendiger Kriege auffasst. Ferner weist er von Beginn an auch auf die Gefahren der Friedenszeit für innenpolitische und gesellschaftliche Stabilität hin. Dennoch hat das Thema *pax* in der ersten Pentade des livianischen Werkes außer im Zusammenhang mit Aeneas und Numa keine allzu große Bedeutung. Gerade im Bericht über Numa wird zwar explizit der Augustusbezug hergestellt, aber von einer Projektion der *pax Augusta*, die, wie schon erwähnt, noch ganz am Anfang war, kann nicht die Rede sein. Aeneas ist der friedliche Urvater Roms, der im Gegensatz zu Romulus seine Herrschaft durch Bündnisse, nicht durch Kampf erreicht.

2.4.3 *viri artesque*

In diesem Kapitel soll es um die Protagonisten der römischen Geschichte mit den ihnen eigenen Fähigkeiten gehen. Auch dies scheint in Bezug auf Livius als ausgewiesenen Vertreter der exemplarischen Geschichtsschreibung auf den ersten Blick nichts Besonderes zu sein. Livius bezeichnet selbst die *res publica Romana* als den Staat, der seinen Erfolg und seine Größe vor allem den vielen guten Exempla der Geschichte zu verdanken hat: *nulla umquam res publica maior nec sanctior nec bonis exemplis ditior fuit, nec in quam civitatem tam serae avaritia luxuriaque immigraverint* (Liv. *praef.* 11). Die römische Geschichtsschreibung ist personenorientiert und stellt Geschichte als von Männern gemacht dar.[897] Zusätzlich weist Livius darauf hin, dass in keinem anderen Staat negative Erscheinungen wie *avaritia* und *luxuria* so spät Einzug hielten.[898] Wenn man bei der literarischen Gattung ‚Geschichtsschreibung' von Figuren oder Personen der Handlung spricht, ist immer zu beachten, dass diese einst existiert haben oder zumindest, wenn man von Figuren der mythischen Frühzeit spricht, Überlieferungen vorhanden waren, mit denen die jeweilige Figurenzeichnung des Livius verglichen werden konnte.[899] Das Thema der Exempla ist in der Forschung aus-

---

[897] Vgl. DAHLHEIM 2006, 63 und LUCE 1977, 231.
[898] Vgl. OGILVIE 1965, 28 mit dem Hinweis, dass Sallust den Niedergang der Sitten in Rom mit der Zerstörung Karthagos in Zusammenhang bringt (Sall. *Catil.* 10,1).
[899] BERNARD 2000, 8f.

führlich behandelt worden – als ein Werk unter vielen sei die Monographie *Livy's Exemplary History* von Jane D. Chaplin⁹⁰⁰ genannt. Viele Darstellungen beziehen sich auf die Zeit der Republik. Rex Stem widmet seinen Aufsatz ebenfalls ausgehend von der *praefatio* der Frage, inwiefern Romulus ein belehrendes Exemplum der Geschichte ist.⁹⁰¹ In der Forschung ausführlich dargestellt ist beispielsweise mit Brutus ein Mann, der die Römer von der tyrannischen Einzelherrschaft befreit hat.⁹⁰² Gleiches gilt für Lucretia und Verginia als *exempla pudicitiae*.⁹⁰³ Da im Kontext des Kapitels *domi militiaeque* schon Horatius Cocles, Mucius Scaevola und Cloelia als *exempla virtutis*⁹⁰⁴ sowie im Zusammenhang mit dem Krieg gegen Veji und dem Galliersturm Camillus als *exemplum pietatis*⁹⁰⁵ ausführlich dargestellt wurden und das Thema in der Forschung sehr umfassend behandelt wurde, soll dem Thema ‚Exempla' kein eigenes Kapitel gewidmet werden. Bernard behandelt in seiner Monographie *Le portrait chez Tite-Live* ausführlich Figurendarstellungen im Werk des Livius.⁹⁰⁶

In dieser Betrachtung sollen *viri artesque* der gesamten ersten Pentade in den Blick genommen werden, wobei ein Schwerpunkt auf der Königszeit liegen wird. Bei den Königen handelt es sich laut Walter nicht um Exempla. Sie sind vielmehr Gründerfiguren, anhand derer aitiologische Zusammenhänge erklärt werden. Dadurch haben sie zwar, wie auch Exempla, einen Gegenwartsbezug, aber ihre Taten eignen sich nicht zur Nachahmung.⁹⁰⁷ Unter dem Stichwort *viri* werden nicht allein einzelne Figuren der Handlung in den Blick genommen, sondern auch die Darstellung von Gruppen. Dieser Begriff ist bewusst sehr allgemein gewählt, da es eben nicht nur um politische Gruppen gehen soll, sondern, besonders auf das erste Buch bezogen, auch um die Darstellung von ethnischen Gruppen, die dort von großer Bedeutung zu sein scheinen. Diese verlieren jedoch ab dem zweiten Buch, und damit mit dem Beginn der Republik, jegliche Relevanz, da beinahe ausschließlich noch die Antagonisten Patrizier und Plebs im Fokus der Darstellung sind. Natürlich bestehen die Gruppen aus einzelnen *viri*, die in den meisten Fällen wiederum exemplarisch für das Handeln der Gruppe stehen, doch

---

900 Z. B. als ein Beitrag unter vielen CHAPLIN 2000.
901 STEM 2007.
902 Vgl. Kap. 2.4.3.3.
903 Vgl. z. B. KOWALEWSKI 2002, 107 ff. und konkret zur Thematik des *exemplum pudicitiae* 128 ff. zu Lucretia, 142 ff. zu Verginia.
904 Vgl. Kap. 2.4.2.1. Hinweise auf die Forschungsliteratur finden sich im entsprechenden Kapitel.
905 Vgl. Kap. 2.2 und Kap. 2.4.2.4 sowie WALTER 2000.
906 BERNARD 2000.
907 WALTER 2004, 374.

gibt es durchaus auch Gruppen, bei denen die einzelnen Vertreter nicht beim Namen genannt werden. Dabei werden folgende Fragen im Mittelpunkt der Betrachtung sein: Wie und mit welchen narratologischen Mitteln charakterisiert Livius die jeweiligen Figuren und Gruppen? Gibt es sich wiederholende Topoi, da ja besonders ein Exemplum voraussetzt, dass einzelnen Figuren Eigenschaften oder Wertvorstellungen zugeschrieben werden, die nachahmenswert oder – im Falle des negativen Exemplums – zu vermeiden sind (Liv. *praef.* 11)? Wie ist die Charakterisierung in den Kontext eingebunden, wenn man die Annahme Bernards zugrunde legt, dass die meisten Figurenzeichnungen bei Livius indirekt im Lauf der Handlung oder über Reden erfolgen?[908] Welche Einflussmöglichkeiten schreibt Livius den einzelnen Exempla bzw. Gruppen zu? Zunächst soll Aeneas als Urvater Roms behandelt werden, sodann die Könige. Anschließend geht es mit den verschiedenen ‚Ethnien', die Rom im Lauf der Königszeit groß machen, um Gruppen. Die beiden bedeutendsten sind spätestens ab dem Beginn der Republik die Patrizier und Plebejer, wobei zu zeigen sein wird, dass Livius schon im ersten Buch implizit die Grundlegung dieses Antagonismus erzählt. In diesem Kontext ist besonders die Frage relevant, was am Ende der Königszeit mit den bis dato wichtigsten Gruppen geschieht und wie die Entwicklung zur Republik bei Livius dargestellt ist.

2.4.3.1 Aeneas – der Urvater Roms

Aeneas gilt als der Urvater Roms, der aufgrund der Bestimmung durch die *fata* nach der Niederlage bei Troia nach Rom kommt, um dort den Grundstein für die spätere Gründung Roms zu legen. Vergil stellt Aeneas in seinem nach der Hauptfigur benannten Epos in den Mittelpunkt. Die römische Tradition führt den Ursprung Roms auf Aeneas zurück, lässt aber nach den Königen von Alba Longa durch die Episode um Rea Silvia und die Geburt der Zwillinge Romulus und Remus Rom als etwas Neues beginnen.[909] Die Überlieferung, in welchem Verhältnis Aeneas und der Stadtgründer Romulus stehen, ist nicht einheitlich. Teilweise wird Romulus sogar als Sohn oder Enkel des Aeneas angesehen, doch hat sich nicht nur wegen der Chronologie – zwischen Aeneas und Romulus ist ein Zeitraum von gut 300 Jahren zu überbrücken – die Reihe der albanischen Könige, die von Ascanius Iulus, dem Sohn des Aeneas ausgeht, im Lauf der Zeit durchgesetzt.[910]

---

908 BERNARD 2000, 16.
909 Vgl. DUPONT 2013, 94.
910 Vgl. HILLEN 2003, 10. Demnach ist die ältere Tradition diejenige, die Aeneas sogar als Stadtgründer Roms betrachtet. OGILVIE 1965, 34 schreibt diese Liste der albanischen Könige Cato d. Ä. zu. Vgl. auch CLASSEN 1962, 177 f.

Aeneas unterliegt, wie schon gezeigt wurde, der Vorherbestimmtheit der *fata* und steht zugleich wie auch Romulus, mit dem er durch die Parallelen in den *fata* auf eine Stufe gestellt wird, am Anfang von etwas Großem, nämlich der Stadt Rom als Weltmacht.[911] Ferner wird Aeneas, wie schon ausführlich dargelegt, als Friedensstifter charakterisiert,[912] wodurch er in einem deutlichen Gegensatz zu Romulus steht. Er wird zunächst als *dux* (*dux advenarum* [Liv. 1,1,7] bzw. *dux Aeneas* [Liv. 1,1,8]) bezeichnet, nach der Vereinigung mit den Latinern und dem Tod des Latinus schließlich als *rex* (*rex Aeneas* [Liv. 1,2,5]). Die Bezeichnung als *dux* entspricht der Charakterisierung des Aeneas, die Schauer in seiner Monographie *Aeneas dux* für die *Aeneis* Vergils herausarbeitet, obwohl Aeneas dort nirgends explizit als *dux* bezeichnet wird. Schauer charakterisiert ihn als akzeptierte Führungsfigur, der im Mittelpunkt steht und den seine Gefährten, obwohl er kein konkretes Amt innehat, als solche akzeptieren.[913] Diese Bezeichnung findet sich bei Livius genauso wie *rex*, was in der *Aeneis* für den Protagonisten ebenfalls ohne Bedeutung ist.[914] Livius spricht als auktorialer Erzähler zwei ‚Titel' für Aeneas aus, die bei Vergil so nicht explizit genannt werden. Allerdings ist von dieser Bezeichnung ausgehend eine Charakterisierung des Aeneas bei Livius nicht möglich. Denn Livius geht es an der Stelle nur darum, die Ankunft der Aeneaden an der Küste Italiens zu erwähnen und Aeneas als den Anführer der Gruppe zu sehen, der als solcher die Befugnis hat, mit Latinus, dem König der Einheimischen, Verhandlungen zu führen und schließlich Frieden zu schließen. Er ist das verbindende Element zwischen den Troianern und den Aboriginern.[915] Bei Livius steht die Aitienerzählung für *pax* und *foedus* im Mittelpunkt.[916] Diese doppelte Überlieferung macht fast die Hälfte der Passage aus, die von Aeneas, seiner Ankunft in Latium und seinem Kampf mit den Rutulern unter Turnus handelt.

Viel wichtiger bei Livius ist die Bezeichnung als Ankömmling, *advena* (*dux advenarum* [Liv. 1,1,7] bzw. *advena* [Liv. 1,2,1]).[917] Dass Aeneas ein Ankömmling ist, führt laut Livius dazu, dass die Rutuler unter Turnus zum Krieg rüsten, da letzterer der Tochter des Latinus als Ehemann versprochen ist (Liv. 1,2,1). Dennoch sieht Livius eindeutig die Rutuler in der Verantwortung für den Krieg. Die *Aborigines*

---

911 Vgl. Kap. 2.2.1.
912 Vgl. Kap. 2.4.2.5.
913 Vgl. SCHAUER 2007, 136 ff.
914 Vgl. SCHAUER 2007, 176 f.
915 MINEO 2006, 160.
916 Vgl. Kap. 2.4.2.5.
917 Vgl. zur Fremdheit des Aeneas DUPONT 2013, 94 f. und DENCH 2005, 102.

und die Troianer wurden herausgefordert und Turnus begann den Krieg. Eine weitere Charakterisierung findet nicht statt. Es zeigt sich also, dass durch die Schilderung der Gedanken des Turnus, warum er den Krieg begonnen hatte, im Gegensatz zum Bündnis zwischen Aeneas und Latinus letzterer als der Friedensstifter dargestellt wird, der anschließend ebenfalls ohne weitere Ausführungen als König des vereinten Volks der Latiner und *Aborigines* bezeichnet wird (Liv. 1,2,5). Er ist zwar nach dem Tod des Latinus König, doch dies wird in keiner Form thematisiert.[918] Erst am Schluss wird sein Kriegserfolg gegen die Rutuler ohne näheren Bericht über den Krieg erwähnt. Livius geht es hier nicht um die Ausgestaltung einer ausführlichen Einzelerzählung über die Kämpfe in Latium.[919]

Am Ende schließt Livius die Aeneas-Erzählung mit dessen Vergöttlichung ab, ohne wie später bei Romulus den Vorgang der Vergöttlichung genauer zu erzählen,[920] indem er lapidar feststellt: *Situs est, quemcumqe eum dici ius fasque est, super Numicum flumen: Iovem indigetem appellant* (Liv. 1,2,6). Er wird begraben wie ein Mensch. Allein die Festellung, dass man ihn als Jupiter Indiges verehrt, ist der Hinweis auf die Vergöttlichung. Nicht thematisiert werden hingegen die in der *Aeneis* so wichtige Übertragung der Penaten von Troia nach Rom (*inferretque deos Latio, genus unde Latinum* [Verg. Aen. 1,6]) und die *pietas* des Aeneas. Für Livius stehen die Aitien des Friedensschlusses und des Vertragsschlusses verbunden mit dem Wert *amicitia* im Mittelpunkt der Erzählung. Für ihn sind nicht die aus Troia übertragenen Penaten Ausgangspunkt der Gründung Roms. Romulus ist der entscheidende Stadtgründer, der Rom aus dem Nichts gründet. Dies bewirkt Livius vor allem durch die sehr kurze Erzählung der Handlung des Aeneas in Latium. Sein Schwerpunkt liegt in der Darstellung der doppelten Überlieferung des Friedensschlusses mit den Latinern, mit denen es gar nicht erst zum Krieg kam. Der weitere Verlauf der Aeneas-Handlung ist sehr gerafft und erinnert beinahe an die Darstellung annalistischer Informationen in den späteren Büchern, die ohne weitere Ausgestaltung erzählt werden.[921] Mit Aeneas ist zwar die von den *fata* bestimmte, spätere Gründung Roms begonnen. Doch, wie schon gezeigt wurde, ist nach der Reihe der albanischen Könige mit der Aussetzung der Zwillinge erst einmal alles am Boden.[922] Dennoch wird der römische Ursprung auch bei Livius über die Figur des Aeneas in den prestigeträchtigen griechischen Kul-

---

[918] Als König wird Aeneas bei Vergil an einer einzigen Stelle bezeichnet: in der Rede seines Gefährten Ilioneus vor Dido, der sagt: *rex erat Aeneas nobis* (Verg. Aen. 1,544). Zu Aeneas als verbindendem Element zwischen beiden Volksstämmen vgl. MINEO 2006, 160.
[919] BURCK 1964, 136.
[920] Vgl. Kap. 2.2.3.
[921] BURCK 1964, 139.
[922] S. Kap. 2.3.3.

turkreis integriert.⁹²³ Der eigentliche Gründer Roms ist für ihn Romulus. Dies bewirkt Livius vor allem durch die kurze, summarische Erzählung der Aeneas-Sage, wodurch diesem bei Weitem nicht die Bedeutung für die spätere Geschichte zugemessen wird wie bei Vergil.⁹²⁴

2.4.3.2 Die römischen Könige

In der römischen Überlieferung gibt es sieben Könige, wenn man von dem Sabiner Titus Tatius absieht, der in einer Zeit des Doppelkönigtums gemeinsam mit Romulus König war und in der Regel nicht mitgezählt wird.⁹²⁵ Diese sieben Könige lassen sich nach Penella in zwei Gruppen teilen: Die erste Gruppe umfasst die vier Könige Romulus, Numa Pompilius, Tullus Hostilius und Ancus Marcius. An ihnen erklärt Livius vor allem durch die Charakterisierung, aber auch durch die Themen, die als Einzelepisoden erzählt werden, wie der ideale König sein muss. Die zweite Gruppe besteht aus den beiden Tarquiniern und Servius Tullius. Durch sie wird einerseits das Vorhandensein etruskischer Traditionen in Rom erklärt, andererseits zeigt Livius an ihnen, dass besonders durch Servius Tullius innenpolitische Strukturen geschaffen wurden, die nach der Vertreibung des letzten Königs das rasche Entstehen der Republik ermöglichten, nachdem die Könige sich immer mehr zu Tyrannen entwickelten.⁹²⁶

Die Entwicklung der Herrschaft des letzten Königs Tarquinius Superbus zur Tyrannenherrschaft entspricht der antiken Vorstellung der Verfassungskreisläufe, die auf Griechenland zurückgeht. Demnach gibt es mit der Königsherrschaft, der Aristokratie und der Demokratie drei positive Formen, die jeweils in ihre entsprechende negative Form münden: Tyrannei, Oligarchie und Demagogie.⁹²⁷ Allerdings trifft dies laut Fromentin, die sich auf Polybios bezieht, für Rom nur teilweise zu, da auf die Oligarchie des zweiten Dezemvirats, über das Livius im

---

923 HILLEN 2003, 30f. und UNGERN-STERNBERG 2000, 41.
924 MINEO 2006, 158f. sieht den Hauptgrund für die kurze Passage über Aeneas darin, dass es sich um eine Zeit vor der Stadtgründung handle, für die die Überlieferung problematisch ist. Livius müsse sich als Historiker seine Autorität zu Beginn des Werkes über verlässliche Informationen erwerben. Dies überzeugt nicht, da die Informationen, wie es Livius auch selbst darstellt (vgl. Kap. 2.1.2.1), in der römischen Frühzeit nicht besser sind.
925 WALTER 2004, 144f. sieht in der Festlegung auf eine Zahl von Königen das Ende eines Kanonisierungsprozesses, in der abweichende Überlieferungen wie die Herrschaft Porsennas über Rom nicht mehr greifbar waren.
926 PENELLA 2004, 634. Auf diesen starken Einschnitt weist auch Fox 1996, 127 hin.
927 FROMENTIN 2003, 69f. In Rom wird diese Vorstellung von Cicero in seinem Werk *de re publica* dargelegt (1,42–44).

dritten Buch ausführlich berichtet, eine Mischverfassung folgt.[928] Letztere führt wiederum zu einer Einzelherrschaft.

Allen außer Tarquinius Superbus ist gemeinsam, dass sie Gründerkönige sind, was Livius im Binnenproömium zum zweiten Buch noch einmal explizit festhält: *Nam priores* [sc. *reges*] *ita regnarunt ut haud immerito omnes deinceps conditores partium certe urbis, quas novas ipsi sedes ab se auctae multitudinis addiderunt, numerentur* (Liv. 2,1,2).[929] Außerdem ist festzuhalten, dass beinahe alle Figuren, die Livius als *conditores* bezeichnet, in der ersten Pentade auftreten.[930] Im Folgenden soll nun gezeigt werden, wie die jeweiligen Könige charakterisiert werden und auf welche Aussagen zur Bedeutung der einzelnen Themen aus der Erzählstruktur geschlossen werden kann.

2.4.3.2.1 Von Romulus bis Ancus Marcius – wie verhält sich der ideale König?

Alle vier Gründerkönige erreichen ihre Ziele auf unterschiedliche Weise. Romulus ist derjenige, der aus dem Nichts eine Stadt gründet, die erste Bevölkerung ansiedelt und mit der Einrichtung von politischen Institutionen und mit Kriegen gegen die umliegenden Völker seine Macht sichert. Numa ist der Kultstifter, der vor allem Rom für die Friedenszeit rüstet. An Tullus Hostilius macht Livius deutlich, wie sich Herrschsucht und übertriebene Neigung zum Krieg bei gleichzeitiger Vernachlässigung der Religion und des Kultes negativ auswirken können, und bringt somit eine kritische Perspektive in die Betrachtung ein. An Tullus und an Romulus zeigt sich besonders, dass Livius seinen Exempla, auch wenn die Könige im strengen Sinn, wie erwähnt, keine Exempla sind, häufig ambivalente Eigenschaften zuschreibt und die wenigsten der Exempla nur gute oder nur schlechte Charakterzüge haben.[931] Ancus Marcius vereint schließlich die guten Eigenschaften aller Könige.[932] Sicherlich könnte man in diesem Kontext die interessante Frage stellen, inwiefern Augustus in entweder einen oder mehrere dieser vier Könige projiziert wird, einschließlich der Augustuskritik anhand von Tullus Hostilius. Dies soll aber nicht Gegenstand dieser Behandlung sein. In der Literatur gibt es vor allem Betrachtungen zur Charakterisierung des Romulus wie den Aufsatz von Stem über Romulus als belehrendes Beispiel[933] und den

---

[928] FROMENTIN 2003, 69f. Vgl. auch, da die Überlieferung des Polybios fragmentarisch ist, Cic. *rep.* 2,1–63, speziell zur Tyrannenherrschaft des Tarquinius Superbus 2,44–47.
[929] Vgl. MILES 1988, 194f.
[930] MILES 1988, 195 und NESSELRATH 1990, 166.
[931] Vgl. STEM 2007, 436.
[932] LUCE 1977, 235 sieht hingegen in Ancus Marcius vor allem einen Nachahmer Numas.
[933] STEM 2007.

Aufsatz *Romulus-Bilder* von Jürgen von Ungern-Sternberg.[934] Penella stellt in seinen Aufsätzen die ersten vier Könige gegenüber.[935] Bernard unternimmt in seiner Monographie *Le portrait chez Tite-Live* eine Gegenüberstellung der ersten sechs Könige.[936] Fox behandelt die Königszeit in seiner Monographie *Roman Historical Myths* ausführlich.[937]

Das Romulus-Bild der republikanischen Geschichtsschreibung ist bisweilen negativ, da Romulus als Brudermörder gilt und gewaltsam die sabinischen Frauen raubte; außerdem wurde die Königszeit in der Republik als Zeit einer Alleinherrschaft meist kritisch gesehen.[938] Livius folgt diesem negativen Bild nicht, sondern stellt Romulus in der Erzählung von der Stadtgründung und seiner Regierungszeit relativ positiv dar, was in der Apotheose seinen Höhepunkt findet.[939] Erst in der Gegenüberstellung mit Numa erscheinen Teile der Regierungszeit des Romulus in einem kritischeren Licht.

Die Erzählung über Romulus kann in zwei deutlich zu unterscheidende Abschnitte geteilt werden: die Zeit von der Geburt bis zur Gründung Roms und die Zeit seiner Königsherrschaft.[940] In beiden Teilen finden Charakterisierungen statt, zu denen in der Gegenüberstellung mit Numa noch eine dritte kommt. Die erste erfolgt nach der Erzählung von der Aussetzung der Zwillinge, als beide herangewachsen sind und Livius nun von ihrem Jugendalter berichtet. Diese Charakterisierung bezieht sich noch auf die Zwillinge Romulus und Remus, deren Charakter hier nicht unterschieden wird:

> Ita geniti itaque educati, cum primum adolevit aetas, nec in stabulis nec ad pecora segnes venando peragrare saltus. Hinc robore corporibus animisque sumpto iam non feras tantum subsistere sed in latrones praeda onustos impetus facere pastoribusque rapta dividere et cum his crescente in dies grege iuvenum seria ac iocos celebrare (Liv. 1,4,8–9).

Sie sind bei Hirten aufgewachsen und daher erst einmal Hirten, die sich aber nicht mit ihren Herden zufriedengeben, sondern zur Jagd gehen. Dies steigert laut Li-

---

934 UNGERN-STERNBERG 1993.
935 PENELLA 1987 und 1990, wobei es in letzterem vor allem um Romulus und Tullus Hostilius geht.
936 BERNARD 2000, 197 ff.
937 FOX 1996, 96 ff.
938 STEM 2007, 438, UNGERN-STERNBERG 1993, 108 und CLASSEN 1962, 183 f.
939 STEM 2007, 438 ff. sieht Livius in republikanischer Tradition und geht daher davon aus, dass dieser grundsätzlich ein ambivalentes Romulus-Bild hat, aber dass gewisse eigentlich negative Taten gerechtfertigt sein können, wenn sie zum Wohl des Staates erfolgten.
940 MILES 1995, 141.

vius ihre Körperkraft und ihren Mut.⁹⁴¹ Ferner sind beide gerecht, da sie Räubern ihre Beute wegnehmen und diese unter den Hirten verteilen. Dennoch stehen beide Zwillingsbrüder zunächst einmal am unteren Ende der Gesellschaft.⁹⁴² Auffällig ist, dass Livius die beiden nicht explizit durch Adjektive charakterisiert. Die Charakterisierung ist vielmehr aus den beiden Beispielen ihres Tuns zu erschließen oder, um sich an Aristoteles anzulehnen, durch Mimesis dargestellt.⁹⁴³ Dies gibt ihm die Möglichkeit, die Handlung flüssig zu erzählen und unmittelbar im Anschluss an die zitierte Stelle zum Lupercalienfest überzuleiten, ohne nach einer möglichen auktorialen Charakterisierung erst wieder den Handlungskontext herstellen zu müssen. Die Gerechtigkeit der beiden Zwillinge zeigt sich auch darin, dass sie nicht nach dem Sturz des Amulius in Alba Longa die Herrschaft übernehmen, sondern diese an den rechtmäßigen König Numitor zurückgeben,⁹⁴⁴ um dann mit Rom eine neue Stadt zu gründen. Auch der Mord an Amulius steht dem nicht entgegen, da dieser unrechtmäßig an der Macht war⁹⁴⁵ – Livius bezeichnet ihn explizit als Tyrannen: *caedem deinceps tyranni* (Liv. 1,6,1) – und versucht hatte, die Nachfahren Numitors zu beseitigen. Dies steht dem teleologischen Schicksalsplan nicht entgegen,⁹⁴⁶ den zwar der Leser kennt, nicht aber die Protagonisten der Handlung.

So charakterisiert Livius Romulus als Teil des an sich friedlichen Hirtenlebens auf dem Land, das immer dann gestört wird, wenn Machtstrukturen Bedeutung erlangen, die im Zusammenhang mit Städten stehen.⁹⁴⁷ Im idealen Landleben kommen diese nicht vor. Dieser Befund wird durch den Bericht von der Stadtgründung gestützt, in der Romulus Remus schließlich bei der Frage, wer die neue Stadt beherrschen solle, erschlägt. Unabhängig davon, ob dies aus Machtgier oder aus Kultverletzung geschieht, endet mit der Gründung der Stadt das friedliche Zusammenleben der Zwillinge auf dem Land.⁹⁴⁸ Für die Charakterisierung des Romulus bedeutet dies, dass sein Handeln durchaus auch von den politischen und gesellschaftlichen Umständen geprägt ist, in denen er gerade lebt.

---

941 PENELLA 1990, 208. Es ist zudem nicht davon auszugehen, dass es sich an dieser Stelle bei *corpus* und *animus* um die platonische Unterscheidung von Körper und Seele bzw. Körper und Geist handelt (Plat. *Phaid.* 79e9–80a5). In Bezug auf die Frühzeit ist *animus* als ‚Mut', nicht als ‚Geist' zu verstehen.
942 MILES 1995, 143.
943 BERNARD 2000, 20.
944 Vgl. MILES 1995, 156.
945 Vgl. STEM 2007, 443.
946 Vgl. Kap. 2.2.1.
947 MILES 1995, 156.
948 MILES 1995, 158 und Kap. 2.3.1.

2.4 Aspekte der Romdarstellung — 239

Der zweite Schritt der Charakterisierung erfolgt im Bericht nach der Stadtgründung. Romulus richtete den Herkuleskult ein, vollzog ihn ordnungsgemäß und schaffte in der Stadt erste politische Strukturen (Liv. 1,7,15–8,3), wodurch Livius verhindert, dass Romulus als Despot und Alleinherrscher gesehen werden kann.[949] Vielmehr wählt Livius schon im Kontext der Stadtgründung zweimal ganz bewusst den Begriff *imperium*. Zunächst stellt er als eine Entscheidung dem Augurium die Frage anheim, wer die Stadt nach ihrer Gründung beherrschen sollte: *qui conditam* [sc. *urbem*] *imperio regeret* (Liv. 1,6,4). Nach dem Tod des Remus stellt er fest, dass Romulus sich allein der Herrschaft bemächtigt habe: *Ita solus potitus imperio Romulus* (Liv. 1,7,3). Mit der Wahl des Begriffs *imperium* zur Bezeichnung der Herrschaft, der für die Königszeit und die Republik gleichermaßen steht, wird Romulus wie ein Magistrat gezeichnet, der sich in allen Bereichen, im Kultischen wie im Politischen, um die Belange seiner Bürger kümmert, was sich sowohl in den Kultstiftungen als auch in der Einrichtung erster politischer Institutionen zeigt.[950] Außerdem nennt Livius am Ende der Erzählung des Aitions des Herkuleskultes die *virtus* des Romulus als entscheidenden Faktor[951] für seine spätere Unsterblichkeit: [*Romulus*] *iam tum immortalitatis virtute partae ad quam eum sua fata ducebant fautor* (Liv. 1,7,15). Unabhängig vom Glauben an die Apotheose[952] stellt Livius damit die Herrschaft des Romulus unter das Thema *virtus*, die sich später in seinen Kriegstaten zeigt.[953] Dadurch wird deutlich, dass Livius die Erzählung der Haupthandlung für die implizite Charakterisierung des Romulus nutzt, dessen Herrschaft sich in der Darstellung des Livius auf Recht und Institutionen gründet. Dies steht allerdings im Gegensatz zur Wertung der Herrschaft des Romulus durch den Erzähler in der Gegenüberstellung mit Numa, was unten noch ausführlich behandelt wird.

Der weitere Verlauf der Erzählung steht im Zeichen der Vergrößerung des *imperium* hinsichtlich des Herrschaftsgebiets und der Bevölkerungszahl.[954] In den folgenden Kriegen legt Livius mehr Gewicht auf die Erzählungen verschiedener Aitien als auf die konkreten Kriegsschilderungen.[955] Dabei wird Romulus als starker und überlegter Krieger dargestellt, der aber, was seine Tempelwidmungen

---

949 STEM 2007, 450.
950 Vgl. UNGERN-STERNBERG 1993, 89 f.
951 STEM 2007, 467.
952 Vgl. Kap. 2.2.3.
953 Zur Bedeutung von *virtus* bei Livius s. MOORE 1989, 5 ff.
954 Vgl. Kap. 2.4.1.2.
955 Vgl. Kap. 2.4.2.1.

zeigen, auch als *pius* angesehen werden muss.⁹⁵⁶ Diese Charakterisierungen, die Livius in der Erzählung der Vorgeschichte und der Regierungszeit des Romulus vornimmt, erfolgen alle nicht explizit in eigenen Passagen, indem die Handlung unterbrochen wird, sondern implizit im Laufe der Handlung anhand konkreter Taten des Protagonisten. Erst am Ende der Erzählung über Romulus bewertet der auktoriale Erzähler dessen Regierungszeit zusammenfassend als sehr positiv, um die Erzählung der Apotheose einzuleiten und diese auch zu rechtfertigen:

> Haec ferme Romulo regnante domi militiaeque gesta, quorum nihil absonum fidei divinae originis divinitatisque post mortem creditae fuit, non animus in regno avito reciperando, non condendae urbis consilium, non bello ac pace firmandae. Ab illo enim profecto viribus datis tantum valuit ut in quadraginta deinde annos tutam pacem haberet (Liv. 1,15,6–7).

Livius betont noch einmal Romulus' Mut (*animus*) beim Kampf gegen Amulius in Alba Longa, sein planvolles Vorgehen (*consilium*) bei der Stadtgründung und bei der Etablierung Roms im Krieg und im Frieden,⁹⁵⁷ wobei das Gerundiv *firmandae* auf den Genetiv *urbis* zu beziehen ist, der wiederum *consilium* näher bestimmt. Die Folge dieses planvollen Vorgehens ist eine vierzig Jahre dauernde Friedenszeit einerseits und die Apotheose des Romulus andererseits, die im Gegensatz zu der des Aeneas als Einzelszene in der Handlung ausgestaltet ist. Besonders Livius bedient sich häufig der Technik, Figuren der Handlung kurz vor oder nach ihrem Tod zusammenfassend zu charakterisieren, was gemäß Seneca dem Älteren Anklänge an eine *laudatio funebris* hat.⁹⁵⁸ Diese Technik wendet Livius bei allen Berichten über die Könige außer bei denen über die beiden Tarquinier an.⁹⁵⁹

Damit ist Romulus als der Stadtgründer und Urvater Roms dargestellt, womit der Plan der *fata* erfüllt ist, in dem Romulus ja auch deutlich über Aeneas gestellt ist.⁹⁶⁰ In jedem Fall lässt sich feststellen, dass die Charakterisierung des Romulus von *virtus* gekennzeichnet ist. Er ist das erste *exemplum virtutis* und legt damit den Grundstein für das stetige Wachstum Roms.⁹⁶¹ Die Darstellung des Romulus ist

---

956 Vgl. STEM 2007, 456 ff. und LEVENE 1993, 131 f. mit dem Hinweis, dass zwei von drei religiösen Aitien, die Romulus zugeschrieben werden, im Zusammenhang mit Kriegen stehen.
957 Vgl. BERNARD 2000, 198.
958 BERNARD 2000, 30 f., der an dieser Stelle auch Seneca d. Ä. zitiert: *Quotiens magni alicuius <viri> mors ab historicis narrata est, totiens fere consummatio totius vitae et quasi funebris laudatio redditur. hoc, semel aut iterum a Thucydide factum, item in paucissimis personis usurpatum a Sallustio, T. Livius benignus omnibus magnis viris praestitit* (Sen. suas. 6,21).
959 BERNARD 2000, 35.
960 Vgl. Kap. 2.2.1.
961 STEM 2007, 468. Entgegen der oben erläuterten Aussage von WALTER 2004, 374, dass Könige keine Exempla seien, weil ihre Taten nicht nachgeahmt werden können, trifft dies zwar auf die

zunächst positiv.⁹⁶² Erst im Nachtrag erfolgt die Feststellung, er sei bei der einfachen Bevölkerung beliebter gewesen als bei den Senatoren: *Multitudini tamen gratior fuit quam patribus* (Liv. 1,15,8).⁹⁶³ Dieser Satz dient wohl vor allem der Vorbereitung der Variante im Kontext der Apotheose, dass Romulus von den Senatoren beseitigt wurde, und weniger seiner Charakterisierung.⁹⁶⁴ Zudem lässt sich dieser Umstand auch aus dem Romulus-Bild der späten Republik erklären, die ihn als Tyrannen sieht. Dieses Bild wendet sich aber spätestens zu Beginn der augusteischen Zeit ins Positive.⁹⁶⁵

Umso mehr fällt auf, dass Romulus im Rückblick und in der Gegenüberstellung mit seinem Nachfolger Numa Pompilius auf den ersten Blick relativ negativ charakterisiert wird. Ein Grund dafür könnte auch das gerade angesprochene negative Romulus-Bild der Republik sein, als man versuchte, ihn stark von Numa abzugrenzen. Die Friedenszeit wird vor allem Numa zugeschrieben, während Romulus in der Gegenüberstellung zweimal als sehr kriegerisch charakterisiert wird: *Qui [sc. Numa] regno ita potitus urbem novam conditam vi et armis, iure eam legibusque ac moribus de integro condere parat* (Liv. 1,19,1).⁹⁶⁶ Am Anfang der Regierungszeit Numas wird dessen Charakterisierung vom auktorialen Erzähler mit dem gerade zitierten Satz zusammengefasst. Romulus habe die Stadt auf Gewalt und Krieg (*vi et armis*) gegründet, wobei sich *vis* mutmaßlich auf die Vorkommnisse bei der Stadtgründung bezieht. Hinzu kommt die Wendung *regno potitus*, die eindeutig die Alleinherrschaft als König impliziert, gegenüber der oben erörterten Formulierung *potitus imperio Romulus* (Liv. 1,7,3), die sehr viel republikanischer anmutet. Dies könnte man natürlich noch damit rechtfertigen, dass in der Folge Numas Friedenstaten und in diesem Kontext zunächst der Bau des Janusbogens erzählt werden.⁹⁶⁷ Dennoch bleibt an dieser Stelle der starke Gegensatz der beiden ersten Könige.⁹⁶⁸ Walter sieht in Numa weniger ein Gegenteil zu Romulus im Sinne von positiv gegen negativ,⁹⁶⁹ sondern eine „kom-

---

Stadtgründung und die Einrichtung erster Institutionen zu. Die Nachahmung von Romulus' *virtus* im Krieg ist durchaus möglich.
962 UNGERN-STERNBERG 1993, 102 und FOX 1996, 110.
963 UNGERN-STERNBERG 1993, 101.
964 Vgl. Kap. 2.2.3.
965 UNGERN-STERNBERG 1993, 108.
966 Vgl. auch PENELLA 1987, 234 f. und LUCE 1977, 235.
967 Vgl. zur Bedeutung der Friedenszeit unter Numa Kap. 2.4.2.5.
968 OGILVIE 1965, 33 und 88 mit dem Hinweis, dass dieser starke Kontrast keine historische Grundlage habe, aber ein typisches indoeuropäisches Gedankengut sei.
969 So PENELLA 1987, 235.

plementäre Ergänzung".[970] Dies wird am Ende des insgesamt sehr kurzen Berichts (nur vier Kapitel gegenüber zehn Kapiteln über die Regierungszeit des Romulus) über Numa in einem weiteren auktorialen Kommentar zusammenfassend noch einmal deutlich:

> Ita duo deinceps reges, alius alia via, ille bello, hic pace, civitatem auxerunt. Romulus septem et triginta regnavit annos, Numa tres et quadraginta. Cum valida tum temperata et belli et pacis artibus erat civitas (Liv. 1,21,6).

Hier wird die Komplementarität zwischen Romulus und Numa verstärkt durch die Alliteration *alius alia via* sowie durch die parallele Antithese *ille bello, hic pace* wiederum explizit hervorgehoben.[971] Romulus' Bereich ist in dieser Gegenüberstellung *bellum*, Numas Bereich *pax*, wobei dies für die Zeit des Numa zutreffend ist, für Romulus nicht ausschließlich. Natürlich führte letzterer viele Kriege und diese nehmen einen breiten Raum in dem Bericht über seine Regierungszeit ein,[972] doch wirkt dies erst an dieser Stelle, als die beiden Könige durch den auktorialen Erzähler in einer Reflexion als gegensätzliche Charaktere gegenübergestellt werden, indem bei Romulus die für Numa bedeutenden Kategorien auf ein Mindestmaß reduziert werden.[973] Denn in der Erzählung über Romulus hat der Leser den Eindruck, dass das Vorgehen des Romulus ein normaler Vorgang ist, um eine neu gegründete Stadt nach vorne zu bringen. Auch die Apotheose und die damit verbundene Verehrung als Gott Quirinus sichert das Andenken an Romulus. Beide werden in jedem Fall, wie später auch Servius Tullius, als Gründer charakterisiert, bei denen sich Aitien häufen.[974] Zusätzlich ist noch festzuhalten, dass der Erzählung der Königszeit nicht das annalistische Schema zugrunde liegt. So hat Livius die Möglichkeit, die einzelnen Ereignisse auszuwählen und so aneinanderzureihen, als seien sie in kurzer Zeit passiert. Einzig durch die zusammenfassenden Sätze, in denen er die Dauer der Regierungszeit des jeweiligen Königs benennt, wird dem Leser bewusst, der zunächst gar nicht bemerkt, wie schnell die erzählte Zeit abläuft, wie lange die Königszeit eigentlich dauert.

---

[970] WALTER 2004, 376. So auch MINEO 2006, 177 f. BURCK 1964, 147 sieht in Numa „die glückliche Ergänzung zu Romulus".
[971] Auf diesen Gegensatz weist auch PENELLA 1987, 235 hin.
[972] PENELLA 1987, 235.
[973] PENELLA 1987, 235.
[974] POUCET 1992, 302.

2.4 Aspekte der Romdarstellung — 243

Numa dagegen wird von Livius explizit aus auktorialer Perspektive charakterisiert,[975] bevor der Bericht über seine Regierungszeit beginnt. Im Anschluss an das erste Interregnum heißt es, das Volk habe den Senatoren die Auswahl des Königs überlassen (Liv. 1,17,11), worauf die Charakterisierung folgt: *Inclita iustitia religioque ea tempestate Numae Pompili erat. Curibus Sabinis habitabat, consultissimus vir, ut in illa quisquam esse aetate poterat, omnis divini atque humani iuris* (Liv. 1,18,1). Die Charakterisierung beginnt mit der betonten Stellung von *iustitia* und *religio*, zwei Eigenschaften, die Livius Numa zuschreibt und die er mit dem Adjektiv *inclitus* verbindet. Im weiteren Verlauf nennt er Numas sabinische Herkunft und bezeichnet ihn als sehr beflissen (*consultissimus*) sowohl im göttlichen als auch im menschlichen Recht. Er wird nach der Feststellung, dass Pythagoras nicht sein Lehrer gewesen sein konnte, da dieser erst später lebte, als Mann mit einer guten Anlage und daher mit guten Eigenschaften bezeichnet, wobei es sich um einen typischen Charakterzug der Sabiner handelt.[976] Livius wechselt für diese Feststellung in die Stimme des Autors:

> Suopte igitur ingenio temperatum animum virtutibus fuisse opinor magis instructumque non tam peregrinis artibus quam disciplina tetrica ac tristi veterum Sabinorum, quo genere nullum quondam incorruptius fuit (Liv. 1,18,4).

Infolgedessen wird Numa dieser durch seine eigene Anlage gemäßigte Geist (*suopte ingenio temperatus animus*) zugeschrieben, seine Tugenden (*virtutes*) betont und die gute und strenge Lehre der Sabiner gelobt, bevor nach seiner Wahl zum König mit dem Bericht über sein Augurium vor Übernahme der Herrschaft seine Gottesfurcht (*religio*) noch einmal hervorgehoben wird. Die Charakterisierung vor der Wahl hat aber vor allem auch die Funktion, die Überlegungen der Römer bezüglich des Nachfolgers des Romulus zu schildern, da es sich bei Numa nicht um einen Ur-Römer handelt. Anschließend folgt die schon beschriebene Gegenüberstellung mit Romulus.[977]

Der Bericht über seine Regierungszeit ist von Friedenstaten und Kulteinrichtungen geprägt, die dazu führen, das Volk zu zivilisieren, es weniger kriegerisch zu machen und sich durch Verträge den Frieden mit den Nachbarn zu si-

---

[975] BERNARD 2000, 20 sieht drei Formen der Charakterisierung: erstens durch explizite Kommentare und Wertungen des Autors, zweitens durch die Handlung in Form der aristotelischen Mimesis und drittens durch Figurenreden, bei denen der Autor völlig zurücktreten muss.
[976] MILES 1988, 196.
[977] MENSCHING 1966, 103 bezeichnet dies als typisches Verfahren des Livius bei der Charakterisierung der Könige.

chern.⁹⁷⁸ Er ist der einzige König, unter dessen Herrschaft weder Kriege geführt werden noch Krieg überhaupt thematisiert wird. Dies wird umso deutlicher, wenn man bedenkt, dass Dionysios von Halikarnass Numa die Einführung des Fetialrechts zuschreibt.⁹⁷⁹ So lässt sich in der Charakterisierung ein scharfer Gegensatz zu Romulus erkennen, der sich erstens durch die explizite Charakterisierung noch vor der Wahl zum König durch den auktorialen Erzähler ergibt, zweitens durch die beiden Gegenüberstellungen mit Romulus und drittens durch die Themen, die den Bericht über die Regierungszeit prägen. Zusätzlich lässt sich noch feststellen, dass die bis dato aus Ur-Römern und Sabinern bestehende Stadt zunächst mit Romulus den Stadtgründer als König hat, als Nachfolger aber einen Vertreter des zweiten wichtigen Bevölkerungsteils, der Sabiner.⁹⁸⁰ Mit Numa ist auch die Dichotomie zwischen Römern und Sabinern in der römischen Frühzeit beendet.⁹⁸¹

Sein Nachfolger Tullus Hostilius wird nicht wie Numa vor der Wahl charakterisiert. Diese wird in wenigen Worten erzählt, sodass die Wirkung entsteht, die Entscheidung, Tullus zum König zu wählen, habe nie zur Disposition gestanden. Er war der Enkel des Hostius Hostilius, der unter Romulus im Krieg gegen die Sabiner kämpfte (Liv. 1,22,1). Durch die Reihenfolge der Erzählung, die einerseits den Kriegsruhm des Großvaters, den er sich im Kampf gegen die Sabiner erworben hatte, betont⁹⁸² und die andererseits unmittelbar in den ersten großen Kriegsbericht mündet, wird die Charakterisierung des Tullus als ‚wilder Krieger'⁹⁸³ noch einmal besonders hervorgehoben:

> Inde Tullum Hostilium, nepotem Hostili, cuius in infima arce clara pugna adversus Sabinos fuerat, regem populus iussit; patres auctores facti. Hic non solum proximo regi dissimilis sed ferocior etiam quam Romulus fuit. Cum aetas viresque tum avita quoque gloria animum stimulabat (Liv. 1,22,1–2).

Livius bezeichnet ihn als absolutes Gegenteil (*dissimilis*) des Friedenskönigs Numa und als noch energischer als Romulus.⁹⁸⁴ Damit charakterisiert Livius auch diesen König wiederum zunächst aus auktorialer Perspektive und in Abgrenzung zu den Vorgängern.⁹⁸⁵ Er verwendet hierfür das Wort *ferox*, das dieser Charakte-

---

978 Levene 1993, 135. S. dazu auch Kap. 2.2.2.2 und Kap. 2.4.2.5.
979 Vgl. Penella 1987, 233 mit dem Hinweis auf die entsprechende Stelle bei Dionysios.
980 Bettini 2006, 286.
981 Walter 2004, 376.
982 Penella 1987, 235.
983 Vgl. Bernard 2000, 198.
984 Zur Charakterisierung des Tullus Hostilius in Abgrenzung zu seinen beiden Vorgängern vgl. Mensching 1966, 103f.
985 Vgl. Ogilvie 1965, 105, Mensching 1966, 103 und Charpin 1981, 15.

risierung eine ambivalente, wenn nicht sogar eine negative Konnotation verleiht[986] und hier im Sinne von „unbändig"[987] zu verstehen ist. Krieg steht im Bericht über die Regierungszeit des Tullus Hostilius im Mittelpunkt.[988] Livius hebt zwei Gründe für die Kriegslust des Tullus hervor: sein junges Alter, womit ein Topos der römischen Literatur aufgenommen wird, nämlich dass junge Leute oft ungestüm handeln, und seine Kraft sowie den Ruhm des Großvaters. Livius schließt die Charakterisierung des Tullus Hostilius, die der Schilderung des Krieges mit Alba Longa unmittelbar vorangestellt ist, mit den Worten *Senescere igitur civitatem otio ratus undique materiam excitandi belli quaerebat* (Liv. 1,22,2), mit denen er sich wieder auf die schon beschriebene *ferocia* des Tullus Hostilius bezieht. Er stellt ihn als Kriegstreiber dar, was besonders in der Formulierung *belli excitandi* und durch das Imperfekt *quaerebat* deutlich wird; zusätzlich wird es durch die Bezeichnung als *bellicosus rex* (Liv. 1,30,5)[989] am Ende des Berichts über Tullus noch einmal aufgenommen.

Weiterhin ist bezogen auf Tullus das Motiv der *imperii cupido* von großer Bedeutung, was einerseits die bisherige Charakterisierung als unbändiger Krieger unterstreicht, der Kriege nicht nur zur Verteidigung, sondern vor allem zur Vergrößerung seiner Macht führt. Diesen Vorwurf macht Tullus nicht der auktoriale Erzähler, sondern die Figur des Mettius Fufetius in direkter Rede,[990] wodurch Livius als Erzähler es vermeidet, die Kritik explizit selbst zu üben. Andererseits greift Livius das Motiv, das schon vor der Stadtgründung als römisches Erbübel eingeführt wird,[991] zur negativen Charakterisierung wieder auf und macht am

---

986 Vgl. PENELLA 1990, 207 und 211f., der aus der Darstellung des Livius die übertriebene kriegerische Härte des Tullus Hostilius im Vergleich mit Romulus herausarbeitet. Er weist außerdem darauf hin, dass in der auf Tullus Hostilius bezogenen Formulierung *sed ferocior etiam quam Romulus fuit* auch Romulus als *ferox* charakterisiert werde. Diese Formulierung betont aber vor allem die besondere *ferocia* des Tullus Hostilius und sollte hier nicht zu sehr auf Romulus zurückbezogen werden. Dafür spricht auch oben erörterte Annahme der Komplementarität von Romulus und Numa. Dagegen MENSCHING 1966, 103f. und HAEHLING 1989, 201 (Anm. 42).
987 Zur Übersetzung von *ferox* mit ‚unbändig' vgl. HILLEN [4]2007 *ad locum* und MENSCHING 1966, 103. ECKERT 1970, 101f. spricht anhand eines Beispiels aus dem sechsten Buch des Livius von *ferocia* in der Bedeutung „Draufgängertum", was m. E. der Bedeutung ‚unbändig' entspricht, wobei zu Recht betont wird, dass es nicht um den Beigeschmack des Verbrecherischen gehe.
988 Vgl. PENELLA 1987, 235f. Die Annahme MINEOS 2006, 181, die Regeln der Kommunikation mit ausländischen Völkern stehe im Mittelpunkt, wirkt ein wenig euphemistisch. Dies liegt wohl vor allem darin begründet, dass er in der Regierungszeit der ersten sechs Könige eine Epoche des Aufstiegs sieht, wodurch er die deutliche Kritik am römischen Expansionsstreben im Bericht über Tullus zu wenig berücksichtigt.
989 PENELLA 1990, 207.
990 Vgl. Kap. 2.4.2.2.
991 Vgl. Kap. 2.3.2.

Beispiel des Königs Tullus mit dem Bürgerkriegsbezug[992] die Folgen der Herrschsucht deutlich, die schließlich nicht nur den Herrscher selbst, sondern eben auch die Bürger treffen. Damit unterscheidet sich Tullus auch deutlich von Romulus, der in der Darstellung des Livius nicht nur aus persönlichen Interessen, sondern für den Staat handelt.[993]

Neben dem großen Thema Krieg geht es vor allem um politische Einrichtungen des Tullus wie die *provocatio* vor dem Volk im Zusammenhang mit der Bestrafung des Horatiers für das Töten seiner Schwester (Liv. 1,26,6–12) und den Bau des Senatsgebäudes, der *Curia Hostilia* (Liv. 1,30,2). Erst am Ende des Berichts wird mit dem Aspekt Religion und Götterverehrung das wichtigste Thema der Regierungszeit seines Vorgängers aufgenommen,[994] zunächst mit der Schilderung des Steinregenprodigiums am Albaner See, das für die Charakterisierung des Tullus keine Rolle spielt, dann mit dem Ausbruch einer Seuche, die ebenfalls als Zeichen des gestörten Friedens mit den Göttern gewertet wird, was Livius zu der Feststellung bringt, dass sich die Leute nach der Friedenszeit Numas sehnten: *Volgo iam homines eum statum rerum qui sub Numa rege fuerat requirentes* (Liv. 1,31,7). Damit nimmt Livius implizit die Gegenüberstellung mit Numa vom Beginn des Berichts wieder auf, bringt aber hier nach der auktorialen Perspektive des Anfangs im Sinne der Multiperspektivität auch die Perspektive der Leute ein, die sich nach dem Zustand des Staates (*status rerum*) unter Numa sehnten. Gemeint ist dabei Numas Friedensherrschaft. Tullus' Hinwendung zu religiösen Dingen begründet Livius damit, dass auch der König von der Seuche befallen wurde:

> Tunc adeo fracti simul cum corpore sunt spiritus illi feroces ut qui nihil ante ratus esset minus regium quam sacris dedere animum, repente omnibus magnis parvisque superstitionibus obnoxius degeret religionibusque etiam populum impleret (Liv. 1,31,6).

Livius betont hier zwei Extreme: Tullus hat alles Religiöse als nicht königlich abgelehnt, bis er von der Krankheit befallen wurde. Darauf verfiel er ins absolute Gegenteil und gab sich allen möglichen Formen des Aberglaubens hin. Damit ist er zunächst selbst im Verhältnis zu Romulus völlig unreligiös, versucht aber nach seiner Krankheit Numa in der Götterverehrung zu übertreffen, was ebenfalls nicht zielführend ist.[995] Der zu Beginn seiner Herrschaft als so tatkräftig dargestellte König ist nun vom Alter gezeichnet, was Einfluss auf die Verhaltensweisen des

---

992 Vgl. Kap. 2.4.2.2.
993 STEM 2007, 440.
994 Vgl. auch FOX 1996, 113.
995 LEVENE 1993, 138.

Königs hat.[996] Dies erzeugt laut Livius die schon beschriebene Reaktion der Leute. Er suchte schließlich in den Aufzeichnungen Numas die Handlungsanweisungen für Sühnungszeremonien, zog sich für diese zurück und wurde nicht mehr gesehen, was zum Gerücht führte, von Jupiter im Zorn erschlagen worden zu sein (Liv. 1,31,8). Diese letzte Schilderung macht Livius von *tradunt* (Liv. 1,31,8) abhängig und distanziert sich somit wieder von religiösen Phänomenen und vor allem vom Eingreifen der Götter in menschliches Handeln.[997] Trotzdem macht Livius durch Verwendung der indirekten Rede implizit die Aussage, dass Beschäftigung mit Religion nur dann, wenn es notwendig ist, nicht ausreicht und eine gewisse Kenntnis der religiösen Vorschriften unabdingbar ist.

Livius charakterisiert Tullus damit als Krieger, der die Religion völlig vernachlässigt, was in der Schlussbemerkung noch einmal deutlich wird: *Tullus magna gloria belli regnavit annos duos et triginta* (Liv. 1,31,8). Damit unterscheidet er sich in der Charakterisierung des Livius nicht nur erheblich von seinem Vorgänger, sondern auch von seinem Nachfolger. Denn Tullus wird wie zuvor schon Romulus von Numa auch in Abgrenzung von Ancus Marcius charakterisiert: *et quia proximum regnum, cetera egregium, ab una parte haud satis prosperum fuerat aut neglectis religionibus aut prave cultis* (Liv. 1,32,2). Damit greift Livius aus der Perspektive des Ancus Marcius die unzureichende (*neglectae religiones*) bzw. falsch ausgeführte Götterverehrung (*prave cultae religiones*) des Tullus Hostilius auf, um Gründe für das Handeln des Ancus Marcius anzuführen. Dies erklärt auch die Formulierung, durch die Livius als einzig schlechten Zug des Tullus das Vernachlässigen der Götter nahelegt und sein weiteres Tun positiv darstellt. Abhängig von *ratus* (Liv. 1,32,2) werden zwei Gründe angeführt, die, wie noch zu zeigen sein wird, Ancus dazu veranlassten, sich um die Götterverehrung zu kümmern: der gute Ruf seines Großvaters Numa und das in religiösen Dingen nachlässige Handeln des Tullus.

Livius charakterisiert Tullus aus auktorialer Perspektive also als wild (*ferox*) und kriegerisch (*bellicosus*) und stellt durchaus die Kriegserfolge und seine Leistungen im Vergrößern des Herrschaftsgebiets dar. Die negative Charakterisierung im Hinblick auf die Religion erzählt er einerseits aus der Figurenperspektive der Leute, wie sich aus *tradunt* ergibt, andererseits aus der Perspektive des Nachfolgers. Wenn man einbezieht, dass die Kritik an *imperii cupido* in der direkten Rede des Mettius Fufetius erfolgt, stellt Livius als auktorialer Erzähler die entscheidende Sicht nicht aus auktorialer Perspektive, sondern aus der Perspektive an der Handlung beteiligter Figuren dar. Damit äußert Livius die starke Kritik

---

996 ALBRECHT 2016, 252.
997 Vgl. Kap. 2.2.2.1.

am römischen König, der für Expansionsstreben steht, nicht explizit. Dennoch fällt in der Gesamtschau der ersten drei Könige die Charakterisierung des Tullus Hostilius am negativsten aus, was sich auch im Vergleich zu seinem Nachfolger nicht ändern wird. Im Vergleich mit den Tarquiniern aber wird der Charakter des Tullus Hostilius immer noch recht positiv gezeichnet.

Mit Ancus Marcius, dem Enkel des Numa Pompilius, wird nach dem Ur-Römer Tullus wieder ein Sabiner römischer König. Er wird nahezu als das Ideal des römischen Königs dargestellt: Während Romulus zu sehr auf Kriege aus war, Tullus gar ein herrschsüchtiger Kriegstreiber war, der sogar die Götter vernachlässigte, und Numa ein reiner Friedenskönig, vereinigt der livianische Ancus Fähigkeiten in der Friedenszeit, Achtung vor den Kulten und kriegerisches Geschick in einer Person.[998] Livius stellt keine Charakterisierung aus auktorialer Perspektive an den Anfang, sondern zeichnet Ancus zunächst aus der Figurenperspektive des Königs selbst, wodurch er ihn beiden Vorgängern gegenüberstellt: In Bezug auf Numa heißt es, dass Ancus an den guten Ruf seines Großvaters (*et avitae gloriae memor* [Liv. 1,32,2]) und an das oben schon erwähnte ungünstige Handeln des Tullus in religiösen Dingen (*et quia proximum regnum* [...] *ab una parte haud satis prosperum fuerat* ... [Liv. 1,32,2]) dachte.[999] Dies steht an dieser Stelle im Zusammenhang mit der Wiederbelebung der von Numa eingeführten Kulte und Kultbestimmungen, die Numa vom *pontifex* öffentlich auf einer weißen Tafel aufstellen lässt. Die Charakterisierung in Abgrenzung der Vorgänger geht weiter, als die Latiner die Römer angreifen, in der Meinung, Ancus kümmere sich nur um die Kulte und sei wie sein Großvater nicht kriegerisch tätig:

> Igitur Latini [...] repetentibus res Romanis superbe responsum reddunt, desidem Romanum regem inter sacella et aras acturum esse regnum rati. Medium erat in Anco ingenium, et Numae et Romuli memor; (Liv. 1,32,3–4).

An dieser Stelle werden die guten Eigenschaften des Ancus deutlich, die er sowohl mit Numa als auch mit Romulus gemeinsam hat, was durch *et ... et* besonders hervorgehoben wird.[1000] Mit Romulus verbindet ihn das Kriegerische, aber eben nicht in der übertriebenen Form des Tullus, mit Numa seine Kenntnisse im kultischen Bereich. Diese Charakterisierung erfolgt in zwei Schritten. Zuerst legt Livius abhängig von *rati* die Ansicht der Gegner dar, die allzu hochmütig meinen, dass sich Ancus nur um die Kulte und die Götterverehrung kümmere. Dieser stellt

---

998 Wie BERNARD 2000, 178 einen reinen „roi religieux" zu sehen, trifft nicht zu. Ähnlich LUCE 1977, 235.
999 PENELLA 1987, 236 und FOX 1996, 113.
1000 PENELLA 1990, 212.

er anschließend die auktoriale Perspektive gegenüber, aus der er ihn in der Mitte zwischen Romulus und Numa verortet[1001] und damit positiv zeichnet. Dies zeigt sich auch in der folgenden Handlung, nämlich der Verbindung des Fetialrechts mit dem *bellum iustum*.[1002] Im folgenden Satz fällt ebenfalls auf, wie gehäuft im Bericht über Ancus die Namen der Vorgänger fallen. Livius schreibt, dass die Latiner Ancus immer mehr provozierten und die Zeiten besser zu Tullus passten als zu Numa: [...] *temporaque esse Tullo regi aptiora quam Numae. Ut tamen, quoniam Numa in pace religiones instituisset, a se bellicae caerimoniae proderentur* (Liv. 1,32,4–5). Aus dieser Stelle wird die positive Charakterisierung des Ancus noch einmal deutlich. Livius erzählt, dass Ancus sich nicht wie Tullus provozieren ließ und aus Herrschsucht Krieg führte, sondern besonnen wie Numa die Kultregeln im Blick hatte. Er wollte nicht einfach Krieg führen, sondern das Kriegsrecht für alle Zeit regeln.[1003] Diese positive Charakterisierung greift Livius am Ende des wie schon bei Numa sehr kurzen Berichts auf: *Regnavit Ancus annos quattuor et viginti, cuilibet superiorum regum belli pacisque et artibus et gloria par* (Liv. 1,35,1). Dieser auktoriale Kommentar bestätigt auch die anfangs aufgestellte These, dass Ancus Marcius alle guten Eigenschaften der vorherigen Könige in sich vereint,[1004] die durch die jeweiligen Vergleiche mit den Vorgängern besonders hervorgehoben werden.[1005] Er wird auch nicht explizit von Tullus abgegrenzt, an dessen Herrschaft zwar implizit Kritik geübt wurde, der sich aber dennoch großen Kriegsruhm erworben hatte.

Die ersten vier Könige ergeben zusammen das Bild eines guten Königs, der sowohl die Innen- als auch die Außenpolitik im Blick haben soll und die Götter nicht vernachlässigen darf. Er muss die Balance zwischen Kriegs- und Friedenstaten finden.[1006] Es wird aber auch deutlich, dass Livius für die Frühzeit im Kriegsruhm einen wesentlichen Faktor in der Bewertung des Königs sieht. Anhand der Person des Tullus äußert Livius aus der Perspektive anderer Kritik am zu

---

1001 WEISSENBORN u. MÜLLER ¹¹1963a, 186. Ihr Hinweis, dass aufgrund des Folgenden doch eher der Name Tullus als Romulus zu erwarten sei, verkennt, dass es Livius darum geht, Ancus als den besonnenen Krieger wie Romulus darzustellen, der eben nicht wie Tullus einfach einen Kriegsgrund sucht.
1002 Vgl. PENELLA 1987, 234 und Kap. 2.4.2.2.
1003 PENELLA 1987, 237.
1004 Vgl. PENELLA 1987, 236 f., der diese Zusammenfassung als Synthese von Romulus und Numa auffasst und dabei Tullus völlig außen vor lässt. In der Forschung wird immer wieder darauf hingewiesen, dass Livius bewusst negative Seiten in der Darstellung des Ancus Marcius weggelassen habe, zuletzt VASALY 2015, 219.
1005 Vgl. BERNARD 2000, 31 f.
1006 PENELLA 1987, 237.

wilden und zu kriegerischen Handeln und an der *imperii cupido*. Damit will er, wenn man die Erkenntnisse aus textimmanenter Perspektive deutet, vor allem davor warnen, wie sich Macht negativ auf den Charakter auswirken kann, was im weiteren Verlauf des ersten Buches noch von Bedeutung sein wird. Mit Ancus Marcius ist der Höhepunkt der Königszeit erreicht. Er ist der König, der alle guten Eigenschaften in sich vereint.[1007]

Es fällt zudem auf, dass Livius zur Charakterisierung der Könige häufig den Vergleich mit den Vorgängern anstellt und manche Charakterzüge, die im Bericht über die jeweilige Regierungszeit nicht so auffällig waren, erst im Vergleich deutlich werden. Damit kann man aus den Charakterisierungen erkennen, dass Livius, wie er es in der *praefatio* (Liv. *praef.* 10) postuliert, die Könige als Exempla für und gegen gewisse Eigenschaften darstellt, wobei mehr die einzelnen Protagonisten als bestimmte Institutionen im Mittelpunkt stehen.[1008] Dass die Römer die Könige im Rückblick nicht nur negativ sahen, sondern ihr Andenken bewahren wollten, zeigen die Königsstatuen am Kapitol.[1009] Zudem wird in dem Wechsel der Könige in der Herkunft – Romulus und Tullus als Ur-Römer, Numa und Ancus als Sabiner – deutlich, dass am Anfang die Stadt erst zusammenwachsen musste. Die Ur-Römer sind in jedem Fall die stärkeren Krieger, was gut zu der Auffassung passt, die Römer hätten sich als Nachkommen des Mars höchsten Kriegsruhm erworben (Liv. *praef.* 7), während die Sabiner eher als die ruhigeren und gottesfürchtigeren Könige dargestellt werden. Es soll im Folgenden gezeigt werden, wie sich Charakter und Politik der Könige unter den Tarquiniern entscheidend ändern.

2.4.3.2.2 Die Tarquinier und Servius Tullius

Die zweite Gruppe von Königen bilden die beiden Tarquinier und Servius Tullius. Im Gegensatz zu den Vorgängern gibt es große Unterschiede in der Frage, wie sie jeweils ins Amt kamen[1010] und wie sie dieses ausübten. Wie zu erkennen ist, war

---

1007 Man könnte natürlich die Charakterisierung der Könige mit der des Augustus und seiner Art, die Herrschaft auszuüben, vergleichen. Dies soll aber nicht Bestandteil dieser Arbeit sein.
1008 Vgl. STEM 2007, 436.
1009 WALTER 2004, 145 und WELWEI 2001, 129.
1010 FROMENTIN 2003, 72 nennt eine übliche Prozedur, wie ein König in sein Amt komme, die bis Tarquinius Priscus bei allen gleich gewesen sei: Tod des vorherigen Königs, Wahl eines Interrex, Auswahl eines geeigneten Nachfolgers, Bestätigung durch Senat, Volk und die Auspizien. Dies ist grundsätzlich richtig, doch weist schon die Erzählung des Livius kleine Unterschiede im Detail auf. Bei Tarquinius Priscus wird der Ablauf, wie im Folgenden zu sehen sein wird, von Livius anders dargestellt.

der Höhepunkt der Königszeit mit dem beinahe idealen König Ancus Marcius erreicht. Livius berichtet bei den beiden Tarquiniern und bei Servius Tullius ausführlich über den Weg zur Macht und macht durch seine Erzählstrategie deutlich, dass der Weg des römischen Staates einerseits zum Niedergang des Königtums, andererseits hin zur Republik führt. Weiterhin zeigt Livius durch die narratologische Darstellung, wie die Frauenfiguren Tanaquil und Tullia immer stärker Einfluss auf die Einsetzung der Könige nehmen.[1011] In der Forschung ist vor allem das Ende der Königszeit ausführlich dargestellt, häufig mit einem Schwerpunkt auf der Brutus- und der Lucretiageschichte.[1012] Zu Tarquinius Priscus gibt es sehr wenig Forschungsliteratur,[1013] wobei in den Publikationen, in denen es um größere Zusammenhänge geht, in der Regel auch auf diesen eingegangen wird. [1014]

Der erste etruskische König in Rom ist Tarquinius Priscus, dessen etruskische Herkunft Livius ausführlich schildert. Um die Charakterisierung und ihre narratologische Darstellung erläutern zu können, muss der Beginn des Berichts über die Regierungszeit kurz zusammengefasst werden. Tarquinius, der ursprünglich aus Tarquinii stammte und vor seiner Ankunft in Rom Lucomo hieß, war der Sohn eines griechischen Einwanderers. Diese Tatsache versperrte ihm den Weg in die Aristokratie seiner Heimatstadt. Auf Betreiben seiner Frau Tanaquil ging er deshalb nach Rom, wo er hoffte, diese Ehrenstellung zu erreichen.[1015] Bei der Ankunft nahm ihm ein Adler die Filzkappe ab, setzte sie ihm wieder auf und flog davon, was seine Frau als göttliches Zeichen deutete. Dort nahm Lucomo den Namen L. Tarquinius Priscus an, einen vollständigen römischen Namen mit allen drei üblichen Bestandteilen. Durch seine Leutseligkeit stieg er schnell in die höchsten Kreise bis in das Haus des Königs auf, der ihn zum Vormund seiner Kinder machte (Liv. 1,34). Nach dem Tod des Königs Ancus Marcius, dessen Regierungszeit bei

---

1011 Vgl. KOWALEWSKI 2002, 58. KOWALEWSKI analysiert ausführlich die Rolle der Frauenfiguren Tanaquil und Tullia (58 ff.), wobei die Interpretation bisweilen über eine Paraphrase nicht hinausgeht.
1012 Z. B. WELWEI 2001, WISEMAN 1998 oder SCHUBERT 1991. Speziell zu Brutus ROBBINS 1972, zu Lucretia FREUND 2008. MINEO 2006, 200 ff. stellt ausführlich, beginnend mit Tarquinius Superbus, den zweiten Teil des ersten Geschichtszyklus als eine Zeit des Abstiegs dar. Dieser Zyklus endet schließlich bei Camillus. Vgl. auch MINEO 2015, 140 mit graphischer Illustration.
1013 PENELLA 2004 behandelt das Thema *ambitio* in der Darstellung von Tarquinius Priscus, MINEO 2006, 184 ff. sieht bis Servius Tullius – den Bericht über dessen Herrschaft behandelt er sehr ausführlich – den ersten Zyklus des Aufstiegs, während mit Tarquinius Superbus der erste Zyklus des Abstiegs beginnt. Dies könnte der Grund dafür sein, warum er Tarquinius Priscus sehr positiv darstellt.
1014 So beispielsweise bei FOX 1996, 127 ff.
1015 KOWALEWSKI 2002, 59.

der Ankunft des Lucomo noch andauerte, bemühte er sich aktiv durch Werben beim Volk um das Königsamt, wurde schließlich gewählt und sicherte sich seine Macht durch Erweiterung des Senats (Liv. 1,35,1–6).

Der erste wichtige Unterschied zu den ersten Königen besteht darin, dass der Nachfolger schon in die Handlung eingreift, bevor vom Tod des Vorgängers berichtet wird.[1016] Dies gilt nicht nur für Lucomo, den späteren Tarquinius Priscus, sondern auch für Servius Tullius und Tarquinius Superbus. Sie interagieren in der Handlung direkt mit ihren Vorgängern und bringen sich, jeder auf eine andere Weise, für die Wahl entsprechend in Position bzw. ergreifen die Macht ohne Wahl. Ferner hat damit neben Romulus, der schon vor der Stadtgründung eine Figur der Handlung ist, jeder der drei späteren Könige im Gegensatz zu Numa, Tullus und Ancus ein Leben vor seiner Amtszeit, in dem grundlegende Charaktereigenschaften zwar eingeführt werden, aber noch nicht dieselbe Wirkung wie nach der Wahl zum König entfalten.

Dies soll zunächst am Beispiel des Tarquinius Priscus ausführlich betrachtet werden, der erst in Rom von seinen guten Eigenschaften profitieren kann, weil diese Stadt Leuten, die nicht dort geboren sind, offener schien. Gleich im ersten Satz wird er charakterisiert und sein Motiv, nach Rom zu gehen, genannt:

> Anco regnante Lucumo, vir impiger ac divitiis potens, Romam commigravit cupidine maxime ac spe magni honoris, cuius adipiscendi Tarquiniis – nam ibi quoque peregrina stirpe oriundus erat – facultas non fuerat (Liv. 1,34,1).

Aus dem einleitenden Ablativus absolutus *Anco regnante* wird deutlich, dass die folgende Handlung sich noch in der Regierungszeit des Ancus Marcius abspielt.[1017] Livius beginnt die Erzählung über Tarquinius Priscus mit dessen Einwanderung – noch unter dem Namen Lucomo – in Rom (*Romam commigravit*), wodurch er trotz der etruskischen Herkunft des Protagonisten unmittelbar den Bezug zu Rom herstellt. Dessen Abstammung wird erst in einer unmittelbar folgenden Rückblende erzählt, die der Begründung seiner Motive für den Umzug nach Rom und seiner politischen Ziele dient. Gleichzeitig ist dies der erste Schritt von dreien, in denen Livius das Erreichen dieses Ziels, eines Aufstiegs in Rom, erzählt. Der zweite Schritt besteht im Adler-Augurium und der dritte in Tarquinius' Handeln in Rom.

Im ersten Schritt, der Rückblende, charakterisiert Livius Lucomo aus auktorialer Perspektive in einer Apposition mit zwei Eigenschaften: Er nennt dessen

---

1016 CHARPIN 1981, 16.
1017 BURCK 1964, 157.

Fleiß und dessen Reichtum,[1018] beides Eigenschaften, die Priscus später in Rom bei seinem Ziel, ein hohes Amt zu erreichen, zum Erfolg verhelfen. Denn Livius führt das hoffnungsvolle Streben nach einer hohen Ehrenstellung (*cupido ac spes magni honoris*) als Hauptgrund für den Umzug nach Rom an.[1019] Das Thema ‚Begierde und Hoffnung auf die Ehrenstellung' prägen diesen ersten Schritt des Livius, wobei die Hoffnung hauptsächlich aus der Perspektive Tanaquils beschrieben wird. Mit *cupido honoris* schreibt Livius Lucomo eine typisch römische Eigenschaft der Republik zu,[1020] was zur Entscheidung nach Rom zu gehen und zur folgenden Charakterisierung als *homo novus* gut passt. Livius beginnt die Rückblende mit Lucomos Herkunft und seiner Zeit in Tarquinii vor dem Aufbruch nach Rom. Seinen Vater, der ein Flüchtling aus Griechenland war und dessen Alleinerbe Lucomo wurde, erwähnt Livius gleich zweimal: *Lucomo superfuit patri bonorum omnium heres* (Liv. 1,34,2) und *Lucomoni contra, omnium heredi bonorum, cum divitiae iam animos facerent* (Liv. 1,34,4). Der Reichtum stammte also aus dem Erbe und stärkte seinen Mut, sodass er Tanaquil aus gutem Hause (*Tanaquil, summo loco nata* [Liv. 1,34,4]) zur Frau nahm.[1021] Der folgende Entscheidungsprozess, dass beide nach Rom gingen, aus dem sich *cupido ac spes magni honoris* ergeben, wird aus der Figurenperspektive Tanaquils erzählt. Sie konnte es nicht ertragen, dass ihr Mann wegen seiner Herkunft in Tarquinii zurückgewiesen wurde und sie selbst durch die Heirat einen sozialen Abstieg hinnehmen musste.[1022] Sie betrachtete daher Rom als geeignete Stadt für einen Neuanfang:

> Spernentibus Etruscis Lucomonem exule advena ortum, ferre indignitatem non potuit [...]. Roma est ad id aptissima visa: in novo populo, ubi omnis repentina atque ex virtute nobilitas sit, futurum locum forti ac strenuo viro; regnasse Tatium Sabinum, arcessitum in regnum Numam a Curibus, et Ancum Sabina matre ortum nobilemque una imagine Numae esse (Liv. 1,34,5–6).

Auffällig dabei ist die Wortwahl. Die Etrusker sahen auf Lucomo als Sohn eines *advena* herab, was die Bezeichnung für die Aeneaden als *advenae* (Liv. 1,1,5) zu Beginn dieses ersten Buches wieder aufnimmt. Dieser Befund wird noch dadurch untermauert, dass Livius für den Vater Lucomos mit *domo profugus* (Liv. 1,34,2) die gleichen Worte wählt wie für Aeneas (Liv. 1,1,4). Lucomo erfährt in seiner Heimat

---

1018 Zur Bedeutung von *impiger* bei Livius s. MOORE 1989, 26 ff.
1019 KOWALEWSKI 2002, 59 und MINEO 2006, 185. Zur Bedeutung von *honos* als Ehrenstellung vgl. HELLEGOUARC'H 1972, 384 f.
1020 Vgl. HELLEGOUARC'H 1972, 385.
1021 KOWALEWSKI 2002, 59.
1022 KOWALEWSKI 2002, 60.

indignitas, was Hillen mit ‚Zurücksetzung' übersetzt.[1023] Natürlich spielt Livius damit auf den römischen Wert *dignitas* an, der für einen römischen Politiker entscheidend ist.[1024] Dies bedeutet aus der Perspektive Tanaquils, dass ihr Ehemann all das in negativer Form erfährt, was sich bei den Aeneaden durch die *fata* schließlich zum Positiven wendet. Dazu passend wird in der von Livius geschilderten Überlegung Tanaquils der schnelle Aufstieg von Leuten in die *nobilitas* durch *virtus* betont.[1025] Dies traut sie ihrem tapferen und tatkräftigen Mann (*fortis ac strenuus vir*) auch zu, wobei Livius an das Wort *impiger* vom Beginn des Berichts durch zwei weitere Adjektive anknüpft, die eine Umschreibung des Wortes *virtus* bilden.[1026] Ihre Überlegung wird fortgesetzt, indem sie die sabinische Herkunft der früheren römischen Könige als Argument dafür anführt, dass ein Nicht-Römer in Rom König werden könne.[1027] Mit dem Hinweis, bei Ancus sei nur das Ahnenbild (*imago*) eines einzigen Vorfahren vorhanden, spielt Livius schon einmal auf das Thema *homo novus* an.[1028] Treibende Kraft für die Übersiedlung nach Rom ist nach Livius in jedem Fall Tanaquil: *consilium migrandi ab Tarquiniis cepit* (1,34,5). Sie fasst den Beschluss, nach Rom zu gehen.[1029] Mit dem Satz *Sublatis itaque rebus amigrant Romam* (Liv. 1,34,7) schließt Livius die Rückblende ab und fährt mit der Handlung fort, als die beiden am Janiculum ankommen.

Während die Rückblende noch im Perfekt erzählt ist, wechselt Livius zur Steigerung der Lebhaftigkeit der Handlung das Tempus und erzählt den nun folgenden zweiten Schritt des Aufstiegs Lucomos, das Adler-Augurium,[1030] im historischen Präsens, wodurch dieses Vorzeichen besonders lebhaft geschildert und damit zusätzlich hervorgehoben wird. Ein Adler nimmt Lucomo die Mütze ab und setzt sie ihm wieder auf. Seine Frau, die als Etruskerin die Vorzeichen zu deuten weiß, leitet daraus ab, dass ihr Mann das Beste für die Zukunft in Rom hoffen könne: *Excelsa et alta sperare complexa virum iubet* (Liv. 1,34,9). Livius führt die Deutung auf Tanaquil zurück und enthält sich jeder Wertung über die Bedeutung des Vorzeichens, nimmt aber mit dem Verb *sperare* das Motiv ‚Hoffnung' wieder auf, das schon in der Rückblende eingeführt wurde. Diesmal wird

---

1023 HILLEN ⁴2007, *ad locum*.
1024 Vgl. zu *dignitas* THOME 2000b, 117 f.
1025 Vgl. MOORE 1989, 7 f., DENCH 2005, 23 und THOME 2000b, 118 f.
1026 MOORE 1989, 15.
1027 KOWALEWSKI 2002, 60 f.
1028 Vgl. WEISSENBORN u. MÜLLER ¹¹1963a, 195 f.
1029 KOWALEWSKI 2002, 60 und BURCK 1964, 158.
1030 Livius bezeichnet das Vorzeichen als *augurium* und bezeichnet Tanaquil als *perita, ut vulgo Etrusci, caelestium prodigiorum mulier* (Liv. 1,34,9), was KHARIOUZOV 2013, 54 dazu führt, den Vorgang als „Prodigium" zu bezeichnen. WEISSENBORN u. MÜLLER ¹¹1963a, 196 sehen in *augurium* wie auch in *prodigium* ein Synonym von *omen* im Sinne von ‚Vorzeichen'.

die Hoffnung nicht durch Tanaquils Meinung begründet, sondern durch ein göttliches Vorzeichen, das allerdings Lucomos Frau ausdeutet. Dennoch weisen die Worte *excelsa et alta* zum Aufbau von Spannung implizit auf die spätere Stellung Lucomos als König hin.[1031] Tanaquil als Lucomos Frau wird also zunächst der Eifer zugeschrieben, den Versuch zu starten, in Rom Fuß zu fassen. Dennoch wird, wenn man noch beachtet, dass der Adler der Vogel Jupiters ist,[1032] und zusätzlich berücksichtigt, dass Euhemerus bei Ennius berichtet hat, ein Adler habe sich auf das Haupt Jupiters gesetzt und dessen Herrschaft über die Götter angezeigt,[1033] die Bedeutung des Vorzeichens noch einmal verstärkt: Lucomos Plan soll in Rom aufgehen. Mit dem Motiv der Hoffnung setzt Livius die Handlung fort: *Has spes cogitationesque secum portantes urbem ingressi sunt, domicilioque ibi comparato L. Tarquinium Priscum edidere nomen* (Liv. 1,34,10).[1034] Er wechselt bei der Fortsetzung des Weges nach Rom mit dem Perfekt wieder in das Tempus, in dem der Weg von Tarquinii nach Rom erzählt wird, schreibt von der Ankunft und von der Namensgebung. Tanaquil ermutigt ihren Mann, den Weg zum Königtum einzuschlagen, wirkt aber nur auf ihn, nicht aber auf das politische Geschehen ein.

Dies ist der dritte Schritt auf dem Weg Lucomos zur Wahl zum König, der wiederum aus zwei Teilen besteht: der Zeit vor und nach dem Tod des Ancus. Nun legt Livius zunächst das Verhalten der Römer nach Lucomos Ankunft dar, wobei durch das Imperfekt deutlich wird, dass es sich um eine längere, andauernde Entwicklung handelt:

> Romanis conspicuum eum novitas divitiaeque faciebant; et ipse fortunam benigno adloquio, comitate invitandi beneficiisque quos poterat sibi conciliando adiuvabat, donec in regiam quoque de eo fama perlata est. Notitiamque eam brevi apud regem liberaliter dextereque obeundo officia in familiaris amicitiae adduxerat iura, ut publicis pariter ac privatis consiliis bello domique interesset [...] (Liv. 1,34,11–12).

Tarquinius nimmt Kontakt zu den Römern auf. Damit geht die erste Hoffnung Tanaquils auf. In Rom kann man als Neuling – Livius gebraucht hier abstrakt das Substantiv *novitas* – Fuß fassen, was auch durch den Reichtum, der schon zu Beginn der Episode genannt wurde, unterstützt wird.[1035] Dem schließt Livius mit *et ipse* nun aus auktorialer Perspektive das Verhalten des Tarquinius Priscus an.

1031 KOWALEWSKI 2002, 62 und BURCK 1964, 158.
1032 HILLEN ⁴2007, 529 und KOWALEWSKI 2002, 62f.
1033 BURCK 1968, 78.
1034 Vgl. KHARIOUZOV 2013, 63.
1035 MINEO 2006, 185f.

Dieser handelt nun selbst, während davor vor allem Tanaquil aktiv war.[1036] Er spricht viel mit den Leuten und nutzt immer wieder seinen Reichtum, um Einladungen vorzunehmen und Gefälligkeiten zu erweisen, was Livius im iterativen Imperfekt berichtet. Damit macht Tarquinius genau das, was in Zeiten der Republik *ambitio* genannt wird.[1037] Dies wird vor allem in dem Instrumentalis *beneficiis* deutlich[1038] und im weiteren Verlauf der Handlung auch noch explizit so bezeichnet (Liv. 1,35,6). Er erreicht sein Ziel und gelangt in die Kreise des Ancus, wo er sich durch großzügiges und geschicktes Erweisen von Diensten (*liberaliter dextereque obeundo officia*) in kurzer Zeit die politische Freundschaft des Königs erwarb. Dies wird durch die Worte *familiaris amicitia* besonders hervorgehoben, wobei dieses Vokabular und auch das Verhalten des Tarquinius, wie es Livius hier darstellt, zum politischen Alltag der Republik passt.[1039] Die kurze Zeit, in der dies mit Erfolg geschah, hebt Livius neben dem Wort *brevi* vor allem mit der Verwendung des Plusquamperfekts hervor. Tarquinius brachte es schließlich zum persönlichen Berater des Königs in allen Bereichen, was durch *privata pariter ac publica consilia* und durch *bello domique* besonders hervorgehoben wird. Damit ist er im Zentrum der Macht angekommen. Gerade in diesem Bereich kommen Tarquinius' positive Eigenschaften zum Tragen, die Livius mit *impiger, fortis* und *strenuus* bezeichnet hat. Damit ist dessen Erfolg in Rom noch nicht beendet, sondern nur die Grundlage für die eigene Wahl zum König gelegt.

Nach dem nun folgenden Tod des Königs versucht Tarquinius die Volksversammlung zur Wahl des Königs möglichst schnell durchzuführen, was Livius mit dem zunehmenden Alter der Königssöhne begründet, die Tarquinius kurz vor dem Wahltermin zur Jagd schickt. Diese – man könnte fast sagen – List bewertet Livius an dieser Stelle erst einmal überhaupt nicht. Dies geschieht erst im Zusammenhang mit Servius Tullius: *Tum Anci filii duo etsi antea semper pro indignissimo habuerant se patrio regno tutoris fraude pulsos* (Liv. 1,40,2). Im Rahmen der Erzählung von Tarquinius Priscus bemerkt Livius lediglich in einer NcI-Konstruktion, dass dieser der erste gewesen sei, der sich *ambitiose* um die Königswahl bewarb:[1040] *Isque primus et petisse ambitiose regnum et orationem dicitur habuisse*

[1036] KOWALEWSKI 2002, 63.
[1037] Vgl. PENELLA 2004, 631.
[1038] Vgl. WEISSENBORN u. MÜLLER [11]1963a, 197.
[1039] HELLEGOUARC'H 1972, 41 ff. und 54 ff. weist auf die Nähe der Begriffe *clientela* und *amicitia* hin. Ursprünglich war *amicitia* der reichen Oberschicht vorbehalten, während die Plebejer die Klienten waren. Im Gegensatz zu *clientes* waren *amici* bei der *salutatio* beispielsweise nicht anwesend. In jedem Fall war es in Rom für den politischen Erfolg unerlässlich, politische Freunde zu haben.
[1040] FOX 1996, 119.

ad conciliandos plebis animos compositam (Liv. 1,35,2). Damit spielt Livius das erste Mal explizit auf *ambitio* an,[1041] vermeidet aber durch die von *dicitur* abhängige Formulierung, dass er diesen Vorgang als auktorialer Erzähler bewerten muss, wenngleich es sich hier nicht um eine verwerfliche Form der *ambitio* handelt.[1042] Die Bezugnahme auf *cupido magni honoris* erfolgt durch die zuvor erläuterten Verhaltensweisen einerseits[1043] und durch eine Rede, mit der er das einfache Volk gewinnen will, andererseits. Dies wird mit *et – et* verstärkt. Auffällig ist die Wortwahl, da Livius das einfache Volk in diesem Kontext von *ambitio* mit *plebs* bezeichnet. Das Wort kommt zwar auch vorher schon in dieser Bedeutung vor, dennoch fällt der Bezug zu Bezeichnungen der Republik auf. Die Rede gibt Livius indirekt wieder. Dabei führt Tarquinius mit der Herkunft seiner Vorgänger das gleiche Argument für seine Wahl an, das Livius in den Überlegungen Tanaquils zum Umzug nach Rom verwendet hat. Der Unterschied ist der Adressat innerhalb der Handlung. Tanaquil wollte mit ihren Überlegungen ihren Mann überzeugen, während Tarquinius beim Volk Wahlwerbung machte. Weitere Argumente sind seine Tätigkeit beim König und seine Güte (*benignitas* [Liv. 1,35,5]), wobei *beneficia* wieder aufgenommen wird, sodass ihn das Volk schließlich zum König wählt (Liv. 1,35,6). Damit hat er das Ziel des Aufstiegs in Rom erreicht. Zudem fällt auf, dass sich gerade beim ersten Tarquinierkönig das Verfahren der Wahl ändert. Livius legt hier republikanische Abläufe der Wahl der Magistraten einer Königswahl zugrunde und nimmt damit bewusst Abweichungen zum bisherigen Verfahren der Königswahl in Kauf.[1044] Lucomo wirkt wie ein *homo novus*, der durch *ambitio* Erfolg hat. Der Senat bleibt hingegen bei der Wahl des Tarquinius völlig außen vor und tritt im Bericht über Tarquinius erst in Erscheinung, als Livius von der Vergrößerung des Senats durch den König zur Sicherung seiner Herrschaft berichtet:

1041 PENELLA 2004, 630: „here: it surely means 'by canvassing, by actively seeking to win support'". Auch HELLEGOUARC'H 1972, 210 leitet *ambitiosus* von *ambitio* ab. WEISSENBORN u. MÜLLER [11]1963a, 198 sehen hier eher den Bezug zu *ambitus*. Da *ambitus* pejorativ konnotiert ist, ist an dieser Stelle von *ambitio* auszugehen. Zur Unterscheidung von *ambitio* und *ambitus* vgl. HELLEGOUARC'H 1972, 209 f.
1042 BURCK 1968, 78.
1043 PENELLA 2004, 631.
1044 Mit dem Einwand, dass es ein *interregnum* gegeben haben müsse, da nur ein *interrex* die Volksversammlung einberufen könne, verkennen WEISSENBORN u. MÜLLER [11]1963a, 198 die Aussageabsicht des Livius.
  Bei den drei Vorgängern des Tarquinius war die Reihenfolge, dass erst ein König starb, es dann ein Interregnum gab und schließlich der Senat und das Volk den König auf Vorschlag des *interrex* wählten (vgl. PENELLA 2004, 631 und WEISSENBORN u. MÜLLER [11]1963a, 198).

> Ergo virum cetera egregium secuta, quam in petendo habuerat, etiam regnantem ambitio est; nec minus regni sui firmandi quam augendae rei publicae memor centum in patres legit, [...] factio haud dubia regis cuius beneficio in curiam venerant (Liv. 1,35,6).

Mit der Einleitung dieses Vorgangs kritisiert Livius dieses Vorgehen des Königs, das von übertriebener *ambitio* geleitet war, eindeutig, weil Tarquinius dadurch in Form eines *beneficium* eine *factio* schuf, womit Livius wieder einen kritischen Begriff der spätrepublikanischen Politik gebraucht.[1045] Natürlich betont Livius in dem mit der Litotes *nec minus* eingeleiteten Vergleich *regni sui firmandi quam augendae rei publicae memor* das erste Glied des Vergleichs und damit das Thema der Sicherung der Königsherrschaft. Der Gegensatz wird durch den Chiasmus zusätzlich verstärkt.[1046] In jedem Fall ist Livius' Bewertung der Vergrößerung des Senats als durchaus kritisch aufzufassen. Zudem wird dem König so das römische Erbübel *regni cupido* zugeschrieben. Diese Aussage macht Livius zwar nicht explizit, aber durch die Einführung dieses Motivs bei der Stadtgründung und die Bezeichnung als *avitum malum* ist klar, dass *regni cupido* immer wieder der Auslöser für machtsicherndes Handeln der führenden Männer im Staat ist.

Livius erzählt in drei Schritten, wie Lucomo aus Tarquinii auf Betreiben seiner Frau und gestützt durch ein Vorzeichen zur Hoffnung gelangt, in Rom etwas erreichen zu können. Dabei kommen ihm neben der *ambitio* seine Eigenschaften zugute, die den ganzen Anfang des Berichts der Regierungszeit durchziehen. Indem Livius mit dem Umzug Lucomos nach Rom beginnt, macht er das Ziel seiner Ausführungen deutlich: den Aufstieg eines Nicht-Römers in Rom. Der Erzähler nutzt Rückblenden, die Figurenperspektive sowie indirekte Reden, um relevante Charaktereigenschaften und Themen zu Beginn zu platzieren und später wieder aufzugreifen. Damit erreicht er, dass sich Tanaquils Hoffnung, die er aus Figurenperspektive schildert, in Rom erfüllt, was er so noch einmal aus auktorialer Perspektive erzählen kann. Das Adlervorzeichen bestätigt für die Figuren der Handlung die Hoffnung und legitimiert in gewisser Weise den Aufstieg Lucomos in Rom. Die Argumente, die Tanaquil in ihrer Überlegung anführt, lässt Livius Tarquinius in seiner Bewerbungsrede um das Königsamt wieder nutzen. Das Volk erhält bei der Wahl, indem es der interne Adressat der Bewerbungsrede ist und die Wahl vornimmt, eine Bedeutung, die es vorher nicht hatte. Damit beginnt Livius, den Weg zur Republik zu ebnen. Er zeichnet hier Tarquinius

---

1045 Penella 2004, 632f., Burck 1968, 78f. und Weissenborn u. Müller ¹¹1963a, 199.
1046 Weissenborn u. Müller ¹¹1963a, 199. Dagegen Mineo 2006, 184.

Priscus als Exempel für einen Aufsteiger in Rom[1047] und gibt gleichsam eine Handlungsanweisung, wie man sich als Neuling in der stadtrömischen Politik dieser Zeit behaupten kann.[1048]

Dennoch darf die Darstellung des Anfangs der Regierungszeit des Tarquinius Priscus nicht ausschließlich positiv gesehen werden. Dies zeigt sich schon an der oben erwähnten, kritischen Darstellung der übertriebenen *ambitio* und der Bildung einer *factio* sowie an der Tatsache, dass er die Söhne von Ancus Marcius kurz vor der Wahl zur Jagd schickt. Auch seine weitere Regierungszeit ist durchaus ambivalent zu sehen. Sie steht somit am Anfang einer Entwicklung der Königsherrschaft zur Tyrannei.[1049] Dies ergibt sich auch aus Livius' Bewertung der Königszeit im Binnenprooöm des zweiten Buches:

> nimium Tarquinios regno adsuesse; initium a Prisco factum; regnasse dein Ser. Tullium; ne intervallo quidem facto oblitum, tamquam alieni, regni, Superbum Tarquinium velut hereditatem gentis scelere ac vi repetisse (Liv. 2,2,3).

Hier stellt Livius Tarquinius Priscus eindeutig als den Beginn des Niedergangs dar.[1050] Livius schildert, wie das Wachstum Roms ab Tarquinius Priscus eine neue Stufe der Entwicklung mit wesentlich größerer Geschwindigkeit erreicht.[1051] Diese zeigt sich auch in der Erzählung des Livius, der in nur vier Paragraphen (Liv. 1,35,7–10) und damit in deutlich stärkerer Zeitraffung von einem Krieg gegen die Latiner berichtet. Den Aufstieg des Tarquinius erzählte Livius zuvor deutlich ausführlicher. Aus diesem Krieg brachte Tarquinius reichere Beute (*praeda maior* [Liv. 1,35,7]) mit, als nach der Bedeutung des Konflikts zu erwarten war, und führte daraufhin aufwendigere Spiele durch als die früheren Könige (*ludos opulentius instructiusque quam priores reges fecit* [Liv. 1,35,7]). In dieser Passage fällt die Häufung an Komparativen auf, durch die dieses Größere und Aufwendigere betont wird. Daraufhin leitet Livius zum Aition des Circus Maximus über, fokussiert aber seine Darstellung auf die Einrichtung von eigenen Zuschauersitzen für jeden Stand, was ebenso die *ambitio* bei den verschiedenen Gruppen thematisiert wie

---

1047 Trotz der an sich berechtigten Einwände von WALTER 2004, 375 kann man hier von einem Exemplum sprechen, da, wenn man das Vorzeichen außer Acht lässt, dieses Exemplum durchaus nachgeahmt werden kann.
1048 Vgl. PENELLA 2004, 630f.
1049 PENELLA 2004, 634 mit dem Hinweis auf eine ähnliche *ambitio*-Thematik in der Erzählung von der Entwicklung von einem guten ersten zu einem tyrannischen zweiten Dezemvirat (Liv. 3,35–36). Anders MINEO 2006, 184, der keine Anzeichen von aufkommender Tyrannei sieht, sondern von einem Vorherrschen der „paix civique" ausgeht.
1050 Vgl. FOX 1996, 117.
1051 PENELLA 2004, 634.

die Zuteilung von Bauland an Privatleute am Forum. Ferner beginnt Tarquinius ein kleines Bauprogramm mit Säulenhallen und Läden, das Livius aber nicht näher spezifiziert (*porticus tabernaeque factae* [Liv. 1,35,10]); er leitet zum Plan des Baus einer Stadtmauer und zur Erzählung vom Krieg gegen die Sabiner über.

Aus diesem Krieg ergab sich laut Livius der Plan zur Einrichtung neuer Reiterzenturien, die Tarquinius nach seinem Namen benennen wollte (Liv. 1,36,2), ein ähnlich kritisch zu sehender Vorgang der *ambitio*, der die persönliche Macht des Königs stärken sollte, wie die Vergrößerung des Senats, was sich besonders darin zeigt, dass Livius weder die genaue Zahl noch den genauen Namen nennt.[1052] In diesem Kontext berichtet Livius auch von der anfangs überheblichen Missachtung der Vorschriften des Staatskults, da vor der Veränderung ein Augurium nötig gewesen wäre, was Livius in der Einzelszene von Attus Navius erzählt.[1053] Trotz dieser Verachtung religiöser Begebenheiten gelobt Tarquinius Priscus im Sabinerkrieg den Jupitertempel auf dem Kapitol. Livius berichtet allerdings nicht von der Tempelwidmung, sondern nennt ihn nur als eine von weiteren Baumaßnahmen wie die Stadtmauer und die Trockenlegung der Talsenken am Forum und an den Hügeln (Liv. 1,38,5–7), die dieser König im Frieden durchführen ließ. Auch diese Baumaßnahmen bewertet Livius in einem auktorialen Kommentar vor deren Aufzählung kritisch, da das Volk dadurch nicht einmal in Friedenszeiten Ruhe hatte: *Maiore inde animo pacis opera incohata quam quanta mole gesserat bella, ut non quietior populus domi esset quam militiae fuisset* (Liv. 1,38,5). Auch hier drückt Livius die Veränderung durch Komparative aus.

Anhand des Königs Tarquinius Priscus zeigt Livius die verschiedenen Ausprägungen von *ambitio*. Er beginnt gemäß Penella mit *ambitio* im positiven Sinn, die den Aufstieg und das Erreichen von Ämtern zum Ziel hat und in der römischen Politik nichts Außergewöhnliches ist, geht dann jedoch zu ihrer negativen Form über, bei der die eigene Person und die Sicherung der persönlichen Macht im Vordergrund stehen. Erstere Ausprägung zeigt sich in der Bewerbung um das Amt des Königs, zweitere in den Maßnahmen zur Sicherung und Vergrößerung der persönlichen Macht.[1054] Dies wird auch in den narratologischen Strukturen sichtbar. Während Livius den Weg zum Königtum ausführlich als Einzelepisode unter Verwendung von Figurenperspektive und indirekten Reden erzählt, berichtet er die anderen Ereignisse mit Ausnahme der Einzelszene um Attus Navius sehr gerafft aus auktorialer Perspektive, möglicherweise auch, um dieser negati-

---

1052 Weissenborn u. Müller [11]1963a, 201 und Penella 2004, 633.
1053 Vgl. Kap. 2.2.2.2 zu Attus Navius und zur Bedeutung der Augurien.
1054 Penella 2004, 632.

ven Form der *ambitio* nicht zu viel Raum zu geben. Die Einzelszene um Attus Navius nutzt Livius, um ausführlich auf die Bedeutung kultischer Vorschriften für das politische Handeln aufmerksam zu machen. Tarquinius wird darin zunächst als religiös nachlässig und als überheblich dargestellt, auch wenn sich diese Einstellung nach dem Kontakt mit Attus Navius ändert; die Widmung des Jupitertempels wird nicht weiter thematisiert. Kritisch ist auch sein Bauprogramm zu sehen, das die Bevölkerung nicht einmal in der Friedenszeit zur Ruhe kommen ließ. Somit ist die Darstellung des Tarquinius Priscus ambivalent im Spannungsfeld zwischen dem erfolgreichen, nachahmenswerten *homo novus* und einer falsch verstandenen *ambitio* zur Erreichung seines Hauptziels, der Vergrößerung des persönlichen Einflusses.[1055]

Nach dem Bericht über die Baumaßnahmen führt Livius nun den folgenden König Servius Tullius[1056] durch ein Prodigium[1057] in die Handlung ein: *Eo tempore in regia prodigium visu eventuque mirabile fuit. Puero dormienti, cui Servio Tullio fuit nomen, caput arsisse ferunt multorum in conspectu;* (Liv. 1,39,1). In diesem Zusammenhang macht Livius Tanaquil, die während der Schilderung der Regierungszeit des Tarquinius Priscus nicht mehr in die Handlung eingreift, wieder zur Protagonistin.[1058] Besonders im Hinblick auf das göttliche Zeichen sind einige Parallelen zur Schilderung der Zeit von Tarquinius Priscus und seinem Weg zum Königtum zu erkennen.[1059] In diesem ersten Moment ist zunächst, wie auch bei Tarquinius Priscus, das spätere Königtum des Servius nicht klar. Er wird als Junge eingeführt. Somit ist er neben Romulus der einzige König, dessen Kindheit Livius schildert.[1060] Ihm soll als kleiner Junge das Haupt gebrannt haben. Tanaquil, die Frau des amtierenden Königs Tarquinius Priscus, verbietet alle Löschversuche.[1061] Livius leitet das Wunderzeichen zunächst mit einem auktorialen Kommentar ein

---

[1055] Die Darstellung des Tarquinius Priscus als rein positiv und damit als Gegenbild zu Tarquinius Superbus darzustellen – so KOWALEWSKI 2002, 88 und mit wenigen Einschränkungen MINEO 2006, 184 ff. – scheint die deutlichen Kritikpunkte zu übersehen.
[1056] In der Forschung wird die Herrschaftszeit des Servius Tullius vor allem von MINEO 2006, 186 ff. im Hinblick auf Servius als den Scheitelpunkt des ersten Zyklus der römischen Geschichte und auf die Bezüge zur augusteischen Zeit thematisiert. FROMENTIN 2003 vergleicht die Darstellung der Herrschaft des Servius Tullius mit der des Tarquinius bei Livius und Dionysios von Halikarnass. THOMSEN 1980 hat eine Monographie zum sechsten römischen König vorgelegt, in der er vor allem aus althistorischer Perspektive dessen Regierungszeit und alle Zeugnisse darüber betrachtet.
[1057] Zur Definition von *prodigium* vgl. Kap. 2.2.2.1.
[1058] KOWALEWSKI 2002, 63.
[1059] BURCK 1964, 160.
[1060] POUCET 1992, 303.
[1061] KOWALEWSKI 2002, 64.

und erzeugt durch die Worte *visu eventuque mirabile* Spannung auf den weiteren Verlauf der Geschichte,[1062] wobei trotzdem anzunehmen ist, dass der Leser am Namen Servius Tullius sofort den sechsten römischen König erkennt. Livius distanziert sich von diesem Götterzeichen, indem er die Erscheinung durch *ferunt* (Liv. 1,39,1) als Bericht der anwesenden Leute deklariert. Auch dieses Prodigium deutet Tanaquil, wie schon beim Adlerprodigium, nur gegenüber ihrem Mann im Geheimen:

> Tum abducto in secretum viro Tanaquil „Videsne tu puerum hunc," inquit, „quem tam humili cultu educamus? Scire licet hunc lumen quondam rebus nostris dubiis futurum praesidiumque regiae adflictae; proinde materiam ingentis publice privatimque decoris omni indulgentia nostra nutriamus." (Liv. 1,39,3)

Im Gegensatz zum Adlerprodigium überliefert Livius die Deutung Tanaquils in direkter Rede. Dies hebt die Bedeutung dieses Götterzeichens noch einmal hervor.[1063] Tanaquil weist ihren Mann in einer Frage auf den Jungen von niedriger Herkunft (*humili cultu*) hin und sieht in diesem die Zukunft des Königshauses in unsicheren Zeiten, was in einem von *licet* abhängigen Aussagesatz steht. Darauf folgt in einem Hortativ die Aufforderung Tanaquils, die ihren Mann einschließt, den Jungen zu ernähren, weil er sowohl im öffentlichen als auch im privaten Bereich Erfolg haben werde. Sie ziehen den jungen Servius wie ein eigenes Kind auf, sodass er im Geist das Leben eines Höherstehenden führt, was mit Hilfe der Götter gelingt: *Evenit facile quod dis cordi esset* (Liv. 1,39,4). Livius bringt zwar hier scheinbar aus auktorialer Perspektive den Grund für den erfolgreichen Aufstieg (*iuvenis evasit vere indolis regiae* [Liv. 1,39,4]) des Servius Tullius, distanziert sich aber erneut vom Eingreifen der Götter, indem er dies im obliquen Konjunktiv (*esset*) anführt. Darauf verlobt der König den jungen Servius mit seiner Tochter. Im folgenden Satz entkräftet Livius sehr nachdrücklich (*eorum magis sententiae sum* [Liv. 1,39,5]) in der ersten Person des Autors den Vorwurf, dass Servius Sohn einer Sklavin sei, indem er wie bei der Erzählung übernatürlicher Phänomene eine zweite Version gegenüberstellt, nach der Servius der Sohn einer Adeligen aus Corniculum sei, die Tanaquil bei sich aufgenommen hatte (Liv. 1,39,5–6).[1064] Besonders auffällig ist, dass Livius ab dem Prodigium diesen in den Mittelpunkt der Erzählung stellt und sich zunächst von Tarquinius Priscus und Tanaquil ab-

---

1062 MINEO 2006, 186.
1063 KOWALEWSKI 2002, 64 und MINEO 2006, 186.
1064 MINEO 2006, 188, der als Grund für diese deutliche Distanzierung anführt, Livius habe sich nicht vorstellen können, dass Einrichtungen der späteren Republik auf einen Sklaven zurückgehen. Ebenso THOMSEN 1980, 58.

wendet.¹⁰⁶⁵ Livius springt anschließend in der Handlung um einige Jahre in die Zeit vor, als Servius schon im Erwachsenenalter war, und stellt in einem auktorialen Kommentar das große Ansehen des Servius beim König, Volk und Senat dar: *Duodequadragesimo ferme anno ex quo regnare coeperat Tarquinius, non apud regem modo sed apud patres plebemque longe maximo honore Ser. Tullius erat* (Liv. 1,40,1). Dieser Kommentar hat mehrere Funktionen. Erstens dient er als Überleitung zur Erzählung vom Machtwechsel im Königshaus, den der Leser durch die Parallelen zu Tarquinius Priscus schon erkannt haben muss¹⁰⁶⁶ und den Livius im Folgenden ausführlich darstellt. Durch die exakte Nennung der Zahl wird wie schon bei den Berichten von den anderen Königen auf das Ende der Regierungszeit und damit den Tod verwiesen.¹⁰⁶⁷ Zweitens fasst er die positive Charakterisierung des Servius Tullius noch einmal zusammen, die in dem knappen, seine Entwicklung im Jugendalter zusammenfassenden Satz (Liv. 1,39,4) schon angedeutet ist. Drittens schafft er eine Parallele zu Tarquinius Priscus in der Zeit vor dem Tod des Ancus, der sich, wie oben dargelegt, um die Gunst der Leute bemühte und schließlich beim König in gutem Ruf stand. Livius steigert diese Bemühungen bei Servius noch, indem er über ihn schreibt, dass er nicht nur beim König, sondern auch bei den Senatoren und bei der Plebs angesehen war. Somit stellt er eine Parallele zwischen Tarquinius Priscus und Servius Tullius her, die nahelegt, dass Servius der richtige Nachfolger des Tarquinius sei. Dennoch wird der Weg erst noch einmal durch die Söhne des Tarquinius durchkreuzt, aus deren Perspektive Livius in indirekter Rede erneut das Thema Zuwanderung und Aufsteigertum in Rom thematisiert:

> Tum Anci filii duo [...] regnare Romae advenam non modo vicinae sed ne Italicae quidem stirpis, tum impensius iis indignitas crescere si ne ab Tarquinio quidem ad se rediret regnum, sed praeceps inde porro ad servitia caderet, ut in eadem civitate post centesimum fere annum quam Romulus deo prognatus deus ipse tenuerit regnum donec in terris fuerit, id Servius serva natus possideat. Cum commune Romani nominis tum praecipue id domus suae dedecus fore, si Anci regis virili stirpe salva non modo advenis sed servis etiam regnum Romae pateret (Liv. 1,40,2–3).

Sie bezeichnen Tarquinius als *advena*, der als Etrusker nicht einmal aus Italien stamme, und sehen in dem Sklavensohn Servius einen Abstieg.¹⁰⁶⁸ Durch das

---

1065 KOWALEWSKI 2002, 64.
1066 Vgl. BURCK 1964, 161.
1067 WEISSENBORN u. MÜLLER ¹¹1963a, 209.
1068 Im Gegensatz zu OGILVIE 1974 wird anstelle der Lesart *Servius servus serva natus*, bei der es sich um eine Konjektur von Weißenborn handelt, die Variante *Servius serva natus* bevorzugt. Diese ist in den meisten Handschriften so überliefert (MHOPUᶜ). Einzig in der Handschrift U ist vor

Erzählen aus der Perspektive der Königssöhne kann Livius die Herkunft der Könige thematisieren, ohne sich selbst dieser Position anschließen zu müssen. Hinzu kommt, dass er zuvor die Variante, dass Servius ein Sklave sei, schon als unglaubwürdig zurückgewiesen hatte. Die Königssöhne fahren in der Kritik an Servius mit Bezug auf Romulus fort, betonen dessen Vergöttlichung und stellen somit den König Romulus, was durch das Polyptoton *deo prognatus deus* betont wird, als Gott dem Sklaven Servius Tullius gegenüber.[1069] An gerade zitierter Stelle finden sich viele Wörter der Wortfamilie ‚Sklave' bzw. ‚dienen': *regnum ad servitium caderet*; *serva natus*; *sed servis regnum pateret*. Zusätzlich häufen sich Alliterationen wie *regnare Romae, impensius iis indignitas* und *rediret regnum*. Hinzu kommt, dass Livius Servius bisher nicht explizit als den nächsten König erwähnt hat, wenngleich dies dem Leser durch den Namen und sein Wissen über die römische Geschichte sicher klar ist.

Im weiteren Verlauf der Handlung erzählt Livius vom Mord an Tarquinius Priscus, infolgedessen in der Darstellung des Livius Tanaquil das Heft des Handelns wieder in die Hand nimmt und Servius zum König macht.[1070] Sie ließ nach dem Mordanschlag auf Tarquinius sofort das Königshaus schließen, wahrte nach außen den Schein, dass ihr Ehemann gerettet werden könnte, traf aber zugleich auch Vorbereitungen für die Zeit danach (Liv. 1,41,1)[1071] Tanaquil führte Servius zum König, trug ihm auf, den Tod seines Schwiegervaters zu rächen und übertrug ihm die Macht:

> „Tuum est," inquit, „Servi [...] regnum [...]. Erige te deosque duces sequere qui clarum hoc fore caput divino quondam circumfuso igni portenderunt. Nunc te illa caelestis excitet flamma; [...] Et nos peregrini regnavimus; qui sis, non unde natus sis reputa. Si tua re subita consilia torpent, at tu mea consilia sequere." (Liv. 1,41,3)

Livius bedient sich zur Erzählung dieses Vorgangs wiederum, wie schon beim Prodigium des Servius Tullius, der Figurenrede Tanaquils. Sie bezieht sich explizit auf das Prodigium und versucht, Servius zum Ergreifen der Herrschaft zu motivieren. Sie appelliert an sein Selbstbewusstsein und betont sowohl durch *deos duces* als auch durch *divino quondam circumfuso igni* in Bezug auf das Wunderzeichen den Beistand der Götter für ihren Schwiegersohn.[1072] Sie hebt noch ein-

---

der Korrektur *servus* zu lesen. Die Bezeichnung *serva natus* erfordert doch eher einen Namen, da die zusätzliche Bezeichnung als *servus* einen Pleonasmus darstellen würde.
1069 WEISSENBORN u. MÜLLER ¹¹1963a, 210.
1070 KOWALEWSKI 2002, 66 und BURCK 1964, 163, der zudem darauf hinweist, dass hier nur Tanaquil und Servius in der Handlung von Bedeutung sind.
1071 KOWALEWSKI 2002, 66f.
1072 KOWALEWSKI 2002, 67f.

mal hervor, dass sie und ihr Mann, obwohl sie Zuwanderer waren, regiert hätten, wobei Tanaquil durch die erste Person Plural in *regnavimus* und den Gebrauch des betonten Personalpronomens *nos* im Nominativ in die Herrschaft einbezogen wird. Sie thematisiert den möglichen Aufstieg in Rom, indem sie Servius dazu auffordert, sich zu überlegen, wer er ist, und sich nicht über seine Herkunft zu definieren. Durch die Worte *tu mea consilia sequere* im letzten Satz Tanaquils wird deutlich, dass es sich um ihren Plan handelt, ihrem Schwiegersohn die Königsherrschaft zu übertragen.[1073] Darauf stellt Livius aus auktorialer Perspektive das weitere Vorgehen Tanaquils dar. Sie sprach zum Volk, beruhigte die Menge, gab vor, dass der König nur betäubt sei und dass Servius in der Zwischenzeit die Vertretung übernehme. Erst als sich dieser dadurch die Macht ausreichend gefestigt hatte, erhob man im Königshaus die Totenklage (Liv. 1,41,4–6).[1074] Wie genau Servius als König akzeptiert wird, spart Livius in seiner Erzählung aus. Er stellt nur kurz in einem auktorialen Kommentar das Ergebnis fest: *Servius praesidio firmo munitus, primus iniussu populi, voluntate patrum regnavit* (Liv. 1,41,6). Er spricht in diesem Satz von einer Bestätigung durch den Senat, ohne dies in irgendeiner Form weiter zu thematisieren.[1075] Damit erreicht Livius durch die direkten Reden Tanaquils und den kurzen auktorialen Kommentar zur Bestätigung durch den Senat, dass der Eindruck entsteht, allein Tanaquil habe Servius Tullius zum König gemacht. Im Gegensatz zum Bericht über Tarquinius Priscus, der letztlich aufgrund seiner *ambitio* König wurde, greift Tanaquil explizit ins politische Geschehen ein und sorgt persönlich dafür, dass ihr Schwiegersohn König wird.[1076] Dabei wird sie als sehr eloquente Strategin dargestellt, die auch in schwierigen Situationen die Übersicht behält.[1077] Diesen Einfluss Tanaquils bestätigt Livius später noch einmal explizit im Zusammenhang mit Tullia, als er schreibt, dass Tullia als Königstochter doch wenigstens einmal das erreichen müsste, was Tanaquil als Frau aus der Fremde gelungen ist, nämlich einem Mann zur Königsherrschaft zu verhelfen: *cum Tanaquil, peregrina mulier, tantum moliri potuisset animo ut duo continua regna viro ac deinceps genero dedisset* (Liv. 1,47,6).[1078] Mit diesem Wettbewerb unter Frauen stört Tullia die in Rom herrschende männliche Ordnung.[1079]

1073 Vgl. WEISSENBORN u. MÜLLER ¹¹1963a, 212.
1074 Ausführlich dazu KOWALEWSKI 2002, 69 f. und BURCK 1968, 79.
1075 MINEO 2006, 189 und 197.
1076 Vgl. BURCK 1968, 80.
1077 KOWALEWSKI 2002, 72.
1078 ALBRECHT 2016, 95 f., der Tullia „in einem vorgestellten Wettbewerb mit Tanaquil" sieht.
1079 ALBRECHT 2016, 100 und FOX 1996, 133.

Die ersten Maßnahmen des Servius beziehen sich, wie schon bei Tarquinius Priscus, auf die Sicherung der Macht, was Livius sogleich auch deutlich zum Ausdruck bringt:

> Nec iam publicis magis consiliis Servius quam privatis munire opes, et ne, qualis Anci liberum animus adversus Tarquinium fuerat, talis adversus se Tarquini liberum esset, duas filias iuvenibus regiis, Lucio atque Arrunti Tarquiniis iungit (Liv. 1,42, 1).

Livius nennt explizit politische und private Maßnahmen, führt letztere auch aus und gibt die Überlegung des Servius wieder, der die Söhne des Tarquinius mit seinen Töchtern verheiratet.[1080] Doch Livius macht sofort aus auktorialer Perspektive deutlich, dass die menschlichen Pläne des Königs (*humana consilia* [Liv. 1,42,2]) die Vorsehung des *fatum* nicht ändern konnten, da die Tarquinier ihn um die Königswürde beneideten.[1081] Doch Livius retardiert anschließend die Handlung, indem er den Schauplatz hin zu einem Krieg gegen Veji wechselt, der Servius durchaus gelegen kam: *peropportune ad praesentis quietem status bellum cum Veientibus [...] aliisque Etruscis sumptum* (Liv. 1,42,2). Somit bringt Livius schon bei Servius Tullius den Krieg unmittelbar mit der Innenpolitik in Zusammenhang. Dadurch ruht erst einmal alles Innere. Dies erfolgt hier noch nicht so explizit als innenpolitisches Mittel wie später in der Republik,[1082] aber der Konflikt kam dem König durchaus gelegen. Erst nach diesem Krieg, zu dessen Ablauf Livius nichts weiter berichtet, als dass Servius ein gewaltiges Heer schlug und ihm dabei seine *virtus* zu Hilfe kam (Liv. 1,42,3), kehrt Livius, wie es auch zu seiner eigenen Vorgabe *domi militiaeque* in der *praefatio* passt, zur Innenpolitik zurück, indem er die innenpolitische Stellung aus auktorialer Perspektive mit dem Kriegserfolg in Zusammenhang bringt:

> fusoque ingenti hostium exercitu haud dubius rex, seu patrum seu plebis animos periclitaretur, Romam rediit. Adgrediturque inde ad pacis longe maximum opus, ut quemadmodum Numa divini auctor iuris fuisset, ita Servium conditorem omnis in civitate discriminis ordinumque quibus inter gradus dignitatis fortunaeque aliquid interlucet posteri fama ferrent. Censum enim instituit, rem saluberrimam tanto futuro imperio, ex quo belli pacisque munia non viritim, ut ante, sed pro habitu pecuniarum fierent (Liv. 1,42,3–5).

Die Stellung des Königs sei sowohl bei den Senatoren als auch bei der Plebs unangefochten gewesen, sodass er mit der Einführung des Zensus sein größtes innenpolitisches Werk, das Livius als Friedenswerk (*ad pacis longe maximum*

1080 FROMENTIN 2003, 73.
1081 Vgl. ausführlich zu dieser Stelle Kap. 2.2.1.
1082 Vgl. Kap. 2.4.2.3.

opus) bezeichnet, in Angriff nahm,[1083] mit dem Ziel, dass in Zukunft die Rechte und Pflichten im Krieg und im Frieden nicht mehr pro Mann (*viritim*), sondern in Abhängigkeit von Stellung (*dignitas*) und Vermögen (*fortuna*) festgelegt würden. Livius bewertet den Zensus als eine sinnvolle Einrichtung für ein später immer größer werdendes Herrschaftsgebiet (*tanto futuro imperio*). Damit wird die Vorbereitung der politischen Institutionen für den Übergang zur Republik angedeutet. Mit *res saluberrima* greift Livius das Bild der Heilmittel aus der *praefatio* für den Niedergang des Staates auf, von dem er dort schreibt, dass er an seiner Größe leidet.[1084] Er stellt außerdem den Zensus mit den religiösen Einrichtungen Numas auf eine Stufe, was den Ruhm bei der Nachwelt angeht und macht Servius so, im Gegensatz zu beiden Tarquinierkönigen, zu einem bedeutenden Gründerkönig (*conditor*).[1085] Im Folgenden erläutert Livius ausführlich den Zensus (Liv. 1,43,1–9), den er als eine Maßnahme bewertet, bei der die finanzielle Last und die des Kriegsdienstes von den Armen zu den Reichen verschoben worden ist, was Servius mit Privilegien für die Reichen kompensiert hat:

> Haec omnia in dites a pauperibus inclinata onera. Deinde est honos additus. Non enim, ut ab Romulo traditum ceteri servaverant reges, viritim suffragium eadem vi eodemque iure promisce omnibus datum est; sed gradus facti, ut neque exclusus quisquam suffragio videretur et vis omnis penes primores civitatis esset; (Liv. 1,43,9–10).

Die beiden wertenden Sätze sind zwar eine Betrachtung aus der auktorialen Perspektive, erwecken aber durch den elliptischen Satzbau den Eindruck, als wolle der Erzähler dies als völlig normalen Vorgang darstellen, was auch im zusammenfassenden Konsekutivsatz bestätigt wird, in dem ausgesagt ist, dass zwar niemand von der Abstimmung ausgeschlossen wurde, die Entscheidungsgewalt (*vis*) aber doch bei den ersten Bürgern im Staat (*primores civitatis*) liege. Zum Abschluss des ganzen Verfahrens bringt Servius noch ein Opfer dar (Liv. 1,44,2), um die Veränderung im Staat, wie schon von Numa vorgegeben, unter den Schutz der Götter zu stellen. Damit charakterisiert ihn Livius als wesentlich überlegter als seinen Vorgänger, da er auch die Götterkulte im Blick hat. Servius betrieb die Machtsicherung nicht nur im Innern, sondern auch nach außen, indem er mit den Latinern ein gemeinsames Diana-Heiligtum in Anlehnung an das der kleinasiatischen Städte bei Ephesos errichtete. Schließlich sicherte er auch im Innern seine Macht unumschränkt, indem er sein Königsamt vom Volk bestätigen ließ.[1086]

1083 MILES 1988, 196.
1084 Vgl. MINEO 2006, 190.
1085 Vgl. POUCET 1992, 297, wobei gemäß POUCET auch Romulus auf dieser Stufe zu sehen ist.
1086 FOX 1996, 120.

Zu diesem Zweck nahm er Landzuweisungen an die Plebs vor,[1087] wodurch zusätzlich zu dem Umstand, dass er bei den Söhnen des Tarquinius verhasst war, sich auch die Senatoren gegen ihn stellten. Dies nutzte schließlich der junge Tarquinius auf Betreiben seiner Frau Tullia aus und nahm die gewaltsame Absetzung des Servius Tullius in Angriff. Im Folgenden soll gezeigt werden, wie Livius ausgehend von dieser Königsbestätigung durch das Volk den verbrecherischen Machtwechsel zu Tarquinius Superbus darstellt. Wie schon bei Tarquinius Priscus und Servius Tullius greift der Nachfolger ins Geschehen ein, bevor der Vorgänger gestorben ist. Anhand des Namens erkennt auch hier der Leser sofort, dass es sich um den späteren König handelt, sodass es für den Erzähler wieder darum geht, Wie-Spannung aufzubauen. Livius schreibt, dass Servius eigentlich unangefochten König war, er aber die Bestätigung des Volkes haben wollte, weil Tarquinius immer wieder auf deren Fehlen verwies:

> Servius quamquam iam usu haud dubie regnum possederat, tamen quia interdum iactari voces a iuvene Tarquinio audiebat se iniussu populi regnare, conciliata prius voluntate plebis agro capto ex hostibus viritim diviso, ausus est ferre ad populum vellent iuberentne se regnare; tantoque consensu quanto haud quisquam alius ante rex est declaratus (Liv. 1,46,1).

Livius stellt zunächst aus auktorialer Perspektive fest, dass Servius durch Ausübung (*usus*) der Herrschaft jene unzweifelhaft in Besitz nimmt.[1088] Dabei nimmt *haud dubie regnum possidere* die Worte *haud dubius rex* (Liv. 1,42,3) auf, ein Motiv, das sich somit wie ein roter Faden durch den Bericht über Servius Tullius zieht. Livius bringt nun die Perspektive des Königs ein, dem immer wieder Stimmen zu Ohren kamen – Livius gebraucht das iterative Imperfekt –, der junge Tarquinius, gemeint ist natürlich der spätere Superbus, kritisiere die fehlende Bestätigung durch die Plebs. Um sich diese gewogen zu machen, verteilte er erobertes Land an die Leute der Plebs. Erst dann wagte er es (*ausus est*), zu dieser Sache das Volk zu befragen. Livius bedient sich mit *ferre ad populum* des Vokabulars, das in diesem Zusammenhang auch in Zeiten der Republik gebraucht wird. Dies führt zu einer außerordentlich großen Zustimmung, was Tarquinius auf den Plan ruft, aus dessen Perspektive Livius fortfährt. Er nennt explizit Tarquinius' Ziel: *Neque ea res Tarquinio spem adfectandi regni minuit* (Liv. 1,46,2). Darauf bemerkte Tarquinius, dass die Senatoren mit der Landverteilung unzufrieden waren, verunglimpfte daher Servius beim Senat und vergrößerte so seinen Einfluss bei den Senatoren. Livius stellt hier aus der Figurenperspektive Vorgänge dar, die ei-

---

1087 Fox 1996, 120.
1088 WEISSENBORN u. MÜLLER ¹¹1963a, 229 und FROMENTIN 2003, 73.

gentlich eher an die späte Republik erinnern. Die Königswahl in der Volksversammlung nach der Einführung des Zensus entspricht der Konsulatswahl in den Centuriatskomitien.[1089] Servius macht über die Landverteilung und die anschließende Volksversammlung gleichsam populare Politik,[1090] während Tarquinius sich an den Senat und damit in der Terminologie der späteren Republik an die Optimaten hält.

Bevor wir die Betrachtung fortsetzen, soll noch kurz auf Livius' Bewertung der Herrschaft des Servius Tullius eingegangen werden. Er stellt Servius Tullius und seine Zeit somit als die Epoche dar, in der vor allem mit dem Zensus die Voraussetzungen für das Leben in der immer größer werdenden Stadt und für die Republik geschaffen wurden.[1091] Die Darstellung des Servius ist damit insgesamt positiv, wenngleich Livius deutlich seine Maßnahmen zur Machtsicherung anspricht und thematisiert, auch noch einmal aus einer kritischen Perspektive in der indirekten Rede des Tarquinius Superbus, die unten noch behandelt wird. Die Landverteilung kann man sicher auch als eine Form der *ambitio* verstehen, auch wenn Livius das Vorgehen des Servius nirgends so bezeichnet. Für Livius ist er dennoch der letzte gute König. Dies ergibt sich vor allem auch aus der Bewertung des auktorialen Erzählers, als er vom Tod des Königs berichtet:

> Ser. Tullius regnavit annos quattuor et quadraginta ita ut bono etiam moderatoque succedenti regi difficilis aemulatio esset; ceterum id quoque ad gloriam accessit quod cum illo simul iusta ac legitima regna occiderunt (Liv. 1,48,8).

Wie bei Romulus erst aus der Gegenüberstellung mit Numa deutlich wird, wie seine Herrschaft zu bewerten ist, ergibt sich auch bei Servius Tullius erst in dieser abschließenden Bewertung des auktorialen Erzählers die Einschätzung des Livius, die auch in die Erinnerung eingehen soll. Livius nimmt diese hier zunächst mit einer kontrafaktischen Überlegung[1092] vor: Selbst ein guter und gemäßigter (*bonus etiam moderatusque*) Nachfolger hätte es schwer gehabt, Servius zu übertreffen (*aemulatio*). Damit betont er die *moderatio* des Servius Tullius.[1093] Erst dann bewertet er seine Königsherrschaft – und mit dem Plural *regna* zugleich alle anderen – als gerecht und legitim (*iusta ac legitima*), räumt aber auch ein, dass die ungerechte Tyrannenherrschaft des Tarquinius Superbus Servius' Ruhm zuträg-

---

[1089] WEISSENBORN u. MÜLLER ¹¹1963a, 229, die auch darauf hinweisen, dass die Formel *vellent iuberentne* der in der Republik üblichen Formulierung eines Antrags an das Volk entspreche.
[1090] Vgl. WEISSENBORN u. MÜLLER ¹¹1963a, 229.
[1091] MINEO 2006, 188.
[1092] Vgl. zu kontrafaktischen Überlegungen in der Geschichtsschreibung PAUSCH 2011, 247.
[1093] Vgl. MINEO 2006, 191f.

lich war, woraus man durchaus eine gewisse indirekte Kritik an Servius Tullius ableiten kann.[1094] Durch die verwendeten Adjektive *moderatus, iustus* und *legitimus* wird auch ein Bezug zu politischen Idealen der Republik und der römischen Staatsauffassung hergestellt. Dies bestätigt sich im Binnenprooöm des zweiten Buches, als Livius *moderatio imperii* (Liv. 2,1,6) als einen Faktor für die gute Entwicklung des Staates anführt und die Herrschaft der Gesetze betont, die wirksamer gewesen sei als die der Menschen (*imperiaque legum potentiora quam hominum* [Liv. 2,1,1]).[1095] Er führt eine weitere Variante an, nach der Servius schon überlegt habe, die Herrschaft von sich aus niederzulegen, da sie eine Einzelherrschaft (*imperium tamen, quia unius esset*) sei, aber das Verbrechen in der Familie (*scelus intestinum*) dazwischengekommen (Liv. 1,48,9) sei. Aus dieser Bewertung zeigt sich – und dies wird im weiteren Handlungsverlauf noch deutlicher –, dass Tarquinius Superbus im Gegensatz zu allen anderen Königen als der schlechteste bzw. sogar als der tyrannische König dargestellt wird.

Der Übergang in der Erzählung zu Tarquinius Superbus ist fließend.[1096] Direkt nach der Feststellung, dass Tarquinius sich um die Gunst der Senatoren bemüht, weil er darin die Hoffnung sieht, an die Macht zu gelangen,[1097] schließt Livius eine erste Charakterisierung des Tarquinius und der Tullia an:

> et ipse iuvenis [sc. Tarquinius] ardentis animi et domi uxore Tullia inquietum animum stimulante. Tulit enim et Romana regia sceleris tragici exemplum, ut taedio regum maturior veniret libertas ultimumque regnum esset quod scelere partum foret (Liv. 1,46,2–3).

Livius schreibt dem jungen Tarquinius, nun wieder aus auktorialer Perspektive, brennenden Mut und dessen Frau die Gabe zu, diese innere Unruhe noch zu verstärken. Er kündigt als Folge der Einflussnahme beim Senat das Ende der Königszeit, das von einem Verbrechen wie in der Tragödie (*sceleris tragici exemplum*) im römischen Königshaus ausgeht,[1098] und damit den Beginn der Republik (*libertas*) an. Auffällig ist der doppelte Gebrauch des Wortes *scelus* in diesem

---

1094 FROMENTIN 2003, 73f. stellt fest, dass bei Dionysios von Halikarnass Servius positiver dargestellt werde. Dies gilt im Übrigen auch für die Darstellung Ciceros (Cic. *rep.* 2,37ff.), was besonders in folgender Aussage deutlich wird. Es spricht Laelius: *Sed sequitur is qui mihi videtur ex omnibus in re publica vidisse plurimum* (Cic. *rep.* 2,37 zitiert nach POWELL 2006).
1095 Vgl. MOORE 1989, 74f. und zur Bedeutung der *moderatio* für den jeweiligen Herrscher Liv. 3,41,6.
1096 FELDHERR 1998, 187ff. interpretiert den Bericht über Tarquinius Priscus als Tragödie.
1097 Vgl. WEISSENBORN u. MÜLLER [11]1963a, 230.
1098 Gemäß WEISSENBORN u. MÜLLER [11]1963a, 230 spielt Livius damit auf Tragödienstoffe an wie bei den Verbrechen in Theben oder Mykene. FROMENTIN 2003, 75f. erläutert die Elemente einer Tragödie, die in der Darstellung des Livius zu finden sind.

Kontext, das somit zum Leitmotiv des Endes der Königszeit wird. Mit den Worten, diese durch Verbrechen errungene Königsherrschaft werde die letzte sein, greift Livius die Feststellung aus 1,42,2 wieder auf, dass die *necessitas fati* zum Ende der Königszeit führe.[1099] Erst dann erklärt Livius, wie es zu diesem Verbrechen kam.

Auch hier steht mit Tullia, wie schon bei den letzten beiden Königen mit Tanaquil, eine Frau im Mittelpunkt. Livius berichtet von den Söhnen des Tarquinius Priscus, die beide mit Töchtern des Servius Tullius verheiratet waren. Allerdings ergab es sich durch Zufall, dass der temperamentvolle Tarquinius mit der ruhigen Tullia sowie die wilde (*ferox* [Liv. 1,46,6]) Tullia mit dem ruhigeren Tarquinius verheiratet war.[1100] Diesen Umstand bewertet Livius mit der Stimme des Autors: *Forte ita inciderat ne duo violenta ingenia matrimonio iungerentur, fortuna, credo, populi Romani, quo diuturnius Servi regnum esset* (Liv. 1,46,5). Er sieht in dieser Verbindung den Grund dafür, dass Servius länger König sein konnte. Danach durchbricht Livius die Chronologie, um die Handlung bis zum Sturz des Servius fortlaufend und steigernd zu erzählen.[1101] Er wechselt in die Figurenperspektive der Tullia, aus der er den weiteren Handlungsverlauf erzählt. Tullia wendete sich von ihrem Mann ab und bewunderte Lucius Tarquinius für seinen Tatendrang.[1102] Livius wechselt noch einmal in die auktoriale Perspektive und macht Tullia für die folgenden schlimmen Ereignisse verantwortlich: *Contrahit celeriter similitudo eos, ut fere fit: malum malo aptissimum; sed initium turbandi omnia a femina ortum est* (Liv. 1,46,7). Die Beurteilung des Livius wird durch die vielen Alliterationen hervorgehoben. Zusätzlich fügt er das sprichwörtliche *malo malum aptissimum* ein,[1103] um deutlich zu machen, dass bei Tarquinius Superbus eine schlechte Regierungszeit vorprogrammiert ist. Livius erzählt in der Figurenperspektive Tullias, die in die indirekte Rede übergeht, dass die beiden langsam zueinander finden, indem Tullia ihren Mann bei Tarquinius, seinem Bruder, verunglimpft, weil sie die Tatenlosigkeit ihres Partners kritisiert. Dieser kommt alsbald, wie auch die ruhige Tullia, zu Tode. Livius kommentiert die Entwicklung noch einmal mit einem Perspektivwechsel. Er berichtet von der Heirat der beiden Übriggebliebenen und davon, dass der König Servius die Ehe nicht verhinderte. Daraus folgert er: *Tum vero in dies infestior Tulli senectus, infestius coepit regnum esse; iam enim ab scelere ad aliud spectare mulier scelus* (Liv. 1,47,1). Der bedeutungsvolle Inhalt dieses auktorialen Kommentars, die Herrschaft des Servius sei von nun an bedroht, wird durch die Anapher des

---

1099 Weissenborn u. Müller [11]1963a, 230.
1100 Kowalewski 2002, 75 f.
1101 Burck 1964, 164 f.
1102 Vgl. Kowalewski 2002, 76 f.
1103 Weissenborn u. Müller [11]1963a, 231.

Komparativs *infestior* und durch das Polyptoton *scelus*, bei dem es sich zugleich um das Leitmotiv dieser Passage handelt, deutlich hervorgehoben. Livius leitet zur Schilderung der Intrigen zum Sturz des Servius Tullius über;[1104] denn Tullia lässt ihrem Mann weiterhin keine Ruhe: *Iam enim ab scelere ad aliud spectare mulier scelus. Nec nocte nec interdiu virum conquiescere pati, ne gratuita pareterita parricidia essent* (Liv. 1,47,1). Livius steigert die Spannung durch die Erhöhung des Erzähltempos, indem er in den historischen Infinitiv wechselt, und durch die Perspektivierung. Er beginnt zunächst aus der Figurenperspektive der Tullia, geht dann in eine indirekte Rede über, auf die schließlich mit einer direkten Rede die größtmögliche Form der Figurenperspektive folgt, in der eine Figur der Handlung nun auch selbst spricht.[1105] Außerdem wird durch das Polyptoton *ab scelere ... scelus* an diesem entscheidenden Punkt der Handlung das Leitmotiv dieser Passage wieder aufgenommen. Tullia treibt ihren Mann an, da sie nicht in Knechtschaft leben wolle (*servire* [Liv. 1,47,2]). In indirekter Rede sagt sie, dass sie einen Mann wolle, der die Herrschaft, wie schon Tarquinius Priscus, übernehmen und nicht nur auf sie hoffen wolle. Damit nimmt Livius das Motiv der Hoffnung noch einmal auf, das zu Beginn des Berichts über Tarquinius Priscus zentral ist. In der anschließenden direkten Rede, die den zuvor in indirekter Rede geäußerten Inhalt fortsetzt,[1106] fordert Tullia Tarquinius noch einmal nachdrücklich dazu auf, endlich zur Tat zu schreiten. Sie hält ihm vor, dass er eigentlich die besseren Voraussetzungen habe als sein Vater, da er nicht erst den Thron aus der Ferne erringen müsse, sondern mit dem Ahnenbild (*imago*) des Vaters eigentlich schon die idealen Voraussetzungen mitbringe (Liv. 1,47,3–4).[1107] Am Schluss provoziert sie ihn richtiggehend: „[...] *Facesse hinc Tarquinios aut Corinthum; devolvere retro ad stirpem, fratri similior quam patri"* (Liv. 1,47,5). Die Argumentation in der direkten Rede erfolgt antithetisch; eine positive Bedingung der Herrschaft wird mit einer negativen kombiniert, die Ausgangspunkt für Vorhaltungen gegen Tarquinius ist.[1108] Infolge dieser Rede schildert Livius noch ihre oben erwähnten Überlegungen, in denen sie sich mit Tanaquil vergleicht.

Die Rolle Tullias, die hier durch die Figurenperspektive und die direkte Rede so sehr hervorgehoben wird, entspricht im Grunde der Rolle Tanaquils, da beide darum bemüht sind, ihren Mann zum König zu machen. Der Unterschied besteht in der Einstellung. Tanaquil betreibt ihre Sache zwar eifrig, beruft sich auf Göt-

---

1104 KOWALEWSKI 2002, 78.
1105 Vgl. KOWALEWSKI 2002, 78 f., die allerdings den ersten Schritt, die Erzählung aus Figurenperspektive, nicht sieht.
1106 WEISSENBORN u. MÜLLER ¹¹1963a, 232.
1107 Vgl. ausführlich zum Inhalt der Erzählung KOWALEWSKI 2002, 79 f.
1108 KOWALEWSKI 2002, 80 f.

terzeichen, nutzt die Gunst der Stunde, Servius zum König zu machen, und hält das Volk trotz des Todes des Tarquinius hin, aber sie greift nicht zu solchen brutalen, verbrecherischen Maßnahmen wie Tullia.[1109] Denn ihr wird nach der Machtübernahme des Tarquinius der Auftrag an die Leute des Tarquinius zugeschrieben, den flüchtenden Servius umzubringen: *Creditur, quia non abhorret a cetero scelere, admonitu Tulliae id factum* (Liv. 1,48,5). Livius relativiert zwar durch *creditur* vordergründig die Behauptung, bezweifelt diese Annahme aber eigentlich nicht.[1110] Schließlich lässt sie noch ihren Wagen über den Leichnam des Servius fahren, was Livius als schändliches und unmenschliches Verbrechen bezeichnet: *Foedum inhumanumque inde traditur scelus* (Liv. 1,48,7), womit sie gegen sämtliche Regeln der Humanität sowie des göttlichen Rechts verstößt.[1111] Durch diese Tat erzürnt Tullia auch die Penaten, was Livius noch einmal die Gelegenheit gibt, auf das schon erwähnte und durch das *fatum* vorherbestimmte Ende der Königszeit zu verweisen (Liv. 1,48,7). Livius macht die frevelhafte Rolle Tullias immer wieder deutlich und rekurriert dabei stets auf das Motiv *scelus*. Tullia wird in auktorialen Kommentaren und bei der Erzählung in Figurenperspektive indirekt charakterisiert. Sie wird in jedem Fall als machtbesessene Frau dargestellt, die zum Erreichen ihrer Ziele auch vor Verbrechen nicht zurückschreckt. Durch die Rolle, die Livius Tullia zuschreibt, ist die übliche römische Hierarchie in der Familie nicht mehr gegeben, da Tullia zeitweise die Führung übernimmt.[1112]

Nach der Aufforderung Tullias an Tarquinius, endlich die Macht zu übernehmen, wechselt Livius in die auktoriale Perspektive und stellt dessen Handeln dar. Die Überleitung schafft er durch die Partizipialkonstruktion *His muliebribus instinctus furiis* (Liv. 1,47,7), wodurch Livius nach der indirekten Charakterisierung Tullias noch einmal den in der Antike topischen Wahnsinn betont, der meist Frauen zugeschrieben wird.[1113] Nach dieser Aussage tritt Tullia als Protagonistin in den Hintergrund und greift erst wieder nach dem Mord an Servius Tullius, wie oben erwähnt, in die Handlung ein.[1114] Tarquinius betreibt ähnlich wie auch schon sein Vater *ambitio* vor allem bei den Senatoren, erinnert an seinen Vater und macht Geschenke, um die Gunst der Leute zu gewinnen. Außerdem verbreitet er immer wieder Vorwürfe gegen den bei der Plebs unbeliebten König. Tarquinius usurpiert schließlich den Königsstuhl und beruft die Senatoren ein, die entweder

---

1109 Vgl. KOWALEWSKI 2002, 89.
1110 KOWALEWSKI 2002, 82.
1111 MINEO 2006, 201.
1112 FELDHERR 1998, 190. Vgl. auch ALBRECHT 2016, 50.
1113 Vgl. WEISSENBORN u. MÜLLER ¹¹1963a, 233. Feldherr 1998, 191 vergleicht an dieser Stelle Tarquinius aufgrund des *furor* seiner Frau Tullia mit Orestes in der griechischen Tragödie.
1114 FELDHERR 1989, 191 und KOWALEWSKI 2002, 81.

aus Loyalität oder aus Angst vor Nachteilen dem Aufruf folgen. Darauf hält er eine Schmährede auf Servius, die Livius in indirekter Rede in die Erzählung einflicht.

Darin wirft Tarquinius seinem Vorgänger seine niedrige Herkunft, die Missachtung der Wahlvorgaben wie Interregnum und Abstimmung durch das Volk und die fehlende Bestätigung durch den Senat vor. Da er das Königsamt von einer Frau, nämlich von Tanaquil, übernommen habe, habe er die Leute der Unterschicht bevorzugt und ihnen aus Hass gegen die Höhergestellten Ackerland geschenkt. Auch den Zensus kritisiert er als Maßnahme, alle Last auf die Oberschicht abzuwälzen und den Besitz der Reichen zur Schau zu stellen (Liv. 1,47,8–12). Es zeigt sich, dass Tarquinius zu Beginn seiner Rede die gleichen Argumente benutzt, die Tanaquil und Tarquinius Priscus für ihren Aufstieg angeführt haben, allerdings mit dem Ziel, den König Servius Tullius abzulehnen. Der spätere Tarquinius Superbus – diesen Beinamen erwähnt Livius erstmals in 1,49,1 aufgrund seiner Taten – geriert sich so als Ur-Römer, der alle Einwanderer und Aufsteiger ablehnt, nur um sich selbst bei den Senatoren, die ja auf Ebene der Erzählung die Adressaten der Rede sind, gut darzustellen. Allerdings hat Livius so die Möglichkeit, aus der Perspektive des Tarquinius Superbus die Einführung des Zensus auch kritisch zu beleuchten.

Livius setzt seinen Bericht mit Servius fort, der mitten in der Rede erscheint, Tarquinius zur Rede stellt und ihn nach dem Auslöser seines Handelns fragt. Dies gibt Livius in direkter Rede wieder, während er die folgende hochmütige Antwort des Superbus in indirekter Rede erzählt. Letzterer wirft Servius vor, als Sklave auf dem Thron seines Vaters zu sitzen, der eigentlich ihm zukomme. Damit nimmt er das Thema des Vererbens des Throns wieder auf, das überhaupt erst ab den Tarquiniern eines ist und das auf den Niedergang der Monarchie in Rom hindeutet.[1115] Es fällt auf, dass Tarquinius Superbus in der Handlung bis zum Tod seines Vorgängers in keiner einzigen direkten Rede spricht. Damit macht Livius deutlich, dass dieser im Gegensatz zu Servius nicht im Recht ist, was auch an die Gegenüberstellung der indirekten Rede der Volkstribunen mit der direkten Rede des Appius Claudius am Anfang des fünften Buches im Zusammenhang mit dem Krieg gegen Veji erinnert.[1116] Die vorausgehende direkte Rede Tullias hat dagegen eine andere Funktion: Sie dient, wie schon ausgeführt, der Erzeugung von Spannung. Aus diesem Disput zwischen Servius und Tarquinius entsteht in der Folge ein Handgemenge, das Livius als sehr hektisch darstellt. Dies endet damit, dass Tarquinius Servius die Stufen der Kurie hinabstößt, um sich anschließend

---

[1115] FROMENTIN 2003, 72 weist mit Recht darauf hin, dass es schon bei den Königen von Alba Longa eine Erbfolge gab. S. auch Liv. 2,2,3.
[1116] Vgl. Kap. 2.4.2.4.

sofort wieder um die Senatoren zu kümmern. Servius wird auf dem Rückweg nach Hause getötet und sein Leichnam wird, wie schon erwähnt, von Tullia geschändet.

Livius leitet konkret zur Herrschaft des Tarquinius Superbus über, den er ab dieser Stelle auch mit dem Beinamen nennt, da er diesen mit dessen Art der Herrschaftsführung in Verbindung bringt:

> Inde L. Tarquinius regnare occepit, cui Superbo cognomen facta indiderunt, quia socerum gener sepultura prohibuit, Romulum quoque insepultum perisse dictitans, primoresque patrum, quos Servi rebus favisse credebat, interfecit; conscius deinde male quaerendi regni ab se ipso adversus se exemplum capi posse, armatis corpus circumsaepsit; neque enim ad ius regni quicquam praeter vim habebat ut qui neque populi iussu neque auctoribus patribus regnaret (Liv. 1,49,1–3).

Livius lässt die Herrschaft des Tarquinius unmittelbar nach dem Tod des Servius beginnen, was durch *inde* deutlich wird. Zunächst erklärt er, wie es zu dem Beinamen Superbus kam. Livius gibt damit gleichzeitig die Beschreibung eines Tyrannen.[1117] Der König begeht ein Vergehen gegen die *pietas*, indem er die Bestattung seines Schwiegervaters verhindert, was Livius durch die Worte *socerum gener* betont, die direkt hintereinanderstehen.[1118] Tarquinius begründet das immer wieder damit, dass auch Romulus nicht bestattet wurde, ohne die Apotheose zu thematisieren. Livius gebraucht das Intensivum *dictitare*, das er auch in späteren Büchern zur Einleitung der indirekt wiedergegebenen Reden der Volkstribunen verwendet, die immer wieder die gleichen Dinge vorbringen.[1119] Den nächsten Frevel begeht Tarquinius mit dem Mord an den Anhängern des Servius Tullius unter den Senatoren. Livius unterstellt Tarquinius, dass er sich seiner Ungerechtigkeiten bewusst sei, da er sich deswegen zur Machtsicherung mit einer Leibgarde umgebe. Er bezeichnet die Ergreifung der Königsmacht explizit als einen Akt der Gewalt (*vis*), sodass er ohne Wahl durch das Volk und ohne Bestätigung des Senats regierte. Dies wird im nächsten Satz noch verstärkt, in dem Livius schreibt, dass Tarquinius seine Königsherrschaft durch *metus* sichern musste (*metu regnum tutandum esset* [Liv. 1,49,4]).[1120] Somit zeigt sich schon hier die Form der Tyrannenherrschaft. Mit *metus* wird zwar ein Motiv aufgegriffen, das auch im positiven Sinn zur Sicherung der Ruhe im Staat eingesetzt werden kann. Zu nennen sind hier *metus deorum* in der Regierungszeit des Numa und *metus hostium* in der Republik. Hier geht es um *metus* im negativen Sinn vor der Person des Herrschers selbst.

1117 Vgl. MINEO 2006, 200, bes. Anm. 5.
1118 Vgl. WEISSENBORN u. MÜLLER ¹¹1963a, 237.
1119 Vgl. Kap. 2.4.2.4.
1120 Vgl. MINEO 2006, 201 f.

Dies zeigt sich auch in den folgenden Maßnahmen zur Machtsicherung: ungerechte Prozesse und Urteile, Verbannungen und Strafen, persönliche Bereicherung und die Schwächung des Senatorenstandes, der schließlich beinahe überhaupt nicht mehr einbezogen wird (Liv. 1,49,5–7). Die älteren Senatoren lässt der König umbringen, die jüngeren Senatorenfamilien, die leicht zu beeinflussen zu sein scheinen,[1121] folgen ihm fast blindlings. Livius fasst dies mit der Feststellung zusammen, Tarquinius habe die politischen Entscheidungen im Haus mit eigenen Leuten getroffen, ohne vom Volk oder vom Senat beauftragt zu sein: *domesticis consiliis rem publicam administravit; bellum, pacem, foedera, societates per se ipse, cum quibus voluit, iniussu populi ac senatus fecit diremitque* (Liv. 1,49,7). Damit greift Livius vieles auf, was in den Berichten über die anderen Könige von Bedeutung ist, stellt aber mit *domesticis consiliis* und dem Wort *iniussu* einen deutlichen Gegensatz zu den Vorgängern her. Während Tarquinius Priscus und Servius Tullius noch mit Formen der *ambitio*, wie es auch später in der Republik der Fall war, ihre Macht gesichert hatten, tat Tarquinius dies wie ein Tyrann durch illegitime Entscheidungen im innersten, nicht legitimierten Kreis. Damit ist bei Tarquinius Superbus *regni cupido* sehr stark ausgeprägt. Zusätzlich weist Livius damit implizit auf die nicht mehr funktionierende Verfassung am Ende der Königszeit hin. Die von den Gewaltmaßnahmen des Tarquinius verschonten Senatoren handeln nicht mehr und sind somit nur noch ‚schmückendes Beiwerk'. Livius zeichnet dieses Tyrannenbild aus auktorialer Perspektive ohne weitere Fokalisierungen, um auch als Erzähler hinter der Kritik an diesem schlechten Charakter zu stehen. Dennoch wird im Vergleich mit den ersten vier Königen deutlich, dass die Macht jeweils gesichert werden musste, während Romulus, Numa, Tullus und Ancus stets unangefochten waren.

Die Darstellung des Tarquinius Superbus als Tyrann setzt Livius im weiteren Verlauf der Erzählung fort. Er zeigt, mit welchen Mitteln Tarquinius auch bei den führenden Männern der Latiner seine Herrschaft sicherte, und nutzt die indirekte Rede des Latiners Turnus Herdonius, um aus einer anderen Perspektive die tyrannischen Verhaltensweisen im Sinne der Multiperspektivität noch einmal zum Ausdruck zu bringen. Tarquinius, der seine Tochter mit dem Latiner Mamilius zur

---

1121 Die leichtere Beeinflussbarkeit der jungen Familien ist laut OGILVIE 1965, 190 f. allerdings topisch, was man beispielsweise bei Sallust in der *coniuratio Catlinae* (*Sed maxume adulescentium familiaritates adpetebat: eorum animi molles etiam et fluxi dolis haud difficulter capiebantur* [Sall. Catil. 14,5]) und bei Livius selbst im zweiten Buch sehen kann, als Tarquinius mit Hilfe der römischen Jugend, die durch die Republik an Einfluss verloren hat, die Rückkehr der Königsfamilie zu ermöglichen versucht: *ambientes, nobilium adulescentium animos pertemptant. A quibus placide oratio accepta est, iis litteras ab Tarquiniis reddunt et de accipiendis clam nocte in urbem regibus conloquuntur* (Liv. 2,3,6–7).

Sicherung seiner Stellung verheiratete (Liv. 1,49,9), berief am Hain der Ferentina eine Versammlung der latinischen Fürsten ein, zu der er aber erst mit großer Verspätung eintraf. Turnus Herdonius kritisiert nach langem Warten das ungebührliche Verhalten des Tarquinius. Livius gibt dies in indirekter Rede wieder:

> haud mirum esse Superbo inditum Romae cognomen [...] an quicquam superbius esse quam ludificari sic omne nomen Latinum? [...] temptari profecto patientiam ut, si iugum acceperint, obnoxios premat. cui enim non apparere, adfectare eum imperium in Latinos? [...] sin suos eius paeniteat, quippe qui alii super alios trucidentur exsulatum eant bona amittant, quid spei melioris Latinis portendi? (Liv. 1,50,3–6).

Turnus geht zuerst auf den Beinamen Superbus ein und hält diesen nicht für verwunderlich. Dies begründet er auch damit, dass Tarquinius auf hochmütige Weise die Latinerfürsten warten lässt. Der Komparativ *superbius* und das Verb *ludificari* verstärken diesen Vorwurf. Er unterstellt ihm zusätzlich, die Geduld der Latiner zu testen, um sie schließlich als Untertanen zu unterdrücken. Die Wörter *obnoxius* und *premere* verweisen auf die Tyrannenherrschaft. Er spricht deutlich aus, dass Tarquinius die Herrschaft über die Latiner übernehmen wolle, und unterstellt schließlich, dass der König sich die Macht über Rom gewaltsam genommen habe. Anschließend zählt er noch einmal die tyrannischen Taten wie Hinrichtung, Verbannung oder Konfiszierung des Vermögens gegen die Römer auf, die Livius schon vorher über Tarquinius berichtet hat. Diese Kritik kommt vom führenden Mann eines Nachbarvolkes, nicht von einem Römer. Offenbar hat sich die Kunde über die Herrschaftsausübung des Tarquinius schon verbreitet. Darauf schließt er die rhetorische Frage an, warum die Latiner denn hofften (*spes*), dass es ihnen besser gehe als den Römern. Tarquinius kommt schließlich bei der Versammlung an, entschuldigt sich unter einem Vorwand, sodass die Latiner ruhig werden. Turnus sieht die Entschuldigung nicht ein, sondern verlässt die Versammlung, was Tarquinius erzürnt. Auch hier wird seine tyrannische Herrschaft wieder deutlich: *Quam rem Tarquinius aliquanto quam videbatur aegrius ferens confestim Turno necem machinatur, ut eundem terrorem quo civium animos domi oppresserat Latinis iniceret* (Liv. 1,51,1). In diesem Fall wechselt Livius nicht in die Perspektive des Tarquinius Superbus, sondern stellt dessen Überlegung, dass er die Geringschätzung seiner Person durch Turnus nicht ertragen konnte, aus seiner Perspektive mit dem Zusatz *quam videbatur* dar. Das Vokabular weist auf die Gewaltherrschaft hin: *necem machinari*, *terrorem inicere* und *opprimere*. Ferner macht Livius durch den Vergleich deutlich, dass die Schreckensherrschaft Römer wie Latiner gleichermaßen betreffe. Anschließend schildert Livius ausführlich in einer Einzelerzählung, wie Tarquinius Turnus mit einer falschen Anschuldigung zum Tod bringt (Liv. 1,51) und dann den Bündnisvertrag mit den Latinern erneuert. Somit bringt Tarquinius die Latiner völlig in römische Abhängigkeit.[1122]

In dieser Passage charakterisiert Livius Tarquinius indirekt durch Wertungen in der Erzählung. Dies zeigt sich schon in der gerade erläuterten Zeichnung eines Tyrannenbildes, aber auch im folgenden Satz, der zu den Kriegstaten überleitet: *Nec ut iniustus in pace rex, ita dux belli pravus fuit; quin ea arte aequasset superiores reges ni degeneratum in aliis huic quoque decori offecisset* (Liv. 1,53,1). Livius macht hier explizit aus auktorialer Perspektive deutlich, dass sich die Tyrannenherrschaft auf die Friedenszeit und damit vor allem auf die Innenpolitik bezieht. Hier nennt er ihn *iniustus rex* und bezeichnet ihn als *degeneratus*. Durch die Litotes *nec … pravus* hebt Livius in diesem Vergleich Tarquinius' kriegerische Fähigkeiten hervor. Damit leitet Livius zu den Kriegen über. Dabei ist der Krieg gegen Gabii hervorzuheben, von dem Livius in einer Einzelerzählung berichtet: Tarquinius schleust nach einem ersten gescheiterten Angriff seinen Sohn Sextus in die Oberschicht der Stadt ein, der dort, nachdem er sich Vertrauen erworben hat, den Leuten aus Gabii sozusagen in den Rücken fällt (Liv. 1,53,3–1,54,10). Livius bezeichnet dieses Mittel noch vor der Schilderung des Krieges als *fraus ac dolus* und damit als ein völlig unrömisches Mittel (*ars*): *postremo minime arte Romana, fraude ac dolo, adgressus est* (Liv. 1,53,4). Auch mit dieser Aussage fügt Livius dem Tyrannenbild des Tarquinius ein weiteres Element hinzu. Gemäß der Ankündigung der *praefatio* zeichnet Livius Tarquinius hier als schlechten Mann (*vir*), der mit unredlichen und unrömischen Mitteln (*artes*) seine Macht sichert.

Neben den Kriegen fällt der Bau des Jupiter-Tempels auf dem Kapitol, den sein Vater Tarquinius Priscus gelobt hat, in die Regierungszeit des Superbus. Auch hier zeigt sich der negative Charakter; denn Livius schreibt, Superbus habe den Tempel vor allem als Denkmal seiner Herrschaft, nicht aber aus religiösen Motiven erbaut: *ut Iovis templum in monte Tarpeio monumentum regni sui nominisque relinqueret: Tarquinios reges ambos patrem vovisse, filium perfecisse* (Liv. 1,55,1). Tarquinius geht es, wie aus der Formulierung als indirekte Rede hervorgeht, die den vorherigen Finalsatz erläutert, um das Andenken und die Überlieferung des Namens der Tarquinier. Dies zeigen besonders die Worte *monumentum regni sui nominisque*, womit indirekt die Geringschätzung der Götter des Tarquinius Superbus zum Ausdruck gebracht wird. Auch die weiteren Bauten unter Tarquinius wie die Cloaca Maxima, die Plebejer als Frondienst bauen mussten, fallen vor allem durch ihren Prunk auf.[1123]

[1122] Weissenborn u. Müller ¹¹1963a, 239.
[1123] Vgl. Burck 1968, 81.

Eine weitere Perspektive in der Charakterisierung ergibt sich im Kontext der Episode vom Ende der Königszeit, als Brutus in Rom nach der Vergewaltigung der Lucretia in seinem Amt als Tribun der Celeres seine Rede gegen Tarquinius Superbus und für die Vertreibung der Könige hält. Livius überliefert diese in indirekter Rede und greift darin noch einmal alle Untaten ausgehend von der Schändung der Lucretia (Liv. 1,59,8–11) auf. Damit bringt ein, wie im nächsten Kapitel gezeigt werden wird, wertetreuer Römer, der – hier politisch noch völlig unbedeutend[1124] – später einer der beiden ersten Konsuln der Republik ist, als Gegenspieler des Tarquinius eine Gegenperspektive ein, die das zusammenfasst, was der auktoriale Erzähler schon zuvor in den impliziten Charakterisierungen der Handlung zum Ausdruck gebracht hat.

Zusammenfassend kann man aus der impliziten Charakterisierung im Verlauf der Handlung erkennen, wie Livius aus verschiedenen Perspektiven Tarquinius als Tyrannen zeichnet, dem seine eigene Person, seine persönliche Macht und sein persönliches Andenken wichtiger ist als die Stadt, das römische Volk oder die Götter. Die Königszeit ist durch die Entwicklung hin zur Tyrannei am Ende angelangt. Im Folgenden erzählt Livius das Ende der Königszeit, die mit einem Götterzeichen beginnt, das dem Tarquinius erscheint. Livius berichtet in den Einzelerzählungen um Brutus und Lucretia vom Ende der Königszeit. Dies soll im folgenden Kapitel genauer beleuchtet werden. Zusätzlich ist noch festzustellen, dass auch bei Livius, wie es für den Verfassungskreislauf üblich ist, auf die grundsätzlich gute Staatsform der Königsherrschaft die schlechte Form der Einzelherrschaft folgt. Dies wird bei Livius allerdings lediglich dadurch deutlich, dass er, wie gezeigt wurde, Tarquinius Superbus als Tyrannen darstellt, aber den Verfassungskreislauf nirgends explizit thematisiert.[1125]

2.4.3.3 *rex, senatores, primores civitatis* – Die Aristokratie am Wendepunkt von der Königszeit zur Republik bei Livius

Durch das Binnenproömium des zweiten Buches, mit dem Livius auf die nun in seinem Bericht folgende Darstellung der Republik vorbereitet, scheint das erste Buch über die Königszeit, wie schon erwähnt,[1126] sehr deutlich von den vier folgenden Büchern getrennt zu werden. Im Folgenden werde ich zeigen, wie Livius

---

1124 Vgl. SCHUBERT 1991, 84.
1125 Vgl. FROMENTIN 2003, 70. FOX 1996, 97 weist darauf hin, dass es vor Livius in der Geschichtsschreibung über Rom nicht üblich war, ein Buch mit der Königszeit enden zu lassen. Das Ende der ersten Periode stelle nämlich üblicherweise das Dezemvirat dar, von dem Livius in der Mitte des dritten Buches berichtet.
1126 Vgl. Kap. 1.1.3.

den Wendepunkt von der Königszeit zur Republik unter dem Leitmotiv *libertas*, das hier für ‚Republik' steht, in einer kohärenten Erzählung darstellt. Dabei wird die Absicht des Livius klar, ein großes Ziel Roms zu verdeutlichen: *libertas*, die Republik.[1127] Im Mittelpunkt der Betrachtung sollen einerseits narratologische Strukturen wie beispielsweise Reflexionen des auktorialen Erzählers, andererseits die Zeichnung der verschiedenen Gruppen der Aristokratie stehen. Dadurch zeigt sich, dass die Erzählung von den letzten Jahren der Königszeit und den ersten Jahren der Republik (Liv. 1,56–2,15) trotz des Binnenproömiums zu Beginn des zweiten Buches fortlaufend ist. Kohärenz erreicht Livius, indem er die wohl überall in Rom bekannten Einzelerzählungen um Brutus, Lucretia, Horatius Cocles, Mucius Scaevola und Cloelia im Blick auf das große Ziel *libertas* in einen größeren Zusammenhang bringt.[1128] Entscheidend dafür ist, dass die Gruppen, die alle Teil der Aristokratie sind, die gleichen bleiben. Während sich ihre politische Stellung und ihr Einfluss ändern, sind ihr Charakter und ihr Ziel, das sie verfolgen, konsistent. Die Aristokratie setzt sich in diesem Fall aus den Mitgliedern der früheren und aktuellen Königsfamilie, den Senatoren, hochgestellten Einzelpersönlichkeiten der Gruppe der Senatoren, den *primores civitatis*, und aus den Frauengestalten Tullia und Lucretia zusammen. Die *primores civitatis* handeln eigenständig, sind gegebenenfalls aber gleichzeitig auch Senatoren.[1129] Diese Kohärenz der Erzählung vom Übergang der Königszeit zur Republik soll einerseits hinsichtlich Narratologie und Makrostrukturen nachgewiesen werden, die es erlauben, von einer fortlaufenden Erzählung zu sprechen, andererseits soll anhand einzelner Beispiele gezeigt werden, wie Livius durch die Zeichnung der Gruppen der Aristokratie diese Kohärenz in der Erzählung schafft.

In der Forschungsliteratur existieren dazu kaum Betrachtungen. Ursache dafür könnte die Buchgrenze zwischen dem ersten und zweiten Buch sein. Wiseman geht von einer zusammenhängenden Erzählung aus und stellt in seiner Betrachtung die Hauptfiguren Brutus, Lucretia und die Konsuln Valerius und Horatius in den Mittelpunkt.[1130] Es gibt unzählige Einzelbetrachtungen zum Ende der Königszeit, zur Figur des Brutus oder zu den Frauengestalten,[1131] die aber vor allem einzelne Protagonisten der Handlung in den Mittelpunkt stellen. Außerdem existieren Publikationen zum Beginn des zweiten Buches. Zu nennen ist hier beispielsweise der Aufsatz von Eckard Lefèvre zur Argumentation und zur

---

[1127] WEISSENBORN u. MÜLLER [10]1963b, 7.
[1128] Zu den Einzelerzählungen von Horatius Cocles, Mucius Scaevola und Cloelia vgl. Kap. 2.4.2.1.
[1129] HELLEGOUARC'H 1972, 338f.
[1130] WISEMAN 1998, 19.
[1131] S. Anm. 1138 in diesem Kapitel.

Struktur am Beginn des zweiten Buches, wobei er mit Recht feststellt, dass der Bericht unter dem Leitgedanken *libertas* steht, dem die Fakten untergeordnet sind. Allerdings konzentriert er sich zu sehr auf den Unterschied zwischen griechischer und römischer und damit gleichbedeutend objektiver und subjektiver Geschichtsschreibung.[1132] Dennoch leistet er mit seinem Aufsatz gute Dienste, indem er die Erzählung des Livius mit Dionysios von Halikarnass und Plutarch kontrastiert. Dieser Vergleich weist bei Livius durchaus eigene Erzählstrukturen nach.

Aus zwei entscheidenden Gründen können wir den Abschnitt von Liv. 1,56–2,15 als eine geschlossene Erzählung auffassen und annehmen, dass Livius diesen Zusammenhang bewusst ausgestaltet hat. Einerseits zeigen Vergleiche mit anderen Autoren wie Dionysios von Halikarnass und mit Einschränkungen auch Plutarch und Cicero, die dieses Thema ebenfalls behandelt haben, Abweichungen in der Handlung.[1133] Andererseits erzeugt das Leitmotiv *libertas* Kohärenz.[1134] Demnach hat Livius durchaus die im kollektiven Gedächtnis der Römer zunächst durch mündliche Tradition, ab dem späten dritten Jahrhundert auch durch erste literarische Werke überlieferten Einzelepisoden um das Ende der Königszeit und den Anfang der Republik zu etwas Eigenem zusammengefügt.[1135] Ferner liegt die Zeit so weit zurück, dass es sich bei diesen Einzelepisoden keineswegs um unumstößliche Fakten gehandelt haben kann.[1136]

Livius weist auf das bevorstehende Ende der Königszeit schon hin, als Tarquinius erstmals in Erscheinung tritt. Er schöpft wegen volksfreundlicher Maßnahmen des Servius Tullius bei seiner nachträglichen Wahl zum König Hoffnung auf die Macht und versucht die Senatoren zu beeinflussen. Durch eine Reflexion des auktorialen Erzählers leitet Livius diesen Abschnitt der Handlung ein: *Tulit enim et Romana regia sceleris tragici exemplum, ut taedio regum maturior veniret libertas ultimumque regnum esset quod scelere partum foret* (Liv. 1,46,3).[1137] Der Erzähler nimmt das Ende der Königsherrschaft (*ultimum regnum*) vorweg, bevor er die Ereignisse berichtet, die zum Ende der Königszeit führen. Es folgen die Taten

---

1132 Lefèvre 1983.
1133 Vgl. Wiseman 1998, 23. Zum Vergleich von Livius mit Dionysios von Halikarnass vgl. Burck 1964, 51–59 und 163–175.
1134 Burck 1964, 52 weist auf die „Leitidee" *libertas* zu Beginn des zweiten Buches hin, bezieht dies aber nicht auf das Ende des ersten. Ogilvie 1965, 233 sieht in *libertas* das übergeordnete Thema des zweiten Buches.
1135 Wiseman 1998, 19 und Welwei 2001, 134.
1136 Die Historizität dieser Ereignisse muss man wohl zurückweisen. So ist beispielsweise das Konsulat in Form eines Zweierkollegiums erst für das vierte Jahrhundert belegt. Vgl. dazu beispielsweise Welwei 2001, 126 und Wiseman 1998, 23
1137 Vgl. dazu Kap. 2.4.3.2.2.

der Regierungszeit des Tarquinius Superbus, nach denen Livius zum Ende der Königszeit überleitet, das er ausgehend von zwei sehr bekannten Einzelerzählungen schildert: die Gesandtschaft um Brutus nach Delphi (1,56,4–13) und die Vergewaltigung und den Selbstmord der Lucretia (1,57,1–1,58,12).[1138] Diese Episode mündet direkt in die Erzählung vom Sturz und von der Vertreibung des Tarquinius Superbus (1,59,1–1,60,4). Livius unterbricht die Chronologie und schafft sich durch die Voranstellung der zwei Einzelerzählungen als Exposition, „die Möglichkeit, die Revolution und den Sturz der Tarquinier in einem Zuge zu erzählen, ohne den Fortgang der Erzählung durch Nachträge [...] unterbrechen zu müssen".[1139] Durch den Bruch in der Chronologie entsteht eben Kohärenz in der Erzählung im Hinblick auf das Ziel *libertas*.

Nach kurzer Unterbrechung durch das Binnenproöm berichtet Livius, unmittelbar an das erste Buch anschließend, von den Ereignissen zu Beginn der Republik unter den ersten Konsuln L. Iunius Brutus und L. Tarquinius Collatinus. Thema des Binnenprooms und damit des zweiten Buches ist wiederum *libertas*:

> Liberi iam hinc populi Romani res pace belloque gestas, annuos magistratus, imperiaque legum potentiora quam hominum peragam. Quae libertas ut laetior esset proximi regis superbia fecerat. Nam priores ita regnarunt [...] (Liv. 2,1,1–2).

In dieser Passage spricht erneut, wie in der *praefatio* und dem Binnenproöm zum sechsten Buch, der Autor in der ersten Person Singular (*peragam*). Die ersten beiden Sätze beginnen jeweils mit einem Wort der Freiheit, *liber* bzw. *libertas*. Im Wort *libertas* schwingt in jedem Falle die Staatsform der Republik mit,[1140] auch wenn der Wechsel der Verfassungsform hier nicht explizit genannt wird, sondern nur aus dem Wort *libertas* und der am Ende des ersten Buches berichteten Wahl der ersten Konsuln ersichtlich ist.[1141] Für Livius scheint es hier ebenso wenig wichtig wie beim Übergang von Servius Tullius auf Tarquinius Superbus, den Verfassungskreislauf explizit zu thematisieren. Anschließend blickt Livius auf die bisherige Handlung der Königszeit zurück und stellt anhand einer kontrafaktischen Überlegung, was passiert wäre, wenn das Ende der Königszeit früher gekommen wäre, fest, dass nun der richtige Augenblick für die Republik gekommen

---

[1138] Zur Handlung der Einzelepisoden s. z.B. WISEMAN 1998, 19f. (Brutus) und 20f. (Lucretia) und BURCK 1968, 81f. (Lucretia). KOWALEWSKI 2002, 108ff. stellt die Lucretia-Episode zwar ausführlich dar, geht aber kaum auf die Verbindung mit der Brutus-Episode ein.
[1139] BURCK 1964, 170. Zur Verbindung der Brutus-Legende mit der Lucretia-Geschichte vgl. auch WELWEI 2001, 127.
[1140] WEISSENBORN u. MÜLLER [10]1963b, 7.
[1141] CHLUP 2009, 54.

sei.¹¹⁴² Damit nimmt er die schon erläuterte Ankündigung aus Liv. 1,46,3 zum bevorstehenden Ende der Königszeit wieder auf. Wenn man nur den ersten Satz des Binnenprooömiums als Aussage der Stimme des Autors auffasst, für den weiteren Teil einen Perspektivwechsel annimmt und diesen als Zwischenreflexion des auktorialen Erzählers auffasst, wird die Kohärenz der fortlaufenden Erzählung deutlich, vor allem wenn man die Buchgrenze außer Acht lässt. Dies soll keineswegs die Bedeutung des Binnenprooöms zu Beginn des zweiten Buches schmälern. Am Wort *peragam* lässt sich erkennen, dass der weitere Verlauf der Geschichte, d.h. der Beginn der Republik, große Relevanz hat.¹¹⁴³ Allerdings gilt dies für die Perspektive des Autors. Der Erzähler dagegen setzt die begonnene Episode mit dem Leitmotiv *libertas* fort. Die Annahme des Perspektivwechsels ist schon deswegen zulässig, weil Livius nach dem ersten Satz in das Erzähltempus wechselt, was an den Verbformen *fecerat* und *regnarunt* zu erkennen ist. Es folgt der nächste Schritt in der Handlung: die Neuordnung der staatlichen und kultischen Institutionen sowie die Sicherung der noch jungen Republik gegen die Tarquinier, die nach Rom zurückkehren wollen. Der letzte Teil, der für unsere Betrachtungen von Bedeutung ist, ist der Kampf gegen den Etruskerkönig Porsenna. Am Ende dieser Stelle schließt Livius konkret das Thema *libertas* ab, obwohl es als Leitmotiv im weiteren Verlauf der Erzählung bestehen bleibt: hier allerdings nicht in Form einer Reflexion des auktorialen Erzählers, sondern im Verlauf der Handlung, als es um den Friedensschluss mit Porsenna geht:

> Non in regno populum Romanum sed in libertate esse. ita induxisse in animum, hostibus potius quam portas regibus patefacere; ea esse vota omnium ut qui libertati erit in illa urbe finis, idem urbi sit. proinde si salvam esse vellet Romam, ut patiatur liberam esse orare. Rex [sc. Porsenna] verecundia victus [...] (Liv. 2,15,3–5).

Die Episode mit Porsenna zielt auf die Botschaft ab, dass die *libertas* Roms anerkannt werden müsse.¹¹⁴⁴ Dies trifft zu, doch müssen wir noch einen Schritt weiter gehen. Es wird nicht nur die Episode mit Porsenna abgerundet. Durch die Anerkennung der Freiheit durch einen auswärtigen König, was durch die Alliteration in den Worten *verecundia victus* deutlich wird, ist der Weg zur Republik vorerst beendet. Das Ziel ist erreicht. Narratologisch wird dies dadurch unterstrichen, dass das Motiv *libertas* nicht mehr nur als Ziel in den Reflexionen des auktorialen Erzählers vorhanden ist, sondern nun mitten in der Haupthandlung steht.

1142 Pausch 2011, 247.
1143 Chlup 2009, 53.
1144 Ogilvie 1965, 270.

Ein weiterer Faktor, der Kohärenz in der Erzählung schafft, ist die Darstellung der verschiedenen Gruppen der Aristokratie. In Zusammenhang mit Livius von Gruppen zu sprechen, scheint auf den ersten Blick gewagt, wird doch gerade er häufig als Paradebeispiel für Exempla-Literatur angeführt. Man muss auch zugestehen, dass außer den Senatoren, der römischen Jugend, die im Zusammenhang mit den Rückkehrversuchen der Tarquinier genannt wird, und den *primores civitatis* keine Gruppen handeln. Allerdings stehen die Protagonisten der Haupthandlung und der Einzelepisoden keineswegs für sich, sondern repräsentieren immer eine Gruppe von Leuten, die an der gleichen Stelle genauso handeln würden.

Zunächst wird die Gruppe der Senatoren behandelt, die in diesem Zusammenhang zum ersten Mal in Erscheinung tritt, als Tarquinius Superbus nach der Macht greift. Die Senatoren handeln hier nicht. Nur durch die Reflexion des auktorialen Erzählers, der von einem wachsenden Einfluss des Tarquinius spricht, wird der Erfolg seines Tuns deutlich.[1145] Zu Beginn der Republik wird der Senat, den Tarquinius dezimiert hatte, wieder vergrößert. Erstmals tritt der Senat in diesem Zusammenhang handelnd auf, als die Tarquinier endgültig aus der Stadt verbannt werden sollen: *Brutus ex senatus consulto ad populum tulit ut omnes Tarquiniae gentis exsules essent* [...] (Liv. 2,2,11). Von nun an wird der Senat wieder in alle Handlungen mit einbezogen. So wenden sich die Gesandten der Tarquinier bezüglich der Herausgabe des Vermögens an den Senat, aber auch Mucius Scaevola bringt sein Vorhaben vor dieses Gremium, das es schließlich billigt.[1146]

Als nächste Personengruppe betrachten wir die Protagonisten der Haupthandlung sowie deren Gegenspieler. Hauptfigur ist zunächst der König Tarquinius Superbus. Auf seiner Seite stehen die Mitglieder der Königsfamilie als eigene Gruppe, die jedoch den jeweiligen König größtenteils – eine Ausnahme ist Brutus – unterstützt. Die Gegenspieler sind diejenigen Leute, die Livius *primores civitatis* nennt und deren wichtigste Person Brutus ist. Die *primores civitatis* sind keine Gruppe mit fester Zusammensetzung, sondern umfassen bei Livius in der Regel höhergestellte Persönlichkeiten, meist aus der *nobilitas*, die keine oder noch keine institutionalisierte Position innehaben oder deren Rolle für die Geschichte nicht entscheidend ist. Es fällt auf, dass in der Haupthandlung in diesem Kontext immer die in Rom führende Person im Mittelpunkt steht und Rom das Zentrum des Geschehens ist. Ausführlichere Handlungen wie beispielsweise die Lucretia-Episode, die auch an einem anderen Schauplatz als Rom spielen können, werden

---

1145 Vgl. dazu ausführlich Kap. 2.4.3.2.2.
1146 Zu Mucius Scaevola vgl. Kap. 2.4.2.1.

in Einzelerzählungen dargestellt. Diese Handlung hat jedoch immer auch eine Auswirkung auf die stadtrömische Politik. Mit Beginn des zweiten Buches ändern sich die Vorzeichen, indem die ehemaligen *primores civitatis* nun die herrschende Gruppe darstellen, nämlich die Konsuln, während die Tarquinier, was die Erzählung angeht, in zweiter Reihe stehen. Dies lässt sich gut an der Figur des Brutus zeigen. Dieser ist bei Livius zunächst als Neffe des Tarquinius Superbus als ein wenig töricht dargestellt (Liv. 1,56,7–8), was aber laut Livius Absicht ist, um die wahren Ziele zu verbergen. Im Kontext der Vertreibung ist er zufällig in einem politischen Amt, das ihn legitimiert,[1147] vor dem Volk eine Rede zu halten:

> Quo simul ventum est, praeco ad tribunum celerum, in quo tum magistratu forte Brutus erat, populum advocavit. Ibi oratio habita nequaquam eius pectoris ingeniique quod simulatum ad eam diem fuerat [...] (Liv. 1,59,7–8).

Am Ende des ersten Buches berichtet Livius schließlich von der Wahl des Brutus zum ersten Konsuln.[1148] Er wird damit wie auch Tarquinius Superbus und Tarquinius Collatinus in die Position gebracht, die er am Anfang des zweiten Buches innehat.[1149] Zu Beginn seiner Amtszeit charakterisiert ihn Livius als Bewahrer der neu errungenen *libertas: qui* [sc. *Brutus*] *non acrior vindex libertatis fuerat quam deinde custos fuit* (Liv. 2,1,8). Er ist nun einer der beiden Konsuln und führender Mann im Staat und somit aus einem Mitglied der Königsfamilie, deren Teil er nur ungern war und sich daher gegenüber Tarquinius dumm stellte,[1150] zum höchsten Beamten geworden. Er kämpft weiter gegen Tarquinius und das Königtum, indem er dem Volk den Eid abnimmt, in Rom keine Könige mehr zu dulden (Liv. 2,1,9). Livius stellt ihn als einen Mann dar, der seinem Charakter treu bleibt. Die Tarquinier dagegen sind mit Beginn des zweiten Buches nur noch insofern wichtig, als sie versuchen, die Herrschaft in Rom zurückzugewinnen. Sie greifen dann in die Handlung ein, wenn es um die Macht in Rom geht. Solange sie sich außerhalb Roms sozusagen mit sich selbst beschäftigen, ist dies nicht von Bedeutung. Sie sind nun die Gegenspieler, die versuchen gegen die in Rom herrschende Gruppe zu kämpfen – mit Hilfe der unzufriedenen Jugend. Unterstützer der Konsuln und damit Verfechter der *libertas* sind wiederum Einzelpersönlichkeiten der *primores civitatis*: Horatius Cocles, Mucius Scaevola und in diesem Fall auch Cloelia. Ihr Handeln wird in Einzelepisoden als jeweiliges Exemplum für ihre Gruppe dargestellt.

[1147] WELWEI 2001, 134.
[1148] Zur historischen Beurteilung dieser Passage s. WELWEI 2000, 50 f.
[1149] ROBBINS 1972, 9.
[1150] ROBBINS 1972, 2 f.

Während die Positionen der einzelnen Personen in der Handlung wechseln, bleiben ihr Charakter und ihre Einstellung doch konsistent. Dies soll besonders an der im vorherigen Kapitel ausgeführten Charakterisierung des Tarquinius Superbus als Tyrann[1151] gezeigt werden. Schon zu Beginn des Berichts über die Regierungszeit macht der Erzähler nach der gewaltsamen Usurpation des Königsstuhls den Charakter des Tarquinius deutlich, sodass negative Handlungen, die in keiner Weise an römischen Werten ausgerichtet sind, nicht verwundern. Diese Eigenschaften legt er auch nach seiner Verbannung nicht ab. Ebenso sind auch die Charakterisierungen der späteren Konsuln konsistent, die vor allem als Verfechter der *libertas* dargestellt werden; gleiches gilt für die der Exempla für römische *virtus*: Horatius Cocles, Mucius Scaevola und Cloelia, die nur im zweiten Buch eine Rolle spielen. Sie sind somit im zweiten Buch das Pendant zu Sextus Tarquinius. Sie versuchen die Macht – im Unterschied zu Tarquinius allerdings die legitim ausgeübte Macht – zu erhalten. Sextus Tarquinius setzt sich zwar auch für den Machterhalt seines Vaters ein, was in der Einzelepisode über die Einnahme von Gabii deutlich wird, allerdings mit List und Betrug, indem er sich in Gabii in die Oberschicht einschleust, um deren Vertrauen zu missbrauchen (Liv. 1,53,4–1,54,10).

Brutus dagegen ist von den Hauptpersonen der einzige, dessen Charakter von Anfang an zwar implizit deutlich wird, aber erst im Verlauf der Handlung expliziert wird. Zu Beginn der Einzelepisode, als er mit den Söhnen des Tarquinius nach Delphi geht, stellt ihn Livius als denjenigen dar, der absichtlich den Dummen spielt. Erst als er nach dem Selbstmord der Lucretia zum Sturz der Königsfamilie aufruft, wird sein eigentliches Ziel klar: der Sturz der Tarquinier und das Streben nach *libertas*. Er ist damit der Begründer der Republik und ihr erster, wertetreuer Konsul. Diese Eigenschaft zeigt sich vor allem in der Bemerkung, dass die Frauen nach seinem Tod besonders um ihn trauern, weil er die Verletzung der Frauenehre (*pudicitia*) der Lucretia gerächt habe: *sed multo maius morti decus publica fuit maestitia, eo ante omnia insignis quia matronae annum ut parentem eum luxerunt, quod tam acer ultor violatae pudicitiae fuisset* (Liv. 2,7,4). Dennoch ist auch sein Charakter konsistent, auch wenn dies nicht auf den ersten Blick zu erkennen ist. Brutus beendet in positiver Weise, als Rächer der Lucretia, die Königszeit, während mit Sextus Tarquinius durch die Vergewaltigung Lucretias auch das Fehlverhalten eines Mitglieds der Königsfamilie für das Ende der Königszeit verantwortlich ist.[1152] Im Mittelpunkt der Erzählung vom Ende steht jedoch Lu-

---

[1151] Vgl. Kap. 2.4.3.2.2 und OGILVIE 1965, 197 f.
[1152] MINEO 2006, 64 sieht im Verhalten des Sextus Tarquinius die Darstellung des Höhepunkts der staatlichen Unordnung.

cretia, die als *exemplum pudicitiae* wie ihr Rächer für die moralisch gute Seite der Römer steht.[1153]

Wie es unter den Männern Gegenspieler gibt, schafft Livius diese auch unter den Frauen: Tullia und Lucretia.[1154] Tullia steht wie Tarquinius für die tyrannische Königsfamilie, die mit allen Mitteln nach Macht strebt und der Livius durch ihr Eingreifen in die Handlung die Rolle der Königsmacherin zuschreibt.[1155] Außerdem werden charakterliche Parallelen zu Tarquinius deutlich. Besonders zeigt sich dies an der doppelten Verwendung des Wortes *scelus* in dem Satz *iam enim ab scelere ad aliud spectare mulier scelus* (Liv. 1,47,1). Das Wort *scelus* umrahmt *mulier*, womit der verbrecherische Charakter Tullias besonders hervorgehoben wird. Lucretia steht dagegen wie Brutus für die wertetreuen *primores civitatis*, in diesem Fall konkret für das Ideal der römischen Matrone, die zu Hause bei der Familie ist.[1156] Sie lebt nach dem Ideal der *pudicitia* und spinnt im Gegensatz zu Tanaquil und Tullia, die sich in die Politik einmischen, Wolle.[1157] Das Ideal der *pudicitia* der Frauen entspricht im römischen Denken der *virtus* der Männer.[1158] Diese Charakterisierung ergibt sich vor allem aus der Einzelerzählung vom Selbstmord Lucretias, in der Livius diese den ausschweifenden Schwiegertöchtern des Tarquinius Superbus gegenüberstellt:

> Quo cum primis se intendentibus tenebris pervenissent, pergunt inde Collatiam, ubi Lucretiam haudquaquam ut regias nurus, quas in convivio lusuque cum aequalibus viderant tempus terentes, sed nocte sera deditam lanae inter lucubrantes ancillas in medio aedium sedentem inveniunt (Liv. 1,57,8–9).

Livius stellt hier nicht nur die Frauen der Protagonisten einander gegenüber, sondern auch das idyllische Leben in Collatia den Ausschweifungen am Herrscherpalast in Rom.[1159] Die Einhaltung des Wertes *pudicitia* ist für Lucretia von so hoher Bedeutung, dass sie dafür ihr Leben opfert. Dennoch ist sie nicht die Begründerin der Republik. Livius macht sie zum Auslöser, zur Figur, die den Umsturz in Gang setzt,[1160] während Tullia Auslöser für die Gewaltherrschaft des Tarquinius ist. Damit stehen beide Frauenfiguren in gewisser Weise für das Ende der Königszeit.

[1153] Vgl. KOWALEWSKI 2002, 121 f.
[1154] CHARPIN 1981, 18.
[1155] Vgl. Kap. 2.4.3.2.2.
[1156] Vgl. SCHUBERT 1991, 86 f.
[1157] Vgl. KOWALEWSKI 2002, 7 und 111 und CHARPIN 1981, 18.
[1158] KOWALEWSKI 2002, 107 und 128.
[1159] KOWALEWSKI 2002, 111.
[1160] Vgl. KOWALEWSKI 2002, 107.

Es ist deutlich geworden, dass trotz der Buchgrenze der Bericht vom Ende der Königszeit und dem Beginn der Republik eine zusammenhängende Erzählung ist. Livius legt dies durch narratologische Strukturen nahe. Einerseits wird in der Analyse der Makrostruktur deutlich, dass sowohl die Haupthandlung und Einzelepisoden als auch die Reflexionen des auktorialen Erzählers auf das Ziel *libertas* ausgerichtet sind. Die Haupthandlung hat die jeweils herrschende Person beziehungsweise die herrschenden Personen als Protagonisten und spielt in erster Linie in Rom. Die Handlungen der anderen Figuren werden meist exemplarisch in Einzelepisoden dargestellt. Am entscheidenden Punkt, nach dem Sturz der Könige, reflektiert der Erzähler das Geschehen im Binnenproömium zum zweiten Buch. Zunächst weist Livius in seiner Rolle als Autor darauf hin, dass von nun an der Bericht über die Zeit der Republik beginnt. Doch unmittelbar im Anschluss wechselt Livius die Stimme und reflektiert das gerade erzählte Geschehen aus der Perspektive des auktorialen Erzählers. Livius macht am Ende dieser Episode deutlich, dass das Ziel erreicht ist, indem Porsenna die Freiheit (*libertas*) anerkennt: Die Republik hat die Königszeit abgelöst. Er unterstreicht diese Strukturen zusätzlich durch die Darstellung der handelnden Personen. Sie gehören alle der Aristokratie an und haben im politischen Betrieb verschiedene Positionen inne. Die Werte, nach denen die Gruppen handeln, und die Charaktere der Protagonisten sind im Verlauf der Erzählung konsistent, ungeachtet ob sie die Rolle der Machthaber oder der Gegenspieler haben.

2.4.3.4 Rom als ‚Schmelztiegel' in Buch 1

Nach den einzelnen Figuren sollen im Folgenden verschiedene Gruppen Roms und ihre Darstellung in der Erzählung des Livius untersucht werden. Zunächst fallen die Gruppen von Menschen auf, die die Gründungsbevölkerung Roms bilden. Im Verlauf des ersten Buches kommen vor allem durch Eroberungen in Folge der Kriege immer mehr Gruppen hinzu, sodass man von einem ‚Schmelztiegel' von Leuten verschiedener Herkunft in Rom sprechen kann. Ab dem Ende des ersten Buches hat die Herkunft verschiedener Leute kaum noch eine Bedeutung.[1161] Es geht im weiteren Verlauf der ersten Pentade vornehmlich um den Antagonismus zwischen Patriziern und der Plebs, was im nächsten Kapitel zu zeigen sein wird. Wenn durch Kriege auch danach noch Leute aus der Fremde nach Rom kommen, hat dies im Gegensatz zum ersten Buch für die Handlung und

---

[1161] ALBRECHT 2016, 260 verkennt die Bedeutung der ethnischen Herkunft für das erste Buch, wenn er über das Werk ansonsten zutreffend feststellt, dass die „Benennung der Ethnizität römischer Männer" selten erfolge, wobei er als Grund die Romzentriertheit des Werkes anführt.

damit für den Verlauf der römischen Geschichte keine Bewandtnis. Im Folgenden soll gezeigt werden, wie Livius die Gründungsbevölkerung und das Hinzukommen neuer ethnischer Gruppen in seiner Erzählung darstellt.

Die Frage, was überhaupt ein Ur-Römer ist, ist zunächst leicht zu beantworten, indem man sagt, dass alle, die sich ab der Stadtgründung in der neuen Stadt Rom ansiedelten, auch als Römer aufzufassen sind. Livius beschreibt die Gründungsbevölkerung Roms folgendermaßen: *Et supererat multitudo Albanorum Latinorumque; ad id pastores quoque accesserant* (Liv. 1,6,3). Er unterscheidet zwischen Bürgern aus Alba Longa, Latinern und Hirten, wobei schon an dieser Stelle deutlich wird, dass die Albaner und die Latiner die wichtigeren Gruppen sind, weil sie einerseits eine konkrete ethnische Zugehörigkeit haben und andererseits die Hirten durch das Verb *accedere* als diejenigen bezeichnet werden, die noch dazukamen, ohne dass ihre Herkunft näher geklärt wird.[1162] Denn zu welchem Volksstamm, wenn nicht zu den in Liv. 1,1,5 genannten *Aborigines*, deren Anführer König Latinus war, sollen sie gezählt werden, wenn sie zu den Ureinwohnern Latiums gehören? Allerdings stellt Dupont – zwar in Bezug auf die *Aeneis*, aber für Livius ebenso zutreffend – fest, dass die Latiner vor allem die Funktion haben, „künftige Römer zu sein".[1163]

Es lässt sich also feststellen, dass Rom eine Tochterstadt der Latiner und Alba Longas ist. Somit stammen die ersten Einwohner Roms in direkter Linie von den mit den Aeneaden vereinigten Latinern ab (Liv. 1,2,4), die erst Lavinium, dann Alba Longa und schließlich Rom gründeten. Auch Romulus stammt letztlich von der Linie der Albanerkönige ab. Auffällig ist dennoch, dass Livius nicht, wie beispielsweise Vergil in der Jupiterprophezeiung in der *Aeneis*, die direkte Abfolge der Städte Lavinium, Alba Longa, Rom[1164] mit der besonderen Betonung der Zahlen 3, 30 und 300 herausstellt. Dieser Zusammenhang wird zwar im Verlauf der Erzählung ersichtlich, Kohärenz entsteht aber durch das Motiv der Überbevölkerung in Lavinium und Alba. Die Gründung Laviniums steht am Ende des Berichts über den Zusammenschluss der Aeneaden mit den *Aborigines* zu den Latinern: *Oppidum condunt; Aeneas ab nomine uxoris Lavinium appellat*

[1162] Vgl. DUPONT 2013, 92 ff. Sie sieht in Alba Longa „eine mythographische Fiktion, durch welche die latinische Phase der römischen *origo* anschaulich werden kann" (92). Die Stadt sei nur vorhanden, um später in Rom aufgehen zu können.
[1163] DUPONT 2013, 200.
[1164] Verg. Aen. 1,267–277: *at puer Ascanius [...] / triginta magnos volvendis mensibus orbis / imperio explebit, regnumque ab sede Lavini / transferet, et Longam multa vi muniet Albam. / hic iam ter centum totos regnabitur annos / [...] Marte gravis geminam partu dabit Ilia prolem. / inde lupae fulvo nutricis tegmine laetus / Romulus excipiet gentem et Mavortia condet / moenia Romanosque suo de nomine dicet.*

(Liv. 1,1,10).[1165] Nach den Auseinandersetzungen der Latiner mit den Rutulern unter Turnus leitet Livius zu Ascanius und seiner Gründung der Stadt Alba Longa über, die explizit als Tochterstadt Laviniums bezeichnet wird:

> Is Ascanius [...] abundante Lavinii multitudine florentem iam ut tum res erant atque opulentam urbem matri seu novercae reliquit, novam ipse aliam sub Albano monte condidit quae [...] Longa Alba appellata. Inter Lavinium et Albam Longam coloniam deductam triginta ferme interfuere anni (Liv. 1,3,3–4).

In diesem Kontext nennt Livius auch die 30 Jahre zwischen der Gründung Laviniums und Alba Longas. Außerdem wird mit *abundante ... multitudine* schon hier die Überbevölkerung als Motiv für die Stadtgründung Albas genannt, das zu Beginn des Berichts über die Gründung Roms an eingangs dieses Kapitels zitierter Stelle mit *supererat multitudo* wieder aufgenommen wird. Die Abfolge wirkt dadurch natürlicher und rationaler als bei Vergil. Livius nennt nämlich zu Beginn des Berichts über die Gründung Roms zunächst Lavinium nicht, sondern nur die *Latini*. Erst in der Feststellung *parvam Albam, parvam Laviniam prae ea urbe quae conderetur fore* (Liv. 1,6,3) wird der Zusammenhang implizit deutlich.[1166] Alba und Lavinium werden nicht als explizite Mutterstädte Roms genannt, was Livius' Darstellung einer Gründung aus dem Nichts durch Romulus entgegenstünde, sondern nur als Vergleichsgröße für das spätere Rom herangezogen. Damit wird deutlich, dass sich Livius einerseits der Überlieferung anschließt, dass Rom eine Gründung ist, deren Urvater Aeneas selbst ist, diese andererseits nicht überbetonen will, um die Bedeutung Roms als eigene Gründung durch Romulus nicht zu schmälern. Nach ihm ist der Hauptgrund für die Gründung die Überbevölkerung im Gebiet der Latiner.

Die nächste Bevölkerungsgruppe führt Livius in der Einzelerzählung von der Entstehung des *asylum* ein, was er mit fehlenden Einwohnern in der neu gegründeten Stadt erklärt.[1167] Er spricht von einem Plan des Romulus, die Einwohnerzahl der Stadt zu vergrößern, indem er eine Freistatt für Leute jeder Herkunft einrichtet. Wichtig ist hier die Perspektive des Erzählers. Das Ziel der Überlegung des Romulus, die zum *asylum* führt, ergibt sich aus dem Finalsatz *ne vana urbis magnitudo esset* (Liv. 1,8,5). Es geht ihm also um Bevölkerungszuwachs. Livius erklärt anschließend aus auktorialer Perspektive Romulus' Plan (*consilium*) und erläutert dadurch auch die niedrige Herkunft dieser Leute:

1165 Zur Bedeutung Laviniums vgl. OGILVIE 1965, 39f.
1166 Vgl. zur genaueren Interpretation dieser Textstelle Kap. 2.3.2.
1167 Vgl. Kap. 2.4.1.2.

> vetere consilio condentium urbes, qui obscuram atque humilem conciendo ad se multitudinem natam e terra sibi prolem ementiebantur [...] asylum aperit. Eo ex finitimis populis turba omnis, sine discrimine liber an servus esset, avida novarum rerum perfugit, [...] (Liv. 1,8,5–6).

Romulus sei nach Livius dem Plan früherer Stadtgründer gefolgt und habe eine Freistatt errichtet, in der sich eine Menge Leute von dunkler und niedriger Herkunft versammelte. Man behauptete dann aber, ein Volk sei aus der Erde gewachsen. Indem Livius also den Plan des Romulus erläutert, macht er zwar aus auktorialer Perspektive deutlich, dass auch Romulus Leute von zweifelhafter Herkunft nach Rom geholt hat, rechtfertigt die Überlegung des ersten Königs aber auch in gewisser Weise durch den Mangel an Einwohnern. Erst im nächsten Satz erklärt Livius, wer wirklich dieses *asylum* aufgesucht hatte: eine Menge aller möglichen Männer aus den Nachbarvölkern, unabhängig von ihrem sozialen Status, was durch den Gegensatz *sine discrimine, liber an servus esset* deutlich wird, die ein neues Leben[1168] beginnen wollten. Entscheidend ist, dass diese Personengruppe vor allem aus den Nachbarvölkern stammt. Sie bilden zusammen mit den Hirten einen großen Teil der Gründungsbevölkerung. Es ist schon erkennbar, dass aus diesen Menschen die spätere Plebs entsteht,[1169] was Livius, wie noch zu zeigen sein wird, im Binnenproöm des zweiten Buches noch einmal aufgreift. Rom wird somit von Beginn an als eine offene Stadt dargestellt, in der auch Neuankömmlinge von außen unabhängig von ihrer Herkunft Fuß fassen und zusammen mit anderen eine eigene Identität ausbilden können.[1170]

Nachdem die erste Gruppe in anarchischer Weise in die Stadt gekommen ist und mit der Gründungsbevölkerung die Gruppe der Ur-Römer bildet, leitet Livius direkt zum Raub der Sabinerinnen über, die neben diesen die zweite große Gruppe im Staat bilden[1171] und später mit Numa Pompilius sogar den zweiten König stellen.[1172] Eine Funktion der Episode vom Raub der Sabinerinnen ist die Erklärung des sabinischen Anteils in der frühen römischen Bevölkerung.[1173] Denn, auch wenn Livius dies nicht offen benennt, scheinen über das *asylum* vor allem Männer in die Stadt gekommen zu sein. In der Folge herrscht nach Livius ein Mangel an Frauen in Rom, den Romulus mit dem Frauenraub kompensieren

---

1168 HILLEN ⁴2007, *ad locum* übersetzt *res novae* hier treffend mit ‚neues Leben'. DENCH 2005, 19 geht aufgrund dieser Formulierung von einer revolutionären Einstellung aus.
1169 Vgl. Kap. 2.4.3.5.1.
1170 BERNARD 2015, 44.
1171 RUCH 1968, 128.
1172 Vgl. DENCH 2005, 19 und Kap. 2.4.3.2.1.
1173 Zur Interpretation der Episode vom Raub der Sabinerinnen und ihrer Funktion vgl. Kap. 2.4.2.1.

will.¹¹⁷⁴ Es wird zunächst nichts über die gesellschaftliche Stellung dieser Frauen vor und nach dem Raub gesagt. Durch den Umstand, dass sie zu Spielen eingeladen waren und Livius Romulus in einer indirekten Rede sagen lässt, dass ihnen das Bürgerrecht verliehen würde und sie den Besitz mit ihren Männern gemeinsam hätten, ist dennoch davon auszugehen, dass es sich um höhere Gesellschaftsschichten handelt. Eine Integration im engeren Sinne beschreibt Livius hier allerdings ebenso wenig wie in späterer Zeit, als eine große Gruppe Sabiner nach deren Niederlage im Krieg auf dem Forum mit ihrem König Titus Tatius in Rom aufgenommen wurde. Livius spricht von der Vereinigung der beiden Bürgerschaften:

> inde ad foedus faciendum duces prodeunt. Nec pacem modo sed civitatem unam ex duabus faciunt. Regnum consociant: imperium omne conferunt Romam. Ita geminata urbe ut Sabinis tamen aliquid daretur Quirites a Curibus appellati (Liv. 1,13,4–5).

Es wird deutlich, dass es zunächst um die Darstellung eines Vertragsschlusses geht, der die Eingliederung der Sabiner zum Ergebnis hat. Bei der Aufnahme anderer Volksstämme in Rom, wie hier beispielsweise nach dem Krieg, steht aber nicht die Integration der neuen Bewohner oder die Umfriedung eines größeren Stadtgebiets im Mittelpunkt, sondern die Vereinigung beider Reiche (*regnum consociare*) unter dem römischen *imperium* (*imperium conferre*), deren Ergebnis eine Doppelstadt (*geminata urbs*) ist.¹¹⁷⁵ Die Stadt *Cures* wird besonders hervorgehoben, indem Livius die Etymologie auf die *Quirites*, die spätere Bezeichnung für römische Bürger, zurückführt, ohne den Quirinal als Hügel der Sabiner zu erwähnen.¹¹⁷⁶ So wird einerseits der Einflussbereich Roms über andere Länder und Menschen vergrößert, andererseits will Livius die Bedeutung des sabinischen Teils der Bevölkerung nicht überbetonen. Es geht ihm vor allem um das Aition der sabinischen Bevölkerungsgruppe in Rom, d. h. die Erklärung, warum diese in die Stadt gekommen ist. Indem er nicht, wie beispielsweise Dionysios von Halikarnass, den Quirinal als ihren Wohnort im Stadtgebiet nennt, wird die Bedeutung der Sabiner für das frühe Rom geringer dargestellt, da der ihnen bei

---

1174 Vgl. DENCH 2005, 21.
1175 WEISSENBORN u. MÜLLER ¹¹1963a, 126. POUCET 1967, 123 fasst *geminata urbs* nicht in der Bedeutung ‚Doppelstadt' auf, sondern geht von einer Verdopplung der Bevölkerungszahl aus.
1176 Laut OGILVIE 1965, 79 ist die Etymologie, die in der Antike nicht hinterfragt wurde, noch nicht geklärt. WEISSENBORN u. MÜLLER ¹¹1963a, 126 weisen auf die fehlende Erwähnung des Quirinals, des „Sitz[es] der Sabiner" hin, wohingegen POUCET 1967, 7 anmerkt, dass bei Livius erst Servius Tullius den Quirinal zum Stadtgebiet hinzufügt. Im Bericht des Livius (Liv. 1,33,2) bewohnen die Sabiner das Kapitol und die Burg (s. u.).

anderen Autoren zugeschriebene Hügel einer unter mehreren ist und erst unter Servius Tullius Bestandteil des Stadtgebiets wird.[1177] Die Ur-Römer bleiben somit im Mittelpunkt der Handlung. Eine Integration wird nicht thematisiert. Dies zeigt sich auch daran, dass Livius sich nirgends zur Frage äußert, wann die Sabiner in den Senat aufgenommen wurden, im Kapitel über das erste Interregnum aber von einem Streit der urrömischen und sabinischen Senatoren schreibt (Liv. 1,17,1–2).[1178] Spätere Kriege gegen die Sabiner zeigen freilich, dass dieser Volksstamm nicht völlig im römischen Volk aufgegangen ist. Bedeutung erlangt das sabinische Element in der römischen Bevölkerung erst durch die Wahl Numas, eines Sabiners aus Cures (*Curibus Sabinis habitabat* [Liv. 1,18,1]). Offensichtlich sind die beiden Bevölkerungsgruppen bis dato so zusammengewachsen, dass die Wahl eines Sabiners ohne viel Aufhebens stattfinden konnte.

Bei der Wahl des Ancus Marcius, des Enkels des Numa, wird die sabinische Herkunft aus auktorialer Perspektive nicht mehr thematisiert, was den Anschein vermittelt, die beiden Bevölkerungsgruppen hätten sich zusammen mit den Bewohnern von Alba Longa, die unter Tullus Hostilius in die Stadt kamen, zumindest politisch zu einer Einheit entwickelt. Im Bericht über Ancus Marcius macht Livius im Zusammenhang mit dessen Eingliederungen von Latinern in die Stadt deutlich, dass jede Bevölkerungsgruppe ihren eigenen Stadtteil bewohnt: *Et cum circa Palatium, sedem veterum Romanorum, Sabini Capitolium atque arcem, Caelium montem Albani implessent, Aventinum novae multitudini datum* (Liv. 1,33,2). Livius benennt damit die Wohnorte der bis dato drei römischen Bevölkerungsgruppen, zu denen eine *nova multitudo* aus verschiedenen latinischen Städten als unterlegene Kriegsgegner kommt, die den Aventin bewohnt. Da das Schicksal dieser Leute nicht ausführlicher behandelt wird, liegt unter Berücksichtigung des Wortes *multitudo* und der Bedeutung des Aventins[1179] die Vermutung nahe, dass es sich um eine Gruppe der späteren Plebs handelt.[1180] In jedem Fall handelt es sich um die ersten Bürger, denen explizit ein Wohnsitz zugewiesen wird und die nicht in die politischen Strukturen integriert werden.[1181] Aus dieser Erwähnung des auktorialen Erzählers ist implizit erkennbar, dass eine völlige Integration der einzelnen Volksstämme in die neue Stadt aus Sicht des Livius noch nicht erfolgt ist. Dies bestätigt sich im Kontext der Tarquinier, als Livius von Tanaquil und Tarquinius Priscus Numa und Ancus als erfolgreiche auswärtige Könige anführen

---

1177 POUCET 1967, 10.
1178 POUCET 1967, 300 f.
1179 Vgl. Kap. 2.4.1.2.
1180 HELLEGOUARC'H 1972, 513 weist auf die bisweilen synonyme Verwendung von *multitudo* und *plebs* bei Livius hin.
1181 POUCET 1967, 125.

lässt (1,34,6),[1182] um den eigenen Anspruch zu untermauern, in Rom als Auswärtige politischen Erfolg zu haben.

Unter dem König Tullus Hostilius wird die Bevölkerung von Alba Longa nach Rom umgesiedelt. Der Grund dafür ist der Vertragsbruch des Mettius Fufetius; der Vertrag selbst wurde nach dem ersten Krieg zwischen Rom und Alba, als die Drillingsbrüder der Horatier und Curiatier die Entscheidung herbeiführten, zwischen dem römischen König Tullus und dem Diktator von Alba Longa geschlossen (Liv. 1,25,1). Die Albaner, die sich als militärische Unterstützungstruppe für die Römer bereithalten sollten, fielen plötzlich ab, wurden aber schließlich vom römischen König geschlagen. Daraufhin befahl König Tullus, die Bürger von Alba nach Rom umzusiedeln und die Stadt mit Ausnahme der Tempel zu zerstören: *Inter haec iam praemissi Albam erant equites qui multitudinem traducerent Romam. Legiones deinde ductae ad diruendam urbem* (Liv. 1,29,1). Rom wird durch die Bewohner von Alba erheblich größer, wobei Livius die Bedeutung des neuen Bevölkerungsteils hervorhebt, indem er von einer Verdoppelung der Einwohnerzahl spricht: *Duplicatur civium numerus* (Liv. 1,30,1). Dabei ist es nicht entscheidend, ob eine rein zahlenmäßige Verdoppelung gemeint ist. Livius will zeigen, dass dem albanischen Teil in der frühen römischen Bevölkerung eine entscheidende Rolle zukommt. Daher beruft Tullus aus den führenden Männern Albas neue Senatorenfamilien:

> Principes Albanorum in patres ut ea quoque pars rei publicae cresceret legit, Iulios, Servilios, Quinctios, Geganios, Curiatios, Cloelios; templumque ordini ab se aucto curiam fecit quae Hostilia usque ad patrum nostrorum aetatem appellata est (Liv. 1,30,2).

Durch die Aufnahme der Albaner in den Senat vergrößert Livius die Bedeutung dieses neuen Bevölkerungsteils. Dies wird zusätzlich durch die namentliche Aufzählung der *gentes* verstärkt, die der König zu Senatoren macht. Damit werden die Albaner nicht ausschließlich als Kriegsverlierer in die breite Masse der Bevölkerung integriert, sondern es wird auch dem Status Albas als Mutterstadt Roms Rechnung getragen. Wenn man dies mit der Eingliederung der Sabiner unter Romulus vergleicht, fällt auf, dass die römische und sabinische Königsmacht zwar vereinigt werden (*regnum consociare* [Liv. 1,13,4]), was zum Doppelkönigtum von Romulus und Titus Tatius führt, die Sabiner aber gemäß dem Bericht des Livius nicht in die Gruppe der Senatoren aufgenommen werden. Damit ist nach Titus Tatius und dem zweiten König Numa Pompilius der Einfluss der Sabiner in der römischen Oberschicht offensichtlich nicht mehr gegeben. Zumindest ist er Livius keine Erwähnung mehr wert, während die Senatorenfamilien aus Alba

---

[1182] Vgl. Kap. 2.4.3.2.2.

dauerhaft in Rom Einfluss haben. Dieser Befund wird noch dadurch gestützt, dass Tullus zur Verstärkung aller Stände aus den ehemaligen Bewohnern Albas zehn Reiterschwadronen aufstellt und die Legionen verstärkt (Liv. 1,30,3). Livius gestaltet die Aufnahme der Albaner in Rom so, als ob zusammenwachse, was schon immer zusammengehöre.[1183]

Auffällig ist auch, dass die Julier darunter sind, was die Annahme möglich macht, dass sie in direkter Linie von Venus abstammen. Denn über Aeneas und die Reihe der albanischen Könige ist diese Abstammung auch im Bericht des Livius durchaus denkbar, auch wenn dieser sich dazu überhaupt nicht äußert.[1184] Zudem ist völlig unklar, ob Livius die Julier an dieser Stelle überhaupt erwähnt hat; denn nach dem Eintrag im textkritischen Apparat Ogilvies ist *Iulios* als Konjektur von Sabellicus gekennzeichnet und mit der Parallelstelle bei Dionysios von Halikarnass (Dion. Hal. *ant.* 3,29,7) begründet, der die Julier explizit nennt.[1185] Wenn man die Überlegungen Nesselraths berücksichtigt, der bei Livius im Gegensatz zu Dionysios nur wenig bis überhaupt kein Interesse an geneologischen Fragen feststellt,[1186] ist es durchaus denkbar, dass Livius die *gens Iulia* bei den Senatoren albanischer Abstammung überhaupt nicht angeführt hat. Er unterlässt jeden zeitgeschichtlichen Bezug zu Caesar oder Augustus.

In jedem Fall lässt sich festhalten, dass Livius dem albanischen Bevölkerungsteil unabhängig davon, ob die Julier nun unter den neuen Senatorenfamilien waren, eine besondere Bedeutung zumisst. Dies ergibt sich vor allem aus dem erheblichen Anwachsen der Bevölkerungszahl, laut Livius auf das Doppelte, und aus der Aufnahme der Bürger von Alba Longa in alle bestehenden Gesellschaftsschichten. Dies spricht dafür, dass er sie nicht nur als geduldet darstellt, sondern zu einem der sehr frühen Bestandteile der Bevölkerung Roms zählt. Es findet also eine Vereinigung der Bevölkerung beider Städte auf allen Ebenen statt, die Livius aus auktorialer Perspektive erzählt. Livius erhöht die Bedeutung dieser Aufnahme, indem er sie aus auktorialer Perspektive sozusagen als Tatsache berichtet.

Mit Lucomo aus Tarquinii, dem späteren Tarquinius Priscus (Liv. 1,34,10), werden auch die Etrusker eine Bevölkerungsgruppe Roms.[1187] Livius stellt die Bedeutung der Etrusker in Rom als sehr gering dar, obwohl diese nach den Er-

---

[1183] FELDHERR 1998, 115 und DUPONT 2013, 92f.
[1184] NESSELRATH 1990, 158f.
[1185] Vgl. OGILVIE 1974, *ad locum*.
[1186] NESSELRATH 1990, 158, der sich zwar nicht auf diese Textstelle bezieht, seine Meinung aber am Bericht über die Regierungszeit des Romulus begründet.
[1187] POUCET 1992, 308 sieht in Lucomo den Namensgeber für die Reiterschwadron der Lucerer, die unter Romulus gegründet wird.

gebnissen der althistorischen Forschung zeitweise mit Lars Porsenna sogar die Herrschaft in der Stadt innehatten, eine Tatsache, die Livius durch seine narratologische Gestaltung zu verschleiern versucht.[1188] Denn außer dem König selbst und der Familie spielen die Etrusker in der Handlung des ersten Buches keine Rolle, weder im Bericht über Tarquinius Priscus noch in dem über Tarquinius Superbus. Priscus fügt der Stadt keinen weiteren Hügel und keine weitere Bevölkerungsgruppe hinzu. Er befestigt Rom lediglich durch eine Mauer und lässt unbewohnte Gebiete innerhalb der Stadt trockenlegen (Liv. 1,38,6–7). Nur am Anfang des Berichts wird anhand dieses Protagonisten das Thema *homo novus* in Rom behandelt,[1189] wobei es hier um einen *homo novus* durch Zuwanderung, nicht durch gesellschaftlichen Aufstieg geht. In diesem Kontext wird auch die nicht-römische Herkunft des Titus Tatius, des Numa und des Ancus Marcius betont, nicht jedoch, um die Bedeutung der Gruppe der Sabiner in Rom zu erörtern, sondern um die Ambitionen des Tarquinius Priscus auf eine führende Stellung in der römischen Politik zu untermauern. Daher erscheint dieses Thema in den Überlegungen Tanaquils: *regnasse Tatium Sabinum, arcessitum in regnum Numam a Curibus, et Ancum Sabina matre ortum nobilemque una imagine Numae esse* (Liv. 1,34,6). Aus ihrer Sicht wird die Herkunft der drei früheren römischen Könige hervorgehoben, nicht aus auktorialer Perspektive. Dies bedeutet, dass Livius hier weniger Wert auf die ethnische Herkunft als auf die Tatsache legt, dass es sich um einen Aufsteiger handelt. Livius schreibt zwar in der Folge Tarquinius Priscus politischen Erfolg zu, eine größere Gruppe an Etruskern aber gelangt in dieser Zeit nicht nach Rom. Gleiches gilt für Tarquinius Superbus. Auch unter Servius Tullius wird das Stadtgebiet um drei weitere Hügel vergrößert und die Bevölkerungszahl wächst,[1190] aber auch unter diesem letzten guten König kommt keine neue Volksgruppe nach Rom.[1191] Damit ist zudem festzuhalten, dass Livius vor allem unter den ersten vier Königen einen Zuzug verschiedener ethnischer Gruppen annimmt, obwohl die Frage, wie Zugewanderte politisch aufsteigen können, erst bei Tarquinius Priscus thematisiert wird. Dabei handelt es sich allerdings um eine einzelne, wenn auch beispielhaft wirkende Person.

Erst als Folge der Auseinandersetzungen mit Porsenna führt Livius im zweiten Buch eine Gruppe von Etruskern in Rom ein, die sich dort ansiedeln:

> Pars perexigua, duce amisso, quia nullum propius perfugium erat, Romam inermes et fortuna et specie supplicum delati sunt. Ibi benigne excepti divisique in hospitia. [...] multos

---

1188 Vgl. Kap. 2.4.2.1 sowie AIGNER-FORESTI 2009, 143 f. und KOWALEWSKI 2002, 51.
1189 Vgl. Kap. 2.4.3.2.2.
1190 Vgl. Kap. 2.4.1.2.
1191 POUCET 1967, 127.

Romae hospitum urbisque caritas tenuit. His locus ad habitandum datus quem deinde Tuscum vicum appellarunt (Liv. 2,14,8 – 9).

Diese Gruppe wurde, nachdem sie im Krieg ihren Anführer verloren hatte, in Rom gastfreundlich aufgenommen. Die Herzlichkeit ihrer Gastgeber veranlasste sie dazu, in Rom zu bleiben. Der auktoriale Erzähler schließt diese kurze Passage mit der Feststellung ab, dass ihnen auch ein Wohnort zugewiesen wurde, der *Tuscus vicus*. So erzählt Livius hier das Aition des *Tuscus vicus* in der Art und Weise, wie eigentlich sonst im ersten Buch die Eingliederung neuer Bevölkerungsgruppen geschildert wird. Ob oder wie sich diese neue Gruppe römischer Bürger integriert, wird nicht behandelt. Livius hatte wohl mit dem Ende des ersten Buches die Erzählung von der Entstehung der Stadt und ihrer ersten Bevölkerung abgeschlossen.

Zusätzlich wird das Thema Einwanderung im zweiten Buch unmittelbar nach der gerade zitierten Stelle mit dem Aition der *Vetus Claudia tribus* (Liv. 2,16,5) erneut aufgenommen. Dabei geht es um Leute aus dem Sabinerland, deren führender Mann Appius sogar in den Senat gewählt wurde (*Appius inter patres lectus haud ita multo post in principum dignationem pervenit.* [Liv. 2,16,5]).[1192] Dieses Aition steht im Kontext von innenpolitischen Streitigkeiten unter den Sabinern, infolge deren ein Teil nach Rom abwandert. Es zeigt dennoch, wie mannigfach die Gründe sind, nach Rom zu gehen, und wie verhältnismäßig einfach es ist, dort Fuß zu fassen. Dies ist bei Livius das einzige derartige Beispiel in republikanischer Zeit.[1193]

Dennoch sind dies nahezu die einzigen Stellen innerhalb der ersten Pentade, die nicht im ersten Buch zu finden sind. Livius sieht in der Königszeit nicht nur eine Epoche der Vergrößerung der Stadt und des Aufbaus von Institutionen, sondern auch der Vereinigung verschiedener ethnischer Gruppen der Gründungsbevölkerung zu einem gemeinsamen Staat. Dies reflektiert er auch noch einmal konkret im Binnenproömium des zweiten Buches. Livius erörtert in einer kontrafaktischen Überlegung im Anschluss an die Frage, was passiert wäre, wenn die Königszeit zu früh beendet worden wäre, Folgendes:

Quid enim futurum fuit, si illa pastorum convenarumque plebs, transfuga ex suis populis, sub tutela inviolati templi aut libertatem aut certe impunitatem adepta, soluta regio metu agitari coepta esset tribuniciis procellis, et in aliena urbe cum patribus serere certamina,

---

1192 Vgl. auch Kap. 2.4.1.2.
1193 Vgl. WEISSENBORN u. MÜLLER ⁹1970b, 9 und Kap. 2.4.3.5.4 im Zusammenhang mit der Rede des Volkstribunen Canuleius.

priusquam pignera coniugum ac liberorum caritasque ipsius soli, cui longo tempore adsuescitur, animos eorum consociasset? (Liv. 2,1,4–5).

Er fragt sich, was passiert wäre, wenn die Urbevölkerung des *asylum* durch die Stürme der Volkstribunen – Livius verwendet *procella* an dieser Stelle metaphorisch[1194] – aufgestachelt mit den Patriziern in der Stadt gekämpft hätte, weil sie noch keine ausreichende Bindung zum heimischen Boden entwickelt habe. Das *asylum* wird zwar an dieser Stelle nicht explizit genannt, aber der Hinweis auf Hirten und „Hergelaufene"[1195] (*convenae*), die aus ihren Völkern nach Rom gekommen seien und straffrei den Schutz eines unverletzlichen Heiligtums (*sub tutela inviolati templi*) suchten, legt diese Vermutung ohne Zweifel nahe. Denn mit diesem Heiligtum ist sicherlich das *asylum* gemeint.[1196] In diesem Zusammenhang weist Livius auf die die folgenden Bücher der ersten Pentade dominierenden Ständekämpfe voraus, stellt aber die gerade beendete Königszeit als eine Epoche dar, in der sich die Gründungsbevölkerung und die anderen zugewanderten Volksgruppen aneinander gewöhnen und eine eigene Identität aufbauen. Die Bevölkerung, die mit dem Ende des ersten Buches zu einem Staat zusammengewachsen ist, besteht daher aus den Hirten und *convenae*, den Sabinern, den Albanern und vielen Bürgern besiegter Latinerstädte, wobei auf letztere nicht genauer eingegangen wird.[1197] Dieses Zusammenwachsen nehme eine lange Zeit in Anspruch (*longo tempore adsuescitur*). Zuvor seien sie in einer fremden Stadt (*in aliena urbe*). Daraus lässt sich schließen, dass Livius die Königszeit als eine Zeit der Identitätsfindung der verschiedenen ethnischen Gruppen der Urbevölkerung darstellt. Dies erfolgt größtenteils aus auktorialer Perspektive. Das heißt: Livius nimmt dieses Phänomen wahr und siedelt es in der Frühzeit an, misst diesem aber bis auf wenige Ausnahmen nicht allzu große politische Bedeutung zu. Diese ergibt sich jedoch aus Rückbezügen in den folgenden Büchern. Erst dann erlangt dieses Thema auch in der Perspektive von Figuren und in Reden eine größere Bedeutung.

2.4.3.5 Patrizier vs. Plebs – Entstehung und Entwicklung des Antagonismus in der ersten Pentade

Der Antagonismus zwischen den Patriziern und der Plebs ist das zentrale Thema der ersten Pentade. In der Regel werden die Auseinandersetzungen der beiden

---

[1194] WEISSENBORN u. MÜLLER [10]1963b, 8.
[1195] HILLEN [4]2007, *ad locum*.
[1196] Vgl. WEISSENBORN u. MÜLLER [10]1963b, 8.
[1197] OGILVIE 1965, 235.

gesellschaftlichen Gruppen Ständekämpfe genannt. Die dritte wichtige Gruppe, die der Ritter, deren Gründung ebenfalls Romulus zugeschrieben wird (Liv. 1,13,8), ist darin interessanterweise überhaupt nicht einbezogen. Wie gerade schon ausgeführt, kündigt Livius die Auseinandersetzungen zwischen diesen beiden Gruppen im Binnenproöm des zweiten Buches als eines seiner Hauptthemen der ersten Pentade an, indem er kontrafaktisch überlegt, was passiert wäre, wenn eine noch nicht gefestigte Gemeinschaft zu früh, aufgestachelt durch die Volkstribunen, gegen die Patrizier gekämpft hätte.[1198] Dieser Antagonismus steht in engem Zusammenhang mit dem Wert *concordia*, was Livius ebenfalls im Binnenproömium des zweiten Buches deutlich macht: *Dissipatae res nondum adultae discordia forent, quas fovit tranquilla moderatio imperii eoque nutriendo perduxit ut bonam frugem libertatis maturis iam viribus ferre posset* (Liv. 2,1,6). Livius führt das Thema *concordia* über das Antonym *discordia* ein.[1199] Er illustriert *discordia*, die möglicherweise durch eine allzu frühe Vertreibung der Könige entstanden wäre, am Bild des Staates (*res*) als Kind, das in der Königszeit noch nicht selbstständig war und nun erwachsen wird.[1200] Dennoch wird dieser Antagonismus im ersten Buch eigentlich schon mit der Stadtgründung angelegt und vorbereitet. Er durchzieht ab dem zweiten Buch die gesamte weitere Pentade und ist immer wieder mit anderen Themen verbunden. So wurde dieser Aspekt der Romdarstellung in einigen Kapiteln auch schon mit behandelt, da er in unmittelbarem Zusammenhang mit anderen Themen stand.[1201]

Im Folgenden soll die Grundlegung des Antagonismus Patrizier gegen Plebs im ersten Buch analysiert werden. Ab dem zweiten Buch kann wegen der großen Bedeutung des Themas für die gesamte Pentade nur noch exemplarisch vorgegangen werden. Zunächst soll die *secessio plebis* zum *mons Sacer* betrachtet werden, deren längere Vorgeschichte als erste größere Episode der Ständekämpfe schon aus der Perspektive der Kriege behandelt ist.[1202] Anschließend werden die Coriolan-Episode, die Rolle der Patrizier und der Plebs im Dezemvirat und der Streit um Mischehen zwischen Patriziern und der Plebs sowie um die Zulassung der Patrizier zum Konsulat unter dieser Fragestellung analysiert. Dabei soll gezeigt werden, wie Livius die Ständekämpfe narratologisch darstellt. Am Schluss wird unter Einbeziehung der Ergebnisse des Kapitels über den Krieg gegen Veji und den Überlegungen zum Galliereinfall im Kontext der religiösen Phänomene

---

1198 Vgl. PAUSCH 2011, 247 und Kap. 2.4.3.4.
1199 Vgl. zu *discordia* als Gegenteil zu *concordia* HELLEGOUARC'H 1972, 134.
1200 WEISSENBORN u. MÜLLER [10]1963b, 8f.
1201 Besondere Bedeutung hat der Antagonismus von Patriziern und der Plebs im Kap. 2.4.2.3 und Kap. 2.4.2.4.
1202 S. Kap. 2.4.2.3.

die Bedeutung der Ständekämpfe für die erste Pentade zusammengefasst. Literatur wird *ad locum* zitiert. Da alle größeren Darstellungen zu den entsprechenden Stellen dieses Thema einbeziehen, wird hier auf einen Forschungsüberblick verzichtet.

2.4.3.5.1 Die Grundlegung des Antagonismus im ersten Buch

Die Stände Patrizier und Plebejer werden von Romulus mit der Einführung des Senats geschaffen, die Livius in seiner Erzählung in unmittelbaren Zusammenhang mit dem *asylum* stellt. Die Gründungsbevölkerung wurde, wie schon erläutert, durch das *asylum* stark vergrößert, sodass es für Romulus nun sinnvoll schien, Senatoren zu wählen. Livius stellt die Gründung des Senats, die gleichzeitig auch die Schaffung der beiden Stände Patrizier und Plebs ist, als Plan des Romulus dar:

> Cum iam virium haud paeniteret consilium deinde viribus parat. Centum creat senatores, sive quia is numerus satis erat, sive quia soli centum erant qui creari patres possent. Patres certe ab honore patriciique progenies eorum appellati (Liv. 1,8,7).

Livius leitet unmittelbar aus dem Bericht über das *asylum* zur Gründung des Senats über. Romulus brauchte sich der Kräfte – mit *viribus* ist wohl die männliche Bevölkerung gemeint, die für Kriege und Ämter in Frage kommt – nicht zu schämen, bereitete daher eine Versammlung vor und wählte 100 Senatoren. Livius begründet die Zahl aus auktorialer Perspektive und stellt zwei mögliche Gründe gegenüber: Entweder war die Zahl genug oder es gab nicht mehr geeignete Kandidaten. Er lässt allerdings offen, welche der beiden Möglichkeiten er bevorzugt. Mit dem Wort *honos* weist er auf die besondere Ehrenstellung der Senatoren hin und erklärt, dass ihre Nachfahren die Patrizier seien; denn das Wort *patricii* sei ein von *patres* abgeleitetes Zugehörigkeitsadjektiv.[1203] Mit dem Aition des Senats ist auch die Entstehung der Plebs verbunden, die hier aber nicht explizit genannt wird. Romulus schafft damit ein vollständig ausgebildetes Gemeinwesen.[1204] Das Wort *plebs* ist bei Livius zum ersten Mal in 1,9,11 im Kontext des Raubes der Sabinerinnen zu finden: *Magna pars forte in quem quaeque inciderat raptae: quasdam forma excellentes, primoribus patrum destinatas, ex plebe homines quibus datum negotium erat domos deferebant* (Liv. 1,9,11). Livius berichtet davon, dass die meisten der geraubten Sabinerinnen dort blieben, wo sie zufällig hinkamen, die schönsten aber zu den führenden Senatoren gebracht wurden. Dafür wurden

---

[1203] Vgl. POUCET 1992, 294.
[1204] UNGERN-STERNBERG 2000, 42.

einzelne Mitglieder der Plebs beauftragt. Die selbstverständliche Verwendung der Wörter *patres* und *plebs* und die Aufgabenverteilung legen nahe, dass Livius in diese Zeit schon ein eingespieltes System von Patriziern und Plebs hineinprojiziert.[1205] Es wird jedenfalls nirgends genauer erläutert, welche Aufgaben die Senatoren haben. Livius unterstellt dem Leser, dies aus eigener Erfahrung zu wissen. Es ist ihm vor allem wichtig, die Einführung des Senats kurz nach der Stadtgründung anzusetzen und so ein wichtiges Element der römischen Verfassung im Sinne der „romulisation" nach Poucet als von Anfang an vorhanden darzustellen, wobei hinzukommt, dass in Rom das Alter einer Einrichtung oder eines Brauches diesem eine gewisse Bedeutung verleiht.[1206] Dies ist auch der Grund dafür, dass er die Plebs nicht erwähnt. Denn ein Aition der Plebs, das sie auf die Gründungszeit zurückführt, würde den Ruf dieser Gruppe nicht verbessern. Die Senatoren erhalten durch das Aition des Senats im positiven Sinne den Status von etwas Altehrwürdigem.

Die Gruppe der Plebs ergibt sich vor allem aus der Stadtgründung und dem *asylum*, auch wenn Livius dies nicht explizit sagt. Es handelt sich einerseits um die Menge an Albanern und Latinern (*multitudo Albanorum Latinorumque* [Liv. 1,6,3]) und um die Hirten (*pastores* [Liv. 1,6,3,]), die bei der Stadtgründung dabei waren, andererseits um die einfachen Leute, die im *asylum* Zuflucht suchten und die Livius als wilde Menge aus den benachbarten Völkern und als Leute, die „ein neues Leben beginnen"[1207] wollten, charakterisiert, unabhängig davon, ob sie Freie oder Sklaven waren: *ex finitimis populis turba omnis, sine discrimine liber an servus esset, avida novarum rerum* (Liv. 1,8,6). Dieser Befund bestätigt sich im Text des Binnenprooemiums des zweiten Buches, als Livius rückblickend die Leute, die im *asylum* Schutz suchten, als *illa pastorum convenarumque plebs, transfuga ex suis populis* (Liv. 2,1,4) bezeichnet und diese Gruppe an Leuten im Gegensatz zum ersten Buch hier explizit *plebs* nennt. Das zeigt einerseits, dass im ersten Buch die beiden Stände nicht von entscheidender Bedeutung sind und es Livius mehr um die Einrichtung des Senats als um den Beginn des Antagonismus zwischen Patriziern und Plebs ging, andererseits aber, dass dieser ab dem zweiten

---

1205 Vgl. WEISSENBORN u. MÜLLER ¹¹1963a, 114, HELLEGOUARC'H 1972, 430 und UNGERN-STERNBERG 2000, 42.
1206 POUCET 1992, 297 ff. und besonders 301, der die Gründung des Senats unter „motifs classés" subsumiert, d. h. solche, die in allen Berichten über diese Zeit gleich sind. Er weist ferner (306) darauf hin, dass Livius den Königen Romulus und Numa die Schaffung der entscheidenden Institutionen zuschreibt.
1207 Mit diesen Worten übersetzt HILLEN ⁶2007, *ad locum* das lateinische *turba* [...] *avida rerum novarum* (Liv. 1,8,6).

Buch eine entscheidende Bedeutung hat, und so die Plebs explizit charakterisiert wird.

Der wirkliche Antagonismus gewinnt im Kontext der Apotheose des Romulus an Bedeutung, als Livius im auktorialen Kommentar zu Beginn der Erzählung folgenden Vergleich vornimmt: *Multitudini tamen gratior fuit quam patribus* (Liv. 1,15,8). Er benennt hier zwar nicht explizit die Plebs, sondern gebraucht das Wort *multitudo*, das hier aber in derselben Bedeutung verwendet wird.[1208] Romulus wird somit als König dargestellt, der bei der Plebs beliebter als bei den Senatoren war. Dies äußert sich wiederum in der Variante der Apotheose, dass Romulus nicht vergöttlicht wurde, sondern dass ihn Senatoren ermordet hätten.[1209]

Die erste Auseinandersetzung um die Macht zwischen den beiden Gruppen entsteht während des ersten *interregnum* nach dem Tod des Romulus. Zunächst streiten die Patrizier noch untereinander, ob ein Ur-Römer oder ein Sabiner Nachfolger des Romulus werden solle (Liv. 1,17,2). Als die Patrizier sich auf ein wechselndes System unter den 100 Senatorenfamilien einigen, äußert die Plebs ihren Unmut:

> Fremere deinde plebs multiplicatam servitutem, centum pro uno dominos factos; nec ultra nisi regem et ab ipsis creatum videbantur passuri. Cum sensissent ea moveri patres, offerendum ultro rati quod amissuri erant, [...] (Liv. 1,17,7–8).

Livius beginnt mit der Perspektive der Plebejer. Sie sehen eine Stärkung der Macht der Patrizier, die zu Herren (*domini*) werden,[1210] während sie selbst in Knechtschaft (*servitus*) seien. Damit greift Livius schon in dieser frühen Zeit entscheidende Themen des Ständekampfes wieder auf.[1211] Während die Plebs unsicher ist (*fremere*), handeln die Patrizier hier in der Darstellung des Livius sehr besonnen, indem sie der Plebs freiwillig entgegenkommen, weil sie den Unmut gefühlt haben (*sentire*). Diese Besonnenheit der Patrizier findet sich in der Erzählung des Livius immer wieder, was sich erneut in der Rede des Quincitus Capitolinus (Liv. 3,67,1–3,68,13) oder an der Episode vom Krieg gegen Veji zeigt.

Somit besteht nach Livius die Plebs schon während der Königszeit. Der Antagonismus zwischen ihr und den Patriziern wird gelegentlich angedeutet, ist

---

1208 Vgl. Weissenborn u. Müller ¹¹1963a, 132 und Hellegouarc'h 1972, 513.
1209 Vgl. Fox 1996, 111f. und Kap. 2.2.3.
1210 Vgl. zu dieser Sichtweise auch die Rede des Canuleius zu Beginn des vierten Buches, die in Kap. 2.4.3.5.4 ausführlich behandelt wird, und die indirekte Rede der Volkstribunen zu Beginn des fünften Buches (Kap. 2.4.2.4).
1211 Vgl. Fox 1996, 111f.

aber für ihn kein zentrales Thema des ersten Buches. Im Zusammenhang mit der Einführung des Zensus unter Servius Tullius werden aufgrund der Aufteilung des Stimmrechts nach Vermögen die Rechte der Plebs weiter beschnitten, ohne dass Livius dies ausführlicher thematisiert. Es ist in jedem Fall festzuhalten, dass Livius schon mit dem Aition des Senats und dem *asylum* den Antagonismus zwischen Patriziern und Plebs in die Handlung einführt, ohne ihn, im Gegensatz zu den Büchern 2 bis 5, zu einem zentralen Thema des ersten Buches zu machen.

2.4.3.5.2 *secessio plebis* und Coriolan

In der ersten größeren Episode des zweiten Buches nach dem Bericht über die endgültige Vertreibung der Tarquinier behandelt Livius auf innenpolitischer Ebene die Ständekämpfe und stellt an ihnen unter anderem dar, wie Kriege dafür instrumentalisiert werden können.[1212] Im Anschluss daran zeigt er an Coriolan, wohin übertriebener Ehrgeiz und zu großes Machtstreben auf Seiten der Patrizier führen können. Der erste Höhepunkt der Ständekämpfe ist die *secessio plebis* zum *mons Sacer*,[1213] in deren Folge das Volkstribunat eingeführt wird. Wenn man die konkrete Entwicklung vom Auszug bis zur Einrichtung des Volkstribunats narratologisch betrachtet, kommt man zu dem Ergebnis, dass Livius die Patrizier in den Mittelpunkt stellt, während die Plebs beinahe untätig streikend am *mons Sacer* verweilt (Liv. 2,32,4). Livius beschreibt anschließend die Lage in der Stadt:

> Pavor ingens in urbe, metuque mutuo suspensa erant omnia. Timere relicta ab suis plebes violentiam patrum; timere patres residem in urbe plebem, incerti manere eam an abire mallent: quamdiu autem tranquillam quae secesserit multitudinem fore? quid futurum deinde si quod externum interim bellum exsistat? Nullam profecto nisi in concordia civium spem reliquam ducere; eam per aequa, per iniqua reconciliandam civitati esse (Liv. 2,32,5–7).

Livius stellt zunächst aus auktorialer Perspektive eine Stimmung der Angst in der Stadt dar. Dies zeigt sich auch daran, dass in den ersten beiden Sätzen mit *pavor*, *metus* und dem Verb *timere* drei Wörter, die ‚Angst' bzw. ‚Furcht' bedeuten, zu finden sind. Zudem ist in der Formulierung des ersten Satzes die hektische Angststimmung dadurch zu erkennen, dass Livius erst allgemein von einer riesigen Angst in der Stadt spricht und diese dann genauer präzisiert, indem er

---

1212 Vgl. Kap. 2.4.2.3. Dort findet sich eine ausführliche Darstellung der Vorgeschichte des Auszugs der Plebs.
1213 HELLEGOUARC'H 1972, 135 weist darauf hin, dass mit *secessio* tatsächlich nur die drei Auszüge der Plebs aus der Stadt Rom bezeichnet werden, die die Plebs unternahm, um gegenüber den Patriziern politische Forderungen durchzusetzen.

feststellt, dass die Bürger voreinander große Angst haben. Dies wird durch die Alliteration *metus mutuus* zusätzlich betont. Er erläutert in einem Parallelismus, dessen beide Teile anaphorisch mit *timere* eingeleitet sind, die Angst der zurückgelassenen Plebejer vor der Gewalt der Patrizier und die der Patrizier vor ebendiesen Plebejern. Dann wechselt Livius fast unbemerkt in die Perspektive der Patrizier und stellt in drei Fragen deren Überlegungen zur Situation dar: Sollen die Patrizier in der Stadt ausharren? Wie lange wird die Plebs, die die Stadt verlassen hat, ruhig bleiben? Was passiert, wenn ein Krieg von außen beginnt?[1214] Ergebnis ist, dass die Patrizier nur eine einzige Lösung haben, die *concordia* wiederherzustellen. Dies solle „um jeden Preis"[1215] geschehen: *per aequa, per iniqua*. Livius macht durch die asyndetische Antithese *aequa – iniqua* deutlich, dass jedes Mittel recht ist. In der Folge schicken die Patrizier Menenius Agrippa zur Plebs. Livius bedient sich hier der narrativen Strategie einer gemäß der Terminologie von Genette „metadiegetischen Erzählung",[1216] nämlich der vom Bauch und den Gliedern, mit der Menenius Agrippa, der diese Fabel erzählt, die Plebs beruhigt und umstimmt, obwohl es eine beinahe naive Geschichte ist.[1217] Voraussetzung für diese beruhigende Wirkung ist, dass Menenius und kein anderer sie erzählt.[1218] Livius schildert in der Folge in einem sehr kurzen, elliptischen und im Passiv formulierten Infinitiv, dass Verhandlungen stattfanden und der Plebs zwei sakrosankte Beamte, die Volkstribunen, zugesprochen wurden:

> Agi deinde de concordia coeptum, concessumque in condiciones ut plebi sui magistratus essent sacrosancti quibus auxilii latio adversus consules esset, neve cui patrum capere eum magistratum liceret. Ita tribuni plebei creati duo (Liv. 2,33,1–2).

Livius nennt als Verhandlungsgegenstand an dieser Stelle *concordia*. Es geht also nicht nur darum, sich auf irgendetwas zu einigen, sondern die Eintracht, die

---

1214 Vgl. OGILVIE 1965, 312.
1215 WEISSENBORN u. MÜLLER [10]1963b, 86.
1216 GENETTE 2010, 150.
1217 MINEO 2006, 46. Eine ausführliche Interpretation der Fabel des Menenius Agrippa unter Berücksichtigung der Frage der Historizität und der Verarbeitung dieser Fabel in Paralleltexten bietet HILLGRUBER 1996. Vgl. auch ALBRECHT 2016, 238, der von einem Zerreißen des als Körper gedachten Staates spricht.
1218 GENETTE 2010, 151, der hier von einer „*thematischen* Beziehung" ausgeht, wonach „keinerlei raumzeitliche Kontinuität zwischen Metadiegese und Diegese" besteht. MINEO 2006, 46 weist auf die zahlreichen Prätexte dieser Fabel hin. MÜLLER 2004 geht ausführlich auf die medizinischen Metaphern ein und liest die gesamte Erzählung als Kritik an den Patriziern.

concordia ordinum, im Staat wiederherzustellen.[1219] Er betont den Umstand, dass die Plebs ihre eigenen, unverletzlichen Beamten (*sui magistratus sacrosancti*) erhält. Diese sind folglich auch nur für die Plebs, nicht für das gesamte Volk einschließlich der Patrizier und Ritter zuständig.[1220] In der narratologischen Gestaltung fällt auf, dass die Patrizier nach dem Auszug der Plebs im Mittelpunkt stehen und diejenigen sind, die überlegt handeln und dabei den Staat im Blick haben,[1221] während die Plebejer nur auf sich selbst schauen.[1222] Die Sichtweise und die Überlegungen der Patrizier schildert Livius ausführlich aus Figurenperspektive, während er in Bezug auf die Verhandlungen nur in äußerst knapper Form aus auktorialer Perspektive das Ergebnis darstellt. Im vierten Buch werden im Rückblick in der Rede des Volkstribunen Canuleius genau diese Ereignisse noch einmal beleuchtet. In diesem Fall nicht durch den Erzähler, der eine Figurenperspektive einnimmt, sondern in der direkten Rede der handelnden Figur selbst. Dabei stellt Canuleius die Plebejer als diejenigen dar, die durch ihr gemäßigtes Verhalten eine Eskalation verhindert haben.[1223] Damit gelingt Livius eine mittelbare Form der Multiperspektivität, die nur dem Leser auffällt, der größere Teile des Werkes liest.

Livius berichtet als Folge des Auszugs der Plebs von einer Getreideknappheit und Hungersnot in Rom. Die Konsuln kümmern sich um die Getreideversorgung und werden damit als fürsorglich dargestellt, da sie den ganzen Staat im Blick haben (Liv. 2,34,3–4). Als mit Mühe Getreide herbeigeschafft war, versucht Coriolan, den Livius anhand eines Kriegsberichtes, den er vor der Hungersnot gibt, als sehr grausam charakterisiert (Liv. 2,33,5–9), aus der Not der Plebs Kapital zu schlagen und das gerade erst eingeführte Amt der Volkstribunen wieder abzuschaffen.[1224] Somit ist Coriolan ein Exempel für den übertriebenen Machtanspruch der Patrizier gegen die Plebs.[1225] Andererseits kann Livius durch die Reden Coriolans im Sinne der Multiperspektivität eine andere Sichtweise auf dieses neue

---

1219 HILLEN ⁴2007, *ad locum* übersetzt *concordia* mit „Einigung". Diese Übersetzung erfasst meiner Meinung nach die mitschwingende politische Bedeutung von der Eintracht der Stände nicht. Vgl. auch MÜLLER 2004, 472.
1220 WEISSENBORN u. MÜLLER ¹⁰1963b, 88.
1221 MILES 1988, 191 sieht darin einen grundlegenden Zug der Patrizier in der Darstellung des Livius.
1222 Anders MÜLLER 2004, 473.
1223 Vgl. Kap. 2.4.3.5.4.
1224 UNGERN-STERNBERG 2006b, 108 und ALBRECHT 2016, 89.
1225 Vgl. DAVID 2001, 251. BURCK 1964, 71 sieht „die Erzählung nur auf den Gegensatz Coriolan–Plebs gestellt".

Amt einbringen. Livius stellt eindeutig eine Verbindung zwischen der Episode vom Auszug der Plebs und der Coriolan-Episode her.[1226]

Livius berichtet von einer Senatssitzung, in der die Frage diskutiert wird, zu welchem Preis der Plebs das beschaffte Getreide überlassen werden solle: *Multi venisse tempus premendae plebis putabant recuperandique iura quae exorta secessione ac vi patribus essent* (Liv. 2,34,8). Die Senatoren überlegen nun ihrerseits, die Plebs über den Getreidepreis unter Druck zu setzen und die durch die *secessio plebis* verlorenen Rechte zurückzugewinnen. Im Anschluss hält Coriolan eine Rede, in der er die Plebs scharf kritisiert und den Volkstribunen Sicinius sogar mit dem König Tarquinius Superbus vergleicht:

> In primis Marcius Coriolanus, hostis tribuniciae potestatis, „Si annonam" inquit „veterem volunt, ius pristinum reddant patribus. Cur ego plebeios magistratus, cur Sicinium potentem video, sub iugum missus, tamquam ab latronibus redemptus? Egone has indignitates diutius patiar quam necesse est? Tarquinium regem qui non tulerim, Sicinium feram? Secedat nunc; avocet plebem; patet via in Sacrum montem aliosque colles; [...]" (Liv. 2,34,8–10).

Coriolan wird als erbitterter Gegner (*hostis*) des Volkstribunats charakterisiert.[1227] Die weitere Charakterisierung erfolgt durch die direkte Rede.[1228] Er bringt sofort den Getreidepreis mit der Abschaffung des Volkstribunats in Zusammenhang, auch wenn er letzteres nicht explizit benennt, sondern vom früheren Recht (*ius pristinum*) spricht. Anschließend untermauert er seinen Standpunkt in mehreren rhetorischen Fragen, in denen er die grundsätzliche Frage stellt, warum er sich der Macht plebejischer Beamter beugen solle. Er bezeichnet die Einführung des Volkstribunats als Unterjochung der Patrizier, die sich wie Räuber hätten loskaufen müssen, und das Verhalten der Plebs als *indignitas*. Damit spielt er auf den römischen Wert der *dignitas* an, der seiner Meinung nach verletzt sei. Indem er den Volkstribunen Sicinius mit dem König Tarquinius Superbus vergleicht, stellt er den Volkstribunen und dessen Amtsausübung als tyrannisch dar[1229] und for-

---

1226 Vgl. CHAPLIN 2003, 200 f.
1227 MINEO 2006, 204.
1228 CHAPLIN 2003, 204 und FORSYTHE 1999, 77 f.
1229 Der Vergleich mit Tarquinius Superbus in der direkten oder indirekten Rede einer Figur, um die tyrannische Amtsführung der Gegenseite anzuprangern, findet sich mehrfach bei Livius, beispielsweise auch im dritten Buch, dort allerdings in der Rede eines Volkstribunen mit dem Namen Verginius vor der Plebs über die Amtsführung des Konsuls Quinctius Caeso: „*Ecquid sentitis iam, vos, Quirites, Caesonem simul civem et legem quam cupitis habere non posse? Quamquam quid ego legem loquor? Libertati obstat; omnes Tarquinios superbia exsuperat. Exspectate dum consul aut dictator fiat, quem privatum viribus et audacia regnantem videtis.*" (Liv. 3,11,12–13). Ein ähnlicher Fall liegt in Liv. 3,39,3 vor, als der Senator Horatius Barbatus die Dezemvirn mit den Tarquiniern vergleicht.

dert die Plebs beinahe auf ironische Weise dazu auf, doch wieder aus der Stadt zu ziehen. Ihm ist sein sozialer Status wichtiger als der Staat.[1230] Mit dieser Aufforderung unterstellt er implizit der Plebs, dass eine *secessio* das einzige Druckmittel sei, das ihr zur Verfügung stehe. Bevor Livius den weiteren Verlauf der Handlung erzählt, kommentiert er das Geschehen aus der Perspektive des Autors in der ersten Person: *Haud tam facile dictu est faciendumne fuerit quam potuisse arbitror fieri ut condicionibus laxandi annonam et tribuniciam potestatem et omnia invitis iura imposita patres demerent sibi* (Liv. 2,34,12). Er überlegt, ob dies hätte geschehen dürfen, ist sich aber sicher, dass die Patrizier, wenn sie gewollt hätten, das Volkstribunat hätten abschaffen können. Durch diesen Kommentar des Autors wird implizit die Besonnenheit der Patrizier dargestellt, die im weiteren Verlauf noch dargelegt wird. Denn Livius führt es vor allem auf die kluge Überlegung des Senats zurück, dass die Ständekämpfe keinen neuen Höhepunkt erreichen:

> Et senatui nimis atrox visa sententia est et plebem ira prope armavit. Fame se iam sicut hostes peti, cibo victuque fraudari; [...] eum [sc. Cn Marcium] sibi carnificem novum exortum, qui aut mori aut servire iubeat (Liv. 2,35,1).

Laut Livius erschien die Meinung des Coriolan dem Senat zu grausam (*atrox*) und hätte die Plebs beinahe aus Zorn wieder zu den Waffen greifen lassen.[1231] Livius nutzt also nicht nur die Meinung der Senatoren, um den Antrag Coriolans als übertrieben darzustellen, sondern bringt auch die Perspektive der Plebs ein, die von Zorn geprägt ist.[1232] Dabei ist es unerheblich, ob die Plebs bei der Senatssitzung anwesend war.[1233] Die Aussage des Senats erzählt Livius in indirekter Rede. Dies gibt ihm die Gelegenheit, nicht einen Senator als Gegner Coriolans auftreten zu lassen, sondern die Meinung des gesamten Senats wiederzugeben. Die Senatoren werfen Coriolan vor, mit der Plebs wie mit Feinden im Krieg (*hostes*) umzugehen, da er sie aushungern wolle. Aus der Bezeichnung *carnifex*, wodurch indirekt *atrox* wieder aufgenommen wird, ergibt sich die übertriebene Härte Coriolans, dem unterstellt wird, aus der Plebs Sklaven machen zu wollen. Auf diese Weise stellt Livius die Mehrheit der Senatoren als besonnen und um das Wohl des

---

1230 MINEO 2006, 205.
1231 CHAPLIN 2003, 204.
1232 CHAPLIN 2003, 204 f. BURCK 1964, 72 spricht zu Recht von einer „verkappten oratio obliqua" der Plebs.
1233 WEISSENBORN u. MÜLLER [10]1963b, 94 gehen dagegen von Livius' Annahme aus, dass die Plebs schon damals, wie auch in späterer Zeit, an den Senatssitzungen teilgenommen habe, weil sie anders von diesem Vorschlag nicht erfahren hätte.

Staates besorgt dar, räumt aber auch ein, dass es Ausnahmen gibt. Indem er Coriolans Meinung in einer direkten Rede wiedergibt, kann er sich als Erzähler leicht von diesem Vorgehen distanzieren, ohne die Perspektive einiger Patrizier, für die Coriolan als Exempel steht, außer Acht zu lassen. Der weitere Verlauf der Episode[1234] ist für den Antagonismus weniger relevant. Coriolan geht zu den Volskern in die Verbannung und will mit ihnen die Römer angreifen, was nur seine Mutter und seine Frau, die sich ihm zusammen mit vielen römischen Frauen entgegenstellen, verhindern können. Somit wird Coriolan als negatives Exempel eines übertriebenen Machtwillens eines Patriziers dargestellt.

2.4.3.5.3 Die Bedeutung des Antagonismus für das Dezemvirat

Eine zentrale Episode im dritten Buch ist die Herrschaft der Dezemvirn: *Anno trecentesimo altero quam condita Roma erat iterum mutatur forma civitatis, ab consulibus ad decemviros, quemadmodum ab regibus ante ad consules venerat, translato imperio* (Liv. 3,33,1). Livius bezeichnet diese nach der Herrschaft der Konsuln sogar als neue Verfassungsform,[1235] die aber nicht von langer Dauer war, da sie sich zum Negativen entwickelte. Burck weist darauf hin, dass diese Episode nicht nur in der Mitte des dritten Buches, sondern auch in der Mitte der ersten Pentade steht.[1236] Dies macht Livius noch vor der weiteren Erzählung der Handlung deutlich (Liv. 3,33,2).[1237] Hauptgrund für die Einführung des Dezemvirats war laut Livius der langjährige Streit um einen Gesetzesvorschlag der Plebejer über die Beschränkung der Macht der Konsuln, der einige Jahre zuvor eingebracht worden war[1238] und den die Patrizier abgelehnt hatten (Liv. 3,31,6–7). Es zeigt sich also erneut, dass die Ständekämpfe zwischen Patriziern und Plebs der Auslöser für Veränderungen, in diesem Fall sogar für eine Verfassungsänderung waren, die ohne innere oder äußere Bedrohung erfolgte.[1239] Im Folgenden soll nun gezeigt werden, wie Livius den Streit zwischen Patriziern und Plebs im Kontext des Dezemvirats darstellt. Eine Analyse über die Bewertung des Dezemvirats selbst würde den Rahmen dieser Betrachtung sprengen. In der Literatur ist diese Fra-

---

1234 S. dazu Chaplin 2003, 198f., Feldherr 1998, 121f. und Albrecht 2016, 90f.
1235 Mineo 2006, 206. Ogilvie 1965, 456 stellt fest, dass es sich eigentlich nicht um eine Verfassungsänderung handelt.
1236 Vgl. Burck 1964, 8f., so auch später Vasaly 2015, 219.
1237 Albrecht 2016, 65 und Burck 1964, 28.
1238 Livius berichtet von diesem Gesetzesantrag, der immer wieder aufgeschoben wurde, schon in 3,9,5: *quae ne aeterna illis licentia sit, legem se promulgaturum ut quinque viri creentur legibus de imperio consulari scribendis*; [...].
1239 Albrecht 2016, 64f. und Ungern-Sternberg 2006a, 76.

gestellung trotz der großen Bedeutung des Dezemvirats als Verfassungsform kaum behandelt.[1240]

Nach dem erfolglosen Gesetzesantrag der Plebs zur Beschränkung der Macht der Konsuln stellt Livius das Handeln zunächst aus deren Perspektive dar. Die Plebejer gehen mit den Senatoren vorsichtiger um und schlagen vor, gemeinsam Gesetzgeber sowohl aus den Reihen der Plebs als auch aus denen der Senatoren zu wählen (*communiter legum latores et ex plebe et ex patribus* [...] *creari* [Liv. 3,31,7]).[1241] Livius betont den Wunsch der Plebs, auf Augenhöhe verhandeln zu wollen, durch die polysyndetische und parallele Formulierung *et ex plebe et ex patribus*. Die Patrizier lehnten diesen Vorschlag nicht ab, behaupteten aber, dass nur ein Patrizier die Gesetze durchbringen könne. Schließlich einigten sich beide Seiten darauf, eine Delegation nach Athen zu schicken, um dort die solonischen Gesetze abzuschreiben (Liv. 3,31,8). Livius bezeichnet das Verhalten der Volkstribunen bis zur Rückkehr der Gesandtschaft als ruhig, was sich aber nach Rückkehr der Gesandtschaft ändert. Zur Abfassung dieser Gesetze für Rom beschließt der Senat ein Kollegium von zehn Männern einzusetzen.[1242] Die Führung der Gruppe übernimmt Appius Claudius:

> Regimen totius magistratus penes Appium erat favore plebis, adeoque novum sibi ingenium induerat ut plebicola repente omnisque aurae popularis captator evaderet pro truci saevoque insectatore plebis (Liv. 3,33,7).

Livius charakterisiert ihn als einen, der sich entgegen der Gewohnheit der *gens Claudia* volksfreundlich verhält.[1243] Dies führt Livius auch als Hauptgrund für die führende Position des Appius an, da es sich ja um ein gemeinsames Unternehmen der Patrizier und der Plebs handelt, wobei diese Feststellung vor dem Hintergrund des Namens Appius Claudius, der für Gegner der Plebs steht, beinahe ironisch wirkt.[1244] Die Anfangszeit stellt Livius als eine Zeit der gerechten Amtsführung nach den Idealen der Republik dar (Liv. 3,33,8–10).[1245] Dann werden die Vorschläge erstellt und die Dezemvirn lassen das gesamte Volk an der Verbesserung

---

1240 BURCK 1964, 8 ff. behandelt das Dezemvirat ausführlich im Rahmen seiner Analyse des dritten Buches. UNGERN-STERNBERG 2006a widmet dem Dezemvirat einen Aufsatz, in dem er vor allem auch die Bezüge zur Zeit des Livius mit einbezieht. MINEO 2006, 206 ff. behandelt das Dezemvirat kurz mit einem Schwerpunkt auf der tyrannischen Phase am Ende.
1241 Für eine ausführliche Inhaltsangabe s. UNGERN-STERNBERG 2006a, 76 ff.
1242 Zur Struktur der Erzählung vom Dezemvirat s. BURCK 1964, 28 ff.
1243 ALBRECHT 2016, 66, UNGERN-STERNBERG 2006a, 87, VASALY 1987, 215 und WEISSENBORN u. MÜLLER ⁹1970a, 75.
1244 VASALY 1987, 215.
1245 BURCK 1964, 29.

dieser Entwürfe teilhaben, damit sich im Anschluss alle mit den Gesetzen identifizieren können.

Da am Ende des Jahres und damit auch am Ende der Amtszeit der Dezemvirn noch Entwürfe fehlten, wurde beschlossen, erneut dieses Zehnmännerkollegium zu wählen, wobei auch die Plebs zustimmte. Livius stellt aus auktorialer Perspektive fest, dass die Plebs diesem Gesetzesvorhaben so positiv gegenübersteht, dass sie nicht einmal auf das Einspruchsrecht der Tribunen besteht: *Iam plebs, praeterquam quod consulum nomen haud secus quam regum perosa erat, ne tribunicium quidem auxilium, cedentibus in vicem appellationi decemviris, quaerebat* (Liv. 3,34,8). Dieses Recht übten im Jahr zuvor die Dezemvirn gegenseitig aus. Doch ein wenig Überraschung über das Verhalten der Plebs schwingt in dieser Formulierung auch mit, was vor allem in *ne tribunicium quidem auxilium* deutlich wird. In der Folge berichtet Livius von Szenen der *ambitio*, weil die *primores civitatis* um die Gunst der Plebs werben (Liv. 3,35,1–2).[1246] Dies illustriert er am Beispiel des Appius Claudius, der mit großem Eifer *ambitio* bei der einst so verhassten Plebs betreibt.[1247] Livius stellt dieses Verhalten zunächst aus auktorialer Perspektive als verwunderlich dar und untermauert diesen Eindruck zusätzlich, indem er die Perspektive der Amtsgenossen des Appius schildert:

> Criminari optimates, extollere candidatorum levissimum quemque humillimumque, [...] per illos se plebi venditare, donec collegae quoque, qui unice illi dediti fuerant ad id tempus, coniecere in eum oculos, mirantes quid sibi vellet: apparere nihil sinceri esse; profecto haud gratuitam in tanta superbia comitatem fore; [...] (Liv. 3,35,4–6).

Diese Verwunderung der Amtsgenossen wird im Partizip *mirantes* deutlich. Obwohl sie Appius bis dato ergeben waren, unterstellen sie ihm unlautere Absichten und Berechnung, weil er das Amt nicht niederlegen wolle. Durch die Perspektive der Amtsgenossen gelingt es Livius, seinen eigenen kritischen Eindruck durch eine weitere Sichtweise zu untermauern. Er nutzt also das Mittel der Multiperspektivität von Geschichtsschreibung, um einen Vorgang kritisch zu bewerten. Schließlich wird Appius gewählt und zeigt sein wahres Gesicht: *Ille finis Appio alienae personae ferendae fuit. Suo iam inde vivere ingenio coepit novosque collegas, iam priusquam inirent magistratum, in suos mores formare* (Liv. 3,36,1). Appius Claudius wird zum Alleinherrscher.[1248] In diesem Satz schreibt Livius ihm tyrannische Züge zu, die ein wenig an Tarquinius Superbus erinnern[1249] und die

---

1246 BURCK 1964, 29.
1247 UNGERN-STERNBERG 2006a, 87.
1248 ALBRECHT 2016, 64.
1249 Vgl. UNGERN-STERNBERG 2006a, 88, VASALY 1987, 217 f. und Kap. 2.4.3.2.2.

zentralen Bestandteile des römischen Lebens wie Politik, Militär und Gerichtsbarkeit betreffen.[1250] In Folge dieses tyrannischen Verhaltens gab es eine gewisse Angst in der gesamten Bevölkerung, die Patrizier und Plebs gleichermaßen betraf: *Decem regum species erat, multiplicatusque terror non infimis solum sed primoribus patrum* (Liv. 3,36,5). In der Folgezeit behelligte Appius die Patrizier nicht, sondern richtete sein tyrannisches Tun allein gegen die Plebs. Livius fasst die beinahe groteske Stimmung in Rom in einem auktorialen Kommentar zusammen, in dem er gleichzeitig auch den Antagonismus zwischen den Patriziern und der Plebs, der sich in den Ständekämpfen äußert, bis zu diesem Zeitpunkt beschreibt:

> Circumspectare tum patriciorum voltus plebeii et inde libertatis captare auram, unde servitutem timendo in eum statum rem publicam adduxerant. Primores patrum odisse decemviros, odisse plebem; nec probare quae fierent, et credere haud indignis accidere; avide ruendo ad libertatem in servitutem elapsos iuvare; nolle cumulare quoque iniurias, ut taedio praesentium consules duo tandem et status pristinus rerum in desiderium veniant (Liv. 3,37,1–3).

Die Plebejer schauten nach Livius in die Gesichter der Patrizier und suchten bei denen Freiheit, von denen sie Knechtschaft befürchtet hatten. Livius stellt hier neben den Personengruppen der Patrizier und der Plebejer auch die Begriffe *libertas* und *servitus* gegenüber. Die Patrizier standen zwischen beiden Gruppen und waren gegenüber beiden hasserfüllt, was Livius durch den Parallelismus *odisse decemviros, odisse plebem* hervorhebt. Das Klima des Hasses wird durch anaphorisches *odisse* zusätzlich hervorgehoben. Livius geht dann ausführlicher auf die durchaus ambivalente Perspektive der Patrizier ein, die der Meinung waren, es treffe mit der Plebs nicht die Falschen, da sie bei der Gier nach Freiheit in Knechtschaft geraten seien. Auch in dieser Perspektive legt Livius den Gegensatz von *libertas* und *servitus* zugrunde. Schließlich schildert er die Hoffnung der Patrizier, dass der Zustand des Staates die Sehnsucht nach Konsuln fördere. Livius stellt also die Plebs wieder als die schwächere Gruppe dar. Sie hat ihr Ziel völlig verfehlt und mit *servitus* das Gegenteil erreicht.[1251] Den Patriziern, deren Perspektive im Gegensatz zu derjenigen der Plebs größeren Raum in der Erzählung einnimmt, schreibt er bei Berücksichtigung aller negativen Seiten des Dezemvirats, das auch diese nicht wollten, politische Berechnung im Hinblick auf das Konsulat zu.[1252] Er macht aber, zumindest aus der Perspektive der Patrizier, die Plebs für den aktuellen Zustand des Staates verantwortlich.

1250 ALBRECHT 2016, 65.
1251 Vgl. ALBRECHT 2016, 67 f.
1252 Vgl. zu den Tendenzen der Patrizier, ihren Einfluss sichern zu wollen, MILES 1988, 191.

Mit der Fertigstellung der Gesetzestafeln[1253] fiel der Grund für die außerordentliche Staatsform weg, die Plebejer wurden aber weiterhin unterdrückt. Bis zum 15. Mai, dem Tag, an dem normalerweise die Beamten wechselten, waren keine Beamten gewählt. Die Dezemvirn blieben also weiter an der Macht, was Livius zusammenfassend als *regnum* (Liv. 3,38,2) bezeichnet, das hier „Gewaltherrschaft"[1254] bedeutet. Erst als Feinde die Stadt angriffen, versuchten die Dezemvirn den Senat einzuberufen. Die Senatoren reagierten darauf zunächst nicht, womit sie sich ähnlich wie die Plebs bei der *secessio* gegen die Dezemvirn stellten und deren Herrschaft zunächst nicht respektierten.[1255] Dies wird von Seiten der Dezemvirn und der Plebs unterschiedlich bewertet: *cum et ipsi consensu invisum imperium, et plebs, quia privatis ius non esset vocandi senatum, non convenire patres interpretarentur* (Liv. 3,38,10). Die Dezemvirn glaubten, die Patrizier kämen aus Hass ihnen gegenüber als Herrschende nicht in die Kurie, während die Plebs rechtliche Gründe annahm, nämlich die Tatsache, dass die Dezemvirn nach Ablauf der Amtszeit eigentlich Privatleute seien, die den Senat einberufen. Livius führt nun die Perspektive der Plebs weiter aus: *iam caput fieri libertatem repetentium, si se plebs comitem senatui det et quemadmodum patres vocati non coeant in senatum, sic plebs abnuat dilectum* (Liv. 3,38,10). Aus der Figurenperspektive der Plebs wird deren Überlegung deutlich, sich tatsächlich mit dem Senat zu verbünden.[1256] Denn für die Plebs war das höchste Ziel das Wiedererlangen der Freiheit, das sie auch den Patriziern unterstellte. Bedingt durch die Ereignisse schöpften die Plebejer neue Hoffnung, dieses Ziel tatsächlich zu erreichen.[1257] Dies wird in *caput ... libertatem repetentium* deutlich. Sie sahen es als eine mögliche Maßnahme gegen die Dezemvirn an, die Aushebung zu verweigern, während die Patrizier der Senatssitzung fernblieben. Die Plebs plant, mit der Verweigerung der Aushebung nun gegen die Dezemvirn als Herrscher ihr stärkstes innenpolitisches Druckmittel einzusetzen, das zuvor vor allem gegen die Patrizier verwendet wurde.[1258] Den weiteren Verlauf der Geschichte, das Handeln der Patrizier, berichtet Livius zunächst aus auktorialer Perspektive. Diese kamen am nächsten Tag zur Senatssitzung und leisteten den Dezemvirn Widerstand. Der Senator L.

1253 UNGERN-STERNBERG 2006a, 78 weist darauf hin, dass bei Livius nichts über den Inhalt der Gesetzestafeln zu erfahren ist.
1254 UNGERN-STERNBERG 2006a, 88 und HILLEN ⁴2007, *ad locum*. Durch die tyrannische Amtsführung des letzten Königs Tarquinius Superbus ergab es sich, dass *regnum* nicht ausschließlich ‚Königsherrschaft', sondern auch ‚Gewaltherrschaft' bedeuten konnte.
1255 ALBRECHT 2016, 69.
1256 WEISSENBORN u. MÜLLER ⁹1970a, 86.
1257 Vgl. BURCK 1964, 31f.
1258 Vgl. Kap. 2.4.2.3.

Valerius Potitus drohte sogar, als die Dezemvirn den Austausch über die politische Lage verhindern wollten, sich mit der Plebs zu verbünden: *L. Valerium Potitum proditum memoriae est [...] postulando ut de re publica liceret dicere, prohibentibus minaciter decemviris proditurum se ad plebem denuntiantem, tumultum excivisse* (Liv. 3,39,2). Damit erwägen die Senatoren, die Plebs zu instrumentalisieren, auch wenn Livius sich als Autor vom Bericht über diese Senatssitzung insofern distanziert, dass er aus der Überlieferung berichtet. So setzen die Senatoren die gleichen Mittel ein wie Appius Claudius, als er sich bei der zweiten Wahl die Macht sichern wollte, allerdings in vermeintlich positiver Absicht. Wenn man beides zusammen betrachtet, ergibt sich aus der Perspektive zweier Gruppen das Bild von einer Plebs, die leicht zu instrumentalisieren ist, wenn sie den Eindruck hat, ihre Position im Staat verändere sich dadurch zum Positiven. Dennoch zeigt die folgende Rede des Horatius Barbatus, dass die Senatoren als die Gruppe dargestellt werden, die vor allem das Wohl des Staates im Blick hat (Liv. 3,39,3–10 und 3,40,1–6). Ferner erinnert Horatius Barbatus an die Vertreibung der Tarquinier und spielt dadurch auf die Gewaltherrschaft des Appius Claudius an.[1259] Dabei nennt Livius in dieser Rede auch die Begriffe *populares* und *optimates* (Liv. 3,39,9), da der Senator die Dezemvirn fragt, zu welcher Partei sie gehörten. So wird neben dem Antagonismus zwischen Patriziern und Plebs mit dem der Popularen und der Optimaten eine neue Ebene eröffnet, auf die hier aber nicht näher eingegangen werden soll. Die Dezemvirn versuchen darauf, mit dem Argument des Krieges die Auseinandersetzung um die Rechtmäßigkeit der Dezemvirn hinauszuzögern, und bedienen sich eines Mittels gegen die Patrizier, das in der Vergangenheit diese als herrschende Gruppe gegen die Plebs angewendet haben.

Im Folgenden zeigt sich, dass die Patrizier immer noch lavieren, weil sie einerseits ihren früheren Status wiedererlangen, andererseits aber die Plebs zumindest nicht durch ihre Unterstützung stärken wollen. Es gibt mittlerweile zwei Gruppen der Patrizier: die Jüngeren, die die Dezemvirn unterstützen, weil ihnen dadurch Vorteile gewährt werden – eine Parallele zum Verhalten der Senatoren unter Tarquinius Superbus ist deutlich zu erkennen[1260] –, und die Älteren, die zwar gegen die Dezemvirn, aber auch gegen eine übermächtige Plebs sind (3,41,1–6) und den alten Zustand des Staates wiederherstellen wollen. Gerade die Älteren befürchten, die Plebs wolle eigentlich nicht die Wahl neuer Konsuln, sondern die Wiedereinrichtung des Volkstribunats:

> Consulares quoque ac seniores ab residuo tribuniciae potestatis odio, cuius desiderium plebi multo acrius quam consularis imperii rebantur esse, prope malebant postmodo ipsos de-

---

1259 ALBRECHT 2016, 70.
1260 Vgl. Kap. 2.4.3.2.2.

cemviros voluntate abire magistratu quam invidia eorum exsurgere rursus plebem: si leniter ducta res sine populari strepitu ad consules redisset, aut bellis interpositis aut moderatione consulum in imperiis exercendis posse in oblivionem tribunorum plebem adduci (Liv. 3,41,5 – 6).

Livius stellt hier aus Figurenperspektive der älteren Patrizier deren eigentliche politische Ziele dar und beschreibt damit indirekt das politische Handeln beider Gruppen. Die Patrizier wollen also, dass die Herrschaft ohne großen Tumult wieder zu neuen Konsuln übergeht, indem die Dezemvirn freiwillig (*voluntate*) ihr Amt niederlegen. Sie fürchten sonst bei der Plebs erneuten Neid (*invidia*), das Hauptmotiv, das die Patrizier den Plebejern für ihr politisches Handeln zuschreiben. Sie glauben, dass die Plebs die Tribunen vergessen könnte, wenn man die Sache sanft (*leniter*) und ohne Aufregung im Volk angehe. Mit *populari strepitu* nimmt Livius ein Motiv auf, dass er der Plebs in solchen Auseinandersetzungen häufiger zuschreibt: Lärm und Unruhe zum Erreichen ihrer Ziele,[1261] auch wenn er mit *popularis* hier die Art und Weise des Politikmachens durch die Patrizier, nicht die Plebs selbst bezeichnet.[1262] Außerdem werden die Ziele patrizischer Politik deutlich: Sie wollen den Status, den sie vor Beginn der Ständekämpfe in der frühen Republik hatten, erneut erreichen, indem sie die Beamten stellen, ohne aber die Volkstribunen als politische Gegner zu haben. Zum Erreichen dieses Ziels sollen gemäß den älteren Konsularen, bei denen es daher auch naheliegt, dass sie aus Erfahrung sprechen, zwei Mittel angewendet werden: Kriege, die auch als Ablenkungsmanöver dienen, und *moderatio* in der Herrschaftsführung (*in imperiis exercendis*). Es handelt sich somit um ein pragmatisches Mittel, und zwar um eines, das auf einem zentralen römischen Wert beruht. Zudem ist *moderatio* ein zentrales Thema des dritten Buches.[1263] Livius stellt die Patrizier als eine Gruppe dar, die zwar einerseits überlegt und auch zum Wohle des Staates handelt, andererseits aber auch immer auf den Erhalt der eigenen Macht achtet. Die Plebejer sind dagegen sehr wankelmütig und lassen sich leicht von der führenden Gruppe beeinflussen, solange sie den Eindruck haben, die Sache sei ihren aktuellen Zielen zuträglich. Die Interessen der Allgemeinheit und des Staates sind in der Darstellung des Livius für die Plebs weniger wichtig.

Dies zeigt sich auch im weiteren Verlauf der Handlung. Es kommt nach einer Aushebung zum Krieg, den die Soldaten, die zu großen Teilen Plebejer sind, absichtlich verlieren:

[1261] Vgl. Kap. 2.4.2.3 und Kap. 2.4.2.4.
[1262] Vgl. HELLEGOUARC'H 1972, 519.
[1263] LUCE 1977, 231.

> Nihilo militiae quam domi melius res publica administrata est. Illa modo in ducibus culpa quod ut odio essent civibus fecerant: alia omnis penes milites noxia erat, qui ne quid ductu atque auspicio decemvirorum prospere usquam gereretur vinci se per suum atque illorum dedecus patiebantur (Liv. 3,42,1–2).

Livius macht deutlich, dass die Plebs nicht einmal davor zurückschreckt, zur Durchsetzung ihrer innenpolitischen Ziele Kriegsniederlagen hinzunehmen.[1264] Er spricht sogar die Dezemvirn beinahe von der Schuld frei. Der einzige Vorwurf, den man hätte erheben können, sei, dass sie sich bei den Bürgern verhasst gemacht hätten. Die Soldaten treffe laut Livius die Schuld, weil sie nicht wollten, dass unter Führung der Dezemvirn irgendetwas gut verlaufe, sodass sie nicht einmal vor dieser Schande (*dedecus*) zurückschreckten. Das Handeln gegen das *decet* unterstreicht die Darstellung der Plebs als opportunistische Gruppe ein weiteres Mal. Das Dezemvirat endet schließlich mit dem Verstoß des Appius Claudius gegen die *pudicita* Verginias und einem zweiten Auszug der Plebs aus Rom.[1265] Die Einzelerzählung von Verginia weist sehr starke Parallelen zur Lucretia-Episode auf. Wiederum ist die *pudicitia* einer Frau, die von einem tyrannischen Mann gebrochen werden soll, der Auslöser für das Ende einer zur Tyrannei gewordenen Staatsform.[1266] Wiederum zwingt die Plebs durch eine *secessio* die Senatoren zu Verhandlungen.

Anhand der Darstellung des Verhaltens der Patrizier und der Plebs während der Herrschaft der Dezemvirn hat Livius die Möglichkeit, Eigenheiten, politische Ziele und politische Mittel beider Gruppen noch einmal aus verschiedenen Perspektiven zu beleuchten. Aus der narratologischen Analyse ergibt sich, dass die Patrizier zwar um den Staat bemüht und in der Regel besonnen sind, aber ihre Macht und ihre Privilegien nicht verlieren wollen. Immer wieder gibt es aber auch Beispiele, die zeigen, dass übertriebener Ehrgeiz nach Macht die eigentlich so überlegten Patrizier zu skrupellosen Menschen oder gar Tyrannen machen kann.[1267] Die Plebs ist dagegen wankelmütig, schließt sich jeweils der führenden Gruppe an, von der sie sich die größten Vorteile verspricht, und sieht sich stets von den Patriziern unterdrückt, die ihrer Meinung nach versuchen, ihre Freiheit (*libertas*) einzuschränken. Livius stellt dies einerseits durch verschiedene Perspektiven dar. Andererseits kommt in diesem Fall hinzu, dass mit den Dezemvirn eine dritte Gruppe in die Handlung eingreift, die im Machtgefüge über den beiden

---

[1264] BURCK 1964, 34.
[1265] S. zur Erzählstruktur BURCK 1964, 36 ff.
[1266] Zur Verginia-Episode vgl. KOWALEWSKI 2002, 142 ff. und ALBRECHT 2016, 74 ff. Zum Zusammenhang der Lucretia- und der Verginia-Episode als *exempla pudicitiae* vgl. FREUND 2008.
[1267] In diesem Zusammenhang ist auch die Coriolan-Episode zu sehen (vgl. Kap. 2.4.3.5.2).

anderen steht und mit der beide Gruppen teils gemeinsam, teils einzeln in Interaktion treten. Dadurch wird der Antagonismus zwischen den Patriziern und der Plebs vorübergehend aufgelöst, sodass Livius vor allem das Streben der Patrizier nach dem Erhalt ihrer Macht zeigen kann, das im vierten Buch aus Sicht der Plebs in der Rede des Volkstribunen Canuleius noch einmal explizit im Fokus steht.

2.4.3.5.4 Mischehen zwischen Patriziern und der Plebs sowie der Zugang der Plebs zum Konsulat – die Konsuln im Rededuell gegen Canuleius

Zu Beginn des vierten Buches berichtet Livius von den erneut ausbrechenden Ständekämpfen zwischen Patriziern und Plebs, die in diesem Fall wieder auflöderten, weil der Gesetzesvorschlag der Volkstribunen im Raum stand, Mischehen zwischen Patriziern und Plebejern zuzulassen und den Plebejern das passive Wahlrecht für das Konsulat zuzugestehen (Liv. 4,1,1–2).[1268] Man einigte sich schließlich darauf, Mischehen zu ermöglichen und anstelle der Konsuln Militärtribunen mit konsularischer Vollmacht zu wählen. Dabei haben auch die Plebejer passives Wahlrecht, von dem sie aber zumindest am Anfang keinen Gebrauch machten (Liv. 4,6,1–12).[1269] Der größte Teil dieser Schilderung erfolgt in einem Rededuell.[1270] In dessen kurzer Vorgeschichte und in den beiden Reden zeigen sich noch einmal zentrale Motive der Ständekämpfe, aber auch des ersten Buches. Die erste der beiden Reden, die der patrizischen Konsuln, ist in indirekter Rede wiedergegeben, die zweite, die des Volkstribunen Canuleius, in direkter Rede.[1271] Livius stellt in seinen Redepaaren stets direkte und indirekte Reden gegenüber.[1272] Canuleius ist damit ein Beispiel, wie ein Plebejer, der rhetorisch schlagkräftig ist, auch gegen die als übermächtig betrachteten Patrizier etwas erreichen kann.[1273] Zudem kritisiert Livius durch die direkte Rede das übertriebene Machtbewusstsein der Patrizier, ohne dies selbst explizit benennen zu müssen. Der Begriff ‚Rededuell' ist allerdings ein wenig irreführend, da die Reden offensichtlich nicht

---

[1268] BURCK 1964, 89 nennt die Forderung der Plebejer, passives Wahlrecht zu erhalten, ein zentrales Thema des vierten Buches.
[1269] Vgl. BURCK 1964, 90f.
[1270] OGILVIE 1965, 530.
[1271] VASALY 2015, 223 sieht die Rede des Canuleius als Gegenstück zu der des T. Quinctius Capitolinus am Ende des dritten Buches, der über die Einheit im Staat bei einem gemeinsamen äußeren Feind spricht. Dies ist durchaus zutreffend, soll allerdings nicht Thema unserer Betrachtung sein.
[1272] FORSYTHE 1999, 81.
[1273] VASALY 2015, 223, deren Annahme eines Wechsels der Quelle aufgrund der positiven Darstellung des Canuleius nicht überzeugt, da die Lage bei dem Redepaar zu Beginn des fünften Buches über die ganzjährige Belagerung von Veji wieder genau umgekehrt ist (vgl. Kap. 2.4.2.4).

dieselben Adressaten haben. Es soll im Folgenden gezeigt werden, welcher Argumente sich die beiden Protagonisten bedienen und welche Aussagen Livius durch die verschiedenen Perspektiven explizit und implizit zum Antagonismus zwischen den Patriziern und der Plebs macht.

Livius schließt die Exposition dieser Episode mit der Sichtweise der Patrizier, die Angst davor hätten, die Macht völlig zu verlieren:

> Id vero si fieret, non volgari modo cum infimis, sed prorsus auferri a primoribus ad plebem summum imperium credebant. Laeti ergo audiere patres Ardeatium populum ob iniuriam agri abiudicati descisse, [...]; adeo vel infelix bellum ignominiosae paci praeferebant (Liv. 4,1,3–5).

In dieser Aussage zeigt sich erneut die Furcht der Patrizier vor dem Machtverlust, die Livius ihnen schon im Kontext der Dezemvirn zugeschrieben hat.[1274] Livius bleibt in der Figurenperspektive der Patrizier und stellt fest, dass diese es froh (*laeti*) aufgenommen hätten, dass Nachbarvölker abgefallen seien und zum Krieg rüsteten. In dem letzten hier zitierten Satz, der im iterativen Imperfekt steht, bestätigt Livius erneut, dass den Patriziern der Krieg sehr gelegen kam, weil sie ihn, wie schon häufiger in der Vergangenheit,[1275] für innenpolitische Zwecke nutzen konnten. Ihnen sei ein unglücklicher Krieg lieber als eine schändliche Friedenszeit. Die Konsuln ordneten daher Aushebungen an, worauf Canuleius im Senat ankündigte, die Plebs werde sich allen Aushebungen widersetzen, solange nicht über die Gesetzesvorschläge abgestimmt worden sei, auch wenn die Patrizier sie unter Druck setzten. Darauf beruft er eine Volksversammlung ein. Ausgehend von dieser Aussage stellt Livius das Setting des Rededuells dar: *Tum C. Canuleius [...] confestim ad contionem advocavit. Eodem tempore et consules senatum in tribunum et tribunus populum in consules incitabat* (Liv. 4,1,6–4,2,1). Beide Seiten versuchten Unterstützer der eigenen gesellschaftlichen Gruppe gegen den jeweiligen Gegner aufzuwiegeln: die Konsuln den Senat gegen den Tribunen, der Tribun das Volk gegen die Konsuln, was durch das Verb *incitare* im konativen Imperfekt deutlich wird. Eigentlich sind die Gegner der Senatoren der Volkstribun Canuleius und die Konsuln. Nach der Ankündigung des Canuleius, sich der Aushebung zu verweigern, findet die Auseinandersetzung nicht unmittelbar gegeneinander statt, sondern jeder trägt seinen Unterstützern die eigene Sichtweise der Dinge vor, sodass man eigentlich aufgrund der verschiedenen Adressaten nicht von einem echten Rededuell sprechen kann. Die beiden sprechen gleichzeitig, was sich an *eodem tempore* und dem folgenden polysyndetisch mit *et/et*

[1274] Vgl. Kap. 2.4.3.5.3.
[1275] Vgl. Kap. 2.4.2.3.

verbundenen Parallelismus zeigt. Zudem heißt es zu Beginn der Rede des Canuleius, die Livius nach derjenigen der Konsuln überliefert: *Cum maxime haec in senatu agerentur, Canuleius pro legibus suis et adversus consules ita disseruit* (Liv. 4,3,1). Auch belegt die Gleichzeitigkeit des Temporalsatzes, dass beide Reden zur gleichen Zeit stattfinden. Dennoch kann für den Leser der Eindruck eines Rededuells entstehen.

Die Konsuln werden hier durch den Gebrauch der indirekten Rede als in dieser Sache unterlegen dargestellt. Aufgrund der indirekten Rede muss sich Livius auch hier wieder nicht auf einen Konsul als Sprecher festlegen.[1276] Er berichtet, dass die Konsuln den Senat gegen die Plebs aufwiegeln und leitet die indirekte Rede mit *negabant* ein:

> Negabant consules iam ultra ferri posse furores tribunicios; ventum iam ad finem esse; domi plus belli concitari quam foris. id adeo non plebis quam patrum neque tribunorum magis quam consulum culpa accidere. cuius rei praemium sit in civitate, eam maximis semper auctibus crescere; sic pace bonos, sic bello fieri. maximum Romae praemium seditionum esse; seditiones singulis universisque semper honori fuisse (Liv. 4,2,1–3).

Wenn man *negabant* als iteratives Imperfekt auffasst, kann man im Senat eine Situation annehmen, in der die Konsuln sich abwechselnd und ungeordnet über das Vorgehen der Plebs beklagen. Ziel ist es, die Senatoren auf ihre Seite zu ziehen. Die erste Aussage ist, dass sie den *furor* der Tribunen nicht länger ertragen könnten. Damit wird das Denken und Vorgehen der Volkstribunen als wahnsinnig dargestellt. Im zweiten Schritt bezeichnen sie die innenpolitischen Auseinandersetzungen als Krieg, der schlimmer geführt werde als ein echter Krieg außerhalb der Stadt. Die Verwendung des eigentlich außenpolitischen Begriffes *bellum* zeigt, dass eine neue Eskalationsstufe des Konflikts zwischen den beiden Gruppen erreicht ist. Die Schuld dafür schreiben die Konsuln aber keiner der beiden Seiten, sondern dem Zustand des Staates zu. Erst stellen sie allgemein fest, dass das am besten wachse, wofür es Belohnungen gibt, und folgern daraus, dass man durch Kriegs- und Friedenstaten gute Taten vollbringen könne. Sie fahren aber mit der Aussage fort, dass man in Rom die größte Belohnung für einen Aufstand erhalte und ein solcher allen Ehre einbringe.[1277] Dies wird durch das Hyperbaton *maximum Romae praemium* und das Polyptoton *seditionum ... seditiones* unterstrichen. Die Aussage ist also, dass Rom daran krankt, dass man mit Aufständen

---

1276 Ebenso verhält es sich im Kontext des Krieges gegen Veji, in dem allerdings die Worte der Volkstribunen als die unterlegene Gruppe in indirekter Rede, die Rede des Patriziers App. Claudius in direkter Rede überliefert sind (vgl. Kap. 2.4.2.4).
1277 Vgl. OGILVIE 1965, 530 f.

am meisten erreicht. Dieser Grund wird auch den Plebejern unterstellt. Die Konsuln stellen sich dann gegen Mischehen, indem sie die Plebejer mit wilden Tieren vergleichen[1278] und religiöse Bedenken vorbringen (Liv. 4,2,4–6). Danach greifen sie das Gesetz an, nach dem Plebejer zu Konsuln gewählt werden sollen, und gehen von diesem konkreten Gesetz ins Allgemeine, indem sie anhand mehrerer Beispiele den Volkstribunen vorwerfen, immer mehr zu fordern und dafür sogar Kriege zu riskieren (Liv. 4,2,7–14). Dieser zweite Teil der Rede besteht zum großen Teil aus Fragen:

> illine ut impune primo discordias serentes concitent finitima bella, deinde adversus ea quae concitaverint armari civitatem defendique prohibeant, et cum hostes tantum non arcessierint, exercitus conscribi adversus hostes non patiantur, sed audeat Canuleius in senatu proloqui se nisi suas leges tamquam victoris patres accipi sinant dilectum haberi prohibiturum? (Liv. 4,2,12–13).

Sie werfen der Plebs vor, für *discordia* verantwortlich zu sein, aus der Kriege mit den Nachbarn entstünden. Zudem verhinderten die Plebejer durch die Verweigerung der Aushebungen die Verteidigung. In der Rede findet sich mit dem Thema Krieg als innenpolitisches Mittel das gleiche Motiv, das Livius sonst meist den Patriziern zuschreibt. Wenn sich nun die Plebs desselben Mittels bedient, wird dies von den Patriziern scharf kritisiert, als ob die Plebs Urheber der Kriege sei. Dabei ist zu beachten, dass Livius in der Vorgeschichte dieser Szene auf den Vorteil eines Krieges für die Patrizier hingewiesen hat. So werfen die Patrizier der Plebs den Gebrauch eines Mittels vor, dessen sie sich selbst häufiger bedienen. Durch die gesamte Rede der Konsuln stellt Livius die Patrizier als sehr überheblich gegenüber der untergebenen Plebs dar, vermeidet aber, die Kritik als Erzähler explizit äußern zu müssen.

Die Gegenrede hält Canuleius. Auch wenn Livius schreibt, dass diese beiden Reden gleichzeitig stattfanden, entsteht durch den linearen Ablauf der Erzählung, in der gleichzeitig stattfindende Ereignisse hintereinander erzählt werden müssen, der Eindruck, Canuleius antworte mit seiner Rede unmittelbar auf die Konsuln. Adressaten der Rede des Canuleius sind nicht wie bei den Konsuln die Senatoren, sondern die Bürger in der Volksversammlung.[1279] Ziel ist es, deren Unterstützung für die Verhinderung der Aushebung zu erwirken. Dies zeigt sich in der Anrede *Quirites* (Liv. 4,3,2). Die Rede ist deutlich länger als die der Konsuln, was ein Hinweis auf die Überlegenheit des Canuleius ist.

1278 VASALY 2015, 223 f.
1279 OGILVIE 1965, 534. S. zur Gliederung der Rede OGILVIE 1965, 534 ff.

Canuleius beginnt mit einer Apostrophe an seine Mitbürger und fragt, welche Verachtung die Patrizier ihnen entgegenbringen, obwohl die Plebs und die Patrizier in ein und derselben Heimatstadt wohnen:

> „Quanto opere vos, Quirites, contemnerent patres, quam indignos ducerent qui una secum urbe intra eadem moenia viveretis, saepe equidem et ante videor animadvertisse, nunc tamen maxime quod adeo atroces in has rogationes nostras coorti sunt, quibus quid aliud quam admonemus cives nos eorum esse et, si non easdem opes habere, eandem tamen patriam incolere? [...]" (Liv. 4,3,2–3).

Erster indirekter Vorwurf an die Patrizier, den Canuleius allerdings gegenüber den Mitbürgern formuliert, ist die Verachtung der Plebs durch die Patrizier (*contemnere*). Dies ist ein Leitmotiv der Rede. Es äußert sich darin, dass die Patrizier die Plebs schon immer für nicht würdig hielten, mit ihnen in der gleichen Stadt zu leben. Damit übertreibt Canuleius zwar, da es den Patriziern nie darum ging, die Plebs aus der Stadt zu vertreiben, spielt aber mit *indignus* auf den Wert *dignitas* an, der für das Selbstverständnis der Patrizier und für die Vergabe von Ämtern eine große Bedeutung hat.[1280] Er sieht den Unterschied vor allem in den verschiedenen finanziellen Mitteln. Diese bezeichnet Livius mit dem Wort *opes*, das impliziert, dass Geld in Rom immer auch eine Zugangsvoraussetzung zur Macht ist. Er schließt diese einleitende Frage mit der Feststellung ab, dass sie doch dieselbe Stadt bewohnten. Durch diesen Vorwurf an die Patrizier unterstellt er, dass der wahre Grund nicht in den Gesetzesvorschlägen, sondern in dem Machtstreben der Patrizier liege.

Erst hier beginnt Canuleius für beide Gesetzesvorschläge zu argumentieren.[1281] Zunächst plädiert er kurz für die Mischehen zwischen Patriziern und Plebejern, indem er darauf hinweist, dass Ehen sogar Mitgliedern der Nachbarvölker und Ausländern ermöglicht wurden, auch wenn sie im Krieg unterlegen waren. Dann geht er zum Antrag über, Plebejer als Konsuln zuzulassen. Auch diese Argumentation leitet er mit einer rhetorischen Frage ein:

> „[...] Si populo Romano liberum suffragium datur, ut quibus velit consulatum mandet, et non praeciditur spes plebeio quoque, si dignus summo honore erit, apiscendi summi honoris, stare urbs haec non poterit? de imperio actum est? et perinde hoc valet, plebeiusne consul fiat, tamquam servum aut libertinum aliquis consulem futurum dicat? Ecquid sentitis in quanto contemptu vivatis? [...]" (Liv. 4,3,7–8).

[1280] Vgl. OGILVIE 1965, 534 und zu *dignitas* THOME 2000b, 117 f.
[1281] Vgl. OGILVIE 1965, 536.

Er fragt, ob nach einer freien Abstimmung (*liberum suffragium*) über das Konsulat, bei der die Plebejer nicht von vornherein ausgeschlossen sind, die Stadt weiterbestehen könne, und schließt zur Betonung die Frage an, ob es dann um die Herrschaft Roms geschehen sei. Er schränkt aber die Überlegung insofern ein, dass der potentielle plebejische Konsul des Amtes würdig sein müsse. Zentrales Thema dieser Stelle ist das höchste Staatsamt, das mit *summi honores* bezeichnet und in dieser Frage gleich zweimal genannt wird.[1282] Hier definiert Canuleius sozusagen *dignus* neu, indem er die Frage, anders als die Patrizier, von der Person des Kandidaten, nicht aber von der gesellschaftlichen Stellung abhängig macht. Auch dieser Bezug zur Zukunft des Staates impliziert den Vorwurf an die Patrizier, sich mehr um ihre eigene Macht als um das Wohl des gesamten Staates zu kümmern. Dennoch grenzt Canuleius die Plebejer von den gesellschaftlich niedriger stehenden Freigelassenen und Sklaven ab, was einerseits zeigt, dass sich jede Gruppe vor allem um sich selbst kümmert, andererseits auch den Vorwurf an die Patrizier enthält, die Plebs mit diesen beiden Gruppen gleichzustellen.[1283] Zusammenfassend subsumiert Canuleius auch dieses Vorgehen der Patrizier unter dem Wort *contemptus*, das das eingangs der Rede genannte Motiv aufgreift.

Im weiteren Verlauf greift Canuleius für seine Argumentation auf ein zentrales Thema des ersten Buches zurück: die Integration von Zuwanderern und die Herausbildung einer eigenen römischen Identität im Staat. Er zählt mit Numa Pompilius, Tarquinius Priscus und Titus Tatius drei Könige auf, die ursprünglich keine Römer waren, und nennt mit Servius Tullius den König, der angeblich als Sklave geboren war (Liv. 4,3,10–13).[1284] Als Grund für den Aufstieg des Servius Tullius führt er dessen *virtus* an: *Ser. Tullium post hunc, captiva Corniculana natum, patre nullo, matre serva, ingenio, virtute regnum tenuisse?* (Liv. 4,3,12). Damit weist Canuleius auf das urrömische Prinzip der Leistung hin, das schon für Romulus galt[1285] und mit dem man in Rom politisch und gesellschaftlich etwas erreichen konnte, was er überdies durch Exempla belegt.[1286] Alle diese Könige waren nicht nur nicht Patrizier, sondern nicht einmal Römer.[1287] Daraus leitet Canuleius die Frage ab, warum jetzt ein Plebejer nicht Konsul werden könne, obwohl auch die nicht römischen Könige gewählt worden sind und mit den

---

1282 WEISSENBORN u. MÜLLER ⁹1970b, 7. Vgl. auch Kap. 2.4.1.1.
1283 WEISSENBORN u. MÜLLER ⁹1970b, 7.
1284 CHAPLIN 2000, 159. Vgl. auch Kap. 2.4.3.2 und Kap. 2.4.3.4.
1285 Vgl. Kap. 2.4.3.2.1.
1286 CHAPLIN 2000, 360.
1287 WEISSENBORN u. MÜLLER ⁹1970b, 8 und CHAPLIN 2000, 159.

Claudiern aus dem Sabinerland[1288] zu Beginn der Republik Zuwanderer zunächst Patrizier, dann Konsuln werden konnten (Liv. 4,3,13 – 14). Diese ganze Argumentation fasst Canuleius noch einmal zusammen:

> „[...] Ex peregrinone patricius, deinde consul fiat, civis Romanus si sit ex plebe, praecisa consulatus spes erit? Utrum tandem non credimus fieri posse, ut vir fortis ac strenuus, pace belloque bonus, ex plebe sit, Numae, L. Tarquinio, Ser. Tullio similis, an, ne si sit quidem, ad gubernacula rei publicae accedere eum patiemur, potiusque decemviris, taeterrimis mortalium, qui tum omnes ex patribus erant, quam optimis regum, novis hominibus, similes consules sumus habituri? [...]" (Liv. 4,3,15 – 17).

Er hält fest, dass ein Mann aus der Fremde erst Patrizier und dann Konsul werden kann, was einem römischen Bürger – *civis Romanus* wird hier dem Wort *peregrinus* gegenübergestellt – verwehrt bleibt. Er fragt dann, ob es möglich sei, einem Plebejer, der ein tapferer und tüchtiger Mann (*vir fortis ac strenuus*) und damit ein Träger von *virtus*[1289] ist und der noch dazu mit den drei auswärtigen Königen Numa, Tarquinius Priscus und Servius Tullius vergleichbar ist, die Führung im Staat zu überlassen. Die angenommene Vergleichbarkeit mit den Königen, in diesem Fall mit Tarquinius Priscus, zeigt sich vor allem in der Wortwahl. Denn im Kontext von dessen Einwanderung in Rom wählt Livius bei der Darstellung der Überlegungen Tanaquils die gleichen Worte wie hier: *Roma est ad id aptissima visa: in novo populo, ubi omnis repentina atque ex virtute nobilitas sit, futurum locum forti ac strenuo viro* (Liv. 1,34,6). Tanaquil ist der Meinung, Rom sei für einen Aufstieg aufgrund von *virtus* für einen *fortis ac strenuus vir* am besten geeignet.[1290] Durch diesen intratextuellen Bezug wird deutlich, dass in Rom durch die Ständekämpfe keine Aufstiegschancen mehr gegeben sind und das Prinzip des Aufstiegs durch *virtus* erheblich an Bedeutung verloren hat. Canuleius geht sogar noch weiter und unterstellt den Patriziern, lieber Konsuln haben zu wollen, die den Dezemvirn ähnlich sind, aber aus den Reihen der Patrizier kommen, als einen Plebejer, der die Eigenschaften der guten Könige hat, auch wenn er keinen Stammbaum nachweisen kann. Dabei weist er darauf hin, dass mit den Dezemvirn die letzten Gewaltherrscher allesamt Patrizier waren.[1291] Er macht also noch einmal deutlich, dass es aus seiner Sicht den Patriziern mehr um Machtsicherung geht,[1292] als darum, dass der beste Mann den Staat führt.

[1288] Vgl. Kap. 2.4.3.4.
[1289] MOORE 1989, 15.
[1290] MOORE 1989, 8.
[1291] CHAPLIN 2000, 159.
[1292] Vgl. MILES 1988, 191.

In der Folge führt Canuleius den Umstand an, dass beinahe alle Einrichtungen und Ämter sowohl im kultischen als auch im politischen Bereich einst neu waren und man sich Neuem nicht verschließen dürfe.[1293] In Bezug auf die Mischehen, zu denen er zurückkommt, argumentiert er nun damit, dass auch die meisten Patrizier ursprünglich entweder Sabiner oder Albaner seien und damit nicht Ur-Römer (Liv. 4,4,1–5). Livius lässt Canuleius hier mit der eigenen römischen Geschichte argumentieren.[1294] Ab dieser Stelle spricht Canuleius auf einmal die Patrizier in der zweiten Person Plural an, ohne dass Livius diesen Wechsel des Adressaten in irgendeiner Form kenntlich macht. Dies ist ein weiteres Argument dafür, von einem Rededuell zu sprechen. Natürlich ist auch die Anwesenheit der Konsuln in der Volksversammlung nicht ausgeschlossen, aber sie wird nirgends erwähnt.

Canuleius führt zu diesem Thema weitere Argumente an und kommt abschließend auf den zentralen Wert der Republik, *libertas*, zu sprechen. Er fragt die Patrizier: „[...] *Denique utrum tandem populi Romani an vestrum summum imperium est? Regibus exactis utrum vobis dominatio an omnibus aequa libertas parta est?* [...]" (Liv. 4,5,1). Die erste Frage bezieht sich darauf, wer die Staatsgewalt (*summum imperium*) innehabe. Hier stellt Canuleius bewusst den Patriziern, die er mit *vestrum* anspricht, das römische Volk (*populus Romanus*) gegenüber, zu dem die Plebs ebenso gehört wie die Patrizier.[1295] Im folgenden Satz wirft er die Frage auf, welche Staatsform nach der Vertreibung der Könige erreicht worden ist: eine Gewaltherrschaft (*dominatio*) der Patrizier oder Freiheit für alle, wobei der Parallelismus in der Doppelfrage diesen Gegensatz noch unterstreicht. Mit *dominatio* greift der plebejische Volkstribun ein Motiv auf, das schon im ersten *interregnum* nach der Apotheose des Romulus von Bedeutung ist, als Livius davon berichtet, wie die einfachen Leute diese Form des Zwischenkönigtums kritisierten, weil anstelle eines Königs nun zehn Männer herrschten, die mit *domini* (Liv. 1,17,7) bezeichnet werden.[1296] Er droht den Patriziern mit der Verhinderung der Aushebung und macht deutlich, dass ihm durchaus bewusst sei, diese Kriege für innenpolitische Zwecke zu instrumentalisieren: „[...] *an ut quaeque rogatio promulgata erit vos dilectum pro poena decernetis* [...]" (Liv. 4,5,2). Er spricht davon, dass darauf die Aushebungen der Patrizier als Strafe für die Plebs eindeutig hinweisen. Er stellt sodann die Plebs als die gemäßigtere und besonnenere Gruppe dar. Diese Argumentation beginnt Canuleius mit dem Hinweis auf die

---

1293 CHAPLIN 2000, 159f.
1294 MILES 1988, 192f.
1295 HELLEGOUARC'H 1972, 516.
1296 Vgl. Kap. 2.4.3.5.1.

beiden *secessiones* der Plebs (4,5,3).[1297] Canuleius provoziert daraufhin die Patrizier, indem er die Frage stellt, warum es dabei nie zum Entscheidungskampf gekommen sei und nie dazu kommen werde: „[...] *Scilicet quia nobis consultum volebatis, certamine abstinuistis; an ideo non est dimicatum, quod quae pars firmior eadem modestior fuit? [...]*" (Liv. 4,5,3–4). Canuleius stellt eingeleitet durch *scilicet* die ironische und provokante Frage an die Patrizier, ob es daran liege, weil sie immer gut für die Plebs gesorgt haben.[1298] Dabei wird deutlich, wie sich die Patrizier üblicherweise als diejenigen gerieren, die gut für den Staat sorgen. Dann holt er aber eingeleitet durch *an* zu einem verbalen Gegenangriff aus, indem er immer noch voller Ironie unterstellt, dass die stärkere Seite zugleich auch die gemäßigtere (*modestior pars*) sein müsse. So heftet er den Plebejern zwei Eigenschaften an, die man eigentlich in der Beschreibung für die Patrizier erwarten würde: die größere Stärke und die Mäßigung. Zusätzlich greift er damit das Leitthema des dritten und vierten Buches auf.[1299] Daraus ergibt sich die Aussage, dass die Plebejer, vertreten durch den Volkstribun, die Patrizier mit deren eigenen Waffen geschlagen haben. Der Volkstribun wird also durch die Rede des Canuleius als derjenige dargestellt, der überlegen und zum Wohl des Staates handelt.[1300] Durch die narratologische Darstellung erreicht Livius somit, dass Canuleius stellvertretend für die Plebs an dieser Stelle die Rolle einnimmt, die sonst meist die Patrizier spielen. Canuleius beendet die Rede schließlich mit der Drohung, sich gegen jede Aushebung und somit gegen jede Kooperation mit den Patriziern zu stellen, wenn die beiden Gesetzentwürfe nicht positiv beschieden würden.

Durch das narratologische Mittel der Figurenrede hat Livius die Gelegenheit, die Plebejer und damit die schwächere gesellschaftliche Gruppe als Verfechter der Republik darzustellen, die um ihre *libertas* kämpft,[1301] dann aber auch bereit ist, für den Staat einzustehen. Anhand der Kritik an den Patriziern, die Livius nicht aus der Perspektive des auktorialen Erzählers, sondern durch den Mund einer Figur des politischen Gegners äußert, gelingt es ihm trotzdem, die übertriebenen machtpolitischen Interessen der Patrizier zu benennen, ohne sich selbst gegen das in dieser Zeit krankende politische System der römischen Republik stellen zu müssen. Livius äußert die Kritik, ähnlich wie die am römischen Expansionsstreben im Zusammenhang des Krieges mit Alba Longa im ersten Buch,[1302] auf in-

---

1297 WEISSENBORN u. MÜLLER ⁹1970b, 14.
1298 WALSH 1961, 240f.
1299 LUCE 1977, 231.
1300 BURCK 1964, 90.
1301 Vgl. BURCK 1964, 89.
1302 Vgl. Kap. 2.4.2.2.

direkte Weise, was seiner grundsätzlichen Haltung als Republikaner nicht entgegensteht.

2.4.3.5.5 Der Antagonismus in Buch 5

Zusammenfassend soll noch kurz auf die Entwicklung des Antagonismus im fünften Buch eingegangen werden, der in mehreren Kapiteln schon unter anderen Fragestellungen mit behandelt wurde.[1303] Denn auch im fünften Buch sind die Auseinandersetzungen zwischen den Patriziern und der Plebs ein zentrales Thema.[1304] Das Buch besteht aus zwei großen Episoden: dem Krieg gegen Veji und dem beinahe völligen Untergang der Stadt nach dem Galliereinfall mit der Überlegung, in die besiegte Stadt Veji überzusiedeln.[1305] Im Bericht über den Krieg mit Veji zeigt Livius unter anderem auch, dass Patrizier und Plebs dann besonders erfolgreich sind, wenn *concordia* herrscht und sie zusammenarbeiten,[1306] auch wenn in der Episode immer wieder Motive wie die Instrumentalisierung von Aushebungen und Krieg als innenpolitisches Mittel durch die Patrizier und deren Verhinderung durch die Plebs zu finden sind. Besonders das Agitieren der Volkstribunen (Liv. 5,2,1–12) gegen eine Fortdauer der Belagerung Vejis auch im Winter, das in indirekter Rede wiedergegeben ist, und die Gegenrede – hier handelt es sich tatsächlich um ein Rededuell – des Appius Claudius, dem Livius eine nahezu perfekte politische Rede in den Mund legt, zeigen die Streitigkeiten der beiden Stände um die richtige Kriegspolitik. In diesem Fall sind die Patrizier den Plebejern überlegen, was an der längeren direkten Rede des Appius Claudius gegen die kürzere indirekte Rede der Volkstribunen festzumachen ist.[1307] Auffällig ist auch hier, dass es erneut ein Appius Claudius ist, der in führender Position gegen die Plebs vorgeht.[1308] Dieses Rededuell kann somit als Gegenstück zu dem vermeintlichen Rededuell am Beginn des vierten Buches zwischen Canuleius und den Konsuln betrachtet werden.

Die Ständekämpfe werden zunächst für die Frage der Beuteverteilung nach dem Krieg gegen Veji relevant. Zudem lassen sie sich an der Figur Camillus festmachen. Er wird für den Feldzug gegen Veji als Diktator gewählt und versucht, sich mit den Patriziern und der Plebs gleichermaßen gutzustellen, was man vor allem an der Planung zur Beuteverteilung bei einem möglichen Sieg der Römer

---

1303 S. v. a. Kap. 2.2.1, 2.2.2.2 und 2.4.2.4.
1304 LEVENE 1993, 177.
1305 BURCK 1964, 109.
1306 MÖLLER 2014, 38 und LEVENE 1993, 176 sowie Kap. 2.4.2.4.
1307 Vgl. ausführlich zur Episode vom Krieg gegen Veji Kap. 2.4.2.4.
1308 VASALY 1987, 204.

festmachen kann. Zunächst legt Livius in einem auktorialen Kommentar die innenpolitische Ausgangslage dar, dass sich niemand in Rom der Aushebung des Diktators widersetzte (*inde Romam ad scribendum novum exercitum redit, nullo detractante militiam* [Liv. 5,19,5]). An dieser Feststellung, die fast beiläufig normal klingt, ist zu erkennen, dass Patrizier und Plebs durch die Wahl des Diktators zusammen gegen den Feind vorgehen wollen. Noch vor den Angriffen verweist Camillus als Diktator die Frage der Beuteverteilung an den Senat, indem er aus dem Feld einen Brief nach Rom schickt. Sein Motiv ist, sich weder den Zorn der Plebs noch den Hass der Patrizier zuzuziehen: *ne quam inde aut militum iram ex malignitate praedae partitae aut invidium apud patres ex prodiga largitione caperet* (Liv. 5,20,2). Die meisten Soldaten sind Teil der Plebs, sodass hier der Antagonismus nur indirekt angesprochen wird, aber durchaus vorhanden ist. Aber auch der Senat will nicht den Hass der Plebs auf sich ziehen, sodass der Plebs mehr oder weniger ein Freibrief für die Plünderung Vejis nach dem Sieg ausgestellt wird (Liv. 5,20,4–10). Nach dem Krieg verschlechtert sich das Verhältnis der Plebs zu Camillus erheblich, einerseits wegen eines übermäßig großen Triumphes (Liv. 5,22,4–6) und andererseits wegen der Verteilung der Beute, da Camillus den zehnten Teil für das Weihegeschenk für Apollon gelobt hat: *cum [...] pontifices solvendum religione populum censerent, haud facile inibatur ratio iubendi referre praedam populum, ut ex ea pars debita in sacrum secerneretur* (Liv. 5,23,8–9). Die Plebs fühlt sich durch diese Abgabe wiederum benachteiligt, was am Ende zu neuen Streitigkeiten führt: *Ea quoque conlatio plebis animos a Camillo alienavit* (Liv. 5,23,11). Diese Entfremdung verstärkt sich immer mehr, bis Camillus schließlich aus der Stadt verbannt wird (Liv. 5,32,8).

Damit sind neben dem Hereinbrechen des *fatum* über die Stadt, das Livius als Grund für den folgenden Galliersturm nennt,[1309] auf rationaler Ebene die Ständekämpfe der Auslöser für den römischen Misserfolg gegen die Gallier. Dies behauptet Livius zwar nirgends explizit so; es lässt sich aber aus der Darstellung des fünften Buches erschließen. Dennoch wird Camillus, als die Not gegen die Gallier groß ist, unter Zustimmung der Plebs nach Rom zurückgeholt (5,46,4–11) und verhindert so den völligen Verlust der Stadt. Die Plebejer, die ihn einst aus der Stadt vertrieben hatten, jubelten ihm bei seinem Triumph als zweitem Romulus und Stadtgründer zu (Liv. 5,49,7). Livius schreibt Camillus im Frieden eine zweite Rettung der Stadt zu, als die Plebejer die Umsiedlung nach Veji erreichen wollten (Liv. 5,49,8). In diesem Fall erfolgt der Einsatz des Camillus auf Bitten des Senats: *eaque causa fuit non abdicandae post triumphum dictaturae, senatu obsecrante ne rem publicam in incerto relinqueret statu* (Liv. 5,49,9). Hier zeigt sich wiederum die

---

[1309] Vgl. Kap. 2.2.1.

typische Charakterisierung der Patrizier und der Plebs: Erstere haben die Zukunft des Staates im Blick, Zweitere vor allem ihren eigenen Vorteil.

Schließlich verhindert Camillus durch seine Rede vor der Volksversammlung die Übersiedlung nach Veji. Es handelt sich noch einmal um ein Rededuell, wobei der Anteil der Rede der Volkstribunen als Vertreter der Plebs – deren Rede ist, wie schon zu Beginn des fünften Buches, als die der unterlegenen Seite in indirekter Rede wiedergegeben – nur aus einem einzigen Nebensatz besteht, der zugleich ein Teil der Einleitung in die Rede des Camillus ist: *tum demum agitantibus tribunis plebem adsiduis contionibus ut relictis ruinis in urbem paratam Veios transmigrarent, in contionem universo senatu prosequente escendit atque ita verba fecit* (Liv. 5,50,8). Camillus hält anschließend seine große Rede gegen die Umsiedlung nach Veji[1310] und verhindert diese. Somit verwendet Livius mit dem Rededuell auch am Ende der Pentade, als Rom vor dem Untergang steht, ein erzählerisches Mittel, das er schon häufiger zur Darstellung der Ständekämpfe eingesetzt hat. Allerdings macht er durch die extreme Kürze des Redeanteils der Volkstribunen ihre den Patriziern gegenüber unterlegene Position sehr deutlich.

Es zeigt sich, dass der Antagonismus zwischen den Patriziern und der Plebs ein Thema ist, das sich nach ersten Anklängen im ersten Buch ab dem zweiten als ein Hauptthema durch die gesamte Pentade zieht. Meist werden die Patrizier als die überlegene, besonnenere Gruppe dargestellt,[1311] die sich um das Wohl des Staates kümmert. Die Plebejer fordern zwar immer die *libertas*, sind sonst aber meist wankelmütig und auf ihren eigenen Vorteil bedacht. Die beiden wichtigsten narratologischen Mittel zur Darstellung dieses Antagonismus sind die Erzählung aus Figurenperspektive und die Figurenreden sowie die Retardierung der Handlung durch Wechsel des Schauplatzes in die Außenpolitik. Damit zeigt sich wiederum eine gewisse Nähe zum Epos, da Rededuelle und Schauplatzwechsel auch typische Elemente jener Gattung sind. Dennoch äußert Livius auch Kritik am Verhalten der Patrizier, die sich vor allem darauf bezieht, dass diese ihre Macht um jeden Preis sichern wollen. Damit unterstellt Livius auch den Patriziern, obwohl er dies nicht explizit behauptet, eine Form der *regni cupido* bzw. – in der Terminologie der Republik – der *imperii cupido*. Dieses römische Erbübel, das seit der Stadtgründung vorhanden ist, führt dazu, dass diejenigen, die an der Macht sind, diese, wie sich gezeigt hat, häufig um jeden Preis sichern wollen. Diese Kritik erfolgt jedoch in der Regel nicht aus auktorialer Perspektive, sondern über Fo-

---

1310 Für eine ausführliche Analyse dieser Rede s. Kap. 2.2.2.2.
1311 Dies wird noch einmal besonders in der Rede des Quinctius Capitolinus (Liv. 3,67,1–3,68,13) deutlich, die hier nicht ausführlicher behandelt werden konnte. Schwerpunkt seiner Argumentation ist, dass die Patrizier und die Plebs nur gemeinsam den drohenden Gefahren für Rom standhalten können (vgl. VASALY 2015, 223).

kalisierungen und Figurenreden. Anhand der Coriolan-Episode zeigt Livius, dass der Eifer der Patrizier auch zu weit gehen kann, während Canuleius, ebenfalls durch ein vermeintliches Rededuell, als ein positives Exempel eines Volkstribunen dargestellt wird.

3 Fazit

Livius hat in seiner *praefatio* die wichtigsten Kategorien seiner Geschichtsschreibung im folgenden Satz zusammengefasst: *ad illa mihi pro se quisque acriter intendat animum, quae vita, qui mores fuerint, per quos viros quibusque artibus domi militiaeque et partum et auctum imperium sit* (Liv. praef. 9). Die hier von Livius genannten thematischen Aspekte waren für die vorliegende Untersuchung leitend, die folgender Frage nachging: Welche Bedeutung und narratologische Funktion haben diese Aspekte in der Darstellung des Livius von der Gründungs- und Entwicklungsgeschichte Roms? Daher lag der inhaltliche Schwerpunkt der Arbeit auf der Analyse der ersten Pentade; hier bin ich zunächst vom Aspekt der Gründung und der Vergrößerung des *imperium* durch Männer mit ihren Fähigkeiten sowohl in der Innenpolitik als auch im Militärwesen ausgegangen. Denn in der Pentade der Gründung liegt ein besonderer Schwerpunkt auf dem Thema *imperium et partum et auctum* in der Natur der Sache. Dieser Akzent ergibt sich in erster Linie aus der Feststellung, dass Rom zwar über Aeneas und Euander Bezug zum griechischen Kulturkreis hat, aber aufgrund der Aussetzung der Zwillinge Romulus und Remus als Nachfahren der Könige von Alba Longa, und damit auch der Trojaner, aus dem Nichts neu gegründet wurde. Aus diesen Analysen ergeben sich die Lebensbedingungen für die Bürger Roms und die Entwicklung der *mores*. Die Lebensbedingungen (*vita*) der Menschen sind in der römischen Frühzeit vom Aufbau eines neuen Staates und von immer neuen Auseinandersetzungen geprägt. Einerseits ist die neue Stadt Rom durch Kriege im äußeren Bereich zu sichern, andererseits bildet sich innenpolitisch eine Gesellschaftsordnung heraus, die für die folgenden Jahrhunderte der römischen Geschichte und damit auch für das weitere Werk des Livius prägend sein sollte. Es zeigt sich außerdem, dass sich im Laufe der Zeit der *mos maiorum* herausbildet, wobei die Werte *virtus* und *pietas* besonderes Gewicht haben. Der Schwerpunkt der Arbeit lag auf der Frage, wie Livius diese Entwicklung und das Zusammenspiel der einzelnen Elemente literarisch in seiner Erzählung darstellt.

Rom steht in der ersten Pentade stets im Mittelpunkt der Erzählung. Dafür gibt es zwei Gründe: einen inhaltlichen und einen narratologischen. Der inhaltliche Grund liegt in der Fokussierung der Erzählung auf Rom als einen in der Entstehung begriffenen Stadtstaat, der in der Epoche, über die Livius in der ersten Pentade berichtet, zunächst errichtet wird und der sich dann vor allem in Latium ausbreitet. Damit verlieren Protagonisten der Handlung, die sich beispielsweise auf einem militärischen Feldzug befinden, nie für längere Zeit die Verbindung nach Rom. Die Handlung des ersten Buches spielt daher größtenteils in Rom oder in der unmittelbaren Umgebung. Der zweite Grund ergibt sich aus der Bedeutung von Rom als Mittelpunkt der erzählten Handlung und ist durch die Erzählstruktur bedingt. Durch das annalistische Schema der Erzählung, das ab dem zweiten Buch ein Gliederungsprinzip der Handlung ist, wird durch die jährliche Wahl neuer Beamter automatisch der Blick auf Rom gelenkt. Zusätzlich bewirkt die ständige Verbindung von Innen- und Außenpolitik (*domi militiaeque*) häufige Wechsel der Handlungsschauplätze. Die innenpolitischen Auseinandersetzungen um Kriege finden in der ersten Pentade stets in Rom, nie im Feld statt, selbst wenn, wie im Fall des Krieges gegen Veji, Protagonisten vermeintlich die Soldaten ansprechen.

imperium et partum et auctum – Rom, genauer gesagt das von der Servianischen Mauer umfasste Gebiet, wird schon im Bericht von der Regierungszeit des Romulus durch die erzählte Handlung konstituiert. Livius wählt die narratologische Strategie, die Stadt aufzubauen, indem er sukzessive die Schauplätze als Orte der Handlung einführt. Dadurch hat der Leser das Gefühl, Rom sei nach der Stadtgründung nicht langsam aus einer kleinen Siedlung entstanden, sondern war kurze Zeit nach der Gründung schon eine für die Verhältnisse der Zeit große Stadt. Eine weitere Strategie des Livius liegt darin, nicht zu unterscheiden, welcher Teil der Stadt Rom, der als Schauplatz in die Handlung eingeführt wird, damals schon zum Stadtgebiet gehört hat und besiedelt war, und welche Teile Schauplätze von Handlungen sind, die sich in der erzählten Zeit außerhalb der Stadt vollziehen. Stattdessen macht Livius all diese Orte zu Erinnerungsorten, die auch für seine Leser noch von Bedeutung sind, entweder indem er auf sie durch Nennung dessen, was in seiner eigenen Zeit dort zu sehen ist, verweist oder indem er sie durch Aitien von Festen, Kulten oder Institutionen, die immer noch an diesem Ort stattfinden, in die Handlung einführt. Als zentrale Orte Roms für die Frühzeit, aber auch noch für die beginnende augusteische Zeit, präsentiert Livius den Palatin als Keimzelle der Stadt und führt das Kapitol als religiöses Zentrum Roms in die Handlung ein. Livius stellt im Laufe des ersten Buches die Entwicklung des Territoriums in Verbindung mit der Entwicklung der Bevölkerungszahl dar. Verschiedene Könige fügen der Stadt neue Gebiete hinzu, was meist anhand der Einbeziehung eines weiteren der sieben Hügel geschieht, an dem eine Bevölkerungsgruppe angesiedelt wird, die neu in die Stadt aufgenommen wird. In engem Zusammenhang mit der Darstellung der Entwicklung des Territoriums und der Bevölkerungszahl steht die Zeichnung Roms in der Königszeit als ein Schmelztiegel verschiedener Bevölkerungsgruppen und Kulturen. In der Stadt muss sich erst langsam eine römische Identität entwickeln. Beides ist mit dem Ende der Königszeit im Wesentlichen abgeschlossen. Das Thema der Eingliederung neuer Bevölkerungsgruppen wird im Kontext der Ständekämpfe als Argument für die Plebs verwendet, zum Konsulat zugelassen zu werden. Von diesen

Vergrößerungen berichtet Livius stets aus auktorialer Perspektive, was keinen Zweifel daran zulässt, dass er dieser Überlieferung vertraut.

viri artesque – Diese Entwicklung wird von Livius nicht als Selbstläufer dargestellt. Urheber sind stets Männer mit ihren Fähigkeiten, die die Entwicklung der römischen Herrschaft in der Regel durch ihre *virtus* als zentralen römischen Wert voranbringen (*imperium et partum et auctum*), bisweilen aber auch behindern. Hauptgrund für die Behinderung des Aufstiegs sind meist machtpolitische Gründe, die wiederum an einzelnen Protagonisten gezeigt werden. Man denke an den tyrannischen König Tarquinius Superbus, an Coriolan, die Dezemvirn, aber auch an die Plebejer, die mit Camillus den wichtigsten römischen Heerführer ins Exil schicken, sodass er im Kampf gegen die Gallier anfangs nicht zur Verfügung steht. Dies steht unter dem Leitmotiv des römischen Erbübels der *regni cupido*, das Livius schon bei der Stadtgründung in die Handlung einführt und das der wichtigste Grund für Fehlentwicklungen in Rom ist. Allerdings ist festzuhalten, dass Livius sich selten explizit auf dieses Motiv bezieht. Dieses bleibt aber durch die Einführung in einem so prominenten Kontext, wie dem der Stadtgründung, immer im Hintergrund präsent. So zeigt sich, dass die im Proömium genannten inhaltlichen Aspekte, die in der vorliegenden Analyse einzeln behandelt wurden, in engem Zusammenhang stehen.

Im ersten Buch hängt die gesamte Entwicklung Roms in erster Linie von den einzelnen Königen ab. Dies ist ein typisches Phänomen der römischen Geschichtsschreibung, die stets personenorientiert ist, d.h. die Geschichte wird als von einzelnen Männern gemacht dargestellt. Diese können in zwei Gruppen eingeteilt werden, von Romulus bis Ancus Marcius und von Tarquinius Priscus bis Tarquinius Superbus. Im Mittelpunkt des Handelns der ersten Gruppe steht der Aufbau der neu gegründeten Stadt, die Herausbildung politischer und gesellschaftlicher Strukturen sowie die Einführung von Kulten. Dabei sind Romulus und Numa komplementär die Gründer auf verschiedenen Gebieten, wobei dem Ersten vor allem kriegerische Fähigkeiten zugeschrieben werden, dem Zweitem kultische Einrichtungen sowie die Sicherung des Friedens. An Tullus Hostilius zeigt Livius, welche negativen Folgen ein machtbewusstes, von *ferocia* geprägtes Wesen haben kann, wenn zusätzlich noch die Kulte und die Götter vernachlässigt werden. Dennoch vergrößert auch dieser die Stadt erheblich, indem er die Bürger von Alba Longa aufnimmt. Ancus Marcius wird beinahe als der ideale König dargestellt, dem die Balance zwischen Krieg und Frieden gelingt, während er nebenbei die Stadt vergrößert und Kolonien gründet. Damit hat die Königszeit in der Darstellung des Livius ihren Höhepunkt erreicht. Tarquinius Priscus ist ein Paradebeispiel für einen von außen kommenden Aufsteiger in Rom. Anhand seiner Regierungszeit beginnt Livius, den Weg zur Republik zu erzählen, indem er an ihm *ambitio* vorführt. Der letzte gute König Servius Tullius ebnet mit seinen politischen Maßnahmen diesen Weg zur Republik. Auslöser für den Wechsel der Staatsform ist schließlich die Tyrannenherrschaft des letzten Königs Tarquinius Superbus. Indem die Protagonisten, die den Sturz des Tarquinius herbeiführen, weiterhin Figuren der Handlung sind, aber eine gänzlich andere Rolle spielen, ist Kontinuität hergestellt. Das erste Buch über die Königszeit ist dadurch eng mit den weiteren Büchern verbunden. Die ‚guten' Charaktere obsiegen schließlich. Die Exempla wie Brutus und Lucretia, die nach den alten römischen Werten leben, haben den Tyrannen bezwungen, der schließlich in die Verbannung geht und bei allen Rückkehrversuchen nach Rom scheitert.

Die frühe Republik ist durch die Ständekämpfe zwischen den Patriziern und der Plebs geprägt, ein Antagonismus, der schon im Rahmen der Gründung der Stadt und des *asylum* entsteht und ab dem zweiten Buch für die gesamte weitere erste Pentade ein zentrales Thema des Aspekts *viri* ist. Die Ständekämpfe laufen vor allem innenpolitisch ab, haben aber auch immer Einfluss auf das Militärische (*domi militiaeque*), da beide Seiten Aushebungen und Kriege als Druckmittel gegenüber der jeweils anderen einsetzen. Über weite Strecken stellt Livius die Patrizier als die überlegene, gemäßigte und besonnene Gruppe dar, die vorgeblich zum Wohl des Staates handelt, die Plebs dagegen häufig als unterlegen, wankelmütig und vor allem auf ihren eigenen Vorteil bedacht. Allerdings verteidigt dabei hauptsächlich die Plebs den Wert *libertas* nachhaltig, wobei deren Angst vor *servitus* gegenübergestellt wird.

Dieser Antagonismus zwischen den Patriziern und der Plebs wird besonders durch die Erzählung aus der Figurenperspektive sowie durch die Verwendung von Reden deutlich. Es sind also narratologische Mittel, deren sich Livius zu impliziten Wertungen und Charakterisierungen bedient. Er verwendet für den Protagonisten der überlegenen Gruppe meist eine rhetorisch ausgefeilte, direkte Rede, wobei er den Redner auch beim Namen nennt, während die Worte der unterlegenen Gruppe oft ungeordnet, als eine Art Geschrei in indirekter Rede dargestellt werden. Dies macht es auch nicht notwendig, den Redner beim Namen zu nennen, sondern ermöglicht die Darstellung der sprechenden Figuren als Gruppe. So entsteht für den Leser der Eindruck eines Rededuells. Die zweite Rede wirkt wie eine Antwort auf die erste, obwohl die Adressaten der Rede der jeweiligen Gruppe nicht zwingend dieselben sind. Beispiele dafür sind die Auseinandersetzungen vor dem Krieg gegen Veji um die Fortführung der Belagerung dieser Stadt über den Winter zu Beginn des fünften Buches, in denen die Patrizier überlegen sind, und der Streit um die Gesetzesvorschläge der Plebs zu Mischehen und plebejischen Konsuln, in denen die Plebs als überlegen und die Patrizier als machtbegierig dargestellt werden. Damit wird deutlich, dass Reden für Livius ein wichtiges Mittel sind, sowohl Überlegungen der Protagonisten als auch eigene Kritik implizit zu äußern. Dies zeigt sich schon in der Königszeit, als Livius im Kontext des Krieges gegen Veji mit der Rede des Mettius Fufetius das römische Expansionsstreben kritisiert. Weitere Beispiele sind die Rede des Canulcius gegen das Machtbewusstsein der Patrizier und die Rede des Camillus gegen die Übersiedlung nach Veji, als Livius den Wankelmut und die fehlende Identifikation der Plebs mit ihrer Heimatstadt kritisiert. Somit ist die Multiperspektivität der Darstellung, die durch die narratologischen Mittel der Figurenrede und der Figurenperspektive erreicht wird, ein zentrales Element des Erzählers.

domi militiaeque – Das Thema Kriegswesen (*militia* bzw. *bellum*) ist für Livius ebenfalls ein entscheidender Faktor für die Lebensbedingungen und Sitten in Rom sowie für die Vergrößerung des Herrschaftsbereichs. Ab dem zweiten Buch steht Krieg stets im Zusammenhang mit den Ständekämpfen, im fünften Buch zusätzlich mit dem Thema Kult und Religion. Es ist zu beobachten, dass Livius bei allen Kriegen, über die er ausführlicher berichtet, besondere Akzente setzt, die er erzählerisch hervorhebt: durch Berichte über Aitien, durch die ausführliche Beschreibung von Schauplätzen der Handlung, etwa zu Beginn des ersten Buches, oder durch die Erzählung von *exempla virtutis* (Horatius Cocles, Mucius Scaevola und Cloelia). Im Krieg zwischen Rom und Alba Longa macht Livius implizit durch Fokalisierungen und Reden seine Position zur Frage des *bellum iustum* deutlich und verbindet diese mit den Themen Bürgerkrieg und Kritik am römischen Herrschaftsstreben. Er kommt zu dem Ergebnis, dass auch ein formal, nach den Elementen des *bellum iustum* gerechter Krieg negative Auswirkungen haben kann, und übt in diesem Kontext Kritik am römischen Expansionsstreben, die Livius vor allem durch die Figurenrede des Mettius Fufetius zum Ausdruck bringt.

Die Ständekämpfe sind, wie schon gesagt, eng mit der Thematik *domi militiaeque* verbunden. Je nach Bedeutung der einen oder anderen Sache stehen bald die innenpolitischen Auseinandersetzungen im Mittelpunkt einzelner längerer Episoden, bald die Kriege. Beispiele für ersteren Fall sind der Beginn der Ständekämpfe, die mit der ersten *secessio plebis* und der Einführung des Volkstribunats einen vorläufigen Höhepunkt erreichen, die Einführung des Dezemvirats zur Beendigung längerer Gesetzgebungsstreitigkeiten oder der Streit um Mischehen und das Konsulat für Plebejer zu Beginn des vierten Buches. Im zweiten Fall stehen Kriege im Mittelpunkt einer Episode wie der gegen die Etrusker unter Porsenna, als Livius durch seine Erzählung zu verschleiern versucht, dass die Etrusker kurzzeitig über Rom geherrscht haben. Weitere Beispiele sind der Krieg gegen Veji und der Galliereinfall in Rom. Bei den letzten beiden Kriegen kommt neben den Ständekämpfen noch das Thema Religion dazu. Den religiösen Gründen stellt Livius dabei immer, wie er es in der gesamten ersten Pentade tut, eine rationale Erklärung gegenüber, hier eben die Ständekämpfe. In der Episode vom Krieg gegen Veji greift Livius noch einmal fast alle Themen auf (*bellum ius-*

tum, Ständekämpfe, Vernichtung des Gegners, Bezug zum homerischen Epos), die in den vorherigen Kriegen von Bedeutung sind, und stellt diese Elemente dadurch in einen Zusammenhang. Darüber hinaus schafft er durch Parallelen zum troianischen Krieg starke Bezüge zum Epos und damit die in der *praefatio* schon angeklungene Nähe zu dieser Gattung. Zusätzlich nutzt er die zeitliche Struktur der Erzählung, die Ereignisse um Veji, die durch die Dauer des Krieges von zehn Jahren zeitlich weit auseinanderliegen, durch Zeitraffung miteinander in Verbindung zu bringen. So entsteht für den Leser der Eindruck, dass sämtliche dieser Ereignisse zueinander in unmittelbarem Zusammenhang stehen. Einzig aus der annalistischen Struktur ist die wirkliche Dauer dieses Krieges zu erkennen.

miscendo humana divinis – Ein zweiter Bereich, durch den Livius den Bezug zum Epos herstellt, ist das Thema Götter und Religion. Livius macht schon in der *praefatio* deutlich, dass Religion ein typisches Phänomen der Frühzeit ist, durch die versucht wird, durch göttliche Elemente in der Geschichte den eigenen Glanz zu erhöhen. Dennoch führt Livius keinen Götterapparat in die Historiographie ein, was auch den Gesetzen der Gattung zuwiderliefe, auch wenn er die Überlieferung der Frühzeit in der *praefatio* als *fabulae poeticae* bezeichnet. Damit greift Livius auch Themen auf, die eigentlich eher Gattungsbestandteile des antiken Epos sind. Er erzählt die tradierten Göttergeschichten der Frühzeit wie die Vergewaltigung der Rea Silvia durch Mars oder die Apotheose des Romulus gemäß ihrer allgemein bekannten Überlieferung, kennzeichnet sie als solche und stellt ihnen stets eine rationale Variante gegenüber, ohne sie explizit als falsch bzw. völlig unglaubwürdig darzustellen. Im weiteren Verlauf wird deutlich, dass Livius den Götterglauben als im Volk fest verankert ansieht. Er zeigt an mehreren Stellen, wie mit Hilfe der Religion und des Götterglaubens Politik gemacht werden kann. Dies geschieht häufig in Reden, wobei sich Livius dadurch distanziert, dass nicht er als Erzähler, sondern eine Figur der Handlung spricht. Es zeigt sich also auch hier die Notwendigkeit, die narratologische Gestaltung des Livius zu erfassen, um die Position des Erzählers zu den Aussagen und die politischen Aussagen selbst verstehen und beurteilen zu können.

Eine weitere Möglichkeit, die Religion als politisches Mittel einzusetzen, liegt in der Schilderung von Götterzeichen wie Prodigien und Auspizien, die Bestandteil des römischen Staatskultes sind. Wenn der Götterwille Bedeutung in der Haupterzählung hat, wird dies meist mit dem Begriff *fatum* ausgedrückt, der bei Livius keineswegs einheitlich verwendet wird. Man kann weder das stoische Konzept der Vorsehung noch eine durchgehende Teleologie erkennen. Trotzdem stellt Livius die Anfänge Roms als teleologisch durch die *fata* vorherbestimmt dar. Sowohl die Erzählung von Aeneas' Ankunft in Latium als auch die von der Geburt der Zwillinge – und damit die der beiden wichtigsten Gründerfiguren – werden durch Verweise des auktorialen Erzählers auf die spätere, durch die *fata* vorherbestimmte Größe Roms eingeleitet. Mit diesem Wissen ist es auch für den Leser weniger problematisch, das mit der Gründung eingeführte *avitum malum* der *regni cupido* und den Tod des Remus einzuordnen, da durch die Teleologie klar ist, dass Rom einst groß und mächtig sein wird. Diese Teleologie spielt jedoch nach der Stadtgründung für Livius keine Rolle mehr. Sie ist somit ein Element der *poeticae fabulae* der mythischen Vorzeit und stellt gleichzeitig eine Gemeinsamkeit mit der *Aeneis* Vergils dar.

Geschichtsmodell – Was die Frage nach der zugrunde liegenden Auffassung in Bezug auf die Verfassungskreisläufe angeht, ist festzuhalten, dass diese für die erste Pentade des Livius von untergeordneter Bedeutung sind. So ist die Königszeit in zwei Phasen eingeteilt, nämlich in die des Aufstiegs bis zum idealen König Ancus Marcius und in die der Dekadenz, deren erstes Anzeichen in der *ambitio* des Tarquinius Priscus zu erkennen ist und die im Tyrannen Tarquinius Superbus ihr Ende findet, nachdem die Herrschaft des Servius Tullius als Zeit der Vorbereitung auf die Republik dargestellt ist. In der folgenden Zeit der frühen Republik gibt es eine Mischverfassung, die von den Ständekämpfen zwischen Patriziern und Plebejern geprägt ist. Dieser Zustand des Staates hat zumindest in der ersten Pentade keinen echten Höhepunkt, endet aber mit dem beinahe völligen Verlust der Stadt an die Gallier aufgrund der Ständekämpfe und der Missachtung religiöser Vorschriften. Die Epoche des Dezemvirats ist eine Zeit der Herrschaft weniger Männer, die sich aber nicht aufgrund des endgültigen Niedergangs der Mischverfassung der Republik entwickelt. Sie entsteht vielmehr aus den guten Überlegungen der Patrizier und der Plebs – somit also aus den Ständekämpfen –, gemeinsam für alle Römer akzeptable Gesetze auf den Weg zu bringen. Später bildet sich jedoch die Gewaltherrschaft weniger Patrizier heraus. Dies zeigt sich vor allem an der narratologischen Darstellung des Livius, der einerseits die Motive der einzelnen Gruppen aus auktorialer Perspektive darstellt, andererseits diese Epoche stark bewertet. Am Ende des Dezemvirats steht die Rückkehr zur früheren Mischverfassung mit dem Hauptproblem der Ständekämpfe. Zudem hat Livius bei der Darstellung des Dezemvirats die Möglichkeit, die Sichtweisen der beiden Hauptgruppen durch verschiedene Perspektivierungen der Erzählung, also der Patrizier und der Plebs, mit einer dritten Gruppe in Bezug zu setzen. Dies bedeutet, dass nicht zwingend die Beurteilung der einen Seite aus der Perspektive der anderen oder der auktorialen Perspektive erfolgen muss, sondern die Positionen auch der Perspektive der Dezemvirn gegenübergestellt werden können. Man kann sicher die erste Pentade als den ersten Zyklus im Verfassungskreislauf sehen. Die Einschätzung, den Höhepunkt mit der Herrschaft des Servius Tullius erreicht sein zu lassen, teile ich aber, wie in Kapitel 2.4.3. deutlich wird, nicht. Allerdings ist festzuhalten, dass gerade diese Frage im größeren Kontext des Gesamtwerkes zu betrachten wäre.

In dieser Arbeit wurde ausgehend von Livius' eigenen, in seiner *praefatio* aufgestellten Prinzipien der Gestaltung seines Geschichtswerkes die Romdarstellung in der ersten Pentade aus textimmanenter Perspektive mit einem Schwerpunkt auf der literarischen Gestaltung analysiert. Als Werkzeug dienten dabei häufig Elemente der Narratologie. Diese Arbeit kann die Grundlage für die Analyse weiterer Bücher unter dieser Fragestellung bilden. Dabei wäre es besonders interessant, festzustellen, ob sich die Beobachtungen der ersten Pentade bestätigen oder ob an gewissen Stellen starke Veränderungen auftreten. Sicher wäre es auch zielführend, die große Zahl an Paralleltexten, die zeitgeschichtlichen Bezüge und das Verhältnis zu Augustus einzubeziehen. Dies sollte aber bewusst nicht Thema dieser Arbeit sein.

Abkürzungsverzeichnis

a. a. O.	am angegebenen Ort
Anm.	Anmerkung
bzw.	beziehungsweise
d. h.	das heißt
etc.	et cetera
f.	folgende
ff.	fortfolgende
Jh.	Jahrhundert
Kap.	Kapitel
m. E.	meines Erachtens
n. Chr.	nach Christus
OLD	Oxford Latin Dictionnary
s.	siehe
s. u.	siehe unten
ThLL	Thesaurus linguae Latinae
u.	und
u. a.	und andere
Übers.	Übersetzung
usw.	und so weiter
v. a.	vor allem
v. Chr.	vor Christus
vgl.	vergleiche
z. B.	zum Beispiel

Literaturverzeichnis

1 Textausgaben und Übersetzungen

Bei lateinischen und griechischen Zitaten erfolgen die Stellenangaben bei lateinischen Autoren nach den Abkürzungen des Indexbands des *ThLL*, bei den griechischen nach denen des *Neuen Pauly*. In den zitierten Textstellen wurde das in den englischsprachigen Textausgaben übliche <u> für <v> durch <v> ersetzt, die Zeichensetzung wurde beibehalten. Sofern für ein Werk nur eine Textausgabe angegeben ist, sind die lateinischen Zitate dieser Ausgabe entnommen.

1.1 Titus Livius

BRISCOE 2016: Titus Livius, Ab urbe condita. Tomus III. Libri XXI–XXV rec. et adnotatione inst. John Briscoe, Oxford 2016.
HILLEN ⁴2007: Titus Livius, Römische Geschichte. Buch I–III. Lateinisch und deutsch, hg. von Hans J. Hillen, Düsseldorf und Zürich ⁴2007 (¹1987) (= Sammlung Tusculum).
HILLEN ²1997: Titus Livius, Römische Geschichte. Buch IV–VI. Lateinisch und deutsch, hg. von Hans J. Hillen, Düsseldorf und Zürich ²1997 (= Sammlung Tusculum).
OGILVIE 1974: Titus Livius, Ab urbe condita. Tomus I. Libri I–V, rec. et adnotatione critica inst. Robertus M. Ogilvie, Oxford 1974.
WALTERS u. CONWAY 1919: Titus Livius, Ab urbe condita. Tomus II. Libri VI–X, recc. et adnotatione critica instt. C. F. Walters et R. S. Conway, Oxford 1919 (Ndr. 1979).

1.2 Andere Autoren

ALTON u. a. ⁴1997: Publius Ovidius Naso, Fasti, recc. E.H. Alton, D.E.W. Wormell u. E. Courtney, Stuttgart u. Leipzig ⁴1997 (= BT).
CARY 1958: The Roman antiquities of Dionysius of Halicarnassus with an English translation by Earnest Cary. On the basis of the version of Edward Spelman, in seven volumes, 1, London und Cambridge (Mass.) 1958.
DUKE u. a. 1995: Plato, Opera, recc. brevique adnotatione critica instt. E. A. Duke et al., Tomus I, Oxford 1995.
FEIX ⁷2006: Herodot, Historien. Erster Band. Bücher I–V. Griechisch-deutsch, hg. von Josef Feix, Düsseldorf ⁷2006 (= Sammlung Tusculum).
FRH: Die frühen römischen Historiker. Band II. Von Coelius Antipater bis Pomponius Atticus, hg., übs. und kommentiert von Hans Beck u. Uwe Walter, Darmstadt 2004 (= Texte zur Forschung, Bd. 77).
FUHRMANN 1982: Aristoteles, Poetik. Griechisch / Deutsch, übs. und hg. von Manfred Fuhrmann, Stuttgart 1982.
GIOMINI 1975: Marcus Tullius Cicero, Scripta quae manserunt omnia. Fasc. 46, De divinatione, De fato, Timaeus, ed. Remo Giomini, Leipzig 1975 (BT).

1 Textausgaben und Übersetzungen — 339

HÅKANSON 1989: Lucius Annaeus Seneca maior, Oratorum et rhetorum sententiae, divisiones, colores, rec. Lennart Håkanson, Leipzig 1989 (= BT).
HEUBNER 1994: Publius Cornelius Tacitus, Libri qui supersunt. Tom. I. Ab excessu divi Augusti, ed. Heinrich Heubner (ed. correctior), Stuttgart 1994 (= BT).
HOMEYER 1965: Lukian, Wie man Geschichte schreiben soll. Griechisch und Deutsch, hg., übs. und erläutert von H. Homeyer, München 1965.
JACOBY 1967: Dionysios von Halikarnass, Antiquitatum Romanarum quae supersunt, vol. I, ed. Karl Jacoby, Stuttgart 1967 (^{1}1885) (= BT).
JONES u. POWELL 1974: Thukydides, Historiae, Tomus prior, rec. brevique adnotatione critica inst. H. S. Jones, apparatum criticum corr. et auxit J. E. Powell, Oxford 1974 (= ^{2}1942).
JONES u. POWELL 1976: Thukydides, Historiae, Tomus posterior, iterum rec. brevique adnotatione critica inst. H. S. Jones, apparatum criticum corr. et auxit J. E. Powell, Oxford 1976 (= ^{2}1902).
KASSEL 1965: Aristoteles, De arte poetica liber, rec. brevique adnotatione crititca inst. R. Kassel, Oxford 1965.
KASTER 2016: C. Suetonius Tranquillus: De vita Caesarum libros VIII et De grammaticis et rhetoribus librum, ed. R. A. Kaster, Oxford 2016.
KUMANIECKI 1969: Marcus Tullius Cicero, Scripta quae manserunt omnia. Fasc. 3, De oratore, ed. Kazimierz F. Kumaniecki, Leipzig 1969 (= BT).
LANDMANN 1993: Thukydides, Geschichte des Peloponnesischen Krieges. 2 Bde. Griechisch-deutsch, übs. und mit einer Einführung und Erläuterung versehen von Georg Peter Landmann, München 1993 (= Sammlung Tusculum).
MÜLLER ^{4}1995: Petronius Arbiter, Satyricon Reliquiae, ed. Konrad Müller, Stuttgart und Leipzig ^{4}1995 (= BT).
MYNORS 1969: Publius Vergilius Maro, Opera, rec. brevique adnotatione critica inst. R. A. B. Mynors, Oxford 1969.
POWELL 2006: Marcus Tullius Cicero, De re publica. De legibus. Cato maior de senectute. Laelius de amicitia, rec. brevique adnotatione critica inst. J. G. F. Powell, Oxford 2006.
REYNOLDS 1991: Gaius Sallustius Crispus, Catilina. Iugurtha. Historiarum Fragmenta Selecta. Appendix Sallustiana, rec. brevique adnotatione critica inst. L. D. Reynolds, Oxford 1991.
RUFENER 2000: Platon, Der Staat. Politeia. Griechisch-deutsch, übs. von Rüdiger Rufener, Einführung, Erläuterungen, Inhaltsübersicht und Literaturhinweise von Thomas A. Szlezák, Düsseldorf und Zürich 2000 (= Sammlung Tusculum).
RUPÉ ^{16}2013: Homer, Ilias, übertragen von Hans Rupé. Mit Urtext, Anhang und Registern, Berlin ^{16}2013 (= Sammlung Tusculum).
SHACKLETON BAILEY 1988: Marcus Tullius Cicero, Epistulae ad familiares. Libri I–XVI, ed. D.R. Shackleton Bailey, Stuttgart 1988 (= BT).
SHACKLETON BAILEY ^{4}2001: Q. Horatius Flaccus, Opera, ed. D. R. Shackleton Bailey, Stuttgart ^{4}2001 (= BT).
SKUTSCH 1985: Quintus Ennius: The Annals, ed. with Introduction and Commentary by Otto Skutsch, Oxford 1985.
SLINGS 2003: Plato, Res publica, rec. brevique adnotatione critica inst. S. R. Slings, Oxford 2003.
TARRANT 2004: Publius Ovidius Naso, Metamorphoses, rec. brevique adnotatione critica inst. R. J. Tarrant, Oxford 2004.

VAHLEN 1928: Quintus Ennius, Poesis Reliquiae, iteratis curis rec. Johannes Vahlen, Leipzig 1928.
WEST 1998: Homerus, Ilias. Volumen prius. Rhapsodias I–XII continens, rec. Martin L. West, Stuttgart und Leipzig 1998 (= BT).
WESTMAN 2002: Marcus Tullius Cicero, Scripta quae manserunt omnia. Fasc. 5, Orator, ed. Rolf Westman, München und Stuttgart 2002 (^{1}1980) (= BT).
WILSON 2015: Herodotus, Historiae, rec. brevique adnotatione critica inst. N. G. Wilson, Oxford 2015.
WINTERBOTTOM 1970, Marcus Fabius Quintilianus: Institutionis oratoriae libri duodecim, rec. breviqe adnotatione critica inst. M. Winterbottom, 2 Bde., Oxford 1970.
WINTERBOTTOM 1994, Marcus Tullius Cicero: De officiis, rec. breviqe adnotatione critica inst. M. Winterbottom, Oxford 1994.
ZIEGLER 1969: Marcus Tullius Cicero, Scripta quae manserunt omnia. Fasc. 39, De re publica librorum sex quae manserunt septimum rec. Konrat Ziegler, Leipzig 1969 (= BT).

2 Sekundärliteratur

Die Abkürzungen der Zeitschriften folgen den Siglen der *Année philologique*.

AIGNER-FORESTI 2009: Luciana Aigner-Foresti, Die Etrusker und das frühe Rom, 2., durchgesehene Auflage, Darmstadt 2009 (= Geschichte kompakt)
ALBERT 1980: Sigrid Albert, BELLUM IUSTUM. Die Theorie des „gerechten Krieges" und ihre praktische Bedeutung für die auswärtigen Auseinandersetzungen Roms in republikanischer Zeit, Kallmünz 1980 (= FAS, Heft 10).
ALBRECHT 2016: Daniel Albrecht, Hegemoniale Männlichkeit bei Titus Livius, Heidelberg 2016 (= Studien zur Alten Geschichte, Bd. 23).
ALBRECHT 2012: Michael von Albrecht, Geschichte der römischen Literatur. Von Andronicus bis Boethius und ihr Fortwirken, 3., verbesserte und erweiterte Auflage, 2 Bde., Berlin u. Boston 2012.
ASSMANN 2010: Aleida Assmann, Erinnerungsräume. Formen und Wandlungen des kulturellen Gedächtnisses, 5., durchgesehene Auflage, München 2010.
BAKKER 2006: Egbert J. Bakker, The syntax of *historiē*: How Herodotus writes, in: Carolyn Dewald u. John Marincola (Hgg.), The Cambridge Companion to Herodotus, Cambridge 2006, 92–102.
BAYET 1940: Jean Bayet, Tite-Live. Histoire Romaine. Tome I. Livre I, Paris 1940 (Ndr. 1985).
BERGER 2011: Vanessa Berger, Orality in Livy's representation of the Divine: The construction of a polyphonic narrative, in: A. P. M. H. Lardinois, J. H. Blok u. M. G. M. van der Poel (Hgg.), Sacred Words: Orality, Literacy and Religion. Orality and Literacy in the Ancient World, vol. 8, Leiden u. Boston 2011 (= Mnemosyne Supplements, Bd. 332), 311–327.
BERNARD 2000: Jacques-Emmanuel Bernard, Le portrait chez Tite-Live. Essai sur une écriture de l'histoire romaine, Brüssel 2000 (= Collection Latomus, vol. 253).
BERNARD 2015: Jacques-Emmanuel Bernard, Portraits of Peoples, in: Bernard Mineo (Hg.), A Companion to Livy, Chichester 2015, 39–51.
BERNSTEIN 1996: Frank Bernstein, Rez. D.S. Levene: Religion in Livy, Leiden/New York/Köln 1993 (= Mnemosyne Supplementum, Bd. 127), Klio 78, 1996, 518–520.

BERNSTEIN 2010: Frank Bernstein, Das Imperium Romanum – ein ‚Reich'?, Gymnasium 117, 2010, 49–66.
BETTINI 2006: Maurizio Bettini, Forging Identities. Trojans and Latins, Romans and Julians in the *Aeneid*, in: Martin Jehne u. Rene Pfeilschifter (Hgg.), Herrschaft ohne Integration? Rom und Italien in republikanischer Zeit, Frankfurt a. M. 2006 (= Studien zur Alten Geschichte, Bd. 6), 269–291.
BLÖSEL 2003: Wolfgang Blösel, Die *memoria* der *gentes* als Rückgrat der kollektiven Erinnerung im republikanischen Rom, in: Ulrich Eigler u. a. (Hgg.), Formen römischer Geschichtsschreibung von den Anfängen bis Livius. Gattungen – Autoren – Kontexte, Darmstadt 2003, 53–72.
BOEDECKER 2002: Deborah Boedecker, Epic Heritage and Mythical Patterns in Herodotus, in: Egbert J. Bakker u. a. (Hgg.), Brill's Companion to Herodotus, Leiden u. a. 2002, 97–116.
BORNECQUE 1933: Henri Bornecque, Tite-Live, Paris 1933.
BRIQUEL 1997: Dominique Briquel, Augures, in: Hubert Cancik u. Helmuth Schneider (Hgg.), Der Neue Pauly. Enzyklopädie der Antike, Bd. 2, Stuttgart u. Weimar 1997, 279–281.
BURCK 1964: Erich Burck, Die Erzählungskunst des T. Livius, 2., um einen Forschungsbericht vermehrte, photomechanische Auflage, Berlin und Zürich 1964.
BURCK 1968: Erich Burck, Die Frühgeschichte Roms bei Livius im Lichte der Denkmäler. Mit Tafeln I–XI, Gymnasium 75, 1968, 74–110.
BURCK 1992: Erich Burck, Das Geschichtswerk des Titus Livius, Heidelberg 1992 (= Bibliothek der klassischen Altertumswissenschaften, N.F., 2. Reihe, Bd. 87).
BURTON 2000: Paul J. Burton, The Last Republican Historian: A New Date for the Composition of Livy's First Pentad, Historia 49, 2000, 429–446.
BURTON 2008: Paul J. Burton, Livy's Preface and Its Historical Context, Scholia N.S. 17, 2008, 70–91.
CANCIK 1995: Hubert Cancik, Militia perennis: Typologie und Theologie der Kriege Roms gegen Veji bei T. Livius, in: Heinrich von Stietencron u. Jörg Rüpke (Hgg.), Töten im Krieg, Freiburg und München 1995 (= Veröffentlichungen des „Instituts für historische Anthropologie e. V.", Bd. 6), 197–212.
CHAMPION 2015: Craige B. Champion, Livy and the Greek Historians from Herodotus to Dionysios: Some Soundings and Reflections, in: Bernard Mineo (Hg.), A companion to Livy, Chichester 2015, 190–204.
CHAPLIN 2000: Jane D. Chaplin, Livy's Exemplary History, Oxford 2000.
CHAPLIN 2003: Jane D. Chaplin, Livy's Narrative Habit, in: Geoffrey W. Bakewell u. James P. Sickinger (Hgg.), Gestures. Essays in Ancient History, Literature, and Philsophy presented to Alan L. Boegehold. On the occasion of his retirement and his seventy-fifth birthday, Oxford 2003, 195–213.
CHARPIN 1981: F. Charpin, La structure du livre I de l'Histoire romaine de Tite-Live et le personnage de Brutus, ALMArv 8, 1981, 15–20.
CHLUP 2009: James T. Chlup, *Nulla unquam res publica maior*: Livy, Augustus, and the foundation of the Roman Republic, in: Martine Chassignet (Hg.), L'étiologie dans la pensée antique, Turnhout 2009 (= Recherchers sur les rhétoriques religieuses, Bd. 9), 53–68.
CIZEK 1992: Eugen Cizek, A propos de la poétique de l'histoire chez Tite-Live, Latomus 51, 1992, 355–364.

CLASSEN 1962: C. Joachim Classen, Romulus in der römischen Republik, Philologus 106, 1962, 174–204.
CORCELLA 2012: Aldo Corcella, The New Genre and its Bondaries: Poets and Logographers, in: Antonios Rengakos u. Antonis Tsakmakis (Hgg.), Brill's Companion to Thucydides. Volume One, Leiden u. Boston 2012, 33–56.
DAHLHEIM 2006: Werner Dahlheim, Titus Livius aus Padua – der Patriot als Erzähler, in: Karl-Joachim Hölkeskamp u. Elke Stein-Hölkeskamp (Hgg.), Erinnerungsorte der Antike. Die römische Welt, München 2006, 59–74.
DAVID 2001: Jean-Michel David, Coriolan, figure fondatrice du procès tribunicien. La construction de l'événement, in: Marianne Coudry u. Thomas Späth (Hgg.), L'invention des grands hommes de la Rome antique. Die Konstruktion der großen Männer Altroms. Actes du Colloque du Collegium Beatus Rhenanus. Augst 16–18 septembre 1999, Paris 2001, 249–269.
DAVIES 2004: Jason P. Davies, Rome's Religious History: Livy, Tacitus and Ammianus on their Gods, Cambridge 2004.
DENCH 2005: Emma Dench, Romulus' Asylum. Roman Identities from the Age of Alexander to the Age of Hadrian, Oxford 2005.
DENNERLEIN 2009: Katrin Dennerlein, Narratologie des Raumes, Berlin und New York 2009 (= Narratologia 22).
DISTELRATH 2001: Götz Distelrath, Prodigium, in: Hubert Cancik u. Helmuth Schneider (Hgg.), Der Neue Pauly. Enzyklopädie der Antike, Bd. 10, Stuttgart u. Weimar 2001, 369–370.
DUPONT 2013: Florence Dupont, Rom – Stadt ohne Ursprung. Gründungsmythos und römische Identität. Aus dem französischen von Clemens Klünemann, Darmstadt 2013.
ECKERT 1970: Klaus Eckert, *ferocia* – Untersuchung eines ambivalenten Begriffs, AU 13 (5), 1970, 90–106.
EDER 2001: Walter Eder, Staat. I. Allgemein, in: Hubert Cancik u. Helmuth Schneider (Hgg.), Der Neue Pauly. Enzyklopädie der Antike, Bd. 11, Stuttgart u. Weimar 2001, 873.
EDWARDS 1996: Catharine Edwards, Writing Rome. Textual approaches to the city, Cambridge 1996.
ENGELS 2007a: David Engels, Das römische Vorzeichenwesen (753–27 v. Chr.). Quellen, Terminologie, Kommentar, historische Entwicklung, Stuttgart 2007a (= PAwB, Bd. 22).
ENGELS 2007b: David Engels, *Postea dictus est inter deos receptus*. Wetterzauber und Königsmord: Zu den Hintergründen der Vergöttlichung frührömischer Könige, Gymnasium 114, 2007b, 107–134.
ERREN 1976: Manfred Erren, Urgentibus imperii fatis, LF 99, 1976, 1–30.
ERREN 2003: Manfred Erren, P. Vergilius Maro. Georgica. Band 2. Kommentar, Heidelberg 2003.
ERRL u. ROGGENDORF 2002: Astrid Errl u. Simone Roggendorf, Kulturgeschichtliche Narratologie: Die Historisierung und Kontextualisierung kultureller Narrative, in: Ansgar Nünning u. Vera Nünning (Hgg.), Neue Ansätze in der Erzähltheorie, Trier 2002 (= WVT-Handbücher zum Literaturwissenschaftlichen Studium, Bd. 4), 73–113.
FEICHTINGER 1992: Barbara Feichtinger, *Ad maiorem gloriam Romae*. Ideologie und Fiktion in der Historiographie des Livius, Latomus 51, 1992, 3–33.
FELDHERR 1998: Andrew Feldherr, Spectacle and Society in Livy's *History*, Berkeley/Los Angeles/London 1998.
FLACH 2013: Dieter Flach, Römische Geschichtsschreibung, 4., überarbeitete und bibliographisch ergänzte Auflage, Darmstadt 2013.

FORSYTHE 1999: Gary Forsythe, Livy and Early Rome. A Study in Historical Method and Judgment, Stuttgart 1999 (= Historia Einzelschriften, Heft 132).
FORSYTHE 2015: Gary Forsythe, The Beginnings of the Republic from 509 to 390 BC, in: Bernard Mineo (Hg.), A Companion to Livy, Chichester 2015, 314–326.
Fox 1996: Matthew Fox, Roman Historical Myths. The Regal Period in Augustan Literature, Oxford 1996.
FREUND 2008: Stefan Freund, *Pudicitia saltem in tuto sit.* Lucretia, Verginia und die Konstruktion eines Wertbegriffs bei Livius, Hermes 136, 2008, 308–325.
FROMENTIN 2003: Valérie Fromentin, Fondements et crises de la royauté à Rome: les règnes de Servius Tullius et de Tarquin le Superbe chez Tite-Live et Denys d'Hallicarnasse, in: Sylvie Franchet d'Espèrey u. a. (Hgg.), Fondements et crises du pouvoir, Bordeaux 2003 (= Ausonius, étude 9), 69–82.
FUHRER 2016: Therese Fuhrer, Heldinnen zwischen Geschichtsschreibung und historischem Roman: von Livius zu Gustave Flaubert, in: Rolf Kussl (Hg.), Formen der Antikenrezeption in Literatur und Kunst, Ebelsbach 2016, 44–63.
GALL 2013: Dorothee Gall Die Literatur in der Zeit des Augustus. 2., durchges. und bibliographisch aktualisierte Auflage, Darmstadt 2013.
GÄRTNER 1975: Hans A. Gärtner, Beobachtungen zu Bauelementen in der antiken Historiographie besonders bei Livius und Caesar, Wiesbaden 1975 (= Historia Einzelschriften, Heft 25).
GÄRTNER 1990: Hans A. Gärtner, Die Gesten in der Darstellung. Beispiele zur Bedeutung des mündlichen Vortrages für das Verständnis der römischen Historikertexte, in: Gregor Vogt-Spira (Hg.), Strukturen der Mündlichkeit in der römischen Literatur, Tübingen 1990 (= ScriptOralia, Reihe A, Bd. 4), 97–116.
GÄRTNER 1999: Ursula Gärtner, Nichterzähltes Geschehen bei Livius. Zum Anagnorisis-Motiv in der Erzählung vom Sturz des Amulius (I 4,8–6,2), Gymnasium 106, 1999, 23–41.
GENETTE 1992: Gérard Genette, Fiktion und Diktion. Aus dem Französischen von Heinz Jatho, München 1992.
GENETTE 2010: Gérard Genette, Die Erzählung, 3., durchgesehene und korrigierte Auflage, übersetzt von Andreas Knop, mit einem Nachwort von Jochen Vogt, überprüft und berichtigt von Isabel Kranz, Paderborn 2010.
GLÜCKLICH 2014: Hans-Joachim Glücklich, Auf dem Weg zur *virtus*. Mucius Scaevola, Cloelia – und Lars Porsenna (Livius 2, 12 – 13), AU 57 (1), 2014, 12–21.
GOTTER u. a. 2003: Ulrich Gotter, Nino Luraghi u. Uwe Walter, Einleitung, in: Ulrich Eigler u. a. (Hgg.), Formen römischer Geschichtsschreibung von den Anfängen bis Livius. Gattungen – Autoren – Kontexte, Darmstadt 2003, 9–38.
GOTTER 2003: Ulrich Gotter, Die Vergangenheit als Kampfplatz der Gegenwart. Catos (konter)revolutionäre Konstruktion des republikanischen Erinnerungsraums, in: Ulrich Eigler u. a. (Hgg.), Formen römischer Geschichtsschreibung von den Anfängen bis Livius. Gattungen – Autoren – Kontexte, Darmstadt 2003, 115–134.
GRAF 1993: Fritz Graf, Der Mythos bei den Römern. Forschungs- und Problemgeschichte, in: ders. (Hg.), Mythos in mythenloser Gesellschaft. Das Beispiel Roms, Stuttgart 1993 (= Colloquium Rauricum), 25–43.
GRIFFE 1981: Michel Griffe, L'espace de Rome dans le livre I de l'*Histoire* de Tite-Live, in: Christian Jacob und Frank Lestringant (Hgg.), Arts et légendes d'espaces. Figures du

voyage et rhétoriques du monde, Communications réunies et présentées par C. J. et F. L., Paris 1981, 111–122.
HAEHLING 1989: Raban von Haehling, Zeitbezüge des T. Livius in der ersten Dekade seines Geschichtswerkes: nec vitia nostra nec remedia pati possumus, Stuttgart 1989 (= Historia Einzelschriften, Heft 61).
HALTENHOFF 2000: Andreas Haltenhoff, Wertbegriff und Wertbegriffe, in: Maximilian Braun, Andreas Haltenhoff u. Fritz-Heiner Mutschler (Hgg.), Moribus antiquis res stat Romana. Römische Werte und römische Literatur im 3. und 2. Jh. v. Chr., München u. Leipzig 2000 (= BzA, Bd. 134), 15–29.
HECKEL 2002: Hartwig Heckel, Zeitalter, in: Hubert Cancik u. Helmuth Schneider (Hgg.), Der Neue Pauly. Enzyklopädie der Antike, Bd. 12/2, Stuttgart u. Weimar 2002, 706–709.
HELDMANN 2011: Konrad Heldmann, *sine ira et studio*. Das Subjektivitätsprinzip der römischen Geschichtsschreibung und das Selbstverständnis als antiker Historiker, München 2011 (= Zetemata, Heft 139).
HELLEGOUARC'H 1972: Joseph Hellegouarc'h, Le vocabulaire latin des relations et des partis politiques sous la République, Deuxième tirage revu et corrigé, Paris 1972.
HILLEN 2003: Hans J. Hillen, Von Aeneas zu Romulus. Die Legenden von der Gründung Roms. Mit einer lateinisch-deutschen Ausgabe der Origo gentis Romanae, Düsseldorf u. Zürich 2003.
HILLGRUBER 1996: Michael Hillgruber, Die Erzählung des Menenius Agrippa. Eine griechische Fabel in der römischen Geschichtsschreibung, A&A 42, 1996, 42–56.
HÖLKESKAMP 2004: Karl-Joachim Hölkeskamp, Senatus populusque Romanus. Die politische Kultur der Republik – Dimensionen und Deutungen, Stuttgart 2004.
HOLZBERG 2010: Niklas Holzberg, Warum Rom in Rom bleiben muss. Zwei augusteische Plädoyers gegen die Verlegung der Hauptstadt, in: Rolf Kussl (Hg.), Themen und Texte. Anregungen für den Lateinunterricht, Speyer 2010, 155–167.
HOLZBERG 2012: Niklas Holzberg, Der „Böse" und die Augusteer. Cacus bei Livius, Vergil, Properz und Ovid, Gymnasium 119, 2012, 449–462.
HORNBLOWER 1991: Simon Hornblower, A commentary on Thucydides. Volume I. Book I–III, Oxford 1991.
JAEGER 1997: Mary Jaeger, Livy's Written Rome, Ann Arbor 1997.
JAEGER 2015: Mary Jaeger, Urban Landscape, Monuments, and the Building of Memory in Livy, in: Bernard Mineo (Hg.), A Companion to Livy, Chichester 2015, 65–77.
JOHNER 2003: Anita Johner, Violence et conflit dans la légende des origines romaines, in: Sylvie Franchet d'Espèrey u. a. (Hgg.), Fondements et crises du pouvoir, Bordeaux 2003 (= Ausonius, étude 9), 99–108.
KAJANTO 1957: Iro Kajanto, God and Fate in Livy, Turku 1957 (= Annales Universitatis Turkuensis, Ser. B, Bd. 64).
KELLER 2012: Andrea Keller, Cicero und der gerechte Krieg. Eine ethisch-staatsphilosophische Untersuchung, Stuttgart 2012 (= Theologie und Frieden, Bd. 43).
KHARIOUZOV 2013: Astrid Khariouzov, Prodigien in der römischen Königszeit. Eine motivgeschichtliche und narratologische Analyse im 1. Buch des Livius, Berlin 2013.
KIENAST ^{4}2009: Dietmar Kienast, Augustus. Prinzeps und Monarch, Darmstadt ^{4}2009.
KLINGNER 1993: Friedrich Klingner, Rom als Idee, in: Bernhard Kytzler (Hg.), Rom als Idee, Darmstadt 1993 (= WdF, Bd. 656), 13–30.

KOWALEWSKI 2002: Barbara Kowalewski, Frauengestalten im Geschichtswerk des T. Livius, München u. Leipzig 2002 (= BzA, Bd. 170).
KRAUS 1994: Christina S. Kraus, Livy. Ab urbe condita, Book VI, Cambridge 1994.
KUBUSCH 1986: Klaus Kubusch, Aurea Saecula: Mythos und Geschichte. Untersuchung eines Motivs in der antiken Literatur bis Ovid, Frankfurt a. M./Bern/New York 1986 (= Studien zur klassischen Philologie, Bd. 28).
KUHLMANN 2011: Peter Kuhlmann, Fate and prodigies in Roman religion and literature, EHum 33, 2011, 18–24.
LEEMAN u. a. 1985: Anton D. Leeman, Harm Pinkster u. Hein L. W. Nelson: M. Tullius Cicero. De oratore libri III. Kommentar, 2. Band: Buch I, 166–265; Buch II, 1–98, Heidelberg 1985.
LEFÈVRE 1983: Eckard Lefèvre, Argumentation und Struktur der moralischen Geschichtsschreibung der Römer am Beispiel von Livius' Darstellung des Beginns des römischen Freistaats (2,1–2, 15), in: ders. u. Eckart Olshausen (Hgg.), Livius. Werk und Rezeption. Festschrift für Erich Burck zum 80. Geburtstag, München 1983, 31–57.
LENDLE 1990: Otto Lendle, Κτῆμα ἐς αἰεί. Thukydides und Herodot, RhM, N.F. 133, 1990, 231–242.
LEVENE 1993: D. S. Levene, Religion in Livy, Leiden/New York/Köln 1993 (= Mnemosyne Supplementum, Bd. 127).
LEVICK 2015: Barbara Levick, Historical Context of the *Ab Urbe Condita*, in: Bernard Mineo (Hg.), A Companion to Livy, Chichester 2015, 24–36.
LINDERSKI 1993: Jerzy Linderski, Roman Religion in Livy, in: Wolfgang Schuller (Hg.), Livius. Aspekte seines Werkes, Konstanz 1993 (= Xenia, Heft 31), 53–70.
LOBE 2015: Michael Lobe, Die subtile Kunst der Entlarvung von Ideologien. Livius und Ovid als Aufklärer in augusteischer Zeit, in: Rolf Kussl (Hg.), Augustus. Kunst, Kultur und Kaisertum, Speyer 2015, 96–114.
LUCE 1977: T. J. Luce, Livy. The composition of His History, Princeton 1977.
LUCE 2009: T. J. Luce, The Dating of Livy's First Decade, in: Jane D. Chaplin u. Christina S. Kraus (Hgg.), Livy, Oxford 2009 (= Oxford Readings in Classical Studies), 17–48 [zuerst: TAPhA 96, 1965, 209–240].
LUNDGREEN 2013: Christoph Lundgreen, Zivilreligion in Rom? Ein modernes Konzept und die römische Republik, in: Martin Jehne u. Christoph Lundgreen (Hgg.), Gemeinsinn und Gemeinwohl in der römischen Antike, Stuttgart 2013, 177–202.
MANTOVANI 1990: Mauro Mantovani, BELLUM IUSTUM. Die Idee des gerechten Krieges in der römischen Kaiserzeit, Bern u. a. 1990 (= Geist und Werk der Zeiten, Nr. 77).
MARINČIČ 2002: Marko Marinčič, Roman Archeology in Vergil's Arcadia (Vergil *Ecloge* 4; *Aeneid* 8; Livy 1.7), in: D. S. Levene u. D. P. Nelis (Hgg.), Clio and the poets. Augustan poetry and the traditions of Ancient Historiography, Leiden/Boston/Köln 2002 (= Mnemosyne Supplementum, Bd. 224), 143–161.
MARINCOLA 1997: John Marincola, Authority and tradition in Ancient Historiography, Cambridge 1997.
MARINCOLA 2006: John Marincola, Herodotus and the poetry of the past, in: Carolyn Dewald u. John Marincola (Hgg.), The Cambridge Companion to Herodotus, Cambridge 2006, 13–28.
MARINCOLA 2007: John Marincola, Introduction, in: ders. (Hg.), A Companion to Greek and Roman Historiography, 2 Bde, Malden u. a. 2007, 1–9.
MAVROGIANNIS 2003: Theodoros Mavrogiannis, Aeneas und Euander. Mythische Vergangenheit und Politik im Rom vom 6. Jh. v. Chr. bis zur Zeit des Augustus, Neapel 2003.

MEISTER 2013: Klaus Meister, Thukydides als Vorbild der Historiker. Von der Antike bis zur Gegenwart, Paderborn u. a. 2013.
MENSCHING 1966: Eckart Mensching, Tullus Hostilius, Alba Longa und Cluilius. Zu Livius I 22 f. und anderen, Philologus 110, 1966, 102–118.
MENSCHING 1967: Eckart Mensching, Livius, Cossus und Augustus, MH 24, 1967, 12–32.
MENSCHING 1986: Eckart Mensching, Zur Entstehung und Beurteilung von *Ab urbe condita*, Latomus 45, 1986, 572–589.
MILES 1988: Gary B. Miles, Maiores, Conditores, and Livy's Perspective on the past, TAPhA 118, 1988, 185–208.
MILES 1995: Gary B. Miles, Livy. Reconstructing Early Rome, Ithaca und London 1995.
MINEO 2003: Bernard Mineo, Camille, *dux fatalis*, in: Guy Lachenaud u. Dominique Longrée (Hgg.), Grecs et Romains aux prises avec l'histoire. Représentations, récits et idéologie, Colloque de Nantes et Angers, Volume I, Rennes 2003, 159–175.
MINEO 2006: Bernard Mineo, Tite-Live et l'histoire de Rome, Paris 2006.
MINEO 2015: Bernard Mineo, Livy's Historical Philosophy, in: ders. (Hg.), A Companion to Livy, Chichester 2015, 139–152.
MOLES 2009: J. L. Moles, Livy's Preface, in: Jane D. Chaplin u. Christina S. Kraus (Hgg.), Livy, Oxford 2009 (= Oxford Readings in Classical Studies), 49–87.
MÖLLER 2014: Jürgen Möller, *Romulus ac parens patriae conditorque alter urbis*. Die Camillus-Darstellung als Kommentar zur Errichtung des Prinzipats, AU 57 (1), 2014, 36–41.
MOMIGLIANO 1984: Arnaldo Momigliano, The Rhetoric of History and the History of Rhetoric: On Hayden White's Tropes, in: ders. (Hg.), Settimo contributo alla storia degli studi classici e del mondo antico, Rom 1984, 49–59.
MOORE 1989: Timothy Moore, Artistry and Ideology: Livy's Vocabulary of Virtue, Frankfurt a. M. 1989 (= Athenäum, Bd. 192).
MÜLLER 2014: Marvin Müller, Die fiktionale Markierung der Legende von Tarpeia bei Livius (1,11,5–9), Philologus 158, 2014, 306–319.
MÜLLER 2012: Roman Müller, Antike Dichtungslehre. Themen und Theorien, Tübingen 2012.
MÜLLER 2004: Stefan Müller, Untätig in der Mitte? Die Rolle des Senats in der Fabel vom „Magen und den Gliedern" (Liv. 2,31,7–32,12), Gymnasium 111, 2004, 449–475.
MUTSCHLER 2000: Fritz-Heiner Mutschler, Norm und Erinnerung: Anmerkungen zur sozialen Funktion von historischem Epos und Geschichtsschreibung im 2. Jh. v. Chr., in: Maximilian Braun, Andreas Haltenhoff u. Fritz-Heiner Mutschler (Hgg.), Moribus antiquis res stat Romana. Römische Werte und römische Literatur im 3. und 2. Jh. v. Chr., München u. Leipzig 2000 (= BzA, Bd. 134), 87–124.
NÄF 2010: Beat Näf, Antike Geschichtsschreibung. Form – Leistung – Wirkung, Stuttgart 2010.
NEEL 2015: Jaclyn Neel, Legendary Rivals: Collegiality and Ambition in the Tales of Early Rome, Leiden u. Boston 2015 (= Mnemosyne Supplements, vol. 372).
NESSELRATH 1990: Heinz-Günther Nesselrath, Die gens Iulia und Romulus bei Livius (Liv. I 1–16), WJA N. F., 16, 1990, 153–172.
NÜNNING 2013: Ansgar Nünning, *Close reading*, in: ders. (Hg.), Metzler Lexikon Literatur- und Kulturtheorie. Ansätze – Personen – Grundbegriffe, 5., aktualisierte und erweiterte Auflage, Stuttgart u. Weimar 2013, 105.
OAKLEY 1997: Stephen P. Oakley, A Commentary on Livy. Books VI–X. Volume I. Introduction and Book VI, Oxford 1997.

OAKLEY 2015: Stephen P. Oakley: Reading Livy's Book 5, in: Bernard Mineo (Hg.), A Companion to Livy, Chichester 2015, 230–242.
OGILVIE 1965: Robert M. Ogilvie, A Commentary on Livy. Books 1–5, Oxford 1965.
PAUSCH 2008: Dennis Pausch, Der aitiologische Romulus. Historisches Interesse und literarische Form in Livius' Darstellung der Königszeit, Hermes 136, 2008, 38–60.
PAUSCH 2010a: Dennis Pausch, Einleitung, in: ders. (Hg.), Stimmen der Geschichte. Funktionen von Reden in der antiken Historiographie, Berlin u. New York 2010a (= BzA, Bd. 284), 1–13.
PAUSCH 2010b: Dennis Pausch, Der Feldherr als Redner und der Appell an den Leser: Wiederholung und Antizipation in den Reden bei Livius, in: ders. (Hg.), Stimmen der Geschichte. Funktionen von Reden in der antiken Historiographie, Berlin u. New York 2010b (= BzA, Bd. 284), 183–209.
PAUSCH 2011: Dennis Pausch, Livius und der Leser. Narrative Strukturen in *ab urbe condita*, München 2011 (= Zetemata, Heft 140).
PAUSCH 2013: Dennis Pausch, „Autor, übernehmen Sie" – der Wechsel zwischen den Erzählebenen in der antiken Historiographie, in: Ute E. Eisen u. Peter von Möllendorff (Hgg.), Über die Grenze. Metalepse in Text- und Bildmedien des Altertums, Berlin u. Boston 2013 (= Narratologia 39), 197–219.
PENELLA 1987: Robert J. Penella, War, Peace, and the *ius fetiale* in Livy I, CPh 82, 1987, 233–237.
PENELLA 1990: Robert J. Penella, *Vires/Robur/Opes* and *Ferocia* in Livy's Account of Romulus and Tullus Hostilius, CQ 40, 1990, 207–213.
PENELLA 2004: Robert J. Penella, The *ambition* of Livy's Tarquinius Priscus, CQ 54, 2004, 630–635.
PETERSON 1967: W. Peterson, M. Fabi Quintiliani institutiones oratoriae liber decimus. A Revised Text. With Introductory Essays, Critical and Explanatory Notes and a Facsimile of the Harleian MS by W. P., Hildesheim 1967.
PETZOLD 1983: Karl-Ernst Petzold, Die Entstehung des römischen Weltreichs im Spiegel der Historiographie. Bemerkungen zum bellum iustum bei Livius, in: Eckard Lefèvre u. Eckart Olshausen (Hgg.), Livius. Werk und Rezeption. Festschrift für Erich Burck zum 80. Geburtstag, München 1983, 241–263.
PFEILSCHIFTER 2008: Rene Pfeilschifter, Die Römer auf der Flucht. Republikanische Feste und Sinnstiftung durch aitiologischen Mythos, in: Hans Beck u. Hans-Ulrich Wiemer (Hgg.), Feiern und Erinnern. Geschichtsbilder im Spiegel antiker Feste, Berlin 2008 (= Studien zur Alten Geschichte, Bd. 12), 109–139.
PÖTSCHER 1978: Walter Pötscher, Das römische Fatum, ANRW 2,16,1, hg. von Hildegard Temporini u. Wolfgang Haase, Berlin u. New York 1978, 393–424.
POUCET 1967: Jacques Poucet, Recherches sur la légende sabine des origines de Rome, Kinshasa 1967.
POUCET 1992: Jacques Poucet, Les préoccupations étiologiques dans la tradition „historique" sur les origines et les rois de Rome, Latomus 51, 1992, 281–314.
RAMBAUD 1977: Michel Rambaud, L'idéal Romain dans les livres I et V de Tite-Live, in: Mélanges offerts à Léopold Sédar Senghor. Langes – littérature – histoire anciennes, Dakar 1977, 401–416.
REINHARDT 2011: Udo Reinhardt, Der antike Mythos. Ein systematisches Handbuch, Freiburg u. a. 2011 (= Paradeigmata, Bd. 14).

Rengakos 2004: Antonios Rengakos, Strategien der Geschichtsdarstellung bei Herodot und Thukydides – oder: Vom Ursprung der Historiographie aus dem Geist des Epos, in: Vittoria Borsò u. Christoph Kann (Hgg.), Geschichtsdarstellung. Medien – Methoden – Strategien, Köln/Weimar/Wien 2004 (= Europäische Geschichtsdarstellungen, Bd. 6), 73–99.

Rich 2009: J. Rich, Structuring Roman History: The Consular Year and the Roman Historical Tradition, in: Jane D. Chaplin u. Christina S. Kraus (Hgg.), Livy, Oxford 2009 (= Oxford Readings in Classical Studies), 118–147.

Richardson 1991: J. S. Richardson, *Imperium Romanum:* Empire and the language of power, JRS 81, 1991, 1–9.

Robbins 1972: Mary Ann Robbins, Livy's Brutus, SPh 69, 1972, 1–20.

Rogkotis 2012: Zacharias Rogkotis, Thucydides and Herodotus: Aspects of their Intertextual Relationship, in: Antonios Rengakos u. Antonis Tsakmakis (Hgg.), Brill's Companion to Thucydides. Volume One, Leiden u. Boston 2012, 57–86.

Rosenberg 1916: s.v. Imperium, RE IX,2, 1916, 1201–1211.

Rosenberger 1998: Veit Rosenberger, Gezähmte Götter. Das Prodigienwesen der römischen Republik, Stuttgart 1998 (= Heidelberger Althistorische Beiträge und Epigraphische Studien, Bd. 27).

Rosenberger 2012: Veit Rosenberger, Religion in der Antike, Darmstadt 2012 (= Geschichte kompakt).

Ruch 1968: M. Ruch, Le thème de la croissance organique dans le livre I de Tite-Live, StudClas 10, 1968, 123–131.

Rüpke 1990: Jörg Rüpke, Domi militiae. Die religiöse Konstruktion des Krieges in Rom, Stuttgart 1990.

Schauer 2007: Markus Schauer, Aeneas dux in Vergils Aeneis. Eine literarische Fiktion in augusteischer Zeit, München 2007 (= Zetemata, Heft 128).

Schauer 2016: Markus Schauer, Der Gallische Krieg. Geschichte und Täuschung in Caesars Meisterwerk, München 2016.

Scheid 2015: John Scheid, Livy and Religion, in: Bernard Mineo (Hg.), A Companion to Livy, Chichester 2015, 78–89.

Scheidel 2009: Walter Scheidel, When did Livy write books 1, 3, 28 and 59?, CQ 59, 2009, 653–658.

Schirok 2015: Edith Schirok, Zur Denkfigur des *bellum iustum*, AU 58 (2 + 3), 2015, 2–13.

Schlange-Schöningen 2012: Heinrich Schlange-Schöningen, Augustus, 2., durchgesehene und bibliographisch aktualisierte Auflage, Darmstadt 2012 (= Geschichte kompakt – Antike).

Schlossberger 2013: Matthias Schloßberger, Geschichtsphilosophie, Berlin 2013 (= Akademie Studienbücher Philosophie).

Schmid 2014: Wolf Schmid, Elemente der Narratologie, 3., erweiterte und überarbeitete Auflage, Berlin u. Boston 2014.

Schmitz ^{2}2006: Thomas A. Schmitz, Moderne Literaturtheorie und antike Texte. Eine Einführung, Darmstadt ^{2}2006.

Schmitzer 2000: Ulrich Schmitzer, Musenanruf, in: Hubert Cancik u. Helmuth Schneider (Hgg.), Der Neue Pauly. Enzyklopädie der Antike, Bd. 8, Stuttgart u. Weimar 2000, 514–515.

SCHRÖDER 2012: Bianca-Jeanette Schröder, Römische *pietas* – kein universelles Postulat, Gymnasium 119, 2012, 335–358.
SCHUBERT 1991: Werner Schubert, Herodot, Livius und die Gestalt des Collatinus in der Lucretia-Geschichte, RhM N.F. 134, 1991, 80–96.
SEHLMEYER 2000: Markus Sehlmeyer, Die kommunikative Leistung römischer Ehrenstatuen, in: Maximilian Braun, Andreas Haltenhoff u. Fritz-Heiner Mutschler (Hgg.), Moribus antiquis res stat Romana. Römische Werte und römische Literatur im 3. und 2. Jh. v. Chr., München u. Leipzig 2000 (= BzA, Bd. 134), 271–284.
SIMONS 2015: Benedikt Simons, Livius und das *bellum iustum*, AU 58 (2 + 3), 2015, 38–47.
SONNABEND ²2011: Holger Sonnabend Thukydides, Hildesheim u. a ²2011 (= Studienbücher Antike, Bd. 13).
STADTER 2009: P. A. Stadter, The Structure of Livy's History, in: Jane D. Chaplin u. Christina S. Kraus (Hgg.), Livy, Oxford 2009 (= Oxford Readings in Classical Studies), 91–117.
STEELE 1904: R. B. Steele, The Historical Attitude of Livy, AJPh 25, 1904, 15–44.
STEM 2007: Rex Stem, The Exemplary Lessons of Livy's Romulus, TAPhA 137, 2007, 435–471.
STÜBLER 1964: Gerhard Stübler, Die Religiosität des Livius, Amsterdam 1964 (= Tübinger Beiträge zur Altertumswissenschaft, Bd. 25) [Ndr. der Ausgabe Stuttgart 1941].
SUERBAUM 1961: Werner Suerbaum, Vom antiken zum frühmittelalterlichen Staatsbegriff. Über Verwendung und Bedeutung von res publica, regnum, imperium und status von Cicero bis Jordanis, Münster 1961 (= Orbis Antiquus, Heft 16/17).
SUERBAUM 1999: Werner Suerbaum, Vergils „Aeneis". Epos zwischen Geschichte und Gegenwart, Stuttgart 1999.
SYME ²1977: Ronald Syme, Lebenszeit des Livius, in: Erich Burck (Hg.), Wege zu Livius, Darmstadt ²1977 (= WdF, Bd. 132), 39–47 [zuerst: Class. Phil. 64, 1959].
THOME 2000a: Gabriele Thome, Zentrale Wertvorstellungen der Römer I. Texte – Bilder – Interpretationen, Bamberg 2000a (= Auxilia).
THOME 2000b: Gabriele Thome, Zentrale Wertvorstellungen der Römer II. Texte – Bilder – Interpretationen, Bamberg 2000b (= Auxilia).
THOMSEN 1980: Rudi Thomsen, King Servius Tullius. A Historical Synthesis, Kopenhagen 1980.
TIMPE 1979: Dieter Timpe, Erwägungen zur jüngeren Annalistik, A&A 25, 1979, 97–119.
UNGERN-STERNBERG 1993: Jürgen von Ungern-Sternberg: Romulus-Bilder: Die Begründung der Republik im Mythos, in: Fritz Graf (Hg.), Mythos in mythenloser Gesellschaft. Das Beispiel Roms, Stuttgart 1993 (= Colloquium Rauricum), 88–108.
UNGERN-STERNBERG 2000: Jürgen von Ungern-Sternberg, Romulus – Versuche, mit einem Stadtgründer Staat zu machen, in: Karl-Joachim Hölkeskamp u. Elke Stein-Hölkeskamp (Hgg.), Von Romulus zu Augustus. Große Gestalten der römischen Republik, München 2000, 37–47.
UNGERN-STERNBERG 2006a: Jürgen von Ungern-Sternberg, Das Dezemvirat im Spiegel der römischen Überlieferung, in: ders. (Hg.), Römische Studien. Geschichtsbewußtsein – Zeitalter der Gracchen – Krise der Republik, München u. Leipzig 2006a (= BzA, Bd. 232), 75–99.
UNGERN-STERNBERG 2006b: Jürgen von Ungern-Sternberg, Hungersnöte und ihre Bewältigung im Rom des 5. Jh.s v. Chr. Eine Studie zu mündlicher Überlieferung, in: ders. (Hg.), Römische Studien. Geschichtsbewußtsein – Zeitalter der Gracchen – Krise der Republik, München u. Leipzig 2006b (= BzA, Bd. 232), 100–112.

Vasaly 1987: Ann Vasaly, Personality and Power: Livy's Depiction of the Appii Claudii in the First Pentad, TAPhA 117, 1987, 203–226.
Vasaly 2015: Ann Vasaly, The Composition of the *Ab Urbe Condita:* The Case of the First Pentad, in: Bernard Mineo (Hg.), A Companion to Livy, Chichester 2015, 217–229.
Walsh 1961: P. G. Walsh, Livy. His Historical Aims and Methods, Cambridge 1961.
Walsh 1977: P. G. Walsh, Die literarischen Methoden des Livius, in: Erich Burck (Hg.), Wege zu Livius, Darmstadt 1977 (= WdF, Bd. 132), 352–375 [zuerst: 1961].
Walter 2000: Uwe Walter, Marcus Furius Camillus – die schattenhafte Lichtgestalt, in: Karl-Joachim Hölkeskamp u. Elke Stein-Hölkeskamp (Hgg.), Von Romulus zu Augustus. Große Gestalten der römischen Republik, München 2000, 58–68.
Walter 2003: Uwe Walter, Opfer ihrer Ungleichzeitigkeit. Die Gesamtgeschichten im ersten Jahrhundert v. Chr. und die fortdauernde Attraktivität des ‚annalistischen Schemas', in: Ulrich Eigler u. a. (Hgg.), Formen römischer Geschichtsschreibung von den Anfängen bis Livius. Gattungen – Autoren – Kontexte, Darmstadt 2003, 135–156.
Walter 2004: Uwe Walter, *Memoria* und *res publica.* Zur Geschichtskultur im republikanischen Rom, Frankfurt am Main 2004 (= Studien zur Alten Geschichte, Bd. 1).
Weeber 1984: Karl-Wilhelm Weeber, Abi, nuntia Romanis …: Ein Dokument augusteischer Geschichtsauffassung in Livius I 16?, RhM N.F. 127, 1984, 326–343.
Weissenborn u. Müller [11]1963a: Wilhelm Weißenborn und Hermann J. Müller, Titi Livi ab urbe condita libri. Erster Band. Buch 1, Berlin [11]1963a.
Weissenborn u. Müller [10]1963b: Wilhelm und Hermann J. Müller, Titi Livi ab urbe condita libri. Erster Band. Buch 2, Berlin [10]1963b.
Weissenborn u. Müller [9]1970a: Wilhelm und Hermann J. Müller, Titi Livi ab urbe condita libri. Zweiter Band. Erstes Heft. Buch 3, Berlin [9]1970a.
Weissenborn u. Müller [9]1970b: Wilhelm und Hermann J. Müller, Titi Livi ab urbe condita libri. Zweiter Band. Zweites Heft. Buch 4 und 5, Berlin [9]1970b.
Welwei 2000: Karl-Wilhelm Welwei, Lucius Iunius Brutus – ein fiktiver Revolutionsheld, in: Karl-Joachim Hölkeskamp u. Elke Stein-Hölkeskamp (Hgg.), Von Romulus zu Augustus. Große Gestalten der römischen Republik, München 2000, 48–57.
Welwei 2001: Karl-Wilhelm Welwei, Lucius Junius Brutus: Zur Ausgestaltung und politischen Wirkung einer Legende, Gymnasium 108, 2001, 123–135.
Wiseman 1979: Timothy P. Wiseman, Clio's Cosmetics. Three Studies in Greco-Roman Literature, Leicester 1979.
Wiseman 1998: Timothy P. Wiseman, Roman Republic, Year One, G&R 45, 1998, 19–26.
Wlosok 1983: Antonie Wlosok, Vergil als Theologe: Iuppiter – pater omnipotens, Gymnasium 90, 1983, 187–202.
Woodman 1988: Antony J. Woodman, Rhetoric in Classical Historiography. Four Studies, Portland 1988.
Zanini 2016: Anja Zanini, Flucht im Spannungsfeld von Aggression und Integration bei Sallust und Livius, AU 59 (4+5), 2016, 53–58.
Zelzer 1987: Klaus Zelzer, *Iam primum omnium satis constat* … Zum Hintergrund der Erwähnung des Antenor bei Livius 1,1, WS 100, 1987, 117–124.

Sachindex (Stellen in Auswahl)

Eine systematische Erfassung aller Eigennamen ist nicht erfolgt.

Aborigines 233 f., 289
Aeneas 59, 67–70, 72, 117 f., 223, 226–228, 232–235, 290
Aition 91, 96, 102, 112, 123 f., 143, 148–150, 159, 163–166, 174
Alba Longa 70, 72, 119 f., 153 f., 172–184, 289 f., 294 f.
ambitio 256–260, 269, 273, 310
Annalistische Informationen 32, 59 f., 184–187, 192, 196 f., 201, 217
Antagonismus Patrizier vs. Plebs 75, 80, 96–103, 131, 184–198, 200–224, 298–328
Augurium *siehe* übernatürliche Phänomene, Vorzeichen

Brutus 279, 282–286

Camillus 75, 78–83, 98–104, 199 f., 214, 219–224, 326
Canuleius 138, 319–324
concordia ordinum siehe Antagonismus Patrizier vs. Plebs

Dezemvirat 308–316
dignitas 170, 208, 254, 306, 320

Erinnerungskultur *siehe memoria*
Erinnerungsort 142–146, 151 f.
Erzähltechnik 25
– auktorialer Kommentar 81 f., 97 f., 100 f., 113, 149, 155, 171, 186, 190 f., 203, 242, 247, 249, 255, 263, 265, 271, 276, 278, 283, 303, 310
– Autor/Erzähler 27–30, 32, 41, 62, 87 f., 91, 112, 262, 271, 283, 307
– Chronologie 121, 254, 258, 271
– Einzelerzählung/Einzelepisode 33 f., 166–172, 184, 187, 195, 216, 219, 261, 281

– Erzähltempo 32 f., 76. 171, 175, 184, 192, 203, 217, 221, 259, 266, 272, 327
– Figurenperspektive 76 f., 93, 97, 111 f., 149, 170, 175, 178 f., 221, 247, 248, 258, 268, 271 f., 274, 302, 305, 310 f., 314 f., 316, 327
– Kontrafaktische Überlegung 269, 297 f., 299
– Metadiegetische Erzählung 304
– Multiperspektivität 30–32, 93, 98, 150, 246, 305, 310
– Rede, direkte/indirekte 27 f., 30–32, 75–77, 97–104, 113–115, 149, 170 f., 178, 180–182, 190–194, 197 f., 202, 205–214, 217, 220, 247, 258, 262, 264, 271 f., 306, 307 f., 313, 316 f., 318–324, 327
– Schauplatz der Handlung 33, 121, 143, 152, 184, 189, 204, 215, 223, 317, 327
– Spannung 195, 216, 219, 255, 262, 268, 272
Etrusker 182 f., 218, 223, 235, 295–297
– Lars Porsenna 166–172, 283, 296
– Tarquinier *siehe* Tarquinius Priscus *bzw.* Tarquinius Superbus
– Veji 75–79, 96–98, 104–107, 197, 199–223
exemplum 166–172, 224, 231, 321
– Cloelia 166 f., 171 f., 285
– Coriolan 305–308
– Horatius Cocles 166–169, 285
– Mucius Scaevola 166 f., 169 f., 285

factio 258 f.
fatum/fata siehe übernatürliche Phänomene
Frieden 3, 9, 94, 122–128, 225–230, 241, 243

Gallier 79–82, 98, 218, 224

Gattung
- Epos/epische Elemente 54–62, 65 f., 71, 74, 83, 90, 222 f.
- Historiographie 25, 32, 37–40, 43, 54–62, 87, 92, 310

Goldenes Zeitalter 118, 121–128
Götter *siehe* übernatürliche Phänomene
Götteranruf 55 f.
Gruppen 231 f., 260, 284, 288, 299, 315, *siehe auch* Antagonismus Patrizier vs. Plebs

Historizität *siehe* Wahrheitsanspruch

imperium *siehe* Rom, Herrschaftsgebiet

Königszeit 59
- Ancus Marcius 154–156, 236, 247–250, 255 f.
- Numa 9, 94–96, 226, 236, 241–244, 248, 321
- Romulus 72, 108–117, 120, 123 f., 128–132, 142–147, 236–242, 248, 289
- Servius Tullius 73 f., 157, 252, 261–270, 321
- Tarquinius Priscus 106 f., 156, 251–261, 263, 321 f.
- Tarquinius Superbus 156 f., 185 f., 252, 268, 270 f., 273–279, 284 f., 306, 310
- Tullus Hostilius 153 f., 173–178, 236, 244–248, 294

Krieg 80, 150 f., 163–225, 278
- *bellum iustum* 175–179, 200, 202, 211, 224 f.
- Bürgerkrieg 131, 174, 179 f., 246
- Expansionsstreben 153 f., 179–183

Lars Porsenna *siehe* Etrusker
Livius, *ab urbe condita* 3 f.
- Datierung 3, 7–11
- Erste Pentade 11–13
Lucretia 286 f.

memoria 7, 40, 42, 50, 53, 281

Narratologie *siehe* Erzähltechnik

Objektivitätsanspruch *siehe* Wahrheitsanspruch

Patrizier/Plebs *siehe* Antagonismus Patrizier vs. Plebs
Prodigium *siehe* übernatürliche Phänomene, Vorzeichen
pietas 96, 99, 101, 217, 221, 224, 234, 275

Reden *siehe* Erzähltechnik
regni/imperii cupido 117, 130–133, 183, 245, 247, 258, 276, 327
Religion *siehe* übernatürliche Phänomene
Rhetorik 38 f.
Rom
- *asylum* 145–148, 290 f., 300 f.
- Bevölkerungsentwicklung 147 f., 150–158
- Gründung 105, 117–121, 128–132, 143 f., 238 f., 240, 301
- Herrschaftsgebiet 136 f., 139 f., 143–147, 150, 153–158, 225
- Palatin 121, 123, 127–130, 142–147
- Zentrum der Handlung 32, 51, 58 f., 160, 184, 215, 284

Sabiner 148–151, 248, 250, 291–293
Ständekämpfe *siehe* Antagonismus Patrizier vs. Plebs

Tanaquil 251, 253–256, 261–265, 296
Tullia 268, 271–273, 274 f., 287

Übernatürliche Phänomene
- Götter 63, 74 f., 82, 84–107, 149
- *fatum/fata* 64–83, 87, 100, 103, 105, 117 f., 120, 219, 240
- *pax deorum* 85, 89–91, 103 f.
- Vorzeichen 75 f., 79 f., 82, 88–91, 100, 103–105, 121, 217 f., 221, 246, 254 f., 261 f., 264

Veji *siehe* Etrusker
Verfassungskreislauf 279, 282
virtus 149, 168–172, 240, 322

Wahrheitsanspruch 19 f., 36–54, 87, 92

Stellenindex

Es sind sämtliche im Fließtext zitierte Stellen angeführt. Die Stellen, die in den Anmerkungen zitiert wurden oder auf die lediglich verwiesen wurde, sind in Auswahl enthalten.

Aristoteles
poet.
   1, 1447b13–20   56 (Anm. 119)
   9, 1451a36   39
   9, 1451a38–1451b5   56
   23, 1459a17–24   58

Cicero
de orat.
   2,36   39
   2,62   39 (Anm. 25)
div.
   1,100   77 (Anm. 234)
fam.
   5,12,5   59 (Anm. 137)
leg.
   1,5   38 (Anm. 18)
off.
   1,35–36   177
orat.
   37   38 (Anm. 18)
rep.
   2,31   177 (Anm. 684), 179 (Anm. 695)
   2,37   270 (Anm. 1094)
   3,35   177 (Anm. 684)

Ennius
ann.
   156 Skutsch   61

Herodot
prooem.   51 (Anm. 88)
   1,5,3   50 (Anm. 84 und Anm. 85)

Homer
Il.
   1,1   204
   3,203 ff.   68 (Anm. 197)
   7,347–352   68 (Anm. 197)

Horaz
ars
   333–334   59 (Anm. 138)

Livius
praef. 1   13, 14, 15, 46, 55, 68, 117
praef. 1–2   41
praef. 2   44
praef. 3   16 (Anm. 102), 42, 49, 51 (Anm. 87)
praef. 4   16 (Anm. 102), 51, 54 (Anm. 105)
praef. 5   46
praef. 6   19, 36, 46 f., 117
praef. 6–7   42 f.
praef. 6–10   15 f.
praef. 7   16, 63
praef. 7–8   84
praef. 8   47
praef. 9   3, 17, 47, 60, 134, 136, 329
praef. 10   53 (Anm. 101)
praef. 11   18, 187, 230
praef. 13   55 f.
1,1,1   12, 68 (Anm. 197), 69, 226
1,1,1–4   68–71, 118, 253
1,1,4–9   227
1,1,5   253, 289
1,1,7–8   233
1,2,1   233
1,2,3   223
1,2,5   233 f.
1,2,6   234
1,3,3–4   290
1,3,10   120
1,4,1   70 f., 103 (Anm. 362), 115, 118, 137, 141 f.

1,4,1–4	85–87	1,21,6	228, 242
1,4,5	142	1,22,1–2	244 f.
1,4,7	87	1,22,2–7	174–177
1,4,8–9	237	1,23,1	174, 179
1,4,9	120	1,23,4	178
1,5,1–3	121 f.	1,23,7	174
1,6,1	238	1,23,7–8	180 f.
1,6,3	143, 147, 158 (Anm. 622), 289, 290, 301	1,23,9	182
		1,25,12	183
		1,25,13	137
1,6,3–4	128 f.	1,26,11	137 (Anm. 531)
1,6,4	181, 239	1,28,3	135 (Anm. 520)
1,7,1	105, 111 (Anm. 399)	1,29,1	294
1,7,1–2	130 f.	1,30,1–2	153, 94
1,7,3	123, 135 (Anm. 518), 143, 239, 241	1,30,5	245
		1,31,1–4	90 f.
1,7,4–5	125	1,31,6–8	246 f.
1,7,8	123	1,32,2–5	247–249
1,7,15	70 (Anm. 205), 109, 115, 124, 239	1,32,6–14	166
		1,33,1–2	154, 166, 293
1,8,4–6	144 f.	1,33,9	156
1,8,5	146, 290 f.	1,34,1–12	252–255
1,8,6	146, 291, 301	1,34,6	296
1,8,7	300	1,35,1	249
1,9,1–9	148–150	1,35,2	256 f.
1,9,11	300	1,35,6	257 f.
1,10,3–4	164	1,35,7	259
1,11,4	150	1,36,5	106 (Anm. 380), 107
1,11,5–13,5	165	1,36,6	107
1,12,3–7	169	1,38,5	260
1,12,7	166 (Anm. 642)	1,39,1	261
1,13,4–5	292	1,39,3–6	262
1,14,4	150 (Anm. 590)	1,40,1–3	263 f.
1,15,5	152 (Anm. 601)	1,40,2	256
1,15,6	109, 240	1,41,3–6	264 f.
1,15,7	228, 240	1,42,1–2	73
1,15,8	241, 302	1,42,1–5	266 f.
1,16,1–8	108–117	1,42,3	268
1,17,7–8	302	1,43,9–10	267
1,18,1	243, 293	1,44,2–3	157
1,18,4	243	1,45,1	158
1,19,1	228, 241	1,46,1–2	268
1,19,2–3	9, 228 f.	1,46,2–48,7	270–274
1,19,4	187, 228 f.	1,46,3	74, 281, 283
1,19,4–5	94 f.	1,47,1	271, 287
1,21,1	96	1,47,6	265
1,21,2	96 (Anm. 329)	1,48,8–9	269 f.

1,49,1–7	275 f.	2,34,6	160
1,50,3–6	277	2,34,8–10	306
1,51,1	277	2,34,12	307
1,53,1	278	2,35,1	307
1,53,3–54,10	278	2,40,10	92 (Anm. 305)
1,55,1	278	2,40,14	184
1,55,3	138	2,44,12	77 (Anm. 232)
1,55,3–4	102 (Anm. 358)	2,48,5–6	211 (Anm. 820)
1,55,6	102	2,64,1–2	196
1,56,3	156 f.	3,5,14	88
1,57,8–9	287	3,10,7	97 (Anm. 333)
1,59,7–8	285	3,11,12–13	306 (Anm. 1229)
2,1,1	167 (Anm. 648), 270, 282	3,30,2	195
		3,31,7	309
2,1,2	153, 236, 282	3,33,1	308
2,1,4	301	3,33,7	309
2,1,4–5	297 f.	3,34,8	310
2,1,5	129	3,35,4–6	310
2,1,6	270, 299	3,36,1	310
2,1,8	285	3,36,5	311
2,2,3	259	3,37,1–3	311
2,2,11	284	3,38,10	312
2,3,6–7	276 (Anm. 1121)	3,39,2	313
2,5,2	159	3,39,3	306 (Anm. 1229)
2,7,4	286	3,41,5–6	313 f.
2,8,9–9,1	167	3,42,1–2	315
2,10,1–7	168 f.	3,48,2	135 (Anm. 520)
2,12,1–16	169 f.	3,67,6	198
2,13,5	159, 170	4,1,3–5	317
2,13,1–11	171	4,1,6–4,2,1	317
2,14,7	162 (Anm. 632)	4,2,1–13	318 f.
2,14,8–9	296 f.	4,3,1	318
2,15,3–5	283	4,3,2–17	320–322
2,16,5	297	4,3,7	138
2,21,5–6	186	4,5,1–4	323 f.
2,23,1–2	188 f.	4,17,2	202 (Anm. 781)
2,23,10–11	189 f.	4,18,6	104 (Anm. 367)
2,24,1–25,1	190 f.	4,20,7	10
2,27,10	192	4,23,4–5	211 (Anm. 820)
2,28,5	192	4,58,1	201
2,28,7	192 f.	4,58,6–10	202
2,29,11–12	193	4,58,11–12	197, 202
2,30,3	193	4,59,1–60,9	203
2,30,3–31,10	194	5,1,1	203
2,32,2	195	5,1,4	76
2,32,5–7	303	5,2,2–13	204–206
2,33,1–2	304 f.	5,3,1–6,17	207–213

5,3,10	138	**Quintilian**	
5,7,1	215	*inst.*	
5,7,4–13	216	9,4,74	55
5,14,2–4	97	10,1,31	57
5,14,5	97		
5,15,1–12	75	**Sallust**	
5,16,8	74, 80	*Catil.*	
5,16,8–11	76	4,1	16 (Anm. 102)
5,17,8	218	4,1–2	5 (Anm. 39)
5,17,10	191 (Anm. 736)	4,3	39 (Anm. 25)
5,19,1	78	10,1	135 (Anm. 523)
5,19,1–2	218	10,1–3	94 (Anm. 319), 118 (Anm. 438), 187
5,19,2	78		
5,19,5	326	14,5	276 (Anm. 1121)
5,19,7–8	219	47,2	65
5,20,1–3	220	*hist.*	
5,20,2	326	1,3	49
5,21,1–22,8	221 f.		
5,21,8–9	47	**Sempronius Asellio**	
5,22,8	78 f., 80 f.	FRH 12 F 1	16 (Anm. 102)
5,23,8–9	326		
5,23,11	326	**Tacitus**	
5,32,7	79 f.	*ann.*	
5,33,1	80	1,1,1	55 (Anm. 112)
5,36,6	80 f.	4,34,3	3
5,37,1–3	81		
5,38,1	82	**Thukydides**	
5,49,8–9	98, 326	1,1,3	52
5,50,8	99, 327	1,22,1	27 f.
5,51,1–54,7	99–103	1,22,4	51, 53, 54 (Anm. 106)
5,55,1	99	1,23,5–6	174 (Anm. 677)
6,1,1	197	1,23,6	181
6,1,1–3	12, 44 f., 47, 52	6,10,2	183
23,48,4	16 (Anm. 102)		
25,6,6	73	**Vergil**	
		Aen.	
Petron		1,6	234
44,16	86 (Anm. 273)	1,267–277	289 (Anm. 1164)
Platon		1,544	234 (Anm. 918)
rep.		8,324–327	128
392d5–6	30 f.	*ecl.*	
393b6–7	31 (Anm. 201)	4,6	127
414b7-c7	95 (Anm. 326)	4,58–59	127
		georg.	
		2,523–540	125–127

www.ingramcontent.com/pod-product-compliance
Lightning Source LLC
Chambersburg PA
CBHW020219170426
43201CB00007B/256